混凝土质量控制与绿色生产手册

王安岭　主编
韩素芳　主审

CONCRETE

化学工业出版社
·北京·

本书依据最新标准规范、科研成果和工程应用经验编制而成，主要包括概述，混凝土原材料、混凝土拌合物、硬化后混凝土的质量要求及其检验与控制，混凝土配合比设计，混凝土生产质量控制与合格验收，混凝土结构实体的质量检验与验收，高性能混凝土，混凝土绿色生产与评价等内容。在编写过程中，编者依据实际工作经验和体会，力求从适用角度出发，结合高强混凝土、大体积混凝土、自密实混凝土、轻骨料混凝土、重混凝土、纤维混凝土、透水水泥混凝土等大量配合比设计和工程实例，较全面系统地阐述了实施混凝土全过程质量控制与检验的要求和方法。为适应混凝土发展新形势的需要，还给出了高性能混凝土和混凝土绿色生产与评价相关技术内容，以期引起社会的关注和重视，促进混凝土行业的可持续发展。另外，以附录的形式补充了数理统计和试验数据处理的相关知识，以加深读者对相关标准的把握和理解。

本书以实用为原则，可供建筑工程混凝土设计、施工、生产企业和从事混凝土质量管理、监督、检测、科研、教学等人员参考使用。

图书在版编目（CIP）数据

混凝土质量控制与绿色生产手册/王安岭主编．—北京：化学工业出版社，2018.3

ISBN 978-7-122-31273-0

Ⅰ.①混… Ⅱ.①王… Ⅲ.①混凝土质量-质量控制-手册 Ⅳ.①TU528.01-62

中国版本图书馆CIP数据核字（2017）第330453号

责任编辑：李玉晖　　加工编辑：汲永臻
责任校对：王素芹　　装帧设计：王晓宇

出版发行：化学工业出版社（北京市东城区青年湖南街13号　邮政编码100011）
印　　装：北京市白帆印务有限公司
787mm×1092mm　1/16　印张39　字数784千字　2018年5月北京第1版第1次印刷

购书咨询：010-64518888（传真：010-64519686）　售后服务：010-64518899
网　　址：http://www.cip.com.cn
凡购买本书，如有缺损质量问题，本社销售中心负责调换。

定　　价：168.00元

《混凝土质量控制与绿色生产手册》
编审委员会

主 任 委 员： 王安岭　韩素芳

副主任委员： 于　明　路来军　张秀芳

委　　　员： 王安岭　韩素芳　于　明　路来军　张秀芳

段遵莉　张荣成　高金枝　刘　霞　王庆法

冀海河　汪伶俐　刘远见　田冠飞　张京涛

马雪英　徐　欣　高芳胜　倪文勇　陈喜旺

于新亚　王仁元　刘文亮　侯翠敏　梁　彬

吴慧华　赵　旭　闻德荣　李习章　于　涛

皮全杰　辛建贵　姜　平　周永祥　韦庆东

杨　琳　吴　山　周岳年　李佑君

前言

FOREWORD

科学技术的发展，促进了建筑结构设计与质量管理的进步。从20世纪中期起，新的设计理念在国际上出现并得到应用，由原来传统的结构设计体系，转为更科学的以概率论为基础的极限状态设计方法，并相应建立结构可靠度、材料强度保证率等一系列与之相匹配的新概念。为与之相适应，我国从20世纪60年代起，在建设主管部门的部署和支持下，组织了有关混凝土规范、标准课题的研究，并于70年代中期～90年代初期制订并颁发了一整套新的的标准体系，包括设计、材料、施工、工程验收以及相应配套的试验方法、质量控制、检验评定等多个方面内容。2000年前后，在对工程经验不断积累和总结的基础上，相继补充增加了部分新标准并修订完善了部分老标准，建立起一个相对完备的、科学的工程建设标准体系，为我国大规模经济建设的质量保证奠定了良好的科学基础。

改革开放以来，我国经济建设快速发展，基本建设领域也取得了令人瞩目的成就，不仅在建筑和结构上出现了很多新的形态，而且在材料、设备、施工工艺方面都出现了大量的创新和发展。设计理念的更新和施工技术的改进都对工程的质量控制提出了新的要求。尤其是混凝土工程，由于原材料的多变，以及结构和施工不断提出新的、更高的要求，对混凝土的质量控制已经成为工程界人士普遍关注的一项内容。

近几年来，在吸取大量科研成果和工程经验的基础上，行业主管部门组织科研院所、大专院校和施工企业等，对有关混凝土工程设计、施工、材料、质量控制与评定、工程验收等标准规范启动了新一轮的制订、修订工作，各种新标准以井喷之势大量涌现。为了使广大混凝土工程技术人员能正确理解和执行标准，保证混凝土工程质量，且使用方便，特组织编写了本书。

本书主要内容包括概述，混凝土原材料、混凝土拌合物、硬化后混凝土的质量要求及其检验与控制，混凝土配合比设计，混凝土的生产质量控制与合格验收，混凝土结构实体的质量检验与验收，高性能混凝土，混凝土绿色生产与评价等。

本书由参与过有关标准制订、修订工作的同仁分章执笔、相互阅校。每章之后仅列出主要执笔人，便于联系；其他审查、修改的有关专家列在编审委员会的名单中。全书由王安岭、韩素芳编、校统稿，最后由编审委员会审查付梓。

在本书编写过程中，北京新航建材集团有限公司、北京东方建宇混凝土科学技术研究院、中国建筑科学研究院建材所和书后列出的各单位都给予了许多建议、指导和支持，这里致以衷心的谢意！

限于编者水平与实践经验，书中难免有不妥之处，谨请读者赐教指正。

编者

2018年2月

目录
CONTENTS

第一章 概述

第二章 原材料的质量要求及其检验与控制

第三章　混凝土拌合物的质量要求及其检验与控制

第四章　硬化后混凝土的质量要求及其检验与控制

第五章 混凝土配合比设计

第六章 混凝土的生产质量控制与合格验收

第七章 混凝土结构实体的质量检验与验收

第八章 高性能混凝土

第九章 混凝土绿色生产与评价

附录一 常用数理统计方法和混凝土质量控制图表

附录二 试验条件对混凝土试件强度影响因素探析

附录三 混凝土可泵性分析

部分相关企业

第一章

概述

第一节 我国混凝土发展历程

混凝土是应用最广、用量最大的工程结构材料，是支撑我国建设发展的关键性材料之一。目前我国混凝土年产量已超过40亿立方米，是名副其实的混凝土生产和应用大国。

经过多年的发展，尤其是改革开放以来，随着城市和基础设施的大规模开发和建设，我国混凝土技术有了长足的进步，在制备技术和施工领域等很多方面已走在了世界前列，如三峡大坝混凝土工程总量超过2500万立方米，其工程量之大、混凝土要求之严、施工难度之高，堪称世界之最；又如广州西塔、杭州湾跨海大桥、上海中心、北京中国尊和奥运工程、沈阳的多个高强混凝土高层建筑、青藏铁路桥隧工程、高速铁路、城市轨道交通等混凝土工程技术都已居世界领先水平。

1.我国混凝土发展的第一阶段——预制混凝土阶段

回顾旧中国及新中国建国初期，我国混凝土技术相当落后，施工现场多是沿袭1∶2∶4的体积比配料，人工大铲翻拌，较好的现场也只是自落式滚筒搅拌机，用水量凭搅拌工经验而定，技术落后，产量低，施工进度慢，质量不稳定。

第一个五年计划时期，在建筑工程方面学习引进前苏联的预制混凝土构件技术，在几所著名高等学校开办了“混凝土制品工艺专业”，1956年建立了我国第一个预制混凝土构件厂——北京第一混凝土构件厂。之后，上海、西安等多地也相继建设了预制混凝土构件厂，生产梁板等建筑用构件、铁路轨枕、涵管等。这十多年间，几乎所有建筑工程都采用预制混凝土构件，连农村都有预制混凝土板生产，有学者称这一时期可谓预制工艺一统天下。就混凝土本身来说，预制构件采用的技术路线是干硬性（或半干硬性）混凝土并加强振捣密实。在当时的技术条件下这是减少水泥用量、降低成本的唯一途径。从工艺上来说，也要生产构件的混凝土稠度越小越好，这样可保证混凝土成型时不至于塌陷（如空心板），并尽量缩短构件加热养护前的静停时间。

2.我国混凝土发展的第二阶段——预拌混凝土的崛起

进入20世纪70年代，随着社会经济的发展，预制混凝土构件的某些缺点或局限性难以适应建筑业发展的需要和混凝土结构建筑体系的变革，混凝土的现浇工艺逐渐成为建筑工程占主导地位的混凝土施工方法，这期间预拌混凝土得到了快速发展。

70年代末，改革开放，工业发达国家早已广泛应用的泵送施工等混凝土新技术逐渐被引进。预拌混凝土最早在上海、常州兴起，上海宝钢引进了第一套预拌混凝土成套设备与技术。随着我国经济建设迅速发展及应用预拌混凝土等先进技术体现出来的巨大优越性，预拌混凝土在各大中城市迅速得到推广，在中小城市也有所兴起，到2000年预拌混凝土厂站近3000家，产量近6.5亿立方米，预拌混凝土的发展也助推了混凝土施工技术的发展。例如，上海金茂大厦工程，混凝土一次泵送高度382.5m；广州西塔工程，C100级混凝土一次泵送高度440.75m；上海世界贸易商城工程，36h连续浇筑2.4万立方米深基础混凝土；北京电视中心工程，69h连续浇筑3.6万立方米底板混凝土；沈阳的多个高层建筑，较早采用了C80～C100混凝土技术施工；上海中心，C100混凝土平均强度超过120MPa，一次泵送高度超过600m；这些工程实例表明我国混凝土工程技术已迈入世界先进行列。

我国混凝土工程技术的发展还体现在材料组成与混凝土性能的提升上。早在20世纪70～80年代，混凝土中除水泥、砂、石、水之外，已开始采用多种外加剂和矿物掺合料。外加剂品种除最先采用的普通减水剂、早强剂、引气剂外，目前已研发、生产、应用了高性能减水剂、泵送剂、高效减水剂、缓凝剂、防水剂、防冻剂、阻锈剂、膨胀剂等各种外加剂。矿物掺合料的应用最初是作为水泥生产中的混合材，之后在混凝土中掺用也只是为了节约水泥和降低成本。而今，通过研发应用，既扩大了掺合料品种，诸如粉煤灰、粒化高炉矿渣粉、硅灰、钢渣粉、磷渣粉、沸石粉、复合掺合料等，更认识到活性掺合料是改善混凝土某些性能不可或缺的功能性组分。由于外加剂和矿物掺合料的合理应用，既助推了混凝土工程施工工艺的发展，又大大促进了混凝土强度的提升和性能的改善，为发展高强高性能混凝土技术创造了条件。

我国预拌混凝土取得巨大发展的主要原因有三：

其一是市场的巨大需求。这一方面是改革开放后大规模经济建设需要巨大的混凝土量；另一方面预拌混凝土（包括其技术内容）适应了市场发展的特点，并很快为市场接受，后来又成为建筑市场离不开的一个产品。另外，预拌混凝土上马快，利润尚称丰裕，一般投资三四千万元的混凝土厂5～6年即可回收成本，原来担心的资金来源在发展过程中根本不是问题。相反，大量资金涌入这一行业，促使预拌混凝土取得了巨大发展。

其二是各级政府的大力支持，其中包括建设部和建材总局一直把预拌混凝土作为重点推广的新技术之一，在各个方面都予以鼓励和推动。尤其是各大中城市从环保出发，明令禁止在市区分散进行混凝土生产作业，使得预拌混凝土在大中城市成为唯一合法的混凝土生产方式。

其三是预拌混凝土发展的基础和保障条件得到了充裕的发展，其中包括预拌混凝土的搅拌、运输和泵送设备在我国已经完全可以自行生产，再加上高效减水剂的研发和供应以及一大批生产和管理人才的形成，使混凝土成本逐年下降，而且质量完全能保证建筑工程的需要。

混凝土工程技术的发展，不仅使混凝土生产施工工艺、设备、材料组成以及强度大幅提高、性能大为改善等，而且还建立起完整的混凝土工程质量保证体系。

20世纪50～60年代间，在引进消化国外技术标准的基础上，逐步制定了有关混凝土工程设计、施工、材料等技术标准。70年代中，配合建筑结构可靠度的研究和结构设计等规范标准的制订和修订，建设部组织了多位专家用了近十年的时间，进行有关混凝土工程质量控制方面的课题研究和有关混凝土工程质量控制系列标准、规范的制订。在此基础上，为检验、控制、评定提供统一的标准尺度，统一了混凝土各种性能的标准试验方法，制订了混凝土各组成材料的质量标准；为能及时进行控制提供手段，制订了《早期推定混凝土强度试验方法标准》；为进行合格控制（验收），制订了包含混凝土强度等级定义、取样方法、验收界限、评定准则等的《混凝土强度检验评定标准》；为保证混凝土、混凝土工程质量及进行质量控制，制订了《普通混凝土配合比设计规程》、《预拌混凝土》、《混凝土质量控制标准》及《混凝土与混凝土构件质量控制规程》等标准。系列标准、规范的制订与实施，既体现了混凝土工程技术的发展情况，又保证了混凝土、混凝土工程质量的稳步提升。

3.我国混凝土发展的第三阶段——为节能减排和环保再做新贡献

混凝土的主要原材料是水泥、砂石骨料和水，一般占混凝土体积的75%～85%左右。这些水泥生产过程中要消耗大量的煤炭，排放大量的CO_2温室气体，而我国钢铁、电力、地矿产业每年排放的各类工业废渣、废料多达5亿吨，占地4万亩，而在混凝土中的平均利用率却不足10%；混凝土生产还要消耗大量的砂石资源和水资源。我国水泥工业和混凝土行业在快速发展的同时，也在能源、资源和环境方面给地球生物圈带来了与日俱增的危害，给国民经济可持续发展带来了严峻的挑战。因此，在混凝土生产中推广和使用节能减排技术就成为我们面临的一项新任务，混凝土业的发展由此进入一个以减少自然资源和能源的消耗、保护环境、提高混凝土结构使用寿命、减少维护修补费用为特征的可持续发展的新阶段。这一阶段发展的特点是：

（1）大量利用工业废料节约资源消耗。

（2）提高混凝土的强度和耐久性，推广应用高强高性能混凝土。

（3）在全行业加强环保意识，使混凝土厂（站）以一个全新的面貌出现在公众面前。

混凝土的节能减排，首先应该体现在减少水泥用量上，也即尽量利用我国每年排放出来的各类废渣废料来代替在生产过程中高耗能、高排放的水泥，这一效益是直接的，也是最显著的。用工业废料来代替部分水泥在我国虽然已经有了比较长的历史，但取代量一直比较低，要提高取代量不仅要有可靠的科学试验依据，而且还要有严格的生产和管理水平，预拌混凝土也正是提供了这样发展的一个平台。近几年来，在严格的科学试验基础上，我国的矿物掺合料取代量有了很大的提高。以常用的C30混凝土来说，以前混凝土水泥用量大约为350kg/m^3，现在管理比较好的预拌混凝土厂普遍可以降到200kg/m^{3}左右，矿物掺合料掺量达到40%左右。如果以美国评定混凝土对环境影响的方法来评估，按我国年产预拌混凝土 25 亿立方米计，矿物掺合料取代量达到40%这一指标，每年可以节约水泥 3.5 亿吨，水泥中混合材掺量以 20%核算，生产每吨水泥熟料消耗标煤 0.23t，生产使用每吨水泥熟料排放 CO_2 温室气体 0.8～1.0t，则每年可节约标煤 6440 万吨，减少温室气体 CO_2 排放 2.52 亿吨。

除了水泥以外混凝土中大量运用的砂石也是不可再生的自然资源，而且已显现出日趋枯竭的征兆。现在有的厂（站）已经开始用部分废料、尾料来取代天然砂石，新的资源（如海砂）的开发和应用也在积极进行中。

合理地应用矿物掺合料不仅在节能减排上取得直接的效果，而且还对高强高性能混凝土的发展起到很大的推动作用。高强高性能混凝土再加上大量掺用矿物掺合料泥这一技术特征正是我国近年来提出的绿色混凝土的发展方向。

矿物掺合料可以填充混凝土中水泥石空隙，改善混凝土的微孔结构和胶材与骨料的界面条件，在相同的水胶比下，提高混凝土的体积稳定性，使混凝土的强度、抗渗性能、抗腐蚀能力等耐久性指标都有显著提高，起着从根本上改变常规混凝土性能的作用，这也正是配制高强高性能混凝土的主要途径。

耐久性好是高性能混凝土的一个突出优越性，按照目前的混凝土技术，使用高性能混凝土的结构在适当条件下可满足 100 年耐久寿命，由此节省的材料费、施工费、养护费等是巨大的，再加上结构使用期延长所创造的经济效益和社会效益也极为显著，这些优势在诸如三峡工程、杭州湾大桥等工程中得到较好的体现。

除了采用矿物掺合料和发展高强高性能混凝土外，预拌混凝土厂本身的环境条件近几年来也得到了很大的改进。随着全社会、全民环保意识的日益加强，促使预拌混凝土行业提高了对生产过程污染排放的重视。以前，由于生产工艺的落后，粉尘、噪声、废水、遗洒等成为混凝土生产过程中的弊端。混凝土商品化以后，这一现象有了很大改变，特别是推行混凝土绿色生产技术后，混凝土企业的环境保护工作迈上了一个新台阶。

混凝土工程技术发展的标志之一是工程中应用的混凝土平均强度等级逐渐增高，C50、C60 混凝土在工程中应用量和应用范围不断扩大。高层、超高层建筑的发展，在预应力管桩构件、钢管混凝土结构等应用 C80、C100 混凝土，取得了良好的经济效益和社会效益。

混凝土工程技术发展的另一标志是注重强度的同时更加关注混凝土的耐久性和功能性，研究、开发、应用这种具有高工作性、优良物理力学性能和高耐久性的高强高性能混凝土，既能保证施工质量，保证具有设计要求的各种良好的物理力学性能和耐久性，从而延长工程的使用寿命，又因配制时合理选用骨料、外加剂、矿物掺合料，减少了水泥和混凝土用量，节约了资源、能源，改善了环境，符合节能减排、保护环境、可持续发展的技术路线。

4. 我国混凝土发展的第四阶段——预拌和装配协调并举发展的新局面

2008 年后，全新的装配式建筑（与过去的预制构件不同）技术开始大力推广，并首先在北京、上海、广州等大城市进行试点。装配式构件具有提高建筑质量、加快工程进度、提升文明施工和安全管理、促进环境保护和节约资源等特点和优势，今后有可能形成预拌和预制（装配式构件）协调发展的新局面。

第二节　质量与质量控制

我国国家标准《质量管理与质量保证—术语》（GB/T 19008—2008）（等同采用 ISO 9000：2005）中有关质量、质量管理、质量管理体系、质量控制和质量保证的定义如下。

质量（quality）——一组固有特性满足要求的程度。质量可以分成产品、服务管理等各种质量。其中，产品质量是指满足产品标准要求的程度，服务质量是指满足客户对服务要求的程度。评价质量的优劣，主要是依据符合要求的程度来判断。如果满足了要求，质量就被评价为比较好；如果不满足要求，则称质量比较差。

质量管理（quality system）——在质量方面指挥和控制组织的协调的活动。通常包括制定质量方针和质量目标，以及质量策划、质量控制、质量保证和质量改进。也就是说，质量管理是以质量管理体系为载体，通过建立质量方针和质量目标，并为实施规定的质量目标进行质量策划，实施质量控制和质量保证，开展质量改进等活动予以实现的。

质量管理体系（quality management system）——在质量方面指挥和控制组织的管理体系。如很多混凝土企业通过认证的 ISO 9000 质量管理体系。

质量控制（quality control）——质量管理的一部分，致力于满足质量要求。质量控制的目标就是确保产品的质量能满足顾客、法律法规等方面所提出的质量要求，如适用性、可靠性、安全性。质量控制的范围涉及产品质量形成全过程的各个环节，如设计过程、采购过程、生产过程、安装过程等。

质量保证（quality assurance）——质量管理的一部分，致力于提供质量要求会得到满足的信任。也就是说，质量保证是为了提供足够的信任表明实体能够满足质量要求，而在质量体系中实施并根据需要进行全部有计划和有系统的活动。质量保证的目的是对产品体系和过程的固有特性已经达到规定要求提供信任。所以质量保证的核心是向人们提供足够的信任，使顾客和其他相关方确信组织的产品、体系和过程达到规定的质量要求。为了能提供信任，组织必须开展一系列质量保证活动，包括为其规定的质量要求有效地开展质量控制，并能够提供可以证实已达到质量要求的客观证据，使顾客和其他相关方面信任组织的质量管理体系得到有效运行，具备提供满足规定要求的产品和服务的能力。

GB/T 19008—2008 中给出有关管理的概念及关系见图 1-1。

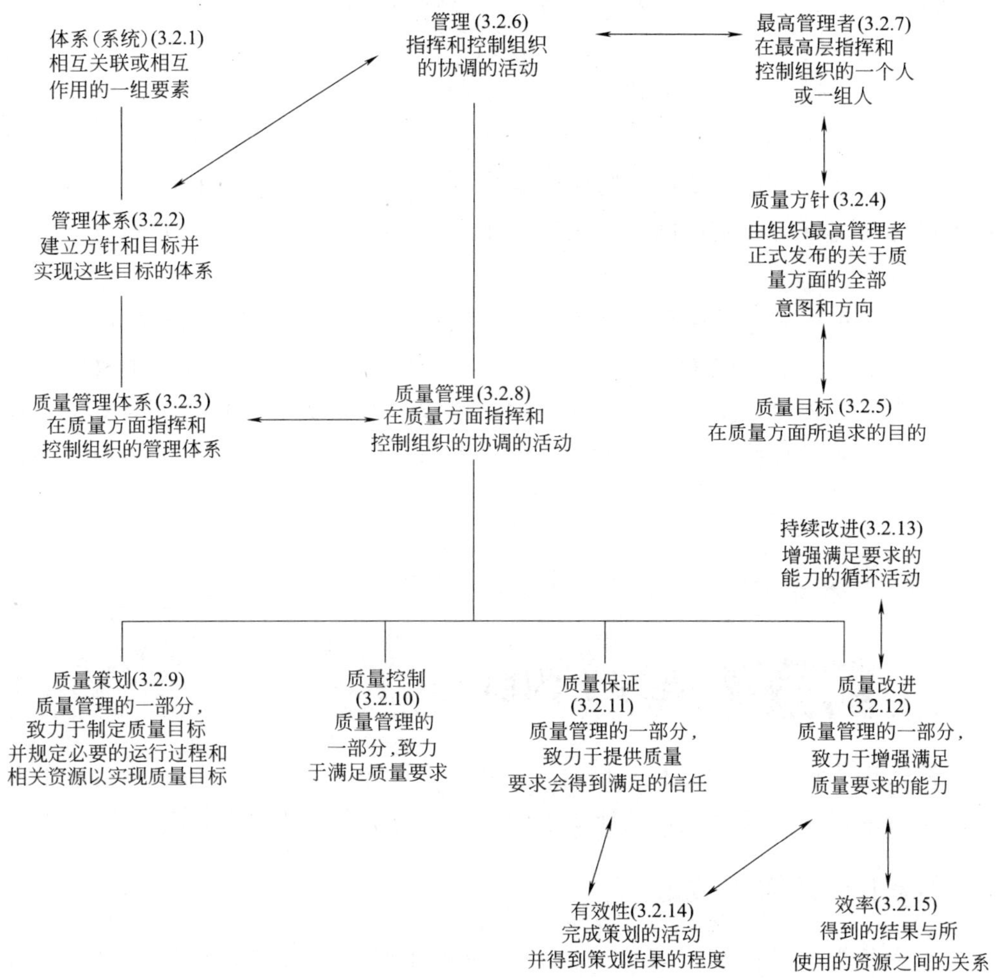

图 1-1 管理的概念及关系

国家标准《建筑结构设计统一标准》（GBJ 68—84）中规定材料和构件的质量控制应包括下列三种控制。

（1）初步控制：对人工材料和构件，在试生产阶段应根据材料和构件的合格质量水平确定合理的原材料组成和工艺参数，并为生产控制和合格控制提供材料和构件性能的统计参数。

（2）生产控制：在正式生产阶段，应根据规定的控制标准，对材料和构件的性能进行经常性检查，及时纠正偏差，保持生产过程中质量的稳定性。

（3）合格控制（验收）：在交付使用前，应根据规定的控制标准，对材料和构件的性能进行合格性验收，保证其质量符合要求。

《建筑结构可靠度设计统一标准》(GB 50068—2001)材料和构件的质量控制应包括下列两种控制：

(1) 生产控制：在生产过程中，应根据规定的控制标准，对材料和构件的性能进行经常性检验，及时纠正偏差，保持生产过程中质量的稳定性。

(2) 合格控制(验收)：在交付使用前，应根据规定的质量验收标准，对材料和构件进行合格性验收，保证其质量符合要求。

显然，GB 50068—2001中的生产控制包含了GBJ 68—1984中的初步控制和生产控制两个方面的内容。生产控制属于单位内部的质量控制，合格控制是在生产单位和用户之间进行的质量控制，即按统一规定的质量验收标准或双方同意的其他规则进行验收。

无论是三种控制还是两种控制模式，并没有从实质上改变混凝土的质量控制要求。本书即是根据上述国家标准所规定的质量控制内容，并依据混凝土材料的相关标准、规程以及土建工程有关的设计、施工规范与有关文献，阐述了混凝土的初步控制、生产控制及合格控制的要求，并附以工程实例佐证有关混凝土工程实施质量控制的过程。

第三节 混凝土的质量

对混凝土质量的基本要求一般是：混凝土拌合物具有与施工条件相适应的和易性，硬化后的混凝土具有符合设计要求的强度并具有与工程环境相适应的耐久性。

一、混凝土拌合物的质量

混凝土各组成材料按一定比例配料、经搅拌均匀后的混合物称为混凝土拌合物，也称为新拌混凝土，以区别于硬化后的混凝土。

为使混凝土拌合物在搅拌、运输、浇筑、捣实及表面处理等生产、施工工序易于操作并达到质量均匀、不泌水、不离析的要求，以获得良好的浇筑质量，从而为保证混凝土的强度、耐久性及其他要求具备的性能创造必要的条件，对混凝土拌合物应有一定的质量要求。

混凝土拌合物应具有良好的和易性(也称工作性)。和易性是指混凝土拌合物易于施工操作并使成型后的混凝土密实均匀的性质。和易性是一项综合的技术性质，包括有流动性、粘聚性和保水性三方面的含义。

流动性是指混凝土拌合物在自重或施工机具振动作用下，能产生流动，并均匀密实地充满模型的性质。

粘聚性是指混凝土拌合物在施工过程中，其组成材料之间有一定粘聚力，不致产生分层和离析的现象。

保水性是指在施工过程中混凝土拌合物具有一定的保水能力，不致产生严重的泌水现象。

混凝土拌合物的流动性、粘聚性和保水性有其各自内容，三者之间既互有联系，又存在着矛盾，而和易性是这三方面性质在某种具体条件下矛盾统一的概念。

混凝土拌合物在生产过程中，不可避免地混入一定量气泡，影响了混凝土的密实性；有时，为了改善混凝土拌合物的和易性或为了改善混凝土的耐久性，在制备混凝土时掺用引气型外加剂，使拌合物含有一定量的空气。因此，含气量也属于混凝土拌合物的一项质量要求。

混凝土拌合物的水灰（胶）比、水泥（胶凝材料）含量及其他材料组成，既影响混凝土的强度、耐久性、密实性，又影响拌合物的和易性，从而影响混凝土的质量，所以，对这些指标也应有所控制。

混凝土拌合物均匀性是保证全部混凝土各项性能均匀一致的前提条件，因此，生产施工过程中应控制混凝土拌合物的均匀性。

冬期施工为使混凝土能正常凝结硬化，暑期及大体积混凝土工程施工为防水泥水化热聚集、凝结加快等影响工程质量的因素出现，常需对混凝土拌合物的出机温度及浇筑时的入模温度有所控制。

二、混凝土的力学性能

混凝土的力学性能可谓是混凝土的最重要的质量要求，虽然在许多实际工程中，还可能同时包括抗渗、抗冻、抗腐蚀、抗碳化等耐久性方面的质量要求，甚至这些性能更为重要，但由于混凝土结构物主要是用以承受荷载或抵抗其他各种作用力，而且混凝土的其他各种性能与混凝土的力学性能存在着密切的相关关系，混凝土的力学性能又与混凝土组分中起着胶结作用的水泥石结构有直接关系。由此可见，混凝土的力学性能是反映混凝土质量的最直接的指标，因此，通常以混凝土的力学性能来评定和控制混凝土质量。

混凝土的力学性能有抗压强度、抗拉强度、抗折强度、抗剪强度及与钢筋的粘结强度等。由于混凝土结构物主要利用其抗压强度承受荷载，并常以抗压强度为主要设计参数，且抗压强度与其他强度及变形特性有良好的相关关系，根据抗压强度可以推定其他强度及变形特性，同时抗压强度试验方法又比其他强度的试验方法易于实施，所以，在混凝土的各种强度中，常用抗压强度作为一般评定混凝土质量的指标，并作为确定强度等级的依据。通常在实际工程中，一般说混凝土的力学性能就是指混凝土抗压强度，其他强度又与抗压强度之间存在一定的换算关系。

弹性模量是表示固体材料抵抗变形能力的物理量，是混凝土结构设计的技术参数。混凝土是非弹性体，在受荷载作用时，会产生不可恢复的塑性变形，也会产生可以恢复的弹性变形。若混凝土弹性模量太小，可能导致构件变形较大而影响正常使用；但若混凝土弹性模量太大，也可能会使构件刚性约束太强而容易发生裂缝。因此，弹性模量也是混凝土力学性能的一个重要方面。

三、混凝土的长期性能与耐久性能

混凝土除应具有设计要求的强度，以保证能安全承受荷载外，还应具有在建筑物所处的自然环境及使用条件下经久耐用的性能，以保证结构物在设计预期年限正常使用，减少维护修缮工作量，提高经济效益和社会效益。

影响混凝土长久正常使用的原因，可能是混凝土所处环境的外在因素，也可能是混凝土的内在因素。外在因素诸如风化作用、温度和湿度的影响、磨损、电解作用，以及天然或工业废水和废气的侵蚀作用等。这些介质对混凝土结构（建筑物）造成危害的程度除与介质性质有关外，主要还与混凝土的质量有关。混凝土的内在因素主要是混凝土的密实度、孔隙的构造及数量、拌合物中氯化物总含量，以及在一定条件下可能引起碱-骨料反应的混凝土中的碱含量。

混凝土建筑物的蚀毁，往往是诸多因素综合作用所导致，但是，从广泛意义上说混凝土的密实程度、孔隙的构造及数量，在很大程度上决定了混凝土遭受外界因素侵蚀的难易程度，混凝土的渗透性可说是最直接的影响因素。因此把混凝土的抗渗性作为评价混凝土质量的指标之一，与之相关的质量要求还有抗冻性、抗侵蚀性、抗碳化性能以及混凝土的氯化物含量和碱含量等。

混凝土的抗渗性是指混凝土抵抗液体在压力作用下渗透的性能。

混凝土的抗冻性是指混凝土在饱水状态下能经受多次冻融循环而不破坏，同时强度也不严重（大幅度）降低的性能。

混凝土的抗侵蚀性是指当混凝土处在含有侵蚀性介质（软水、含酸、盐水等）的环境中时，具有一定的抗侵蚀能力。

混凝土的碳化是指大气中的二氧化碳在有水存在的条件下与水泥水化产物氢氧化钙反应生成碳酸钙和水的作用。碳酸钙属于中性，所以碳化又称中性化，碳化实际也是对混凝土侵蚀的一种类型。

混凝土中水泥水化后产生大量 $Ca(OH)_2$，pH 值常达 12 以上，钢筋混凝土结构中的钢筋处于水泥石的碱性环境中，在钢筋表面形成一层钝化薄膜，保护钢筋不致锈蚀。但一些卤素离子，特别是氯离子将促进锈蚀反应，破坏起保护作用的钝化薄膜，使锈蚀迅速发展。

硫酸盐侵蚀是指自然界存在的硫酸盐与混凝土结构接触或进入混凝土基体与水泥水化产物发生化学反应或盐结晶的物理作用，导致混凝土膨胀、开裂、剥落等损坏，进而使混凝土结构失去完整性和稳定性。

混凝土的组成材料水泥、掺合料及外加剂等含有碱，当混凝土中的碱含量较高时，在有水存在的条件下，混凝土中的碱与骨料中的某些矿物成分发生化学反应，产生不均匀膨胀，导致混凝土出现裂缝及强度、弹性模量下降，降低混凝土的耐久性，甚至导致混凝土工程毁坏，这一反应称为碱-骨料反应。为防止碱-骨料反应的危害，首先在配制混凝土时，控制水泥的碱含量，控制混凝土的总含碱量，选用非活性骨料，掺用可缓解、抑制碱-骨料反应的掺合料等。

混凝土材料具有徐变和收缩的特性。收缩是混凝土自发产生的，而徐变是在应力作用下产生的。收缩引起的应力可使混凝土结构产生变形、裂缝；收缩可在混凝土内部产生微裂缝，降低混凝土耐久性能；对预应力结构，混凝土收缩会产生预应力损失。

徐变是在持续荷载作用下随时间增加的变形。徐变对混凝土既有有利方面又有不利方面。在某些情况下，徐变有利于结构或构件的内力重分布，减少应力集中现象及减少温度应力等，从而有利于阻止结构裂缝形成。但徐变会使构件变形增大；在预应力混凝土构件中，徐变会导致预应力损失；徐变使受弯和偏心受压构件的受压区变形加大，从而使受弯构件挠度增加，使偏压构件的附加偏心距增大而导致构件承载力降低。

第四节 混凝土的质量控制

混凝土的质量控制分为初步控制、生产控制及合格控制。

混凝土质量的初步控制也称前期控制，是指根据工程设计要求的混凝土的合格质量水平，确定合理的原材料组成和各生产工序的最优工艺参数，并为以后的生产控制及合格控制提供混凝土性能的统计参数。

混凝土质量的初步控制包括混凝土组成材料的质量检验与控制以及混凝土配合比的设计、确定与控制，也有将混凝土生产过程中所用的计量、搅拌、运输设备的检验、标定与保养等列入前期控制的内容。

混凝土配合比的设计、确定，是根据混凝土的质量要求，通过选择材料、设计计算、试配调整、性能检验等过程，为生产合格质量水平的混凝土提供合理的原材料组成和有关技术参数。它直接关系到所生产的混凝土的质量水平及生产成本，是质量控制中的重要环节。

混凝土各组成材料的质量必然影响混凝土的质量，组成材料的质量检验控制也是质量控制的重要环节。

混凝土质量的生产控制是在混凝土正式生产阶段，根据规定的控制标准，对混凝土性能进行经常性检验，及时纠正偏差，以保持生产过程中混凝土各项性能指标稳定在合格质量水平。

混凝土的生产是根据混凝土质量初步控制阶段所确定的合理的原材料组成及工艺参数，经过配料、计量、搅拌、运输、浇筑以至养护等一系列工艺过程完成的。

其中任何一个工艺过程出现质量问题，都会对混凝土质量产生不同程度的影响。可以说，在原材料及工艺参数确定后，混凝土的质量是由每一个生产工艺过程来保证和决定的，因此，每一生产工艺过程都必须严格按规定进行控制，以保证混凝土质量。

混凝土质量的合格控制是指为了保证混凝土的实际质量达到规定的合格质量水平。除切实做好前述初步控制和生产控制外，还应在交付使用前，根据规定的质量验收标准，进行检验评定。达到规定的合格质量水平，符合规定的质量验收标准，即予验收；对不符合验收标准的，即予拒收，以防止对工程质量造成实际或潜在危害。

混凝土的质量要求前已述及，主要是指混凝土拌合物的质量和硬化后混凝土的质量。混凝土拌合物的质量有和易性、坍落度经时损失、泌水率及压力泌水率、凝结时间、含气量、均匀性等；硬化后混凝土的质量包括混凝土的力学性能、混凝土的长期性能和耐久性能。混凝土力学性能有：抗压强度、抗拉强度、抗折强度、抗剪强度及与钢筋的粘结强度和弹性模量等；混凝土的长期性能和耐久性能有：抗渗性、抗冻性、抗侵蚀性、抗碳化性能、收缩、徐变、抗裂性能等。混凝土拌合物的质量要求，在初步控制的原材料质量检验及混凝土配合比设计中已予以控制，在生产控制中也予以检验控制。硬化后混凝土力学性能和混凝土长期性能、耐久性的质量要求，在初步控制中进行配合比设计时已予以控制，并在生产控制中予以检验控制。合格控制是在交付使用前对既往按标准检验的各项结果，根据规定的质量标准，予以综合检验评定，以确定合格验收与否。实际工作中，由于拌合物质量在初步控制、生产控制中已予以检验控制，合格控制通常是指混凝土强度和耐久性的合格控制，就是在交付使用前，根据《混凝土强度检验评定标准》（GB/T 50107）和《混凝土耐久性检验评定标准》JGJ/T 193 的规定评定混凝土强度是否合格。

第五节 混凝土结构实体的质量检验与验收

我国对混凝土强度的检验与评定是依据《混凝土强度检验评定标准》（GB/T 50107）进行的，检验评定混凝土强度时，应采用 28d 或设计规定龄期的标准养护试件。然而结构中混凝土实际强度与标养试件强度是有差异的，因此，标养试件强度有时难以反映实体结构中混凝土的真实强度，或者说标养试件强度反映的是“材料”强度，而非“结构”强度。当施工过程中对混凝土强度存有疑问或者标养试件强度不合格时，就需要采用无损检测技术，推定实体结构混凝土的强度。

无损检测结构混凝土抗压强度的测试方法有许多种，本书仅就工程中常用的回弹法、超声回弹综合法以及钻芯法检测混凝土强度技术做了介绍。另外，也给出了结构实体检测的基本规定与要求，供检测人员参考使用。实际上，要做好混凝土实体强度检测工作，需要大量的经验积累，这个技术属于混凝土材料以外的分支领域。

第六节 高性能混凝土

过去人们设计混凝土只单一以强度作为设计指标，导致很长时期以来人们一直将注意力放在了混凝土强度的不断提高上而忽视了耐久性，这一趋势在高性能混凝土提出之后发生了转变。

高性能混凝土这种新型混凝土是在20世纪90年代初才提出的。高性能混凝土这一名词的出现至今也就20多年，不同国家、不同学者按照各自的认识、实践、应用范围和目的要求，对高性能混凝土给出了不同的定义和解释。

高性能混凝土的内涵丰富，目前的共识至少有以下方面：

（1）高性能混凝土可采用常规材料和工艺生产，保证混凝土结构所要求的各项力学性能，并具有高耐久性、良好的工作性和体积稳定性。“性能”是一个综合的概念，而不仅仅是单一的某项性能指标。

（2）高性能混凝土强调应以工程所需性能为目标，根据工程类别、结构部位和服役环境的不同，提供“个性化”和“最优化”的混凝土。

（3）高性能混凝土不排斥具体场合对强度要求不高，而对其他性能要求极高的混凝土。

（4）高性能混凝土强调原材料优选、配合比优化、严格生产施工措施、强化质量检验等全过程质量控制的理念。

（5）高性能混凝土强调绿色生产方式和资源的合理利用（如粉煤灰、矿渣粉、尾矿等的利用），最大限度地减少水泥熟料用量，实现节能减排和环境保护的可持续发展战略。

与普通混凝土相比，高性能混凝土在质量控制上，更加强调采用优质原材料及其控制技术、矿物掺合料和外加剂掺用技术、合理的水胶比和胶凝材料用量等配合比优化技术、混凝土性能控制技术以及绿色生产施工和质量检验措施，配制成具有优异拌合物性能、力学性能、长期和耐久性能的混凝土。

本书以《高性能混凝土应用技术指南》为准，介绍了高性能混凝土的主要技术内容，主要包括高性能混凝土性能要求、原材料要求、配合比设计、生产与施工技术要求、检验与验收等，这些要求与普通混凝土有明显区别。

随着技术的进步、经济和社会的发展，人们对高性能混凝土的认识不断深化，其定义和内涵也在不断发展完善。高性能混凝土反映了现阶段对现代混凝土技术发展方向的认识，代表着混凝土技术发展的方向和趋势。

第七节 混凝土绿色生产与评价

混凝土材料不仅是资源和能源的消耗大户，同时也是重要的环境污染源之一，在生产、使用、处理等过程中带来了沉重的环境负担。显然传统的混凝土行业是不符合可持续发展战略的，这促使各国混凝土技术研究者重新审视混凝土材料的环境负荷性，研究混凝土材料与环境的相互作用，研究开发与环境协调的新型混凝土技术产品，最大限度地减少资源和能源的消耗，注重环保和循环再生利用，为人类提供舒适、健康的环境。

从广义上讲，包括混凝土在内，绿色建材不是一种单独的建材产品，而是对其“健康、环保、安全”等属性的一种要求。混凝土的绿色化主要体现在使用无毒无污染的原材料、充分利用工业废渣和用再生资源代替传统材料、降低生产能耗、控制污染物及噪声排放、提高材料耐久性等方面。从减少资源消耗的技术角度出发，可采取减少水泥用量、大量利用工业固体废弃物、使用代用普通骨料等措施；从节能减排的控制技术角度出发，有必要延长建筑物结构的使用寿命、循环再生利用混凝土、推广应用高性能混凝土技术等；从环境影响控制技术角度出发，应使用环保型外加剂、提高混凝土工作性、使用预拌混凝土技术、采用绿色生产工艺和技术等。

与混凝土相关的绿色建材评价体系与方法有：ISO 14000 体系认证、环境标志产品认证、预拌混凝土绿色生产及管理评价、绿色建材评价标识等。

本书依据《预拌混凝土绿色生产及管理技术规程》(JGJ/T 328）和《绿色建材评价技术导则》(试行)，详细介绍了混凝土绿色生产、绿色管理及绿色评价的相关内容，对推动混凝土产业的可持续发展具有重要意义。

预拌混凝土绿色生产评价指标体系是由厂址选择和厂区要求、设备设施、控制要求和监测控制四类指标组成，每类指标都包括控制项和一般项。绿色生产评价等级划分为一星级、二星级和三星级三个等级。

绿色建材评价标识的评价指标体系分为控制项、评分项和加分项。控制项主要包括大气污染物、污水、噪声排放，工作场所环境、安全生产和管理体系等方面的要求。评分项是从节能、减排、安全、便利和可循环五个方面对建材产品全生命周期评价。加分项是重点考虑建材生产工艺和设备的先进性、环境影响水平、技术创新和性能等。评价等级划分为一星级、二星级和三星级三个等级。

《环境标志产品技术要求 预拌混凝土》(HJ/T 412）标准对预拌混凝土的放射

性、水溶性六价铬、矿物掺合料掺量以及释放空气污染物等方面进行了规定，在此基础上对预拌混凝土行业实施环境标志产品认证。环境标志产品技术要求规定，获得环境标志的产品必须是质量优、环境行为优的双优产品，是唯一同时以产品性能达标和环境安全为依据的认证，具有权威性。环境标志产品是我国对产品环境行为认证的最高规格的标识，也是目前国际上通行的环保认证形式。

总之，混凝土企业通过发展绿色技术、开发绿色产品，通过绿色认证，形成有利于节约资源和保护环境的发展模式，对自身可持续发展非常重要，同时对构建资源节约型、环境友好型的社会发展模式具有重要意义。

参考文献

[1] GB/T 19000—2008/ISO9000：2005.

[2] GBJ 68—1984.

[3] GB 50068—2001.

[4] 吴中伟，韩素芳. 混凝土工程技术的发展与成就. 中国建设行业科技发展五十年（1949～1999）. 建设部科学技术司主编. 北京：中国建筑工业出版社，2000.

[5] 吴兴祖，韩素芳，路来军. 竞争与发展同在 挑战和机遇并存——回顾我国混凝土产业的发展历程. 混凝土世界，2009（09）.

[6] 耿维恕等编著. 混凝土及预制混凝土构件的质量控制. 北京：中国建筑工业出版社，1996.

[7] 韩素芳，耿维恕主编. 钢筋混凝土结构裂缝控制指南. 北京：化学工业出版社，2006.

本章主要执笔人：韩素芳、路来军

第二章

原材料的质量要求及其检验与控制

第一节 水泥

一、概述

水泥是混凝土不可缺少的重要组分之一，其与水拌合后成为的塑性浆体，既可在空气中硬化，又可在水中更好地硬化。《水泥的命名、定义和术语》（GB/T 4131—2014）定义水泥是一种细磨材料，是与水混合形成塑性浆体后，能在空气中水化硬化，并能在水中继续硬化保持强度和体积稳定性的无机水硬性胶凝材料。以硅酸盐水泥熟料、适量的石膏以及规定的混合材料制成的通用硅酸盐水泥，适用于大多数工业与民用建筑。

1. 我国水泥标准的制订

水泥标准的制订、变化及其特点见表 2-1。

■表 2-1 水泥标准的制订、变化及其特点

年代	主要特点
1953 年	以日本软练强度检验方法为基础，制订了我国第一部水泥标准。水泥的强度等级使用标号为 300、400、500 等整数表示
1956 年	废除日本软练法，制订了以前苏联“硬练法”为基础的我国三大水泥标准，即普通硅酸盐水泥、矿渣硅酸盐水泥和火山灰质硅酸盐水泥标准
1977 年	制订了中国“软练法”的我国水泥强度检验方法(GB 177—77)，并以此为基础制订了我国五大水泥标准，即硅酸盐水泥、普通硅酸盐水泥、矿渣硅酸盐水泥、粉煤灰硅酸盐水泥和火山灰质硅酸盐水泥标准。水泥的强度采用 325、425、525、625 等标号表示
1985 年	对 GB 177—77 进行修订。水泥在原有的基础上增加了 R(早强)型水泥，即同一标号水泥中有两种早期强度指标
1992 年	对我国五大水泥的标准进行了修订，将硅酸盐水泥分为Ⅰ型和Ⅱ型
1999 年	修订了 GB 177—85，直接采用 ISO 国际水泥强度检验方法，将水泥标号改为强度等级，并在此基础上又一次修订了我国水泥标准，即《硅酸盐水泥、普通硅酸盐水泥》(GB 175—1999)、《矿渣硅酸盐水泥、粉煤灰硅酸盐水泥和火山灰质硅酸盐水泥》(GB 1344—1999)、《复合硅酸盐水泥》(GB 12598—1999)等标准。水泥强度等级以 32.5、42.5、52.5 表示，并仍保留 R 型
2007 年	制订了《通用硅酸盐水泥》(GB 175—2007)，取代了 GB 175—1999、GB 1344—1999、GB 12598—1999 三部标准

表 2-1 中三种不同强度检验方法即硬练法、GB 177 法（俗称软练法）、ISO 法的胶砂组成对比见表 2-2。

■表 2-2 硬练法、GB 177 法、ISO 法的胶砂组成对比

方法	水灰比	灰砂比	标准砂/mm
硬练法	0.3~0.4	1∶3	单级 0.5~0.85
GB 177 法	0.44	1∶2.5	单级 0.25~0.65
ISO 法	0.50	1∶3	级配砂:0.08~0.5，0.5~1.0，1.0~2.0

水泥标号尾数数字的变化是因强度检验方法改变后，为确立新老强度对应关系和避免过渡时期二者混淆而采取的一种办法，但每一次强度检验方法的改变都使我国水泥强度提高了约一个等级。表 2-3 是 1999 年采用 ISO 强度检验方法后，水泥的强度等级与我国原水泥标号的对应关系。

■表 2-3 强度等级与我国原水泥标号的对应关系

水泥标号	325	425	525	625
水泥强度等级	—	32.5	42.5	52.5

2. 分类

1984 年制定了《水泥命名原则》（GB 4131—80），1997 年修订为《水泥的命名、定义和术语》（GB/T 4131—1997），2014 年再次进行修订。在《水泥的命名、定义和术语》（GB/T 4131—2014）中，水泥按用途和性能分为如下两类。

① 通用水泥 一般土木建筑工程通常采用的水泥，如硅酸盐水泥、普通硅酸盐水泥、矿渣硅酸盐水泥、火山灰质硅酸盐水泥、粉煤灰硅酸盐水泥和复合硅酸盐水泥等。

② 特种水泥 具有特殊性能或用途的水泥，如铝酸盐水泥、铁铝酸盐水泥、抗硫酸盐硅酸盐水泥、低热水泥、砌筑水泥、油井水泥等。

依据《通用硅酸盐水泥》GB 175—2007，通用硅酸盐水泥按混合材料的品种和掺量分为硅酸盐水泥、普通硅酸盐水泥、矿渣硅酸盐水泥、火山灰质硅酸盐水泥、粉煤灰硅酸盐水泥和复合硅酸盐水泥。各品种水泥的组分和代号及强度等级见表 2-4。

■表 2-4 通用硅酸盐水泥的组分和代号及强度等级

品种	代号	组分/%(质量分数)					强度等级
		熟料+石膏	粒化高炉矿渣	火山灰质混合材料	粉煤灰	石灰石	
硅酸盐水泥	P.Ⅰ	100	—	—	—	—	42.5、42.5R、52.5、52.5R、62.5、62.5R
	P.Ⅱ	≥95	≤5	—	—	—	
		≥95	—	—	—	≤5	
普通硅酸盐水泥	P.O	≥80 且<95	>5 且≤20①				42.5、42.5R、52.5、52.5R

续表

品种	代号	组分/%(质量分数)					强度等级
		熟料+石膏	粒化高炉矿渣	火山灰质混合材料	粉煤灰	石灰石	
矿渣硅酸盐水泥	P.S.A	≥50且<80	>20且≤50②	—	—	—	32.5(复合硅酸盐水泥无此等级)、32.5R、42.5、42.5R、52.5、52.5R
	P.S.B	≥30且<50	>50且≤70②	—	—	—	
火山灰质硅酸盐水泥	P.P	≥60且<80	—	>20且≤40③	—	—	
粉煤灰硅酸盐水泥	P.F	≥60且<80	—	—	>20且≤40④	—	
复合硅酸盐水泥	P.C	≥50且<80	>20且≤50⑤				

① 本组分材料为符合要求的活性混合材料，其中允许用不超过水泥质量8%且符合要求的非活性混合材料或不超过水泥质量5%且符合要求的窑灰代替。

② 本组分材料为符合GB/T 203和GB/T 18046的活性混合材料，其中允许用不超过水泥质量8%且符合要求的活性混合材料、非活性混合材料或窑灰中的任一种材料代替。

③ 本组分材料为符合GB/T 2847活性混合材料。

④ 本组分材料为符合GB/T 1596的活性混合材料。

⑤ 本组分材料为由两种（含）以上符合要求的活性混合材料或/和符合要求的非活性混合材料组成，其中允许用不超过水泥质量8%且符合要求的窑灰代替。掺矿渣时混合材料掺量不得与矿渣硅酸盐水泥重复。

注：1. 活性混合材料应符合GB/T 203、GB/T 18046、GB/T 1596、GB/T 2847标准要求的粒化高炉矿渣、粒化高炉矿渣粉、粉煤灰、火山灰质混合材料。

2. 非活性混合材料活性指标分别低于GB/T 203、GB/T 18046、GB/T 1596、GB/T 2847标准要求的粒化高炉矿渣、粒化高炉矿渣粉、粉煤灰、火山灰质混合材料；石灰石和砂岩，其中石灰石中的三氧化二铝含量(质量分数)应不大于2.5%。

3. 窑灰：应符合JC/T 742的规定。

二、质量要求

依据标准《通用硅酸盐水泥》（GB 175），对水泥质量要求如下。

1. 化学指标

通用硅酸盐水泥的化学性能应符合表2-5的规定（以质量分数计）。

■表2-5　通用硅酸盐水泥的化学指标　　单位：%

品种	代号	不溶物	烧失量	三氧化硫	氧化镁	氯离子
硅酸盐水泥	P·Ⅰ	≤0.75	≤3.0	≤3.5	≤5.0①	≤0.06③
	P·Ⅱ	≤1.50	≤3.5			
普通硅酸盐水泥	P·O	—	≤5.0			
矿渣硅酸盐水泥	P·S·A	—	—	4.0	≤6.0②	
	P·S·B	—	—		—	
火山灰质硅酸盐水泥	P·P	—	—	≤3.5	≤6.0②	
粉煤灰硅酸盐水泥	P·F	—	—			
复合硅酸盐水泥	P·C	—	—			

① 如果水泥压蒸试验合格，则水泥中氧化镁的含量（质量分数）允许放宽至6.0%。

② 如果水泥氧化镁的含量（质量分数）大于6.0%时，需进行水泥压蒸安定性试验并合格。

③ 当有更低要求时，该指标由买卖双方确定。

2. 物理指标

(1) 强度

不同品种、不同强度等级的通用硅酸盐水泥，其不同龄期的强度应符合表 2-6 的规定。

■表 2-6 通用硅酸盐水泥不同龄期的强度

品种	强度等级	抗压强度/MPa		抗折强度/MPa	
		3d	28d	3d	28d
硅酸盐水泥	42.5	≥17.0	≥42.5	≥3.5	≥6.5
	42.5R	≥22.0		≥4.0	
	52.5	≥23.0	≥52.5	≥4.0	≥7.0
	52.5R	≥27.0		≥5.0	
	62.5	≥28.0	≥62.5	≥5.0	≥8.0
	62.5R	≥32.0		≥5.5	
普通硅酸盐水泥	42.5	≥17.0	≥42.5	≥3.5	≥6.5
	42.5R	≥22.0		≥4.0	
	52.5	≥23.0	≥52.5	≥4.0	≥7.0
	52.5R	≥27.0		≥5.0	
矿渣硅酸盐水泥 火山灰质硅酸盐水泥 粉煤灰硅酸盐水泥 复合硅酸盐水泥	32.5	≥10.0	≥32.5	≥2.5	≥5.5
	32.5R	≥15.0		≥3.5	
	42.5	≥15.0	≥42.5	≥3.5	≥6.5
	42.5R	≥19.0		≥4.0	
	52.5	≥21.0	≥52.5	≥4.0	≥7.0
	52.5R	≥23.0		≥5.0	

注：复合硅酸盐水泥无 32.5 强度等级。

(2) 细度

硅酸盐水泥和普通硅酸盐水泥的细度以比表面积表示，其比表面积不小于 $300m^2/kg$；矿渣硅酸盐水泥、火山灰质硅酸盐水泥、粉煤灰硅酸盐水泥和复合硅酸盐水泥的细度以筛余表示，其 80μm 方孔筛筛余不大于 10%或 45μm 方孔筛筛余不大于 30%。

(3) 凝结时间

硅酸盐水泥初凝时间不小于 45min，终凝时间不大于 390min。

普通硅酸盐水泥、矿渣硅酸盐水泥、火山灰质硅酸盐水泥、粉煤灰硅酸盐水泥和复合硅酸盐水泥初凝时间不小于 45min，终凝时间不大于 600min。

(4) 安定性

沸煮法合格。

3. 碱含量

水泥中碱含量按 $Na_2O+0.658K_2O$ 计算值表示。若使用活性骨料，用户要求提供低碱水泥时，水泥中的碱含量应不大于0.60%或由买卖双方协商确定。

4. 放射性

依据标准《建筑材料放射性核素限量》(GB 6566)，水泥的内、外照射指数限量均不超过1.0。

三、检验方法

(一) 执行标准

1. 物理指标

(1) 强度按《水泥胶砂强度检验方法》(GB/T 17671) 进行。

(2) 细度：比表面积按《水泥比表面积测定方法》(GB/T 8074) 进行；筛余按《水泥细度检验方法 筛析法》(GB/T 1345) 进行。

(3) 水泥标准稠度用水量、凝结时间和安定性按《水泥标准稠度用水量、凝结时间、安定性检验方法》(GB/T 1346) 进行，压蒸安定性按《水泥压蒸安定性试验方法》(GB/T 750) 进行。

2. 化学指标

不溶物、烧失量、氧化镁、三氧化硫、氯离子按《水泥化学分析方法》(GB/T 176) 进行。

3. 碱含量

碱含量按《水泥化学分析方法》(GB/T 176) 进行。

4. 放射性

内、外照射指数限量按《建筑材料放射性核素限量》(GB 6566) 进行。

(二) 试验条件及材料

1. 试验条件

试验时试验室环境温度应为 (20±2)℃，相对湿度不低于50%；

水泥试样、标准砂、拌合水及试模温度应为 (20±2)℃；

水泥养护箱温度应为 (20±1)℃，相对湿度不低于90%；

水泥养护池水温应为 (20±1)℃。

2. 试验材料

试验用水必须是洁净的饮用水，有争议时应以蒸馏水为准。砂用ISO标准砂。试验用水泥从取样至试验要在其试验环境保持24h以上。

(三) 标准稠度用水量测定

水泥标准稠度用水量的测定方法见表2-7。

■表 2-7 标准稠度用水量测定方法

项目	主要内容		
原理及目的	水泥净浆对标准试杆(或试锥)的沉入具有一定阻力。通过试验不同含水量的水泥净浆的穿透性，以确定标准稠度水泥净浆中所需加入的水量，从而了解水泥的需水性		
仪器设备	水泥净浆搅拌机，维卡仪，量筒或滴定管(精度±0.5mL)，天平(最大称量不小于 1000g、分度值不大于 1g)，圆模等		
主要操作步骤	1. 试验前需检查标准稠度测定仪的金属棒应能自由滑动；试杆接触玻璃板时调整指针对准零点 2. 水泥净浆拌制：搅拌锅和叶片先用湿布擦过，将拌合水倒入搅拌锅内，在 5~10s 内小心地将称好的 500g 水泥加入水中，并注意防止水和水泥溅出。然后将搅拌锅放在锅座上升至搅拌位置，开动搅拌机低速搅拌 120s，停 15s，此时将粘在叶片和锅壁上的水泥净浆刮入锅中间，接着高速搅拌 120s 停机 3. 拌和结束后，立即取适量水泥净浆一次性将其装入已置于玻璃底板上的试模中，浆体超过试模上端，用宽 25mm 的直边刀轻轻拍打超出试模部分的浆体 5 次，以排除浆体中的孔隙，然后在试模上表面的 1/3 处，略倾斜于试模，分别向外轻轻锯掉多余净浆，再从试模边沿轻抹顶部一次，使净浆表面光滑。在锯掉多余净浆和抹平的操作过程中，注意不要压实净浆。抹平后迅速将试模和底板移到维卡仪上，并将其中心定在试杆下，降低试杆与净浆面接触，拧紧螺丝 1~2s 后，突然放松，使试杆(试锥)垂直自由沉入水泥净浆中，到停止下沉或释放试杆(试锥)30s 时记录试杆距底板之间的距离，升起试杆并立即擦净。整个过程在搅拌后 1.5min 内完成		
结果计算与确定	标准法(试杆法)	代用法(试锥法)	
		调整水量法	不变水量法
	以试杆沉入净浆距底板(6±1)mm 的水泥净浆为标准稠度净浆，其拌合用水量为该水泥的标准稠度用水量(P)，按水泥质量的百分比计	调整水量法是按经验找水，测定时以试锥下沉深度(30±1)mm 时的净浆为标准稠度净浆，其拌合水量为该水泥的标准稠度用水量(P)，按水泥质量的百分比计。如下沉深度超出范围需重新称样，调整水量重新试验，直至达到(30±1)mm 为止	不变水量方法拌合水为 142.5mL，测定时以试锥下沉的深度 S(mm)，按公式 $P=33.4-0.185S$ 计算标准稠度用水量，下沉深度小于 13mm 时改用调整水量方法测定

注：1. 对于无试验经验或初次进行测定的水泥品种，为便于较快测得水泥标准稠度用水量，可先用代用法的不变用水量法测得标准稠度用水量，计算得出水泥标准稠度净浆所需的拌合用水，再用标准法测定标准稠度用水量。

2. 有争议时以标准法为准。

（四）凝结时间测定

水泥凝结时间的测定方法见表 2-8。

■表 2-8 水泥凝结时间的测定方法

项 目	主要内容
原理及目的	以试针沉入标准稠度水泥净浆至一定深度所需的时间表示，测定水泥凝结的快慢，为施工工艺提供依据
仪器设备	水泥净浆搅拌机、水泥标准养护箱、维卡仪、量筒或滴定管(精度±0.5mL)、天平(最大称量不小于 1000g，分度值不大于 1g)、圆模等
主要操作步骤	1. 测定前，调整凝结时间测定仪，当试针接触玻璃板时指针对准零点 2. 以标准稠度用水量制成的净浆一次装满试模振动数次以排除空气，并用小刀从模中心分别向相反两边刮去多余净浆，然后一次抹平，立即放入水泥标准养护箱中养护，记录水泥全部加入水中的时间为凝结时间的起始时间 3. 试件在养护箱内养护至加水后 30min 时进行第一次测定。测定时取出试模放到试针下，使试针与净浆面接触，拧紧螺丝，1~2s 后突然放松，使试针垂直自由沉入净浆，观察试针停止下沉时指针读数。当试针沉至距底板(4±1)mm 时，为水泥达到初凝状态，记录此时的时间 4. 当完成初凝时间的测定后，立即将试模连同试体以平移的方式从玻璃板上取下，翻转 180°，直径大端向上、小端向下放在玻璃板上，再放入水泥标准养护箱中继续养护

续表

项　目	主 要 内 容
主要操作步骤	5. 终凝时间的测定步骤与初凝时间的测定相同，当终凝试针沉入试体 0.5mm 时，即环形附件在试体上不留下环形痕迹时，为水泥达到终凝状态，记录此时的时间 6. 在整个测试过程中试针沉入位置至少距试模内壁 10mm，每次测定试针不能落入原针孔，每次测试完毕必须将试针擦净并将试模放回水泥标准养护箱中养护。 临近初凝时每隔 5min 测定一次，临近终凝时每隔 15min 测定一次，到达初凝时，应立即重复测定一次，当两次结论相同时才能确定到达初凝状态；到达终凝时，需要在试体另外两个不同点测试，结论相同时才能确定到达终凝状态
结果确定	1. 当试针沉至距底板(4 ± 1)mm 时，从水泥加水开始直至初凝状态所经历的时间为初凝时间，用 min 表示 2. 当终凝试针沉入试体 0.5mm 时，即环形附件在试体上不留下环形痕迹时，由水泥全部加入水中至终凝状态所经历的时间为终凝时间，用 min 表示

（五）安定性测定

水泥沸煮安定性测定方法见表 2-9，压蒸安定性测定方法见表 2-10。

■ 表 2-9　水泥沸煮安定性测定方法

项　目	主 要 内 容	
	雷氏法(标准法)	试饼法(代用法)
原理	观测由雷氏夹二个试针的相对位移所指示的标准稠度水泥净浆体积膨胀的程度	观测标准稠度水泥净浆试饼的外形变化程度
仪器设备	水泥净浆搅拌机，雷氏夹，雷氏夹膨胀测定仪，量筒或滴定管(精度 ± 0.5mL)，天平(最大称量不小于 1000g、分度值不大于 1g)，沸煮箱等	
主要操作步骤	1. 每个试样需成型两个试件，每个雷氏夹配备两个边长或直径为 80mm、厚度 4 ~ 5mm 的玻璃板，将玻璃板和雷氏夹内表面稍稍涂层油 2. 将雷氏夹放在涂油的玻璃板上，把已制好的标准稠度水泥净浆一次装满雷氏夹，装浆时一只手轻轻向下压住雷氏夹两根指针的焊点处，以免装浆时试模产生移动，不能用手捏雷氏夹以免造成切口边缘重叠，另一只手用宽约 25mm 的直边刀在浆体表面轻轻插捣 3 次，然后抹平，盖上稍涂油的玻璃板放入养护箱中养护(24 ± 2)h 3. 脱去玻璃板取下试件，测量雷氏夹指针尖端间距离(A)，精确到 0.5mm，随即将试件放入沸煮箱水中试件架上，指针朝上，试件之间互不交叉，在(30 ± 5)min 内加热至沸，并恒沸(180 ± 5)min 4. 沸煮结束将箱内热水放掉，打开箱盖使箱体冷却至室温后取出试件进行判别	1. 将拌好的标准稠度净浆取出一部分分成两等份使成球形，放在涂油的玻璃板上，轻轻振动玻璃板并用湿布擦过的小刀由边缘向中心抹动，做成直径 70 ~ 80mm、中心厚约 10mm、边缘渐薄、表面光滑的试饼放入养护箱中养护(24 ± 2)h 2. 检查养护箱温湿度是否符合要求，如温度过高、湿度不够，沸煮前试饼容易发生收缩裂纹，这样不能认为不合格。 如温度过低，沸煮后可能产生脱皮现象 3. 将养护后的试饼从玻璃板上取下，检查有无裂缝或弯曲现象，在试饼无缺陷的情况下将试饼放在沸煮箱水中篦板上，在(30 ± 5)min 内加热至沸，并恒沸(180 ± 5)min 4. 沸煮结束将箱内热水放掉，打开箱盖使箱体冷却至室温后取出试件进行判别
结果判定	测量指针尖端距离(C)，精确到 0.5mm，当两个试件沸煮后增加距离(C-A)平均值不大于 5.0mm，即认为该水泥安定性合格；当两个试件 C-A 值相差超过 5.0mm 时，应用同一样品立即重做一次试验，以复检结果为准	目测试饼未发现裂缝，用钢直尺检查没有弯曲为安定性合格，反之，为不合格。 如试饼出现崩溃、龟裂、弯曲、松脆等现象时为安定性不合格。 但应注意鉴定试饼时，必须十分细致地区别收缩裂缝与膨胀裂缝，前者属于安定性合格。 当安定性恰在合格与否边缘时，更需细致鉴定，除用钢直尺检查外，还应轻击试饼听其声音是否清脆，或将试饼切开，仔细察看断面情况再做决定。 当两个试饼判别结果不一致时，该水泥安定性为不合格

■表 2-10 水泥压蒸安定性测定方法

项　目	主 要 内 容
原理及目的	在饱和水蒸气条件下提高温度和压力，使水泥中的方镁石在较短的时间内绝大部分水化，用试件的形变来判断水泥体积安定性
仪器设备	压蒸釜、沸煮箱、试模(25mm×25mm×280mm)、比长仪及表 2-7 标准稠度用水量试验所需仪器设备等
主要操作步骤	1. 称取水泥试样 800g，用标准稠度水量按本节表 2-7 方法拌制水泥净浆 2. 将浆体分两层装入试模内，第一层浆体装入高度约为试模的五分之三，先以小刀划实，尤其钉头两侧应多插几次，然后用捣棒由钉头内侧开始，从一端向另一端顺序捣压 10 次，往返共捣压 20 次，再用缺口捣棒在钉头两侧各捣压 2 次，然后再装入第二层浆体，用刀划匀，刀划之深度应透过第一层浆体表面，再用捣棒顺序捣压 12 次，往返共捣压 24 次，捣压完毕将剩余浆体装到模上，用刀抹平，放入湿气养护箱中养护 3~5h 后，刮去模上多余浆体，放入湿气养护箱中养护至成型后 24h 脱模 3. 试件脱模后即测其初始长度，精确至 0.001mm。然后放入沸煮箱内按本节表 2-9 沸煮安定性要求进行沸煮。沸煮后的试件放在(20±2)℃的水中养护，并应在 4 天内完成压蒸 4. 将试体放在压蒸釜内，接通电源开始加热，在 45~75min 达到(2±0.05)MPa 压力，保持 3h 后切断电源，让压蒸釜在 90min 内压力降至 0.1MPa 以下。排出釜内剩余蒸汽，打开压蒸釜，取出试体立即置于 90℃以上的热水中，均匀地注入冷水，在 15min 内使水温降至室温，再经 15min 取出试件，测定试体长度(L_1)
结果计算与确定	水泥压蒸膨胀率按下式计算，精确至 0.01%： $L_A=(L_1-L_0)/L\times100$① 式中 L_A——试件压蒸膨胀率，%； L_1——试件压蒸后长度读数，mm； L_0——试件脱模后初长读数，mm； L——试件有效长度，250mm。 水泥净浆试件的膨胀率取两条试件的平均值，当试件的膨胀率与平均值相差超过±10%时应重做
结果判定	当普通硅酸盐水泥、矿渣硅酸盐水泥、火山灰质硅酸盐水泥、粉煤灰硅酸盐水泥的压蒸膨胀率不大于 0.50%，硅酸盐水泥的压蒸膨胀率不大于 0.80%时，为体积安定性合格，反之为不合格

① 与资料来源一致，本节百分数计算结果数值为百分比的 100 倍。

（六）水泥胶砂强度测定

水泥胶砂强度测定方法见表 2-11。

■表 2-11 水泥胶砂强度测定方法

项　目	主 要 内 容
原理及目的	按标准规定配制的水泥胶砂试件，经标准养护一定龄期，检验各龄期的强度以确定水泥强度是否达标
仪器设备	胶砂搅拌机、胶砂振实台、试模、抗折试验机、抗压试验机、抗压夹具、水泥标准养护箱等
主要操作步骤	1. 胶砂搅拌前先将搅拌锅和搅拌叶片用湿布润湿，然后把量好的(225±1)g 水加入搅拌锅中，再加入(450±2)g 水泥。把锅放在固定架上，上升至固定位置，开动搅拌机 (1) 先低速搅拌 30s (2) 在第二个 30s 开始的同时均匀地将(1350±5)g 标准砂自动加入锅中 (3) 高速搅拌 30s (4) 停拌 90s，在第一个 15s 内用胶皮刮具将粘在叶片和锅壁上的胶砂刮入锅中间 (5) 最后高速搅拌 60s 后停机 以上五个过程均为自动控制，总时间为 240s，且各个阶段时间误差应为±1s

续表

项　目	主要内容
主要操作步骤	2. 胶砂制备后要立即成型，取下搅拌锅用勺子将胶砂分两层装入固定在振实台上的试模和模套内，装第一层时每个槽里约放 300g 胶砂，用大播料器垂直架在模套顶部沿每个模槽来回一次将料层播平，开动振实台振动 60 次，再装入第二层胶砂，用小播料器播平，再振动 60 次。移走模套取下试模用一金属直尺以近似 90° 架在试模模顶一端，然后沿试模长度方向以横向锯割慢慢地向另一端移动。一次将超过试模的胶砂刮去并抹平，清除模子四周胶砂，做好标记标明试件编号 3. 将做好标记的试模立即放入水泥养护箱中养护，养护时不能将试模放到其他试模上。在成型后(24±2)h 内取出试模进行脱模，脱模前先在试体上进行编号，两个龄期以上的试体，编号时将同一试模中的三条试体分在两个以上龄期内。将脱模后的试件水平(水平放置时刮平面朝上)或竖直放在(20±1)℃水中不易腐烂的篦子上进行养护。试件彼此间保持一定间距，使六个面均与水接触。试件之间间隔及试体上表面水深均不得小于 5mm。随时保持适当恒定水位，养护期间养护水不能全部换掉，每个养护池只许养护同类型的水泥试件 4. 试体龄期是从水泥加水搅拌开始算起，3d 龄期试件养护时间为 3d±45min，28d 龄期试件养护时间为 28d±8h。到龄期的试体，在破型前 15min 从水中取出，并用湿布覆盖直至试验 5. 抗折强度试验：每龄期取出三条试体先做抗折强度试验，试验前先擦去试体表面附着水分和砂粒，清除夹具上圆柱表面粘着的杂物，试体放入抗折夹具内使侧面与圆柱接触，采用杠杆式抗折试验机试验时，试体放入前应使杠杆成平衡状态。试体放入后调整夹具，使杠杆在试体折断时尽可能接近平衡位置，加荷速度(50±10)N/s 6. 抗压强度试验：抗折试验后的试件应立即进行抗压试验。试验前应清除试体受压面与加压板间的砂粒与杂物，以试体侧面作为受压面，试体底面靠紧夹具定位销，并使夹具对准压力机压板中心，受压面积为 40mm×40mm，加荷速度(2400±200)N/s 直至试件破坏
结果计算	1. 抗折强度计算，计算精确至 0.1N/mm²： $R_f=1.5F_fL/b^3$ 式中　R_f——抗折强度，N/mm²； F_f——破坏荷载，N； b——试件正方形截面边长，mm； L——支撑圆柱中心距，为 100mm。 如果采用杠杆式抗折试验机，直接读取强度值，单位：N/mm² 2. 抗压强度计算，计算精确至 0.1N/mm²： $R_c=F_c/A$ 式中　R_c——抗压强度，N/mm²； F_c——破坏的最大荷载，N； A——受压部分面积，即 40mm×40mm=1600mm²
结果确定	1. 抗折强度确定： 以一组三个试件抗折强度值的平均值作为试验结果，当三个强度值中有超出平均值±10%时，应剔除后再平均作为抗折强度试验结果 2. 抗压强度确定： 以一组三个棱柱体上得到的六个抗压强度测定值的算术平均值作为试验结果。如六个测定值中有一个超出平均值±10%时应剔除该值，以剩下五个的平均值作为试验结果。如果五个值中再有超过其平均值±10%的，则此组结果作废

（七）细度测定

水泥细度筛余量的测定方法见表 2-12，比表面积测定方法见表 2-13。

■表 2-12　水泥细度筛余量的测定方法

项　目	主要内容
原理及目的	采用 45μm 或 80μm 方孔筛对水泥试样进行筛析试验，用筛上筛余物的质量百分数来表示水泥样品的细度
仪器设备	负压筛析仪，天平(量程不小于 50g、最小分度值不大于 0.01g)等

续表

<table>
<tr><th>项 目</th><th colspan="3">主 要 内 容</th></tr>
<tr><td rowspan="4">主要操作步骤</td><td colspan="2">干筛法</td><td rowspan="2">水筛法</td></tr>
<tr><td>负压筛析法</td><td>手工筛</td></tr>
<tr><td>1. 试验前，将负压筛放在筛座上，盖上筛盖，接通电源，检查控制系统，使负压稳定在4000～6000Pa 范围内
2. 称取试样，置于负压筛中连续筛析 2min。在筛析过程中，发现有细灰吸附在筛盖上，可用木锤轻轻敲打筛盖，使吸附在筛盖的灰落下
3. 称取筛余物，精确至0.01g</td><td>1. 称取试样置于手工筛中
2. 用一只手持筛往复摇动，另一只手轻轻拍打，拍打速度每分钟约 120 次，每40 次向同一方向转动 60°，直至每分钟通过的试验量不超过 0.03g 为止。筛分过程中应保持水平
3. 称取筛余物，精确至0.01g</td><td>1. 称取试样置于水筛中
2. 用清水冲洗至大部分细粉通过后，放在水筛架上，用水压为(0.05±0.02)MPa 的喷头连续冲洗 3min
3. 用少量水把筛余物冲到蒸发器皿中，沉淀后，小心倒出清水，进行烘干
4. 称取筛余物，精确至0.01g</td></tr>
<tr><td colspan="3">45μm 筛筛析试验称取试样 10g，80μm 筛筛析试验称取试样 25g，均精确至 0.01g</td></tr>
<tr><td>结果计算</td><td colspan="3">45μm 或 80μm 方孔筛筛余应按下式计算，精确至 0.1%：
$F=(G_1/G)\times100$
式中 F——45μm 或 80μm 方孔筛筛余，%；
G_1——筛余物的质量，g；
G——称取试样的质量，g
负压筛析法、水筛法和手工筛析法测定的结果发生争议时，以负压筛析法为准</td></tr>
</table>

■表 2-13 水泥细度（比表面积）测定方法

<table>
<tr><th>项 目</th><th>主 要 内 容</th></tr>
<tr><td>原理及目的</td><td>根据一定量的空气通过具有一定空隙率和固定厚度的水泥层时，所受阻力不同而引起流速的变化来测定水泥的比表面积。在一定空隙率的水泥层，孔隙的大小和数量是颗粒尺寸的函数，同时也决定了通过料层的气流速度</td></tr>
<tr><td>仪器设备</td><td>Blaine 透气仪、滤纸、分析天平(分度值为 1mg)、计时秒表(精确读到 0.5s)、烘干箱等</td></tr>
<tr><td>主要操作步骤</td><td>1. 试样准备：将试样先通过 0.09mm 方孔筛，再在(110±5)℃下烘干 1h，并在干燥器中冷却到室温
2. 试料层空隙率的确定：PⅠ、PⅡ水泥采用 0.500±0.005，其他水泥或粉料采用 0.530±0.005，当采用上述空隙率并按下式算出的试样量达不到试料层制备的要求时，则允许改变空隙率
3. 按下式确定试样量：
$m=\rho V(1-\varepsilon)$
式中 m——需要的试样量，g；
ρ——试样密度，g/cm^3；
V——测定的试料层体积，cm^3；
ε——试料层空隙率
4. 试料层制备：将穿孔板放入透气圆筒的突缘上，用捣棒把一片与圆筒内径相同、边缘光滑的圆形滤纸片，放到穿孔板上，边缘放平并压紧。称取上式确定的试样量，精确到 0.001g，倒入圆筒。轻敲圆筒的边，使试样层表面平坦。再放入一片滤纸，用捣器均匀捣实试料，直至捣器的支持环与圆筒顶边接触，并旋转 1～2 圈，慢慢取出捣器。每次测定需用新的滤纸片
5. 透气试验：
(1)把装有试料层的透气圆筒下锥面涂一薄层活塞油脂，然后把它插入压力计顶端锥形磨口处，旋转 1～2 圈，要保证紧密连接，不致漏气，并不振动所制备的试料层
(2)打开微型电磁泵慢慢从压力计一臂中抽出空气，直到压力计内液面上升到扩大部下端时关闭阀门。当压力计内液体的凹月面下降到第一个刻线时开始计时，当液体的凹月面下降到第二条刻线时停止计时，记录液面从第一条刻度线到第二条刻度线所需的时间。以秒记录，并记下试验时的温度(℃)</td></tr>
</table>

续表

项　目	主要内容
结果计算	水泥的比表面积 S 按下式计算： $$S=\frac{S_s\sqrt{T}(1-\varepsilon_s)\sqrt{\varepsilon^3}\rho_s\sqrt{\eta_s}}{\sqrt{T_s}(1-\varepsilon)\sqrt{\varepsilon_s^3}\rho\sqrt{\eta}}$$ 式中　S——被测试样的比表面积，cm^2/g； S_s——标准试样的比表面积，cm^2/g； T——被测试样试验时，压力计中液面降落测得的时间，s； T_s——标准试样试验时，压力计中液面降落测得的时间，s； η——被测试样试验温度下的空气粘度，Pa · s； η_s——标准试样试验温度下的空气粘度，Pa · s； ρ——被测试样的密度，g/cm^3； ρ_s——标准试样的密度，g/cm^3； ε——被测试样试验层中的空隙率； ε_s——标准试样试验层中的空隙率 当试验时温度与标准试样试验时温度不超过 ± 3℃时，η 与 η_s 可近似相等
结果确定	比表面积应由二次透气试验结果的平均值确定。 如二次试验结果相差 2%以上时，应重新试验。 计算值精确至 $10cm^2/g$，$10cm^2/g$ 以下的数值按四舍五入计

（八）烧失量测定

水泥烧失量的测定方法见表 2-14。

■表 2 - 14　水泥烧失量测定方法

项　目	主要内容
原理及目的	试样在(950 ± 25)℃ 的高温炉中灼烧，驱除水分和二氧化碳，同时将存在的易氧化元素氧化。 通常矿渣硅酸盐水泥应对由硫化物的氧化引起的烧失量误差进行校正，而其他元素存在引起的误差一般可忽略不计
仪器设备	高温炉、天平(精度至 0. 0001g)、干燥器(内装变色硅胶)等
主要操作步骤	称取约 1g 试样(m_0)，精确至 0. 0001g，置于已灼烧恒量的瓷坩埚中，将盖斜置于坩埚上，放在高温炉内从低温开始逐渐升高温度，在(950 ± 25)℃ 下灼烧 15 ~ 20min，取出坩埚置于干燥器中冷却至室温，称量。 反复灼烧，直至恒量(经第一次灼烧、冷却、称量后，通过连续对每次 15min 的灼烧，然后冷却、称量的方法来检查恒定质量，当连续两次称量之差小于 0. 0005g 时，即达到恒重)
结果计算与确定	1. 烧失量的质量分数按下式计算： $$\omega_{LOI}=\frac{m_0-m_1}{m_0}\times 100$$ 式中　ω_{LOI}——烧失量的质量分数，%； m_0——试料的质量，g； m_1——灼烧后试料的质量，g 以两试验结果的平均值表示测定结果，其重复性限为 0. 15% 2. 矿渣硅酸盐水泥和掺入大量矿渣的其他水泥烧失量的校正：称取两份试样，一份用来直接测定其中三氧化硫含量；另一份按测定烧失量的条件于(950 ± 25)℃ 下灼烧 15 ~ 20min，然后测定灼烧后的试料中的三氧化硫含量(SO_3 测定引法见本章表 2-16)。 则校正后的烧失量按下式计算 $$\omega'_{LOI}=\omega_{LOI}+0.8\times(\omega_{后}-\omega_{前})$$ 式中　ω'_{LOI}——校正后烧失量的质量分数，%； ω_{LOI}——实际测定的烧失量的质量分数，%； $\omega_{后}$——灼烧后试料中三氧化硫的质量分数，%； $\omega_{前}$——灼烧前试料中三氧化硫的质量分数，%； 0. 8——S^{2-} 氧化为 SO_4^{2-} 时增加的氧与 SO_3 的摩尔质量比，即(4 × 16)/80= 0. 8

（九）不溶物测定

水泥中不溶物含量的测定方法（盐酸-氢氧化钠处理法）见表2-15。

■表2-15 水泥中不溶物含量测定方法

项 目	主要内容
原理及目的	试样先以盐酸溶液处理，尽量避免可溶性二氧化硅的析出，滤出的不溶渣再以氢氧化钠溶液处理，进一步溶解可能已沉淀的二氧化硅，以盐酸中和、过滤后，残渣经灼烧后称量
仪器设备	高温炉、烧杯、干燥器(内装变色硅胶)、天平(精度至0.0001g)等
化学试剂	1. 氢氧化钠溶液(10g/L)：将10g氢氧化钠(NaOH)溶于水中，加水稀释至1L，贮存于塑料瓶中 2. 硝酸铵溶液(20g/L)：将2g硝酸铵(NH_4NO_3)溶于水中，加水稀释至100mL 3. 盐酸(1+1) 4. 甲基红指示剂溶液(2g/L)：将0.2g甲基红溶于100mL体积分数为95%的乙醇中
主要操作步骤	1. 称取约1g试样，精确至0.0001g，置于150mL烧杯中，加入25mL水，搅拌使试样完全分散，在不断搅拌下加入5mL盐酸，用平头玻璃棒压碎块状物使其分解完全(必要时可将溶液稍稍加温几分钟)。用近沸的热水稀释至50mL，盖上表面皿，将烧杯置于蒸汽水浴中加热15min。用中速定量滤纸过滤，用热水充分洗涤10次以上 2. 将残渣和滤纸一并移入原烧杯中，加入100mL近沸的氢氧化钠溶液，盖上表面皿，置于蒸汽水浴中加热15min。加热期间搅动残渣和滤纸2~3次。取下烧杯，加入1~2滴甲基红指示剂溶液，滴加盐酸(1+1)至溶液呈红色，再过量8~10滴。用中速定量滤纸过滤，用热的硝酸铵溶液充分洗涤至少14次 3. 将残渣及滤纸一并移入已灼烧恒重的瓷坩埚中，灰化后在(950±25)℃的高温炉内灼烧30min。取出坩埚，置于干燥器中，冷却至室温，称重。反复灼烧，直至恒重
结果计算	不溶物的质量分数按下式计算： $\omega_{IR}=(m_1/m_0)\times100$ 式中 ω_{IR}——不溶物的质量百分数，%； m_0——试样的质量，g； m_1——灼烧后不溶物的质量，g
结果确定	以两次试验结果的平均值表示测定结果，当不溶物含量≤3%时，其重复性限为0.10%；当不溶物含量>3%时，其重复性限为0.15%

（十）三氧化硫测定

三氧化硫含量的测定方法分为基准法（硫酸钡重量法）和代用法，代用法又分为碘量法、离子交换法、铬酸钡分光光度法和库仑滴定法。表2-16所示为基准法。

■表2-16 水泥中三氧化硫含量测定方法（基准法）

项 目	主要内容
原理及目的	在酸性溶液中，用氯化钡溶液沉淀硫酸盐，经过滤、灼烧后，以硫酸钡形式称量。测定结果以三氧化硫计
仪器设备	高温炉、干燥器(内装变色硅胶)、天平(精度至0.0001g)等
化学试剂	1. 氯化钡溶液(100g/L)：将100g氯化钡($BaCl_2\cdot2H_2O$)溶于水中，加水稀释至1L 2. 盐酸(1+1)

Concrete

续表

项目	主要内容
主要操作步骤	称取约 0.5g 试样，精确至 0.0001g，置于 200mL 烧杯中，加入 40mL 水，搅拌使其完全分散，在搅拌下加入 10mL 盐酸(1+1)，用平头玻璃棒压碎块状物，加热煮沸并保持微沸(5±0.5)min。用中速滤纸过滤，用热水洗涤 10~12 次，滤液和洗液收集于 400mL 烧杯中。加水稀释至约 250mL，玻璃棒底部压一小片定量滤纸，盖上表面皿，加热煮沸，在微沸下从杯口缓慢逐滴加入 10mL 热的氯化钡溶液，继续微沸 3 min 以上，使沉淀良好形成，然后在常温下静置 12~24h，此时溶液体积应保持在约 200mL。用慢速定量滤纸过滤，以温水洗涤，直至检验无氯离子为止 将沉淀及滤纸一并移入已灼烧恒重的瓷坩埚中，灰化后在 800~950℃ 的高温炉内灼烧 30min。取出坩埚，置于干燥器中，冷却至室温，称重。反复灼烧，直至恒重
结果计算	三氧化硫的质量百分数按下式计算： $\omega_{SO_3}=(m_1\times 0.343/m_0)\times 100$ 式中 ω_{SO_3}——三氧化硫的质量分数，%； m_0——试样的质量，g； m_1——灼烧后沉淀的质量，g； 0.343——硫酸钡对三氧化硫的换算系数
结果确定	以两次试验结果的平均值表示测定结果，其重复性限为 0.15%

（十一）氧化镁测定

氧化镁含量的测定方法分为基准法（原子吸收光谱法）和代用法（EDTA 滴定差减法）。表 2-17 所示为基准法。

■表 2-17 水泥中氧化镁含量测定方法（基准法）

项目	主要内容
原理及目的	以氢氟酸-高氯酸分解或氢氧化钠熔融-盐酸分解试样的方法制备溶液，分取一定量的溶液，用锶盐消除硅、铝、钛等对镁的干扰，在空气-乙炔火焰中，于波长 285.2nm 处测定溶液的吸光度
仪器设备	原子吸收光谱仪、高温炉、天平(精度至 0.0001g)等
化学试剂	1. 氧化镁(MgO，基准试剂或光谱纯) 2. 氯化锶溶液(锶 50g/L)：将 152.2g 氯化锶($SrCl_2\cdot 6H_2O$)溶于水中，加水稀释至 1L，必要时过滤后使用 3. 氢氧化钠(NaOH)、盐酸(1+1)、盐酸(1+9) 4. 氢氟酸、高氯酸
主要操作步骤	1. 氧化镁标准溶液的配制： (1) 称取 1.0000g 已于(950±25)℃灼烧过 60min 的氧化镁(MgO，基准试剂或光谱纯)，精确至 0.0001g，置于 250mL 烧杯中，加入 50mL 水，再缓缓加入 20mL 盐酸(1+1)，低温加热至完全溶解，冷却至室温后，移入 1000mL 容量瓶中，用水稀释至标线，摇匀。此标准溶液每毫升含 1mg 氧化镁 (2) 吸取 25.00mL 上述标准溶液放入 500mL 容量瓶中，用水稀释至标线，摇匀。此标准溶液每毫升含 0.05mg 氧化镁 2. 工作曲线绘制：吸取每毫升含 0.05mg 氧化镁标准溶液 0mL；2.00mL；4.00mL；6.00mL；8.00mL；10.00mL；12.00mL 分别放入 500mL 容量瓶中，加入 30mL 盐酸及 10mL 氯化锶溶液，用水稀释至标线，摇匀。将原子吸收光谱仪调节至最佳工作状态，在空气-乙炔火焰中，用镁空心阴极灯，于波长 285.2nm 处，以水校零测定溶液的吸光度。用测得的吸光度作为相对应的氧化镁含量的函数，绘制工作曲线备用

续表

<table>
<tr><th>项　目</th><th colspan="2">主 要 内 容</th></tr>
<tr><td rowspan="4">主要操作步骤</td><td colspan="2">3. 分解试样制备：分解试样制备的方法有氢氟酸-高氯酸分解和氢氧化钠熔融-盐酸分解试样两种方法，制备时可任选其中一种</td></tr>
<tr><td>氢氟酸-高氯酸分解试样</td><td>氢氧化钠熔融-盐酸分解试样</td></tr>
<tr><td>称取约 0.1g 试样(m_0)，精确至 0.0001g，置于铂坩埚(或铂皿)中，加入 0.5～1mL 水润湿，加入 5～7mL 氢氟酸和 0.5mL 高氯酸，放入通风橱内低温电热板上加热，近干时摇动铂坩埚以防溅失。待白色浓烟完全驱尽后，取下冷却。加入 20mL 盐酸(1+1)，温热至溶液澄清，冷却后，移入 250mL 容量瓶中，加入 5mL 氯化锶溶液，用水稀释至标线，摇匀</td><td>称取约 0.1g 试样(m_0)，精确至 0.0001g，置于银坩埚中，加入 3～4g 氢氧化钠，盖上坩埚盖(留有缝隙)，放入高温炉中，在 750℃ 的高温下熔融 10min，取出冷却。将坩埚放入已盛有约 100mL 沸水的 300mL 烧杯中，盖上表面皿，待熔块完全浸出后(必要时适当加热)，取出坩埚，用水冲洗坩埚和盖。在搅拌下一次加入 35mL 盐酸(1+1)，用热盐酸(1+9)洗净坩埚和盖。将溶液加热煮沸，冷却后，移入 250mL 容量瓶中，用水稀释至标线，摇匀</td></tr>
<tr><td colspan="2">4. 氧化镁测定：从上步任一方法制备的溶液中吸取一定量溶液放入容量瓶中(试样溶液的分取量及容量瓶的容积视氧化镁含量而定)，加入盐酸(1+1)及氯化锶溶液，使测定溶液中盐酸的体积分数为 6%，锶的浓度为 1mg/mL。用水稀释至标线，摇匀。用原子吸收光谱仪，在空气-乙炔火焰中，用镁空心阴极灯，于波长 285.2nm 处，在与绘制工作曲线相同的仪器条件下测定溶液的吸光度，并在第 2 步绘制的工作曲线上查出氧化镁的浓度(c_1)</td></tr>
<tr><td>结果计算</td><td colspan="2">氧化镁的质量分数按下式计算：
$$\omega_{MgO}=(c_1Vn\times 0.1)/m_0$$
式中　ω_{MgO}——氧化镁的质量分数，%；
c_1——测定溶液中氧化镁的浓度，mg/mL；
V——测定溶液的体积，mL；
n——全部试样溶液与分取试样溶液的体积比；
m_0——试样的质量，g</td></tr>
<tr><td>结果确定</td><td colspan="2">以两次试验结果的平均值表示测定结果，其重复性限为 0.15%</td></tr>
</table>

（十二）碱含量测定

水泥的碱含量以 $Na_2O+0.658K_2O$ 计算值表示，氧化钾和氧化钠的测定方法分为基准法（火焰光度法）和代用法（原子吸收光谱法）。表 2-18 所示为基准法。

■表 2-18　水泥的碱含量测定方法（基准法）

项　目	主 要 内 容
原理及目的	以氢氟酸-硫酸蒸发处理除去硅，用热水浸取残渣，以氨水和碳酸铵分离铁、铝、钙、镁。用火焰光度计测定滤液中的钾、钠，并计算求得碱含量
仪器设备	火焰光度计、天平(精度至 0.0001g)
化学试剂	1. 氯化钾(KCl，基准试剂或光谱纯)、氯化钠(NaCl，基准试剂或光谱纯) 2. 氢氟酸、硫酸(1+1)、氨水(1+1)、盐酸(1+1) 3. 碳酸铵溶液(100g/L)：将 10g 碳酸铵［$(NH_4)_2CO_3$］溶解于 100mL 水中，用时现配 4. 甲基红指示剂溶液(2g/L)：将 0.2g 甲基红溶于 100mL 体积分数为 95%的乙醇中

续表

项　目	主要内容
主要操作步骤	1. 氧化钾(K_2O)、氧化钠(Na_2O)标准溶液的配制：称取1.5829g已于105～110℃烘过2h的氯化钾(KCl，基准试剂或光谱纯)及1.8859g已于105～110℃烘过2h的氯化钠(NaCl，基准试剂或光谱纯)，精确至0.0001g，置于烧杯中，加水溶解后，移入1000mL容量瓶中，用水稀释至标线，摇匀，贮存于塑料瓶中。此标准溶液每毫升含1mg氧化钾及1mg氧化钠 2. 工作曲线绘制：吸取每毫升含1mg氧化钾及1mg氧化钠的标准溶液0mL；2.50mL；5.00mL；10.00mL；15.00mL；20.00mL分别放入500mL容量瓶中，用水稀释至标线，摇匀，贮存于塑料瓶中。将火焰光度计调节至最佳工作状态，按仪器使用规程进行测定。用测得的检流计读数作为相对应的氧化钾和氧化钠含量的函数，绘制工作曲线备用 3. 氧化钾和氧化钠的测定：称取约0.2g水泥试样(m_0)，精确至0.0001g，置于铂皿中，加入少量水润湿，加入5～7mL氢氟酸和15～20滴硫酸(1+1)，放入通风橱内低温电热板上加热，近干时摇动铂皿，以防溅失。待氢氟酸驱尽后逐渐升高温度，继续将三氧化硫白烟驱尽，取下冷却。加入40～50mL热水，压碎残渣使其溶解，加入1滴甲基红指示剂溶液，用氨水(1+1)中和至黄色，再加入10mL碳酸铵溶液，搅拌，然后放入通风橱内电热板上加热至沸并继续微沸20～30min。用快速滤纸过滤，以热水充分洗涤，滤液及洗液收集于100mL容量瓶中，冷却至室温。用盐酸(1+1)中和至溶液呈微红色，用水稀释至标线，摇匀。在火焰光度计上，按仪器使用规程，在与绘制工作曲线相同的仪器条件进行测定。在工作曲线上分别查出氧化钾和氧化钠的含量(m_1)和(m_2)
结果计算与确定	1. 氧化钾和氧化钠的质量分数按下式计算： $\omega_{K_2O}=(m_1\times 0.1)/m_0$ $\omega_{Na_2O}=(m_2\times 0.1)/m_0$ 式中　ω_{K_2O}，ω_{Na_2O}——氧化钾、氧化钠的质量分数，%； m_1——100mL测定溶液中氧化钾的含量，mg； m_2——100mL测定溶液中氧化钠的含量，mg； m_0——试样的质量，g 以两次试验结果的平均值表示测定结果，氧化钾含量的重复性限为0.10%；氧化钠含量的重复性限为0.05% 2. 碱含量计算： $\omega_{碱}=\omega_{Na_2O}+0.658\omega_{K_2O}$ 式中　$\omega_{碱}$——碱含量，%

注：1. 上述表2-14～表2-18的试样制备：采用四分法或缩分器将试样缩分至约100g，经80μm方孔筛筛析，用磁铁吸去筛余物中金属铁，将筛余物经过研磨后使其全部通过孔径为80μm方孔筛，充分混匀，装入试样瓶中，密封保存，供测定用(尽可能快速地进行试样制备，以防止吸潮)。

2. 表2-14～表2-18测定结果保留小数点后两位；重复性限为绝对偏差，以质量分数表示。在重复性条件下(在同一试验室，由同一操作员使用相同设备，按相同的测试方法，在短时间内对同一被测对象相互独立进行的测试条件)，采用表中方法分析同一试样时，两次分析结果之差应在所列的重复性限内。如超出重复性限，应在短时间内进行第三次测定，测定结果与前两次或任一次分析结果之差值符合重复性限规定时，则取其平均值；否则，应查找原因，重新按上述规定进行分析。

（十三）氯离子测定

水泥氯离子含量测定方法分为基准法（硫氰酸铵容量法）和代用法（磷酸蒸馏-汞盐滴定法），见表2-19。因《水泥原料中氯离子的化学分析方法》（JC/T 420）已废止，凡是按此标准检验氯离子含量的均改为按《水泥化学分析方法》（GB/T 176）执行。

■表 2-19 水泥氯离子含量测定方法

项目	主要内容	
	硫氰酸铵容量法(基准法)	磷酸蒸馏-汞盐滴定法(代用法)
原理及目的	测定除氟以外的卤素含量，以氯离子(Cl^-)表示结果。试样用硝酸进行分解，同时消除硫化物的干扰。加入已知量的硝酸银标准溶液使氯离子以氯化银的形式沉淀。煮沸、过滤后，将滤液和洗涤液冷却至25℃以下，以铁(Ⅲ)盐为指示剂，用硫氰酸铵标准滴定溶液滴定过量的硝酸银	用规定的蒸馏装置在250~260℃温度条件下，以过氧化氢和磷酸分解试样，以净化空气做载体，进行蒸馏分离氯离子，用稀硝酸作吸收液。在pH3.5左右，以二苯偶氮碳酰肼为指示剂，用硝酸汞标准滴定溶液进行滴定
仪器设备	天平(精确至0.0001g)，烧杯，电炉，慢速滤纸或玻璃砂芯漏斗(直径50mm，型号G4)，锥形瓶，玻璃棒等	天平(精度至0.0001g)，测氯蒸馏装置，玻璃容量器皿(滴定管、容量瓶、移液管、称量瓶)等
化学试剂	1. 硝酸(1+2) 2. 硝酸银标准溶液 $c(AgNO_3)$ = 0.05mol/L：称取8.4940g已于(150±5)℃烘过2h的硝酸银($AgNO_3$)，精确至0.0001g，加水溶解后，移入1000mL容量瓶中，加水稀释至标线，摇匀，贮存于棕色瓶中，避光保存 3. 滤纸浆：将定量滤纸撕成小块，放入烧杯中，加水浸没，在搅拌下加热煮沸10min以上，冷却后放入广口瓶中备用 4. 硝酸(1+100) 5. 硫酸铁铵指示剂溶液：将10mL硝酸(1+2)加入到100mL冷的硫酸铁(Ⅲ)铵[$NH_4Fe(SO_4)_2 \cdot 12H_2O$]饱和水溶液中 6. 硫氰酸铵标准滴定溶液 $c(NH_4SCN)$= 0.05mol/L：称取3.8g硫氰酸铵(NH_4SCN)溶于水，稀释至1L	1. 过氧化氢(H_2O_2)：质量分数30% 2. 乙醇(C_2H_5OH)：体积分数95%或无水乙醇 3. 硝酸溶液(0.5mol/L)：取3mL硝酸(密度为1.39~1.41g/cm³或质量分数为65%~68%)，加水稀释至100mL 4. 磷酸(H_3PO_4)：密度1.68g/cm³或质量分数≥85% 5. 氢氧化钠溶液(0.5mol/L)：将2g氢氧化钠(NaOH)溶于100mL水中 6. 氯离子标准溶液 准确称取0.3297g已在105~110℃烘2h的氯化钠，溶于少量水中，然后移入1L容量瓶中，用水稀释至标线，摇匀。此溶液1mL含0.2mg氯离子 吸取上述溶液50.00mL，注入250mL容量瓶中，用水稀释至标线，摇匀。此溶液1mL含0.04mg氯离子 7. 硝酸汞标准滴定溶液 $c[Hg(NO_3)_2]$ = 0.001mol/L (1) 硝酸汞标准滴定溶液 $c[Hg(NO_3)_2]$ = 0.001mol/L的配制 称取0.34g硝酸汞 $Hg(NO_3)_2 \cdot \frac{1}{2}H_2O$，溶于10mL硝酸溶液中，移入1L容量瓶内，用水稀释至标线，摇匀 (2) 硝酸汞标准滴定溶液 $c[Hg(NO_3)_2]$ = 0.001mol/L的标定 用微量滴定管准确加入5.00mL 0.04mg/mL氯离子标准溶液于50mL锥形瓶中，加入20mL乙醇及1~2滴溴酚蓝指示剂，用氢氧化钠溶液调至溶液呈蓝色，然后用硝酸溶液调至溶液刚好变黄，再过量1滴(pH约为3.5)，加入10滴二苯偶氮碳酰肼指示剂，用硝酸汞标准滴定溶液滴定至樱桃红色出现 同时进行空白试验。使用相同量的试剂，不加入氯离子标准溶液，按照相同的测定步骤进行试验 硝酸汞标准滴定溶液对氯离子的滴定度按下式计算： $$T_{Cl^-} = \frac{0.04 \times 5.00}{V_2 - V_1} = \frac{0.2}{V_2 - V_1}$$ 式中 T_{Cl^-}——硝酸汞标准滴定溶液对氯离子的滴定度，mg/mL； V_2——标定时消耗硝酸汞标准滴定溶液的体积，mL； V_1——空白试验消耗硝酸汞标准滴定溶液的体积，mL； 0.04——氯离子标准溶液的浓度，mg/mL； 5.00——加入氯离子标准溶液的体积，mL

续表

项目	主要内容	
	硫氰酸铵容量法(基准法)	磷酸蒸馏-汞盐滴定法(代用法)
化学试剂	1. 硝酸(1+ 2) 2. 硝酸银标准溶液［$c(AgNO_3)$ = 0.05mol/L］：称取 8.4940g 已于(150 ± 5)℃烘过 2h 的硝酸银($AgNO_3$)，精确至 0.0001g，加水溶解后，移入 1000mL 容量瓶中，加水稀释至标线，摇匀，贮存于棕色瓶中，避光保存 3. 滤纸浆：将定量滤纸撕成小块，放入烧杯中，加水浸没，在搅拌下加热煮沸 10min 以上，冷却后放入广口瓶中备用 4. 硝酸(1+ 100) 5. 硫酸铁铵指示剂溶液：将 10mL 硝酸(1+ 2)加入到 100mL 冷的硫酸铁(Ⅲ)铵［$NH_4Fe(SO_4)_2 \cdot 12H_2O$］饱和水溶液中 6. 硫氰酸铵标准滴定溶液［$c(NH_4SCN)$= 0.05mol/L］：称取 3.8g 硫氰酸铵(NH_4SCN)溶于水，稀释至 1L	8. 硝酸汞标准滴定溶液 $c[Hg(NO_3)_2]$ = 0.005mol/L (1) 硝酸汞标准滴定溶液 $c[Hg(NO_3)_2]$ = 0.005mol/L 的配制 称取 1.67g 硝酸汞［$Hg(NO_3)_2 \cdot \frac{1}{2}H_2O$］，溶于 10mL 硝酸溶液中，移入 1L 容量瓶内，用水稀释至标线，摇匀 (2) 硝酸汞标准滴定溶液［$c(Hg(NO_3)_2)$= 0.005mol/L］的标定 用微量滴定管准确加入 7.00mL0.2mg/mL 氯离子标准溶液于 50mL 锥形瓶中，以下操作按“7 的第(2)步”进行 硝酸汞标准滴定溶液对氯离子的滴定度按下式计算： $$T_{Cl^-}=\frac{0.2\times 7.00}{V_4-V_3}=\frac{1.4}{V_4-V_3}$$ 式中 T_{Cl^-}——硝酸汞标准滴定溶液对氯离子的滴定度，mg/mL； V_4——标定时消耗硝酸汞标准滴定溶液的体积，mL； V_3——空白试验消耗硝酸汞标准滴定溶液的体积，mL； 0.2——氯离子标准溶液的浓度，mg/mL； 7.00——加入氯离子标准溶液的体积，mL 9. 溴酚蓝指示剂(1g/L)：将 0.1g 溴酚蓝溶于 100mL 乙醇(1+4)中 10. 二苯偶氮碳酰肼指示剂(10g/L)：将 1g 二苯偶氮碳酰肼溶于 100mL 体积分数为 95%的乙醇中
主要操作步骤	1. 称取约 5g 试样(m_{26})，精确至 0.0001g，置于 400mL 烧杯中，加入 50mL 水，搅拌使试样完全分散，在搅拌下加入 50mL 硝酸(1+ 2)，加热煮沸，在搅拌下微沸 1～2min。准确移取 5.00mL 硝酸银标准溶液放入溶液中，煮沸 1～2min，加入少许滤纸浆，用预先用硝酸(1+ 100)洗涤过的慢速滤纸抽气过滤或玻璃砂芯漏斗抽气过滤，滤液收集于 250mL 锥形瓶中，用硝酸(1+ 100)洗涤烧杯、玻璃棒和滤纸，直至滤液和洗液总体积达到约 200mL，溶液在弱光线或暗处冷却至 25℃以下 2. 加入 5mL 硫酸铁铵指示剂溶液，用硫氰酸铵标准滴定溶液滴定至产生的红棕色在摇动下不消失为止。记录滴定所用硫氰酸铵标准滴定溶液的体积 V_{20}。如果 V_{20} 小于 0.5mL，用减少一半的试样质量重新试验 3. 不加入试样按上述步骤进行空白试验，记录空白滴定所用硫氰酸铵标准滴定溶液的体积 V_{21}	1. 向 50mL 锥形瓶中加入约 3mL 水及 5 滴硝酸，放在冷凝管下端用以承接蒸馏液，冷凝管下端的硅胶管插于锥形瓶的溶液中 2. 称取约 0.3g 试样，精确至 0.0001g，置于已烘干的石英蒸馏管中，勿使试料粘附于管壁。向蒸馏管中加入 5 滴过氧化氢溶液，摇动后加入 5mL 磷酸，套上磨口塞，摇动,待试料分解产生的二氧化碳气体大部分逸出后，将固定架套在石英蒸馏管上，并将其置于温度 250～260℃的测氯蒸馏装置炉膛内，迅速地以硅橡胶管连接好蒸馏管的进出口部分(先连出气管，后连进气管)，盖上炉盖 3. 开动气泵，调节气流速度在 100～200mL /min，蒸馏 10～15min 后关闭气泵，拆下连接管，取出蒸馏管置于试管架内 4. 用乙醇吹洗冷凝管及其下端于锥形瓶内(乙醇用量约 15mL)。由冷凝管下部取出承接蒸馏液的锥形瓶，向其中加入 1～2 滴溴酚蓝指示剂，用氢氧化钠溶液调至溶液呈蓝色，然后用硝酸调至溶液刚好变黄，再过量 1 滴，加入 10 滴二苯偶氮碳酰肼指示剂，用硝酸汞标准滴定溶液滴定至樱桃红色出现 氯离子含量为 0.2%～1%时，蒸馏时间应为约 15～20min；用硝酸汞标准滴定溶液 $c[Hg(NO_3)_2]$ = 0.005mol/L 进行试样分析时，应同时进行空白试验，并对测定结果加以校正

续表

<table>
<tr><th rowspan="2">项目</th><th colspan="2">主 要 内 容</th></tr>
<tr><th>硫氰酸铵容量法(基准法)</th><th>磷酸蒸馏-汞盐滴定法(代用法)</th></tr>
<tr><td>结果计算</td><td>氯离子的质量分数按下式计算，结果保留至小数点后三位：
$$\omega_{Cl^-}=\frac{1.773\times5.00\times(V_{21}-V_{20})}{V_{21}\times m_{26}\times1000}\times100=0.8865\times\frac{V_{21}-V_{20}}{V_{21}m_{26}}$$
式中 ω_{Cl^-}——氯离子的质量分数，%；
V_{20}——滴定时消耗硫氰酸铵标准滴定溶液的体积，mL；
V_{21}——空白试验滴定时消耗硫氰酸铵标准滴定溶液的体积，mL；
m_{26}——试料的质量，g；
1.773——硝酸银标准滴定溶液对氯离子的滴定度，mg/mL</td><td>氯离子的质量分数按下式计算，精确至 0.001%：
$$X_{Cl^-}=[T_{Cl^-}\times(V_1-V_0)\times0.1]/m$$
式中 X_{Cl^-}——氯离子的质量分数，%；
T_{Cl^-}——每毫升硝酸汞标准滴定溶液相当于氯离子的毫克数，mg/mL；
V_0——空白试验消耗硝酸汞标准滴定溶液的体积，mL；
V_1——滴定时消耗硝酸汞标准滴定溶液的体积，mL；
m——试样的质量，g</td></tr>
<tr><td>结果确定</td><td colspan="2">以两次试验结果的平均值表示测定结果，当氯离子含量≤0.10%时，其重复性限为 0.003%；当氯离子含量>0.10%时，其重复性限为 0.010%</td></tr>
</table>

（十四）放射性测定

水泥放射性的测定方法表 2-20。

■表 2-20 水泥放射性的测定方法

项 目	主 要 内 容
原理及目的	对建筑材料中天然放射性核素镭-226、钍-232、钾-40 放射性比活度的限量进行测定，并计算内、外照射指数
仪器设备	低本底多道 γ 能谱仪、天平(感量为 0.1g)
主要操作步骤	1. 取样：随机抽取样品两份，每份不少于 2kg。一份密封保存，另一份作为检验样品 2. 制样：将检验样品破碎，磨细至粒径不大于 0.16mm。将其放入与标准样品几何形态一致的样品盒中，称重(精确至 0.1g)、密封、待测 3. 测量：当检验样品中天然放射性衰变链基本达到平衡后，在与标准样品测量条件相同情况下，采用低本底多道 γ 能谱仪对其进行镭-226,钍-232 和钾-40 比活度测量 4. 测量不确定度的要求：当样品中镭-226、钍-232、钾-40 放射性比活度之和大于 37Bq/kg 时，本试验方法要求测量不确定度(扩展因子 $K=1$)不大于 20%
结果计算	计算结果数字修约后保留一位小数 1. 放射性比活度按下式计算： $$C=A/m$$ 式中 C——放射性比活度，Bq/kg； A——核素放射性活度，Bq； m——物质的质量，kg 2. 内照射指数按下式计算： $$I_{Ra}=C_{Ra}/200$$ 式中 I_{Ra}——内照射指数； C_{Ra}——建筑材料中天然放射性核素镭-226 的放射性比活度，Bq/kg； 200——仅考虑内照射情况下，建筑材料中放射性核素镭-226 的放射性比活度限量，Bq/kg

续表

项　目	主要内容
结果计算	3. 外照射指数按下式计算： $I_\gamma=(C_{Ra}/370)+(C_{Th}/260)+(C_K/4200)$ 式中　C_{Ra}、C_{Th}、C_K——建筑材料中天然放射性核素镭-226、钍-232和钾-40的放射性比活度，Bq/kg； 370、260、4200——仅考虑外照射情况下，建筑材料中天然放射性核素镭-226、钍- 232和钾-40在其各自单独存在时本标准规定的限量，Bq/kg； I_γ——外照射指数
结果判定	当建筑主体材料中天然放射性核素镭-226、钍-232、钾-40的放射性比活度同时满足 $I_{Ra}\leq$ 1.0和 $I_\gamma\leq$1.0时，其产销与使用范围不受限制

四、质量控制

1. 验收

（1）水泥进场时应具有产品质量证明文件，并按规定取样复验。质量证明文件内容应包括出厂检验项目（水泥的化学指标、凝结时间、安定性及强度）、细度、混合材料品种和掺加量、石膏和助磨剂的品种及掺加量、属旋窑或立窑生产及合同约定的其他技术要求。

（2）水泥进场时应对其品种、级别、包装或散装仓号、出厂日期等进行检查，并按批对其强度、安定性、凝结时间及其他必要的性能指标进行验收复验。

（3）验收批次的确定

① 按同一生产厂家、同一品种、同一等级、同一批号且连续进场的水泥，袋装不超过200t为一批，散装不超过500t为一批，每批抽样不少于一次。对来源稳定，连续多次检验合格或经认证机构认证合格的水泥，可根据相关规定和合同约定适当减少检验批次和抽样次数。

② 当在使用中对水泥质量有怀疑或水泥出厂超过三个月（快硬水泥出厂超过一个月）时，应进行复验，并按复验结果使用。

2. 适用范围

通用水泥的特点及适用范围见表2-21。

■表2-21　通用水泥的特点及适用范围

水泥品种	特　点	适用范围
硅酸盐水泥	1. 早强快硬，抗冻性好，耐磨性和不透水性强 2. 水化热高，耐热性及耐水性差，耐腐蚀性差	1. 快硬早强混凝土工程 2. 配制强度较高混凝土 3. 道路、低温下施工的混凝土 4. 大体积混凝土工程、地下混凝土工程、受化学侵蚀及压力水作用的工程使用时需掺加一定量的矿物掺合料

Concrete

续表

水泥品种	特　点	适用范围
普通硅酸盐水泥	与硅酸盐水泥相比，具有以下特点: 1. 早期强度、抗冻性、耐磨性略有降低 2. 耐热性、耐腐蚀性有所增强 3. 水化热有所降低	1. 地上地下及水中的混凝土、钢筋混凝土和预应力混凝土结构，包括早期强度要求较高的混凝土工程 2. 大体积混凝土工程、受化学侵蚀及压力水作用的工程使用时需掺加一定量的矿物掺合料
矿渣硅酸盐水泥	1. 水化热低、抗硫酸盐侵蚀性好、耐热性比普通硅酸盐水泥高 2. 早期强度低、后期强度增长快，抗冻性差，干缩性较大	1. 大体积混凝土 2. 耐热混凝土 3. 一般地上地、下的混凝土及钢筋混凝土结构
火山灰质硅酸盐水泥	1. 水化热低、抗硫酸盐侵蚀性好、抗渗性较好 2. 早期强度低、后期强度增长大，需水性大，干缩较大，抗冻性、耐热性较差	1. 大体积混凝土 2. 有抗渗要求的混凝土 3. 一般地上、地下的混凝土及钢筋混凝土结构
粉煤灰硅酸盐水泥	1. 水化热低、抗硫酸盐侵蚀性好，干缩性较小 2. 早期强度低、后期强度增长较快，抗冻性、耐热性较差	1. 地上、地下、水中和大体积混凝土工程 2. 一般混凝土工程
复合硅酸盐水泥	1. 水化热低、抗硫酸盐侵蚀性好、抗渗性较好 2. 早期强度低、后期强度增长快，抗冻性差	1. 大体积混凝土工程和地下工程 2. 一般混凝土工程

第二节　矿物掺合料

一、概述

随着混凝土技术的发展，尤其是高性能混凝土的研制与广泛应用，矿物掺合料已成为混凝土必不可少的重要组分和功能材料，其不仅能够改善混凝土性能、提高工程质量、延长混凝土结构物使用寿命，且高性能混凝土中大量掺用工业废渣，可减少自然资源和能源的消耗，减少对环境的污染，有利于经济建设的可持续发展。目前在预拌混凝土中较为普遍掺用工业副产品——粉煤灰和粒化高炉矿渣粉及其复合物，配制高强混凝土掺用硅灰也比较多，钢渣粉、磷渣粉等使用也日益增多。

1. 定义

矿物掺合料：以硅、铝、钙等一种或多种氧化物为主要成分，具有规定细度，掺入混凝土中能改善混凝土性能的活性粉体材料。

目前在混凝土中较为常用的矿物掺合料有粉煤灰、粒化高炉矿渣粉、硅灰、石灰石粉、天然火山灰质材料、钢渣粉、磷渣粉、沸石粉及复合矿物掺合料等。

（1）粉煤灰：从煤粉炉烟道气体中收集的粉末，分为F类和C类。

F类粉煤灰——由无烟煤或烟煤煅烧收集的粉煤灰；

C类粉煤灰——由褐煤或次烟煤煅烧收集的粉煤灰，其氧化钙含量一般大于10%。

（2）粒化高炉矿渣粉：从炼铁高炉中排出的，以硅酸盐和铝硅酸盐为主要成分的熔融物，经淬冷成粒后粉磨所得的粉体材料。

（3）硅灰：从冶炼硅铁合金或工业硅时通过烟道排出的粉尘，经收集得到的以无定形二氧化硅为主要成分的粉体材料。

（4）石灰石粉：以一定品位纯度的石灰石为原料，经粉磨至规定细度的粉状材料。

（5）天然火山灰质材料：以具有火山灰性的天然矿物质为原料（火山灰或火山渣、玄武岩、凝灰岩、天然沸石岩、天然浮石岩、安山岩）磨细制成的粉体材料。

（6）钢渣粉：从炼钢炉中排出的，以硅酸盐为主要成分的熔融物，经消解稳定化处理后粉磨所得的粉体材料。

（7）磷渣粉：用电炉法制黄磷时，所得到的以硅酸钙为主要成分的熔融物，经淬冷成粒后粉磨所得的粉体材料。

（8）沸石粉：将天然斜发沸石岩或丝光沸石岩磨细制成的粉体材料。

（9）复合矿物掺合料：两种或两种以上矿物掺合料按一定比例复合后的粉体材料，应用较为普遍的是粉煤灰与粒化高炉矿渣粉的复合。

2. 一般规定

（1）配制掺矿物掺合料的混凝土时要同时掺加外加剂，以使颗粒效应、填充效应和叠加效应得到充分的发挥，选用的外加剂不仅要与水泥有良好的相容性，还应与所用矿物掺合料有良好的相容性，其掺量应通过试验确定。

（2）硅酸盐水泥、普通硅酸盐水泥在生产过程中加入混合材料较少，配制掺矿物掺合料混凝土时宜优先选用这两种水泥，矿物掺合料的掺量要符合表2-22的要求；选用其他水泥时，应充分了解所用水泥中混合材料的品种及掺量，矿物掺合料的掺量一般较少，并应经试验确定。

（3）矿物掺合料品种和掺量，应根据矿物掺合料本身的品质，结合混凝土其他参数、工程性质、所处环境等因素，参考以下原则选择确定：

■表2-22　矿物掺合料占胶凝材料总量的百分比（β_b）限值

矿物掺合料种类	水胶比	水泥品种	
		硅酸盐水泥/%	普通硅酸盐水泥/%
粉煤灰（F类Ⅰ、Ⅱ级）	≤0.40	≤45	≤35
	>0.40	≤40	≤30

续表

矿物掺合料种类	水胶比	水泥品种	
		硅酸盐水泥/%	普通硅酸盐水泥/%
粒化高炉矿渣粉	≤0.40	≤65	≤55
	>0.40	≤55	≤45
硅灰	—	≤10	≤10
石灰石粉	≤0.40	≤35	≤25
	>0.40	≤30	≤20
钢渣粉	—	≤30	≤20
钢铁渣粉	—	≤50	≤50
磷渣粉	—	≤30	≤20
沸石粉	—	≤15	≤15
复合掺合料	≤0.40	≤65	≤55
	>0.40	≤55	≤45

注：1. C类粉煤灰用于结构混凝土时，应安定性合格，其掺量应通过试验确定，但不应超过本表中F类粉煤灰的规定限量；对硫酸盐侵蚀环境下的混凝土不得用C类粉煤灰。

2. 在素混凝土中，粉煤灰的级别和最大掺量可不受表2-22规定的限制。

3. 复合掺合料中各组分的掺量不宜超过任一组分单掺时的上限掺量。

4. 对预应力混凝土，粉煤灰的最大掺量不宜超过30%。

① 混凝土的水胶比较小、浇筑温度与气温较高、混凝土强度验收龄期较长时，矿物掺合料宜采用较大掺量。

② 混凝土构件最小截面尺寸较大，以及大体积混凝土、水下工程混凝土和有抗腐蚀要求的混凝土等，可在表2-22的基础上，根据需要适当增加矿物掺合料的掺量。

③ 对于最小截面尺寸小于150mm的构件混凝土（例如现浇楼板混凝土），宜采用较小坍落度，矿物掺合料宜采用较小掺量。

④ 对早期强度要求较高或环境温度较低条件下施工的混凝土，矿物掺合料宜采用较小掺量。

二、质量要求

依据《用于水泥和混凝土中的粉煤灰》（GB/T 1596）、《用于水泥和混凝土中的粒化高炉矿渣粉》（GB/T 18046）、《砂浆和混凝土用硅灰》（GB/T 27690）、《石灰石粉混凝土》（GB/T 30190）、《石灰石粉在混凝土中应用技术规程》（JGJ/T 318）、《水泥砂浆和混凝土用天然火山灰质材料》（JG/T 315）、《用于水泥和混凝土中的钢渣粉》（GB/T 20491）、《钢铁渣粉》（GB/T 28293）、《钢铁渣粉混凝土应用技术规范》（GB/T 50912）、《用于水泥和混凝土中的粒化电炉磷渣粉》（GB/T 26751）、《混凝土用粒化电炉磷渣粉》（JG/T 317）、《混凝土和砂浆用天然沸石粉》（JG/T 3048）、《混凝土用复合掺合料》（JG/T 486）、《矿物掺合料应用技术规范》（GB/T 51003）等标准，对矿物掺合料的质量要求见表 2-23～表 2-32。

■表 2-23　粉煤灰和磨细粉煤灰的质量要求

项目		技术指标						
		GB/T 51003—2014				GB/T 1596—2005		
		F 类粉煤灰		磨细粉煤灰		F 类粉煤灰		
		Ⅰ	Ⅱ	Ⅰ	Ⅱ	Ⅰ	Ⅱ	Ⅲ
细度	45μm 方孔筛筛余/%	≤12.0	≤25.0	—	—	≤12.0	≤25.0	≤45.0
	比表面积/(m^2/kg)	—		≥600	≥400	—		
需水量比/%		≤95	≤105	≤95	≤105	≤95	≤105	≤115
烧失量/%		≤5.0	≤8.0	≤5.0	≤8.0	≤5.0	≤8.0	≤15.0
氯离子含量/%		—		≤0.02		—		
含水量/%		≤1.0						
三氧化硫/%		≤3.0						
游离氧化钙/%		≤1.0						

注：C 类粉煤灰除符合表 2-23F 类粉煤灰的规定外，尚应满足以下要求。
1. 游离氧化钙不大于 4%。
2. 安定性：沸煮后雷氏夹增加距离不大于 5mm。

■表 2-24　粒化高炉矿渣粉的质量要求

项目		技术指标		
		GB/T 18046—2008、GB/T 51003—2014		
		S105	S95	S75
密度/(g/cm^3)		≥2.8		
比表面积/(m^2/kg)		≥500	≥400	≥300
活性指数/%	7d	≥95	≥75	≥55
	28d	≥105	≥95	≥75
流动度比/%		≥95		
三氧化硫/%		≤4.0		
含水量/%		≤1.0		
烧失量/%		≤3.0		
氯离子含量/%		≤0.06		
玻璃体含量/%		≥85		
放射性①		合格		

① 试验样品为矿渣粉和硅酸盐水泥按质量比 1：1 混合而成。

■表 2-25 硅灰的质量要求

项目	技术指标	
	GB/T 51003—2014	GB/T 27690—2011
固含量(液料)	—	按生产厂控制值的±2%
总碱量/%	—	≤1.5
比表面积/(m^2/kg)	≥15000	≥15000
二氧化硅含量/%	≥85	≥85
含水量(粉料)/%	≤3.0	≤3.0
烧失量/%	≤6.0	≤4.0
需水量比/%	≤125	≤125
氯离子含量/%	≤0.02	≤0.1
活性指数/%	28d≥85	7d 快速法≥105
放射性	合格	合格
抑制碱骨料反应性(14d 膨胀率降低值)/%	—	≥35
抗氯离子渗透性(28d 电通量之比)/%	—	≤40

注：抑制碱骨料反应性和抗氯离子渗透性为选择性试验项目，由供需双方协商决定。

■表 2-26 石灰石粉质量指标

项目		技术指标
		JGJ/T 318—2014、GB/T 30190—2013、GB/T 51003—2014
碳酸钙含量/%		≥75
细度(45μm 方孔筛筛余，%)		≤15
活性指数/%	7d	≥60
	28d	≥60
流动度比/%		≥100
含水率/%		≤1.0
亚甲蓝值/(g/kg)		≤1.4
放射性		合格

■表 2-27 天然火山灰质材料的质量要求

项目		技术指标
		JG/T 315—2011
细度(45μm 方孔筛筛余，%)		≤20
流动度比/%	磨细火山灰	≥85
	磨细玄武岩、安山岩和凝灰岩	≥90
	浮石粉	≥65
28d 活性指数/%		≥65

续表

项目	技术指标
	JG/T 315—2011
烧失量/%	≤8.0
三氧化硫含量/%	≤3.5
氯离子含量/%	≤0.06
含水量/%	≤1.0
火山灰性(选择性指标)	合格①
放射性	合格②
碱含量/%	由买卖双方协商确定

① 用于混凝土中的火山灰性为选择性控制指标，当活性指数达到相应的指标时，可不做要求。

② 当有可靠资料证明天然火山灰质材料的放射性合格时，可不再检验。

注：天然沸石粉的质量要求应符合表 2-31 的要求。

■ 表 2-28 钢渣粉的质量要求

项目		技术指标	
		GB/T 20491—2006、GB/T 51003—2014	
		一级	二级
比表面积/(m^2/kg)		≥400	
密度/(g/cm^3)		≥2.8	
含水量/%		≤1.0	
游离氧化钙含量/%		≤3.0	
三氧化硫含量/%		≤4.0	
碱度系数①		≥1.8	
活性指数/%	7d	≥65	≥55
	28d	≥80	≥65
流动度比/%		≥90	
安定性	沸煮法	合格	
	压蒸法(当钢渣中氧化镁含量大于 13%时应检验合格)		

① 碱度系数$=\dfrac{\omega_{CaO}}{\omega_{SiO_2}+\omega_{P_2O_5}}$。

■ 表 2-29 钢铁渣粉的质量要求

项目	技术指标		
	《钢铁渣粉》(GB/T 28293—2012)、《钢铁渣粉混凝土应用技术规范》(GB/T 50912—2013)		
	G95	G85	G75
密度/(g/cm^3)	≥2.9		
比表面积/(m^2/kg)	≥400		

续表

项　目		技术指标		
		GB/T 28293—2012、GB/T 50912—2013		
		G95	G85	G75
含水量/%		≤1.0		
氯离子含量/%		≤0.06		
三氧化硫含量/%		≤4.0		
烧失量/%		≤3.0		
活性指数/%	7d	≥75	≥65	≥55
	28d	≥95	≥85	≥75
流动度比/%		≥95		
沸煮安定性		合格		
压蒸安定性(6h 压蒸膨胀率)/%		≤0.50		
放射性①		合格		

① 试验样品为钢铁渣粉和对比水泥按质量比 1：1 混合而成。

■ **表 2-30　粒化电炉磷渣粉的质量要求**

项　目		技术指标			
		JG/T 317—2011	GB/T 26751—2011、GB/T 51003—2014		
		—	L95	L85	L70
质量系数①		≥1.10	—		
比表面积/(m^2/kg)		≥350	≥350		
活性指数/%	7d	≥50	≥70	≥60	≥50
	28d	≥70	≥95	≥85	≥70
流动度比/%		≥95	≥95		
密度/(g/cm^3)		—	≥2.8		
含水量/%		≤1.0	≤1.0		
三氧化硫含量/%		≤3.5	≤4.0		
五氧化二磷含量/%		≤3.5	≤3.5		
烧失量/%		≤3.0	≤3.0		
氯离子/%		≤0.06	≤0.06		
安定性/沸煮法		合格	—		
碱含量/%		—	≤1.0		
玻璃体含量/%		—	≥80		
放射性②		合格			

① 质量系数 $K=\dfrac{\omega_{CaO}+\omega_{MgO}+\omega_{Al_2O_3}}{\omega_{SiO_2}+\omega_{P_2O_5}}$。

②《混凝土用粒化电炉磷渣粉》(JG/T 317) 试验样品为磷渣粉和硅酸盐水泥按质量比 1：1 混合而成。

■表 2-31　沸石粉的质量要求

项目	技术指标				
	GB/T 51003—2014		JG/T 3048—1998		
	Ⅰ	Ⅱ	Ⅰ	Ⅱ	Ⅲ
28d 活性指数/%	≥75	≥70	≥75	≥70	≥62
细度(80μm 方孔筛筛余)/%	≤4	≤10	≤4	≤10	≤15
需水量比/%	≤125	≤120	≤125	≤120	≤120
吸铵值/(mmol/100g)	≥130	≥100	≥130	≥100	≥90
放射性	合格		—		

■表 2-32　复合矿物掺合料的质量要求

项目		技术指标					
		GB/T 51003—2014	JG/T 486—2015				
			普通型②			早强型③	易流型②
			Ⅰ	Ⅱ	Ⅲ		
细度①	45μm 方孔筛筛余/%	≤12	≤12	≤25	≤30	≤12	≤12
	比表面积/(m^2/kg)	≥350	—				
活性指数/%	1d	—	—	—	—	120	—
	7d	≥50	≥80	≥70	≥65	—	≥65
	28d	≥75	≥90	≥75	≥70	≥110	≥65
流动度比/%		≥100	≥105	≥100	≥95	≥95	≥110
胶砂抗压强度增长比		—	≥0.95			≥0.90	
含水量/%		≤1.0	≤1.0				
三氧化硫含量/%		≤3.5	≤3.5				≤2.0
烧失量/%		≤5.0	—				
氯离子含量/%		≤0.02	≤0.06				
安定性	沸煮法④	—	合格				
	压蒸法⑤	—	压蒸膨胀率≤0.50%				
放射性		合格	合格				

① 细度用比表面积测定法和筛析法，宜根据不同的复合品种选定。当复合矿物掺合料中含有硅灰组分时，可不检测该项目。

② 普通型、易流型在流动度比、活性指数和胶砂抗压强度增长比中复合矿物掺合料占胶凝材料总质量的 30%。

③ 早强型在流动度比、活性指数和胶砂抗压强度增长比中复合矿物掺合料占胶凝材料总质量的 10%。

④ 仅针对以 C 类粉煤灰、钢渣或钢渣粉中一种或几种为组分的复合矿物掺合料。

⑤ 仅针对以钢渣或钢渣粉为组分的复合矿物掺合料。

三、检验方法

(一) 执行标准

1. 物理指标

(1) 筛余量、含水量、需水量比、流动度比、活性指数按相应产品标准或《矿物掺合料应用技术规范》(GB/T 51003) 进行。其中天然火山灰质材料、复合矿物掺合料(普通型、易流型)胶砂配合比同石灰石粉,钢铁渣粉胶砂配合比同粒化高炉矿渣粉,复合矿物掺合料(早强型)胶砂配合比同沸石粉。

① 粉煤灰的细度(筛余量)、需水量比、含水量按《用于水泥和混凝土中的粉煤灰》(GB/T 1596) 进行。

② 粒化高炉矿渣粉的活性指数、流动度比、含水量按《用于水泥和混凝土中的粒化高炉矿渣粉》(GB/T 18046) 进行。

③ 硅灰的需水量比、活性指数按《砂浆和混凝土用硅灰》(GB/T 27690) 进行。

④ 石灰石粉的筛余、含水率、流动度比和活性指数按《石灰石粉在混凝土中应用技术规程》(JGJ/T 318) 进行。

⑤ 天然火山灰质材料的筛余、含水量、流动度比和活性指数按《水泥砂浆和混凝土用天然火山灰质材料》(JG/T 315) 进行。

⑥ 钢渣粉的活性指数、流动度比按《用于水泥和混凝土中的钢渣粉》GB/T 20491 进行,含水量按《用于水泥和混凝土中的粒化高炉矿渣粉》(GB/T 18046) 进行。

⑦ 钢铁渣粉的含水量、流动度比和活性指数按《钢铁渣粉》(GB/T 28293) 进行。

⑧ 磷渣粉的活性指数、流动度比含水量可按《混凝土用粒化电炉磷渣粉》(JG/T 317) 或《用于水泥和混凝土中的粒化电炉磷渣粉》(GB/T 26751) 进行。

⑨ 沸石粉的细度(筛余量)、需水量比、28d 活性指数按《混凝土和砂浆用天然沸石粉》(JG/T 3048) 进行。

⑩ 复合掺合料(普通型、易流型、早强型)的活性指数、流动度比、胶砂抗压强度增长比、含水量按《混凝土用复合掺合料》(JG/T 486) 进行。

注:以上产品标准中检验方法与《矿物掺合料应用技术规范》(GB/T 51003) 相应的检验方法是一致的。

(2) 比表面积按《水泥比表面积测定方法(勃氏法)》(GB/T 8074) 进行;其中硅灰的比表面积按《气体吸附 BET 法测定固态物质比表面积》(GB/T 19587) BET 氮吸附法进行。

(3) 钢渣粉、钢铁渣粉、磷渣粉和复合掺合料的沸煮安定性按《水泥标准稠度用水量、凝结时间、安定性检验方法》(GB/T 1346) 进行,钢渣粉、钢铁渣粉和复合掺合料的压蒸安定性按《水泥压蒸安定性试验方法》（GB/T 750）进行。其中钢铁渣粉的沸煮和压蒸安定性试验样品为钢铁渣粉和对比水泥按1∶1混合而成，其他掺合料则为3∶7混合而成，且钢铁渣粉的压蒸安定性压蒸时间为6h。

（4）密度按《水泥密度测定方法》（GB/T 208）进行。

（5）硅灰的固含量（液料）、抑制碱骨料反应性（14d膨胀率降低值）按《砂浆和混凝土用硅灰》（GB/T 27690）进行。抗氯离子渗透性（28d电通量之比）按《普通混凝土长期性能和耐久性能试验方法标准》（GB/T 50082—2009），配合比用材料符合GB 8076—2008规定，基准配合比水泥用量为（400±5）kg/m^3，砂率为36%～40%，坍落度控制在（80±10）mm，受检混凝土掺入10%的硅灰，并采用减水率大于18%的标准型萘系高效减水剂调整坍落度。

2.化学指标

（1）石灰石粉中的碳酸钙含量按《建材用石灰石、生石灰和熟石灰化学分析方法》（GB/T 5762）进行，亚甲蓝值按《石灰石粉在混凝土中应用技术规程》（JGJ/T 318）进行。

（2）天然火山灰质材料中的火山灰性按《用于水泥中的火山灰混合材料》（GB/T2847）进行。

（3）钢渣粉中二氧化硅、游离氧化钙、氧化钙、氧化镁、五氧化二磷含量按《钢渣化学分析方法》（YB/T 140）进行。

（4）磷渣粉中的二氧化硅、三氧化二铝、氧化钙、氧化镁、五氧化二磷、氯离子含量按《粒化电炉磷渣化学分析方法》（JC/T 1088）进行。

注：其中《粒化电炉磷渣化学分析方法》（JC/T 1088）中二氧化硅、三氧化二铝、氧化镁、氯离子含量的测定是按《水泥化学分析方法》（GB/T 176）中的第23章（二氧化硅的测定——氟硅酸钾容量法）、第13章（三氧化二铝的测定——EDTA直接滴定法）、第15章（氧化镁的测定——原子吸收光谱法）、第35章（氯离子含量的测定——磷酸蒸馏-汞盐滴定法）进行。

（5）粒化高炉矿渣粉和粒化电炉磷渣粉的玻璃体含量按《用于水泥和混凝土中的粒化高炉矿渣粉》（GB/T 18046）进行。

（6）沸石粉的吸铵值按《混凝土和砂浆用天然沸石粉》（JG/T 3048）或《矿物掺合料应用技术规范》（GB/T 51003）进行。

以上未涉及的矿物掺合料的烧失量、二氧化硅、游离氧化钙、氧化钙、氧化镁、三氧化硫和氯离子含量按《水泥化学分析方法》（GB/T 176）进行。

3.放射性

内、外照射指数限量按《建筑材料放射性核素限量》（GB 6566）进行；其中粒化高炉矿渣粉、磷渣粉要求其与硅酸盐水泥按质量比1∶1混合均匀后再进行试验。

（二）试验条件及材料

1. 试验条件

试验时试验室环境温度（20±2)℃，相对湿度不低于 50%；水泥标准养护箱温度（20±1)℃，相对湿度不低于 90%；水泥养护池水温（20±1)℃。

2. 试验材料

（1）水泥：采用基准水泥或合同约定水泥。

（2）砂：符合《水泥胶砂强度检验方法（ISO）》（GB/T 17671）规定的标准砂。

注：进行粉煤灰和沸石粉的需水量比试验用砂需采用 GB/T 17671 规定的 0.5～1.0mm 的中级砂。

（3）水：自来水或蒸馏水。

（4）矿物掺合料：受检的矿物掺合料。

（三）细度测定

矿物掺合料筛余量的测定方法见表 2-33，比表面积的测定方法见本章第一节表 2-13。

■表 2-33 矿物掺合料筛余量测定方法

项 目	主 要 内 容
原理及目的	利用气流作为筛分的动力和介质，通过旋转的喷嘴喷出的气流作用使筛网里的待测粉状物料呈流态化，并在整个系统负压的作用下，将细颗粒通过筛网抽走，从而达到筛分的目的
仪器设备	负压筛析仪，天平(量程不小于 50g，最小分度值不大于 0.01g)
主要操作步骤	1. 将测试用矿物掺合料样品置于温度为 105～110℃烘干箱内烘至恒重，取出放在干燥器中冷却至室温 2. 称取试样约 10g，精确至 0.01g，倒入 45μm 或 80μm 方孔筛筛网上，将筛子置于筛座上，盖上筛盖 3. 接通电源，将定时开关固定在 3min 开始筛析 4. 开始工作后，观察负压表，使负压稳定在 4000～6000Pa，若负压小于 4000Pa，则应停机，清理收尘器的积灰后再进行筛析 5. 在筛析过程中，发现有细灰吸附在筛盖上，可用木锤轻轻敲打筛盖，使吸附在筛盖的灰落下 6. 3min 后筛析自动停止工作，停机后观察筛余物，如出现颗粒成球、粘筛或有细颗粒沉积在筛框边缘，用毛刷将细颗粒轻轻刷开，将定时开关固定在手动位置，再筛析 1～3min 直至筛分彻底为止。将筛网内的筛余物收集并称量，准确至 0.01g
结果计算	45μm 或 80μm 方孔筛筛余应按下式计算，结果精确至 0.1%： $F=(G_1/G)\times 100$① 式中 F——45μm 或 80μm 方孔筛筛余，%； G_1——筛余物的质量，g； G——称取试样的质量，g

① 与资料来源一致，本节百分数计算结果数值为百分比的 100 倍。

（四）胶砂需水量比、流动度比、活性指数及胶砂抗压强度增长比测定

矿物掺合料胶砂需水量比、流动度比、活性指数及胶砂抗压强度增长比的测试方法见表 2-34～表 2-36。

■表 2-34 矿物掺合料胶砂需水量比、流动度比、活性指数及胶砂抗压强度增长比测试方法

项目	主要内容
原理及目的	按标准规定配制掺矿物掺合料胶砂，测得其用水量、流动度和经一定龄期标准养护的试件强度，检验矿物掺合料的需水量比、流动度比及活性指数
仪器设备	胶砂搅拌机、胶砂振实台、试模、抗折试验机、抗压试验机、水泥标准养护箱、水泥跳桌等
主要操作步骤	1. 需水量及流动性： (1)粉煤灰、硅灰、沸石粉的需水量按表 2-35 的胶砂配合比，粒化高炉矿渣粉、钢铁渣粉、石灰石粉、天然火山灰质材料、钢渣粉、磷渣粉、复合矿物掺合料的流动度按表 2-36 胶砂配合比，以本章第一节表 2-11 步骤进行胶砂制备 (2)将拌好的胶砂迅速地分两次装入模内，第一次装至截锥圆模的 2/3 处，用小刀在相互垂直的两个方向各划 5 次，并用捣棒自边缘向中心均匀捣 15 次，随后装第二层砂浆，装至高出截锥圆模约 20mm，用小刀在相互垂直的两个方向各划 5 次，再用捣棒自边缘向中心均匀捣 10 次，在装胶砂与捣实时，用手将截锥圆模按住，不要使其产生移动 (3)捣好后取下模套，用小刀将高出截锥圆模的砂浆刮去并抹平，随即将截锥圆模垂直向上轻轻提起。立即开动跳桌，以每秒钟一次的频率，在(25±1)s 内完成跳动 25 次 (4)跳动完毕，用卡尺测量胶砂底部相互垂直的两个方向直径，计算平均值(取整数，单位为 mm)，该平均值即为该用水量时的胶砂的流动度。记录达到要求流动度时的用水量 2. 活性指数：粒化高炉矿渣粉、钢铁渣粉、石灰石粉、天然火山灰质材料、钢渣粉、磷渣粉、沸石粉、复合矿物掺合料按表 2-36 胶砂配合比，以本章第一节表 2-11 步骤测得受检砂浆的水泥胶砂强度
结果计算	1. 需水量比按下式计算，计算结果取整数： $R_w=\frac{W_t}{W_0}\times 100$ 式中 R_w——矿物掺合料需水量比，%； W_t——试验胶砂的用水量，g； W_0——对比胶砂的用水量，g 2. 流动度比按下式计算，计算结果取整数： $F=\frac{L}{L_o}\times 100$ 式中 F——矿物掺合料的流动度比，%； L_o——对比样品胶砂的流动度，mm； L——试验样品胶砂的流动度，mm 3. 矿物掺合料活性指数：在测得相应龄期对比胶砂和受检胶砂抗压强度后，按下式计算矿物掺合料相应龄期的活性指数，计算结果取整数： $A=\frac{R_t}{R_o}\times 100$ 式中 A——矿物掺合料的活性指数，%； R_t——试验胶砂相应龄期的强度，MPa； R_o——对比胶砂相应龄期的强度，MPa 4. 分别测得对比胶砂和试验胶砂 28d、90d 的胶砂抗压强度后，复合掺合料胶砂抗压强度增长比按下式计算，计算结果取整数： $P=\frac{R_{90}/R_{28}}{R_{0.90}/R_{0.28}}$ 式中 P——复合掺合料胶砂抗压强度增长比，精确到 0.01； R_{90}——受检胶砂 90d 的抗压强度，MPa； R_{28}——受检胶砂 28d 的抗压强度，MPa； $R_{0.90}$——对比胶砂 90d 的抗压强度，MPa； $R_{0.28}$——对比胶砂 28d 的抗压强度，MPa

■表 2-35 需水量比的胶砂配合比

材料	对比胶砂	受检胶砂		
		粉煤灰	硅灰	沸石粉
水泥/g	450±2	315±1	405±1	405±1
矿物掺合料/g	—	135±1	45±1	45±1
ISO 砂/g	1350±5	1350±5	1350±5	1350±5
水/mL	225±1	按使受检胶砂流动度达基准胶砂流动度值±5mm调整		

■表 2-36 流动度比及活性指数的胶砂配合比

材料	对比胶砂	受检胶砂		
		复合矿物掺合料、粒化高炉矿渣粉、钢铁渣粉	石灰石粉、天然火山灰质材料、钢渣粉、磷渣粉、普通型和易流型复合掺合料	沸石粉①、早强型复合掺合料
水　泥/g	450±2	225±1	315±1	405±1
矿物掺合料/g	—	225±1	135±1	45±1
ISO 砂/g	1350±5	1350±5	1350±5	1350±5
水/mL	225±1			

① 表示沸石粉只进行活性指数检验。

注：表中所示均为一次搅拌量。

（五）含水量测定

矿物掺合料的含水量测定方法见表 2-37。

■表 2-37 矿物掺合料的含水量测定方法

项　目	主 要 内 容
原理及目的	将矿物掺合料放入规定温度的烘干箱内烘至恒重，以烘干前和烘干后的质量之差与烘干前的质量之比确定矿物掺合料的含水量
仪器设备	烘干箱(温度不低于 110℃、最小分度值不大于 2℃)，天平(精度 0.01g)
主要操作步骤	1. 称取试样约 50g，准确至 0.01g，倒入蒸发皿中 2. 将烘干箱温度调整并控制在 105~110℃ 3. 将矿物掺合料试样放入烘干箱内烘至恒重，取出放在干燥器中冷却至室温后称量，准确至 0.01g
结果计算	含水量按下式计算，精确至 0.1%： $$\omega=\frac{\omega_1-\omega_0}{\omega_1}\times 100$$ 式中　ω——含水量，%； ω_1——烘干前试样的质量，g； ω_0——烘干后试样的质量，g

（六）密度测定

矿物掺合料的密度测定方法见表 2-38。

■表 2-38 矿物掺合料的密度测定方法

项目	主要内容
原理及目的	将矿物掺合料倒入装有一定量液体介质的李氏瓶内，并使液体介质充分地浸透水泥颗粒。根据阿基米德定律，矿物掺合料的体积等于它所排开的液体体积，从而算出矿物掺合料单位体积的质量即为密度，为使测定的矿物掺合料不产生水化反应，液体介质采用无水煤油
仪器设备	李氏瓶、恒温水槽、天平(精度 0.01g)等
主要操作步骤	1. 将无水煤油注入李氏瓶中至 0 到 1mL 刻度线后(以弯月面下部为准)，盖上瓶塞放入恒温水槽内，使刻度部分浸入水中(水温应控制在李氏瓶刻度时的温度)，恒温 30min，记下初始(第一次)读数 2. 从恒温水槽中取出李氏瓶，用滤纸将李氏瓶细长颈内没有煤油的部分仔细擦干净 3. 矿物掺合料试样应预先通过 0.90mm 方孔筛，在(110±5)℃温度下干燥 1h，并在干燥器内冷却至室温。称取试样 60g，精确至 0.01g 4. 用小匙将样品一点点的装入李氏瓶中，反复摇动(亦可用超声波震动)至没有气泡排出，再次将李氏瓶静置于恒温水槽中，恒温 30min，记下第二次读数 (注：第一次读数和第二次读数时，恒温水槽的温度差不大于 0.2℃)
结果计算	密度应按下式计算，结果精确至 $0.01g/cm^3$。 密度 ρ = 矿物掺合料质量(g)/排开体积(cm^3) 式中，排开体积为第二次读数减去初始(第一次)读数，mL
结果确定	试验结果取两次测定结果的算术平均值，两次测定结果之差不得超过 $0.02g/cm^3$

（七）硅灰浆固含量测定

硅灰浆的固含量测定方法见表 2-39。

■表 2-39 硅灰浆固含量测定方法

项目	主要内容
原理及目的	在已恒量的称量瓶内放入硅灰浆样品在一定的温度下烘至恒重
仪器设备	烘箱(温度控制范围为 105℃±5℃)，天平(称量 100g，感量 0.0001g)，带盖称量瓶(25mm×65mm)，干燥器(内盛变色硅胶)
主要操作步骤	1. 将洁净带盖称量瓶放入烘箱内，于 100~105℃烘 30min，取出置于干燥器中，冷却 30min 后称量，重复上述过程直至恒量，其质量为 m_0 2. 将 5.000~10.000g 硅灰浆放入已恒重的称量瓶内，盖上盖称出硅灰浆和称量瓶的总质量为 m_1 3. 将盛有硅灰浆的称量瓶放入烘箱内，开启瓶盖，升温至 100~105℃烘干，盖上盖置于干燥器中，冷却 30min 后称量，重复上述过程直至恒量，其质量为 m_2
结果计算	硅灰浆固含量按下式计算，结果精确至 0.1%： $X_{固}=\frac{m_2-m_0}{m_1-m_0}\times 100$ 式中 $X_{固}$——硅灰浆固含量，%； m_0——称量瓶质量，g； m_1——称量瓶加硅灰浆的质量，g； m_2——称量瓶加烘干后硅灰浆的质量，g
结果确定	—

（八）抑制碱骨料反应性测定

硅灰的抑制碱骨料反应性测定方法见表 2-40。

■表 2-40　硅灰的抑制碱骨料反应性测定方法

<table>
<tr><th>项　目</th><th>主 要 内 容</th></tr>
<tr><td>原理及目的</td><td>采用检验碱骨料反应的快速砂浆棒法，通过人工设置碱骨料反应的条件，检验硅灰对碱骨料反应的抑制作用</td></tr>
<tr><td>仪器设备</td><td>烘箱(温度控制范围为 105℃ ± 5℃)；天平(称量 1000g，感量 0.1g)；试验筛(筛孔直径为 4.75mm、2.36mm、1.18mm、600μm、300μm、150μm 的方孔筛各一只)；测长仪(测量范围 275～300mm，精度 0.01mm)；水泥胶砂搅拌机；恒温养护箱或水浴(温度控制范围为 80℃ ± 2℃)；养护筒(由耐碱耐高温的材料制成，不漏水，密封，筒的容积可以保证试件全部浸没在水中，筒内设有试件架，试件垂直于试件架放置)；试模(金属试模，尺寸为 25mm × 25mm × 280mm，试模两端正中有小孔，装有不锈钢测头)；镘刀；捣棒；量筒；干燥器等</td></tr>
<tr><td>原材料、配合比及试件成型</td><td>1. 骨料：石英玻璃颗粒，骨料应洗净并烘干备用，级配应满足下表的要求
<table>
<tr><td>筛径</td><td>2.36～4.75mm</td><td>1.18～2.36mm</td><td>600μm～1.18mm</td><td>300～600μm</td><td>150～300μm</td></tr>
<tr><td>比例/%</td><td>10</td><td>25</td><td>25</td><td>25</td><td>15</td></tr>
</table>
2. 水泥：水泥应采用高碱水泥，碱含量控制在 0.95%～1.05%，当碱含量低于此值时，可掺浓度为 10%的氢氧化钠溶液，将碱含量调至此范围
3. 水：蒸馏水
4. 配合比：胶砂配合比见下表
<table>
<tr><th>原材料</th><th>高碱水泥/g</th><th>玻璃骨料/g</th><th>硅灰/g</th></tr>
<tr><td>基准胶砂配合比</td><td>400</td><td>900</td><td>—</td></tr>
<tr><td>受检胶砂配合比</td><td>360</td><td>900</td><td>40</td></tr>
</table>
注：用水量使流动度控制在 100～115mm，每次成型 3 个试件。
5. 试件成型
(1) 成型前 24h，将试验所用材料(水泥、砂、拌合用水等)放入(20 ± 2)℃的恒温室中
(2) 将称好的水泥与砂倒入搅拌锅，按 GB/T 17671—1999 的规定进行搅拌
(3) 搅拌完成后，将砂浆分两层装入试模内，每层捣 40 次，测头周围应填实，浇捣完毕后用镘刀刮除多余砂浆，抹平表面，并标明测定方向及编号</td></tr>
<tr><td>主要操作步骤</td><td>1. 将试件成型完毕后，带模放入标准养护室，养护(24 ± 4)h 后脱模
2. 脱模后，将试件浸泡在装有自来水的养护筒中，并将养护筒放入温度(80 ± 2)℃的烘箱或水浴箱中养护 24h。同种骨料制成的试件放在同一个养护筒中
3. 然后将养护筒逐个取出。每次从养护筒中取出一个试件，用抹布擦干表面，立即用测长仪测试件的基长(L_0)。每个试件至少重复测试两次，取差值在仪器精度范围内的两个读数的平均值作为长度测定值(精确至 0.02mm)，每次每个试件的测量方向应一致；从取出试件擦干到读数完成应在(15 ± 5)s 内结束，读完数后的试件应用湿布覆盖。全部试件测完基准长度后，把试件放入装有浓度为 1mol/L 氢氧化钠溶液的养护筒中，并确保试件被完全浸泡。溶液温度应保持在(80 ± 2)℃。将养护筒放回烘箱或水浴箱中
注：用测长仪测定任一组试件的长度时，均应先调整测长仪的零点。
4. 自测定基准长度之日起，第 3d、7d、10d、14d 再分别测其长度(L_t)，测长方法与测基长方法相同。每次测量完毕后，应将试件调头放入原养护筒，盖好筒盖，放回(80 ± 2)℃的烘箱或水浴箱中，继续养护到下一个测试龄期。操作时防止氢氧化钠溶液溢溅，避免烧伤皮肤
5. 在测量时应观察试件的变形、裂缝、渗出物等，特别应观察有无胶体物质，并做详细记录</td></tr>
</table>

续表

项　目	主 要 内 容
结果计算	1. 试件的膨胀率应按下式计算，精确至 0.01%： $$E_t=\frac{L_t-L_0}{L_0-2\Delta}\times100$$ 式中　E_t——试件在 t(d)龄期的膨胀率，%； L_t——试件在 t(d)龄期的长度，mm； L_0——试件的基长，mm； Δ——测头长度，mm 2. 硅灰混凝土膨胀率降低值按下式计算，精确至 1%： $$R_e=\frac{E_{t1}-E_{t0}}{E_{t0}}\times100$$ 式中　R_e——膨胀率降低值，%； E_{t1}——受检砂浆棒长度变化率，mm； E_{t0}——基准砂浆棒长度变化率，mm
结果确定	以三个试件膨胀率的平均值作为某一龄期膨胀率的测定值

(九) 碳酸钙含量测定

石灰石粉的碳酸钙含量测定方法见表 2-41。

■表 2-41　石灰石粉的碳酸钙含量测定方法

项　目	主 要 内 容	
	EDTA 滴定法(基准法)	氢氧化钠熔样—EDTA 滴定法(代用法)
原理及目的	试样以无水碳酸钠烧结，盐酸溶解，加入固体氯化铵于蒸汽水浴上加热蒸发，使硅酸凝聚，经过滤灼烧并经氢氟酸处理后的残渣分解，得到合并的滤液和洗液。在 pH 值 13 以上的强碱性溶液中，以三乙醇胺为掩蔽剂，用钙黄绿素-甲基百里香酚蓝-酚酞混合指示剂(简称 CMP 混合指示剂)，用 EDTA 标准滴定溶液滴定	在酸性溶液中加入适量的氟化钾，以抑制硅酸的干扰。然后在 pH 值 13 以上的强碱性溶液中，以三乙醇胺为掩蔽剂，用钙黄绿素-甲基百里香酚蓝-酚酞混合指示剂(简称 CMP 混合指示剂)，用 EDTA 标准滴定溶液滴定
仪器设备	天平(精确至 0.0001g)、铂坩埚、高温炉、瓷蒸发皿、表面皿、玻璃三脚架、蒸汽水浴、中速定量滤纸、胶头擦棒、干燥器、电热板、喷灯、烧杯(300mL)、容量瓶(250mL)、玻璃棒等	天平(精确至 0.0001g)、银坩埚、高温炉、烧杯(300mL)、表面皿、电炉、容量瓶(250mL)等
化学试剂	1. 碳酸钠：将无水碳酸钠用玛瑙研钵研细至粉末状，贮存于密封瓶中 2. 硝酸 3. 盐酸 4. 热盐酸(1+1)和(3+97) 5. 氯化铵 6. 硫酸(1+4) 7. 氢氟酸 8. 焦硫酸钾 9. 三乙醇胺(1+2)	1. 氢氧化钠 2. 盐酸 3. 硝酸 4. 热盐酸(1+5) 5. 氟化钾溶液：将 20g 氟化钾($KF\cdot2H_2O$)溶于水中，加水稀释至 1L，贮存于塑料瓶中 6. 三乙醇胺(1+2)

续表

项　目	主要内容	
	EDTA 滴定法(基准法)	氢氧化钠熔样—EDTA 滴定法(代用法)
化学试剂	10. CMP 混合指示剂：称取 1.000g 钙黄绿素、1.000g 甲基百里香酚蓝、0.200g 酚酞与 50g 已在 105～110℃烘干过的硝酸钾，混合研细，保存在磨口瓶中 11. 氢氧化钾溶液：将 200g 氢氧化钾溶于水中，加水稀释至 1L，贮存于塑料瓶中 12. EDTA 标准溶液	7. CMP 混合指示剂：称取 1.000g 钙黄绿素、1.000g 甲基百里香酚蓝、0.200g 酚酞与 50g 已在 105～110℃烘干过的硝酸钾，混合研细，保存在磨口瓶中 8. 氢氧化钾溶液：将 200g 氢氧化钾溶于水中，加水稀释至 1L，贮存于塑料瓶中 9. EDTA 标准溶液
主要操作步骤	1. 称取约 0.6g 试样，精确至 0.0001g，置于铂坩埚中，将盖斜置于坩埚上，在 950～1000℃下灼烧 5min，取出坩埚冷却。用玻璃棒仔细压碎块状物，加入(0.30±0.01)g 已磨细的无水碳酸钠，仔细混匀。再将坩埚置于 950～1000℃下灼烧 10min，取出坩埚冷却 2. 将烧结块移入瓷蒸发皿中，加入少量水润湿，用平头玻璃棒压碎块状物，盖上表面皿，从皿口慢慢加入 5mL 盐酸及 2～3 滴硝酸，待反应停止后取下表面皿，用平头玻璃棒压碎块状物使其分解完全，用热盐酸(1+1)清洗坩埚数次，洗液合并于蒸发皿中。将蒸发皿置于蒸汽水浴上，皿上放一玻璃三脚架，再盖上表面皿，蒸发至糊状后，加入约 1g 氯化钠，充分搅匀，在蒸汽水浴上蒸发至干后继续蒸发 10～15min，蒸发期间用平头玻璃棒仔细搅拌并压碎大颗粒 3. 取下蒸发皿，加入 10～20mL 热盐酸(3+97)，搅拌使可溶性盐类溶解。用中速定量滤纸过滤，用胶头擦棒擦洗玻璃棒及蒸发皿，用热盐酸(3+97)洗涤沉淀 3～4 次，然后用热水充分洗涤沉淀，直至检验无氯离子为止。滤液及洗液收集于 250mL 容量瓶中 4. 将沉淀连同滤纸一并移入铂坩埚中，将盖斜置于坩埚上，在电炉上干燥、灰化完全后，放入 950～1000℃的高温炉内灼烧 60min，取出铂坩埚置于干燥器中，冷却至室温，称量。反复灼烧，直至恒量 5. 向坩埚中慢慢加入数滴水润湿沉淀，加入 3 滴硫酸(1+4)和 10mL 氢氟酸，放入通风橱内电热板上缓慢加热，蒸发至干，升高温度继续加热至三氧化硫白烟完全驱尽。将坩埚放入 950～1000℃的高温炉内灼烧 30min，取出坩埚置于干燥器中，冷却至室温，称量。反复灼烧，直至恒量 6. 在经过氢氟酸处理后得到的残渣中加入 0.5g 焦硫酸钾，在喷灯上熔融，熔块用热水和数滴盐酸(1+1)溶解，溶液合并入上述分离二氧化硅后得到的滤液和洗液中。用水稀释至标线，摇匀。此溶液供测定氧化钙用	1. 称取约 0.6g 试样，精确至 0.0001g，置于银坩埚中，加入 6～7g 氢氧化钠，盖上坩埚盖(留有缝隙)，放入高温炉中，从低温起，在 650～700℃的高温下熔融 20min，期间取出摇动 1 次。取出冷却，将坩埚放入已盛有 100mL 沸水的 300mL 烧杯中，盖上表面皿。在电炉上适当加热，待熔块完全浸出后，取出坩埚，用水冲洗坩埚和盖。在搅拌下一次加入 25～30mL 盐酸，再加入 1mL 硝酸，用热盐酸(1+5)洗净坩埚和盖。将溶液加热煮沸，冷却至室温后，移入 250mL 容量瓶中，用水稀释至标线，摇匀

续表

<table>
<tr><th rowspan="2">项　目</th><th colspan="2">主 要 内 容</th></tr>
<tr><th>EDTA 滴定法(基准法)</th><th>氢氧化钠熔样—EDTA 滴定法(代用法)</th></tr>
<tr><td>主要操作步骤</td><td>7. 吸取 25.00mL 溶液放入 300mL 烧杯中，加水稀释至约 200mL。加入 5mL 三乙醇胺溶液(1+2)及适量的 CMP 混合指示剂，在搅拌下加入氢氧化钠溶液至出现绿色荧光后再过量滴加 5～8mL，此时溶液酸度在 pH 值 13 以上，用 EDTA 标准滴定溶液滴定至绿色荧光完全消失并呈现红色</td><td>2. 吸取 25.00mL 溶液放入 300mL 烧杯中，加入 2mL 氟化钾溶液(加入量视试样中二氧化硅含量而定)，搅匀并放置 2min 以上，然后加水约稀释至 200mL。加入 5mL 三乙醇胺溶液(1+2)及少许的 CMP 混合指示剂，在搅拌下加入氢氧化钠溶液至出现绿色荧光后再过量 5～8mL，用 EDTA 标准滴定溶液滴定至绿色荧光完全消失并呈现红色</td></tr>
<tr><td>结果计算</td><td>1. 氧化钙的质量分数按下式计算，保留两位小数。
$$\omega_{CaO}=\frac{T_{CaO}V_{18}\times 10}{m_{13}\times 1000}\times 100=\frac{T_{CaO}V_{18}}{m_{13}}$$
式中　ω_{CaO}——氧化钙的质量分数，%；
T_{CaO}——EDTA 标准溶液滴定对氧化钙的滴定度，mg/mL；
V_{18}——滴定时消耗 EDTA 标准溶液的体积，mL；
m_{13}——试料的质量，g；
2. 碳酸钙含量应按 1.785 倍 CaO 含量折算</td><td>1. 氧化钙的质量分数按下式计算，保留两位小数。
$$\omega_{CaO}=\frac{T_{CaO}(V_{24}-V_{024})\times 10}{m_9\times 1000}\times 100=\frac{T_{CaO}V_{24}}{m_9}$$
式中　ω_{CaO}——氧化钙的质量分数，%；
T_{CaO}——EDTA 标准溶液滴定对氧化钙的滴定度，mg/mL；
V_{24}——滴定时消耗 EDTA 标准溶液的体积，mL；
V_{024}——空白试验消耗 EDTA 标准溶液的体积，mL；
m_9——试料的质量，g
2. 碳酸钙含量应按 1.785 倍 CaO 含量折算</td></tr>
<tr><td>结果确定</td><td colspan="2">以两次试验结果的平均值表示测定结果，其重复性限为 0.25%</td></tr>
</table>

（十）亚甲蓝值测定

石灰石粉的亚甲蓝值测定方法见表 2-133，但测试样品由 50g 石灰石粉和 150g 的（0.5～1.0）mm 的中级砂组成。

（十一）火山灰性测定

火山灰质材料的火山灰性测定方法见表 2-42。

■表 2-42　火山灰质材料的火山灰性测定方法

项　目	主 要 内 容
原理及目的	通过在规定时间周期后，水化水泥接触的水溶液中存在的氢氧化钙量与能使同一碱性溶液饱和的氢氧化钙相比较来确定。如果该溶液中氢氧化钙浓度低于饱和浓度，则判定该火山灰水泥具有火山灰性(或火山灰性合格)

续表

项 目	主要内容
仪器设备	塑料瓶(500mL左右，配有螺旋式密封盖的圆筒状容器，数个)；粗颈漏斗；移液管(25mL、100mL各1个)；洗耳球；磨口锥形瓶(300mL，数个)；烧杯(400mL，数个)；容量瓶(250mL)；酸式滴定管(50mL，2个)；碱式滴定管(50mL，2个)；天平(量程不小于50g、最小分度值不大于0.01g，量程不小于50g、最小分度值不大于0.0001g)；恒温箱(可控制温度40℃±1℃)等
化学试剂	在分析中，应使用新鲜煮沸的或相当纯度的蒸馏水；所用试剂应为分析纯或优级纯试剂。用于标定与配制标准溶液的试剂应为基准试剂 1. 0.1mol/L盐酸标准溶液：将8.5mL浓度为36%~38%(质量分数)的盐酸加水稀释至1L，摇匀 2. 盐酸溶液(1+1) 3. 甲基橙溶液(1g/L) 4. 氢氧化钾溶液(200g/L) 5. 钙黄绿素—甲基百里香酚蓝—酚酞混合指示剂(简称CMP混合指示剂)，见表2-41 6. 三乙醇胺溶液(1+2) 7. 碳酸钙标准溶液：将碳酸钙($CaCO_3$)在105~110℃烘干箱内烘干2h并称取0.6g，精确至0.0001g，置于300mL烧杯中，加入约50mL水，盖上表面皿，沿杯口滴加盐酸溶液(1+1)至碳酸钙全部溶解后，加热微沸数分钟，冷却至室温后，将其移入250mL容量瓶中，加水稀释至标线，摇匀 8. 0.015mol/L乙二胺四乙酸二钠(EDTA)标准溶液：将5.6g EDTA置于烧杯中，加入约200mL水，加热溶解，过滤，稀释至1000mL，摇匀
试验材料	1. 火山灰质混合材料：含水量小于1%，80μm方孔筛筛余为1%~3% 2. 硅酸盐水泥：符合GB 175有关要求的硅酸盐水泥，强度等级不低于42.5 3. 试验样品：将硅酸盐水泥和火山灰质混合材料按7:3质量比混合而成
主要操作步骤	1. 0.1mol/L盐酸标准溶液的标定：将碳酸钠(Na_2CO_3)在130℃烘干箱内烘干2h并称取0.15g，精确至0.0001g，置于300mL锥形瓶中，加入约100mL水使其溶解，加入甲基橙溶液(1g/L)1滴，用0.1mol/L盐酸标准溶液滴定至溶液呈橙红色。 盐酸标准溶液浓度按下式计算 $$c(HCl)=\frac{m\times 1000}{V_1\times 53.0}$$ 式中 $c(HCl)$——盐酸标准溶液的浓度，mol/L； V_1——盐酸标准溶液消耗的体积，mL； m——称取碳酸钠的质量，g； 53.0——(Na_2CO_3)的摩尔质量，g/mol 2. 0.015mol/L EDTA标准溶液的标定：吸取25.00mL碳酸钙标准溶液，放入400mL烧杯中，用水稀释至约200mL，加入适量的CMP混合指示剂，在搅拌下加入氢氧化钾溶液(200g/L)，至出现绿色荧光后再过量2~3mL，用0.015mol/L EDTA标准溶液滴定至绿色荧光消失并呈现红色 EDTA标准溶液对氧化钙滴定度按下式计算 $$T_{CaO}=\frac{cV_2}{V_3}\frac{M_{CaO}}{M_{CaCO_3}}=\frac{25\times 0.5603\times c}{V_3}$$ 式中 T_{CaO}——EDTA标准溶液对氧化钙的滴定度，mg/mL； c——每毫升碳酸钙标准溶液中碳酸钙含量，mg/mL； V_3——EDTA标准溶液消耗的体积，mL； V_2——吸取碳酸钙标准溶液的体积，mL； 0.5603——氧化钙与碳酸钙的摩尔质量比 3. 试验步骤： (1) 将塑料瓶洗净，干燥，冷却至室温 (2) 用移液管吸取100mL蒸馏水注入塑料瓶中，盖紧(或塞紧)瓶口，放入(40±1)℃恒温箱中恒温1h (3) 称取20g试验样品，精确至0.01g，经粗颈漏斗迅速将试样倒入塑料瓶中，立即盖紧(或塞紧)瓶口，用力摇动20s，防止水泥结块粘住瓶底

续表

项　目	主 要 内 容
主要操作步骤	(4) 将塑料瓶再次放入(40±1)℃恒温箱中恒温，保证瓶底放平，使瓶底形成一层均匀的水泥层(为防止瓶内温度明显下降，在恒温箱外的操作应尽快完成) (5) 在 8d 或 15d 后取出塑料瓶，将瓶内溶液迅速过滤到磨口锥形瓶中，塞紧瓶口，待滤液冷却至室温，充分摇匀 (6) 总碱度(氢氧根离子浓度)测定：吸取 25.00mL 滤液并放入 300mL 锥形瓶中，加水稀释至约 100mL，加入甲基橙溶液(1g/L)1 滴，用 0.1mol/L 盐酸标准溶液滴定至溶液呈橙红色 总碱度(氢氧根离子浓度)按下式计算 $$X_{OH^-} = 40c(HCl)V_4$$ 式中　X_{OH^-}——总碱度(氢氧根离子浓度)，mmol/L； $c(HCl)$——盐酸溶液浓度，mol/L； V_4——盐酸溶液消耗的体积，mL； 40——25mL 滤液换算为 1000mL 的比值 (7)氧化钙的测定：吸取 25.00mL 滤液并放入 400mL 烧杯中，滴加盐酸溶液(1+1)使溶液呈酸性(用广范 pH 试纸检验)，加水稀释到约 250mL，加入三乙醇胺(1+2)1mL，再加入适量的 CMP 混合指示剂，在搅拌下加入氢氧化钾溶液(200g/L)至出现绿色荧光后，再过量(5～8)mL，用 0.015mol/L EDTA 标准溶液滴定至绿色荧光消失并呈现红色
结果计算	氧化钙含量下式计算 $$X_{CaO} = \frac{40T_{CaO}V_5}{56.08}$$ 式中　X_{CaO}——氧化钙含量，mmol/L； T_{CaO}——EDTA 标准溶液对氧化钙的滴定度，mg/mL； V_5——EDTA 标准溶液消耗的体积，mL； 56.08——氧化钙的摩尔质量，g/moL； 40——25mL 溶液换算为 1000mL 的比值
结果确定	以总碱度(氢氧根离子浓度)为横坐标，以氧化钙含量为纵坐标，将试验结果点在火山灰性图上，见下图。如果试验点落在图中曲线(40℃时氢氧化钙的溶解度曲线)的下方，则认为该混合材料火山灰性试验合格；如果试验点落在图中曲线上方或曲线上，则需要重做试验，不过塑料瓶应在恒温箱内放置 15d。此时如果试验点落在图中曲线的下方，则认为该混合材料火山灰性试验仍为合格 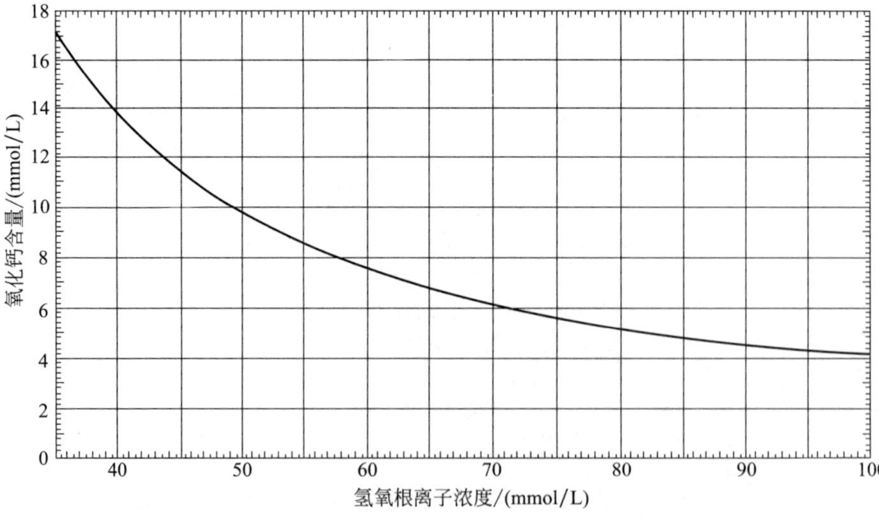 评定火山灰性的曲线图

（十二）游离氧化钙测定

钢渣粉中游离氧化钙含量的测定方法见表 2-43。

其他矿物掺合料中游离氧化钙含量的测定方法有两种代用方法，即甘油酒精法和乙二醇法，见表 2-44。

■表 2-43 钢渣粉中游离氧化钙含量测定方法

项 目	主要内容
原理及目的	乙二醇与试样中的游离钙生成可溶性的乙二醇钙，经离心分离后，溶液中加钙指示剂，用EDTA标准滴定溶液滴定，根据消耗的体积算出游离钙的含量
仪器设备	天平(精度至 0.0001g)，电动离心机(转速 0~4000r/min)，高温炉(使用温度≥1200℃)，玛瑙，玻璃研钵，容量玻璃器皿(单标线吸量管、分度吸量管、滴定管、容量瓶)等
化学试剂	1. 硝酸钾、无水乙醇、乙二醇(1.113g/mL)、盐酸(1+1)、三乙醇胺(1+2) 2. 氢氧化钾溶液(200g/L)：将 200g 氢氧化钾溶于水中，加水稀释至 1L，贮存于塑料瓶中 3. 碳酸钙标准溶液 $c(CaCO_3)$= 0.024mol/L：称取已于 105~110℃烘过 2h 并冷却至室温的 0.6g 碳酸钙($CaCO_3$)，精确至 0.0001g。置于 400mL 烧杯中，加入约 100mL 水，盖上表面皿，沿杯口滴加盐酸(1+1)至碳酸钙全部溶解，加热煮沸数分钟。将溶液冷至室温，移入 250mL 容量瓶中，用水稀释至标线，摇匀 4. EDTA 标准滴定溶液 c(EDTA)= 0.015mol/L： (1) EDTA 标准滴定溶液的配制：称取约 5.6gEDTA(乙二胺四乙酸二钠盐)置于烧杯中，加约 200mL 水，加热溶解，过滤，用水稀释至 1L (2) EDTA 标准滴定溶液浓度的标定：吸取 25.00mL 碳酸钙标准溶液于 400mL 烧杯中，加水稀释至约 100mL，加入适量的 CMP 混合指示剂，在搅拌下加入氢氧化钾溶液至出现绿色荧光后再过量 2~3mL，以 EDTA 标准滴定溶液滴定至绿色荧光消失并呈现红色。记下消耗 EDTA 的体积 EDTA 标准滴定溶液的浓度按下式计算 $$c(\text{EDTA})=\frac{m\times 25\times 1000}{250\times V\times 100.09}=\frac{m}{V\times 1.0009}$$ 式中 c(EDTA)——EDTA 标准滴定溶液的浓度，mol/L； m——碳酸钙的质量，g； V——滴定时消耗 EDTA 标准滴定溶液的体积，mL； 100.09——碳酸钙的摩尔质量，g/mol； 250——碳酸钙标准溶液总体积，mL； 25——滴定时分取的碳酸钙标准溶液的体积，mL； 1000——单位换算系数 (3) EDTA 标准滴定溶液对氧化钙滴定度的计算： $$T_{CaO}=c(\text{EDTA})\times 56.08$$ 式中 T_{CaO}——每毫升 EDTA 标准滴定溶液相当于氧化钙的质量，mg/mL； c(EDTA)——EDTA 标准滴定溶液的浓度，mol/L； 56.08——CaO 的摩尔质量，g/mol 5. 钙指示剂：称取 1.00g 钙指示剂及已在 105~110℃烘干并冷却至室温的 50g 硝酸钾，放在研钵中混合研细，贮于磨口瓶中 6. 钙黄绿素-甲基百里香酚蓝-酚酞混合指示剂(简称 CMP 混合指示剂)：称取 1.000g 钙黄绿素、1.000g 甲基百里香酚蓝、0.200g 酚酞与 50g 已在 105℃烘干过的硝酸钾混合研细，保存在磨口瓶中

续表

<table>
<tr><th>项 目</th><th>主要内容</th></tr>
<tr><td>主要操作步骤</td><td>称取约 0.2~0.5g 试样，精确至 0.0001g，置于干燥的锥形瓶中，加 30mL 乙二醇(1.113g/mL)，加热 80~90℃，磁力搅拌 20min，将试料溶液移入 100mL 干燥离心管中，用 15mL 无水乙醇分 5~6 次洗锥形瓶，洗液倒入离心管中，在离心机上以 2500r/min 速度离心 15min，将上清液倒入干净的锥形瓶中，加水至 100mL，加 2 滴盐酸(1+1)、5mL 三乙醇胺(1+2)、10mL 氢氧化钠溶液(200g/L)、钙指示剂少量，用 c(EDTA)= 0.015mol/L EDTA 标准滴定溶液滴定至溶液颜色由红色变为蓝色</td></tr>
<tr><td>结果计算</td><td>游离钙(以氧化钙计)的质量百分数按下式计算，保留两位小数
$$\omega_{Ca}=\frac{T_{CaO}V}{m\times 1000}\times 100$$
式中 ω_{Ca}——游离氧化钙的质量分数，%；
T_{CaO}——每毫升 EDTA 标准滴定溶液相当于氧化钙的质量，mg/mL；
V——滴定时消耗 EDTA 标准滴定溶液的体积，mL；
1000——单位换算系数；
m——试料的质量，g</td></tr>
<tr><td>结果确定</td><td>试验在重复性条件下测定 2 次。当试样的两个有效分析值之差不大于下表所规定的允许差时，以其算术平均值作为最终分析结果；否则，应重新取样分析
<table><tr><th>含量/%</th><th>允许差/%</th></tr><tr><td>0.20~2.0</td><td>0.10</td></tr><tr><td>>2.0~15.0</td><td>0.20</td></tr></table></td></tr>
</table>

■表 2-44 其他矿物掺合料中游离氧化钙含量测定方法

<table>
<tr><th rowspan="2">项 目</th><th colspan="2">主要内容</th></tr>
<tr><th>甘油酒精法</th><th>乙二醇法</th></tr>
<tr><td>原理及目的</td><td>在加热搅拌下，以硝酸锶为催化剂，使试样中的游离氧化钙与甘油作用生成弱碱性的甘油钙，以酚酞为指示剂，用苯甲酸-无水乙醇标准滴定溶液滴定</td><td>在加热搅拌下，使试样中的游离氧化钙与乙二醇作用生成弱碱性的乙二醇钙，以酚酞为指示剂，用苯甲酸-无水乙醇标准滴定溶液滴定</td></tr>
<tr><td>仪器设备</td><td colspan="2">天平(精度至 0.0001g)，游离氧化钙测定仪，玻璃砂芯漏斗(直径 50mm、型号 G4)等</td></tr>
<tr><td>化学试剂</td><td colspan="2">1. 无水乙醇(体积分数不低于 99.5%)、丙三醇(体积分数不低于 99%)、乙二醇(体积分数 99%)、硝酸锶
2. 氢氧化钠-无水乙醇溶液(0.1mol/L)：将 0.4g 氢氧化钠(NaOH)溶于 100mL 无水乙醇中
3. 甘油-无水乙醇溶液(1+2)：将 500mL 丙三醇与 1000mL 无水乙醇混合，加入 0.1g 酚酞，混匀。用氢氧化钠-无水乙醇溶液中和至红色。贮存于干燥密封的瓶中，防止吸潮
4. 乙二醇-无水乙醇溶液(2+1)：将 1000mL 乙二醇与 500mL 无水乙醇混合，加入 0.2g 酚酞，混匀，用氢氧化钠-无水乙醇溶液中和至红色。贮存于干燥密封的瓶中，防止吸潮
5. 苯甲酸-无水乙醇标准滴定溶液 $c(C_6H_5COOH)$= 0.1mol/L：
(1)标准滴定溶液的配制：称取 12.2g 已在干燥器中干燥 24h 后的苯甲酸(C_6H_5COOH)溶于 1000mL 无水乙醇中，贮存于带胶塞(装有硅胶干燥管)的玻璃瓶内</td></tr>
</table>

续表

项目	主要内容	
	甘油酒精法	乙二醇法
化学试剂	(2) 标准滴定溶液对氧化钙滴定度的标定： 1) 用于甘油酒精法的滴定度的标定：取一定量碳酸钙(基准试剂)置于铂(或瓷)坩埚中，在(950±25)℃下灼烧至恒重，从中称取 0.04g 氧化钙(*m*)，精确至 0.0001g，置于 250mL 干燥的锥形瓶中，加入 30mL 甘油-无水乙醇溶液，加入约 1g 硝酸锶，放入一根搅拌子，装上冷凝管，置于游离氧化钙测定仪上，以适当的速度搅拌溶液，同时升温并加热煮沸，在搅拌下微沸 10min 后，取下锥形瓶，立即用苯甲酸-无水乙醇标准滴定溶液滴定至微红色消失。再装上冷凝管，继续在搅拌下煮沸至红色出现，再取下滴定。如此反复操作，直至在加热 10min 后不出现红色为止 2) 用于乙二醇法的滴定度的标定：取一定量碳酸钙(基准试剂)置于铂(或瓷)坩埚中，在(950±25)℃下灼烧至恒重，从中称取 0.04g 氧化钙(*m*)，精确至 0.0001g，置于 250mL 干燥的锥形瓶中，加入 30mL 乙二醇-无水乙醇溶液，放入一根搅拌子，装上冷凝管，置于游离氧化钙测定仪上，以适当的速度搅拌溶液，同时升温并加热煮沸，当冷凝下的乙醇开始连续滴下时，继续在搅拌下加热微沸 4min，取下锥形瓶，用预先用无水乙醇润湿过的快速滤纸抽气过滤或预先用无水乙醇洗涤过的玻璃砂芯漏斗抽气过滤，用无水乙醇洗涤锥形瓶和沉淀 3 次，过滤时等上次洗涤液过滤完后再洗涤下次。滤液及洗液收集于 250mL 干燥的抽滤瓶中，立即用苯甲酸-无水乙醇标准滴定溶液滴定至微红色消失 (3) 苯甲酸-无水乙醇标准滴定溶液对氧化钙的滴定度按下式计算： $$T_{CaO}=\frac{m\times 1000}{V}$$ 式中 T_{CaO}——苯甲酸-无水乙醇标准滴定溶液对氧化钙的滴定度，mg/mL m——氧化钙的质量，g V——滴定时消耗苯甲酸-无水乙醇标准滴定溶液的体积，mL	
主要操作步骤	称取约 0.5g 试样，精度至 0.0001g，置于 250mL 干燥的锥形瓶中，加入 30mL 甘油-无水乙醇溶液，加入约 1g 硝酸锶，放入一根搅拌子，装上冷凝管，置于游离氧化钙测定仪上，以适当的速度搅拌溶液，同时升温并加热煮沸，在搅拌下微沸 10min 后，取下锥形瓶，立即用苯甲酸-无水乙醇标准滴定溶液滴定至微红色消失。再装上冷凝管，继续在搅拌下煮沸至红色出现，再取下滴定。如此反复操作，直至加热 10min 后不出现红色为止	称取约 0.5g 试样，精度至 0.0001g，置于 250mL 干燥的锥形瓶中，加入 30mL 乙二醇-乙醇溶液，放入一根搅拌子，装上冷凝管，置于游离氧化钙测定仪上，以适当的速度搅拌溶液，同时升温并加热煮沸，当冷凝下的乙醇开始连续滴下时，继续在搅拌下加热微沸 4min，取下锥形瓶，用预先用无水乙醇润湿过的快速滤纸(或无水乙醇洗涤过的玻璃砂芯漏斗)抽气过滤，用无水乙醇洗涤锥形瓶和沉淀 3 次，过滤时等上次洗涤液过滤完后再洗涤下次。滤液及洗涤液收集于 250mL 干燥的抽滤瓶中，立即用苯甲酸-无水乙醇标准滴定溶液滴定至微红色消失
结果计算	游离氧化钙的质量分数按下式计算，保留两位小数 $$\omega_{fCaO}=(T_{CaO}V\times 0.1)/m$$ 式中 ω_{fCaO}——游离氧化钙的质量分数，%； T_{CaO}——苯甲酸-无水乙醇标准滴定溶液对氧化钙的滴定度，mg/mL； V——滴定时消耗苯甲酸-无水乙醇标准滴定溶液的总体积，mL； m——试样的质量，g	
结果确定	以两次试验结果的平均值表示测定结果，当游离氧化钙含量≤2%时，其重复性限为 0.10%；当游离氧化钙含量>2%时，其重复性限为 0.20%	

（十三）五氧化二磷测定

钢渣粉中五氧化二磷含量的测定方法见表 2-45；

磷渣粉中五氧化二磷含量的测定方法见表 2-46。

■表 2-45 钢渣粉中五氧化二磷含量的测定方法

<table>
<tr><th>项　目</th><th>主 要 内 容</th></tr>
<tr><td>原理及目的</td><td>在硝酸溶液中，正磷酸盐与钒酸铵和钼酸铵作用生成可溶性的磷钒钼黄色配合物。用分光光度计，在波长 430nm 处测定其吸光度</td></tr>
<tr><td>仪器设备</td><td>天平(精度 0.0001g)，分光光度计(可在波长 400～700nm 范围内测定溶液的吸光度)，比色皿，容量玻璃器皿(单标线吸量管、分度吸量管、容量瓶)等</td></tr>
<tr><td>化学试剂</td><td>1. 磷酸二氢钾(基准试剂)、盐酸(1.18g/mL)、硝酸(1.39g/mL)、硝酸(1+1)
2. 钒钼酸铵溶液：称取钼酸铵 10g 溶于 100mL 水中，加热至 50～60℃，冷却。取钒酸铵 0.3g 溶于 50mL 水中，加 50mL 硝酸(1+1)，冷却。在不断搅拌下，将钼酸铵溶液倒入钒酸铵溶液中，再加 18mL 硝酸，混匀
3. 五氧化二磷标准溶液</td></tr>
<tr><td>主要操作步骤</td><td>1. 五氧化二磷标准溶液的配制：称取 0.1917g 已在 105～110℃烘干的磷酸二氢钾(基准试剂)，溶于水中，移至 1000mL 容量瓶中，用水稀释至标线摇匀。此标准溶液每毫升含有 0.1mg 五氧化二磷
2. 工作曲线的绘制：吸取每毫升含有 0.1 mg 五氧化二磷的标准溶液 0，1.00mL，2.00mL，3.00mL，4.00mL，5.00mL 分别移到 50mL 容量瓶中，依次加入 5mL 硝酸(1+1)，用水稀释至近 40mL，加 10mL 钒钼酸铵溶液，用水稀释至标线，摇匀。放置 30 min 后，使用分光光度计，30mm 比色皿，以试剂空白作参比，于波长 430nm 处测定溶液的吸光度。用测得的吸光度作为相对应的五氧化二磷含量的函数，绘制工作曲线
3. 五氧化二磷含量测定：称取约 0.2g 试样(m_0)，精确至 0.0001g，置于烧杯中，用少量水润湿，加 10mL 盐酸，3mL 硝酸，低温加热溶解并蒸发至湿盐状，加 5mL 硝酸、30mL 水，加热溶解可溶盐，用中速定性滤纸过滤于 100mL 容量瓶中，用热水洗涤烧杯 3 次，洗沉淀 5～6 次，滤液冷至室温后用水稀释至标线，摇匀
吸取上述溶液 10.00～20.00mL(视含量而定)于 50mL 容量瓶中，加 5mL 硝酸(1+1)，10mL 钒钼酸铵溶液，用水稀释至标线，摇匀。放置 30min 后，使用分光光度计，30mm 比色皿，以试剂空白为参比，于波长 430nm 处测定溶液的吸光度。在上步工作曲线上查出五氧化二磷的含量(m_1)</td></tr>
<tr><td>结果计算</td><td>五氧化二磷的质量百分数按下式计算，保留两位小数：
$$\omega(P_2O_5)=\frac{m_1\times10^{-3}}{m_0V_1/V_0}\times100$$
式中　$\omega(P_2O_5)$——五氧化二磷的质量分数，%；
m_0——试料的质量，g；
m_1——比色测定时从工作曲线上查得五氧化二磷量，mg；
V_1——比色用分取试料溶液的体积，mL；
V_0——试料溶液的总体积，mL</td></tr>
<tr><td>结果确定</td><td>试验在重复性条件下测定两次。当试样的两个有效分析值之差不大于下表所规定的允许差时，以其算术平均值作为最终分析结果；否则，应重新取样分析
<table><tr><th>含量/%</th><th>允许差/%</th></tr><tr><td>0.05～0.25</td><td>0.03</td></tr><tr><td>>0.25～1.00</td><td>0.05</td></tr><tr><td>>1.00～5.00</td><td>0.10</td></tr></table></td></tr>
</table>

■表 2-46 磷渣粉中五氧化二磷含量的测定方法

项 目	主 要 内 容
原理及目的	在一定酸性介质中，磷与钼酸铵和抗坏血酸生成蓝色配合物。于波长 730nm 处测定溶液的吸光度
仪器设备	天平(精度 0.0001g)、分光光度计、高温炉、比色皿等
化学试剂	1. 硫酸(1+1)、氢氟酸、盐酸(1+1)、盐酸(1+10)、磷酸二氢钾(基准试剂) 2. 碳酸钠-硼砂混合溶剂：将 2 份质量无水碳酸钠 Na_2CO_3 与 1 份质量无水硼砂 $Na_2B_4O_7$ 混匀研细，贮存于密封瓶中 3. 氢氧化钠溶液(200g/L)：将 20g 氢氧化钠 NaOH 溶于水中，加水稀至 100mL，贮存于塑料瓶中 4. 钼酸铵溶液(15g/L)：将 3g 钼酸铵$(NH_4)_6Mo_7O_{24} \cdot 4H_2O$ 溶于 100mL 热水中，加入 60mL 硫酸(1+1)摇匀。冷却后加水稀释至 200mL，将此溶液保存于塑料瓶中。此溶液在一周内使用 5. 抗坏血酸溶液(50g/L)：将 5g 抗坏血酸(V. C)溶于 100mL 水中，必要时过滤后使用。用时现配 6. 对硝基酚指示剂溶液(2g/L)：将 0.2g 对硝基酚溶于 100mL 水中
主要操作步骤	1. 五氧化二磷标准溶液的配制：称取 0.1917g 已在 105～110℃烘干 2h 的磷酸二氢钾(基准试剂)，精确至 0.0001g，置于 300mL 烧杯中，加水溶解后，移入 1000mL 容量瓶中，用水稀至标线摇匀。此标准溶液每毫升含有 0.1mg 五氧化二磷 吸取 50.00mL 上述标准溶液放入 500mL 容量瓶中，用水稀释至标线，摇匀。此标准溶液每毫升含有 0.01mg 五氧化二磷 2. 工作曲线的绘制：吸取每毫升含有 0.01mg 五氧化二磷的标准溶液 0，2.00mL，4.00mL，6.00mL，8.00mL，10.00mL，15.00mL，20.00mL，25.00mL 分别放入 200mL 烧杯中，加水稀释至 50mL，加入 10mL 钼酸铵溶液和 2mL 抗坏血酸溶液，加热微沸(1.5±0.5)min，冷却至室温后，移入 100mL 容量瓶中，用盐酸(1+10)洗涤烧杯，并用盐酸(1+10)稀释至标线，摇匀。用分光光度计，10mm 比色皿，以水作参比，于波长 730nm 处测定溶液的吸光度。用测得的吸光度作为相对应的五氧化二磷含量的函数，绘制工作曲线 3. 五氧化二磷含量测定：称取约 0.25g 试样(m_0)，精确至 0.0001g，置于铂坩埚中，加入少量水润湿，缓慢加入 3mL 盐酸、5 滴硫酸(1+1)和 5mL 氢氟酸，放入通风橱内电热板上缓慢加热，近干时摇动坩埚，以防溅失，蒸发至干，再加入 3mL 氢氟酸，继续放入通风橱内电热板上加热至干 取下冷却，向经氢氟酸处理后得到的残渣中加入 3g 碳酸钠-硼砂混合剂，混匀，在 950～1000℃下熔融 10min，用坩埚钳夹持坩埚旋转，使熔融物均匀地附于坩埚内壁，冷却后，将坩埚放入已加热至微沸的盛有 10mL 硫酸(1+1)及 100mL 水的 300mL 烧杯中，并继续保持微沸状态，直至熔融物完全溶解，用水洗净坩埚及盖，冷却后，移入 250mL 容量瓶中，用水稀释至标线，摇匀 吸取上述溶液 10.00mL(试样溶液的分取量视五氧化二磷含量而定)放入 200mL 烧杯中，加水至 50mL，加入 1 滴对硝基酚指示剂溶液，滴加氢氧化钠溶液至黄色，再滴加盐酸(1+1)至无色，加入 10mL 钼酸铵溶液和 2mL 抗坏血酸，加热微沸(1.5±0.5)min，冷却后，移入 100mL 容量瓶中，用盐酸(1+10)洗涤烧杯，并用盐酸(1+10)稀释至标线，摇匀。用分光光度计，10mm 比色皿，以水作参比，于波长 730nm 处测定溶液的吸光度。在上步工作曲线上查出五氧化二磷的含量(m_1)
结果计算	五氧化二磷的质量百分数按下式计算，保留两位小数 $\omega(P_2O_5)=(m_1 \times 0.5)/m_0$ 式中 $\omega(P_2O_5)$——五氧化二磷的质量分数，%； m_0——试料的质量，g； m_1——100mL 溶液中五氧化二磷的含量，mg
结果确定	以两次试验结果的平均值表示测定结果，其重复性限为 0.15%

（十四）二氧化硅、三氧化二铝测定

钢渣粉中二氧化硅含量的测定方法见表 2-47。

磷渣粉中二氧化硅、三氧化二铝含量的测定方法见表 2-48。

■表 2-47　钢渣粉中二氧化硅含量的测定方法

项　目	主 要 内 容
原理及目的	试样以混合溶剂熔融，盐酸溶解或直接以盐酸溶解，加入高氯酸发烟使硅酸脱水；或在一定酸度和温度下，加入明胶促使硅酸凝聚成胶凝体沉淀，沉淀经过滤、灼烧、称量得到二氧化硅量，然后用经氢氟酸处理使硅以四氟化硅的形式逸出。氢氟酸处理前后之差即为纯二氧化硅量。再用溶剂处理残渣，溶解于原滤液中，以钼蓝光度法测定滤液中残余的二氧化硅量，两者之和即为试样中的二氧化硅量
仪器设备	天平(精度 0.0001g)，分光光度计(可在波长 400～700nm 范围内测定溶液的吸光度)，比色皿，容量玻璃器皿(单标线吸量管、分度吸量管、滴定管、容量瓶)，高温炉(使用温度≥1200℃)，带盖铂坩埚(容积 15～30mL)，带盖瓷坩埚(容积 15～30mL、容积 70mL 各一个)，裂解石墨坩埚(容积 30mL)等
化学试剂	1. 无水碳酸钠：将无水碳酸钠用玛瑙研钵研成粉末，密封保存 2. 无水碳酸钠-硼酸混合溶剂：将 1 份无水碳酸钠与 0.7 份硼酸研细混匀 3. 焦硫酸钾($K_2S_2O_7$)：将市售焦硫酸钾在瓷蒸发皿中加热熔化，待气泡停止发生后，冷却、砸碎，储存于磨口瓶中 4. 硝酸(1.39g/mL)、氢氟酸(1.13g/mL)、硫酸(1.84g/mL)、高氯酸(1.68g/mL)、无水乙醇、乙醇(95%，体积分数) 5. 盐酸［(1+1)、(5+95)、(1+11)］ 6. 硫氰化铵溶液(50g/L)：将 50g 硫氰化铵(NH_4SCN)溶于水中，加水稀释至 1L 7. 硝酸银溶液(17g/L)：将 17g 硝酸银溶于水中，加水稀释至 1L 8. 钼酸铵溶液(50g/L)：将 5g 钼酸铵($(NH_4)_6Mo_7O_{24}\cdot 4H_2O$)溶于水中，加水稀释至 100mL，过滤后贮存于塑料瓶中，此溶液可保存约一周 9. 抗坏血酸溶液(5g/L)：将 0.5g 抗坏血酸溶于 100mL 水中，过滤后使用，用时现配 10. 二氧化硅(SiO_2)标准溶液
主要操作步骤	1. 二氧化硅标准溶液配制：在 1000～1100℃下灼烧二氧化硅(SiO_2)30min 以上，于干燥器中冷至室温后，称取 0.2000g，精确至 0.0001g，置于铂坩埚中，加入 2g 无水碳酸钠，搅拌均匀，在 1000～1100℃高温下熔融 15min。冷却，用热水将熔块浸出，放入盛有热水的 300mL 塑料杯中，待全部溶解后冷却至室温，移入 1000mL 容量瓶中，用水稀释至标线，摇匀，移入塑料瓶中保存。此标准溶液每毫升含有 0.2mg 二氧化硅 吸取 10.00mL 上述标准溶液于 100mL 容量瓶中，用水稀释至标线，摇匀，移入塑料瓶中保存。此标准溶液每毫升含有 0.02mg 二氧化硅 2. 二氧化硅的测定：二氧化硅的测定方法有两种，高氯酸脱水重量法和明胶重量法，仲裁时则采用高氯酸脱水重量法。下述为高氯酸脱水重量法 (1)称取精确至 0.0001g 的试样约 0.50g，置于裂解石墨坩埚中，加 3g 无水碳酸钠－硼酸混合熔剂，混匀，再以 1g 混合熔剂覆盖其上 (2)将石墨坩埚置于 70mL 的瓷坩埚中，盖好盖，在 800～850℃高温炉中熔融 45～60min，取出冷却后，将熔块倒入烧杯中，用热水及热盐酸(5+95)溶液洗净坩埚，溶液一并洗入烧杯中，加 20mL 盐酸(1+1)和数滴硝酸，加热蒸发至约 20mL，加入 20mL 无水乙醇继续蒸发至约 20mL，加 15～20mL 高氯酸(1.68g/mL)，加热蒸发至冒高氯酸白烟 10～15min，取下，冷至室温，加 10mL 盐酸(1+1)，50mL 热水，搅拌使盐类溶解 注：如果试料中金属铁含量比较高，直接用酸溶法：称取约 0.5g 试样(m_1)，精确至 0.0001g，置于 400mL 烧杯中，加少量水使其分散，加 20mL 盐酸(1+1)并加数滴硝酸和 20mL 无水乙醇，加热蒸发至约 20mL。加 15～20mL 高氯酸(1.68g/mL)，继续加热蒸发至冒高氯酸白烟 10～15min，取下，冷至室温，加 10mL 盐酸(1+1)，50mL 热水，搅拌使盐类溶解

续表

项 目	主要内容
主要操作步骤	(3) 用慢速定量滤纸过滤或双层中速定量滤纸过滤，用擦棒以热盐酸(5+ 95)溶液擦洗玻棒及烧杯内壁，并洗沉淀 3~4 次至无铁离子(硫氰化铵溶液检验铁离子)①，再用热水洗涤沉淀 8~9 次至无氯离子反应为止(硝酸银检验氯离子)② (4) 收集滤液及洗涤液保存在 250mL 容量瓶中待用。 沉淀及滤纸放入已恒量的铂坩埚中，灰化，于 950~1000℃高温炉中灼烧 40~60min，取出，在干燥器中冷至室温，称量，反复灼烧，直至恒量(m_2) (5) 加数滴水润湿上步得到的二氧化硅，加 1~2 滴硫酸，5mL 氢氟酸，放置通风柜内的电热板上缓慢蒸发至冒三氧化硫白烟，取下稍冷，再加 1~2mL 氢氟酸，继续加热至三氧化硫白烟完全逸尽，将坩埚放入 950~1000℃高温炉内灼烧 15min，在干燥器中冷至室温，称量，反复灼烧，直至恒量(m_3) 3. 滤液中二氧化硅的测定(硅钼蓝光度法): (1) 标准曲线的绘制：吸取每毫升含有 0. 02mg 二氧化硅的标准溶液(第 1 步)0，2. 00mL，4. 00mL，5. 00mL，6. 00mL，8. 00mL，10. 00mL 分别放入 100mL 容量瓶中，加水稀释至约 40mL，依次加入 5mL 盐酸(1+11)、8mL 乙醇、6mL 钼酸铵溶液(50g/L)。 放置 30min 后，加入 20mL 盐酸(1+1)、5mL 抗坏血酸溶液(5g/L)，用水稀释至标线，摇匀。 放置 1h 后，使用分光光度计，10mm 比色皿，以水作参比，于波长 660nm 或 810nm 处测定溶液的吸光度。 用测得的吸光度作为相对应的二氧化硅含量的函数，绘制标准曲线 (2) 试液的制备：向按第 2 步(5)经氢氟酸处理后的残渣中加 1g 焦硫酸钾，于 700℃熔融至透明状，稍冷后，将熔块用热水和数滴盐酸(1+1)浸出，合并于第 2 步(4)保留的滤液中。 用水稀释至标线，摇匀,此为溶液 A，供测定滤液中残留的可溶性二氧化硅、氧化钙、氧化镁用 (3) 测定：从溶液 A 中吸取 25. 00mL 溶液放入 100mL 容量瓶中，用水稀释至 40mL，依次加入 5mL 盐酸(1+11)、8mL 乙醇，6mL 钼酸铵溶液(50g/L)，放置 30min 后，加入 20mL 盐酸(1+1)、5mL 抗坏血酸溶液(5g/L)，用水稀释至标线，摇匀。 放置 1h 后，使用分光光度计，10mm 比色皿，以水作参比，于波长 660nm 或 810nm 处测定溶液的吸光度。 在标准曲线上查出二氧化硅的含量(m_4)
结果计算	1. 二氧化硅的质量分数按下式计算： $$\omega(SiO_2\ 重量)=\frac{m_2-m_3}{m_1}\times 100$$ 式中 $\omega(SiO_2$ 重量)——二氧化硅的质量分数，%； m_2——灼烧后未经氢氟酸处理的沉淀及坩埚的质量，g； m_3——用氢氟酸处理并经灼烧后的残渣及坩埚的质量，g； m_1——试料的质量，g 2. 滤液二氧化硅的质量分数按下式计算： $$\omega(SiO_2\ 滤液)=\frac{m_4\times 250}{m_1\times 25\times 1000}\times 100$$ 式中 $\omega(SiO_2$ 滤液)——二氧化硅滤液的质量分数，%； m_4——在工作曲线上查出的 100mL 溶液中二氧化硅的含量，mg； m_1——试料的质量，g； 250——试液的总体积，mL； 25——测定时分取试样的体积，mL； 1000——单位换算系数 3. 总二氧化硅的计算： $$\omega(SiO_2\ 总)=\omega(SiO_2\ 重量)+\omega(SiO_2\ 滤液)$$ 式中 $\omega(SiO_2$ 总)——二氧化硅总的质量分数，% 上述分析结果保留两位小数

续表

项 目	主要内容
结果确定	试验在重复性条件下测定两次。当试样的两个有效分析值之差不大于下表所规定的允许差时，以其算术平均值作为最终分析结果；否则，应重新取样分析 含量/% ｜ 允许差/% 5.0~15.00 ｜ 0.25 >15.00~30.00 ｜ 0.35

① 硫氰化铵溶液检验铁离子：按规定洗涤沉淀数次后，用数滴水洗漏斗下端，用少量水洗涤滤纸和沉淀，将滤纸收集在表面皿上，加1~2滴硫氰化铵溶液（50g/L），观察表面皿上溶液没有红棕色出现为止

② 硝酸银检验氯离子：按规定洗涤沉淀数次后，用数滴水淋洗漏斗下端，用少量水洗涤滤纸和沉淀，将滤液收集在表面皿上，加1~2滴硝酸银溶液（17g/L），观察表面皿上的溶液是否浑浊，若浑浊，继续洗涤并定期检查，直至用硝酸银检验不再浑浊为止

■表2-48 磷渣粉中二氧化硅、三氧化二铝含量的测定方法

项 目	主要内容
原理及目的	1.在pH值为1.8~2.0，温度为60~70℃的溶液中，以磺基水杨酸钠为指示剂，用EDTA标准滴定溶液滴定，将滴定铁后的溶液的pH值调节至3.0，在煮沸下以EDTA-铜和PAN为指示剂，用EDTA标准滴定溶液滴定测得三氧化二铝含量 2.在有过量的氟离子、钾离子存在的强酸性溶液中，使硅酸形成氟硅酸钾(K_2SiF_6)沉淀。经过滤、洗涤及中和残余酸后，加入沸水使氟硅酸钾沉淀水解生成等物质的量的氢氟酸。然后以酚酞为指示剂，用氢氧化钠标准滴定溶液滴定测定二氧化硅含量
仪器设备	天平(精度0.0001g)、银坩埚、高温炉、烧杯、塑料杯等
化学试剂	1.氨水(1+1)、盐酸(1+1)、盐酸(1+5)、氢氧化钠(NaOH)、乙醇(体积分数95%)、碳酸钙(基准试剂)、苯二甲酸氢钾(基准试剂) 2.pH3.0的缓冲溶液：将3.2g无水乙酸钠(CH_3COONa)溶于水中，加入120mL冰乙酸，加水稀释至1L 3.氯化钾(KCl)：颗粒粗大时，研磨后使用 4.氯化钾溶液(50g/L)：将50g氯化钾溶于水中，加水稀释至1L 5.氯化钾-乙醇溶液(50g/L)：将5g氯化钾溶于50mL水后，加入50mL乙醇，混匀 6.氟化钾溶液(150g/L)：将150g氟化钾($KF\cdot 2H_2O$)置于塑料杯中，加水溶解后，加水稀释至1L，贮存于塑料瓶中 7.碳酸钙标准溶液$c(CaCO_3)$=0.024mol/L：称取0.6g已于105~110℃烘过2h的碳酸钙($CaCO_3$)，精确至0.0001g，置于400mL烧杯中，加入约100mL水，盖上表面皿，沿杯口慢慢加入5~10mL盐酸(1+1)，搅拌至碳酸钙全部溶解，加热煮沸并微沸1~2min。冷却至室温后，移入250mL容量瓶中，用水稀释至标线，摇匀 8.氢氧化钾溶液(200g/L)：将200g氢氧化钾(KOH)溶于水中，加水稀释至1L，贮存于塑料瓶中 9.EDTA标准滴定溶液c(EDTA)=0.015mol/L： (1) EDTA标准滴定溶液的配制：称取约5.6gEDTA(乙二胺四乙酸二钠盐)置于烧杯中，加约200mL水，加热溶解，过滤，加水稀释至1L，摇匀 (2) EDTA标准滴定溶液浓度的标定：吸取25.00mL碳酸钙标准溶液放入300mL烧杯中，加水稀释至约200mL，加入适量的CMP混合指示剂，在搅拌下加入氢氧化钾溶液至出现绿色荧光后再过量2~3mL，以EDTA标准滴定溶液滴定至绿色荧光消失并呈现红色。记下消耗EDTA的体积 EDTA标准滴定溶液的浓度按下式计算 $$c(EDTA)=\frac{m\times 25\times 1000}{250V\times 100.09}=\frac{m}{V\times 1.0009}$$ 式中 c(EDTA)——EDTA标准滴定溶液的浓度，mol/L； m——碳酸钙的质量，g； V——滴定时消耗EDTA标准滴定溶液的体积，mL； 100.09——碳酸钙的摩尔质量，g/mol； 250——碳酸钙标准溶液总体积，mL； 25——滴定时分取的碳酸钙标准溶液的体积，mL； 1000——单位换算系数

续表

项 目	主要内容
化学试剂	(3) EDTA 标准滴定溶液对三氧化二铝滴定度的计算： $$T_{Al_2O_3}=c(EDTA)\times 50.98$$ 式中 $T_{Al_2O_3}$——EDTA 标准滴定溶液对三氧化二铝的滴定度，mg/mL； c(EDTA)——EDTA 标准滴定溶液的浓度，mol/L； 50. 98——$\left(\frac{1}{2}Al_2O_3\right)$的摩尔质量，g/mol 10. 钙黄绿素-甲基百里香酚蓝－酚酞混合指示剂(简称 CMP 混合指示剂)：称取 1. 000g 钙黄绿素、1. 000g 甲基百里香酚蓝、0. 200g 酚酞与 50g 已在 105～110℃烘干过的硝酸钾混合研细，保存在磨口瓶中 11. 氢氧化钠标准滴定液 c(NaOH)= 0. 15mol/L： (1) 氢氧化钠标准滴定溶液的配制：称取 30g 氢氧化钠(NaOH)溶于水后，加水稀释至 5L，充分摇匀，贮存于塑料瓶或带胶塞(装有钠石灰干燥管)的硬质玻璃瓶内 (2) 氢氧化钠标准滴定溶液浓度的标定：称取 0. 8g 苯二甲酸氢钾(基准试剂)，精确至 0. 0001g，置于 300mL 烧杯中，加入约 200mL 预先新煮沸过并冷却后用氢氧化钠溶液中和至酚酞呈微红色的冷水，搅拌使其溶解，加入 6～7 滴酚酞指示剂溶液，用氢氧化钠标准滴定溶液滴定至微红色 氢氧化钠标准滴定溶液的浓度按下式计算 $$c(NaOH)=\frac{m\times 1000}{V\times 204.2}$$ 式中 c(NaOH)——氢氧化钠标准滴定溶液的浓度，mol/L； m——苯二甲酸氢钾的质量，g； V——滴定时消耗氢氧化钠标准滴定溶液的体积，mL； 204. 2——苯二甲酸氢钾的摩尔质量，g/mol (3) 氢氧化钠标准滴定溶液对二氧化硅的滴定度按下式计算： $$T_{SiO_2}=c(NaOH)\times 15.02$$ 式中 T_{SiO_2}——氢氧化钠标准滴定溶液对二氧化硅的滴定度，mg/mL； c(NaOH)——氢氧化钠标准滴定溶液的浓度，mol/L； 15. 02——(1/4 SiO_2)的摩尔质量，g/mol 12. 酚酞指示剂溶液(10g/L)：将 1g 酚酞溶于 100mL 乙醇中 13. PAN 指示剂溶液(2g/L)：将 0. 2g1-(2-吡啶偶氮)-2 萘酚溶于 100mL 乙醇中 14. 溴酚蓝指示剂溶液(2g/L)：将 0. 2g 溴酚蓝溶于 100mL 乙醇(1+4)中
主要操作步骤	1. 标准溶液配制：称取约 0. 5g 试样(m_1)，精确至 0. 0001g，置于银坩埚中，加入 6～7g 氢氧化钠，盖上坩埚盖(留有缝隙)，放入高温炉中，从低温升起，在 650～700℃的高温下熔融 20min，期间取出摇动 1 次。取出冷却，将坩埚放入已盛有约 100mL 沸水的 300mL 烧杯中，盖上表面皿，在电炉上适当加热，待熔块完全浸出后，取出坩埚，用水冲洗坩埚和盖。在搅拌下一次加入 25～30mL 盐酸，再加入 1mL 硝酸，用热盐酸(1+5)洗净坩埚和盖。将溶液加热煮沸，冷却至室温后，移入 250mL 容量瓶中，用水稀释至标线，摇匀。此溶液供测定二氧化硅、三氧化二铝、氧化钙用 2. 二氧化硅的测定：吸取标准溶液 50. 00mL 放入 300mL 塑料杯中，加入 10～15mL 硝酸，搅拌，冷却至 30℃以下。加入氯化钾，仔细搅拌、压碎大颗粒氯化钾至饱和并有少量氯化钾析出，然后再加入 2g 氯化钾和 10mL 氟化钾溶液，仔细搅拌、压碎大颗粒氯化钾至饱和并有少量氯化钾析出(此时搅拌，溶液应该比较浑浊，如氯化钾析出量不够，应再补充加入氯化钾，但氯化钾的析出量不宜过多)，在 30℃以下放置 15～20min，期间搅拌 1～2 次。用中速滤纸过滤，先过滤溶液，固体氯化钾和沉淀留在杯底，溶液滤完后用氯化钾溶液洗涤塑料杯及沉淀 3 次，洗涤过程中使固体氯化钾溶解，洗涤总量不超过 25mL。将滤纸连同沉淀取下，置于原塑料杯中，沿杯壁加入 10mL 30℃以下的氯化钾-乙醇溶液及 1mL 酚酞指示剂，将滤纸展开，用氢氧化钠标准滴定溶液中和未洗净的酸，仔细搅动、挤压滤纸并随之擦洗杯壁直至溶液呈红色(过滤、洗涤、中和残余酸的操作应迅速，以防止氟硅酸钾沉淀的水解)。向杯中加入约 200mL 沸水(煮沸后用氢氧化钠溶液中和至酚酞呈微红色的沸水)，用氢氧化钠标准滴定溶液滴定至微红色

续表

项　目	主要内容
主要操作步骤	3. 三氧化二铝的测定： (1) 吸取标准溶液25.00mL放入300mL烧杯中，加水稀释至约100mL，用氨水(1+1)和盐酸(1+1)调节溶液pH值在1.8~2.0之间(用精密pH试纸或酸度计检验)。将溶液加热至70℃，加入10滴磺基水杨酸钠指示剂溶液，用EDTA标准滴定溶液缓慢地滴定至亮黄色(终点时溶液温度应不低于60℃，如终点前溶液温度降至近60℃时，应再加热至65~70℃) (2)将上述溶液加水稀释至约200mL，加入1~2滴溴酚蓝指示剂溶液，滴加氨水(1+1)至溶液出现蓝紫色，再滴加盐酸(1+1)至黄色。加入15mL pH3.0的缓冲溶液，加热煮沸并保持微沸1min，加入10滴EDTA-铜溶液和2~3滴PAN为指示剂溶液，用EDTA标准滴定溶液滴定至红色消失。继续煮沸，滴定，直至溶液经煮沸后红色不再出现呈稳定的亮黄色为止
结果计算	1. 二氧化硅的质量分数按下式计算，保留两位小数： $\omega(SiO_2)=(T_{SiO_2}\times V_1\times 0.5)/m_1$ 式中　$\omega(SiO_2)$——二氧化硅质量分数，%； T_{SiO2}——氢氧化钠标准滴定溶液对二氧化硅的滴定度，mg/mL； V_1——滴定时消耗氢氧化钠标准滴定溶液的体积，mL； m_1——试料的质量，g 2. 三氧化二铝的质量分数按下式计算： $\omega(Al_2O_3)=(T_{Al_2O_3}V_2)/m_1$ 式中　$\omega(Al_2O_3)$——三氧化二铝质量分数，%； $T_{Al_2O_3}$——EDTA标准滴定溶液对三氧化二铝的滴定度，mg/mL； V_2——滴定时消耗EDTA标准滴定溶液的体积，mL； m_1——试料的质量，g
结果确定	以两次试验结果的平均值表示测定结果，其重复性限为0.20%

(十五) 氧化钙、氧化镁测定

钢渣粉中氧化钙、氧化镁含量测定方法表2-49。

磷渣粉中氧化钙含量测定方法表2-50。

其他矿物掺合料的氧化镁含量测定方法见本章第一节表2-17。

■表2-49　钢渣粉中氧化钙、氧化镁含量的测定方法

项　目	主要内容
原理及目的	1. 在pH值为13以上强碱性溶液中，以钙黄绿素-甲基百里香酚蓝-酚酞混合指示剂，用EDTA标准滴定溶液滴定，溶液由绿色荧光消失至呈现红色为终点。通过消耗的EDTA标准滴定溶液的体积算出氧化钙的含量 2. 在pH值为10的溶液中，用酸性铬蓝K-萘酚绿B混合指示剂，以EDTA标准滴定溶液测定钙、镁含量，减去滴定钙时消耗的EDTA标准溶液的体积后，计算得出氧化镁的含量
仪器设备	天平(精度0.0001g)，玛瑙，玻璃研钵(容积200mL)，容量玻璃器皿(单标线吸量管、分度吸量管、容量瓶)等
化学试剂	1. 过硫酸铵、氨水(1+1)、盐酸(1+1) 2. 氯化铵溶液(200g/L):将50g氯化铵(NH_4Cl)溶解于水中，定容至250mL 3. 氢氧化钾溶液(200g/L)：将200g氢氧化钾溶于水中，用水稀释至1L，贮存于塑料瓶中 4. 碳酸钙标准溶液［$c(CaCO_3)=0.024mol/L$］ 称取0.6g已于105~110℃烘过2h的碳酸钙($CaCO_3$)，精确至0.0001g。置于400mL烧杯中，加入约100mL水，盖上表面皿，沿杯口滴加盐酸(1+1)至碳酸钙全部溶解，加热煮沸数分钟。将溶液冷至室温，移入250mL容量瓶中，用水稀释至标线，摇匀

续表

项目	主要内容
化学试剂	5. EDTA 标准滴定溶液［c(EDTA)= 0.015mol/L］: (1)EDTA 标准滴定溶液的配制: 称取约 5.6gEDTA(乙二胺四乙酸二钠盐)置于烧杯中，加约 200mL 水，加热溶解，过滤，用水稀释至 1L (2)EDTA 标准滴定溶液浓度的标定: 吸取 25.00mL 碳酸钙标准溶液于 400mL 烧杯中，加水稀释至约 100mL，加入适量的 CMP 混合指示剂，在搅拌下加入氢氧化钾溶液(200g/L)至出现绿色荧光后再过量 2~3mL，以 EDTA 标准滴定溶液滴定至绿色荧光消失并呈现红色。记下消耗 EDTA 的体积 EDTA 标准滴定溶液的浓度按下式计算 $$c(EDTA)=\frac{m\times 25\times 1000}{250V\times 100.09}=\frac{m}{V\times 1.0009}$$ 式中 $c(EDTA)$——EDTA 标准滴定溶液的浓度，mol/L; m——碳酸钙的质量，g; V——滴定时消耗 EDTA 标准滴定溶液的体积，mL; 100.09——碳酸钙的摩尔质量，g/mol; 250——碳酸钙标准溶液总体积，mL; 25——滴定时分取的碳酸钙标准溶液的体积，mL; 1000——单位换算系数 6. 钙黄绿素-甲基百里香酚蓝-酚酞混合指示剂(简称 CMP 混合指示剂)：称取 1.000g 钙黄绿素、1.000g 甲基百里香酚蓝、0.2000g 酚酞与 50g 已在 105℃烘干过的硝酸钾混合研细，保存在磨口瓶中 7. pH10 的缓冲溶液：将 67.5g 氯化铵溶于水中，加 570mL 氨水，用水稀释至 1L，摇匀 8. 酸性铬蓝 K-萘酚绿 B 混合指示剂(简称 K-B 混合指示剂)：称取 1.000g 酸性铬蓝 K 与 2.5g 萘酚绿 B 及 50g 已在 105~110℃烘干的硝酸钾(KNO_3)，放在研钵中混合研细，贮于磨口瓶中
主要操作步骤	1. 从表 2-47 配制的溶液 A 中吸取 100mL 于 400mL 烧杯中，加少量水冲洗杯壁，加 10mL 氯化铵溶液(200g/L)，滴加氨水(1+1)至铁、铝开始沉淀，再加 2~3mL 氨水(1+1)，加 0.3~0.5g 过硫酸铵，充分搅拌，加热煮沸 3~5min，使锰沉淀完全，静置，待沉淀下沉后，趁热以快速定性滤纸过滤，以热水洗涤沉淀及滤纸至无氯离子为止，滤液及洗液收集于 250mL 容量瓶中。冷却后用水稀释至标线，摇匀，此为溶液 B，供测定氧化钙、氧化镁用 2. 氧化钙的测定：从溶液 B 中吸取 50.00mL 置于三角烧杯中，加水稀释至约 200mL，加少许钙黄绿素-甲基百里香酚蓝-酚酞混合指示剂，加 10~15mL 氢氧化钾溶液(200g/L)，用［c(EDTA) = 0.015 mol/L］EDTA 标准滴定溶液滴定至绿色荧光消失并呈现红色为终点。记录滴定时消耗 EDTA 标准滴定溶液的体积(V) 3. 氧化镁的测定：从溶液 B 中吸取 50.00mL 于三角烧杯中，加水约 50mL，加 20mL pH10 的缓冲溶液，加少量酸性铬蓝 K-萘酚绿 B 混合指示剂，用［c(EDTA)= 0.015mol/L］EDTA 标准滴定溶液滴定，近终点时应缓慢地滴定至纯蓝色为终点。记录滴定时消耗 EDTA 标准滴定溶液的体积(V_1)
结果计算	1. EDTA 标准滴定溶液对氧化钙滴定度的计算: $$T_{CaO}=c(EDTA)\times 56.08$$ 式中 T_{CaO}——每毫升 EDTA 标准滴定溶液相当于氧化钙的质量，mg/mL; c(EDTA)——EDTA 标准滴定溶液的浓度，mol/L; 56.08——CaO 的摩尔质量，g/mol 2. 氧化钙的质量分数按下式计算，结果保留两位小数: $$\omega(CaO)=\frac{T_{CaO}V}{m_1\times\frac{100}{250}\times\frac{50}{250}\times 1000}\times 100$$ 式中 ω(CaO)——氧化钙的质量分数，%; T_{CaO}——每毫升 EDTA 标准滴定溶液相当于氧化钙的质量，mg/mL; V——滴定时消耗 EDTA 标准滴定溶液的体积，mL; m_1——试料的质量，g; 250——试液的总体积和分取试液经过预处理定容后的体积，mL; 100——分取试液的体积，mL; 50——测定时的取样体积，mL; 1000——单位换算系数

续表

<table>
<tr><th>项　目</th><th>主 要 内 容</th></tr>
<tr><td>结果计算</td><td>3. EDTA 标准滴定溶液对氧化镁的滴定度的计算：
$$T_{MgO}=c(EDTA)\times 40.31$$
式中　T_{MgO}——每毫升 EDTA 标准滴定溶液相当于氧化镁的质量，mg/mL；
$c(EDTA)$——EDTA 标准滴定溶液的浓度，mol/L；
40.31——MgO 的摩尔质量，g/mol
4. 氧化镁的质量分数按下式计算，保留两位小数：
$$\omega(MgO)=\frac{T_{MgO}(V_1-V)}{m_1\times\frac{100}{250}\times\frac{50}{250}\times 1000}\times 100$$
式中　$\omega(MgO)$——氧化镁的质量分数，%；
T_{MgO}——每毫升 EDTA 标准滴定溶液相当于氧化镁的质量，mg/mL；
V_1——滴定钙镁总量时消耗 EDTA 标准滴定溶液的体积，mL；
V——测定氧化钙时消耗 EDTA 标准滴定溶液的体积，mL；
m_1——试料的质量，g；
250——试液的总体积和分取试液经过预处理定容后的体积，mL；
100——分取试液的体积，mL；
50——测试时的取样体积，mL；
1000——单位换算系数</td></tr>
<tr><td>结果确定</td><td>试验在重复性条件下测定 2 次。当试样的两个有效分析值之差不大于下表所规定的允许差时，以其算术平均值作为最终分析结果；否则，应重新取样分析
1. 氧化钙含量的允许差
<table><tr><th>含量/%</th><th>允许差/%</th></tr><tr><td>5.00～30.00</td><td>0.35</td></tr><tr><td>>30.00～40.00</td><td>0.60</td></tr><tr><td>>40.00～60.00</td><td>0.70</td></tr></table>2. 氧化镁含量的允许差
<table><tr><th>含量/%</th><th>允许差/%</th></tr><tr><td>0.50～1.00</td><td>0.10</td></tr><tr><td>>1.00～5.00</td><td>0.30</td></tr><tr><td>>5.00～15.00</td><td>0.40</td></tr></table></td></tr>
</table>

■表 2-50　磷渣粉中氧化钙含量测定方法

<table>
<tr><th>项　目</th><th>主 要 内 容</th></tr>
<tr><td>原理
及目的</td><td>在 pH 值 13 以上强碱性溶液中，以三乙醇胺为掩蔽剂，用 CMP 混合指示剂，加入对钙过量的 EDTA 标准滴定溶液 $c(EDTA)=0.015mol/L$，用碳酸钙标准滴定溶液回滴过量的 EDTA</td></tr>
<tr><td>仪器设备</td><td>天平(精度 0.0001g)、银坩埚、高温炉、烧杯等</td></tr>
<tr><td>化学试剂</td><td>1. 盐酸(1+1)、盐酸(1+5)、氢氧化钠 NaOH、三乙醇胺(1+2)
2. 氢氧化钾溶液(200g/L)：将 200g 氢氧化钾 KOH 溶于水中，加水稀释至 1L，贮存于塑料瓶中
3. 氟化钾溶液(20g/L)：将 20g 氟化钾 $KF\cdot 2H_2O$ 溶于水中，加水稀释至 1L，贮存于塑料瓶中
4. 碳酸钙标准溶液 $c(CaCO_3)=0.024mol/L$：称取 0.6g 已于 105～110℃ 烘过 2h 的碳酸钙 $CaCO_3$，精确至 0.0001g，置于 400mL 烧杯中，加入约 100mL 水，盖上表面皿，沿杯口慢慢加入 5～10mL 盐酸(1+1)，搅拌至碳酸钙全部溶解，将溶液加热煮沸。冷却至室温后，移入 250mL 容量瓶中，用水稀释至标线，摇匀</td></tr>
</table>

续表

项目	主要内容
化学试剂	5. EDTA 标准滴定溶液 c(EDTA)= 0.015mol/L (1) EDTA 标准滴定溶液的配制：称取约 5.6gEDTA(乙二胺四乙酸二钠盐)置于烧杯中，加约200mL 水，加热溶解，过滤，加水稀释至 1L，摇匀 (2) EDTA 标准滴定溶液浓度的标定：吸取 25.00mL 碳酸钙标准溶液 $c(CaCO_3)$= 0.024mol/L 放入 400mL 烧杯中，加水稀释至约 200mL，加入适量的 CMP 混合指示剂，在搅拌下加入氢氧化钾溶液至出现绿色荧光后再过量 2~3mL，以 EDTA 标准滴定溶液滴定至绿色荧光消失并呈现红色。记下消耗 EDTA 的体积 EDTA 标准滴定溶液的浓度按下式计算 $$c(EDTA)=\frac{m\times 25\times 1000}{250V\times 100.09}=\frac{m}{V\times 1.0009}$$ 式中 c(EDTA)——EDTA 标准滴定溶液的浓度，mol/L； m——碳酸钙的质量，g； V——滴定时消耗 EDTA 标准滴定溶液的体积，mL； 100.09——碳酸钙的摩尔质量，g/mol； 250——碳酸钙标准溶液总体积，mL； 25——滴定时分取的碳酸钙标准溶液的体积，mL； 1000——单位换算系数 (3) EDTA 标准滴定溶液对氧化钙滴定度的计算： $$T_{CaO}=c(EDTA)\times 56.08$$ 式中 T_{CaO}——EDTA 标准滴定溶液对氧化钙的滴定度，mg/mL； c(EDTA)——EDTA 标准滴定溶液的浓度，mol/L； 56.08——CaO 的摩尔质量，g/mol 6. 钙黄绿素-甲基百里香酚蓝-酚酞混合指示剂(简称 CMP 混合指示剂)：称取 1.000g 钙黄绿素、1.000g 甲基百里香酚蓝、0.200g 酚酞与 50g 已在 105~110℃烘干过的硝酸钾混合研细，保存在磨口瓶中 7. 碳酸钙标准溶液［$c(CaCO_3)$= 0.015mol/L］：称取 1.50g 已于 105~110℃烘过 2h 的碳酸钙($CaCO_3$)，置于 400mL 烧杯中，加入约 200mL 水，盖上表面皿，沿杯口慢慢加入 5~10mL 盐酸(1+1)，搅拌至碳酸钙全部溶解，加热煮沸数分钟。将溶液冷却至室温，移入 1000mL 容量瓶中，用水稀释至标线，摇匀
主要操作步骤	从表 2-48 中第 1 步配制的标准溶液中吸取 25.00mL 溶液于 400mL 烧杯中，加入 7~10mL 氟化钾溶液，加水稀释至约 200mL，加 5mL 三乙醇胺(1+2)及适量的 CMP 混合指示剂，在搅拌下加入氢氧化钾溶液至出现绿色荧光后再过量 5~8mL，以 EDTA 标准滴定溶液滴定至绿色荧光消失并呈现稳定的红色，过量 3~5mL，放置 1min，然后用碳酸钙标准滴定溶液滴定至绿色荧光出现
结果计算	氧化钙的质量分数应按下式计算，保留两位小数： $$\omega(CaO)=[T_{CaO}(V_1-KV_2)]/m_1$$ 式中 ω(CaO)——氧化钙的质量分数，%； T_{CaO}——EDTA 标准滴定溶液对氧化钙的滴定度，mg/mL V_1——加入 EDTA 标准滴定溶液的体积，mL； V_2——滴定时消耗碳酸钙标准滴定溶液的体积，mL； K——EDTA 标准滴定溶液与碳酸钙标准滴定溶液的体积比； m_1——试料的质量，g
结果确定	以两次试验结果的平均值表示测定结果，其重复性限为 0.25%

(十六)玻璃体含量测定

粒化高炉矿渣粉和磷渣粉玻璃体含量的测定方法表 2-51。

■表 2-51　粒化高炉矿渣粉和磷渣粉玻璃体含量测定方法

项　目	主 要 内 容
原理及目的	根据 X 射线衍射图中玻璃体部分的面积与底线上面积之比为玻璃体含量
仪器设备	天平(精度 0.001g)、X 射线衍射仪(功率大于 3kW)、电热干燥箱(105±5)℃等
主要操作步骤	1. 在烘箱中烘干矿渣粉样品 1h。用玛瑙铂研磨,使其全部通过 80μm 方孔筛。以每分钟等于或小于 1°(2θ)的扫描速度,扫描试样 0.237~0.404nm 晶面区间(2θ=22.0°~38.0°) 2. 衍射图谱曲线上 1°(2θ)衍射角的线性距离不小于 10mm。0.404~0.237nm 晶面间的空间(d-空间)最强衍射峰的高度应大于 100mm 注:扫描范围扩大到 10°~60°时,可搜索到杂质存在,通过杂质的主要峰值可以辨析其主要成分,并和玻璃体含量一起报告 3. 在 0.237~0.404nm 晶面区间(2θ=22.0°~38.0°)的空间在峰底画一直线代表背底。计算中仅考虑线性底部上方空间区域的面积 4. 在 0.237~0.404nm 范围内,在衍射强度曲线的振荡中点画一曲线,尖锐衍射峰代表晶体部分,其余为玻璃体部分。在纸上把衍射峰轮廓和玻璃体区域剪下并分别称重,精确至 0.001g 注:允许通过计算机软件直接测量相应的面积
结果计算	玻璃体含量(质量分数)按下式计算,取整数 $\omega_{glass}=m_{gp}/(m_{gp}-m_{cp})\times 100$ 式中　ω_{glass}——玻璃体含量,%; m_{gp}——样品中玻璃体的纸质量,g; m_{cp}——样品中晶体部分的纸质量,g

(十七)吸铵值测定

沸石粉的吸铵值测定方法见表 2-52。

■表 2-52　沸石粉的吸铵值测定方法

项　目	主 要 内 容
原理及目的	此方法用于沸石粉吸铵值测定
仪器设备	天平(精度 0.001g)
化学试剂	氯化铵溶液(1mol/L)、氯化钾溶液(1mol/L)、硝酸铵溶液(0.005mol/L)、硝酸银溶液(5%)、NaOH 标准溶液(0.1mol/L)、甲醛溶液(38%)、酚酞酒精溶液(1%)
主要操作步骤	1. 称取通过 80μm 筛的沸石粉风干样(放置干燥器中 24h 后)1.0000g,置于 150mL 的烧杯中,加入 100mL 的 1mol/L 的氯化铵溶液 2. 将烧杯放在电热板上或调温电炉上加热微沸 2h(经常搅拌,可补充水,保持杯中溶液不少于 30mL) 3. 用中速滤纸过滤,取煮沸并冷却的蒸馏水洗烧杯和滤纸沉淀,再用 0.005mol/L 的硝酸铵淋洗至无氯离子(用黑色比色板滴两滴淋洗液,加入 1 滴硝酸银溶液,无白色沉淀产生,表明无氯离子) 4. 移去滤液瓶,将沉淀移到普通漏斗中,用煮沸的 1mol/L 氯化钾溶液每次约 30mL 冲洗沉淀物。用一干净烧杯承接,分四次洗至 100~120mL 为止 5. 在洗液中加入 10mL 甲醛溶液静置 20min 6. 加入 2~8 滴酚酞指示剂,用 0.1mol/L 氢氧化钠标准溶液滴定,直至微红色为终点(半分钟不退色),记下消耗的氢氧化钠标准溶液体积

续表

项目	主要内容
结果计算	沸石粉吸铵值(mmol/100g)=($MV \times 100$)/m 式中 M——NaOH标准溶液的摩尔浓度，mol/L； V——消耗的NaOH标准溶液的体积，mL； m——沸石粉风干样质量，g
结果确定	同一样品应同时分别进行两次测试，所得测试结果之差不得大于3%，取其平均值为试验结果；计算值取小数点后一位；当超过允许范围时，应查找原因，重新按上述试验方法进行测试

（十八）氯离子含量测定

矿物掺合料的氯离子含量测定方法见表2-19，其中磷渣粉氯离子含量测定方法见表2-19中的磷酸蒸馏-汞盐滴定法。

（十九）烧失量测定

矿物掺合料的烧失量测定方法见表2-14。

（二十）三氧化硫测定

矿物掺合料的三氧化硫含量测定方法见表2-16。

（二十一）安定性测定

矿物掺合料的沸煮安定性测定方法见表2-9，压蒸安定性测定方法见表2-10。

（二十二）放射性测定

矿物掺合料的放射性比活度测定方法见表2-20。

四、质量控制

1.取样与验收

（1）矿物掺合料进场时应具有出厂合格证或出厂检验报告，并按规定取样复验。合格证或检验报告的内容应包括：厂名、合格证或检验报告编号、级别、生产日期、代表数量及本批检验结果和结论等。矿物掺合料供应单位应定期提供型式检验报告。

（2）取样方法如下。

① 散装矿物掺合料：应从每批连续购进的任意3个罐体各取等量试样一份，每份不少于5.0kg，混合搅拌均匀，用四分法缩取比试验需要量大一倍的试样量。

② 袋装矿物掺合料：应从每批中任抽10袋，从每袋中各取等量试样一份，每份不少于1.0kg，按上款规定的方法缩取试样。

（3）购进矿物掺合料时，应按表2-53规定及时取样检验。对来源稳定，连续多次检验合格或经认证机构认证合格的矿物掺合料，可根据相关规定和合同约定在表2-53的基础上适当减少检验批次和抽样次数。

■表 2-53　矿物掺合料检验项目、组批条件及批量

序号	矿物掺合料名称	检验项目	验收组批条件及批量	检验项目的依据及要求
1	粉煤灰	细度 需水量比 烧失量 安定性(C 类粉煤灰)	同一厂家 相同级别 连续供应 200 t/批 (不足 200t，按一批计)	《用于水泥和混凝土中的粉煤灰》(GB/T 1596) 《矿物掺合料应用技术规范》(GB/T 51003)
2	粒化高炉矿渣粉	比表面积 流动度比 活性指数	同一厂家 相同级别 连续供应 500 t/批 (不足 500t，按一批计)	《用于水泥和混凝土中的粒化高炉矿渣粉》(GB/T 18046) 《矿物掺合料应用技术规范》(GB/T 51003)
3	硅灰	需水量比 烧失量	同一厂家连续供应 30 t/批 (不足 30t，按一批计)	《砂浆和混凝土用硅灰》(GB/T 27690) 《矿物掺合料应用技术规范》(GB/T51003)
4	石灰石粉	细度 流动度比 安定性 活性指数 碳酸钙 MB 值	同一厂家 连续供应 200 t/批 (不足 200t，按一批计)	《石灰石粉在混凝土中应用技术规程》(JGJ/T 318) 《矿物掺合料应用技术规范》(GB/T 51003) 碳酸钙、MB 值按 GB/T 51003 进场检验不要求
5	天然火山灰质材料	细度 流动度比 活性指数	同一厂家 连续供应 200t/批 (不足 200t，按一批计)	《水泥砂浆和混凝土用天然火山灰质材料》(JG/T 315)(无相关应用标准，故进场检验项目及批量为建议性)
6	钢渣粉	比表面积 流动度比 安定性 活性指数	同一厂家 相同级别 连续供应 200 t/批 (不足 200t，按一批计)	《用于水泥和混凝土中的钢渣粉》(GB/T 20491) 《矿物掺合料应用技术规范》(GB/T 51003)
7	钢铁渣粉	比表面积 活性指数 沸煮安定性	同一厂家 相同级别 连续供应 500 t/批 (不足 500t，按一批计)	《钢铁渣粉混凝土应用技术规范》(GB/T 50912)
8	磷渣粉	细度 流动度比 安定性 活性指数	同一厂家 相同级别 连续供应 200t/批 (不足 200t，按一批计)	《用于水泥和混凝土中的粒化电炉磷渣粉》(GB/T 26751) 《混凝土用粒化电炉磷渣粉》(JG/T 317) 《矿物掺合料应用技术规范》(GB/T 51003)
9	沸石粉	吸氨值 细度 需水量比 活性指数	同一厂家 相同级别 连续供应 120t/批 (不足 120t，按一批计)	《混凝土和砂浆用天然沸石粉》(JG/T 3048) 《矿物掺合料应用技术规范》(GB/T 51003)
10	复合矿物掺合料	细度(比表面积或筛余量) 流动度比 活性指数	同一厂家 相同级别 连续供应 500 t/批 (不足 500t，按一批计)	《混凝土用复合矿物掺合料》(JG/T 486) 《矿物掺合料应用技术规范》(GB/T 51003)

注：可根据需要检验表 2-53 以外的其他项目。

(4) 矿物掺合料的验收应符合下列规定。

① 矿物掺合料的验收按批进行，符合检验项目规定技术要求的方可使用。

② 当其中任一检验项目不符合规定要求，应根据具体检验项目选择降级使用或不宜使用，或者根据工程和原材料实际情况，通过混凝土试验论证，确能保证工程质量时，方可使用。

2. 存储

矿物掺合料存储时，应符合有关环境保护的规定，严禁与其他材料混杂，防止受潮。存储期超过3个月时，使用前要进行复验。

第三节 外加剂

一、概述

混凝土外加剂在混凝土中的广泛应用，已使其成为混凝土中不可缺少的第五组分。混凝土外加剂的特点是品种多、掺量少，在改善新拌及硬化混凝土性能中起着重要的作用，外加剂的研究和应用推动了混凝土材料和混凝土施工技术的可持续发展。

1. 定义与分类

(1) 混凝土外加剂定义：在混凝土搅拌之前或拌制过程中加入的、用以改善新拌混凝土和（或）硬化混凝土性能的一种材料。

① 高性能减水剂：比高效减水剂具有更高减水率（不小于25%）、更好坍落度保持性能、较小干燥收缩，且具有一定引气性能的减水剂，分为早强型、标准型和缓凝型。

② 高效减水剂：在混凝土坍落度基本相同的条件下，能大幅度减少拌合用水量（减水率不小于14%）的外加剂。分为标准型和缓凝型。

③ 普通减水剂：在混凝土坍落度基本相同的条件下，能减少拌合用水量（减水率不小于8%）的外加剂。分为早强型、标准型和缓凝型。

④ 引气减水剂：兼有引气和减水功能的外加剂。

⑤ 泵送剂：能改善混凝土拌合物泵送性能的外加剂。

⑥ 早强剂：加速混凝土早期强度发展的外加剂。

⑦ 缓凝剂：延长混凝土凝结时间的外加剂。

⑧ 引气剂：在混凝土搅拌过程中能引入大量均匀分布、稳定而封闭的微小气泡且能保留在硬化混凝土中的外加剂。

⑨ 防水剂：能提高水泥砂浆、混凝土抗渗性能的外加剂。

⑩ 防冻剂：能使混凝土在负温下硬化，并在规定养护条件下达到预期性能的外加剂。

⑪ 速凝剂：能使混凝土迅速凝结硬化的外加剂。

⑫ 膨胀剂：在混凝土硬化过程中因化学作用能使混凝土产生一定体积膨胀的外加剂。

（2）分类

依据《混凝土外加剂定义、分类、命名与术语》（GB/T 8075）标准，外加剂在混凝土工程中按其主要使用功能分为以下几种。

① 改善混凝土拌合物流变性能的外加剂，包括各种减水剂和泵送剂等。

② 调节混凝土凝结时间、硬化性能的外加剂，包括缓凝剂、早强剂和速凝剂等。

③ 改善混凝土耐久性的外加剂，包括引气剂、防水剂等。

④ 改善混凝土其他性能的外加剂，包括膨胀剂、防冻剂等。

2. 适用范围

各类混凝土外加剂的品种及其适用范围见表 2-54。

■表 2-54　混凝土外加剂的品种及其适用范围

外加剂类型	品　　种	适 用 范 围
高性能减水剂	聚羧酸系	可用于素混凝土、钢筋混凝土和预应力混凝土。宜用于高强混凝土、自密实混凝土、泵送混凝土、清水混凝土、预制构件混凝土和钢管混凝土。缓凝型聚羧酸系高性能减水剂宜用于大体积混凝土，不宜用于日最低气温 5℃ 以下施工的混凝土。早强型聚羧酸系高性能减水剂宜用于有早强要求或低温季节施工的混凝土，但不宜用于日最低气温 -5℃ 以下施工的混凝土，且不宜用于大体积混凝土。具有引气性的聚羧酸系高性能减水剂用于蒸养混凝土时，应经试验验证
高效减水剂	多环芳香族磺酸盐类(萘和萘的同系磺化物与甲醛缩合的盐类、氨基磺酸盐等)、水溶性树脂磺酸盐类(磺化三聚氰胺树脂)、脂肪族类(脂肪族羟烷基磺酸盐高缩聚物)	可用于素混凝土、钢筋混凝土和预应力混凝土，并可用于制备高强混凝土。缓凝型高效减水剂可用于大体积混凝土、碾压混凝土、炎热气候条件下施工的混凝土、大面积浇筑的混凝土、避免冷缝产生的混凝土、需较长时间停放或长距离运输的混凝土、自密实混凝土、滑模施工或拉模施工的混凝土及其他需要延缓凝结时间且有较高减水率要求的混凝土。标准型高效减水剂宜用于日最低气温 0℃ 以上施工的混凝土，也可用于蒸养混凝土。缓凝型高效减水剂宜用于日最低气温 5℃ 以上施工的混凝土

续表

外加剂类型	品　　种	适 用 范 围
普通 减水剂	木质素磺酸盐类(木钙、木钠、木镁等)和多元醇类(糖钙和低聚糖类)	宜用于日最低气温 5 ℃以上且强度等级为 C40 以下施工的混凝土，不宜单独用于蒸养混凝土。早强型普通减水剂宜用于常温、低温和最低温度不低于-5℃环境中施工的有早强要求的混凝土工程。炎热环境条件下不宜使用早强型普通减水剂。缓凝型普通减水剂可用于大体积混凝土、碾压混凝土、炎热气候条件下施工的混凝土、大面积浇筑的混凝土、避免冷缝产生的混凝土、需长时间停放或长距离运输的混凝土、滑模施工或拉模施工混凝土及其他需要延缓凝结时间的混凝土，不宜用于有早强要求的混凝土
引气剂 引气 减水剂	1. 松香树脂类(松香热聚物、松香皂及改性松香皂等)、脂肪醇磺酸盐类(脂肪醇聚氧乙烯磺酸钠、脂肪醇硫酸钠等)、非离子聚醚类(脂肪醇聚氧乙烯醚、烷基苯酚聚氧乙烯醚等)、皂甙类(三萜皂甙等)、不同品种引气剂的复合物 2. 引气型减水剂可由引气剂与减水剂复合而成	可用于抗渗混凝土、抗硫酸盐混凝土、贫混凝土、轻骨料混凝土、人工砂混凝土和有饰面要求的混凝土。宜用于有抗冻融要求的混凝土、泵送混凝土和易产生泌水的混凝土。不宜用于蒸养混凝土及预应力混凝土。必要时，应经试验确定
泵送剂	由减水剂与缓凝、引气、保水、粘度调节组分等复合而成	可用于工业与民用建筑结构工程混凝土、桥梁混凝土、水下灌注桩混凝土、大坝混凝土、清水混凝土、防辐射混凝土和纤维增强混凝土。泵送剂宜用于泵送施工的混凝土
早强剂	无机盐类(如硫酸盐、硫酸复盐、硝酸盐、亚硝酸盐、碳酸盐、氯盐、硫氰酸盐等)、有机化合物类(三乙醇胺、甲酸盐、乙酸盐、丙酸盐等)	宜用于蒸养、常温、低温和最低温度不低于-5℃ 环境中施工的有早强要求的混凝土工程。早强剂不宜用于大体积混凝土和炎热条件下施工的混凝土。三乙醇胺等有机胺类早强剂不宜用于蒸养混凝土。另外，无机盐类早强剂不宜用于下列情况：处于水位变化的结构；露天结构及经常受水淋、受水流冲刷的结构；相对湿度大于 80%环境中使用的结构；直接接触酸、碱或其他侵蚀性介质的结构；有装饰要求的混凝土，特别是要求色彩一致或表面有金属装饰的混凝土
缓凝剂	糖类化合物(葡萄糖、蔗糖、糖蜜、糖钙等)、羟基羧酸及其盐类(柠檬酸、葡萄糖酸、酒石酸、水杨酸及其盐类等)、多元醇及其衍生物(山梨醇、甘露醇等)、有机磷酸及其盐类(2-膦酸丁烷-1,2,4 三羧酸、氨基三甲叉膦酸及其盐类)、无机盐类(磷酸盐、锌盐、硼酸及其盐类、氟硅酸盐等)	宜用于延缓凝结时间的混凝土、对坍落度保持能力有要求的混凝土、静停时间较长或长距离运输的混凝土、自密实混凝土、日最低气温 5℃以上施工的混凝土。缓凝剂可用于大体积混凝土。柠檬酸(钠)及酒石酸(钾钠)等缓凝剂不宜单独用于贫混凝土

续表

外加剂类型	品　　种	适 用 范 围
防冻剂	无氯盐类(亚硝酸盐、硝酸盐、碳酸盐等)、氯盐阻锈类(含有阻锈组分并以氯盐为防冻组分)及氯盐类(以氯盐为防冻组分)	可用于冬期施工的混凝土
膨胀剂	硫铝酸钙类、硫铝酸钙-氧化钙类、氧化钙类	用膨胀剂配制的补偿收缩混凝土宜用于混凝土结构自防水、工程接缝、填充灌浆，采取连续施工的超长混凝土结构，大体积混凝土工程等。用膨胀剂配制的自应力混凝土宜用于自应力混凝土输水管、灌注桩等。含硫铝酸钙类、硫铝酸钙-氧化钙类膨胀剂配制的混凝土(砂浆)不得用于长期环境温度为80℃以上的工程
防水剂	无机化合物类(氯化铁、硅灰粉末、锆化合物、无机铝盐、硅酸钠等)、有机化合物类(脂肪酸及其盐类、甲基硅醇钠等有机硅类、石蜡等聚合物乳液类)、混合物类(无机类混合物、有机类混合物、无机类与有机类混合物)及复合类(上述各类与引气剂、减水剂、调凝剂等复合的复合防水剂)	可用于有防水抗渗要求的混凝土
速凝剂	粉状速凝剂(以铝酸盐、碳酸盐等为主要成分)、低碱粉状速凝剂(以硫酸铝、氢氧化铝等为主要成分与其他无机盐、有机物复合而成)、液体速凝剂(以铝酸盐、硅酸盐等为主要成分与其他无机盐、有机物复合而成；以硫酸铝、氢氧化铝等为主要成分与其他无机盐、有机物复合而成)	可用于喷射法施工的喷射砂浆或混凝土以及有速凝要求的其他混凝土

3. 外加剂的选择

（1）应根据工程设计、施工要求及环境温度等选择外加剂的品种，并通过试验检验外加剂与水泥及其他材料的相容性，符合要求方可使用。

（2）试配掺外加剂的混凝土时，应采用工程使用的原材料，检测项目应根据设计及施工要求确定，检测条件应与施工条件相同，当工程所用原材料或混凝土性能要求发生变化时，应重新进行试配试验。

（3）不同品种外加剂复合使用时，应注意其相容性及对混凝土性能的影响，使用前应进行试验，满足要求方可使用。

（4）严禁使用对人体产生危害、对环境产生污染的外加剂。

二、质量要求

依据混凝土外加剂相关标准：《混凝土外加剂》（GB 8076）、《砂浆、混凝土防水剂》（JC 474）、《混凝土防冻剂》（JC 475）、《混凝土膨胀剂》（GB 23439）、《喷射混凝土用速凝剂》（JC 477）和《混凝土外加剂中释放氨的限量》（GB 18588）等，外加剂质量应符合如下要求。

1.氨的释放量

外加剂中氨的释放量≤0.10%（质量分数）。

2.碱含量

处于与水相接触或潮湿环境中的混凝土，当使用碱活性骨料时，由外加剂带入的碱含量（以当量氧化钠计）不宜超过 1kg/m^{3}混凝土，但混凝土膨胀剂中的碱含量应不大于 0.75%，或合同约定。

3.外加剂匀质性指标

外加剂（不含膨胀剂）匀质性指标应符合表 2-55 的规定。

4.混凝土外加剂性能

混凝土外加剂性能应符合表 2-56～表 2-58 的要求。

■表 2-55 混凝土外加剂的匀质性指标

试验项目	指　标
氯离子含量/%	a) 无氯盐防冻剂：≤0.1%（质量） b) 其他：不超过生产厂控制值
总碱量(Na_2O+ 0.658K_2O)/%	不超过生产厂控制值
含固量(液体)/%	a) 速凝剂：应小于生产厂最小控制值 b) 防水剂、防冻剂：S≥20% 时，应控制在 0.95S≤X<1.05S，S<20% 时，应控制在 0.90S≤X<1.10S c) 其他：S>25% 时，应控制在 0.95S～1.05S，S≤25% 时，应控制在 0.90S～1.10S
含水率(粉状)/%	a) 速凝剂：≤2.0% b) 防水剂、防冻剂：W≥5% 时，应控制在 0.90W≤X<1.10W，W<5%时，应控制在 0.80W≤X<1.20W c) 其他：W>5% 时，应控制在 0.90W～1.10W，W≤5% 时，应控制在 0.80W～1.20W
密度(液体)/(g/cm^3)	a) 速凝剂：应在生产厂所控制值的±0.02g/cm^3 之内 b) 其他：D>1.1 时，应控制在 D±0.03，D≤1.1 时，应控制在 D±0.02
细度(粉状)	a) 速凝剂：0.08mm 筛余应小于 15% b) 防水剂：0.315mm 筛余应小于 15% c) 防冻剂：不超过生产厂提供的最大值 d) 其他：应在生产厂控制范围内
pH 值	a) 速凝剂：应在生产厂控制值±1 之内 b) 防水剂和防冻剂：无此项要求 c) 其他：应在生产厂控制范围内
硫酸钠含量/%	a) 防水剂、防冻剂和速凝剂：无此项要求 b) 其他：不超过生产控制值
水泥净浆流动度/mm	a) 防冻剂：不小于生产厂控制值的 95% b) 其他：无此项要求

注：表中 S、W、D 分别为含固量、含水率和密度的生产厂控制值。

■表 2-56　混凝土外加剂性能指标（Ⅰ）

项目		外加剂品种												
		高性能减水剂 HPWR			高效减水剂 HWR		普通减水剂 WR			引气减水剂 AEWR	泵送剂 PA	早强剂 Ac	缓凝剂 Re	引气剂 AE
		早强型 HPWR-A	标准型 HPWR-S	缓凝型 HPWR-R	标准型 HWR-S	缓凝型 HWR-R	早强型 WR-A	标准型 WR-S	缓凝型 WR-R					
减水率/% ≥		25	25	25	14	14	8	8	8	10	12	—	—	6
泌水率比/% ≤		50	60	70	90	100	95	100	100	70	70	100	100	70
含气量/%		≤6.0	≤6.0	≤6.0	≤3.0	≤4.5	≤4.0	≤4.0	≤5.5	≥3.0	≤5.5	—	—	≥3.0
凝结时间差/min	初凝	-90~+90	-90~+120	>+90	-90~+120	>+90	-90~+90	-90~+120	>+90	-90~+120	—	-90~+90	>+90	-90~+120
	终凝			—		—			—			—	—	
1h 经时变化量	坍落度/mm	—	≤80	≤60	—	—	—	—	—	—	≤80	—	—	—
	含气量/%	—	—	—						-1.5~+1.5	—			-1.5~+1.5
抗压强度比/% ≥	1d	180	170	—	140	—	135	—	—	—	—	135	—	—
	3d	170	160	—	130	—	130	115	—	115	—	130	—	95
	7d	145	150	140	125	125	110	115	110	110	115	110	100	95
	28d	130	140	130	120	120	100	110	110	100	110	100	100	90
收缩率比/% ≤	28d	110	110	110	135	135	135	135	135	135	135	135	135	135
相对耐久性(200 次)/% ≥		—	—	—	—	—	—	—	—	80	—	—	—	80

注：1. 表中抗压强度比、收缩率比、相对耐久性为强制性指标，其余为推荐性指标。

2. 除含气量和相对耐久性外，表中所列数据为掺外加剂混凝土与基准混凝土的差值或比值。

3. 凝结时间之差性能指标中“-”号表示提前，“+”表示延缓。

4. 相对耐久性（200 次）指标中的“80”表示将 28d 龄期的掺外加剂混凝土试件快速冻融循环 200 次后，动弹性模量保留值不小于 80%。

5. 1h 含气量经时变化量指标中“-”号表示含气量增加，“+”表示含气量减少。

6. 其他品种的外加剂是否需要测定相对耐久性指标，由供、需双方协商确定。

7. 当用户对泵送剂等产品有特殊要求时，需要进行的补充试验项目、试验方法及指标，由供需双方协商决定。

■表 2-57 混凝土外加剂性能指标（Ⅱ）

项目		防水剂 一等品	防水剂 合格品	防冻剂 一等品			防冻剂 合格品			速凝剂 一等品	速凝剂 合格品
净浆安定性		合格	合格	—			—			—	—
减水率/% ≥		—	—	10			—			—	—
含气量/% ≥		—	—	2.5			2.0			—	—
泌水率比/% ≤		50	70	80			100			—	—
净浆凝结时间/min ≤	初凝	—	—	—			—			3	5
	终凝	—	—	—			—			8	12
砂浆抗压强度(比) ≥	1d/MPa	—	—	—			—			7.0	6.0
	28d/%	—	—	—			—			75	70
凝结时间差/min ≥	初凝	-90	-90	-150～+150			-210～+210			—	
	终凝	—	—								
渗透高度比/% ≤		30	40	100			100			—	
吸水量比(48h)/% ≤		65	75	—			—			—	
收缩率比(28d)/% ≤		125	135	135			135			—	
50次冻融强度损失率比/% ≤		—	—	100			100			—	
抗压强度比/% ≥	3d	100	90	—			—			—	
	7d	110	100	—			—			—	
	28d	100	90	—			—			—	
	负温规定温度①/℃	—		-5	-10	-15	-5	-10	-15	—	
	-7d	—		20	12	10	20	10	8	—	
	28d	—		100	100	95	95	95	90	—	
	-7d+28d	—		95	90	85	90	85	80	—	
	-7d+56d	—		100			100			—	
氯离子含量/%(质量分数) ≤		—		0.1						—	

① 防冻剂的抗压强度比因负温的不同而不同，其负温规定温度为混凝土在负温养护时的温度，其允许波动范围为±2℃，而施工使用时的最低气温可比负温规定温度低5℃。

注：防冻剂的氯离子含量≤0.1%（质量分数）时，可认为是无氯外加剂。钢筋混凝土工程中如使用氯盐类防冻剂时，则需同时使用阻锈剂或配制好的氯盐阻锈类防冻剂。

■表 2-58 混凝土外加剂性能指标（Ⅲ）

项目					膨胀剂 Ⅰ	膨胀剂 Ⅱ
化学成分	氧化镁/%			≤	5.0	
	总碱量/%			≤	0.75	
物理性能	细度	比表面积/(m^2/kg)		≥	200	
		1.18mm筛筛余/%		≤	0.5	
	凝结时间/min	初凝		≥	45	
		终凝		≤	600	
	限制膨胀率/%	水中	7d	≥	0.025	0.050
		空气中	21d	≥	-0.020	-0.010
	抗压强度/MPa	7d		≥	20.0	
		28d		≥	40.0	

注：若使用活性骨料，用户要求提供低碱混凝土膨胀剂时，混凝土膨胀剂中的碱含量应不大于0.75%，或合同约定。

三、检验方法

（一）执行标准

1. 外加剂的匀质性

（1）氯离子含量：按《混凝土外加剂匀质性能试验方法》（GB/T 8077）或《混凝土外加剂》（GB 8076）附录B的方法进行测定，仲裁时按《混凝土外加剂》（GB 8076）附录B的方法进行测定。

（2）含水率：防水剂与防冻剂的含水率按《混凝土防冻剂》（JC 475）进行测定；速凝剂的含水率按《喷射混凝土用速凝剂》（JC 477）进行测定；其他外加剂的含水率按《混凝土外加剂匀质性能试验方法》（GB/T 8077）进行测定。

注：现行《混凝土外加剂匀质性能试验方法》（GB/T 8077—2000）中无含水率的试验方法，可参照《混凝土防冻剂》（JC 475）中含水率的试验方法进行。

（3）细度：速凝剂的筛余量测定按《水泥细度检验方法 筛析法》（GB/T 1345）中手工干筛法进行测定；其他外加剂按《混凝土外加剂匀质性能试验方法》（GB/T 8077）进行测定。

（4）总碱量、含固量、密度、pH值、硫酸钠含量、水泥净浆流动度均按《混凝土外加剂匀质性能试验方法》（GB/T 8077）进行测定。

2. 外加剂的性能

（1）防水剂的净浆安定性按《水泥标准稠度用水量、凝结时间、安定性检验方法》（GB/T 1346）进行测定；渗透高度比、吸水量比按《砂浆、混凝土防水剂》（JC 474）进行测定。

（2）防冻剂的渗透高度比、收缩率比、50次冻融强度损失率比、抗压强度比按《混凝土防冻剂》（JC 475）进行测定。

（3）膨胀剂的化学成分氧化镁、碱含量按《水泥化学分析方法》（GB/T 176）进行测定；比表面积测定按《水泥比表面积测定方法》（GB/T 8074）进行测定；筛余量测定按《水泥细度检验方法 筛析法》（GB/T 1345）中手工干筛法进行测定；凝结时间（膨胀剂内掺10%）按《水泥标准稠度用水量、凝结时间、安定性检验方法》（GB/T 1346）进行测定；限制膨胀率按《混凝土膨胀剂》（GB 23439）进行测定；强度试验按《水泥胶砂强度检验方法》（GB/T 17671）进行测定，膨胀剂内掺10%。

（4）速凝剂的凝结时间、抗压强度、抗压强度比按《喷射混凝土用速凝剂》（JC 477）进行测定。

（5）其他以上未提及的性能：外加剂的减水率、泌水率比、含气量和含气量1h经时变化量、凝结时间（差）、坍落度和坍落度1h经时变化量、抗压强度比、收缩率比、相对耐久性均按《混凝土外加剂》（GB 8076）进行测定。

3. 氨的释放量

外加剂中氨的释放量按《混凝土外加剂中释放氨的限量》(GB 18588)进行测定。

(二) 试验材料及配合比

1. 试验材料

(1) 水泥：采用基准水泥，即 C_3A 含量为 6%～8%、C_3S 含量为 55%～60%、f-CaO 含量不超过 1.2%的硅酸盐水泥熟料与二水石膏共同粉磨而成的碱含量不超过 1.0%、比表面积为 $(350\pm10)m^2/kg$ 的 P. Ⅰ 42.5 型硅酸盐水泥。

(2) 砂：符合《建筑用砂》(GB/T 14684) 要求的细度模数为 2.6～2.9、含泥量小于 1%的Ⅱ区中砂。

(3) 石子：符合《建筑用卵石、碎石》(GB/T 14685) 要求的公称粒径为 5～20mm 的碎石或卵石，采用二级配，其中 5～10mm 占 40%，10～20mm 占 60%，满足连续级配要求，针片状物质含量小于 10%，空隙率小于 47%，含泥量小于 0.5%。如有争议，以碎石试验结果为准。

(4) 水：符合《混凝土用水标准》(JGJ 63) 要求。

(5) 外加剂：需要检验的外加剂。

2. 配合比

基准混凝土配合比按《普通混凝土配合比设计规程》(JGJ 55) 进行设计。掺非引气型外加剂混凝土和其对应的基准混凝土的水泥、砂、石的比例不变。配合比设计应符合以下规定。

(1) 水泥用量：掺高性能减水剂或泵送剂的基准及受检混凝土水泥用量为 $360kg/m^3$；掺其他外加剂的基准及受检混凝土水泥用量为 $330kg/m^3$。

(2) 砂率：掺高性能减水剂或泵送剂的基准混凝土和受检混凝土的砂率为 43%～47%；掺其他外加剂的基准混凝土和受检混凝土的砂率为 36%～40%，但掺引气减水剂和引气剂的混凝土砂率应比基准混凝土低 1%～3%。

(3) 外加剂掺量：按生产厂家指定的掺量。

(4) 用水量：掺高性能减水剂或泵送剂的基准混凝土和受检混凝土的坍落度控制在 $(210\pm10)mm$ 的最小用水量；掺其他外加剂的基准混凝土和受检混凝土的坍落度控制在 $(80\pm10)mm$ 的用水量。

注：用水量包括液体外加剂、砂、石材料中所含的水量。

3. 试验项目及数量

混凝土外加剂试验项目及所需数量见表 2-59。

(三) pH 值测定

pH 值的测定方法见表 2-60。

■表 2-59　混凝土外加剂试验项目及所需数量

试验项目		外加剂类别	试验类别	试验所需数量			
				混凝土拌合批数	每批取样数目	基准混凝土总取样数目	受检混凝土总取样数目
减水率		除早强剂、缓凝剂、防水剂外各种外加剂	混凝土拌合物	3	1次	3次	3次
含气量		除防水剂外各种外加剂		3	1个	3个	3个
泌水率比		各种外加剂		3	1个	3个	3个
凝结时间差				3	1个	3个	3个
1h经时变化量	坍落度	高性能减水剂、泵送剂		3	1个	3个	3个
	含气量	引气剂、引气减水剂		3	1个	3个	3个
抗压强度比		各种外加剂	硬化混凝土	3	6、9或12块	18、27或36块	18、27或36块
收缩率比				3	1条	3条	3条
相对耐久性		引气剂、引气减水剂		3	1条	3条	3条
抗渗高度比		防水剂、防冻剂		3	2块	6块	6块
吸水量比		防水剂		3	1条	3条	3条
50次冻融强度损失率比		防冻剂		1	6块	6块	6块

注：1. 试验时，检验同一种外加剂的三批混凝土的制作宜在开始试验一周内的不同日期完成。对比的基准混凝土和受检混凝土应同时成型。

2. 各种混凝土试验材料环境温度及混凝土试件预养温度均应保持在 (20±3)℃。

3. 此表不含防水剂的安定性、速凝剂和膨胀剂的物理性能，因其试验均用水泥净浆或水泥胶砂来完成。

■表 2-60　pH 值测定方法

项　目	主要内容
原理及目的	根据奈斯特(Nernst)方程 $E=E_0+0.05915\lg[H^+]$，$E=E_0-0.05915\mathrm{pH}$，利用一对电极在不同 pH 值溶液中能产生不同电位差，这一对电极由测试电极(玻璃电极)和参比电极(饱和甘汞电极)组成，在25℃时每相差一个单位 pH 值时产生 59.15mV 的电位差，pH 值在仪器的刻度表上直接读出
仪器设备	酸度计、甘汞电极、玻璃电极、复合电极等
主要操作步骤	1. 测试条件： (1)液体样品直接测试 (2)固体样品溶液的浓度为 10g/L (3)被测溶液的温度为(20±3)℃ 2. 校正：按仪器的出厂说明书校正仪器 3. 测量：当仪器校正好后，先用水，再用测试溶液冲洗电极，然后再将电极浸入被测溶液中轻轻摇动试杯，使溶液均匀。待到酸度计的读数稳定 1min，记录读数。测量结束后，用水冲洗电极，以待下次测量
结果确定	酸度计测出的结果即为溶液的 pH 值，室内允许差为 0.2

(四) 密度测定

密度测定方法有密度瓶法、液体密度天平法和精密密度计法三种。应用较多的精密密度计法的测定方法见表 2-61。

■表 2-61　密度（精密密度计法）测定方法

项　目	主要内容
原理及目的	先以波美密度计测出溶液的密度，再参考波美密度计所测的数据，以精密密度计准确测出试样的密度 ρ 值

续表

项　目	主 要 内 容
仪器设备	波美密度计、精密密度计、超级恒温器或同等条件的恒温设备
主要操作步骤	1. 将已恒温[(20±1)℃]的外加剂倒入500mL玻璃量筒内，以波美密度计插入溶液中测出该溶液的密度 2. 参考波美密度计所测溶液的数据，选择这一刻度范围的精密密度计插入溶液中，精确读出溶液凹液面与精密密度计相齐的刻度，即为该溶液的密度 ρ
结果确定	测得的数据即为20℃时外加剂溶液的密度。结果取两次试验的平均值，室内允许差为0.001g/mL

（五）细度测定

膨胀剂的细度（比表面积）的测定方法见表2-13。

速凝剂及膨胀剂的细度（筛余量）的测定方法见表2-12中手工干筛法。

其他粉状外加剂细度的测定方法见表2-62。

■表2-62　粉状外加剂细度（不含速凝剂和膨胀剂）测定方法

项　目	主 要 内 容
原理及目的	采用孔径为0.315mm的试验筛，称取烘干试样 m_0 倒入筛内，用人工筛样，称量筛余物质量 m_1，计算出筛余物的百分含量
仪器设备	药物天平(称量100g，分度值0.1g)；试验筛(孔径为0.315mm的铜丝网筛布)等
主要操作步骤	外加剂试样应充分拌匀并经100~105℃(特殊品种除外)烘干，称取烘干试样10g倒入筛内，用人工筛样，将近筛完时，必须一手执筛往复摇动，一手拍打，摇动速度每分钟约120次。其间，筛子应向一定方向旋转数次，使试样分散在筛布上，直至每分钟通过质量不超过0.05g时为止。称量筛余物，称准至0.1g
结果计算	细度用筛余量(%)表示，按下式计算： $$筛余=\frac{m_1}{m_0}\times 100^{①}$$ 式中　m_1——筛余物质量，g； m_0——试样质量，g 室内允许差为0.40%

① 与资料来源一致，本节百分数计算结果数值为百分比的100倍。

（六）含固量测定

液体外加剂含固量测定方法见表2-63。

■表2-63　液体外加剂含固量测定方法

项　目	主 要 内 容
原理及目的	将已恒量的称量瓶内放入被测试样于一定的温度下烘至恒量
仪器设备	天平(精度为0.0001g)、鼓风电热恒温干燥箱(温度范围0~200℃)、干燥器等
主要操作步骤	1. 将洁净带盖称量瓶放入烘箱内，于100~105℃烘30min，取出置于干燥器内，冷却30min后称量，重复上述步骤直至恒量，其质量为 m_0 2. 将被测试样装入已经恒量的称量瓶内，盖上盖称出试样及称量瓶的总质量为 m_1 试样称量：固体产品1.0000~2.0000g；液体产品3.0000~5.0000g 3. 将盛有试样的称量瓶放入烘箱内，开启瓶盖，升温至100~105℃(特殊品种除外)烘干，盖上盖置于干燥器内冷却30min后称量，重复上述步骤直至恒量，其质量为 m_2

续表

项目	主要内容
结果计算	$$X_{固}=\frac{m_2-m_0}{m_1-m_0}\times 100$$ 式中 $X_{固}$——固体含量，%； m_0——称量瓶的质量，g； m_1——称量瓶加试样的质量，g； m_2——称量瓶加烘干后试样的质量，g 室内允许差为 0.30%

（七）水泥净浆流动度测定

水泥净浆流动度测定方法见表 2-64。

■表 2-64　水泥净浆流动度测定方法

项目	主要内容
原理及目的	在水泥净浆搅拌机中，加入一定量的水泥、外加剂和水进行搅拌。将搅拌好的净浆注入截锥圆模内，提起截锥圆模，测定水泥净浆在玻璃平面上自由流淌的最大直径
仪器设备	水泥净浆搅拌机；天平(称量 100g，精度 0.1g 及称量 1000g，精度 1g)；截锥圆模；玻璃板；钢直尺；秒表等
主要操作步骤及结果确定	1. 将玻璃板放置在水平位置,用湿布抹擦玻璃板、截锥圆模、搅拌器及搅拌锅，使其表面湿而不带水渍。将截锥圆模放在玻璃板的中央，并用湿布覆盖待用 2. 称取水泥 300g 倒入搅拌锅内，加入推荐掺量的外加剂及 87g 或 105g 水，搅拌 3min 3. 将搅拌好的净浆迅速注入截锥圆模内，用刮刀刮平，将截锥圆模按垂直方向提起，同时开启秒表计时，任水泥净浆在玻璃板上流动，至 30s，用直尺量取流淌部分相互垂直的两个方向的最大直径，取平均值作为水泥净浆流动度 室内允许差为 5mm

（八）总碱量测定

膨胀剂的碱含量的测定方法见表 2-18。

其他外加剂总碱量的测定方法见表 2-65。

■表 2-65　其他外加剂总碱量测定方法

项目	主要内容
原理及目的	试样用约 80℃的热水溶解，以氨水分解铁、铝，以碳酸铵分离钙、镁。滤液中的碱采用相应的滤光片，用火焰光度计进行测定
仪器设备	火焰光度计、容量瓶等
主要操作步骤	1. 工作曲线绘制：分别向 100mL 容量瓶中注入 0.00mL、1.00mL、2.00mL、4.00mL、8.00mL、12.00mL 的氧化钾、氧化钠标准溶液(分别相当于氧化钾、氧化钠各 0.00mg、0.05mg、1.00mg、2.00mg、4.00mg、6.00mg)，用水稀释至标线，摇匀，然后分别于火焰光度计上按仪器使用规程进行测定，根据测得的检流计读数与溶液浓度的关系，分别绘制氧化钾及氧化钠的工作曲线 2. 准确称取一定量试样置于 150mL 的瓷蒸发皿中，用 80℃左右的热水润湿并稀释至 30mL，置于电热板上加热蒸发，保持微沸 5min 后取下，冷却，加 1 滴甲基红指示剂，滴加氨水(1+1)，使溶液呈黄色；加入 10mL 碳酸铵溶液，搅拌，置于电热板上加热并保持微沸 10min，用中速滤纸过滤，以热水洗涤，滤液及洗液盛于容量瓶中，冷却至室温，以盐酸(1+1)中和至溶液呈红色，然后用水稀释至标线，摇匀，于火焰光度计上按仪器使用规程进行测定。称样量及稀释倍数见下表

续表

项　目	主要内容
主要操作步骤	称样量、稀释倍数及室内允许差 总碱量/% | 称样量/g | 稀释体积/mL | 稀释倍数(n) | 室内允许差/% 1.00 | 0.2 | 100 | 1 | 0.10 1.00~5.00 | 0.1 | 250 | 2.5 | 0.20 5.00~10.00 | 0.05 | 250或500 | 2.5或5.0 | 0.30 大于10.00 | 0.05 | 500或1000 | 5.0或10.0 | 0.50
结果计算	$X=Cn/m\times 0.1$ 式中　X——外加剂中氧化钾或氧化钠含量，%； C——在工作曲线上查得每100mL被测溶液中氧化钾或氧化钠的含量，mg； n——被测溶液稀释倍数； m——试样质量，g 总碱量(室内允许差应符合上表要求) $X_{总碱量}=X_{氧化钠}+0.658X_{氧化钾}$

（九）硫酸钠含量测定

硫酸钠含量的测定方法（重量法）见表2-66。

■表2-66　硫酸钠含量测定方法（重量法）

项　目	主要内容
原理及目的	氯化钡与外加剂试样中的硫酸盐生成溶解性极小的硫酸钡沉淀，称量经高温灼烧后的沉淀来计算硫酸钠含量
仪器设备	高温炉(使用温度不低于900℃)、天平(精度0.0001g)、烧杯(400mL)、电磁电热式搅拌器、长颈漏斗等
化学试剂	盐酸(1+1)、氯化铵溶液(50g/L)、氯化钡溶液(100g/L)、硝酸银溶液(1g/L)
主要操作步骤	1.准确称取试样约0.5g，于400mL烧杯中，加入200mL水搅拌溶解，再加入氯化铵溶液50mL，加热煮沸后，用快速定性滤纸过滤，用水洗涤数次后，将滤液浓缩至200mL左右，滴加盐酸(1+1)至浓缩滤液显示酸性，再多加5~10滴盐酸，煮沸后在不断搅拌下趁热滴加氯化钡溶液10mL，继续煮沸15min，取下烧杯，置于加热板上，保持50~60℃静置2~4h或常温静置8h 2.用两张慢速定量滤纸过滤，烧杯中的沉淀用70℃水洗净，使沉淀全部转移到滤纸上，用温水洗涤沉淀至无氯根为止(用硝酸银溶液检验) 3.将沉淀与滤纸移入预先灼烧恒重的坩埚中，小火烘干，灰化 4.在800℃高温炉中灼烧30min，然后在干燥器里冷却至室温(约30min)，取出称量，再将坩埚放回高温炉中，灼烧20min，取出冷却至室温称量，如此反复直至恒重(连续两次称量之差小于0.0005g)
结果计算	硫酸钠含量按下式计算： $X_{Na_2SO_4}=\dfrac{0.6086(m_2-m_1)}{m}\times 100$ 式中　$X_{Na_2SO_4}$——外加剂中硫酸钠含量，%； m——试样的质量，g； m_1——空坩埚的质量，g； m_2——灼烧后滤渣加坩埚的总质量，g； 0.6086——硫酸钡换算成硫酸钠的系数 室内允许差为0.50%

（十）氯离子含量测定

氯离子含量的测定方法见表2-67。

■表 2-67 氯离子含量测定方法（离子色谱法）

<table>
<tr><th>项　目</th><th>主要内容</th></tr>
<tr><td>原理及目的</td><td>离子色谱法是液相色谱分析方法的一种，样品溶液经阴离子色谱柱分离，溶液中的阴离子 F^-、Cl^-、SO_4^{2-}、NO_3^- 被分离，同时被电导池检测。测定溶液中氯离子峰面积或峰高</td></tr>
<tr><td>仪器设备</td><td>离子色谱仪、注射器、天平等</td></tr>
<tr><td>主要操作步骤</td><td>1. 称量和溶解：准确称取 1g 外加剂试样，精确至 0.1mg。放入 100mL 烧杯中，加入 50mL 水和 5 滴硝酸溶解试样。试样能被水溶解时，直接移入 100mL 容量瓶，稀释至刻度；当试样不能被水溶解时，采用超声和加热的方法溶解试样，再用快速滤纸过滤，滤液用 100mL 容量瓶承接，用水稀释至刻度
2. 去除样品中的有机物：混凝土外加剂中的可溶性有机物可以用 On Guard RP 柱去除
3. 测定色谱图：将上述处理好的溶液注入离子色谱中分离，得到色谱图，测定所得色谱峰的峰面积或峰高
4. 氯离子含量标准曲线的绘制：在重复条件下进行空白试验。将氯离子标准溶液系列分别在离子色谱中分离，得到色谱图，测定所得色谱峰的峰面积或峰高。以氯离子浓度为横坐标，峰面积或峰高为纵坐标绘制标准曲线
5. 将样品的氯离子峰面积或峰高对照标准曲线，求出样品溶液的氯离子浓度 C</td></tr>
<tr><td>结果计算</td><td>氯离子含量按下式计算：
$$X_{Cl^-} = CV \times 10^{-6}/m \times 100$$
式中　X_{Cl^-}——样品中氯离子含量，%；
C——由标准曲线求得的试样溶液中氯离子的浓度，μg/mL；
V——样品溶液的体积，100mL；
m——外加剂样品质量，g
结果保留 2 位小数；但当含量＜0.01%时，结果保留 2 位有效数字</td></tr>
<tr><td>结果确定</td><td>当所得试样的两个有效分析值之差不大于下表所规定的允许差时，以其算术平均值作为最终分析结果；否则，应重新进行试验
试样允许差
<table><tr><td>Cl^-含量范围/%</td><td>＜0.01</td><td>0.01～0.1</td><td>0.1～1</td><td>1～10</td><td>＞10</td></tr><tr><td>允许差/%</td><td>0.001</td><td>0.02</td><td>0.1</td><td>0.2</td><td>0.25</td></tr></table></td></tr>
</table>

注：表 2-60～表 2-67 的试验均以两次试验平均值表示测定结果。

（十一）含水率测定

粉状外加剂含水率的测定方法见表 2-68。

■表 2-68 粉状外加剂含水率测定方法

<table>
<tr><th>项　目</th><th>主要内容</th></tr>
<tr><td>原理及目的</td><td>测定粉状外加剂的含水率</td></tr>
<tr><td>仪器设备</td><td>分析天平(称量 200g、分度值 0.1mg)，鼓风电热恒温干燥箱，干燥器，带盖称量瓶等</td></tr>
<tr><td>主要操作步骤</td><td>1. 将洁净带盖的称量瓶放入烘箱内，于 105～110℃ 烘 30min。取出置于干燥器内，冷却 30min 后称量，重复上述步骤至恒量(两次称量的质量差小于 0.3mg)，称其质量为 m_0
2. 称取外加剂试样(10±0.2)g，装入已烘干至恒重的称量瓶内，盖上盖，称出试样及称量瓶总质量为 m_1
3. 将盛有试样的称量瓶放入烘箱中，开启瓶盖升温至 105～110℃，恒温 2h 取出，盖上盖，置于干燥器内，冷却 30min 后称量，重复上述步骤至恒量，其质量为 m_2</td></tr>
<tr><td>结果计算</td><td>1. 防冻剂：
$$X_{H_2O}=(m_1-m_2)/(m_2-m_0)\times 100$$
2. 速凝剂：
$$X_{H_2O}=(m_1-m_2)/(m_1-m_0)\times 100$$
式中　X_{H_2O}——含水率，%；
m_0——称量瓶的质量，g；
m_1——称量瓶加试样干燥前试样质量，g；
m_2——称量瓶加试样干燥后试样质量，g</td></tr>
</table>

续表

项　目	主 要 内 容
结果确定	1. 防冻剂：以三个试样测试数据的算术平均值表示，精确至 0.1% 2. 速凝剂：以三个试样试验结果的算术平均值表示，精确至 0.1%。三个数据中有一个与平均值相差超过 5%，取剩余两个数据的平均值；有两个数据与平均值相差超过 5%，该组数据作废，试验必须重做

（十二）坍落度和坍落度 1h 经时变化量测定

坍落度和坍落度 1h 经时变化量的测定方法见表 2-69。

■表 2-69　坍落度和坍落度 1h 经时变化量测定方法

项　目	主 要 内 容
原理及目的	分别测定掺外加剂混凝土的出机坍落度和静停 1h 后坍落度的数值，比较其在 1h 时混凝土拌合物坍落度的变化量
仪器设备	坍落度筒、捣棒、直尺等
主要操作步骤	1. 坍落度：坍落度按照《普通混凝土拌合物性能试验方法标准》GB/T 50080 进行测定，具体操作方法见表 3-6，但坍落度为(210±10)mm 的混凝土，则分两层装料，每层装入高度为筒高的一半，每层用捣棒插捣 15 次 2. 坍落度 1h 经时变化量：混凝土拌合物出机后按上述要求进行坍落度试验，测得坍落度值 Sl_0；立即将全部拌合物装入用湿布擦过的试样筒内，盖好筒盖。静置 1h(从加水搅拌开始计算)，然后倒出，在铁板上用铁锨翻拌至均匀，按坍落度测定方法测定坍落度 Sl_{1h}；Sl_0 与 Sl_{1h} 之差即为坍落度 1h 经时变化量
结果确定	每批混凝土取一个试样，坍落度和坍落度 1h 经时变化量均以三次试验结果的平均值表示。若三次试验的最大值或最小值中有一个与中间值之差超过 10mm 时，将最大值与最小值一并舍去，取中间值作为该批的试验结果，如果最大值与最小值与中间值之差均超过 10mm 时，应予重做。测定值修约到 5mm

（十三）减水率测定

减水率的测定方法见表 2-70。

■表 2-70　减水率测定方法

项　目	主 要 内 容
原理及目的	混凝土外加剂减水率为基准混凝土和掺外加剂混凝土的坍落度基本相同时，二者单位用水量之差与基准混凝土单位用水量之百分比
仪器设备	坍落度筒、捣棒、直尺等
主要操作步骤	坍落度：坍落度按照《普通混凝土拌合物性能试验方法标准》(GB/T 50080)进行测定，具体操作方法见表 3-6
结果计算	减水率按下式计算，精确到 0.1% $$W_R=\frac{W_0-W_1}{W_0}\times 100$$ 式中　W_R——减水率，%； W_0——基准混凝土单位用水量，kg / m³； W_1——掺外加剂混凝土单位用水量(包括液体外加剂带入的水)，kg / m³
结果确定	减水率以三批试验的算术平均值计，精确到 1%。若三批试验的最大值或最小值中有一个与中间值之差超过中间值的 15%时，则把最大值与最小值一并舍去，取中间值作为该组试验的减水率。若有两个测值与中间值之差均超过中间值的 15%时，则该批试验结果无效，应予重做

（十四）含气量测定

含气量及含气量1h经时变化量的测定方法见表2-71。

■表2-71 含气量及含气量1h经时变化量测定方法

项 目	主要内容
原理及目的	采用气水混合式含气量测定仪测定混凝土外加剂的含气量
仪器设备	含气量测定仪
主要操作步骤	1. 含气量：按《普通混凝土拌合物性能试验方法标准》(GB/T 50080)用气水混合式含气量测定仪，并按该仪器说明进行操作，具体操作方法见表3-20。但混凝土拌合物要一次装满并稍高于容器，用振动台振实15~20s 2. 含气量1h经时变化量：混凝土拌合物出机后分为两份，一份按上述要求进行含气量试验，测得含气量值A_0；另一份装入用湿布擦过的试样筒内，盖好盖子。静置1h(从加水搅拌开始计算)，然后倒出，在铁板上用铁锹翻拌至均匀，按含气量测定方法测定含气量A_{1h}；A_0与A_{1h}之差即为含气量1h经时变化量
结果确定	试验时，从每批混凝土拌合物取一个试样，含气量以三个试样测值的算术平均值来表示。若三个试样中的最大值或最小值中有一个与中间值之差超过0.5%，将最大值与最小值一并舍去，取中间值作为该批的试验结果，如果最大值与最小值均超过0.5%，则应重做。测定值精确到0.1%

（十五）凝结时间差测定

凝结时间差的测定方法见表2-72。

■表2-72 凝结时间差测定方法

项 目	主要内容
原理及目的	采用贯入阻力仪测定掺外加剂混凝土与基准混凝土的凝结时间，计算求得凝结时间差
仪器设备	贯入阻力仪(精度为10N)，圆孔筛(5mm)，试样筒(上口内径为160mm，下口内径为150mm，净高150mm的刚性不渗水的金属圆筒)
主要操作步骤	1. 将混凝土拌合物用5mm圆孔筛振动筛筛出砂浆，拌匀后装入试样筒，试样表面应低于筒口约10mm，用振动台振实(约3~5s)，置于(20±2)℃的环境中，容器加盖 2. 一般基准混凝土在成型后3~4h，掺早强剂的在成型后1~2h，掺缓凝剂的在成型后4~6h开始测定，以后每0.5h或1h测定一次，但在临近初、终凝时，可以缩短测定间隔时间。每次测点应避开前一次测孔，其净距为试针直径的2倍，但至少不小于15mm，试针与容器边缘之距离不小于25mm。测定初凝时间用截面积为100mm²的试针，测定终凝时间用截面积为20mm²的试针 3. 测试时，测针端部与砂浆表面接触，在(10±2)s内均匀地使测针贯入砂浆(25±2)mm的深度。记录贯入阻力，精确到10N，记录测量时间，精确到1min 4. 贯入阻力按下式计算： $$R=\frac{P}{A}$$ 式中 R——贯入阻力值，MPa； P——贯入深度达25mm时所需的净压力，N； A——贯入仪试针的截面积，mm² 根据计算结果，以贯入阻力值为纵坐标，测试时间为横坐标，绘制贯入阻力值与时间关系曲线，求出贯入阻力值达3.5MPa时对应的时间作为初凝时间及贯入阻力值达28 MPa时对应的时间作为终凝时间。凝结时间从水泥与水接触时开始计算 试验时，每批混凝土拌合物取一个试样，凝结时间取三个试样的平均值。若三批试验的最大值或最小值之中有一个与中间值之差超过30min时，则把最大值与最小值一并舍去，取中间值作为该组试验的凝结时间。若最大值和最小值与中间值之差均超过30min时，该组试验结果无效，应重做。凝结时间以min表示，并修约到5min

续表

项　目	主要内容
结果计算	凝结时间差按下式计算 $\Delta T = T_t - T_c$ 式中　ΔT——凝结时间之差，min； T_t——掺外加剂混凝土的初凝或终凝时间，min； T_c——基准混凝土的初凝或终凝时间，min

（十六）泌水率比测定

泌水率比的测定方法见表 2-73。

■ 表 2-73　泌水率比测定方法

项　目	主要内容
原理	测定并计算混凝土外加剂的泌水率比
主要操作步骤	先用湿布润湿容积为 5L 的带盖筒(内径为 185mm，高 200mm),将混凝土拌合物一次装入，在振动台上振动 20s，然后用抹刀轻轻抹平，加盖以防水分蒸发。试样表面应比筒口边低约 20mm。自抹面开始计算时间，在前 60min，每隔 10min 用吸液管吸出泌水一次，以后每隔 20min 吸水一次，直至连续三次无泌水为止。每次吸水前 5min 应将筒底一侧垫高约 20mm，使筒倾斜，以便于吸水。吸水后，将筒轻轻放平盖好。将每次吸出的水都注入带塞的量筒，最后计算出总的泌水量，准确至 1g
结果计算	1. 泌水率按下式计算，精确到 0.1%： $B = \frac{V_W}{(W/G)G_W} \times 100$ $G_W = G_1 - G_0$ 式中　B——泌水率，%； V_W——泌水总质量，g； W——混凝土拌合物的用水量，g； G——混凝土拌合物的总质量，g； G_W——试样质量，g； G_1——筒及试样质量，g； G_0——筒质量，g 2. 泌水率比按下式计算，精确到 1%： $R_B = (B_t/B_c) \times 100$ 式中　R_B——泌水率比，%； B_t——掺外加剂混凝土泌水率，%； B_c——基准混凝土泌水率，%
结果确定	试验时，每批混凝土拌合物取一个试样，泌水率取三个试样的算术平均值，精确到 0.1%。若三个试样的最大值或最小值中有一个与中间值之差大于中间值的 15%时，则把最大值与最小值一并舍去，取中间值作为该组试验的泌水率，如果最大值和最小值与中间值之差均大于中间值的 15%时，则应重做

（十七）抗压强度比测定

抗压强度比的测定方法见表 2-74。

■ 表 2-74　抗压强度比测定方法

项　目	主要内容
原理	1. 掺防冻剂混凝土的抗压强度比以受检标养混凝土、受检负温混凝土与基准标养混凝土的抗压强度之百分比表示 2. 掺其他外加剂的抗压强度比以掺外加剂混凝土与基准混凝土同龄期抗压强度之百分比表示

续表

<table>
<tr><th>项　目</th><th>主 要 内 容</th></tr>
<tr><td>主要操作步骤</td><td>
1. 基准混凝土试件和受检混凝土试件应同时制作。混凝土试件制作及养护参照《普通混凝土拌合物性能试验方法标准》(GB/T 50080)进行，试件用振动台振动 15～20s。试件预养温度为(20±3)℃
2. 掺防冻剂的基准混凝土和受检混凝土坍落度均控制在(80±10)mm，试件制作采用振动台振实，振动时间为 10～15s。受检混凝土试件在(20±3)℃环境温度下按照下表规定的时间预养后移入冰箱(或冰室)内并用塑料布覆盖试件，其环境温度应于 3～4h 内均匀地降至规定温度，养护 7d 后(从成型加水时间算起)脱模，放置在(20±3)℃环境温度下解冻，解冻时间按下表的规定。解冻后进行抗压强度试验或转标准养护
不同规定温度下混凝土试件的预养和解冻时间
<table>
<tr><th>防冻剂的规定温度/℃</th><th>预养时间/h</th><th>M /℃·h</th><th>解冻时间/h</th></tr>
<tr><td>-5</td><td>6</td><td>180</td><td>6</td></tr>
<tr><td>-10</td><td>5</td><td>150</td><td>5</td></tr>
<tr><td>-15</td><td>4</td><td>120</td><td>4</td></tr>
</table>
注：试件预养时间也可按 $M=\sum(T+10)\Delta t$ 来控制。式中，M 为度时积；T 为温度；Δt 为温度 T 的持续时间
3. 掺高性能减水剂或泵送剂的基准混凝土和受检混凝土的坍落度控制在(210±10)mm；掺其他外加剂的基准混凝土和受检混凝土的坍落度控制在(80±10)mm
</td></tr>
<tr><td>结果计算</td><td>
1. 防冻剂抗压强度比
$$R_i=\frac{f_{AT_i}}{f_c}\times 100$$
式中　R_i——不同龄期的抗压强度之比，%；
f_{ATi}——不同龄期(R_{-7}，R_{28}，R_{-7+28}，R_{-7+56})的受检混凝土的抗压强度，MPa；
f_c——基准混凝土标养 28d 的抗压强度，MPa
2. 其他外加剂抗压强度比
$$R=\frac{f_1}{f_c}\times 100$$
式中　R——抗压强度比，%；
f_1——受检混凝土的抗压强度，MPa；
f_c——基准混凝土的抗压强度，MPa
</td></tr>
<tr><td>结果确定</td><td>
1. 防冻剂抗压强度比的确定：受检混凝土和基准混凝土以三组(每组三块试件，强度数据取值原则同 GB/T 50081 的规定)试验结果强度的平均值计算抗压强度比，结果精确到 1%
2. 其他外加剂抗压强度比的确定：以三批试验测值的平均值表示，结果精确到 1%。若三批试验中有一批的最大值或最小值与中间值的差值超过中间值的 15%，则把最大值及最小值一并舍去，取中间值作为该批的试验结果。如有两批测值与中间值的差均超过中间值的 15%，则试验结果无效，应予重做
</td></tr>
</table>

（十八）限制膨胀率测定

限制膨胀率（膨胀剂）的测定方法见表 2-75。

■表 2-75　限制膨胀率（膨胀剂）测定方法

项　目	主 要 内 容
原理及目的	测定混凝土膨胀剂的限制膨胀率
仪器设备	胶砂搅拌机；振动台；试模；测量仪(千分表的分辨率 0.001mm)；纵向限制器；恒温恒湿箱［温度为(20±2)℃，湿度为 60%±5%］等

续表

项 目	主 要 内 容
主要操作步骤	1. 按下表水泥胶砂配合比并按《水泥胶砂试验方法》GB/T 17671 进行搅拌、成型(试体全长158mm，其中胶砂部分尺寸为 40mm×40mm×140mm)，具体操作方法见表 2-11 每成型三条试体需称量的材料用量　　单位：g 材料 / 代号 / 材料用量：水泥 / C / 607.5±2.0；膨胀剂 / E / 67.5±0.2；标准砂 / S / 1350.0±5.0；拌合水 / W / 270.0±1.0 注：$\frac{E}{C+E}=0.10$　$\frac{S}{C+E}=2.00$　$\frac{W}{C+E}=0.40$ 2. 当以上表配合比成型的试体胶砂抗压强度达(10±2)MPa 时脱模，脱模后在 1h 内用测量仪测量初始长度 3. 测量完初始长度的试体立即放入水中［温度为(20±1)℃］养护，测量水中第 7d 的长度。然后放入恒温恒湿箱(室)养护 21d，测量第 21d 的长度 注：1. 测量前 3h，将测量仪、标准杆放在标准试验室内，用标准杆校正测量仪并调整千分表零点。测量前，将试体及测量仪测头擦净。每次测量时，试体记有标志的一面与测量仪的相对位置必须一致，纵向限制器测头与测量仪测头应正确接触，读数应精确至 0.001mm。不同龄期的试体应在规定时间±1h 内测量。 2. 养护时，应注意不损伤试体测头。试体之间应保持 15mm 以上间隔，试体支点距限制钢板两端约 30mm
结果计算	限制膨胀率按下式计算： $\varepsilon=\frac{L_1-L}{L_0}\times 100$ 式中　ε——限制膨胀率，%； L_1——所测龄期的限制试体长度，mm； L——限制试体初始长度，mm； L_0——试体的基准长度，140mm
结果确定	取相近的两个试件测量值的平均值作为限制膨胀率测量结果，计算值精确至 0.001%

(十九) 收缩率比测定

收缩率比的测定方法见表 2-76。

■表 2-76　收缩率比测定方法

项 目	主 要 内 容
原理及目的	分别测定掺外加剂混凝土与基准混凝土的收缩值，二者比值的百分数即为收缩比
仪器设备	参见表 4-18
主要操作步骤	收缩试验具体操作方法参见表 4-18 1. 防冻剂的收缩率比：基准混凝土试件应在 3d(从搅拌混凝土加水时算起)从标养室取出移入恒温恒湿室内 3~4h 测定初始长度，再经 28d 后测量其长度。受检负温混凝土，在规定温度下养护 7d，拆模后先标养 3d，从标养室取出后移入恒温恒湿室内 3~4h 测定初始长度，再经 28d 后测量其长度 2. 其他外加剂的收缩率比：试件用振动台振动 15~20s 成型。收缩率比以龄期 28d 受检混凝土与基准混凝土干缩率比值表示
结果计算	1. 混凝土防冻剂的收缩率比按下式计算，计算精确至 1% $S_r=\frac{\varepsilon_{AT}}{\varepsilon_C}\times 100$ 式中　S_r——收缩率比，%； ε_{AT}——受检负温混凝土的收缩率，%； ε_C——基准混凝土的收缩率，%

续表

项　目	主 要 内 容
结果计算	2. 其他混凝土外加剂的收缩率比按下式计算，计算精确到 1% $$R_{\varepsilon}=\frac{\varepsilon_t}{\varepsilon_c}\times 100$$ 式中　R_{ε}——收缩率比，%； ε_t——掺加外加剂的混凝土的收缩率，%； ε_c——基准混凝土的收缩率，%
结果确定	以三个试件测值的算术平均值作为该混凝土的收缩率，计算精确至 1%

(二十）相对耐久性测定

相对耐久性的测定方法见表 2-77。

■表 2-77　相对耐久性测定方法

项　目	主 要 内 容
原理及目的	测定掺外加剂混凝土冻融 200 次后的动弹性模量来评定外加剂的耐久性能
仪器设备	参见表 4-23
主要操作步骤	试件采用振动台成型,振动 15~20s,标准养护 28d 后进行冻融循环试验(快冻法)。冻融循环试验(快冻法)具体操作方法参见表 4-23
结果确定与评定	结果确定:每批混凝土拌合物取一个试样,冻融循环次数以三个试件动弹性模量的算术平均值表示 结果评定:相对耐久性指标是以掺外加剂混凝土冻融 200 次后的动弹性模量是否不小于 80%来评定外加剂质量

(二十一）渗透高度比测定

渗透高度比（防冻剂、防水剂）的测定方法见表 2-78。

■表 2-78　渗透高度比（防冻剂、防水剂）测定方法

项　目	主 要 内 容
原理及目的	分别测定在一定压力下掺外加剂混凝土与基准混凝土的渗透高度值，二者比值的百分数即为渗透高度比
仪器设备	参见表 4-27
主要操作步骤	渗透高度试验具体操作方法参见表 4-27 1. 混凝土防冻剂的渗透高度比试验:在基准混凝土标养龄期为 28d,受检负温混凝土龄期为-7+56d 时进行抗渗性能试验,但按 0.2MPa、0.4 MPa、0.6MPa、0.8MPa、1.0MPa 加压,每级恒压 8h,加压到 1.0MPa 为止。取下试件,将其劈开,测试试件 10 个等分点渗透高度的平均值,以一组六个试件测值的平均值作为试验结果 2. 混凝土防水剂的渗透高度比试验:采用混凝土坍落度为(180±10)mm 的配合比,但初始压力为 0.4MPa。若基准混凝土在 1.2MPa 以下的某个压力透水,则受检混凝土也加到这个压力,并保持相同时间,然后劈开,在底边均匀取 10 点,测定平均渗透高度。若基准混凝土与受检混凝土在 1.2MPa 时都未透水,则停止升压,劈开,如上所述测定平均渗透高度
结果计算	1. 混凝土防冻剂的渗透高度比按下式计算,精确至 1%: $$H_r=\frac{H_{AT}}{H_C}\times 100$$ 式中　H_r——透水高度之比,%; H_{AT}——受检负温混凝土六个试件测值的平均值,mm; H_C——基准混凝土六个试件测值的平均值,mm 2. 混凝土防水剂的渗透高度比按下式计算,精确至 1%: $$H_r=\frac{H_t}{H_c}\times 100$$ 式中　H_r——渗透高度比,%; H_t——受检混凝土的渗透高度,mm; H_c——基准混凝土的渗透高度,mm

（二十二）50 次冻融强度损失率比测定

50 次冻融强度损失率比（防冻剂）的测定方法见表 2-79。

■表 2-79 50 次冻融强度损失率比（防冻剂）测定方法

项 目	主要内容
原理及目的	考核掺防冻剂混凝土的耐久性
仪器设备	参见表 4-22
主要操作步骤	冻融试验具体操作方法参见表 4-22，并计算强度损失率 基准混凝土在标养 28d 后进行冻融试验。受检负温混凝土在龄期为 −7+28d 进行冻融试验
结果计算	50 次冻融强度损失率比按下式计算，计算精确到 1%： $D_r=\dfrac{\Delta f_{AT}}{\Delta f_C}\times 100$ 式中 D_r——50 次冻融强度损失率比，%； Δf_{AT}——受检负温混凝土 50 次冻融强度损失率，%； Δf_C——基准混凝土 50 次冻融强度损失率，%

（二十三）吸水量比测定

吸水量比（防水剂）的测定方法见表 2-80。

■表 2-80 吸水量比（防水剂）测定方法

项 目	主要内容
原理及目的	测定防水剂的吸水量比
仪器设备	水槽，干燥箱，天平（感量为 1g、最大称量范围为 5000g）等
主要操作步骤	试件按照《普通混凝土力学性能试验方法标准》（GB/T 50081）进行试件的成型和养护。养护 28d 后在 75～80℃温度下烘（48±0.5）h 称量，然后将试件放入水槽中。浸泡（48±0.5）h 取出，用挤干的湿布擦去表面的水，称量并记录 试件放入水槽时其成型面要朝下放置，下部用两根 ϕ10mm 的钢筋垫起，试件浸入水中的高度为 50mm 水槽中要经常加水，并在要求的水面高度处开溢水孔，以保持水面恒定 水槽应加盖，放在温度为（20±3）℃、相对湿度 80% 以上的恒温室中，试件表面不得有结露或水滴
结果计算	1. 计算试件的吸水量，结果以三块试件平均值表示，精确至 1g： $W_c=m_{c1}-m_{c0}$ 式中 W_c——混凝土试件吸水量，g； m_{c1}——混凝土试件吸水后质量，g； m_{c0}——混凝土试件干燥后质量，g 2. 混凝土防水剂的吸水量比按下式计算，精确至 1%： $R_{wc}=(W_{tc}/W_{rc})\times 100$ 式中 R_{wc}——混凝土防水剂的吸水量比，%； W_{tc}——受检混凝土的吸水量，g； W_{rc}——基准混凝土的吸水量，g

（二十四）外加剂中氨的释放量测定

外加剂中氨的释放量测定方法（蒸馏后滴定法）见表 2-81。

（二十五）净浆安定性测定

混凝土防水剂的净浆安定性的测定方法见表 2-9。

■表 2-81 外加剂中氨的释放量测定方法（蒸馏后滴定法）

项 目	主 要 内 容
原理及目的	从碱性溶液中蒸馏出氨,用过量硫酸标准溶液吸收,以甲基红-亚甲基蓝混合指示剂为指示剂,用氢氧化钠标准滴定溶液滴定过量的硫酸
仪器设备	分析天平(精度 0.001g)、500mL 玻璃蒸馏器(500mL)、烧杯(300mL)、量筒(250mL)、移液管(20mL)、碱式滴定管(50mL)、电炉(1000W)等
化学试剂	1. 盐酸(1+1)、氢氧化钠(分析纯)、硫酸标准溶液 $c\left(\frac{1}{2}H_2SO_4\right)=0.1mol/L$、氢氧化钠标准滴定溶液 c(NaOH)= 0.1mol/L 2. 甲基红-亚甲基蓝混合指示剂：将 50mL 甲基红乙醇溶液(2g/L)和 50mL 亚甲基蓝乙醇溶液(1g/L)混合
主要操作步骤	1. 取样和留样：在同一编号外加剂中随机抽取 1kg 样品,混合均匀,分为两份,一份密封保存 3 个月,另一份作为试样样品 2. 试样的处理：固体试样需在干燥器中放置 24h 后测定,液体试样可直接称量 将试样搅拌均匀,分别称取两份各约 5g 的试料,精确至 0.001g,放入两个 300mL 烧杯中 (1) 可水溶的试料:在盛有试料的 300mL 烧杯中加入水,移入 500mL 玻璃蒸馏器中,控制总体积 200mL,备蒸馏 (2) 含有可能保留有氨的水不溶物的试料:在盛有试料的 300mL 烧杯中加入 20mL 水和 10mL 盐酸溶液(1+1),搅拌均匀,放置 20min 后过滤,收集滤液至 500mL 玻璃蒸馏器中,控制总体积 200mL,备蒸馏 3. 蒸馏：在备蒸馏的溶液中加入数粒氢氧化钠,以广泛试纸试验,调整溶液 pH>12,加入几粒防爆玻璃珠 准确移取 20mL 硫酸标准溶液于 250mL 量筒中,加入 3～4 滴混合指示剂,将蒸馏器馏出液出口玻璃管插入量筒底部硫酸溶液中 检查蒸馏器连接无误并确保密封后,加热蒸馏。收集蒸馏液达 180mL 后停止加热,卸下蒸馏瓶,用水冲洗冷凝管,并将洗涤液收集在量筒中 4. 滴定：将量筒中溶液移入 300mL 烧杯中,洗涤量筒,将洗涤液并入烧杯。用氢氧化钠标准滴定溶液回滴过量的硫酸标准溶液,直至指示剂由亮紫色变为灰绿色,消耗氢氧化钠标准滴定溶液的体积为 V_1 5. 空白试验：在测定的同时,按同样的分析步骤、试剂和用量,不加试料进行平行操作,测定空白试验氢氧化钠标准滴定溶液消耗体积(V_2)
结果计算	混凝土外加剂样品中释放氨的量,以氨(NH_3)质量分数表示,按下式计算: $$X_{氨}=\frac{(V_2-V_1)c\times 0.01703}{m}\times 100$$ 式中 $X_{氨}$——混凝土外加剂中释放氨的量,%; c——氢氧化钠标准溶液浓度的准确数值,mol/L; V_1——滴定试料溶液消耗氢氧化钠标准溶液体积的数值,mL; V_2——空白试验消耗氢氧化钠标准溶液体积的数值,mL; 0.01703——与 1.00mL 氢氧化钠标准溶液 c(NaOH)= 1.000mol/L 相当的以克表示的氨的质量; m——试料质量的数值,g
结果确定与判定	取两次平行测定结果的算术平均值为测定结果。两次平行测定结果的绝对差值大于 0.01% 时,需重新测定 当测定结果≤0.10%(质量分数)时,判为合格

(二十六) 凝结时间、抗压强度测定

膨胀剂的凝结时间的测定方法见表 2-8。膨胀剂的抗压强度测定方法见表 2-11。

（二十七）氧化镁测定

膨胀剂中氧化镁含量的测定方法见表 2-17。

（二十八）相容性测定

混凝土外加剂对水泥的相容性检验方法见表 2-82。

■表 2-82 混凝土外加剂对水泥的相容性检验方法

项 目	主要内容
原理及目的	检验各类混凝土外加剂及各种复合的外加剂对水泥的适应性,也可用于检验其对矿物掺合料的适应性
仪器设备	水泥净浆搅拌机、圆模、天平等
主要操作步骤	1. 将玻璃板放置在水平位置,用湿布将玻璃板、截锥圆模、搅拌器及搅拌锅均匀擦过,使其表面湿而不带水滴 2. 将截锥圆模放在玻璃板中央,并用湿布覆盖待用 3. 称取水泥 600g,倒入搅拌锅内 4. 对某种水泥需选择外加剂时,每种外加剂应分别加入不同掺量;对某种外加剂选择水泥时,每种水泥应分别加入不同掺量的外加剂。 对不同品种外加剂,不同掺量应分别进行试验 5. 加入 174g 或 210g 水(外加剂为水剂时,应扣除其含水量),搅拌 4min 6. 将拌好的净浆迅速注入截锥圆模内,用刮刀刮平,将截锥圆模按垂直方向提起,同时,开启秒表计时,至 30s 用直尺量取流淌水泥净浆互相垂直的两个方向的最大直径,取平均值作为水泥净浆初始流动度 7. 已测定过流动度的水泥浆应弃去,不再装入搅拌锅中。 水泥净浆停放时,应用湿布覆盖搅拌锅 8. 剩留在搅拌锅内的水泥净浆,至加水后 30min、60min,开启搅拌机,搅拌 4min,按第 6 步方法分别测定相应时间的水泥净浆流动度
结果分析	绘制以掺量为横坐标、流动度为纵坐标的曲线。 其中饱和点(外加剂掺量与水泥净浆流动度变化曲线的拐点)外加剂掺量低、流动度大、流动度损失小的外加剂对水泥的相容性好

四、质量控制

1. 验收

（1）选用的外加剂应有供货单位提供的下列技术文件：

① 产品说明书，并应标明产品主要成分；

② 出厂检验报告及合格证；

③ 掺外加剂混凝土性能检验报告。

（2）外加剂运到预拌混凝土厂或施工工地，应立即采取具有代表性样品进行检验，进货与试配一致时，方可入库、使用。若发现不一致，应停止使用。

（3）外加剂进厂（站）时应按表 2-83 进行检验。

2. 贮存

（1）外加剂应按不同供货单位、不同品种、不同牌号分别存放，标识应清楚。

（2）粉状外加剂应防止受潮结块，如有结块，经性能检验合格后应粉碎至全部通过 0.630mm 筛后方可使用。液体外加剂应放置阴凉干燥处，防止日晒、受冻、污染、进水或蒸发，如有沉淀等现象，经性能检验合格后方可使用。

■表 2-83　外加剂检验项目、组批条件及批量

序号	外加剂名称	检验项目	验收组批条件及批量	检验项目的依据及要求
1	普通减水剂 高效减水剂 高性能减水剂	pH 值、密度(或细度)、含固量(或含水率)、减水率，早强型减水剂还应检验 1d 抗压强度比，缓凝型减水剂还应检验凝结时间差	同一厂家、连续供应同一品种每 50t 为一检验批，不足 50t 时也按一个检验批计	《混凝土外加剂应用技术规范》(GB 50119) 《混凝土外加剂》(GB 8076)
2	引气剂 引气减水剂	pH 值、密度(或细度)、含气量、引气减水剂应增测减水率		
3	缓凝剂 缓凝型减水剂	pH 值、密度(或细度)、混凝土凝结时间,缓凝型减水剂应增测标准型减水剂需检测的项目		
4	早强剂	pH 值、密度(或细度)、含固量(或含水率)、碱含量、氯离子含量、1d 抗压强度比		
5	防冻剂	密度(或细度)、含固量(或含水率)、碱含量、氯离子含量、含气量，复合类防冻剂还应检测减水率	同一厂家、连续供应同一品种每 100t 为一检验批，不足 100t 时也按一个检验批计	《混凝土外加剂应用技术规范》(GB 50119) 《混凝土防冻剂》(JC 475)
6	膨胀剂	水中 7d 限制膨胀率、细度	同一厂家、连续供应同一品种每 200t 为一检验批，不足 200t 时也按一个检验批计	《混凝土外加剂应用技术规范》(GB 50119) 《混凝土膨胀剂》(GB 23439)
7	泵送剂	pH 值、密度(或细度)、含固量(或含水率)、减水率、坍落度 1h 经时变化值	同一厂家、连续供应同一品种每 50t 为一检验批，不足 50t 时也按一个检验批计	《混凝土外加剂应用技术规范》(GB 50119) 《混凝土外加剂》(GB 8076)
8	防水剂	密度(或细度)、含固量(或含水率)		《混凝土外加剂应用技术规范》(GB 50119) 《砂浆、混凝土防水剂》(JC 474)
9	速凝剂	密度(或细度)、水泥净浆初凝和终凝时间		《混凝土外加剂应用技术规范》(GB 50119) 《喷射混凝土用速凝剂》(JC 477)

注: 可根据需要检验本表未列入其他项目。

3. 施工注意事项

（1）应根据工程设计、施工要求及环境温度等选择外加剂的品种，并通过试验检验外加剂与水泥及其他材料的相容性，符合要求方可使用。

（2）不同品种外加剂复合使用时，应注意其相容性及对混凝土性能的影响，使用前应进行试验，满足要求方可使用。

（3）掺引气剂及引气减水剂的混凝土，宜采用机械搅拌，搅拌时间及搅拌量应通过试验确定。出料到浇筑的间隔时间也不宜过长；采用插入式振捣时，振捣时间不宜超过 20s。

（4）含有六价铬盐、亚硝酸盐及硫氰酸盐成分的混凝土外加剂，严禁用于饮水工程中建成后与饮用水直接接触的混凝土。

（5）含有强电解质无机盐的早强型普通减水剂、早强剂、防冻剂和防水剂，严禁用于下列混凝土结构：与镀锌钢材或铝铁相接触部位的混凝土结构；有外露钢筋预埋铁件而无防护措施的混凝土结构；使用直流电源的混凝土结构；距高压直流电源 100m 以内的混凝土结构。

（6）含有氯盐的早强型普通减水剂、早强剂、防水剂和氯盐类防冻剂，严禁用于预应力混凝土、钢筋混凝土和钢纤维混凝土结构。

（7）含有硝酸铵、碳酸铵的早强型普通减水剂、早强剂和含有硝酸铵、碳酸铵、尿素的防冻剂，严禁用于办公、居住等有人员活动的建筑工程。

（8）含有亚硝酸盐、硝酸盐早强型普通减水剂、防冻剂和亚硝酸盐的阻锈剂，严禁用于预应力混凝土结构。

第四节 骨料

一、普通骨料

（一）概述

普通混凝土中的骨料分粗骨料和细骨料。粗骨料是指卵石和碎石，卵石是指在自然条件作用下形成的公称粒径大于 5mm 的岩石颗粒；碎石是指由天然岩石或卵石经破碎、筛分而得的公称粒径大于 5mm 的颗粒。细骨料是指天然砂、人工砂和混合砂，天然砂是指在自然条件作用下形成的公称粒径小于 5mm 的岩石颗粒，按其产源不同可分为河砂、海砂和山砂，海砂又可分为滩砂和海底砂。人工砂是岩石经破碎筛分而成的公称粒径小于 5mm 的岩石颗粒。混合砂系由天然砂和人工砂按一定比例混合而成。骨料母岩的特性、骨料的粒形、粒径与级配的尺寸分布等直接影响到混凝土的工作性、强度等性能指标。

(二) 质量要求

目前普通骨料涉及的标准有《建设用砂》(GB/T 14684)、《建设用卵石、碎石》(GB/T 14685)、《普通混凝土用砂、石质量及检验方法标准》(JGJ 52) 及《海砂混凝土应用技术规范》(JGJ 206)。

1. 依据《普通混凝土用砂、石质量及检验方法标准》(JGJ 52) 对石的质量要求

(1) 颗粒级配

碎石或卵石的颗粒级配，应符合表 2-84 的要求。

■表 2-84 碎石或卵石的颗粒级配范围

级配情况	公称粒径/mm	累计筛余,按质量/%											
		方孔筛筛孔边长尺寸/mm											
		2.36	4.75	9.5	16.0	19.0	26.5	31.5	37.5	53	63	75	90
连续粒级	5~10	95~100	80~100	0~15	0	—	—	—	—	—	—	—	—
	5~16	95~100	85~100	30~60	0~10	0	—	—	—	—	—	—	—
	5~20	95~100	90~100	40~80	—	0~10	0	—	—	—	—	—	—
	5~25	95~100	90~100	—	30~70	—	0~5	0	—	—	—	—	—
	5~31.5	95~100	90~100	70~90	—	15~45	—	0~5	0	—	—	—	—
	5~40		95~100	70~90	—	30~65	—	—	0~5	0	—	—	—
单粒级	10~20	—	95~100	85~100	—	0~15	0	—	—	—	—	—	—
	16~31.5	—	95~100	—	85~100	—	—	0~10	0	—	—	—	—
	20~40	—	—	95~100	—	80~100	—	—	0~10	0	—	—	—
	31.5~63	—	—	—	95~100	—	—	75~100	45~75	—	0~10	0	—
	40~80	—	—	—	—	95~100	—	—	70~100	—	30~60	0~10	0

注：1. 混凝土用石应采用连续粒级。

2. 单粒级宜用于组合成满足要求的连续粒级；也可与连续粒级混合使用，以改善其级配或配成较大粒度的连续粒级。

3. 当卵石的颗粒级配不符合表 2-84 要求时，应采取措施并经试验证实能确保工程质量后，方允许使用。

(2) 含泥量、泥块含量及针、片状颗粒含量

碎石或卵石中含泥量、泥块含量及针、片状颗粒含量应符合表 2-85 的规定。

■表 2-85 碎石或卵石中含泥量、泥块含量及针、片状颗粒含量

混凝土强度等级	≥C60	C55~C30	≤C25
含泥量/%(按质量计)	≤0.5	≤1.0	≤2.0
泥块含量/%(按质量计)	≤0.2	≤0.5	≤0.7
针、片状颗粒含量/%(按质量计)	≤8	≤15	≤25

注：1. 对于有抗冻、抗渗或其他特殊要求的混凝土，其所用碎石或卵石含泥量不应大于 1.0%。当碎石或卵石的含泥是非粘土质的石粉时，其含泥量可由表中的 0.5%、1.0%、2.0%，分别提高到 1.0%、1.5%、3.0%。

2. 对于有抗冻、抗渗或其他特殊要求的强度等级小于 C30 的混凝土，其所用碎石或卵石中泥块含量不应大于 0.5%。

（3）强度

1）碎石的强度可用岩石的抗压强度和压碎值指标表示。岩石强度首先应由生产单位提供，工程中可采用压碎值指标进行质量控制。碎石的压碎值指标宜符合表 2-86 的规定。

■表 2-86 碎石的压碎值指标

岩 石 品 种	混凝土强度等级	碎石压碎值指标/%
沉积岩	C60~C40	≤10
	≤C35	≤16
变质岩或深成的火成岩	C60~C40	≤12
	≤C35	≤20
喷出的火成岩	C60~C40	≤13
	≤C35	≤30

注：1. 沉积岩包括石灰岩、砂岩等；变质岩包括片麻岩、石英岩等；深成的火成岩包括花岗岩、正长岩、闪长岩和橄榄岩等；喷出的火成岩包括玄武岩和辉绿岩等。

2. 岩石的抗压强度应比所配制的混凝土强度至少高 20%。

3. 当混凝土强度等级大于或等于 C60 时，应进行岩石抗压强度检验。

2）卵石的强度可用压碎值指标表示。其压碎值指标宜符合表 2-87 的规定。

■表 2-87 卵石的压碎值指标

混凝土强度等级	C60~C40	≤C35
压碎值指标/%	≤12	≤16

（4）坚固性

碎石或卵石的坚固性应用硫酸钠溶液法检验，试样经 5 次循环后，其质量损失应符合表 2-88 的规定。

■表 2-88 碎石或卵石的坚固性指标

混凝土所处的环境条件及其性能要求	5 次循环后的质量损失/%
在严寒及寒冷地区室外使用，并经常处于潮湿或干湿交替状态下的混凝土 有腐蚀性介质作用或经常处于水位变化区的地下结构 有抗疲劳、耐磨、抗冲击等要求的混凝土	≤8
在其他条件下使用的混凝土	≤12

（5）有害物质含量

碎石或卵石中的硫化物和硫酸盐含量以及卵石中有机物等有害物质含量，应符合表 2-89 的规定。

■表 2-89　碎石或卵石中的有害物质含量

项　目	质量要求
硫化物及硫酸盐含量/%(折算成 SO_3，按质量计)	≤1.0
卵石中有机物含量(用比色法试验)	颜色应不深于标准色。当颜色深于标准色时，应配制成混凝土进行强度对比试验，抗压强度比应不低于 0.95

注：当碎石或卵石中含有颗粒状硫酸盐或硫化物杂质时，应进行专门检验，确认能满足混凝土耐久性要求后，方可使用。

（6）碱活性

对于长期处于潮湿环境的重要结构混凝土，其所使用的碎石或卵石应进行的碱活性检验。

进行碱活性检验时，首先应采用岩相法检验碱活性骨料的品种、类型和数量。当检验出骨料中含有活性二氧化硅时，应采用快速砂浆棒法和砂浆长度法进行碱活性检验；当检验出骨料中含有活性碳酸盐时，应采用岩石柱法进行碱活性检验。

经上述检验，当判定骨料存在潜在碱-碳酸盐反应危害时，不宜用作混凝土骨料；否则，应通过专门的混凝土试验，做最后评定。当判定骨料存在潜在碱-硅反应危害时，应控制混凝土中的碱含量不超过 $3kg/m^3$，或采取能抑制碱-骨料反应的有效措施。

2.依据《普通混凝土用砂、石质量及检验方法标准》（JGJ 52）对砂的质量要求

（1）颗粒级配

砂的粗细程度按细度模数 μ_f 分为粗、中、细、特细四级，其范围应符合下列规定。

粗砂：$\mu_f=3.7\sim3.1$；中砂：$\mu_f=3.0\sim2.3$；细砂：$\mu_f=2.2\sim1.6$；特细砂：$\mu_f=1.5\sim0.7$。

除特细砂外，砂的颗粒级配可按公称直径 630μm 筛孔的累计筛余量（以质量百分率计），分成三个级配区，且砂的颗粒级配应处于表 2-90 中的某一区内。

（2）含泥量及泥块含量

天然砂中含泥量及泥块含量应符合表 2-91 的规定。

（3）石粉含量

人工砂或混合砂中石粉含量应符合表 2-92 的规定。

（4）坚固性

砂的坚固性应采用硫酸钠溶液检验，试样经 5 次循环后，其质量损失应符合表 2-93 的规定。

■表 2-90　砂颗粒级配区

级配区 / 累计筛余/% / 公称粒径	Ⅰ区	Ⅱ区	Ⅲ区
5.00mm	10~0	10~0	10~0
2.50mm	35~5	25~0	15~0
1.25mm	65~35	50~10	25~0
630μm	85~71	70~41	40~16
315μm	95~80	92~70	85~55
160μm	100~90	100~90	100~90

注：1. 砂的实际颗粒级配与表中的累计筛余相比，除公称粒径为 5.00mm 和 630μm 的累计筛余外，其余公称粒径的累计筛余可稍有超出分界线，但总超出量不应大于 5%。

2. 当天然砂的实际颗粒级配不符合要求时，宜采取相应的技术措施，并经试验证明能确保混凝土质量后，方允许使用。

3. 配制混凝土时宜优先选用Ⅱ区砂。当采用Ⅰ区砂时，应提高砂率，并保持足够的水泥用量，满足混凝土的和易性；当采用Ⅲ区砂时，宜适当降低砂率；当采用特细砂时，应符合相应的规定。

4. 配制泵送混凝土，宜选用中砂。

■表 2-91　天然砂中含泥量及泥块含量

混凝土强度等级	≥C60	C55~C30	≤C25
含泥量(按质量计)/%	≤2.0	≤3.0	≤5.0
泥块含量(按质量计)/%	≤0.5	≤1.0	≤2.0

注：对于有抗冻、抗渗或其他特殊要求的小于或等于 C25 混凝土用天然砂，其含泥量不应大于 3.0%，泥块含量不应大于 1.0%。

■表 2-92　人工砂或混合砂中石粉含量

混凝土强度等级		≥C60	C55~C30	≤C25
石粉含量/%	MB＜1.4(合格)	≤5.0	≤7.0	≤10.0
	MB≥1.4(不合格)	≤2.0	≤3.0	≤5.0

■表 2-93　砂的坚固性指标

混凝土所处的环境条件及其性能要求	5次循环后的质量损失/%
在严寒及寒冷地区室外使用并经常处于潮湿或干湿交替状态下的混凝土 对于有抗疲劳、耐磨、抗冲击要求的混凝土 有腐蚀介质作用或经常处于水位变化区的地下结构混凝土	≤8
其他条件下使用的混凝土	≤10

（5）压碎指标

人工砂的总压碎值指标应小于 30%。

（6）有害物质含量

当砂中含有云母、轻物质、有机物、硫化物及硫酸盐等有害物质时，其含量应符合表 2-94 的规定。

（7）碱活性

对于长期处于潮湿环境的重要混凝土结构用砂，应采用砂浆棒（快速法）或砂浆长度法进行骨料的碱活性试验。经上述检验判断为有潜在危害时，应控制混凝土中的碱含量不超过 3kg/m³，或采取能抑制碱-骨料反应的有效措施。

■表 2-94 砂中的有害物质含量

项　目	质量要求
云母含量(按质量计)/%	≤2.0
轻物质含量(按质量计)/%	≤1.0
硫化物及硫酸盐含量(折算成 SO_3，按质量计)/%	≤1.0
有机物含量(用比色法试验)	颜色应不深于标准色。当颜色深于标准色时，应按水泥胶砂强度试验方法进行强度对比试验，抗压强度比不应低于 0.95

注：1. 对于有抗冻、抗渗要求的混凝土用砂，其云母含量不应大于 1.0%。
2. 当砂中含有颗粒状硫化物或硫酸盐杂质时，应进行专门检验，确认能满足混凝土耐久性要求后，方可使用。

（8）氯离子含量

砂中氯离子含量应符合下列规定：

a. 对于钢筋混凝土用砂，其氯离子含量不得大于 0.06%（以干砂的质量百分率计）；

b. 对于预应力混凝土用砂，其氯离子含量不得大于 0.02%（以干砂的质量百分率计）。

（9）海砂中贝壳含量

《普通混凝土用砂、石质量及检验方法标准》（JGJ 52）中，贝壳含量规定见表 2-95。对于有抗冻、抗渗或其他特殊要求的小于或等于 C25 混凝土用砂，其贝壳含量不应大于 5%。

■表 2-95 海砂中贝壳含量（一）

混凝土强度等级	≥C40	C35～C30	C25～C15
贝壳含量(按质量计)/%	≤3	≤5	≤8

《海砂混凝土应用技术规范》（JGJ 206）中，贝壳含量规定见表 2-96。海砂中的贝壳最大尺寸不应超过 4.75mm。对于有抗冻、抗渗或其他特殊要求的小于或等于 C25 混凝土用砂，其贝壳含量不应大于 8%。

■表 2-96 海砂中贝壳含量（二）

混凝土强度等级	≥C60	C40～C55	C35～C30	C25～C15
贝壳含量(按质量计)/%	≤3	≤5	≤8	≤10

《海砂混凝土应用技术规范》（JGJ 206）中对海砂的其他质量要求见表 2-97。

■表 2-97 海砂的其他质量要求

项　目	指　标
水溶性氯离子含量(按质量计)/%	≤0.03
含泥量(按质量计)/%	≤1.0

续表

项 目	指 标
泥块含量(按质量计)/%	≤0.5
坚固性指标/%	≤8
云母含量(按质量计)/%	≤1.0
轻物质含量(按质量计)/%	≤1.0
硫化物及硫酸盐含量(按 SO_3 质量计)/%	≤1.0
有机物含量	符合表 2-94 砂中的有机物含量要求

注：1. 海砂必须经过净化处理，满足要求后，方可用于配制混凝土。
2. 海砂混凝土不得用于预应力混凝土结构。
3. 采用海砂配制混凝土时，宜采用海底砂。
4. 海砂宜与人工砂混合后作为混凝土细骨料。

3. 依据《建设用砂》(GB/T 14684) 对砂的质量要求

(1) 颗粒级配

砂的颗粒级配应符合表 2-98 的规定；砂的级配类别应符合表 2-99 的规定。对于砂浆用砂，4.75mm 筛孔的累计筛余量应为 0。砂的实际颗粒级配除 4.75mm 和 600μm 筛档外，可以略有超出，但各级累计筛余超出值总和应不大于 5%。

■表 2-98 砂的颗粒级配

砂的分类	天然砂			机制砂		
级配区	1区	2区	3区	1区	2区	3区
方筛孔	累计筛余/%					
4.75mm	10～0	10～0	10～0	10～0	10～0	10～0
2.36mm	35～5	25～0	15～0	35～5	25～0	15～0
1.18mm	65～35	50～10	25～0	65～35	50～10	25～0
600μm	85～71	70～41	40～16	85～71	70～41	40～16
300μm	95～80	92～70	85～55	95～80	92～70	85～55
150μm	100～90	100～90	100～90	97～85	94～80	94～75

■表 2-99 砂的级配类别

类 别	Ⅰ	Ⅱ	Ⅲ
级配区	2区	1、2、3区	

(2) 砂的含泥量、石粉含量和泥块含量

天然砂的含泥量和泥块含量应符合表 2-100 的规定。

■表 2-100 天然砂的含泥量和泥块含量

类 别	Ⅰ	Ⅱ	Ⅲ
含泥量(按质量计)/%	≤1.0	≤3.0	≤5.0
泥块含量(按质量计)/%	0	≤1.0	≤2.0

机制砂MB值≤1.4或快速法试验合格时，石粉含量和泥块含量应符合表2-101的规定；机制砂MB值>1.4或快速法试验不合格时，石粉含量和泥块含量应符合表2-102的规定。

■表2-101　机制砂的石粉含量和泥块含量（MB值≤1.4或快速法试验合格）

类　别	Ⅰ	Ⅱ	Ⅲ
MB值	≤0.5	≤1.0	≤1.4或合格
石粉含量(按质量计)/%	≤10.0		
泥块含量(按质量计)/%	0	≤1.0	≤2.0

注：石粉含量根据使用地区和用途，经试验验证，可由供需双方协商确定。

■表2-102　机制砂的石粉含量和泥块含量（MB值>1.4或快速法试验不合格）

类　别	Ⅰ	Ⅱ	Ⅲ
石粉含量(按质量计)/%	≤1.0	≤3.0	≤5.0
泥块含量(按质量计)/%	0	≤1.0	≤2.0

（3）有害物质

砂中如含有云母、轻物质、有机物、硫化物及硫酸盐、氯化物、贝壳，其限量应符合表2-103的规定。用于矿山尾矿、工业废渣生产的机制砂有害物质除应符合表2-103中的规定外，还应符合我国环保和完全相关标准和规范，不应对人体、生物、环境及混凝土、砂浆性能产生有害影响。

■表2-103　砂的有害物质限量

类　别	Ⅰ	Ⅱ	Ⅲ
云母(按质量计)/%	≤1.0	≤2.0	
轻物质(按质量计)/%	≤1.0		
有机物	合格		
硫化物及硫酸盐(按SO_3质量计)/%	≤0.5		
氯化物(以氯离子质量计)/%	≤0.01	≤0.02	≤0.06
贝壳(按质量计)/%	≤3.0	≤5.0	≤8.0

注：贝壳含量仅适用于海砂，其他砂种不做要求。

（4）坚固性

坚固性采用硫酸钠溶液法进行试验，砂的质量损失应符合表2-104的规定。

■表2-104　砂的坚固性指标

类　别	Ⅰ	Ⅱ	Ⅲ
质量损失/%	≤8		≤10

机制砂除了要满足表2-104的规定外，压碎指标还应满足表2-105的规定。

■表2-105　机制砂的压碎指标

类　别	Ⅰ	Ⅱ	Ⅲ
单级最大压碎指标/%	≤20	≤25	≤30

（5）表观密度、松散堆积密度、空隙率

砂的表观密度不小于 2500kg/m³；砂的松散堆积密度不小于 1400kg/m³；砂的空隙率不大于 44%。

（6）碱骨料反应

经碱骨料反应试验后，试件应无裂缝、酥裂、胶体外溢等现象，在规定的试验龄期膨胀率应小于 0.10%。

（7）含水率和饱和面干吸水率

当用户有要求时，应报告其实测值。

（8）放射性

依据国家标准《建筑材料放射性核素限量》（GB 6566），砂中天然放射性核素镭-226、钍-232、钾-40 的放射性比活度应同时满足外照射指数 $I_r \leqslant 1.0$ 和内照射指数 $I_{Ra} \leqslant 1.0$。

4. 依据《建设用卵石、碎石》（GB/T 14685）对卵石、碎石的质量要求

（1）颗粒级配

卵石、碎石的颗粒级配应符合表 2-106 的规定。

■表 2-106 卵石、碎石的颗粒级配

公称粒级/mm		累计筛余/%											
		方孔筛/mm											
		2.36	4.75	9.50	16.0	19.0	26.5	31.5	37.5	53.0	63.0	75.0	90
连续粒级	5~16	95~100	85~100	30~60	0~10	0							
	5~20	95~100	90~100	40~80	—	0~10	0						
	5~25	95~100	90~100	—	30~70	—	0~5	0					
	5~31.5	95~100	90~100	70~90	—	15~45	—	0~5	0				
	5~40	—	95~100	70~90	—	30~65	—	—	0~5	0			
单粒粒级	5~10	95~100	80~100	0~15	0								
	10~16	—	95~100	80~100	0~15	0							
	10~20	—	95~100	85~100	—	0~15	0						
	16~25	—	—	95~100	55~70	25~40	0~10	0					
	16~31.5	—	95~100	—	85~100	—	—	0~10	0				
	20~40	—	—	95~100	—	80~100	—	—	0~10	0			
	40~80	—	—	—	—	95~100	—	—	70~100	—	30~60	0~10	0

（2）含泥量和泥块含量

卵石、碎石的含泥量和泥块含量应符合表 2-107 的规定。

■表 2-107　石的含泥量和泥块含量

类　　别	Ⅰ	Ⅱ	Ⅲ
含泥量(按质量计)/%	≤0.5	≤1.0	≤1.5
泥块含量(按质量计)/%	0	≤0.2	≤0.5

（3）针、片状颗粒含量

卵石、碎石的针、片状颗粒含量应符合表 2-108 的规定。

■表 2-108　石的针、片状颗粒含量

类　　别	Ⅰ	Ⅱ	Ⅲ
针、片状颗粒总含量(按质量计)/%	≤5	≤10	≤15

（4）有害物质

卵石、碎石的有害物质限量应符合表 2-109 的规定。用矿山废石生产的碎石有害物质除应符合表 2-109 中的规定外，还应符合我国环保和完全相关标准和规范，不应对人体、生物、环境及混凝土、砂浆性能产生有害影响。

■表 2-109　石的有害物质限量

类　　别	Ⅰ	Ⅱ	Ⅲ
有机物	合格	合格	合格
硫化物及硫酸盐(按 SO_3 质量计)/%	≤0.5	≤1.0	≤1.0

（5）坚固性

采用硫酸钠溶液法进行试验，卵石、碎石的质量损失应符合表 2-110 的规定。

■表 2-110　石的坚固性指标

类　　别	Ⅰ	Ⅱ	Ⅲ
质量损失/%	≤5	≤8	≤12

（6）强度

a. 岩石抗压强度

在水饱和状态下，其抗压强度火成岩应不小于 80MPa，变质岩应不小于 60MPa，水成岩应不小于 30MPa。

b. 压碎指标

压碎指标应符合表 2-111 规定。

■表 2-111　石的压碎指标

类　　别	Ⅰ	Ⅱ	Ⅲ
碎石压碎指标/%	≤10	≤20	≤30
卵石压碎指标/%	≤12	≤14	≤16

（7）表观密度、连续级配松散堆积空隙率

卵石、碎石的表观密度不小于 2600kg/m^3，连续级配松散堆积空隙率应符合表 2-112 的规定。

■表 2-112 石的连续级配松散堆积空隙率

类 别	Ⅰ	Ⅱ	Ⅲ
空隙率/%	≤43	≤45	≤47

(8) 吸水率

卵石、碎石的吸水率应符合表 2-113 的规定。

■表 2-113 石的吸水率

类 别	Ⅰ	Ⅱ	Ⅲ
吸水率/%	≤1.0	≤2.0	≤2.0

(9) 碱骨料反应

经碱骨料反应试验后，试件应无裂缝、酥裂、胶体外溢等现象，在规定的试验龄期膨胀率应小于 0.10%。

(10) 含水率和堆积密度

报告其实测值。

(11) 放射性

依据《建筑材料放射性核素限量》(GB 6566)，碎石或卵石中天然放射性核素镭-226、钍-232、钾-40 的放射性比活度应同时满足外照射指数 $I_r \leqslant 1.0$ 和内照射指数 $I_{Ra} \leqslant 1.0$。

(三) 碎石或卵石的检验方法

《普通混凝土用砂、石质量及检验方法标准》(JGJ 52) 的试验方法与《建设用砂》(GB/T 14684)、《建设用卵石、碎石》(GB/T 14685) 的试验方法基本一致，质量要求、取样方法、取样数量、仪器精度等要求有些差异。本部分的检验方法是依据《普通混凝土用砂、石质量及检验方法标准》(JGJ 52) 的试验方法。

碎石或卵石缩分时，应将样品置于平板上，在自然状态下拌合均匀，并堆成锥体，然后沿互相垂直的两条直径把锥体分成大致相等的四份，取其对角的两份重新拌匀，再堆成锥体。重复上述过程，直至把样品缩分至试验所需量为止。碎石或卵石的含水率、堆积密度、紧密密度检验所用的试样，可不经缩分，拌匀后直接进行试验。

(1) 筛分析试验

碎石或卵石的筛分析试验见表 2-114。

■表 2-114 碎石或卵石的筛分析试验

项 目	主要内容
原理及目的	采用公称直径不同的方孔筛进行筛分析，测定碎石或卵石的颗粒级配
仪器设备	试验筛(公称直径分别为 100.0mm、80.0mm、63.0mm、50.0mm、40.0mm、31.5mm、25.0mm、20.0mm、16.0mm、10.0mm、5.00mm 和 2.50mm 的方孔筛以及筛的底盘和盖各一只，符合 GB/T 6003.2 的要求，筛框直径为 300mm)，天平和秤(天平的称量 5kg，感量 5g;秤的称量 20kg，感量 20g)，烘箱[温度控制范围为(105±5)℃]，浅盘

续表

<table>
<tr><th>项　目</th><th>主 要 内 容</th></tr>
<tr><td>主要操作步骤</td><td>1. 试样制备应符合下列规定:试验前，应将样品缩分至下表所规定的试样最少质量，并烘干或风干后，按表中规定称取试样
筛分析所需试样的最少质量
<table>
<tr><td>公称粒径/mm</td><td>10.0</td><td>16.0</td><td>20.0</td><td>25.0</td><td>31.5</td><td>40.0</td><td>63.0</td><td>80.0</td></tr>
<tr><td>试样最少质量/kg</td><td>2.0</td><td>3.2</td><td>4.0</td><td>5.0</td><td>6.3</td><td>8.0</td><td>12.6</td><td>16.0</td></tr>
</table>
2. 将试样按筛孔大小顺序过筛，当每只筛上的筛余层厚度大于试样的最大粒径值时，应将该筛上的筛余试样分成两份，再进行筛分，直至各筛每分钟的通过量不超过试样总量 0.1%
注：当筛余试样的颗粒粒径比公称粒径大 20mm 以上时，在筛分过程中，允许用手拨动颗粒
3. 称取各筛筛余的质量,精确至试样总质量的 0.1%。各筛的分计筛余量和筛底剩余量的总和与筛分前测定的试样总量相比,其差值不得超过 1%</td></tr>
<tr><td>结果计算</td><td>1. 计算分计筛余(各筛上筛余量除以试样的百分率),精确至 0.1%
2. 计算累计筛余(该筛的分计筛余与筛孔大于该筛的各筛的分计筛余百分率之总和)，精确至 1%</td></tr>
<tr><td>结果评定</td><td>根据各筛的累计筛余，评定该试样的颗粒级配</td></tr>
</table>

（2） 含泥量试验

碎石或卵石含泥量试验见表 2-115。

■表 2-115　碎石或卵石含泥量试验

<table>
<tr><th>项　目</th><th>主 要 内 容</th></tr>
<tr><td>原理及目的</td><td>采用浸泡、水洗、烘干前后质量发生变化的方法，测定碎石或卵石中的含泥量</td></tr>
<tr><td>仪器设备</td><td>秤(称量 20kg,感量 20g)，烘箱［(105±5)℃］，试验筛(公称直径为 1.25mm 及 80μm 的方孔筛各一只)，容器，浅盘</td></tr>
<tr><td>主要操作步骤</td><td>1. 试样制备：将样品缩分至下表所规定的量(注意防止细粉丢失)，并置于温度为(105±5)℃的烘箱内烘干至恒重，冷却至室温后分成两份备用
含泥量试验所需的试样最少质量
<table>
<tr><td>最大公称粒径/mm</td><td>10.0</td><td>16.0</td><td>20.0</td><td>25.0</td><td>31.5</td><td>40.0</td><td>63.0</td><td>80.0</td></tr>
<tr><td>试样量不少于/kg</td><td>2</td><td>2</td><td>6</td><td>6</td><td>10</td><td>10</td><td>20</td><td>20</td></tr>
</table>
2. 称取试样一份(m_0)装入容器中摊平，并注入饮用水，使水面高出石子表面 150mm；浸泡 2h 后，用手在水中淘洗颗粒，使尘屑、淤泥和粘土与较粗颗粒分离，并使之悬浮或溶解于水。缓缓地将浑浊液倒入公称直径为 1.25mm 及 80μm 的方孔套筛(1.25mm 筛放置上面)上，滤去小于 80μm 的颗粒。试验前筛子的两面应先用水湿润。在整个试验过程中应注意避免大于 80μm 的颗粒丢失
3. 再次加水于容器中，重复上述过程，直至洗出的水清澈为止
4. 用水冲洗剩留在筛上的细粒，并将公称直径为 80μm 的方孔筛放在水中(使水面略高出筛内颗粒)来回摇动，以充分洗除小于 80μm 的颗粒。然后将两只筛上剩留的颗粒和筒中已洗净的试样一并装入浅盘，置于温度为(105±5)℃的烘箱中烘干至恒重。取出冷却至室温后，称取试样的质量(m_1)</td></tr>
<tr><td>结果计算</td><td>碎石或卵石中含泥量 ω_c 应按下式计算，精确至 0.1%：
$$\omega_c=\frac{m_0-m_1}{m_0}\times 100\%$$
式中　ω_c——砂中含泥量，%；
m_0——试验前的烘干试样质量，g；
m_1——试验后的烘干试样质量，g</td></tr>
<tr><td>结果确定</td><td>以两个试样试验结果的算术平均值作为测定值。两次结果之差大于 0.2%时，应重新取样进行试验</td></tr>
</table>

（3） 泥块含量试验

碎石或卵石泥块含量试验见表 2-116。

■表 2-116 碎石或卵石泥块含量试验

项　目	主 要 内 容
原理及目的	对碎石或卵石采用浸泡、水洗、烘干的方法，测定其中泥块的含量
仪器设备	秤(称量 20kg，感量 20g)，试验筛(公称直径为 2.50mm 及 5.00mm 的方孔筛各一只)，烘箱[(105±5)℃]，水筒及浅盘等
主要操作步骤	1. 试样制备：将样品缩分至一定量(见表 2-115 中的含泥量试验所需的试样最少质量)，缩分时应防止所含粘土块被压碎。缩分后的试样在(105±5)℃ 的烘箱内烘干至恒重，冷却至室温后分成两份备用 2. 筛去公称粒径 5.00mm 以下颗粒，称取质量(m_1) 3. 将试样在容器中摊平，加入饮用水使水面高出试样表面，24h 后把水放出，用手碾压泥块，然后把试样放在公称直径为 2.50mm 的方孔筛上摇动淘洗，直至洗出的水清澈为止 4. 将筛上的试样小心地从筛里取出，置于温度为(105±5)℃烘箱中烘干至恒重。取出冷却至室温后称取质量(m_2)
结果计算	碎石或卵石中泥块含量 ω_c 应按下式计算,精确至 0.1%： $\omega_{c,L}=\frac{m_1-m_2}{m_1}\times 100\%$ 式中　$\omega_{c,L}$——碎石或卵石中泥块含量,%； m_1——公称直径 5mm 筛上筛余量,g； m_2——试验后的烘干试样质量,g
结果确定	以两次试样试验结果的算术平均值作为测定值

(4) 针、片状颗粒含量试验

碎石或卵石针、片状颗粒含量试验见表 2-117。

■表 2-117 碎石或卵石针、片状颗粒含量试验

<table>
<tr><th>项　目</th><th>主 要 内 容</th></tr>
<tr><td>原理及目的</td><td>逐粒选出长度大于 2.5 倍的平均粒径的针状与厚度小于 0.4 倍平均粒径的片状颗粒,计算其总含量</td></tr>
<tr><td>仪器设备</td><td>针状规准仪与片状规准仪(或游标卡尺)，天平(称量 2kg,感量 2g)，秤(称量 20kg，感量 20g)，试验筛(筛孔公称直径分别为 5.00mm、10.00mm、20.0mm、25.0mm、31.5mm、40.0mm、63.0mm 和 80.0mm 的方孔筛各一只)，卡尺</td></tr>
<tr><td>主要操作步骤</td><td>1. 试样制备：将样品在室内风干至表面干燥,并缩分至下表规定的量，称量(m_0)
针状和片状颗粒的总含量试验所需的试样最少质量
<table>
<tr><td>最大公称粒径/mm</td><td>10.0</td><td>16.0</td><td>20.0</td><td>25.0</td><td>31.5</td><td>≥40.0</td></tr>
<tr><td>试样最少质量/kg</td><td>0.3</td><td>1</td><td>2</td><td>3</td><td>5</td><td>10</td></tr>
</table>
2. 筛分成下表所规定的粒级，按表中所规定的粒级用规准仪逐粒对试样进行鉴定,凡颗粒长度大于针状规准仪上相对应的间距的,为针状颗粒。厚度小于片状规准仪上相应孔宽的，为片状颗粒
针状和片状颗粒的总含量试验的粒级划分及其相应的规准仪孔宽或间距
单位：mm
<table>
<tr><td>公 称 粒 级</td><td>5.00～10.0</td><td>10.0～16.0</td><td>16.0～20.0</td><td>20.0～25.0</td><td>25.0～31.5</td><td>31.5～40.0</td></tr>
<tr><td>片状规准仪上相对应的孔宽</td><td>2.8</td><td>5.1</td><td>7.0</td><td>9.1</td><td>11.6</td><td>13.8</td></tr>
<tr><td>针状规准仪上相对应的间距</td><td>17.1</td><td>30.6</td><td>42.0</td><td>54.6</td><td>69.6</td><td>82.8</td></tr>
</table>
3. 公称粒径大于 40mm 的可用卡尺鉴定其针、片状颗粒，卡尺卡口的设定宽度应符合下表的规定
卡尺卡口的设定宽度　单位：mm
<table>
<tr><td>公 称 粒 级</td><td>40～63.0</td><td>63.0～80.0</td></tr>
<tr><td>片状颗粒的卡口宽度</td><td>18.1</td><td>27.6</td></tr>
<tr><td>针状颗粒的卡口宽度</td><td>108.6</td><td>165.6</td></tr>
</table>
4. 称取由各粒级挑出的针状和片状颗粒的总质量(m_1)</td></tr>
</table>

续表

项　目	主 要 内 容
结果计算	碎石或卵石中针状和片状颗粒的总含量 w_p 应按下式计算，精确至 1%： $$w_p=\frac{m_1}{m_0}\times100\%$$ 式中　w_p——针状和片状颗粒的总含量，%； m_1——试样中所含针状和片状颗粒的总质量，g； m_0——试样总质量，g

（5）压碎值指标试验

碎石或卵石压碎值指标试验见表 2-118。

■表 2-118　碎石或卵石压碎值指标试验

项　目	主 要 内 容
原理及目的	适用于测定碎石或卵石抵抗压碎的能力,以间接推测其相应的强度
仪器设备	压力试验机(荷载 300kN)，压碎值指标测定仪，秤(称量 5kg、感量 5g)，试验筛(公称直径为 10.0mm 和 20.0mm 的方孔筛各一只)
主要操作步骤	1. 试样制备应符合下列规定: (1)标准试样一律采用公称粒级为 10.0～20.0mm 的颗粒,并在风干状态下进行试验 (2)对多种岩石组成的卵石,当其公称粒径大于 20.0mm 颗粒的岩石矿物成分与 10.0～20.0mm 粒级有显著异时,应将大于 20.0mm 的颗粒应经人工破碎后,筛取 10.0～20.0mm 标准粒级另外进行压碎值指标试验 (3)将缩分后的样品先筛除试样中公称粒径 10.0mm 以下及 20.0mm 以上的颗粒,再用针状和片状规准仪剔除针状和片状颗粒,然后称取每份 3kg 的试样 3 份备用 2. 置圆筒于底盘上,取试样一份,分两层装入圆筒。 每装完一层试样后,在底盘下面垫放一直径为 10mm 的圆钢筋,将筒按住,左右交替颠击地面各 25 下。 第二层颠实后,试样表面距盘底的高度应控制为 100mm 左右 3. 整平筒内试样表面,把加压头装好(注意应使加压头保持平正),放到试验机上，在 160～300s 内均匀地加荷到 200kN,稳定 5s,然后卸荷,取下测定筒。 倒出筒中的试样并称其质量(m_0)。 用公称直径为 2.50mm 的方孔筛筛除被压碎的细粒,称量剩留在筛上的试样质量(m_1)
结果计算	1. 碎石或卵石的压碎值指标 δ_a,应按下式计算(精确至 0.1%) $$\delta_a=\frac{m_0-m_1}{m_0}\times100\%$$ 式中　δ_a——压碎值指标,%; m_0——试样的质量,g; m_1——压碎试验后筛余的试样质量,g 2. 多种岩石组成的卵石,应对公称粒径 20.0mm 以下和 20.0mm 以上的标准粒级(10.0～20.0mm)分别进行检验,其总的压碎值指标 δ_a 应按下式计算 $$\delta_a=\frac{a_1\delta_{a1}+a_2\delta_{a2}}{a_1+a_2}\times100\%$$ 式中　δ_a——总的压碎值指标,%; a_1，a_2——公称粒径 20.0mm 以下和 20.0 以上两粒级的颗粒含量百分率; δ_{a1}，δ_{a2}——两粒级以标准粒级试验的分计压碎值指标,%
结果确定	以三次试验结果的算术平均值作为压碎值指标测定值

（6）表观密度试验（标准法）

碎石或卵石的表观密度试验方法有标准法与简易法，其中标准法见表 2-119。

■表 2-119 碎石或卵石的表观密度试验 (标准法)

<table>
<tr><th>项 目</th><th>主 要 内 容</th></tr>
<tr><td>原理
及目的</td><td>适用于测定碎石或卵石的表观密度</td></tr>
<tr><td>仪器设备</td><td>烘箱[温度控制范围为(105±5)℃];液体天平(称量 5kg,感量 5g);试验筛(公称直径为 5.00mm 的方孔筛一只);吊篮(直径和高均为 150mm,由孔径为 1~2mm 的筛网或钻有孔径为 2~3mm 孔洞的耐锈蚀金属板制成);盛水容器(有溢流孔);温度计(0~100℃);带盖容器;浅盘;刷子和毛巾等</td></tr>
<tr><td>主要操作
步骤</td><td>1. 试样制备:试验前,筛除样品中公称粒径 5.00mm 以下的颗粒,然后缩分至略大于两倍于下表所规定的最小质量,冲洗干净后分成两份备用
表观密度试验所需要的试样最少质量
<table>
<tr><td>最大公称粒径/mm</td><td>10.0</td><td>16.0</td><td>20.0</td><td>25.0</td><td>31.5</td><td>40.0</td><td>63.0</td><td>80.0</td></tr>
<tr><td>试样最少质量/kg</td><td>2.0</td><td>2.0</td><td>2.0</td><td>2.0</td><td>3.0</td><td>4.0</td><td>6.0</td><td>6.0</td></tr>
</table>
2. 取试样一份装入吊篮,并浸入盛水的容器中,水面至少高出试样表面 50mm
3. 浸入 24h 后,移放到称量用的盛水容器中,并用上下升降吊篮的方法排除气泡(试样不得露出水面)。吊篮每升降一次约为 1s,升降高度为 30~50mm
4. 测定水温(此时吊篮应全浸在水中),用天平称取吊篮及试样在水中的质量(m_2)。称量时盛水容器中水面的高度由溢流孔控制
5. 提起吊篮,将试样置入浅盘中,放入(105±5)℃的烘箱中烘干至恒重;取出后放入带盖的容器中冷却至室温后,称重(m_0)
6. 称取吊篮在同样温度的水中质量(m_1),称量时盛水容器的水面高度仍由溢流孔控制
7. 试验的各项称重可以在 15~25℃的温度范围内进行,但从试样加水静置的最后 2h 起直至试验结束,其温度相差不应超过 2℃</td></tr>
<tr><td>结果计算</td><td>碎石或卵石的表观密度 ρ 应按下式计算(精确至 10kg/m³)
$$\rho=\left(\frac{m_0}{m_0+m_1-m_2}-\alpha_t\right)\times 1000$$
式中 ρ——碎石或卵石的表观密度,kg/m³;
m_0——试样的烘干质量,g;
m_1——吊篮在水中的质量,g;
m_2——吊篮及试样在水中的质量,g;
α_t——水温对表观密度影响的修正系数,见下表
不同水温下碎石或卵石的表观密度影响的修正系数
<table>
<tr><td>水温/℃</td><td>15</td><td>16</td><td>17</td><td>18</td><td>19</td><td>20</td><td>21</td><td>22</td><td>23</td><td>24</td><td>25</td></tr>
<tr><td>α_t</td><td>0.002</td><td>0.003</td><td>0.003</td><td>0.004</td><td>0.004</td><td>0.005</td><td>0.005</td><td>0.006</td><td>0.006</td><td>0.007</td><td>0.008</td></tr>
</table></td></tr>
<tr><td>结果确定</td><td>以两次试验结果的算术平均值作为测定值。当两次结果之差大于 20kg/m³ 时,应重新取样进行试验。对颗粒材质不均匀的试样,两次结果之差大于 20kg/m³ 时,可取四次测定结果的算术平均值作为测定值</td></tr>
</table>

(7) 堆积密度和紧密密度试验

碎石或卵石的堆积密度和紧密密度试验方法见表 2-120。

■表 2-120 碎石或卵石的堆积密度、紧密密度及空隙率试验 (标准法)

项 目	主 要 内 容
原理 及目的	适用于测定碎石或卵石的堆积密度、紧密密度及空隙率
仪器设备	烘箱[温度控制范围为(105±5)℃],秤(称量 100kg、感量 100g),金属制容量筒,平头铁锹等

续表

<table>
<tr><th>项 目</th><th>主 要 内 容</th></tr>
<tr><td>主要操作步骤</td><td>
1. 试样制备：按表 2-147 的规定称取试样，放入浅盘，在(105±5)℃的烘箱中烘干，也可摊在清洁的地面上风干，拌匀后分两份备用
容量筒的规格要求
<table>
<tr><th rowspan="2">碎石或卵石的最大公称粒径/mm</th><th rowspan="2">容量筒容积/L</th><th colspan="2">容量筒规格/mm</th><th rowspan="2">筒壁厚度/mm</th></tr>
<tr><th>内径</th><th>净高</th></tr>
<tr><td>10. 0,16. 0,20. 0,25. 0</td><td>10</td><td>208</td><td>294</td><td>2</td></tr>
<tr><td>31. 5,40. 0</td><td>20</td><td>294</td><td>294</td><td>3</td></tr>
<tr><td>63. 0,80. 0</td><td>30</td><td>360</td><td>294</td><td>4</td></tr>
</table>
注：测定紧密密度时，对最大公称粒径为 31. 5mm、40. 0mm 的骨料，可采用 10L 的容量筒；对最大公称粒径为 63. 0mm、80. 0mm 的骨料，可采用 20L 容量筒
2. 堆积密度:取试样一份,置于平整干净的地板(或铁板)上,用平头铁锹铲起试样,使石子自由落入容量筒内。 此时,从铁锹的齐口至容量筒上口的距离应保持为 50mm 左右。 装满容量筒除去凸出筒口表面的颗粒,并以合适的颗粒填入凹陷部分,使表面稍微凸起部分和凹陷部分的体积大致相等,称取试样和容量筒总质量(m_2)
3. 紧密密度:取试样一份,分三层装入容量筒。 装完一层后,在筒底垫放一根直径为 25mm 的钢筋,将筒按住并左右交替颠击地面各 25 下,然后装入第二层。 第二层装满后,用同样方法颠实(但筒底所垫钢筋的方向应与第一层放置方向垂直),然后再装入第三层,如上述方法颠实。 待三层试样装填完毕后,加料直到试样超出容量筒筒口,用钢筋沿筒口边缘滚转,刮下高出筒口的颗粒,用合适的颗粒填平凹处,使表面稍凸起部分和凹陷部分的体积大致相等。 称取试样和容量筒总质量(m_2)
4. 容量筒容积的校正应以(20±5)℃的饮用水装满容量筒,用玻璃板沿筒口滑移,使其紧贴水面,擦干筒外壁水分后称取质量。 水的质量即为筒的容积
</td></tr>
<tr><td>结果计算</td><td>
1. 堆积密度(ρ_L)或紧密密度(ρ_C),应按下式计算(精确至 10kg/m³)
$$\rho_L(\rho_C)=\frac{m_2-m_1}{V}\times 1000$$
式中 ρ_L——堆积密度,kg/m³;
ρ_C——紧密密度,kg/m³;
m_1——容量筒的质量,kg;
m_2——容量筒和试样总质量,kg;
V——容量筒的体积,L
2. 空隙率(ν_L、ν_C)按下式计算,精确至 1%
$$\nu_L=\left(1-\frac{\rho_L}{\rho}\right)\times 100\%$$
$$\nu_C=\left(1-\frac{\rho_C}{\rho}\right)\times 100\%$$
式中 ν_L、ν_C——空隙率,%;
ρ_L——碎石或卵石的堆积密度,kg/m³;
ρ_C——碎石或卵石的紧密密度,kg/m³;
ρ——碎石或卵石的表观密度,kg/m³
</td></tr>
</table>

(8) 吸水率试验

碎石或卵石的吸水率试验见表 2-121。

■表 2-121 碎石或卵石的吸水率试验

项 目	主 要 内 容
原理及目的	适用于测定碎石或卵石以烘干质量为基准的饱和面干吸水率
仪器设备	烘箱［温度控制范围为(105±5)℃］，秤(称量 20kg、感量 20g)，试验筛(公称直径为 5. 00mm 的方孔筛一只)，容器，浅盘，金属丝刷和毛巾等

续表

项　目	主 要 内 容
主要操作步骤	1. 试样制备:试验前,筛除样品中公称粒径 5.00mm 以下的颗粒,然后缩分至两倍于下表所规定的质量,分成两份,用金属丝刷刷净后备用 吸水率试验所需要的试样最少质量 最大公称粒径/mm: 10.0 / 16.0 / 20.0 / 25.0 / 31.5 / 40 / 63.0 / 80.0 试样最少质量/kg: 2 / 2 / 4 / 4 / 4 / 6 / 6 / 8 2. 取试样一份置于盛水的容器中,使水面高出试样表面 5mm 左右,24h 后从水中取出试样,并用拧干的湿毛巾将颗粒表面的水分拭干,即成为饱和面干试样。然后,立即将试样放在浅盘中称取质量(m_2),在整个试验过程中,水温必须保持在(20±5)℃ 3. 将饱和面干试样连同浅盘置于(105±5)℃的烘箱中烘干至恒重,取出后放入带盖的容器中冷却 0.5~1h,称取烘干试样与浅盘的总质量(m_1),称取浅盘的质量(m_3)
结果计算	碎石或卵石的吸水率 ω_{wa} 应按下式计算(精确至 0.01%) $\omega_{wa}=\frac{m_2-m_1}{m_1-m_3}\times 100\%$ 式中　ω_{wa}——碎石或卵石的吸水率,%; m_1——烘干试样与浅盘的总质量,g; m_2——烘干前饱和面干试样与浅盘的总质量,g; m_3——浅盘的质量,g
结果确定	以两次试验结果的算术平均值作为测定值

（9）卵石中有机物含量试验

卵石中有机物含量试验见表 2-122。

■表 2-122　卵石中有机物含量试验

项　目	主 要 内 容
原理及目的	适用于定性地测定卵石中有机物含量是否达到影响混凝土质量的程度
仪器设备和试剂	天平(称量 2kg、感量 2g 和称量 100g、感量 0.1g 的各一台),量筒(容量为 100mL、250mL、1000mL),试验筛(公称直径为 20mm 的方孔筛),烧杯,玻璃棒,氢氧化钠溶液(浓度 3%),鞣酸、酒精等
主要操作步骤	1. 试样制备 (1)筛除样品中公称粒径 20mm 以上的颗粒,缩分至约 1kg,风干后备用 (2)标准溶液的配制方法:称取 2g 鞣酸粉,溶解于 98mL 的 10%酒精溶液中,即得所需的鞣酸溶液,然后取该溶液 2.5mL,注入 97.5mL 浓度为 3%的氢氧化钠溶液中,加塞后剧烈摇动,静置 24h 即得标准溶液 2. 向 1000mL 量筒中,倒入干试样至 600mL 刻度处,再注入浓度为 3%的氢氧化钠溶液至 800mL 刻度处,剧烈搅动后静置 24h 3. 比较试样上部溶液和新配制标准溶液的颜色。盛装标准溶液与盛装试样的量筒容积应一致
结果评定	1. 若试样上部溶液颜色浅于标准溶液的颜色,则试样有机物含量鉴定为合格 2. 若两种溶液的颜色接近,则应将该试样(包括上部溶液)倒入烧杯中放在温度为 60~70℃的水浴锅中加热 2~3h,然后再与标准溶液比色 3. 若试样上部溶液颜色深于标准溶液的颜色,则应配制成混凝土做进一步检验。其方法为:取试样一份,用浓度为 3%的氢氧化钠溶液洗除有机物,再用清水淘洗干净,直至试样上部溶液颜色浅于标准溶液的颜色;然后用洗除有机物的和未经清洗的试样用相同水泥、砂配成配合比相同、坍落度基本相同的两种混凝土,测其 28d 抗压强度。若未经洗除有机物的卵石混凝土强度与经洗除有机物的混凝土强度之比不低于 0.95,则此卵石可以使用

(10) 坚固性试验

碎石或卵石的坚固性试验见表 2-123。

■表 2-123 碎石或卵石的坚固性试验

<table>
<tr><th>项 目</th><th>主要内容</th></tr>
<tr><td>原理及目的</td><td>适用于以硫酸钠饱和溶液法间接地判断碎石或卵石的坚固性</td></tr>
<tr><td>仪器设备和试剂</td><td>烘箱［温度控制范围为(105±5)℃］；秤(称量 5kg,感量 5g)；试验筛(根据试样粒级选用)；容器(搪瓷盆或瓷盆,容积不小于 50L)；三脚网篮(网篮的外径为 100mm,高为 150mm,采用网孔公称直径不大于 2.50mm 的网,由铜丝制成；检验公称直径为 40.0～80.0mm 的颗粒时,应采用外径和高度均为 150mm 的网篮)；无水硫酸钠</td></tr>
<tr><td>主要操作步骤</td><td>1. 试样制备
(1)硫酸钠溶液的配制:取一定数量的蒸馏水(取决于试样及容器的大小)。加温至 30～50℃,每 1000mL 蒸馏水加入无水硫酸钠 300～350g,用玻璃棒搅拌,使其溶解至饱和,然后冷却至 20～25℃。在此温度下静置两昼夜。其密度保持在 1151～1174kg/m³ 范围内
(2)将样品按下表的规定分级,并分别擦洗干净,放入 105～110℃烘箱内烘 24h,取出并冷却至室温,然后按下表称取各粒级规定的试样量(m_1)
坚固性试验所需的各粒级试样量
<table>
<tr><td>公称粒级/mm</td><td>5.00～10.0</td><td>10.0～20.0</td><td>20.0～40.0</td><td>40.0～63.0</td><td>63.0～80.0</td></tr>
<tr><td>试样重/g</td><td>500</td><td>1000</td><td>1500</td><td>3000</td><td>3000</td></tr>
</table>
注: a. 公称粒级为 10.0～20.0mm 试样中,应含有 40%的 10.0～16.0mm 的粒级颗粒、60%的 16.0～20.0mm 的粒级颗粒;b. 公称粒级为 20.0～40.0mm 试样中,应含有 40%的 20.0～31.5mm 的粒级颗粒、60%的 31.5～40.0mm 的粒级颗粒
2. 将所称取的不同粒级的试样分别装入三脚网篮并浸入盛有硫酸钠溶液的容器中。溶液体积应不小于试样总体积的 5 倍,其温度保持在 20～25℃的范围内。三脚网篮浸入溶液时应先上下升降 25 次以排除试样中的气泡,然后静置于该容器中。此时,网篮底面应距容器底面约 30mm (由网篮脚控制)网篮之间的间距应不小于 30mm,试样表面至少应在液面以下 30mm
3. 浸泡 20h 后,从溶液中提出网篮,放在(105±5)℃的烘箱里烘 4h。至此,完成了第一个试验循环。待试样冷却至 20～25℃后,即开始第二次循环。从第二次循环开始,浸泡及烘烤时间均可为 4h
4. 第五次循环完后,将试样置于 20～25℃的清水中洗净硫酸钠,再在(105±5)℃的烘箱中烘至恒重。取出冷却至室温后,用筛孔孔径为试样粒级下限的筛过筛,并称取各粒级试样试验后的筛余量(m'_i)
注: 试样中硫酸钠是否洗净的检验法:取洗试样的水数毫升,滴入少量的氯化钡溶液,如无白色沉淀,即说明硫酸钠已被洗净
5. 对公称粒径大于 20.0mm 的试样部分,应在试验前后记录其颗粒数量,并做外观检查,描述颗粒的裂缝、开裂、剥落、掉边和掉角等情况所占颗粒数量,以作为分析其坚固性时的补充依据</td></tr>
<tr><td>结果计算</td><td>1. 试样中各粒级颗粒的分计质量损失百分数 δ_{ji} 应按下式计算
$$\delta_{ji}=\frac{m_i-m'_i}{m_i}\times 100\%$$
式中 δ_{ji}——各粒级颗粒的分计质量损失百分数,%;
m_i——各粒级试样试验前的烘干质量,g;
m'_i——经硫酸钠溶液法试验后,各粒级筛余颗粒的烘干质量,g
2. 试样的总质量损失百分率 δ_j 应按下式计算,精确至 1%
$$\delta_j=\frac{\alpha_1\delta_{j1}+\alpha_2\delta_{j2}+\alpha_3\delta_{j3}+\alpha_4\delta_{j4}+\alpha_5\delta_{j5}}{\alpha_1+\alpha_2+\alpha_3+\alpha_4+\alpha_5}\times 100\%$$
式中 δ_{j1}、δ_{j2}、δ_{j3}、δ_{j4}、δ_{j5}——各粒级颗粒的分计质量损失百分数，%;
α_1、α_2、α_3、α_4、α_5——试样中分别为 5.00～10.0mm、10.0～20.0mm、20.0～40.0mm、40.0～63.0mm、63.0～80.0mm 各公称粒级的分计百分含量，%;
δ_j——总质量损失百分数，%</td></tr>
</table>

(11) 硫化物及硫酸盐含量试验

碎石或卵石中硫化物及硫酸盐含量试验表 2-124。

■ 表 2-124 碎石或卵石中硫化物及硫酸盐含量试验

项 目	主要内容
原理及目的	适用于测定碎石或卵石中硫化物及硫酸盐含量(按 SO_3 百分含量计算)
仪器设备和试剂	天平(称量 1000g、感量 1g)和分析天平(称量 100g、感量 0.0001g),高温炉(最高温度 1000℃),试验筛(公称直径为 630μm 的方孔筛),烧瓶和烧杯,氯化钡溶液(10%),盐酸(1+1),硝酸银溶液(1%)等
主要操作步骤	1. 试样制备:试验前,取公称粒径 40.0mm 以下的风干碎石或卵石约 1000g,按四分法缩分至约 200g,磨细使全部通过公称直径为 630μm 的方孔筛,仔细拌匀,烘干备用 2. 精确称取石粉试样约 1g(m)放入 300mL 的烧杯中,加入 30~40mL 蒸馏水及 10mL 的盐酸(1+1),加热至微沸,并保持微沸 5min,使试样充分分解后取下,以中速滤纸过滤,用温水洗涤 10~12 次 3. 调整滤液体积至 200mL,煮沸,边搅拌边滴加 10mL 氯化钡溶液(10%),并将溶液煮沸数分钟,然后移至温热处静置至少 4h(此时溶液体积应保持在 200mL),用慢速滤纸过滤,用温水洗至无氯根反应(用硝酸银溶液检验) 4. 将沉淀及滤纸一并移入已灼烧至恒重(m_1)的瓷坩埚中,灰化后在 800℃ 的高温炉内灼烧 30min。取出坩埚,置于干燥器中冷却至室温,称重,如此反复灼烧,直至恒重(m_2)
结果计算	水溶性硫化物及硫酸盐含量(以 SO_3 计)(ω_{SO_3})应按下式计算,精确至 0.01% $$\omega_{SO_3}=\frac{(m_2-m_1)\times 0.343}{m}\times 100\%$$ 式中 ω_{SO_3}——硫化物及硫酸盐含量(以 SO_3 计),%; m——试样质量,g; m_2——沉淀物与坩埚共重,g; m_1——坩埚质量,g; 0.343——$BaSO_4$ 换算成 SO_3 的系数
结果确定	以两次试验的算术平均值作为评定指标,当两次试验结果差值大于 0.15%时,应重做试验

(12) 碱活性(岩相法)

碎石或卵石岩相试验见表 2-125。

■ 表 2-125 碎石或卵石岩相试验

项 目	主要内容
原理及目的	适用于鉴定碎石、卵石的岩石种类、成分,检验骨料中活性成分的品种和含量。
仪器设备	天平(称量 2000g、感量 2g)和秤(称量 100kg、感量 100g),试验筛(公称直径为 80.0mm、40.0mm、20.0mm、5.00mm 的方孔筛及筛的底盘和盖),切片机,磨片机,实体显微镜,偏光显微镜等
主要操作步骤	1. 试样制备:经缩分后将样品风干,并按下表的规定筛分、称取试样 岩相试验样最小质量 公称粒级/mm: 40.0~80.0 / 20.0~40.0 / 5.00~20.0 试验最小质量/kg: 150 / 50 / 10 注:a. 大于 80.0 的颗粒,按照 40.0~80.0mm 一级进行试验;b. 试样最少数量也可以以颗粒计,每级至少 300 颗 2. 用肉眼逐粒观察试样,必要时将试样放在砧板上用地质锤击碎(应使岩石碎片损失最小),观察颗粒新鲜端面。将试样按岩石品种分类 3. 每类岩石先确定其品种及外观品质,包括矿物质成分、风化程度、有无裂缝、坚硬性、有无包裹体及断口形状等 4. 每类岩石均应制成若干薄片,在显微镜下鉴定矿物组成、结构等,特别应测定其隐晶质、玻璃质成分含量

续表

项　目	主要内容
结果评定	根据岩相鉴定结果,对于不含活性矿物的岩石,可评定为非碱活性骨料 评定为碱活性骨料或可疑时: (1)当检验出骨料中含有活性二氧化硅时,应采用快速砂浆棒法和砂浆长度法,进一步进行碱活性检验 (2)当检验出骨料中含有活性碳酸盐时,应采用岩石柱法,进一步进行碱活性检验

(13) 碱活性(快速法)

碎石或卵石的碱活性试验(快速法)见表2-126。

■表2-126　碎石或卵石的碱活性试验(快速法)

项　目	主要内容
原理及目的	适用于检验硅质骨料与混凝土中的碱产生潜在反应的危害性,不适用于碳酸盐骨料检验
仪器设备和试剂	烘箱[温度控制范围为(105±5)℃],台秤(称量5000g、感量5g),试验筛(公称直径为5.00mm、2.50mm、1.25mm、630μm、315μm、160μm的方孔筛各一只),测长仪(测量范围280~300mm、精度0.01mm),水泥胶砂搅拌机(应符合JC/T 681要求),恒温养护箱或水浴[温度控制范围(80±2)℃],养护筒,破碎机,试模,镘刀,捣棒,量筒,干燥器,氢氧化钠溶液(1mol/L)等
主要操作步骤	1.试样制备: (1)将试样缩分成约5kg,把试样破碎后筛分成下表所示级配及比例组合成试验用料,并将试样洗净烘干或晾干备用 砂或石料级配表 公称粒级: 5.00~2.50mm; 2.50~1.25mm; 1.25mm~630μm; 630~315μm; 315~160μm 分级质量/%: 10; 25; 25; 25; 15 (2)水泥采用符合GB 175要求的普通硅酸盐水泥,水泥与砂的质量比为1∶2.25,水灰比为0.47;每组试件称取水泥440g,石料990g (3)将称好的水泥与砂(或石料)倒入搅拌锅,应按GB/T 17671规定的方法进行 (4)搅拌完成后,将砂浆分两层装入试模内,每层捣40次,测头周围应填实,浇捣完毕后用镘刀刮除多余砂浆,抹平表面,并标明测定方向及编号 2.将试件成型后,带模放入标准养护室,养护(24±4)h后脱模 3.脱模后,将试件浸泡在装有自来水的养护筒中,并将养护筒放入温度(80±2)℃的恒温养护箱或水浴箱中,养护24h,同种骨料制成的试件放在同一个养护筒中 4.然后将养护筒逐个取出,每次从养护筒中取出一个试件,用抹布擦干表面,立即用测长仪测试件的基长(L_0),测长应在(20±2)℃恒温室中进行,每个试件至少重复测试两次,取差值在仪器精度范围内的两个读数的平均值作为长度测定值(精确至0.02mm),每次每个试件的测量方向应一致,待测的试件须用湿布覆盖,以防止水分蒸发;从取出试件擦干到读数完成应在(15±5)s内结束,读完数后的试件用湿布覆盖。全部试件测完基长后,将试件放入装有浓度为1mol/L氢氧化钠溶液的养护筒中,确保试件被完全浸泡,且溶液温度应保持在(80±2)℃,将养护筒放回恒温养护箱或水浴箱中 注:用测长仪测定任一组试件的长度时,均应先调整测长仪的零点 5.自测定基长之日起,第3d、7d、14d再分别测长(L_t),测长方法与测基长方法一致。测量完毕后,应将试件掉头放入原养护筒中,盖好筒盖,放回(80±2)℃的恒温养护箱或水浴箱中,继续养护至下一测试龄期。操作时应防止氢氧化钠溶液溢溅烧伤皮肤 6.在测量时应观察试件的变形、裂缝和渗出物等,特别应观察有无胶体物质,并做详细记录

续表

项　目	主要内容
结果计算与确定	试件的膨胀率按下式计算,精确至 0.01% $$\varepsilon_t=\frac{L_t-L_0}{L_0-2\Delta}\times 100\%$$ 式中　ε_t——试件在 t 天龄期的膨胀率,%; L_0——试件的基长,mm; L_t——试件在 t 天龄期的长度,mm; Δ——测头长度,mm 以三个试件膨胀率的平均值作为某一龄期膨胀率的测定值 任一试件膨胀率与平均值应符合下列规定: (1)当平均值小于或等于 0.05%时,单个测定值与平均值的差值均应小于 0.01% (2)当平均值大于 0.05%时,单个测定值与平均值的差值均应小于平均值的 20% (3)当三个试件的膨胀率均大于 0.10%时,无精度要求 (4)当不符合上述要求时,去掉膨胀率最小的,用其余两个试件的膨胀率的平均值作为该龄期的膨胀率
结果评定	(1)当 14d 膨胀率小于 0.10%时,可判定为无潜在危害 (2)当 14d 膨胀率大于 0.20%时,可判定为有潜在危害 (3)当 14d 膨胀率在 0.10%~0.20%之间时,需按砂浆长度法再进行试验判定

(14) 碱活性(砂浆长度法)

碎石或卵石的碱活性试验(砂浆长度法)见表 2-127。

■表 2-127　碎石或卵石的碱活性试验(砂浆长度法)

项　目	主要内容
原理及目的	适用于鉴定硅质骨料与水泥(混凝土)中的碱产生潜在反应的危害性,不适用于碱碳酸盐反应活性骨料检验
仪器设备和试剂	试验筛(公称直径为 5.00mm、2.50mm、1.25mm、630μm、315μm、160μm 的方孔筛各一只),台秤(称量 5000g、感量 5g),测长仪(测量范围 280~300mm、精度 0.01mm),水泥胶砂搅拌机(应符合 JC/T 681 要求),恒温箱(室)[温度控制范围(40±2)℃],跳桌,养护筒,破碎机,试模,镘刀,钢制捣棒(14mm×13mm、长 130~150mm),量筒,干燥器,秒表,氢氧化钠溶液(10%)等
主要操作步骤	1.试样制备 (1)石料:将试样缩分成约 5kg,破碎筛分后,各粒级都应在筛上用水冲净粘附在骨料上的淤泥和细粉,然后烘干备用。石料按表 2-97 中的砂或石料级配表级配配成试验用料 (2)水泥:水泥含碱量应为 1.2%,低于此值时,可掺浓度为 10%的氢氧化钠溶液,将碱含量调至水泥量的 1.2%。当具体工程所用水泥含碱量高于此值时,则应采用工程所使用的水泥 (3)水泥与石料的质量比为 1:2.25。每组 3 个试件,共需水泥 440g,石料 990g。砂浆用水量按现行国家标准《水泥胶砂流动度测定方法》(GB/T 2419)确定,跳桌跳动次数应为 6s 跳动 10 次,流动度应为 105~120mm (4)砂浆长度法试件成型 24h 前,将试验所用材料(水泥、骨料、拌合用水等)放入(20±2)℃的恒温室中 (5)先将称好的水泥,砂(或石料)倒入搅拌锅内,应按现行国家标准《水泥胶砂强度检验方法(ISO 法)》(GB/T 17671)规定的方法进行 (6)将砂浆分两层装入试模内,每层捣 40 次,测头周围应捣实,浇捣完毕后用镘刀刮除多余砂浆,抹平表面,并标明测定方向及编号 2.试件成型完毕后,带模放入标准养护室,养护(24±4)h 后脱模(当试件强度较低时,可延至 48h 脱模)。脱模后立即测量试件的基长(L_0),测长应在(20±2)℃恒温室中进行,每个试件至少重复测试两次,取差值在仪器精度范围内的两个读数的平均值作为长度测定值(精确至 0.02mm)。待测的试件须用湿布覆盖,以防止水分蒸发 3.测量后将试件放入养护筒中,盖严筒盖放入(40±2)℃的养护室里养护(同一筒内的试件品种应相同) 4.自测量基长起,第 14d、1 个月、2 个月、3 个月、6 个月再分别测长(Lt),需要时可以适当延长。在测长前一天,应把养护筒从(40±2)℃的养护室取出,放入(20±2)℃的恒温室。试件的测长方法与测基长方法相同,测量完毕后,应将试件调头放入养护筒中,盖好筒盖放回(40±2)℃的养护室继续养护至下一测试龄期 5.在测量时应观察试件的变形、裂缝和渗出物等,特别应观察有无胶体物质,并做详细记录

续表

项　目	主 要 内 容
结果计算与确定	试件的膨胀率按下式计算,精确至 0.001% $$\varepsilon_t=\frac{L_t-L_0}{L_0-2\Delta}\times 100\%$$ 式中　ε_t——试件在 t 天龄期的膨胀率,%; L_0——试件的基长,mm; L_t——试件在 t 天龄期的长度,mm; Δ——测头长度,mm 以三个试件膨胀率的平均值作为某一龄期膨胀率的测定值 任一试件膨胀率与平均值应符合下列规定: (1)当平均值小于或等于 0.05%时,单个测定值与平均值的差值均应小于 0.01% (2)当平均值大于 0.05%时,单个测定值与平均值的差值均应小于平均值的 20% (3)当三个试件的膨胀率均大于 0.10%时,无精度要求 (4)当不符合上述要求时,去掉膨胀率最小的,用其余两个试件的膨胀率的平均值作为该龄期的膨胀率
结果评定	当砂浆半年膨胀率低于 0.10%或 3 个月膨胀率低于 0.05%时(只有在缺半年膨胀率资料时才有效),可判定为无潜在危害。否则,应判定为具有潜在危害

(15) 碳酸盐骨料的碱活性试验(岩石柱法)

岩石柱法试验见表 2-128。

■表 2-128　岩石柱法试验

项　目	主 要 内 容
原理及目的	适用于检验碳酸盐岩石是否具有碱活性
仪器设备和试剂	钻机，锯石机，磨片机，试件养护瓶，测长仪(测量范围 25～50mm、精度 0.01mm)，氢氧化钠溶液(1mol/L)
主要操作步骤	1.试样制备 (1) 应在同块岩石的不同岩性方向取样;岩石层理不清时,应在三个相互垂直的方向上各取一个试件 (2) 钻取的圆柱体试件直径为(9±1)mm,长度为(35±5)mm,试件两端面应磨光、互相平行且与试件的主轴线垂直,试件加工时应避免表面变质而影响碱溶液渗入岩样的速度 2.将试件编号后,放入盛有蒸馏水的瓶中,置于(20±2)℃恒温室内,每隔 24h 取出擦干表面水分,进行测长,直至试件前后两次测得的长度变化不超过 0.02%为止,以最后一次测得的试件长度为基长(L_0) 3.将测完基长的试件浸入盛有浓度为 1mol/L 氢氧化钠溶液的瓶中,液面应超过试件顶面至少 10mm,每个试件的平均液量至少应为 50mL。同一瓶中不得浸泡不同品种的试件,盖严瓶盖,置于(20±2)℃恒温室中。溶液每六个月更换一次 4.在(20±2)℃的恒温室中进行测长(L_t)。每个试件测长方向应始终保持一致。测量时,试件从瓶中取出,先用蒸馏水洗涤,将表面水擦干后再测量。测长龄期从试件泡入碱液时算起,在 7d、14d、21d、28d、56d、84d 时进行测量,如有需要,以后每 1 个月一次,一年后每 3 个月一次 5.试件在浸泡期间,应观察其形态的变化,如开裂、弯曲、断裂等,并做记录
结果计算	试件长度变化应按下式计算,精确至 0.001% $$\varepsilon_{st}=\frac{L_t-L_0}{L_0}\times 100\%$$ 式中　ε_{st}——试件浸泡 t 天后的长度变化率; L_0——试件的基长,mm; L_t——试件浸泡 t 天后的长度,mm 注：测量精度要求同一试验员、同一仪器测量同一试件，其误差不应超过±0.02%；不同试验员、同一仪器测量同一试件，其误差不应超过±0.03%
结果判定	(1)同块岩石所取的试样中以其膨胀率最大的一个测值作为分析该岩石碱活性的依据 (2)试件浸泡 84d 的膨胀率超过 0.10%,应判定为具有潜在碱活性危害

（16）放射性

碎石或卵石的放射性试验见表 2-20。

（17）含水率

碎石或卵石的含水率试验见表 2-129。

■表 2－129 碎石或卵石的含水率试验

原理及目的	适用于测定碎石或卵石的含水率
试验仪器	烘箱(温度控制范围为 105℃ ± 5℃)，称(称量 20kg，感量 20g)，容器(如浅盘)等
主要操作步骤	1. 按表 2-147 的要求称取试样，分成两份备用 2. 将试样置于干净的容器中，称取试样和容器的总质量(m_1)，并在(105 ± 5)℃的烘箱中烘干至恒重 3. 取出试样，冷却后称取试样与容器的总质量(m_2)，并称取容器的质量(m_3)
结果计算	含水率按下式计算，精确至 0. 1% $$w_{wc}=\frac{m_1-m_2}{m_2-m_3}\times 100\%$$ 式中 w_{wc}——含水率，%； m_1——烘干前试样与容器总质量，g； m_2——烘干后试样与容器总质量，g； m_3——容器质量，g
结果确定	以两次试验结果的算术平均值作为测定值。

注：碎石或卵石含水率简易测定法可采用“烘干法”。

(四) 砂的检验方法

砂的样品缩分方法可选择用分料器缩分和人工四分法缩分两种方法之一。其中“人工四分法”缩分步骤如下：将样品置于平板上，在潮湿状态下拌合均匀，并堆成厚度约为 20mm 的“圆饼”状，然后沿互相垂直的两条直径把“圆饼”分成大致相等的四份，取其对角的两份重新拌匀，再堆成“圆饼”状。重复上述过程，直至把样品缩分后的材料量略多于进行试验所需量为止。砂的含水率、堆积密度、紧密密度检验所用的试样，可不经缩分，拌匀后直接进行试验。

（1）筛分析试验

砂的筛分析试验见表 2-130。

■表 2－130 砂的筛分析试验

项 目	主 要 内 容
原理及目的	采用不同公称直径的方孔筛,测定普通混凝土用砂的颗粒级配及细度模数
仪器设备	试验筛(公称直径分别为 10. 0mm、5. 00mm、2. 50mm、1. 25mm、630μm、315μm、160μm 的方孔筛、底盘和盖各一只,符合 GB/T 6003. 1 和 GB/T 6003. 2 的要求,筛框直径为 300mm 或 200mm)；天平(称量 1000g,感量 1g)；摇筛机；烘箱［温度控制范围为(105 ± 5)℃］；浅盘；硬、软毛刷等

续表

项　目	主 要 内 容
主要操作步骤	1. 试验前应先将来样通过公称直径 10.0mm 的方孔筛,并计算筛余。称取缩分后样品不少于550g 两份,分别装入两个浅盘,在(105±5)℃的温度下烘干到恒重。冷却至室温备用 注:砂、石试验中的恒重,是指在相邻两次称量间隔时间不小于 3h 的情况下,前后两次称量之差小于该项试验所要求的称量精度 2. 准确称取烘干试样 500g(特细砂可称 250g),置于按筛孔大小顺序排列(大孔在上、小孔在下)的套筛的最上一只筛(公称直径为 5.00mm 的方孔筛)上;将套筛装入摇筛机内固紧,筛分 10min;然后取出套筛,再按筛孔由大到小的顺序,在清洁的浅盘上逐一进行手筛,直至每分钟的筛出量不超过试样总量的 0.1%时为止;通过的颗粒并入下一只筛子,并和下一只筛子中的试样一起进行手筛。按这样顺序依次进行,直至所有的筛子全部筛完为止 注:a. 当试样含泥量超过 5%时,应先将试样水洗,然后烘干至恒重,再进行筛分;b. 无摇筛机时,可改用手筛 3. 试样在各只筛子上的筛余量均不得超过按下式计算得出的剩留量,否则应将该筛的筛余试样分成两份或数份,再次进行筛分,并以其筛余量之和作为该筛的筛余量 $$m_r=\frac{A\sqrt{d}}{300}$$ 式中　m_r——某一筛上的剩留量,g; d——筛孔边长,mm; A——筛的面积,mm^2 4. 称取各筛筛余试样的质量(精确至 1g),所有各筛的分计筛余量和底盘中的剩余量之和与筛分前的试样总量相比,相差不得超过 1%
结果计算	(1)计算分计筛余(各筛上的筛余量除以试样总量的百分率),精确至 0.1% (2)计算累计筛余(该筛的分计筛余与筛孔大于该筛的各筛的分计筛余之和),精确至 0.1% (3)根据各筛两次试验累计筛余的平均值,评定该试样的颗粒级配分布情况,精确至 1% (4)砂的细度模数应按下式计算,精确至 0.01: $$\mu_f=\frac{(\beta_2+\beta_3+\beta_4+\beta_5+\beta_6)-5\beta_1}{100-\beta_1}$$ 式中　β_1、β_2、β_3、β_4、β_5、β_6——公称直径 5.00mm、2.00mm、1.25mm、630μm、315μm、160μm 方孔筛上的累计筛余; μ_f——砂的细度模数
结果确定	细度模数以两次试验结果的算术平均值作为测定值,精确至 0.1。当两次试验所得的细度模数大于 0.20 时,应重新取样进行试验

(2) 含泥量试验

砂中含泥量试验方法有标准法和虹吸管法，其中标准法见表 2-131。

注：特细砂中含泥量测定需采用虹吸管法。

■表 2-131　砂中含泥量试验（标准法）

项　目	主 要 内 容
原理及目的	采用浸泡、水洗、烘干前后砂的质量变化,测定粗砂、中砂和细砂的含泥量
仪器设备	天平(称量 1000g、感量 1g),烘箱(温度控制范围为 105±5℃),试验筛(筛孔公称直径为 80μm 及 1.25mm 的方孔筛各一个),洗砂用的容器及烘干用的浅盘等

续表

项目	主要内容
主要操作步骤	1. 试样制备:样品缩分至 1100g,置于温度为(105 ±5)℃ 的烘箱中烘干至恒重,冷却至室温后,称取各为 400g(m_0)的试样两份备用 2. 取烘干的试样一份置于容器中,并注入饮用水,使水面高出砂面约 150mm,充分拌匀后,浸泡 2h,然后用手在水中淘洗试样,使尘屑、淤泥和粘土与砂粒分离,并使之悬浮或溶于水中。缓缓地将浑浊液倒入公称直径为 1.25mm、80μm 的方孔套筛(1.25mm 筛放置于上面)上,滤去小于 80μm 的颗粒。试验前筛子的两面应先用水润湿,在整个试验过程中应避免砂粒丢失 3. 再次加水于容器中,重复上述过程,直到筒内洗出的水清澈为止 4. 用水淋洗剩留在筛上的细粒,并将 80μm 筛放在水中(使水面略高出筛中砂粒的上表面)来回摇动,以充分洗除小于 80μm 的颗粒。然后将两只筛上剩留的颗粒和容器中已经洗净的试样一并装入浅盘,置于温度为(105 ±5)℃ 的烘箱中烘干至恒重。取出来冷却至室温后,称试样的质量(m_1)
结果计算	砂中含泥量应按下式计算，精确至 0.1% $$w_c=\frac{m_0-m_1}{m_0}\times100\%$$ 式中 w_c——砂中含泥量,%; m_0——试验前的烘干试样质量,g; m_1——试验后的烘干试样质量,g
结果确定	以两个试样试验结果的算术平均值作为测定值。两次结果之差大于 0.5%时,应重新取样进行试验

（3）泥块含量试验

砂中泥块含量试验见表 2-132。

■表 2-132 砂中泥块含量试验

项目	主要内容
原理及目的	采用一定公称粒径的砂在浸泡、水洗、烘干前后砂的质量变化,测定砂中泥块含量
仪器设备	天平(称量 1000g、感量 1g，称量 5000g、感量 5g)；烘箱［温度控制范围为(105±5)℃］；试验筛(筛孔公称直径为 630μm 及 1.25mm 的方孔筛各一个)；洗砂用的容器及烘干用的浅盘等
主要操作步骤	1. 试样制备:将样品缩分至 5000g,置于温度为(105 ±5)℃ 的烘箱中烘干至恒重,冷却至室温后,用公称直径 1.25mm 的方孔筛筛分,取筛上的砂不少于 400g 分为两份备用。特细砂按实际筛分量 2. 称取试样约 200g(m_1)置于容器中,并注入饮用水,使水面高出砂面高 150mm。充分拌匀后,浸泡 24h,然后用手在水中碾碎泥块,再把试样放在公称直径 630μm 的方孔筛上,用水淘洗,直至水清澈为止 3. 保留下来的试样应小心地从筛里取出,装入水平浅盘后,置于温度为(105 ±5)℃ 烘箱中烘干至恒重,冷却后称重(m_2)
结果计算	砂中泥块含量应按下式计算,精确至 0.1%: $$w_{c,L}=\frac{m_1-m_2}{m_1}\times100\%$$ 式中 $w_{c,L}$——泥块含量,%; m_1——试验前的干燥试样质量,g; m_2——试验后的干燥试样质量,g
结果确定	以两次试样试验结果的算术平均值作为测定值

（4）人工砂和混合砂中石粉含量试验（亚甲蓝法）

人工砂及混合砂中的 MB 值试验见表 2-133，人工砂及混合砂中的含泥量或石粉含量见表 2-131。

■表 2-133　人工砂及混合砂中的石粉含量试验

项　目	主要内容
原理及目的	采用亚甲基蓝溶液,测定人工砂和混合砂中石粉含量
仪器设备和试剂	烘箱［温度控制范围为(105±5)℃］；天平(称量 1000g、感量 0.1g，称量 100g、感量 0.01g)；试验筛(筛孔公称直径为 80μm、1.25mm 及 2.50mm 的方孔筛各一只)；容器；移液管；三片或四片式叶轮搅拌器；定时装置；玻璃容量瓶；温度计；玻璃棒；滤纸；搪瓷盘；毛刷；烧杯；亚甲基蓝等
主要操作步骤	1. 亚甲基蓝溶液的配制:将亚甲基蓝($C_{16}H_{18}ClN_3S \cdot 3H_2O$)粉末在(105 ±5)℃ 下烘干至恒重,称取烘干亚甲基蓝粉末 10g,精确至 0.01g,倒入盛有约 600mL 蒸馏水(水温加热至 35~40℃)的烧杯中,用玻璃棒持续搅拌 40min,直至亚甲基蓝粉末完全溶解,冷却至 20℃。将溶液倒入 1L 容量瓶中,用蒸馏水淋洗烧杯等,使所有亚甲基蓝溶液全部移入容量瓶,容量瓶和溶液的温度应保持在(20±1)℃,加蒸馏水至容量瓶 1L 刻度。振荡容量瓶以保证亚甲基蓝粉末完全溶解。将容量瓶中溶液移入深色储藏瓶中,标明制备日期、失效日期(亚甲基蓝溶液保质期应不超过 28d),并置于阴暗处保存 2. 试样制备:将样品缩分至 400g,放在烘箱中于(105 ±5)℃ 下烘干至恒重,待冷却至室温后,筛除大于公称直径 2.50mm 的颗粒备用 3. 称取试样 200g,精确至 0.1g。将试样倒入盛有(500±5)mL 蒸馏水的烧杯中,用叶轮搅拌机以(600±60)r/min 转速搅拌 5min,形成悬浮液,然后以(400±40)r/min 转速持续搅拌,直至试验结束 4. 悬浮液中加入 5mL 亚甲基蓝溶液,以(400±40)r/min 转速搅拌至少 1min 后,用玻璃棒蘸取一滴悬浮液(所取悬浮液滴应使沉淀物直径在 8~12mm 内)，滴于滤纸(置于空烧杯或其他合适的支撑物上,以使滤纸表面不与任何固体或液体接触)上。若沉淀物周围未出现色晕,再加入 5mL 亚甲基蓝溶液,继续搅拌 1min,再用玻璃棒蘸取一滴悬浮液,滴于滤纸上,若沉淀物周围仍未出现色晕,重复上述步骤,直至沉淀物周围出现约 1mm 宽的稳定浅蓝色色晕。此时,应继续搅拌,不加亚甲基蓝溶液,每 1min 进行一次蘸染试验。若色晕在 4min 内消失,再加入 5mL 亚甲基蓝溶液;若色晕在第 5min 消失,再加入 2mL 亚甲基蓝溶液。两种情况下,均应继续进行搅拌和蘸染试验,直至色晕可持续 5min 5. 记录色晕持续 5min 时所加入的亚甲基蓝溶液总体积,精确至 1mL
结果计算	亚甲基蓝 MB 值按下式计算 $$MB=\frac{V}{G}\times 10$$ 式中　MB——亚甲基蓝值,g/kg(表示每千克公称粒径为 0~2.50mm 试样所消耗的亚甲基蓝克数,精确至 0.1); G——试样质量,g; V——所加入的亚甲基蓝溶液的总量,mL 注:公式中的系数 10 用于将每千克试样消耗的亚甲基蓝溶液体积换算成亚甲基蓝质量
结果判定	当 MB 值＜1.4 时,则判定是以石粉为主;当 MB 值≥1.4 时,则判定为以泥粉为主的石粉

（5）吸水率试验

砂的吸水率试验见表 2-134。

■表 2-134 砂的吸水率试验

项 目	主要内容
原理及目的	适用于测定砂的以烘干质量为基准的饱和面干吸水率
仪器设备	烘箱［温度控制范围为(105±5)℃］，天平(称量 1000kg，感量 1g)，饱和面干试模及质量为(340±15)g 的钢制捣棒，干燥器，吹风机，浅盘，铝制料勺，玻璃棒，温度计，烧杯(500mL)等
主要操作步骤	1. 饱和面干试样的制备,是将样品在潮湿状态下用四分法缩分至 1000g,拌匀后分成两份,分别装入浅盘或其他合适的容器中,注入清水,使水面高出试样表面 20mm 左右［水温控制在(20±5)℃］。用玻璃棒连续搅拌 5min,以排出气泡。静置 24h 以后,细心倒去试样上的水,并用吸管吸去余水。再将试样在盘中摊开,用手提吹风机缓缓吹入暖风,并不断翻拌试样,使砂表面的水分在各部位均匀蒸发。然后将试样松散地一次装满饱和面干试模中,捣 25 次(捣棒端面距试样表面不超过 10mm,任其自由落下),捣完后,留下的空隙不用再装满,从垂直方向徐徐提起试模。试样呈下图(a)形状时,则说明砂中尚含有表面水,应继续按上述方法用暖风干燥,并按上述方法进行试验,直至试模提起后试样呈下图(b)的形状为止。试模提起后,试样呈下图(c)的形状时,则说明试样已干燥过分,此时应将试样洒水 5mL，充分拌匀,并静置于加盖容器中 30min 后,再按上述方法进行试验,直至试样达到下图(b)的形状为止 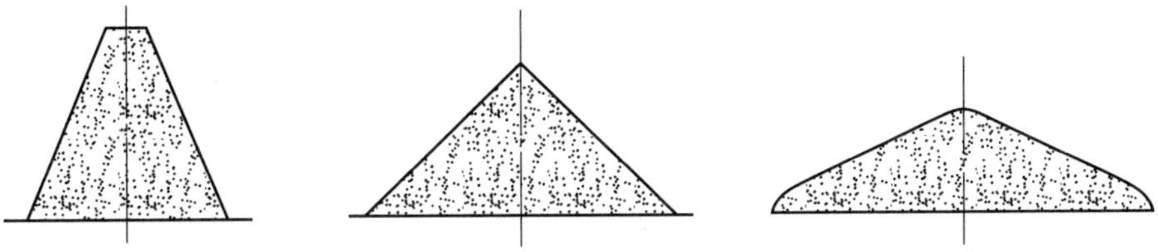 (a) (b) (c) 试样的塌陷情况 2. 立即称取饱和面干试样 500g,放入已知质量(m_1)烧杯中,于温度为(105±5)℃的烘箱中烘干至恒重,并在干燥器内冷却至室温后,称取干样与烧杯的总质量(m_2)
结果计算	砂的吸水率 w_{wa} 应按下式计算(精确至 0.1%) $$w_{wa}=\frac{500-(m_2-m_1)}{m_2-m_1}\times 100$$ 式中 w_{wa}——吸水率,%; m_1——烧杯质量,g; m_2——烘干的试样与烧杯的总质量,g
结果确定	以两次试验结果的算术平均值作为测定值,当两次结果之差大于 0.2%时,应重新取样进行试验

（6）表观密度试验（标准法）

砂的表观密度试验方法有标准法与简易法，其中标准法试验见表 2-135。

■表 2-135 砂的表观密度试验（标准法）

项 目	主要内容
原理及目的	适用于测定砂的表观密度
仪器设备	烘箱［温度控制范围为(105±5)℃］，天平(称量 1000g、感量 1g)，容量瓶(500mL)等

续表

<table>
<tr><th>项　目</th><th colspan="11">主 要 内 容</th></tr>
<tr><td>主要操作步骤</td><td colspan="11">1. 试样制备:经缩分后不少于 650g 的样品装入浅盘,在(105±5)℃的烘箱中烘干至恒重,并在干燥器内冷却至室温
2. 称取烘干的试样 300g(m_0),装入盛有半瓶冷开水的容量瓶中
3. 摇转容量瓶,使试样在水中充分搅动以排除气泡,塞紧瓶塞,静置 24h;然后用滴管加水至瓶颈刻度线平齐,再塞紧瓶塞,擦干容量瓶外壁的水分,称质量(m_1)
4. 倒出容量瓶中的水和试样,将瓶的内外壁洗净,再向瓶加入与之前加的水温相差不超过 2℃的冷开水至瓶颈刻度线。塞紧瓶塞,擦干容量瓶外壁水分,称质量(m_2)
5. 试验的各项称重可以在 15~25℃的温度范围内进行,但从试样加水静置的最后 2h 起直至试验结束,其温度相差不应超过 2℃</td></tr>
<tr><td rowspan="3">结果计算</td><td colspan="11">表观密度(标准法)应按下式计算(精确至 10kg/m³)
$$\rho=\left(\frac{m_0}{m_0+m_2-m_1}-\alpha_t\right)\times 1000$$
式中　ρ——表观密度,kg/m³;
m_0——试样的烘干质量,g;
m_1——试样、水及容量瓶总质量,g;
m_2——水及容量瓶总质量,g;
α_t——水温对砂的表观密度影响的修正系数,见下表
不同水温对砂的表观密度影响的修正系数</td></tr>
<tr><td>水温/℃</td><td>15</td><td>16</td><td>17</td><td>18</td><td>19</td><td>20</td><td>21</td><td>22</td><td>23</td><td>24</td><td>25</td></tr>
<tr><td>α_t</td><td>0.002</td><td>0.003</td><td>0.003</td><td>0.004</td><td>0.004</td><td>0.005</td><td>0.005</td><td>0.006</td><td>0.006</td><td>0.007</td><td>0.008</td></tr>
<tr><td>结果确定</td><td colspan="11">以两次试验结果的算术平均值作为测定值。当两次结果之差大于 20kg/m³ 时,应重新取样进行试验</td></tr>
</table>

（7）堆积密度和紧密密度试验

砂的堆积密度和紧密密度试验方法见表 2-136。

■表 2-136　砂的堆积密度和紧密密度试验（标准法）

项　目	主 要 内 容
原理及目的	适用于测定砂的堆积密度、紧密密度及孔隙率
仪器设备	烘箱［温度控制范围为(105±5)℃］;秤(称量 5kg、感量 5g);金属制容量筒(圆柱形,内径 108mm,净高 109mm,筒壁厚 2mm,容积 1L,筒底厚度为 5mm)等
主要操作步骤	1. 试样制备:先用公称直径 5.00mm 的筛子过筛,然后把经缩分后的样品不少于 3L 装入浅盘,在温度为(105±5)℃的烘箱中烘干至恒重,取出冷却至室温,分成大致相等的两份备用。试样烘干后若有结块,应在试验前先予捏碎 2. 堆积密度:取试样一份,用漏斗或铝制勺,将砂徐徐装入容量筒(漏斗出料口或料勺距容量筒筒口不应超过 50mm)直至试样装满并超出容量筒筒口。然后用直尺将多余的试样沿筒口中心线向相反方向刮平,称其质量(m_2) 3. 紧密密度:取试样一份,分两层装入容量筒。装完一层后,在筒底垫放一根直径为 10mm 的钢筋,将筒按住,左右交替颠击地面各 25 下,然后装入第二层;第二层装满后,用同样方法颠实(但筒底所垫钢筋的方向应与第一层放置方向垂直);二层装填完并颠实后,加料直到试样超出容量筒筒口,然后用直尺将多余的试样沿筒口中心线向两个相反方向刮平,称其质量(m_2) 4. 容量筒容积的校正应以(20±5)℃的饮用水装满容量筒,用玻璃板沿筒口滑移,使其紧贴水面,擦干筒外壁水分后称取质量。水的质量即为筒的容积

续表

项 目	主 要 内 容
结果计算	1. 堆积密度(ρ_L)或紧密密度(ρ_C)按下式计算(精确至 $10kg/m^3$): $$\rho_L(\rho_C)=\frac{m_2-m_1}{V}\times 1000$$ 式中 ρ_L——堆积密度,kg/m^3; ρ_C——紧密密度,kg/m^3; m_1——容量筒的质量,kg; m_2——容量筒和试样总质量,kg; V——容量筒的体积,L 2. 空隙率(ν_L、ν_C)按下式计算,精确至 1%: $$\nu_L=\left(1-\frac{\rho_L}{\rho}\right)\times 100\%$$ $$\nu_C=\left(1-\frac{\rho_C}{\rho}\right)\times 100\%$$ 式中 ν_L、ν_C——堆积密度、紧密密度的空隙率,%; ρ_L——砂的堆积密度,kg/m^3; ρ_C——砂的紧密密度,kg/m^3; ρ——砂的表观密度,kg/m^3

（8）有机物含量试验

砂中有机物含量试验见表 2-137。

■表 2-137 砂中有机物含量试验

项 目	主 要 内 容
原理及目的	适用于近似地判断天然砂中有机物含量是否会影响混凝土质量
仪器设备和试剂	天平(称量 100g、感量 0.1g，称量 1000g、感量 1g)；量筒(容量为 10mL、100mL、250mL)；试验筛(公称直径为 5.00mm 的方孔筛)；烧杯；玻璃棒；氢氧化钠溶液(3%)；鞣酸；酒精等
主要操作步骤	1. 试样制备：筛除样品中公称粒径 5.00mm 以上的颗粒,用四分法缩分至 500g,风干后备用 2. 标准溶液的配制方法:称取 2g 鞣酸粉,溶解于 98mL 的 10% 酒精溶液中,即得所需的鞣酸溶液,然后取该溶液 2.5mL,注入 97.5mL 3%的氢氧化钠溶液中,加塞后剧烈摇动,静置 24h 即得标准溶液 3. 向 250mL 量筒中倒入干试样至 130mL 刻度处,再注入 3%的氢氧化钠溶液至 200mL 刻度处,剧烈搅动后静置 24h 4. 比较试样上部溶液和新配制标准溶液的颜色。 盛装标准溶液与盛装试样的量筒容积应一致
结果判定	1. 当试样上部溶液颜色浅于标准溶液的颜色时,则试样有机物含量判定合格 2. 当两种溶液的颜色接近时,则应将该试样(包括上部溶液)倒入烧杯中放在温度为 60~70℃的水浴锅中加热 2~3h,然后再与标准溶液比色 3. 当溶液颜色深于标准色时,则应按下法进一步试验:取试样一份,用 3%的氢氧化钠溶液洗除有机物,再用清水淘洗干净,直至试样上部溶液颜色浅于标准溶液的颜色;然后用洗除有机质和未洗除的试样分别按 GB/T 17671 配制两种水泥砂浆,测定 28d 抗压强度,当未经洗除有机杂质的砂浆强度与经洗除有机物后的砂浆强度之比不低于 0.95,则此砂可以采用,否则不可以采用

（9）轻物质含量试验

砂中轻物质含量试验见表2-138。

■表2-138 砂中轻物质含量试验

项　目	主要内容
原理及目的	适用于测定砂中轻物质的近似含量。
仪器设备和试剂	烘箱[(105±5)℃],天平(称量1000g、感量1g)，量具，密度计(1.0~2.0)，网篮(内径和高度均为70mm，网孔孔径不大于150μm)，试验筛(筛孔公称直径为5.00mm和315μm的方孔筛各一只)，氯化锌
主要操作步骤	1.试样制备及重液配制 (1)称取经缩分的试样约800g，在温度(105±5)℃的烘箱中烘干至恒重，冷却后将粒径大于公称粒径5.00mm和小于公称粒径315μm的颗粒筛去，然后称取每份为200g的试样两份备用 (2)配制密度为1950~2000kg/m³的重液：向1000mL的量杯中加水至600mL刻度处，再加入1500g氯化锌，用玻璃棒搅拌使氯化锌全部溶解，待冷却至室温后，将部分溶液倒入250mL量筒中测其密度 (3)如溶液密度小于要求值，则将它倒回量杯，再加入氯化锌，溶解并冷却后测其密度，直至溶液密度满足要求为止 2.将备好试样一份(m_0)倒入盛有重液(约500mL)的量杯中，用玻璃棒充分搅拌，使试样中的轻物质与砂分离，静置5min后，将浮起的轻物质连同部分重液倒入网篮中，轻物质留在网篮中，而重液通过网篮流入另一容器，倾倒重液时应避免带出砂粒，一般当重液表面与砂表面相距约20~30mm时即停止倾倒，流出的重液倒回盛试样的量杯中，重复上述过程，直至无轻物质浮起为止 3.用清水洗净留存于网篮中的物质，然后将它倒入烧杯，在(105±5)℃的烘箱中烘干至恒重，称取轻物质与烧杯的总质量(m_1)
结果计算	砂中轻物质的含量ω_1应按下式计算，精确至0.1% $$\omega_1=\frac{m_1-m_2}{m_0}\times 100\%$$ 式中　ω_1——砂中轻物质含量，%； m_1——烘干的轻物质与烧杯的总质量，g； m_2——烧杯的质量，g； m_0——试验前烘干的试样质量，g
结果确定	以两次试验结果的算术平均值作为测定值

（10）云母含量试验

砂中云母含量试验见表2-139。

■表2-139 砂中云母含量试验

项　目	主要内容
原理及目的	适用于测定砂中云母的近似百分含量
仪器设备	天平(称量100g、感量0.1g),放大镜(5倍),钢针,试验筛(公称直径为5.00mm和315μm的方孔筛各一只)

续表

项　目	主要内容
主要操作步骤	1. 试样制备:称取经缩分的试样 50g,在温度(105±5)℃的烘箱中烘干至恒重,冷却至室温后备用 2. 先筛出粒径大于公称粒径 5.00mm 和小于公称粒径 315μm 的颗粒,然后根据砂的粗细不同称取试样 10~20g(m_0),放在放大镜下观察,用钢针将砂中所含云母全部挑出,称取所挑出云母质量(m)
结果计算	砂中云母含量 ω_m 应按下式计算,精确至 0.1% $$\omega_m=\frac{m}{m_0}\times 100\%$$ 式中　ω_m——砂中云母含量,%; m_0——烘干试样质量,g; m——云母质量,g

(11) 坚固性试验

砂的坚固性试验见表 2-140。

■表 2-140　砂的坚固性试验

项　目	主要内容
原理及目的	适用于通过测定硫酸钠饱和溶液渗入砂中形成结晶时的裂胀力对砂的破坏程度,来间接地判断其坚固性
仪器设备和试剂	烘箱[温度控制范围为(105±5)℃];天平(称量 1000g,感量 1g);试验筛(筛孔公称直径为 160μm、315μm、630μm、1.25mm、2.50mm、5.00mm 的方孔筛各一只);容器(搪瓷盆或瓷盆,容积不小于 10L);三脚网篮(网篮的外径及高均为 70mm,由铜丝或镀锌铁丝制成,网孔的孔径不应大于所盛试样粒级下限尺寸的一半);密度计;无水硫酸钠;氯化钡溶液(10%)
主要操作步骤	1. 试样制备:将缩分后的样品用水冲洗干净,在(105±5)℃的温度下烘干冷却至室温备用 2. 硫酸钠溶液的配制:取一定数量的蒸馏水(取决于试样及容器的大小,加温至 30~50℃),每 1000mL 蒸馏水加入无水硫酸钠 300~350g,用玻璃棒搅拌,使其溶解至饱和,然后冷却至 20~25℃。在此温度下静置两昼夜。其密度保持在 1151~1174kg/m^3 范围内 3. 称取公称粒级分别为 315~630μm、630μm~1.25mm、1.25~2.50mm、2.50~5.00mm 的试样各 100g。若是特细砂,应筛去公称粒径 160μm 以下和 2.50mm 以上的颗粒,称取公称粒级分别为 160~315μm、315~630μm、630μm~1.25mm、1.25~2.50mm 的试样各 100g,分别装入网篮并浸入盛有硫酸钠溶液的容器中。溶液体积应不小于试样总体积的 5 倍,其温度保持在 20~25℃的范围内。三脚网篮浸入溶液时应先上下升降 25 次以排除试样中的气泡,然后静置于该容器中。此时,网篮底面应距容器底面约 30mm(由网篮脚控制)网篮之间的间距应不小于 30mm,试样表面至少应在液面以下 30mm 4. 浸泡 20h 后,从溶液中提出网篮,放在(105±5)℃的烘箱中烘烤 4h。至此,完成了第一次试验循环。待试样冷却至 20~25℃后,即开始第二次循环。从第二次循环开始,浸泡及烘烤时间均为 4h 5. 第五次循环完成后,将试样置于 20~25℃的清水中洗净硫酸钠,再在(105±5)℃的烘箱中烘干至恒重。取出冷却至室温后,用筛孔孔径为试样粒级下限的筛,过筛并称量各粒级试样试验后的筛余量

续表

项　目	主要内容
结果计算	1. 试样中各粒级颗粒的分计质量损失百分比 δ_{ji} 应按下式计算 $$\delta_{ji}=\frac{m_i-m'_i}{m_i}\times 100\%$$ 式中　δ_{ji}——各粒级颗粒的分计质量损失百分比,%; m_i——每一粒级试样试验前质量,g; m'_i——经硫酸钠溶液法试验后,每一粒级筛余颗粒的烘干质量,g 2. 300μm～4.75mm 粒级试样的总质量损失百分比 δ_j 应按下式计算,精确至 1% $$\delta_j=\frac{\alpha_1\delta_{j1}+\alpha_2\delta_{j2}+\alpha_3\delta_{j3}+\alpha_4\delta_{j4}}{\alpha_1+\alpha_2+\alpha_3+\alpha_4}\times 100\%$$ 式中　δ_{j1}、δ_{j2}、δ_{j3}、δ_{j4}——公称粒径分别为 315～630μm、630μm～1.25mm、1.25～2.50mm、2.50～5.00mm 各粒级的分计质量损失百分比,%, α_1、α_2、α_3、α_4——试样中分别为 315～630μm、630μm～1.25mm、1.25～2.50mm、2.50～5.00mm 粒级在筛除小于公称粒径 315μm 及大于公称粒径 5.00mm 颗粒后的原试样中所占的百分比,%; δ_j——试样的总质量损失百分比,% 3. 特细砂应按下式计算,精确至 1% $$\delta_j=\frac{\alpha_0\delta_{j0}+\alpha_1\delta_{j1}+\alpha_2\delta_{j2}+\alpha_3\delta_{j3}}{\alpha_0+\alpha_1+\alpha_2+\alpha_3}\times 100\%$$ 式中　δ_{j0}、δ_{j1}、δ_{j2}、δ_{j3}——公称粒径分别为 160～315μm、315～630μm、630μm～1.25mm、1.25～2.50mm 各粒级的分计质量损失百分比,%; α_0、α_1、α_2、α_3——试样中分别为 160～315μm、315～630μm、630μm～1.25mm、1.25～2.50mm 粒级在筛除小于公称粒径 160μm 及大于公称粒径 2.50mm 颗粒后的原试样中所占的百分比,%; δ_j——试样的总质量损失百分比,%

(12) 人工砂压碎值指标试验

人工砂压碎值指标试验见表 2-141。

■表 2-141　人工砂压碎值指标试验

项　目	主要内容
原理及目的	适用于测定粒级为 315μm～5.00mm 的人工砂的压碎指标
仪器设备	压力试验机(荷载 300kN),受压钢模,天平(称量 1000g、感量 1g),试验筛(筛孔公称直径分别为 5.00mm、2.50mm、1.25mm、630μm、315μm、160μm、80μm 的方孔筛各一只),烘箱等
主要操作步骤	1. 试样制备:将缩分后的样品置于(105±5)℃烘箱内烘干至恒重,待冷却至室温后,筛分成 5.00～2.50mm、2.50～1.25mm、1.25～630μm、630～315μm 四个粒级,每粒级试样质量不得少于 1000g 2. 置圆筒于底盘上,组成受压模,将一单级砂样约 300g 装入模内,使试样距底盘约为 50mm 3. 平整试模内试样的表面,将加压块放入圆筒内,并转动一周使之与试样均匀接触 4. 将装好试样的受压钢模置于压力机的支承板上,对准压板中心后,开动机器,以 500N/s 的速度加荷,加荷至 25kN 时持荷 5s,而后以同样速度卸荷 5. 取下受压模,移去加压块,倒出压过的试样并称其质量(m_0),然后用该粒级的下限筛(如砂样为公称粒级 5.00～2.50mm 时,其下限筛为筛孔公称直径 2.50mm 的方孔筛)进行筛分,称出该粒级试样的筛余量(m_1)

续表

项　目	主要内容
结果计算	1. 第 i 单级砂样的压碎指标按下式计算(精确至 0.1%) $$\delta_i=\frac{m_0-m_1}{m_0}\times 100\%$$ 式中　δ_i——第 i 单级砂样压碎指标，%； m_0——第 i 单级试样的质量，g； m_1——第 i 单级试样的压碎试验后筛余的试样质量，g 2. 四级砂样总的压碎指标按下式计算 $$\delta_{s\alpha}=\frac{\alpha_1\delta_1+\alpha_2\delta_2+\alpha_3\delta_3+\alpha_4\delta_4}{\alpha_1+\alpha_2+\alpha_3+\alpha_4}\times 100\%$$ 式中　$\delta_{s\alpha}$——总的压碎指标，%，精确至 0.1%； α_1、α_2、α_3、α_4——公称直径分别为 2.50mm、1.25mm、630μm、315μm 各方孔筛的分计筛余，%； δ_1、δ_2、δ_3、δ_4——公称粒级分别为 5.00～2.50mm、2.50～1.25mm、1.25mm～630μm、630～315μm 单级试样压碎指标，%
结果确定	以三份砂样试验结果的算术平均值作为各单粒级试样的测定值

（13）硫酸盐及硫化物含量试验

砂中的硫酸盐及硫化物含量试验见表 2-142。

■表 2-142　砂中的硫酸盐及硫化物含量试验

项　目	主要内容
原理及目的	适用于测定砂中的硫酸盐及硫化物含量(按 SO_3 百分含量计算)
仪器设备和试剂	天平(称量 1000g、感量 1g)和分析天平(称量 100g、感量 0.0001g),高温炉(最高温度 1000℃),试验筛(公称直径为 80μm 的方孔筛)瓷坩埚，烧瓶，烧杯，10%(W/V)氯化钡溶液，盐酸(1+1)和 1%(W/V)硝酸银溶液等
主要操作步骤	1. 试样制备:样品经缩分至不少于 10g,置于温度为(105±5)℃烘干至恒重,冷却至室温后,研磨至全部通过筛孔公称直径为 80μm 的方孔筛,备用 2. 用分析天平精确称取砂粉试样 1g(m),放入 300mL 的烧杯中,加入 30～40mL 蒸馏水及 10mL 的盐酸(1+1),加热至微沸,并保持微沸 5min,使试样充分分解后取下,以中速滤纸过滤,用温水洗涤 10～12 次 3. 调整滤液体积至 200mL,煮沸,搅拌同时滴加 10mL 10%氯化钡溶液,并将溶液煮沸数分钟,然后移至温热处静置至少 4h(此时溶液体积应保持在 200mL),用慢速滤纸过滤,用温水洗至无氯根反应(用硝酸银溶液检验) 4. 将沉淀及滤纸一并移入已灼烧至恒重的瓷坩埚(m_1)中,灰化后在 800℃的高温炉内灼烧 30min。取出坩埚,置于干燥器中冷却至室温,称重,如此反复灼烧,直至恒重(m_2)
结果计算	硫化物及硫酸盐含量(以 SO_3 计)应按下式计算,精确至 0.01%: $$\omega_{SO_3}=\frac{(m_2-m_1)\times 0.343}{m}\times 100\%$$ 式中　ω_{SO_3}——硫化物及硫酸盐含量(以 SO_3 计),%; m——试样质量,g; m_1——瓷坩埚质量,g; m_2——瓷坩埚与试样总质量,g; 0.343——$BaSO_4$ 换算成 SO_3 的系数
结果确定	以两次试验的算术平均值作为评定指标,当两次试验结果差值大于 0.15%时,应重做试验

Concrete

（14）氯离子含量试验

砂中氯离子含量试验见表 2-143。

■表 2-143　砂中氯离子含量试验

项　目	主要内容
原理及目的	适用于测定砂中氯离子含量
仪器设备和试剂	天平(称量 1000g、感量 0.1g),烘箱(105±5)℃,带塞磨口瓶(1L),三角瓶(300mL),滴定管(10mL 和 25mL),容量瓶(500mL),移液管(50mL 和 2mL),5%(W/V)铬酸钾指示剂溶液,0.01mol/L 的氯化钠溶液和 0.01mol/L 硝酸银溶液等
主要操作步骤	1. 试样制备:取经缩分后样品 2kg,在温度为(105±5)℃的烘箱中烘干至恒重,经冷却至室温备用 2. 称取试样 500g(m),装入带塞磨口瓶中,用容量瓶取 500mL 蒸馏水,注入磨口瓶内,加上塞子,摇动一次,放置 2h,然后每隔 5min 摇动一次,共摇动 3 次,使氯盐充分溶解。将磨口瓶上部已澄清的溶液过滤,然后用移液管吸取 50mL 滤液,注入三角瓶中,再加入 5%的(质量体积比)铬酸钾指示剂 1mL,用 0.01mol/L 硝酸银标准溶液滴定至呈现砖红色为终点,记录消耗的硝酸银标准溶液的毫升数(V_1) 3. 空白试验:用移液管准确吸取 50mL 蒸馏水到三角瓶内,加入 5%铬酸钾指示剂 1mL,并用 0.01mol/L 硝酸银标准溶液滴定至溶液呈砖红色为止,记录此点消耗的硝酸银标准溶液的毫升数(V_2)
结果计算	砂中氯离子含量应按下式计算,精确至 0.01% $$w_{Cl}=\frac{c_{AgNO_3}(V_1-V_2)\times 0.0355\times 10}{m}\times 100\%$$ 式中　w_{Cl}——砂中氯离子含量,%; c_{AgNO_3}——硝酸银标准溶液的浓度,mol/L; V_1——样品滴定时消耗的硝酸银标准溶液的体积,mL; V_2——空白试验时消耗的硝酸银标准溶液的体积,mL; m——试样质量,g

（15）海砂中贝壳含量试验（盐酸清洗法）

海砂中贝壳含量试验（盐酸清洗法）见表 2-144。

■表 2-144　海砂中贝壳含量试验（盐酸清洗法）

项　目	主要内容
原理及目的	适用于检验海砂中贝壳含量
仪器设备和试剂	天平(称量 1000g、感量 1g,称量 5000g、感量 5g);烘箱(105±5)℃;试验筛(筛孔公称直径为 5.00mm 的方孔筛一只);搪瓷盆;玻璃棒;烧杯(2000mL);(1+5)盐酸溶液等
主要操作步骤	1. 试样制备:将样品缩分至不少于 2400g,置于温度为(105±5)℃的烘箱中烘干至恒重,经冷却至室温,过筛孔公称直径为 5.00mm 的方孔筛后,称取 500g(m_1)试样两份,先按表 2-131 的试验方法测出砂的含泥量(w_c),再将试样放入烧杯中备用 2. 在盛有试样的烧杯中加入(1+5)盐酸溶液 900mL,不断用玻璃棒搅拌,使反应完全。待溶液中不再有气体产生后,再加入少量上述盐酸溶液,若再无气体产生则表明反应已完全。否则应重复上一步骤,直至无气体产生为止。然后进行五次清洗,清洗过程中要避免砂粒丢失。洗净后,置于温度为(105±5)℃的烘箱中,取出冷却至室温,称重(m_2)

续表

项　目	主 要 内 容
结果计算	砂中贝壳含量 w_b 应按下式计算,精确至 0.1% $$w_b=\frac{m_1-m_2}{m_1}\times100\%-w_c$$ 式中　w_b——砂中贝壳含量,%; m_1——试样总量,g; m_2——试样除去贝壳后的质量,g; w_c——含泥量,%
结果确定	以两次试验结果的算术平均值作为测定值,当两次结果之差超过 0.5%时,应重新取样进行试验

（16）碱活性（快速法）

砂的碱活性（快速法）试验见表 2-126，其中将砂试样缩分成约 5kg，直接按该级配表中给出的级配及比例组合成试验用料。

（17）碱活性（砂浆长度法）

砂的碱活性（砂浆长度法）试验方法见表 2-127。

（18）放射性

碎石或卵石的放射性试验见表 2-20。

（19）含水率

砂的含水率试验见表 2-145。

■表 2-145　砂的含水率试验

方法名称	快速法	标准法
原理及目的	适用于测定砂的含水率，对含泥量过大及有机杂质含量较多的砂不宜采用	适用于测定砂的含水率
试验仪器	电炉或火炉，天平(称量 1000g、感量 1g)，炒盘(铁制或铝制)，油灰铲，毛刷等	烘箱(温度控制范围为 105℃ ± 5℃)，天平(称量 1000g、感量 1g)，容器(如浅盘等)
主要操作步骤	1. 由密封样品中取 500g 试样放入干净的炒盘(m_1)中，称取试样与炒盘的总质量(m_2) 2. 置炒盘于电炉(或火炉)上，用小铲不断地翻拌试样，到试样表面全部干燥后，切断电源(或移出火外)，再继续翻拌 1min，稍予冷却后(以免损坏天平)，称干样与炒盘的总质量(m_3)	(1)由密封的样品中各取重 500g 的试样两份，分别放入已知质量的干燥容器(m_1)中称重，记下每盘试样与容器的总重(m_2) (2)将容器连同试样放入温度为(105 ± 5)℃的烘箱中烘干至恒重，称量烘干后的试样与容器的总质量(m_3)
结果计算	含水率按下式计算，精确至 0.1% $$w_{wc}=\frac{m_2-m_3}{m_3-m_1}\times100\%$$ 式中　w_{wc}——含水率，% m_1——炒盘质量，g; m_2——未烘干试样与炒盘的总质量，g; m_3——烘干后试样与容器的总质量，g	含水率按下式计算，精确至 0.1% $$w_{wc}=\frac{m_2-m_3}{m_3-m_1}\times100\%$$ 式中　w_{wc}——含水率，%; m_1——容器质量，g; m_2——未烘干试样与容器的总质量，g; m_3——烘干后试样与容器的总质量，g
结果确定	以两次试验结果的算术平均值作为测定值	

(五) 质量控制

依据《普通混凝土用砂、石质量及检验方法标准》(JGJ 52)的标准，对砂或石质量控制要求如下。

1. 验收

(1) 供货单位应提供砂或石的产品合格证及质量检验报告。

(2) 使用单位应按砂或石的同产地、同规格分批验收。采用大型工具运输的，应以 400m^3 或 600t 为一验收批；采用小型工具运输的，应以 200m^3 或 300t 为一验收批；不足上述量者，应按一验收批进行验收。当砂或石质量比较稳定、进料量又较大时，可以 1000t 为一验收批。

(3) 每验收批砂或石至少应进行颗粒级配、含泥量、泥块含量检验。对于碎石或卵石，还应检验针片状颗粒含量；对于海砂或有氯离子污染的砂，还应检验其氯离子含量；对于海砂，还应检验贝壳含量；对于人工砂及混合砂，还应检验石粉含量。对于重要工程或特殊工程，应根据工程要求增加检测项目。对其他指标的合格性有怀疑时，应予检验。

(4) 使用单位的质量检验报告内容应包括：委托单位、样品编号、工程名称、样品产地、类别、代表数量、检测依据、检测条件、检测项目、检测结果、结论等。

2. 运输和堆放

(1) 砂或石在运输、装卸和堆放过程中，应防止颗粒离析、混入杂质，并应按产地、种类和规格分别堆放。

(2) 碎石或卵石的堆放高度不宜超过 5m，对于单粒级或最大粒径不超过 20mm 的连续粒级，其堆料高度可增加到 10m。

3. 取样

(1) 每验收批取样方法应按下列规定执行。

① 从料堆上取样时，取样部位应均匀分布。取样前应先将取样部位表层铲除，然后由各部位抽取大致相等的砂 8 份，石子为 16 份。组成各自一组样品。

② 从皮带运输机上取样时，应在皮带运输机机尾的出料处用接料器定时抽取砂 4 份、石 8 份组成各自一组样品。

③ 从火车、汽车、货船上取样时，应从不同部位和深度抽取大致相等的砂 8 份，石 16 份组成各自一组样品。

④ 除筛分析外，当其余检验项目存在不合格项时，应加倍取样进行复验。当复验仍有一项不满足标准要求时，应按不合格品处理。

⑤ 每组样品应妥善包装，避免细料散失，防止污染，并附样品卡片，标明样品的编号、取样时间、代表数量、产地、样品量、要求检验的项目及取样方式等。

注：如经观察，认为各节车皮间（汽车、货船）所载的砂、石质量相差甚为悬殊时，应对质量有怀疑的每节列车（汽车、货船）分别取样和验收。

（2）取样数量

对于每一单项检验项目，砂、石的每组样品取样数量应分别满足表 2-146 和表 2-147 的规定。当需要做多项检验时，可在确保样品经一项试验后不致影响其他试验结果的前提下，用同组样品进行多项不同的试验。

■表 2-146 每一单项检验项目所需砂的最少取样质量

检验项目	最少取样质量/g
筛分析	4400
表观密度	2600
吸水率	4000
紧密密度和堆积密度	5000
含水率	1000
含泥量	4400
泥块含量	20000
石粉含量	1600
人工砂压碎值指标	分成公称粒级 5.00～2.5mm；2.50～1.25mm；1.25～630μm；630～315μm；315～160μm 每个粒级各需 1000g
有机物含量	2000
轻物质含量	3200
云母含量	600
坚固性	分成公称粒级 5.00～2.5mm；2.50～1.25mm；1.25～630μm；630～315μm；315～160μm 每个粒级各需 100g
硫化物及硫酸盐含量	50
氯离子含量	2000
贝壳含量	10000
碱活性	20000

■表 2-147 每一单项检验项目所需碎石或卵石的最小取样质量　　单位：kg

试验项目	最小公称粒径/mm							
	10.0	16.0	20.0	25.0	31.5	40.0	63.0	80.0
筛分析	8	15	16	20	25	32	50	64
表观密度	8	8	8	8	12	16	24	24
含水率	2	2	2	2	3	3	4	6
吸水率	8	8	16	16	16	24	24	32
堆积密度、紧密密度	40	40	40	40	80	80	120	120
含泥量	8	8	24	24	40	40	80	80
泥块含量	8	8	24	24	40	40	80	80
针、片状含量	1.2	4	8	12	20	40	—	—
硫化物及硫酸盐	1.0							

注：有机物含量、坚固性、压碎值指标及碱-骨料反应检验，应按试验要求的粒级及质量取样。

二、再生骨料

（一）概述

近年来，随着经济社会快速发展，城市化进程加快，旧城改造、基础设施建设等产生的建筑垃圾日益增多，同时，传统的填埋处理方式，不仅占用大量土地，还污染城市环境，对地表水、深层水水质造成不同程度的影响。开展建筑垃圾综合利用，是建设资源节约型、环境友好型社会的必然要求，对减少土地占用、净化城市环境、节约资源、促进节能减排、发展建筑建材业循环经济具有重要意义。

在我国，再生骨料主要用于取代天然骨料来配制普通混凝土或普通砂浆，或者作为原材料用于生产非烧结砌块、非烧结砖。

从2010年起，国家产品标准《混凝土用再生粗骨料》（GB/T 25177）和《混凝土和砂浆用再生细骨料》（GB/T 25176），以及行业工程标准《再生骨料应用技术规程》（JGJ/T 240）陆续发布，为再生粗骨料和再生细骨料的生产、应用提供了合法可行的技术支撑，从而保证了再生粗骨料和再生细骨料的产品质量与实际应用，为我国建筑垃圾资源化事业的开展奠定了技术基础。

再生骨料是指利用废弃混凝土或碎砖等生产的骨料。再生骨料分再生粗骨料和再生细骨料。再生粗骨料是指由建筑垃圾中的混凝土、砂浆、石或砖瓦等加工而成，粒径大于4.75mm的颗粒。再生细骨料是指由建筑垃圾中的混凝土、砂浆、石或砖瓦等加工而成，粒径不大于4.75mm的颗粒。

（二）质量要求

再生粗、细骨料按性能要求可分为Ⅰ类、Ⅱ类和Ⅲ类。Ⅰ类再生粗骨料可用于配制各种强度等级的混凝土；Ⅱ类再生粗骨料宜用于配制C40及以下强度等级的混凝土；Ⅲ类再生粗骨料可用于配制C25及以下强度等级的混凝土，不宜用于配制有抗冻要求的混凝土。Ⅰ类再生细骨料可用于配制C40及以下强度等级的混凝土；Ⅱ类再生细骨料宜用于配制C25及以下强度等级的混凝土；Ⅲ类再生细骨料不宜用于配制结构混凝土。

再生骨料不得用于配制预应力混凝土。

当再生粗骨料或再生细骨料不符合《混凝土用再生粗骨料》（GB/T 25177）或《混凝土和砂浆用再生细骨料》（GB/T 25176）的规定，但经过试验验证能满足相关使用要求时，可用于非结构混凝土。

依据《混凝土用再生粗骨料》（GB/T 25177）、《混凝土和砂浆用再生细骨料》（GB/T 25176），对再生骨料的质量要求如下。

1. 再生粗骨料的质量要求

（1）颗粒级配

混凝土用再生粗骨料的颗粒级配，应符合表2-148的要求。

■表 2-148 再生粗骨料的颗粒级配

公称粒径/mm		累计筛余/%							
		方孔筛筛孔边长尺寸/mm							
		2.36	4.75	9.50	16.0	19.0	26.5	31.5	37.5
连续粒级	5~16	95~100	85~100	30~60	0~10	0			
	5~20	95~100	90~100	40~80	—	0~10	0		
	5~25	95~100	90~100	—	30~70	—	0~5	0	
	5~31.5	95~100	90~100	70~90	—	15~45	—	0~5	0
单粒级	5~10	95~100	80~100	0~15	0				
	10~20		95~100	85~100		0~15	0		
	16~31.5		95~100		85~100			0~10	0

（2）微粉含量、泥块含量、吸水率、坚固性、压碎指标、表观密度、孔隙率、针片状颗粒含量、有害物质含量、杂物含量

再生粗骨料中微粉含量、泥块含量、吸水率、坚固性、压碎指标、表观密度、孔隙率、针片状颗粒含量、有害物质（有机物、硫化物及硫酸盐、氯盐等）含量、杂物含量应符合表 2-149 的规定。

■表 2-149 再生粗骨料的性能指标

项　目		Ⅰ类	Ⅱ类	Ⅲ类
微粉含量(按质量计)/%		<1.0	<2.0	<3.0
泥块含量(按质量计)/%		<0.5	<0.7	<1.0
吸水率(按质量计)/%		<3.0	<5.0	<8.0
坚固性(质量损失)/%		<5.0	<10.0	<15.0
压碎指标/%		<12	<20	<30
表观密度/(kg/m^3)		>2450	>2350	>2250
空隙率/%		<47	<50	<53
针片状颗粒含量(按质量计)/%		<10		
有害物质含量	有机物	合格		
	硫化物及硫酸盐(折算成 SO_3，按质量计)/%	<2.0		
	氯化物(以氯离子质量计)/%	<0.06		
杂物含量(按质量计)/%		<1.0		

注：坚固性采用硫酸钠溶液法进行试验，经 5 次循环后的质量损失。

（3）碱集料反应

经碱集料反应试验后，由再生粗骨料制备的试件无裂缝、酥裂或胶体外溢等现象，膨胀率应小于 0.10%。

（4）放射性

应满足《建筑材料放射性核素限量》（GB 6566）的规定。

2. 再生细骨料的质量要求

（1）颗粒级配

混凝土用再生细骨料的颗粒级配，应符合表 2-150 的要求。

■表 2-150　再生细骨料的颗粒级配

方孔筛筛孔边长	累计筛余/%		
	1 级配区	2 级配区	3 级配区
9.50mm	0	0	0
4.75mm	10～0	10～0	10～0
2.36mm	35～5	25～0	15～0
1.18mm	65～35	50～10	25～0
600μm	85～71	70～41	40～16
300μm	95～80	92～70	85～55
150μm	100～85	100～80	100～75

注：再生细骨料的实际颗粒级配与表中所列数字相比，除 4.75mm 和 600μm 筛档外，其他筛档可以略有超出，但超出总量应小于 5%。

（2）微粉含量、泥块含量、坚固性、压碎指标、表观密度、堆积密度、孔隙率、有害物质含量

再生细骨料中微粉含量、泥块含量、坚固性、压碎指标、表观密度、堆积密度、孔隙率、有害物质含量应符合表 2-151 的规定。

■表 2-151　再生细骨料的性能指标

项目		Ⅰ类	Ⅱ类	Ⅲ类
微粉含量(按质量计)/%	MB 值＜1.40 或合格	＜5.0	＜7.0	＜10.0
	MB 值≥1.40 或不合格	＜1.0	＜3.0	＜5.0
泥块含量(按质量计)/%		＜1.0	＜2.0	＜3.0
坚固性(质量损失)/%		＜8.0	＜10.0	＜12.0
单级最大压碎指标值/%		＜20	＜25	＜30
表观密度/(kg/m^3)		＞2450	＞2350	＞2250
堆积密度/(kg/m^3)		＞1350	＞1300	＞1200
空隙率/%		＜46	＜48	＜52
有害物质含量	云母含量(按质量计)/%	＜2.0		
	轻物质含量(按质量计)/%	＜1.0		
	有机物含量(比色法)	合格		
	硫化物及硫酸盐含量(按 SO_3 质量计)/%	＜2.0		
	氯化物含量(以氯离子质量计)/%	＜0.06		

注：坚固性采用硫酸钠溶液法进行试验，经 5 次循环后的质量损失。

（3）再生胶砂需水量比和强度比

再生胶砂的需水量比和强度比应符合表 2-152 的规定。

■表 2－152 再生胶砂需水量比和强度比

项目	Ⅰ类			Ⅱ类			Ⅲ类		
	细	中	粗	细	中	粗	细	中	粗
需水量比	<1.35	<1.30	<1.20	<1.55	<1.45	<1.35	<1.80	<1.70	<1.50
强度比	>0.80	>0.90	>1.00	>0.70	>0.85	>0.95	>0.60	>0.75	>0.90

（4）碱集料反应

经碱集料反应试验后，由再生细骨料制备的试件无裂缝、酥裂或胶体外溢等现象，膨胀率应小于 0.10%。

（5）放射性

应符合《建筑材料放射性核素限量》（GB 6566）的规定。

(三) 检验方法

1. 再生粗骨料

再生粗骨料的各项指标检验方法见表 2-153。

■表 2－153 再生粗骨料检验方法

项　　目	依据的标准	具 体 方 法
颗粒级配	《建设用卵石、碎石》(GB/T 14685)	颗粒级配
微粉含量		含泥量
泥块含量		泥块含量
吸水率	《轻集料及其试验方法》(GB/T 17431.2)	吸水率
针片状含量	《建设用卵石、碎石》(GB/T 14685)	针、片状含量
有机物含量		有机物含量
硫化物与硫酸盐含量		硫化物和硫酸盐含量
氯化物含量	《建设用砂》(GB/T 14684)	氯化物含量
杂物含量	《混凝土用再生粗骨料》(GB/T 25177)	杂物含量
坚固性	《建设用卵石、碎石》(GB/T 14685)	坚固性含量，但试验结果精确至 0.1%
压碎指标		压碎指标
表观密度		表观密度
空隙率		空隙率
碱集料反应		碱集料反应
放射性	《建筑材料放射性核素限量》(GB 6566)	规定的试验方法

再生粗骨料杂物含量是指再生粗骨料中除混凝土、砂浆、砖瓦和石之外的其他物质，其试验方法见表 2-154。

■表 2-154　杂物含量试验

<table>
<tr><td>原理及目的</td><td>适用于检测再生粗骨料中杂物(包括金属、塑料、沥青、木头、玻璃、草根、树叶、树枝、纸张、石灰、石膏、毛皮、煤块和炉渣等所有不属于混凝土、砂浆、砖瓦或石的物质)的含量</td></tr>
<tr><td>试验仪器</td><td>秤(称量不少于 20kg、感量不少于 20g)，容器(如浅盘)等</td></tr>
<tr><td>主要操作步骤</td><td>按照 GB/T 14685 中规定的取样方法，并将试样缩分至不小于下表规定的数量，称重后用人工分选的方法选出金属、塑料、沥青、木头、玻璃、草根、树叶、树枝、纸张、石灰、石膏、毛皮、煤块和炉渣等杂物，然后称量各种杂物总质量，并计算其占再生粗骨料试样总质量的百分比
杂物含量试验所需试样数量<table>
<tr><td>再生粗骨料最大粒径/mm</td><td>9.5</td><td>16.0</td><td>19.0</td><td>26.5</td><td>31.5</td></tr>
<tr><td>最少试样量/kg</td><td>4.0</td><td>4.0</td><td>8.0</td><td>8.0</td><td>15.0</td></tr>
</table></td></tr>
<tr><td>结果计算及确定</td><td>取三次试验结果的最大值，精确至 0.1%</td></tr>
</table>

2. 再生细骨料

再生细骨料的各项指标检验方法见表 2-155。

■表 2-155　再生细骨料的检验方法

<table>
<tr><th>项　　目</th><th>依据的标准</th><th>具 体 方 法</th></tr>
<tr><td>颗粒级配和细度模数</td><td rowspan="12">《建设用砂》(GB/T 14684)</td><td>颗粒级配</td></tr>
<tr><td>微粉含量</td><td>石粉含量</td></tr>
<tr><td>泥块含量</td><td>泥块含量</td></tr>
<tr><td>云母含量</td><td>云母含量</td></tr>
<tr><td>轻物质含量</td><td>轻物质含量</td></tr>
<tr><td>有机物含量</td><td>有机物含量</td></tr>
<tr><td>硫化物与硫酸盐含量</td><td>硫化物和硫酸盐含量</td></tr>
<tr><td>氯化物含量</td><td>氯化物含量</td></tr>
<tr><td>坚固性</td><td>硫酸钠溶液法，但试验结果精确至 0.1%</td></tr>
<tr><td>压碎指标</td><td>压碎指标</td></tr>
<tr><td>表观密度</td><td>表观密度</td></tr>
<tr><td>堆积密度和空隙率</td><td>堆积密度与孔隙率</td></tr>
<tr><td>再生胶砂需水量比</td><td rowspan="2">《混凝土和砂浆用再生细骨料》(GB/T 25176)</td><td>再生胶砂需水量比</td></tr>
<tr><td>再生胶砂强度比</td><td>再生胶砂强度比</td></tr>
<tr><td>碱集料反应</td><td>《建设用砂》(GB/T 14684)</td><td>碱集料反应</td></tr>
<tr><td>放射性</td><td>《建筑材料放射性核素限量》(GB 6566)</td><td>—</td></tr>
</table>

再生胶砂需水量比的试验见表 2-156。

■表 2-156　再生胶砂需水量比试验

原理及目的	适用于检验再生细骨料胶砂的需水量比
试验仪器及材料	烘箱(温度控制在 105℃ ± 5 ℃的鼓风烘箱)，水泥胶砂流动度测定仪，水泥胶砂搅拌机，试模(由截锥圆模和模套组成)，捣棒，卡尺，小刀，天平(量程不少于 1000g，分度值不大于 1g)，基准水泥或 52.5 级硅酸盐水泥，标准砂等

续表

主要操作步骤	1. 将不少于 5kg 的再生细骨料试样在(105±5)℃下烘干至恒重，测出再生细骨料的颗粒级配，并筛除大于 4.75 mm 以上的颗粒 2. 称取标准砂 1350g 和基准水泥(或 52.5 级硅酸盐水泥)540g，加入适量的水制成基准胶砂并测试流动度。调整用水量，使其流动度为(130±5)mm，此时所对应的用水量即为基准胶砂需水量 W_0 3. 称取再生细骨料 1350g 和基准水泥(或 52.5 级硅酸盐水泥)540g，加入适量的水制备再生胶砂并测试其流动度。调整用水量，使其流动度为(130±5)mm，此时所对应的用水量即为再生胶砂需水量 W_R 基准胶砂所用水泥应和再生胶砂所用水泥相同
结果计算	再生胶砂需水量比按下式计算 $\beta_W=\frac{W_R}{W_0}$ 其中 β_W——再生胶砂需水量比； W_R——再生胶砂需水量，mL； W_0——基准胶砂需水量，mL
结果确定	再生胶砂需水量比以同批三组试验的算术平均值计，精确至 0.01。若三组试验的最大值或最小值中有一个与中间值之差超过中间值的 15%，则把最大值与最小值一并舍去，取中间值；若两个测值与中间值之差均超过 15%，则该批试验结果无效，应重新试验

3. 再生胶砂强度比

再生胶砂强度比的试验见表 2-157。

■表 2-157 再生胶砂抗压强度比试验

原理及目的	适用于检验再生细骨料胶砂的抗压强度比
试验仪器及材料	胶砂搅拌机、试模(40mm×40mm×160mm)、振实台、抗折强度试验机、抗压强度试验用夹具、抗压强度试验机基准水泥或 52.5 级硅酸盐水泥、标准砂
主要操作步骤	1. 按表 2-141 的方法，分别在基准胶砂需水量和再生胶砂需水量条件下，制备基准胶砂和再生胶砂(基准胶砂所用水泥应和再生胶砂所用水泥相同) 2. 分别测试再生肢砂和基准胶砂标准养护 28d 时的抗压强度
结果计算	再生胶砂强度比按下式计算 $\beta_f=\frac{f_R}{f_0}$ 其中 β_f——再生胶砂强度比，精确至 0.01； f_R——再生胶砂 28d 抗压强度，MPa； f_0——基准胶砂 28d 抗压强度，MPa
结果确定	以一组三个棱柱体试件上得到的六个抗压强度测定值的算术平均值作为基准肢砂或再生胶砂的抗压强度试验结果，精确至 0.1 MPa。若六个测定值中有一个超出平均值的±10%，就应剔除这个测定值而以剩下五个测定值的算术平均值作为试验结果；若五个测定值中再有超过它们平均值的±10%的，则此组试验作废

(四) 质量控制

1. 取样

(1) 取样方法

再生粗骨料按《建设用卵石、碎石》(GB/T 14685) 中规定的取样方法执行，再生细骨料按《建设用砂》(GB/T 14684) 中规定的取样方法执行。

（2）试样数量

对每一单项检验项目，再生粗骨料、再生细骨料的最小取样数量应分别符合表2-158和表2-159的规定。当需要做多项检验时，可在确保试样经一项试验后不致影响另一项试验结果的前提下，可用同一试样进行几项不同的试验。

■表2-158　再生粗骨料单项试验最小取样量

序号	试验项目	各最大粒径(mm)下的最小取样数量/kg				
		9.5	16.0	19.0	26.5	31.5
1	颗粒级配	10	16	19	25	32
2	微粉含量	8	8	24	24	40
3	泥块含量	8	8	24	24	40
4	吸水率	8	8	24	24	40
5	针片状颗粒含量	8	8	16	16	20
6	有机物含量	按试验要求的粒级和数量取样				
7	硫化物与硫酸盐含量					
8	氯化物含量					
9	杂物含量	15	15	30	30	50
10	坚固性	按试验要求的粒级和数量取样				
11	压碎指标					
12	表观密度	8	8	8	8	12
13	空隙率	40	40	40	40	80
14	碱集料反应	20	20	20	20	20

■表2-159　再生细骨料单项试验最小取样量

序　号	试验项目	最小取样数量/kg
1	颗粒级配	5
2	微粉含量	5
3	泥块含量	20
4	云母含量	1
5	轻物质含量	4
6	有机物含量	2
7	硫化物与硫酸盐含量	1
8	氯化物含量	5
9	坚固性	20
10	压碎指标	30
11	再生胶砂需水量比	20
12	再生胶砂强度比	20
13	表观密度	3
14	堆积密度与空隙率	5
15	碱集料反应	20

（3）试样处理

再生粗骨料、再生细骨料的试样处理分别按《建设用卵石、碎石》（GB/T 14685）、《建设用砂》（GB/T 14684）规定执行。

2. 验收

再生骨料进场时，应按规定批次检查型式检验报告、出厂检验报告及合格证等质量证明材料。

再生骨料进场检验应符合下列规定：

(1) 制备混凝土的再生粗骨料，应对其泥块含量、吸水率、压碎指标和表观密度进行检验。

(2) 制备混凝土和砂浆的再生细骨料，应对其泥块含量、再生胶砂需水量比和表观密度进行检验。

(3) 同一厂家、同一类别、同一规格、同一批次的再生骨料，每 $400m^3$ 或 600t 为一检验批；不足 $400m^3$ 或 600t 的应按一批计。

(4) 再生骨料进场检验结果应符合本节对其的质量要求。当有一项指标达不到要求时，可从同一批产品中加倍取样，对不符合要求的项目进行复检。复检结果合格的，可判定该批产品为合格产品；复检结果不合格的，应判定该批产品为不合格。

3. 运输和储存

(1) 再生骨料运输时，应采取防止混入杂物和粉尘飞扬的措施。

(2) 再生骨料应按类别、规格分开堆放储存，且应采取防止混入杂物、人为碾压和污染的措施。

三、铁尾矿砂

(一) 概述

矿产资源是人类发展和生存极为重要的物质基础之一，其主要特点是不可再生性和短期不可替代性。随着矿产资源的大量开发和利用，矿石日益贫乏，而尾矿作为二次资源再利用越来越受到世界各国的重视。目前我国尾矿利用率很低，矿山尾矿约占工业固体废物的 30%，但其利用率仅为 7%左右。

铁尾矿是铁矿石经过选取铁精矿后的剩余废渣，除了少量金属组分外，其主要矿物组分是脉石矿物，如石英、辉石、长石、石榴石、角闪石及其蚀变矿物，其化学成分主要是 SiO_2、Al_2O_3、Fe_2O_3、CaO、MgO 等，另外还含有少量 K_2O、Na_2O 及 S、P 等元素。我国铁矿资源嵌布粒度细，一般需经二段磨矿，少数三段磨矿，因此除预选抛出部分粗尾矿外，大部分排出和堆存的尾矿粒度较细，一般尾矿粒度在 0.074mm 以下的占 50%～75%。

铁尾矿砂全部或部分替代普通砂用于拌制混凝土，可以促使铁尾矿变废为宝，并可解决铁尾矿堆存占用土地、污染环境和水资源的难题；另外，面对河砂资源的日益枯竭，很多混凝土企业都采用机制砂配制混凝土，但机制砂属于中粗砂，级配中缺少细粒径的颗粒，在使用中会引起混凝土施工性能差等问题。铁尾矿经处理后一般属于细砂或特细砂的范畴，可有效填补机制砂中细颗粒的缺失，有利于提高混凝土拌合物的工作性能和泵送性能。

随着《铁尾矿砂》(GB/T 31288) 和《铁尾矿砂混凝土应用技术规范》(GB 51032) 的实施，可较好地指导和规范铁尾矿砂在混凝土的应用。铁尾矿砂宜与机制砂或天然砂混合使用，可以先混合再用于生产混凝土（即铁尾矿混合砂），也可以在生产混凝土过程中按比例直接混合使用。

铁尾矿砂是铁矿石经磨细、分选后产生的粒径小于 4.75mm 的颗粒。铁尾矿砂按细度模数分为细砂和特细砂两种规格。细度模数为 2.2～1.6 的为细砂，细度模数为 1.5～0.7 的为特细砂。石粉含量为铁尾矿砂中粒径小于 75μm 的颗粒含量。

铁尾矿砂因颗粒较细，在配制混凝土时往往与天然砂或机制砂混合后成为铁尾矿混合砂使用。

（二）质量要求

依据《铁尾矿砂》(GB/T 31288) 和《铁尾矿砂混凝土应用技术规范》(GB 51032)，混凝土用铁尾矿砂的质量要求如下。

1. 颗粒级配

铁尾矿砂的颗粒级配应符合表 2-160 的规定。

■表 2-160　铁尾矿砂的颗粒级配

筛孔的公称直径	铁尾矿砂	
	细　砂	特细砂
方孔筛	累计筛余/%	
4.75mm	10～0	0
2.36mm	15～0	15～0
1.18mm	25～0	20～0
600μm	40～16	25～0
300μm	85～55	55～20
150μm	94～75	90～30

2. 石粉含量和泥块含量

铁尾矿砂的石粉含量和泥块含量应符合表 2-161 的规定。

■表 2-161　铁尾矿砂的石粉含量和泥块含量　　单位：%

项　目		指　标
石粉含量	MB 值≤1.4 或快速法试验合格	≤15.0
	MB 值>1.4 或快速法试验不合格	≤5.0
泥块含量		≤1.0

3. 有害物质含量

铁尾矿砂中不应混有草根、树叶、树枝、塑料、煤块、炉渣等杂物。铁尾矿砂中有害物质云母、物质、有机物、硫化物及硫酸盐、氯化物等含量应符合表 2-162 的规定。

■表 2-162 铁尾矿砂的有害物质限量 单位：%

项 目	指 标
云母	≤2.0
轻物质	≤1.0
有机物	合格
硫化物及硫酸盐(以 SO_3 质量计)	≤0.5
氯化物(以氯离子质量计)	≤0.02

铁尾矿砂有害物质除了应符合表 2-162 的规定外，还应符合我国环保和安全相关标准和规范，不应对人体、生物、环境及混凝土、砂浆性能产生有害影响。

4. 坚固性

（1）采用硫酸钠溶液进行试验，铁尾矿砂的质量损失应不大于 10%。

（2）细砂的压碎指标应不大于 30%。

5. 碱活性

铁尾矿砂经碱骨料反应试验后，试件应无裂缝、酥裂、胶体外溢等现象，且在规定的试验龄期膨胀率应小于 0.10%。

6. 放射性

铁尾矿砂的放射性应符合 GB 6566 的规定。

7. 其他

按《铁尾矿砂》（GB/T 31288）的规定：当用户有要求时，应报告铁尾矿砂的表观密度、松散堆积密度、含水率和饱和面干吸水率的实测值。

按《铁尾矿砂混凝土应用技术规范》（GB 51032）的规定：铁尾矿砂的表观密度、松散堆积密度、含水率和饱和面干吸水率应符合《建设用砂》（GB/T 14684）的有关规定，即表观密度不小于 2500kg/m^3，松散堆积密度不小于 1400kg/m^3，含水率和饱和面干吸水率报告其实测值（当用户有要求时）。

按《铁尾矿砂混凝土应用技术规范》（GB 51032）的规定：铁尾矿混合砂的颗粒级配应符合表 2-98 中机制砂 2 区的规定，石粉含量和泥块含量应符合表 2-91、表 2-92 的规定。

（三）检验方法

铁尾矿砂的各项性能检验方法见表 2-163。

（四）质量控制

1. 验收

（1）铁尾矿砂出厂时，生产厂应提供产品质量合格证书，其内容包括产品的规格和生产厂信息，批量编号及供货数量，出厂检验结果、日期及执行标准编号，合格证编号及发放日期，检验部门及检验人员签章。

■表 2-163 铁尾矿砂检验方法

项目		检验依据	具体方法
颗粒级配		GB/T 14684	颗粒级配
石粉含量			石粉含量与 MB 值
泥块含量			泥块含量
有害物质含量	云母含量		云母含量
	轻物质含量		轻物质含量
	有机物含量		有机物含量
	硫化物与硫酸盐含量		硫化物与硫酸盐含量
	氯化物含量		氯化物含量
坚固性	坚固性		坚固性，但若特细砂的某一粒级颗粒质量不足试验规定量时，则视该粒级特细砂质量为零
	压碎指标		压碎指标法，但若特细砂的某一粒级颗粒质量不足试验规定量时，则视该粒级特细砂质量为零
碱活性			碱骨料反应，其中特细砂按规定筛除大于 4.75mm 及小于 150μm 的颗粒，将剩余颗粒搅拌均匀后直接取样 990g(精确至 0.1g)进行试验
放射性		GB 6566	—
表观密度		GB/T 14684	表观密度
松散堆积密度			堆积密度与孔隙率
含水率			含水率
饱和面干吸水率			饱和面干吸水率

（2）铁尾矿砂进场检验和生产过程抽检的项目应包括颗粒级配、细度模数、压碎指标、泥块含量、石粉含量、亚甲蓝试验和吸水率；对于有抗渗、抗冻要求的混凝土，还应检验其坚固性；对于有预防混凝土碱骨料反应要求的混凝土，还应进行碱活性试验。

（3）铁尾矿砂检验规则应符合下列规定。

① 同一厂家、同一矿源的铁尾矿砂，一个检验批不应大于 600t。

② 同一厂家、同一矿源的铁尾矿砂，当连续 3 次进场检验均一次检验合格时，后续的检验批量可扩大一倍。

2. 运输和贮存

（1）铁尾矿砂运输时，应有必要的防遗撒设施，严禁污染环境。

（2）铁尾矿砂应按规格单独堆放和运输，防止人为碾压、混合及污染产品。

（3）原材料贮存处应有明显标识并应注明材料的品名、厂家、等级、规格。

3. 取样

（1）取样方法

铁尾矿砂的取样方法与普通砂一样，按本书 112 页的相关规定进行。

（2）取样数量

铁尾矿砂单项试验的最小取样数量应符合表 2-164 的规定。若进行几项试验时，如能保证试样经一项试验后不致影响另一项试验的结果，可用同一试样进行几项不同的试验。

■表 2-164 单项试验最小取样数量

项目		最小取样数量/kg
颗粒级配		4.4
石粉含量		6.0
泥块含量		20.0
有害物质含量	云母含量	0.6
	轻物质含量	3.2
	有机物含量	2.0
	硫化物与硫酸盐含量	0.6
	氯化物含量	4.4
坚固性		20.0
碱活性		20.0
放射性		6.0
表观密度		2.6
松散堆积密度		5.0
饱和面干吸水率		4.4

四、轻骨料

（一）概述

轻骨料是指堆积密度不大于 1200kg/m^3 的粗、细骨料的总称。轻骨料包括人造轻骨料、天然轻骨料和工业废渣轻骨料。人造轻骨料是采用无机材料加工制粒、高温焙烧制成，包括陶粒和陶砂，其中粒径不大于 4.75mm 的属于陶砂；天然轻骨料是由火山爆发形成的多孔岩石经破碎、筛分而制成，包括浮石和火山渣等；工业废渣轻骨料是由工业副产品或固体废弃物经破碎、筛分而制成，包括自燃煤矸石和煤渣等。现有轻骨料标准为《轻集料及其试验方法 第 1 部分 轻集料》（GB/T 17431.1）和《轻集料及其试验方法 第 2 部分 轻集料试验方法》（GB/T 17431.2），其中涵盖了人造轻骨料、天然轻骨料和工业废渣轻骨料。

轻骨料用于混凝土，有利于减轻结构自重，也有利于改善其热工性能，使混凝土性能明显区别于一般混凝土。

（二）质量要求

依据《轻集料及其试验方法 第 1 部分 轻集料》（GB/T 17431.1），混凝土用轻集料的质量要求如下。

1. 颗粒级配

（1）各种轻粗骨料和轻细骨料的颗粒级配应符合表 2-165 和表 2-166 的要求，

但人造轻粗骨料的最大粒径不宜大于 19.0mm。

■表 2-165　轻粗骨料的颗粒级配

轻骨料	级配类别	公称粒级/mm	各号筛的累计筛余(按质量计)/% 方孔筛孔径							
			37.5mm	31.5mm	26.5 mm	19.0mm	16.0mm	9.50mm	4.75mm	2.36mm
粗骨料	连续粒级	5~40	0~10	—	—	40~60	—	50~85	90~100	95~100
		5~31.5	0~5	0~10	—	—	40~75	—	90~100	95~100
		5~25	0	0~5	0~10	—	30~70	—	90~100	95~100
		5~20	0	0~5	—	0~10	—	40~80	90~100	95~100
		5~16	—	—	0	0~5	0~10	20~60	85~100	95~100
		5~10	—	—	—	—	0	0~15	80~100	95~100
	单粒级	10~16	—	—	—	0	0~15	85~100	90~100	—

■表 2-166　轻细骨料的颗粒级配

轻骨料	公称粒级/mm	各筛的累计筛余(按质量计)/% 方孔筛孔径						
		9.50mm	4.75mm	2.36mm	1.18mm	600μm	300μm	150μm
细骨料	0~5	0	0~10	0~35	20~60	30~80	65~90	75~100

（2）轻细骨料的细度模数宜在 2.3～4.0 范围内。

（3）各种粗细混合轻骨料，宜满足下列要求。

① 2.36mm 筛上累计筛余为 60%±2%。

② 筛除 2.36mm 以下颗粒后，2.36mm 筛上的颗粒级配应满足表 2-166 中公称粒径 5～10mm 的颗粒级配的要求。

2. 密度等级

轻骨料密度等级按堆积密度划分，并应符合表 2-167 的要求。

■表 2-167　轻骨料密度等级

轻骨料种类	密度等级 轻粗骨料	密度等级 轻细骨料	堆积密度范围/(kg/m³)
人造轻骨料 天然轻骨料 工业废渣轻骨料	200	—	>100，≤200
	300	—	>200，≤300
	400	—	>300，≤400
	500	500	>400，≤500
	600	600	>500，≤600
	700	700	>600，≤700
	800	800	>700，≤800
	900	900	>800，≤900
	1000	1000	>900，≤1000
	1100	1100	>1000，≤1100
	1200	1200	>1100，≤1200

3. 轻粗骨料的筒压强度与强度标号

（1）不同密度等级的轻粗骨料的筒压强度应不低于表 2-168 的规定。

■表 2-168 轻粗骨料筒压强度

轻粗骨料种类	密度等级	筒压强度/MPa
人造轻骨料	200	0.2
	300	0.5
	400	1.0
	500	1.5
	600	2.0
	700	3.0
	800	4.0
	900	5.0
天然轻骨料 工业废渣轻骨料	600	0.8
	700	1.0
	800	1.2
	900	1.5
	1000	1.5
工业废渣轻骨料中的 自燃煤矸石	900	3.0
	1000	3.5
	1100～1200	4.0

（2）不同密度等级高强轻粗骨料的筒压强度和强度标号应不低于表 2-169 的规定。

■表 2-169 高强轻粗骨料的筒压强度与强度标号

轻粗骨料种类	密度等级	筒压强度/MPa	强度标号
人造轻骨料	600	4.0	25
	700	5.0	30
	800	6.0	35
	900	6.5	40

4. 吸水率与软化系数

（1）不同密度等级轻粗骨料的吸水率应不大于表 2-170 的规定。

■表 2-170 轻粗骨料的吸水率

轻粗骨料种类	密度等级	1h 吸水率/%
人造轻骨料 工业废渣轻骨料	200	30
	300	25
	400	20
	500	15
	600～1200	10
人造轻骨料中的粉煤灰陶粒	600～1200	20
天然轻骨料	600～1200	—

注：人造轻骨料中的粉煤灰陶粒系指采用烧结工艺生产的粉煤灰陶粒。

（2）人造轻粗骨料和工业废渣轻粗骨料的软化系数应不小于 0.8，天然轻粗骨料的软化系数应不小于 0.7。

（3）轻细骨料的吸水率和软化系数不做规定，报告实测试验结果。

5.轻粗骨料的粒型系数

不同轻粗骨料的粒型系数应符合表2-171的规定。

■表2-171　轻粗骨料的粒型系数

轻粗骨料种类	平均粒型系数
人造轻骨料	≤2.0
天然轻骨料 工业废渣轻骨料	不做规定

6.有害物质含量

轻骨料中有害物质含量应符合表2-172的规定。

■表2-172　轻骨料中有害物质含量

项目名称	技术指标
含泥量/%	≤3.0
	结构混凝土用轻骨料≤2.0
泥块含量/%	≤1.0
	结构混凝土用轻骨料≤0.5
煮沸质量损失/%	≤5.0
烧失量/%	≤5.0
	天然轻骨料不做规定，用于无筋混凝土的煤渣允许≤18
硫化物和硫酸盐含量(按SO_3计)/%	≤1.0
	用于无筋混凝土的自燃煤矸石允许≤1.5
有机物含量/%	不深于标准色；如深于标准色，按表2-18的规定操作，且试验结果不低于95%
氯化物(以氯离子含量计)含量/%	≤0.02
放射性	符合GB 6566的规定

(三) 检验方法

试验用轻骨料试样，均应在温度为105～110℃的条件下干燥至恒量。当试样干燥至恒量时，相邻两次称量的时间间隔不得小于2h。当相邻两次称量值之差不大于该项试验要求的精度时，则称为恒量值。

1.颗粒级配（筛分析）

颗粒级配（筛分析）的测定方法见表2-173。

■表2-173　颗粒级配（筛分析）的测定方法

原理及目的	适用于测定轻骨料的颗粒级配及细度模数
试验仪器	干燥箱；台秤(称量粗骨料用10kg、感量为5g的台秤；称量细骨料用5kg、感量为5g的托盘天平)；套筛(筛分粗骨料的方孔筛孔径为37.5mm、31.5mm、26.5mm、19.0mm、16.0mm、9.50mm和4.75mm共计7种，并附有筛底和筛盖；筛分细骨料的方孔筛孔径为9.50mm、4.75mm、2.36mm、1.18mm、600μm、300μm和150μm共计7种，并附有筛底和筛盖；套筛直径应为300mm)；摇筛机(电动振动筛，振幅5mm±0.1mm，频率50Hz±3Hz)；搪瓷盘；毛刷和量筒等

续表

主要操作步骤	1. 取粗骨料 10L(骨料最大粒径小于或等于 19.0mm 时)或 20L(骨料最大粒径大于 19.0mm 时)，细骨料 2L，置于干燥箱中干燥至恒量。然后分成二等份，分别称取试样质量 2. 筛子按孔径从小到大顺序叠置，孔径最小者置于最下层，附上筛底，将一份试样倒入最上层筛里，上加筛盖，顺序过筛 3. 筛分粗骨料，当每号筛上筛余层的厚度大于该试样的最大粒径时，应分两次筛，直至各筛每分钟通过量不超过试样总量的 0.1%；越过试样总量的 0.1%时，应重新试验 4. 细骨料的筛分可先将套筛用振动摇筛机过筛 10min 后，取下，再逐个用手筛，也可直接用手筛，直至每分钟通过量不超过试样总量的 0.1%时即可。试样在各号筛上的筛余量均不得超过 0.4L；否则，应将该筛余试样分成两份，再次进行筛分，并以其筛余量之和作为该号筛的筛余量 5. 称取每号筛的筛余量。所有各筛的分计筛余量和筛底中剩余量的总和，与筛分前的试样总量相比，相差不得超过 1%；超过 1%时，应重新试验
结果计算	1. 计算分计筛余百分率——每号筛上的筛余量除以试样总量的质量百分率，计算精确至 0.1% 2. 计算累计筛余百分率——每号筛上的分计筛余百分率与大于该号筛的各号筛上的分计筛余百分率之和，计算精确至 1% 3. 轻细骨料的细度模数按下式计算，结果精确至 0.1 $$M_x=\frac{(A_2+A_3+A_4+A_5+A_6)-5A_1}{100-A_1}$$ 式中 M_x——细度模数，计算精确到 0.1； A_1，A_2，…，A_6——4.75mm，2.36mm，…，150μm 孔径筛上的累计筛余百分率
结果确定	1. 根据各筛的累计筛余百分率，按表 2-165 或表 2-166 评定轻骨料的颗粒级配 2. 以两次测定值的算术平均值作为试验结果。两次测定值的细度模数之差大于 0.20 时，应重新取样进行试验

2. 堆积密度

堆积密度的测定方法见表 2-174。

■表 2-174 堆积密度测定方法

原理及目的	适用于测定轻骨料在自然堆积状态下单位体积的质量
试验仪器	电子秤(最大称量 30kg、感量 1g，也可最大称量 60kg、感量 2g)；容量筒(金属制，容积为 10L、5L，内部尺寸可根据容积大小取直径与高度相等。粗骨料用 10L 的容量筒，细骨料用 5L 的容量筒)；干燥箱；直尺；取样勺或料铲等
主要操作步骤	1. 取粗骨料 30～40L 或细骨料 15～20L，放入干燥箱内干燥至恒量。分成两份，备用 2. 用取样勺或料铲将试样从离容器口上方 50mm 处(或采用标准漏斗)均匀倒入，让试样自然落下，不得碰撞容量筒。装满后使容量筒口上部试样成锥体，然后用直尺沿容量筒边缘从中心向两边刮平，表面凹陷处用粒径较小的骨料填平后称量
结果计算	轻骨料的堆积密度按下式计算，结果精确至 1kg/m³： $$\rho_{bu}=\frac{(m_t-m_v)\times 1000}{V}$$ 式中 ρ_{bu}——堆积密度，kg/m³； m_t——试样和容量筒的总质量，kg； m_v——容量筒的质量，kg； V——容量筒的容积，L
结果确定	以两次测定值的算术平均值作为试验结果

3. 表观密度

表观密度的测定方法见表 2-175。

■表 2-175 表观密度测定方法

原理及目的	适用于测定轻粗骨料颗粒单位体积的质量
试验仪器	干燥箱，托盘天平(最大称量 1kg，感量 1g)，量筒(容积 1000mL)，搪瓷盘(尺寸为 40cm×30cm)，取样勺，毛巾和 2.36mm 筛等
主要操作步骤	1. 取试样 4L，用筛孔为 2.36mm 的筛子过筛，取筛余物干燥至恒量，备用 2. 把干燥后的试样拌匀后，称取 300~500g(超轻骨料取 100~150g)，放入量筒浸入水中 1h(如有颗粒漂浮于水上，应采用带柄的圆形金属板将其压入水中)后取出，倒入 2.36mm 的筛子上，滤水 1~2min。然后倒在拧干的湿毛巾上，用手握住毛巾两端，使其成为槽形，让骨料在毛巾上来回滚动 8~10 次后，倒入搪瓷盘里 3. 将试样倒入 1000mL 的量筒中，再注入 500mL 清水。如有试样漂浮于水上，可用已知体积(V_r)的圆形金属板压入水中，读出量筒的水位(V_t)
结果计算	粗骨料的颗粒表观密度按下式计算，结果精确至 $1kg/m^3$ $$\rho_{ap}=\frac{m\times1000}{V_t-V_r-500}$$ 式中 ρ_{ap}——粗骨料颗粒表观密度，kg/m^3； m——烘干试样质量，g； V_t——圆形金属板的体积，mL； V_r——试样、圆形金属板和水的总体积，mL
结果确定	以两次测定值的算术平均值作为试验结果。如两次测定值之差大于平均值的 2%时，应重新取样进行试验

4. 空隙率

空隙率的测定方法见表 2-176。

■表 2-176 空隙率的测定方法

原理及目的	适用于测定轻粗骨料在自然堆积状态下颗粒间的空隙率
试验仪器	分别见表 2-174 和表 2-175
主要操作步骤	1. 按表 2-174 的操作步骤测定粗骨料的堆积密度 2. 按表 2-175 的操作步骤测定粗骨料的表观密度
结果计算	粗骨料的空隙率按下式计算，结果精确至 1% $$v=\left(1-\frac{\rho_{bu}}{\rho_{ap}}\right)\times100\%$$ 式中 v——空隙率，%； ρ_{bu}——粗骨料的堆积密度，kg/m^3； ρ_{ap}——粗骨料的表观密度，kg/m^3
结果确定	—

5. 筒压强度

筒压强度的测定方法见表 2-177。

■表 2-177 筒压强度测定方法

原理及目的	适用于用承压筒法测定轻粗骨料颗粒的平均相对强度指标
试验仪器	承压筒(由带有筒底的圆柱形筒体、导向筒和冲压模三部分组成。筒体可用无缝钢管制作，有足够刚度，筒体内表面和冲压模底面须经渗碳处理。筒体可拆，并装有把手。冲压模外表面有刻度线，以控制装料高度和压入深度。导向筒用以导向和防止偏心) 压力机(根据筒压强度的大小选择合适吨位的压力机，测定值的大小宜在所选压力机表盘最大读数的 20%~80%范围内) 托盘天平(最大称量 5kg，感量 5g) 干燥箱等

续表

主要操作步骤	1. 筛取 10~20mm 公称粒级(粉煤灰陶粒允许按 10~15mm 公称粒级，超轻陶粒按 5~10mm 或 5~20mm 公称粒级)的试样 5L，其中 10~15mm 公称粒级试样的体积含量应占 50%~70% 2. 用取样勺或料铲将试样从离承压筒口上方 50mm 处(或采用标准漏斗)均匀倒入，让试样自然落下，试样高度要高出承压筒筒口，随后放在混凝土试验振动台上振动 3s；再装试样至高出筒口，放在振动台上振动 5s，齐筒口刮(或补)平试样 3. 装上导向筒和冲压模，使冲压模的下刻度线与导向筒的上缘对齐 4. 把承压筒放在压力机的下压板上，对准压板中心，以每秒 300~500N 的速度匀速加荷。当冲压模压人深度为 20mm 时，记下压力值
结果计算	粗骨料的筒压强度按下式计算，结果精确至 0.1MPa。 $$f_a=\frac{p_1+p_2}{F}$$ 式中 f_a——粗骨料的筒压强度，MPa； p_1——压入深度为 20mm 时的压力值，N； p_2——冲压模质量，N； F——承压面积(即冲压面积 $F=10000mm^2$)
结果确定	粗骨料的筒压强度以三次测定值的算术平均值作为试验结果。若 3 次测定值中最大值和最小值之差大于平均值的 15%时，应重新取样进行试验

6. 强度标号

强度标号的测定方法见表 2-178。

■表 2-178 强度标号测定方法

原理及目的	适用于用混凝土试验方法测定人造轻粗骨料的强度标号。强度标号划分为 20、25、30、35、40 和 50
试验仪器	压力试验机，砂浆搅拌机，混凝土试验台，100mm×100mm×100mm 的试模，拌合铲和球形钵，托盘天平(最大称量 2kg，感量 1g)，台称(最大称量 5kg，感量 5g)，天然中砂和不小于 42.5 级的通用硅酸盐水泥等
主要操作步骤	1. 筛取 5~20mm 公称粒级的人造轻粗骨料 20L，将试样浸水一昼夜后取出，倒入 2.36mm 的筛子上，滤水 1~2min。然后倒在拧干的湿毛巾上，用手握住毛巾两端，使其成为槽形，让骨料在毛巾上来回滚动 8~10 次后，制成饱和面干试样，然后盖上湿布，备用。称取饱和面干试样 300g，测定并计算饱和面干人造轻骨料的表观密度值 2. 砂浆制备时，应使砂浆满足成型和易性和强度(7d 后达到 45~60MPa)的要求，在无经验时，砂浆配合比为水泥：砂：水=1：1：(0.4~0.45) 砂浆量按 20L 计算，则材料用量可分别按下式计算 $$m_c=0.020\rho_m\frac{1}{1+1+(0.40\sim0.45)}$$ $$m_s=m_c\times1.0$$ $$m_w=m_c\times(0.40\sim0.45)$$ 式中 m_c——水泥用量，kg； m_s——砂用量，kg； m_w——用水量，kg； ρ_m——新拌砂浆的表观密度，kg/m^3；若无试验值，可按 $2200kg/m^3$ 取值 先将砂和水泥在砂浆搅拌机中干拌均匀，再加水搅拌成砂浆 3. 混凝土拌合物制备时，应使混凝土拌合物中人造轻粗骨料的绝对体积含量为规定的 45%。每个混凝土拌合物试件的人造轻骨料和砂浆应单独称量和拌合，其用量按下式计算： $$m=nV\rho_{ap}$$ $$m_m=(1-n)V\rho_m$$

续表

主要操作步骤	式中 m——每个混凝土拌合物试件的饱和面干人造轻粗骨料用量，kg； n——每个混凝土拌合物试件中人造轻粗骨料的绝对体积含量，$n=0.45$； V——试件体积，$V=0.001\text{m}^3$； ρ_{ap}——饱和面干人造轻粗骨料的表观密度，kg/m^3； m_m——每个混凝土拌合物试件的砂浆用量，kg 人造轻粗骨料和砂浆在球形钵中用铲拌合成混凝土拌合物。拌合前，球形钵和铲应先用水润湿，拌合时间应不少于 2 min 4. 试件在振动台上成型，共成型 100mm×100mm×100mm 的砂浆和混凝土试件各 9 个，以及预测强度用的伴随砂浆试件 3 个。当混凝土拌合物试件振实抹光时，允许将多余的砂浆刮去，不准将上浮的人造轻骨料剔除。如果振实时，试模内混凝土拌合物的量不够，应填补砂浆 5. 试件成型一昼夜后拆模，并分成 3 大组编号。每大组包括 3 个砂浆和 3 个混凝土试件各一组，连同 3 个伴随砂浆试件，一起放入 20～40℃ 水中养护 6. 试件在水中养护一周以后，先测定伴随砂浆试件的抗压强度。当伴随砂浆试件抗压强度达到 45～60MPa 范围的任意龄期，可进行砂浆和人造轻骨料混凝土试件的抗压强度试验。每大组砂浆和混凝土试件应同时进行抗压强度试验。若伴随砂浆试件的抗压强度低于 45 MPa，则所有试件应继续在水中养护，直至砂浆试件的抗压强度达到 45MPa，再进行抗压强度试验。 试验前，应测定人造轻骨料混凝土试件的湿表观密度。若一组中 3 块人造轻骨料混凝土试件表观密度的最大值和最小值之差值过平均值 5% 时，则此组试件应舍去
结果计算	砂浆和人选轻骨料混凝土试件立方体抗压强度按公计算，结果精确至 0.1MPa。 $$f=\frac{p}{F}$$ 式中 f——砂浆和人造轻骨料混凝土立方体抗压强度，MPa； p——破坏荷载，N； F——立方体试件受压面积，mm^2 强度值的确定应符合下列规定： 以三个试件的算术平均值作为该组的强度值，精确至 0.1 MPa。三个测值中的最大值或最小值中如有一个与中间值的差值超过中间值的 15%时，则把最大值和最小值一并舍除，取中间值作为该组试件的抗压强度；如最大值和最小值与中间值的差均超过中间值的 15 %时，则该组试件的试验结果无效 人造轻粗骨料的强度标号用图解法确定。下图中，根据砂浆抗压强度和对应的人造轻骨料混凝土抗压强度，将人造轻骨料划分为 20、25、30、35、40 和 50 六个强度标号 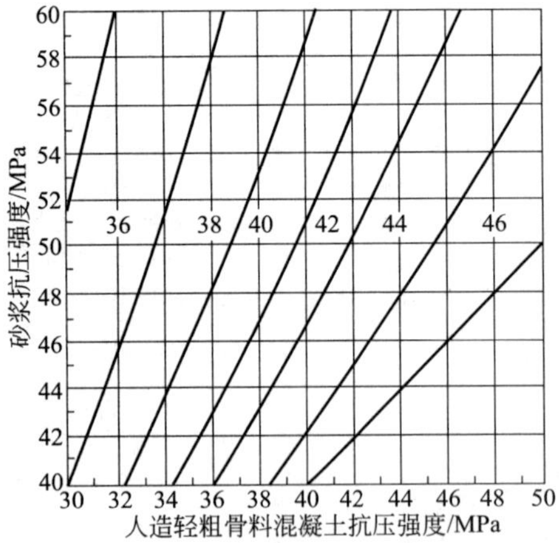 图解法确定人造轻粗骨料(陶粒)强度标号
结果确定	按每个大组试件的砂浆抗压强度和人造轻骨料混凝土抗压强度在图中的坐标位置，分别确定人造轻粗集料的强度标号。3 大组试验结果中，至少应有 2 组的强度标号相同，则该强度标号定为该人造轻粗骨料的强度标号值，否则应重新进行试验

7. 吸水率

吸水率的测定方法见表 2-179。

■表 2-179 吸水率测定方法

原理及目的	适用于测定干燥状态轻粗骨料 1 h 或 24 h 的吸水率
试验仪器	托盘天平(最大称量 1kg，感量 1g)，干燥箱，筛子(筛孔为 2. 36mm)，容器，搪瓷盘及毛巾等
主要操作步骤	1. 取试样 4L，用筛孔为 2. 36mm 的筛子过筛，取筛余物干燥至恒量，备用 2. 把试样拌合均匀，分成三等份，分别称重，然后放入盛水的容器中。 如有颗粒漂浮于水上，应将其压入水中 3. 试样浸水 1h 或 24h 后取出，倒入 2. 36mm 的筛子上，滤水 1～2min，然后倒在拧干的湿毛巾上，用手握住毛巾两端，使其成为槽形，让骨料在毛巾上来回滚动 8～10 次后，倒入搪瓷盘里，将试样制成饱和面干，然后称量。
结果计算	粗骨料的吸水率按下式计算，结果精确至 0. 1% $\omega_a=\frac{m_0-m_1}{m_1}\times 100\%$ 式中 ω_a——粗骨料 1h 或 24h 吸水率，%； m_0——浸水试样质量，g； m_1——烘干试样质量，g
结果确定	以三次测定值的算术平均值作为试验结果

8. 软化系数

软化系数的测定方法见表 2-180。

■表 2-180 软化系数测定方法

原理及目的	适用于测定轻粗骨料浸水前后的强度变化，以求其软化系数
试验仪器	见表 2-174 和表 2-176
主要操作步骤	1. 筛取 10～20mm 公称粒级(粉煤灰陶粒允许按 10～15mm 公称粒级，超轻陶粒按 5～10mm 或 5～20mm 公称粒级)的轻骨料试样 10L，其中 5L 浸水制成饱和面干试样 2. 按表 2-174 的方法分别测定干燥试样和饱和面干试样的筒压强度值
结果计算	粗骨料的软化系数按下式计算，结果精确至 0. 01 $\Psi=\frac{f_1}{f_0}$ 式中 Ψ——粗骨料的软化系数； f_0——干燥状态下粗骨料的筒压强度，MPa； f_1——浸水 1h 的饱和面干粗骨料筒压强度，MPa
结果确定	饱和面干和干燥试样粗骨料的筒压强度以三次测定值的算术平均值作为试验结果。 若 3 次结果中最大值和最小值之差大于平均值的 15%时，应重新取样进行试验 软化系数以三次测定值的算术平均值作为试验结果

9. 粒型系数

粒型系数的测定方法见表 2-181。

■表 2-181 粒型系数测定方法

原理及目的	适用于测定轻粗骨料颗粒的长向最大尺寸与中间截面最小尺寸，以计算其粒型系数
试验仪器	游标卡尺、容器(容积为 1L)
主要操作步骤	1. 取试样 1～2L，用四分法缩分，随机拣出 50 粒 2. 用游标卡尺量取每个颗粒的长向最大值和中间截面处的最小尺寸，精确至 1mm

续表

结果计算	每颗粗骨料的粒型系数按下式计算，结果精确至 0.1 $$K'_e=\frac{D_{max}}{D_{min}}$$ 式中 K'_e——每颗骨料的粒型系数； D_{max}——粗骨料颗粒长向最大尺寸，mm； D_{min}——粗骨料颗粒中间截面的最小尺寸，mm 粗骨料的平均粒型系数按下式计算： $$K_e=\frac{\sum_{i=1}^{n}K'_{e,i}}{n}$$ 式中 K_e——轻粗骨料的平均粒型系数； $K'_{e,i}$——某一颗粒粗骨料的粒型系数； n——被测试样的颗粒数，$n=50$
结果确定	以两次测定值的算术平均值作为试验结果

10. 含泥量

含泥量的测定方法见表 2-182。

■表 2-182 含泥量测定方法

原理及目的	适用于测定轻粗骨料中小于 75μm 的尘屑和泥土含量
试验仪器	托盘天平(最大称量 2kg，感量 1g)，干燥箱，瓷盆，搪瓷盘及冲洗试样时能保持试样不溅出的足够大的容器，筛孔尺寸为 9.50mm、1.18mm 和 75μm 的筛子等
主要操作步骤	1. 量取试样 5~7L(注意防止细粉丢失)，干燥至恒重，冷却至室温，备用 2. 称取干燥后的试样 1000~2000g 装入瓷盆里，加水将其浸没，静置 12h，然后搅拌 5min，使尘屑和泥土与骨料颗粒在水中分离。将 9.50mm、1.18mm 和 75μm 筛子叠置(按筛孔由大到小从上往下叠置)，先用水湿润，然后将试样和水一起倒入套筛上，滤去小于 75μm 的颗粒，用水流冲洗筛上(从最大筛孔的筛子开始)骨料，直至筛上剩余物中看不见有泥土，以及冲洗后的水变清澈为止。最后将 75μm 筛放在水中(使水面略高出筛内颗粒)来回摇动，以充分洗去小于 75μm 的尘屑。将三个筛上的筛余物，从最小号筛开始一并倒入搪瓷盘，置于干燥箱中干燥至恒量。取出，冷却至室温后，称取试样质量
结果计算	轻粗骨料的含泥量按下式计算，结果精确至 0.1% $$w_{du}=\frac{m_0-m_1}{m_0}\times100\%$$ 式中 w_{du}——粗骨料的含泥量，%； m_0——冲洗前试样的干燥质量，g； m_1——冲洗并干燥后试样的质量，g
结果确定	以两次测定值的算术平均值作为试验结果，如两次测定值的差值大于 0.2%，应重新试验

11. 泥块含量

泥块含量的测定方法见表 2-183。

■表 2-183 泥块含量测定方法

原理及目的	适用于测定轻粗骨料中的泥块含量
试验仪器	托盘天平(最大称量 1kg，感量 1g)，台称(最大称量 5kg，感量 5g)，筛子(孔径为 2.36mm 和 4.75mm 的筛各一个)等
主要操作步骤	按表 2-188 规定取样，筛去 4.75mm 以下颗粒后，用四分法缩分至 3kg 试样量(对超轻陶粒，取试样量为 1.5~2kg)。取两份试样放在干燥箱中干燥至恒量，冷却至室温后，分别称量(m_0)并在容器中摊成薄层，加入水将其浸没。在浸水 24 h 后，把水放出，用手压碎泥块，然后把试样放在 2.36mm 筛上用水冲洗。保留下来的试样小心地从筛中取出，并在干燥箱中干燥至恒量，冷却至室温，称量(m_1)

续表

结果计算	轻粗骨料泥块含量按下式计算，结果精确至 0.1% $$w_{cl}=\frac{m_0-m_1}{m_0}\times 100\%$$ 式中 w_{cl}——泥块含量，%； m_0——试验前试样的干燥质量，g； m_1——试验后试样的干燥质量，g
结果确定	以两次测定值的算术平均值作为试验结果，如两次测定值的差值超过 0.2%，应重新取样进行试验

12. 煮沸质量损失

煮沸质量损失的测定方法见表 2-184。

■表 2-184 煮沸质量损失测定方法

原理及目的	适用于检验轻粗骨料中生石灰等易分解物质对其安定性的影响
试验仪器	托盘天平(最大称量 2kg，感量 1g)，干燥箱，粗骨料筛分用筛子一套，带盖带孔容器或自制的孔径不大于 2.36mm 的金属网，电炉，盛水容器(可放装有试样的带盖带孔容器)等
主要操作步骤	1. 取轻粗骨料试样 2～4L，用与其公称粒级相应的最大和最小孔径筛子过筛，取公称粒级下限筛上的试样，洗净颗粒表观粘附的碎屑和粉尘，干燥至恒量，分成两份备用 2. 将试样装入带孔容器中，再放入盛水的容器中浸泡，容器中的水平面应比带孔容器中的试样高出 20mm 以上，浸泡 48h 后再将盛水容器连同装有试样的带孔容器一起放在电炉上煮沸 4h，然后取出装有试样的带孔容器，干燥至恒量。取出骨料，用孔径为试样粒级下限的筛子过筛，并称取筛余试样质量
结果计算	轻粗骨料煮沸质量损失按下式计算，结果精确至 0.1% $$w_f=\frac{m_0-m_1}{m_0}\times 100\%$$ 式中 w_f——煮沸质量损失，%； m_0——试验前公称粒级下限筛上试样的干燥质量，g； m_1——试验后公称粒级下限筛上试样的干燥质量，g
结果确定	以两次测定值的算术平均值作为试验结果

13. 烧失量

烧失量损失的测定方法见表 2-185。

■表 2-185 烧失量损失测定方法

原理及目的	适用于测定轻骨料的烧失量
试验仪器	干燥箱，高温炉(最高温度 1 000～1 200 ℃)，托盘天平(最大称量 2kg，感量 1g)，分析天平(最大称量 100g，感量为 0.1 mg)，干燥器，瓷坩埚，瓷研钵和 75μm 筛等
主要操作步骤	1. 取烘干试样 1L，破碎成最大粒径为 2.36mm 的颗粒(用轻细骨料测定时，不用破碎)，用四分法缩分至 100g，拌匀后再用四分法缩分至 20～25g。把试样用瓷研钵研磨成粉，使其全部通过 75μm 的筛子，置烘箱中烘至恒量，然后放入干燥器内，冷却至室温，备用 2. 用分析天平称取 1g 干燥试样，置于已在 950 ℃下烧灼至恒量的瓷坩埚中，放在高温炉内，从低温开始逐渐升高温度，在 950℃下灼烧 45 min 后，取出，置于干燥器中，冷至室温恒量。再灼烧 20 min，取出，冷却后称量。两次冷却后称量误差小于 0.02%，即为恒量

续表

结果计算	轻骨料烧失量按下式计算，结果精确至 0.02% $$w_s=\frac{m_0-m_1}{m_0}\times 100\%$$ 式中　w_s——轻骨料的烧失量，%； m_0——灼烧前试样的干燥质量，g； m_1——灼烧后试样的干燥质量，g
结果确定	以两次测定值的算术平均值作为试验结果，如两次测定值之差大于 0.2%时，应重新取样进行试验

14. 硫化物和硫酸盐含量

硫化物和硫酸盐含量的测定方法见表 2-186。

■表 2-186　硫化物和硫酸盐含量测定方法

原理及目的	适用于测定轻骨料中硫化物和硫酸盐含量(按 SO_3 百分含量计算)
试验仪器	干燥箱，高温炉(最高温度 1000～1200℃)，分析天平(最大称量 100g，感量 0.1mg)，干燥器，瓷坩埚，烧杯，瓷研钵等
化学试剂	以下试剂为分析纯，水为蒸馏水 1. 氨水(1：1)：将浓氨水与等体积水混合 2. 盐酸(1：1)：将浓盐酸溶于等体积的水中 3. 10%(质量分数)的氯化钡溶液：将 10g 氯化钡溶于 100mL 水中，若溶液浑浊需过滤后使用 4. 1%(质量分数)的硝酸银溶液：将 1g 硝酸银溶于 100mL 水中，加入 5～10mL 硝酸，贮存于棕色瓶中 5. 0.2%(质量分数)甲基红指示剂溶液：将 0.2g 甲基红溶于 100mL 95%乙醇中 6. 0.1 %(质量分数)硝酸铵溶液
主要操作步骤	1. 取烘干试样 1L，破碎成最大粒径为 2.36mm 的颗粒(用轻细骨料测定时，不用破碎)，用四分法缩分至 100g，拌匀后再用四分法缩分至 20～25g。把试样用瓷研钵研磨成粉，使其全部通过 75μm 的筛子，置烘箱中烘至恒量，然后放入干燥器内，冷却至室温，备用 2. 用分析天平称取 1g 试样(m_0)，放入 300mL 的烧杯中，加入 20～30mL 蒸馏水及 10mL 的盐酸(1：1)中，然后将烧杯放在电炉上煮沸，使试样充分分解，再加入蒸馏水稀释至约 150mL 3. 将溶液加热至沸，取下，加入 2～3 滴 0.2%甲基红指示剂溶液，在搅拌下滴加氨水(1：1)，至溶液呈黄色。过量滴加 1～2 滴，再稍加煮沸，取下静置片刻，以快速滤纸过滤。用中性热 0.1%硝酸铵溶液充分洗涤至氯离子反应消失为止(用硝酸银溶液检验)。滤液及洗涤液收集于 400mL 的烧杯中 4. 在上述溶液中满加盐酸(1：1)至溶液呈红色，并过量 2mL，加热浓缩至约 150～200mL。在沸煮搅拌下滴加 10mL 浓度为 10%氯化钡溶液，再煮沸数分钟，移至温热处静置 2～4h 或放置过夜。然后用慢速定量滤纸过滤，并用水洗涤至氯离子反应消失为止(用硝酸银溶液检验)。将沉淀物和滤纸一并放入已灼烧恒量(m_1)的瓷坩埚内，置电炉上灰化后，在 800℃高温炉内灼烧 30min。取出坩埚，置于干燥器中冷却至室温，称量。如此反复灼烧至恒量(m_2)
结果计算	轻骨料三氧化硫含量按下式计算，结果精确至 0.01% $$\omega_{SO_3}=\frac{(m_2-m_1)\times 0.343}{m_0}\times 100\%$$ 式中　ω_{SO_3}——三氧化硫(SO_3)的含量，%； m_1——灼烧恒重的瓷坩埚质量，g； m_2——灼烧恒重的瓷坩埚和灼烧后沉淀物总质量，g； m_0——试样质量，g； 0.343——硫酸钡折算为三氧化硫的换算系数
结果确定	以两次测定值的算术平均值作为试验结果，如两次测定值之差大于 0.15%时，应重新取样进行试验

15. 有机物含量

有机物含量的测定方法见表 2-187。

■表 2-187 有机物含量测定方法

原理及目的	适用于用比色法测定轻骨料中的有机物含量
试验仪器	托盘天平(最大称量 1kg，感量 0.5g)，天平(最大称量 100g，感量为 0.01g)，量筒(容积为 10mL、100mL 和 250mL 及 500mL 带塞量筒)，筛子(4.75mm 和 19.0mm)，烧杯，玻璃棒等
化学试剂	1. 试剂：氢氧化钠溶液(氢氧化钠与蒸馏水之质量比为 3∶97)、鞣酸、乙醇等 2. 标准溶液的制备方法：取 2g 鞣酸粉溶解于 98mL 浓度 10%的乙醇溶液中，即得浓度为 2%的鞣酸溶液，然后取该溶液 10mL，注入 390mL 浓度为 3%的氢氧化钠溶液中，加塞后剧烈摇动，静置 24h 后即得标准溶液
主要操作步骤	1. 轻细骨料取 6L；轻粗骨料最大粒径小于或等于 19.0mm 时取 3～8L；轻粗骨料最大粒径大于 19.0mm 时取 4～10L。轻细骨料用 4.75mm 的筛子、轻粗骨料用 19.0mm 的筛子过筛。取筛下料，用四分法缩分，轻细骨料取约 500mg，轻粗骨料取约 1kg，风干后备用 2. 向 250mL 带塞量筒中倒入轻细骨料试样至 130mL 刻度处，再注入浓度为 3%的氢氧化钠溶液至 200mL 刻度处，剧烈摇动后静置 24h 3. 向 500mL 带塞量筒中倒入轻粗骨料试样至 300mL 刻度处，再注入浓度为 3%的氢氧化钠溶液至 400mL 刻度处，剧烈摇动后静置 24h 4. 比较试样上部溶液和新配制标准溶液的颜色，盛标准溶液与盛试样的量筒容积应一致
结果计算	—
结果确定	1. 若试样上部的溶液颜色比标准溶液的颜色浅，以此作为试验结果 2. 如两种溶液的颜色接近，则应将试样和溶液倒入烧杯中，放在温度为 60～70℃的水浴锅中加热 2～3h，然后再与标准液比色 3. 如溶液的颜色深于标准溶液的颜色，则应按下法做进一步检验： 取试样一份，用 3%的氢氧化钠溶液洗出有机杂质，再用清水淘洗干净，直至试样用比色法检验时溶液的颜色浅于标准色。然后，用经淘洗和未淘洗的试样分别以相同的配合比配成和易性基本相同的轻骨料混凝土或轻砂水泥砂浆，测定 7d 和 28d 的抗压强度，并计算未淘洗的试样制成的混凝土强度或砂浆强度与经淘洗的试样制成的混凝土强度或砂浆强度的比值，作为试验结果

16. 氯化物含量

见表 2-143。

17. 放射性

见表 2-20。

(四) 质量控制

1. 验收

(1) 轻骨料出厂时，生产厂应提供产品质量合格证书，其内容包括：轻骨料类别和密度等级，生产厂名、地址，执行标准，批量及批量编号、生产日期，合格证编号与发放日期，检验部门及检验人员签章。

(2) 轻骨料的组批规则应符合下列规定。

① 轻骨料按类别、名称、密度等级分批检验与验收。

② 轻骨料每 400m³ 为一批，不足 400m³ 亦按一批计。

2. 运输和贮存

(1) 轻骨料应按类别、密度等级和颗粒级配等分别堆放和运输，并应有防雨措施。

（2）轻骨料可用车、船或袋装运输。运输过程中应避免污染或压碎。

（3）运输时，应采取措施防止粉尘飞扬和散落。

3. 取样

（1）取样方法

① 应从每批产品中随机抽取有代表性的试样。

② 初次抽取的试样应不少于 10 份，其总料量应多于试验用料量的一倍。

③ 初次抽取试样应符合下列要求：生产企业进行常规检验时，应在通往料仓或料堆的运输机的整个宽度上，在一定的时间间隔内抽取；对均匀料堆进行取样时，试样可从料堆锥体从上到下的不同部位、不同方向任选 10 个点抽取，但要注意避免抽取离析的及面层的材料；从袋装料和散装料（车、船）抽取试样时，应从 10 个不同位置和高度（或料袋）中抽取。

（2）取样数量

抽取的试样拌合均匀后，按四分法缩减到试验所需用料量，见表 2-188。

■表 2-188　取样数量

试验项目	用料量/L		
	细骨料	粗骨料	
		$D_{max}\leq 19.0mm$	$D_{max}>19.0mm$
颗粒级配(筛分析)	2	10	20
堆积密度	15	30	40
表观密度	—	4	4
筒压强度	—	5	5
强度标号	—	20	20
吸水率	—	4	4
软化系数	—	10	10
粒型系数	—	2	2
含泥量及泥块含量	—	5~7	5~7
沸煮质量损失	—	2	4
烧失量	1	1	1
硫化物及硫酸盐含量	1	1	1
有机物含量	6	3~8	4~10
氯化物含量	1	1	1
放射性	3	3	3

（3）判定规则

轻骨料进场检验项目建议执行《轻集料及其试验方法　第 1 部分 轻集料》（GB/T 17431.1）中出厂检验项目的规定：

① 轻粗骨料的检验项目为颗粒级配、堆积密度、粒型系数、筒压强度和吸水率；高强轻粗骨料还应包括强度标号。轻细骨料的检验项目为细度模数、堆积密度。

② 若试验结果中有一项性能不符合标准规定，允许从同一批轻骨料中加倍取样，对不合格项进行复验。复验后，若该项试验结果符合标准规定，则判该批产品合格；否则判为不合格。

五、重晶石

(一) 概述

防辐射混凝土或配重混凝土材料可采用重晶石、钢渣、褐铁矿、赤铁矿、蛇纹石、废钢块（钢段）、铁砂等材料。由于核工业及核技术的发展和放射性同位素在工业、农业、医疗、人防及科研试验等方面的广泛应用，主要用于屏蔽 X、γ 和中子射线的诸如重晶石等配制的防辐射混凝土应用越来越广泛。

重晶石是含硫酸钡的天然矿石。硫酸钡含量越高，重晶石的表观密度越大，其压碎指标值越大，所配制混凝土的强度亦越低。全部用重晶石粗细骨料可配制表观密度为 2800～4000kg/m^3、混凝土强度为 C20～C40 的重晶石防辐射混凝土，但难以配制强度更高和表观密度更大的防辐射混凝土。因此，实际配制时可选用压碎指标值相对较小的普通砂石代替部分重晶石骨料配制强度较高的重晶石防辐射混凝土；或选用干净的钢铁块、铁砂、铁矿石骨料等代替部分重晶石骨料，以配制强度更高、表观密度更大的重晶石防辐射混凝土。对防中子射线要求较高的工程结构，宜在重晶石防辐射混凝土中掺加含化合水的矿石骨料或含锂、硼等轻元素的材料。

重晶石细骨料是由重晶石矿石经破碎、筛分而得的粒径小于 4.75mm 且不小于 75μm 的重晶石颗粒。重晶石粗骨料是由重晶石矿石经破碎、筛分而得的粒径不小于 4.75mm 的重晶石颗粒。

(二) 质量要求

依据《重晶石防辐射混凝土应用技术规范》(GB 50557)，混凝土用重晶石的质量要求如下。

1. 重晶石细骨料

重晶石细骨料的质量要求应符合表 2-189 的规定。

■表 2-189 重晶石细骨料的性能指标

项 目	指 标		
	Ⅰ级	Ⅱ级	Ⅲ级
硫酸钡含量(按质量计，%)	≥95	≥90	≥85
放射性	合格	合格	合格
有机物	合格	合格	合格

续表

项　目	指　标		
	Ⅰ级	Ⅱ级	Ⅲ级
泥块含量(按质量计，%)	≤0.2	≤0.5	≤0.8
重晶石粉(按质量计，%)	≤8.0	≤6.0	≤4.0
硫化物及硫酸盐含量(折算成 SO_3 按质量计，%)	≤0.5	≤0.5	≤0.5

注：重晶石细骨料宜为中砂，且颗粒级配宜符合《普通混凝土用砂、石质量及检验方法标准》(JGJ 52)中级配Ⅱ区的规定。

2. 重晶石粗骨料

重晶石粗骨料的质量要求应符合表 2-190 的规定。

■表 2-190　重晶石粗骨料的性能指标

项　目	指　标		
	Ⅰ级	Ⅱ级	Ⅲ级
硫酸钡含量(按质量计，%)	≥95	≥90	≥85
表观密度/(kg/m³)	≥4400	≥4200	≥3900
放射性	合格	合格	合格
针片状颗粒(按质量计，%)	≤20.0	≤15.0	≤10.0
有机物	合格	合格	合格
泥块含量(按质量计，%)	≤0.1	≤0.2	≤0.4
重晶石粉(按质量计，%)	≤5.0	≤3.0	≤2.0
压碎指标/%	≤30.0	≤25.0	≤25.0
硫化物及硫酸盐含量(折算成 SO_3 按质量计，%)	≤0.5	≤0.5	≤0.5

注：重晶石粗骨料应符合《普通混凝土用砂、石质量及检验方法标准》(JGJ 52)中连续级配的规定。

(三) 检验方法

1. 重晶石细骨料

重晶石细骨料的各项性能检验方法见表 2-191。

■表 2-191　重晶石细骨料检验方法

项　目	检验依据	具体方法
硫酸钡含量	《非金属矿物和岩石化学分析方法》(JC/T 1021.7)	—
放射性	GB 6566	表 2-20
有机物	JGJ 52 GB/T 14684	表 2-137
泥块含量		表 2-132
重晶石粉		表 2-133
硫化物及硫酸盐含量		表 2-142

2. 重晶石粗骨料

重晶石粗骨料的各项性能检验方法见表 2-192。

■表 2-192 重晶石粗骨料检验方法

项目	检验依据	具体方法
硫酸钡含量	《非金属矿物和岩石化学分析方法》(JC/T 1021.7)	—
放射性	GB 6566	表 2-20
表观密度	JGJ 52 GB/T 14685	表 2-119
针、片状颗粒		表 2-117
有机物		表 2-122
泥块含量		表 2-116
重晶石粉		表 2-115
硫化物及硫酸盐含量		表 2-124

(四) 质量控制

1. 验收

(1) 重晶石粗细骨料应按表 2-189 和表 2-190 的规定进行检验。

(2) 重晶石粗细骨料组批规则应符合下列规定。

① 当所用重晶石粗细骨料由同一矿床的重晶石破碎加工形成时，粗细骨料均应按 300t 为一批，不足 300 t 时应作为一批。

② 当所用重晶石粗细骨料不是由同一矿床的重晶石破碎加工形成时，应分批进行检验。

2. 贮存

重晶石粗细骨料的储存应保证均匀性，同时应将不同品种、规格的骨料分别储存。骨料储存场所的地面应为能排水的硬质地面，并应避免雨淋。

第五节 纤维

一、概述

纤维混凝土技术在我国已得到广泛应用。纤维可分为钢纤维和合成纤维。钢纤维是由细钢丝切断、薄钢片切削、钢锭铣削或由熔钢抽取等方法制成的纤维。合成纤维是用有机合成材料经过挤出、拉伸、改性等工艺制成的纤维。钢纤维混凝土可采用碳钢纤维、低合金钢纤维或不锈钢纤维。钢纤维的形状可为平直形或异形，异形钢纤维又可为压痕形、波形、端钩形、大头形和不规则麻面形等。合成纤维混凝土可采用聚丙烯腈纤维、聚丙烯纤维、聚酰胺纤维或聚乙烯醇纤维等。合成纤维可为单丝纤维、束状纤维、膜裂纤维和粗纤维等，合成纤维应为无毒材料。钢纤维与合成纤维的材料性能不同，对混凝土性能的贡献也不相同。钢纤维混凝土适用于对弯拉（抗折）强度、弯曲韧性、抗裂、抗冲击、抗疲劳等性能要求较高的混凝土工程、结构或构件。合成纤维混凝土适用于要求改善早期抗裂、抗冲击、抗疲劳等性能的混凝土工程、结构或构件。

二、质量要求

依据《纤维混凝土应用技术规程》(JGJ/T 221)，混凝土用纤维的质量要求如下：

1. 钢纤维

(1) 钢纤维的几何参数宜符合表 2-193 的规定。

■表 2-193 钢纤维的几何参数

用　　途	长度/mm	直径(当量直径)/mm	长径比
一般浇筑钢纤维混凝土	20～60	0.3～0.9	30～80
钢纤维喷射混凝土	20～35	0.3～0.8	30～80
钢纤维混凝土抗震框架节点	35～60	0.3～0.9	50～80
钢纤维混凝土铁路轨枕	30～35	0.3～0.6	50～70
层布式钢纤维混凝土复合路面	30～120	0.3～1.2	60～100

(2) 钢纤维抗拉强度等级及其抗拉强度应符合表 2-194 的规定。当采用制作钢纤维的母材做试验时，试件抗拉强度等级及其抗拉强度也应符合表 2-194 的规定。

■表 2-194 钢纤维抗拉强度等级及其抗拉强度

钢纤维抗拉强度等级	抗拉强度/MPa	
	平均值	最小值
380 级	600＞R≥380	342
600 级	1000＞R≥600	540
1000 级	R≥1000	900

(3) 钢纤维其他性能应符合表 2-195 的规定。

■表 2-195 钢纤维其他性能　单位：%

弯折性能合格率	≥90
尺寸偏差合格率	≥90
异形钢纤维形状合格率	≥85
样本平均根数与标称根数的允许误差	±10
杂质含量	≤1.0

2. 合成纤维

(1) 合成纤维的规格宜符合表 2-196 的规定。

■表 2-196 合成纤维的规格

外　形	公称长度/mm		当量直径/μm
	用于水泥砂浆	用于水泥混凝土	
单丝纤维	3～20	6～40	5～100
膜裂纤维	5～20	15～40	—
粗纤维	—	15～60	＞100

（2）合成纤维的性能应符合表 2-197 的规定。

■表 2-197 合成纤维的性能

项　目	防裂抗裂纤维	增韧纤维
抗拉强度/MPa	≥270	≥450
初始模量/MPa	$\geq 3.0\times10^3$	$\geq 5.0\times10^3$
断裂伸长率/%	≤40	≤30
耐碱性能/%	≥95.0	

（3）合成纤维的分散性相对误差、混凝土抗压强度比和韧性指数应符合表 2-198 的规定。

■表 2-198 合成纤维的分散性相对误差、混凝土抗压强度比和韧性指数

项　目	防裂抗裂纤维	增韧纤维
分散性相对误差/%	-10～+10	
混凝土抗压强度比/%	≥90	
韧性指数 I_5	—	≥3

（4）单丝合成纤维的主要性能参数宜经试验确定；当无试验资料时，可按表 2-199 选用。

■表 2-199 单丝合成纤维的主要性能参数

项　目	聚丙烯腈纤维	聚丙烯纤维	聚丙烯粗纤维	聚酰胺纤维	聚乙烯醇纤维
截面形状	肾形或圆形	圆形或异形	圆形或异形	圆形	圆形
密度/(g/cm^3)	1.16～1.18	0.90～0.92	0.90～0.93	1.14～1.16	1.28～1.30
熔点/℃	190～240	160～176	160～176	215～225	215～220
吸水率/%	<2	<0.1	<0.1	<4	<5

三、检验方法

1. 钢纤维

钢纤维抗拉强度、弯折性能、尺寸偏差、异形钢纤维形状、钢纤维根数误差、钢纤维杂质含量的检验方法应按《纤维混凝土应用技术规程》（JGJ/T 221）附录 A 的规定进行。

2. 合成纤维

合成纤维主要性能的试验方法应按《水泥混凝土和砂浆用合成纤维》（GB/T 21120）的规定进行。

四、质量控制

（1）纤维进场时，供方应按规定批次向需方提供质量证明文件，质量证明文件

应包括型式检验报告、出厂检验报告与合格证、纤维产品使用说明书等。

（2）纤维进场检验和工程中抽检的项目应符合下列规定：

① 钢纤维抽检项目应包括抗拉强度、弯折性能、尺寸偏差和杂质含量。

② 合成纤维抽检项目应包括纤维抗拉强度、初始模量、断裂伸长率、耐碱性能、分散性相对误差、混凝土抗压强度比，增韧纤维还应抽检韧性指数和抗冲击次数比。

（3）纤维的检验规则应符合下列规定：

① 用于同一工程的同品种和同规格的钢纤维，应按每 20t 为一个检验批。

② 用于同一工程的同品种和同规格的合成纤维，应按每 50t 为一个检验批。

③ 不同批次或非连续供应的纤维混凝土原材料，在不足一个检验批量情况下，应按同品种和同规格（或等级）材料每批次检验一次。

第六节 混凝土用水

一、概述

水是混凝土不可缺少、不可替代的重要组成成分之一。混凝土用水最常使用的为生活饮用水，在水资源匮乏、减少水污染当今，综合利用各种水已被提到日程上来，由于生活饮用水在使用时不需检验，水的品质要求往往被忽视；然而品质不符合要求的混凝土用水会影响混凝土拌合物的性能和硬化后混凝土的性能，也可能使混凝土表面出现污斑，甚至对钢筋、特别是预应力钢筋产生腐蚀作用。因此，为保证混凝土建筑物混凝土的质量及耐久性，必须使用质量合格的水拌制混凝土和养护混凝土。

混凝土用水是混凝土拌合用水和混凝土养护用水的总称，包括饮用水、地表水、地下水、再生水、混凝土企业设备洗刷水和海水等，不同类别水的使用范围或要求见表 2-200。

■表 2-200 混凝土用水的种类

类别	范围
饮用水	符合《生活饮用水卫生标准》(GB 5749)的饮用水，是最常使用的混凝土拌合水，可以用来拌制素混凝土、钢筋混凝土及预应力混凝土等，不需进行试验
地表水及地下水	地表水主要包括河流水、湖泊水、冰川水和沼泽水，并把大气降水视为地表水体的主要补给源。地表水随季节等因素变化较大，有的受到污染。地下水是存在于岩石缝隙或土壤空隙中可以流动的水。我国幅员辽阔，天然地表水、地下水的品质差别较大，情况复杂。地表水及地下水需经检验合格才可使用
再生水	再生水也称为中水，指污水经适当再生工艺处理后具有使用功能的水，应符合《城市污水利用城市杂用水水质》(GB/T 18920)的要求。JGJ 63 要求的再生水，可用于拌制素混凝土、钢筋混凝土及预应力混凝土等

续表

类别	范围
混凝土企业设备洗刷水	不宜用于预应力混凝土、装饰混凝土、加气混凝土和暴露于腐蚀环境的混凝土;不得用于使用碱活性或潜在碱活性骨料的混凝土
海水	海水的含盐量较多。用它拌制混凝土,会降低混凝土后期强度,促使钢筋锈蚀和混凝土表面潮湿和泛霜。因此，未经处理的海水严禁用于钢筋混凝土和预应力混凝土。在无法获得水源的情况下，海水可用于素混凝土，但不宜用于装饰混凝土。

二、质量要求

依据《混凝土用水标准》(JGJ 63)，混凝土用水的质量要求如下。

1.混凝土用水的物质含量限值

混凝土拌合用水水质要求应符合表2-201的规定。

混凝土养护用水可不检验不溶物和可溶物，其他检验项目应符合表2-201的要求。

■表2-201 混凝土拌合用水水质要求

项目	预应力混凝土	钢筋混凝土	素混凝土
pH值	≥5.0	≥4.5	≥4.5
不溶物/(mg/L)	≤2000	≤2000	≤5000
可溶物/(mg/L)	≤2000	≤5000	≤10000
Cl^-/(mg/L)	≤500	≤1000	≤3500
SO_4^{2-}/(mg/L)	≤600	≤2000	≤2700
碱含量/(mg/L)	≤1500	≤1500	≤1500

注：1. 碱含量 $Na_2O+0.658K_2O$ 按计算值来表示。采用非碱活性骨料时,可不检验碱含量。
2. 对于设计使用年限为100年的结构混凝土,氯离子含量不得超过500mg/L。
3. 对使用钢丝或经热处理钢筋的预应力混凝土,氯离子含量不得超过350mg/L。

2.放射性

地表水、地下水、再生水的放射性应符合《生活饮用水卫生标准》GB5749的规定。

3.对凝结时间影响的要求

混凝土拌合用水应与饮用水样进行水泥凝结时间对比试验。对比试验的水泥初凝时间差及终凝时间差均不应大于30min；同时，初凝和终凝时间应符合《通用硅酸盐水泥》(GB 175)的规定。

混凝土养护用水可不检验水泥凝结时间。

4.对抗压强度影响的要求

混凝土拌合用水应与饮用水样进行水泥胶砂强度对比试验，混凝土拌合用水配制的水泥胶砂3d和28d强度不应低于饮用水配制的水泥胶砂3d和28d强度的90%。

混凝土养护用水可不检验水泥胶砂强度。

5. 其他要求

混凝土拌合用水不应有漂浮明显的油脂和泡沫，不应有明显的颜色和异味。

三、检验方法

1. 检验方法

水的各项指标检验方法见表 2-202。

■表 2-202 水的各项指标检验方法

检验指标	检验方法
pH值	pH值的检验应符合《水质 pH值的测定玻璃电极法》(GB/T 6920)的要求,并宜在现场测定
不溶物	不溶物的检验应符合《水质 悬浮物的测定 重量法》(GB/T 11901)的要求
可溶物	可溶物的检验应符合《生活饮用水标准检验法》(GB 5750)中溶解性总固体检验法的要求
氯化物	氯化物的检验应符合《水质 氯化物的测定 硝酸银滴定法》(GB/T 11896)的要求
硫酸盐	硫酸盐的检验应符合《水质 硫酸盐的测定 重量法》(GB/T 11899)的要求
碱含量	碱含量的检验应符合《水泥化学分析方法》(GB/T 176)中关于氧化钾、氧化钠测定的火焰光度计法的要求。具体操作方法见表 2-18
放射性	放射性的检验应符合《生活饮用水标准检验方法》(GB/T 5750)中放射性指标检验方法的要求
水泥凝结时间	水泥凝结时间试验应符合《水泥标准稠度用水量、凝结时间、安定性检验方法》(GB/T 1346)的要求。试验应采用 42.5 级硅酸盐水泥,也可采用 42.5 级普通硅酸盐水泥;出现争议时,应以 42.5 级硅酸盐水泥为准。具体操作方法见表 2-8
水泥胶砂强度	水泥胶砂强度试验应符合《水泥胶砂强度检验方法(ISO 法)》(GB/T 17671)的要求。试验应采用 42.5 级硅酸盐水泥,也可采用 42.5 级普通硅酸盐水泥;出现争议时,应以 42.5 级硅酸盐水泥为准。具体操作方法见表 2-11

2. 结果评定

（1）符合《生活饮用水卫生标准》（GB/T 5749）要求的饮用水，可不经检验作为混凝土用水。

（2）当水泥凝结时间和水泥胶砂强度的检验不满足要求时，应重新加倍抽样复检一次。

（3）符合表 2-201 水质要求，且放射性、水泥凝结时间和水泥胶砂强度等指标合格，可作为混凝土用水。

四、质量控制

1. 取样

（1）水质检验水样不应少于 5L；用于测定水泥凝结时间和胶砂强度的水样不应少于 3L。

（2）地表水宜在水域中心部位、距水面 100mm 以下采集，并应记载季节、气候、雨量和周边环境的情况。

（3）采集水样的容器应无污染；容器应用待采集水样冲洗三次再灌装，并应密封待用。

(4) 地下水应在放水冲洗管道后接取，或直接用容器采集；不得将地下水积存于地表后再从中采集。

(5) 再生水应在取水管道终端接取。

(6) 混凝土企业设备洗刷水应沉淀后，在池中距水面100mm以下采集。

2. 水样检验期限

(1) 水质全部项目检验宜在取样后7d内完成；

(2) 放射性检验、水泥凝结时间检验和水泥胶砂强度试件成型宜在取样后10d内完成。

3. 水样检验频率

(1) 地表水、地下水和再生水的放射性应在使用前检验；当有可靠资料证明无放射性污染时，可不检验。

(2) 地表水、地下水、再生水和混凝土企业设备洗刷水在使用前应进行检验；在使用期间，检验频率宜符合下列要求：

① 地表水每6个月检验一次。

② 地下水每年检验一次。

③ 再生水每3个月检验一次；在质量稳定一年后，可每6个月检验一次。

④ 混凝土企业设备洗涮水每3个月检验一次；在质量稳定一年后，可一年检验一次。

⑤ 当发现水受到污染和对混凝土性能有影响时，应立即检验。

参考文献

[1] 王文义. 我国水泥标准为什么要同国际接轨. ISO水泥胶砂强度检验方法宣贯技术资料汇编. 中国建筑材料科学研究院.

[2] GB/T 4131—2014.

[3] GB 175—2007.

[4] GB/T 176—2008.

[5] JC/T 420—2006.

[6] GB/T 1346—2011.

[7] GB/T 750—92.

[8] GB/T 17671—1999.

[9] GB/T 8074—2008.

[10] GB/T 1345—2005.

[11] GB 6566—2010.

[12] GB/T 1596—2005.

[13] GB/T 18046—2008.

[14] GB/T 20491—2006.

[15] JG/T 3048—1998.

[16] JG/T 317—2011.

[17] GB/T 51003—2014.

[18] YB/T 140—2009.

[19] JC/T 1088—2008.

[20] GB/T 8075—2005.

[21] GB 8076—2008.

[22] JC 474—2008.

[23] JC 475—2004.

[24] JC 477—2005.

[25] GB 23439—2009.

[26] GB 18588—2001.

[27] GB/T 8077—2000.

[28] GB 50119—2003.

[29] GB/T 14684—2011.

[30] GB/T 14685—2011.

[31] JGJ 52—2006.

[32] JGJ 206—2010.

[33] GB/T 25176—2010.

[34] GB/T 25177—2010.

[35] JGJ/T 240—2011.

[36] GB/T 17431. 1—2010.

[37] GB/T 17431. 2—2010.

[38] JGJ 63—2006.

[39] GB 50666—2011.

[40] GB/T 31288—2014.

[41] GB 51032—2014.

[42] GB 50557—2010.

[43] GB/T 21120—2007.

本章主要执笔人：于明、段遵莉

第三章

混凝土拌合物的质量要求及其检验与控制

第一节 概述

混凝土的各组成材料按一定比例配料，经搅拌均匀后的混合物，在其未凝固前称为混凝土拌合物，也称为新拌混凝土，以区别于硬化后的混凝土。混凝土在制备过程中大体有两种状态：一是未凝固、硬化过程的状态，二是硬化后的状态。这是因为水泥加水拌合后，就产生一系列化学反应，即水化作用。随着时间的推移，水泥的水化反应不断进行，水化产物不断增加，水化产物与未水化水泥、矿物掺合料颗粒相互搭接，形成网状凝聚结构，并逐步失去流动性和可塑性，此时混凝土开始凝结硬化。水化反应继续进行，水化产物不断加固网状凝聚结构，最终形成具有一定强度的人工石材，称为硬化混凝土。混凝土拌合物是混凝土生产过程中的一种过渡状态，它经过输送、浇筑、振捣密实和抹面等一系列过程，再经养护、硬化后才形成最终的产品。混凝土从搅拌机中卸出，到浇筑成型完毕，所经历的时间并不长，但硬化后混凝土的性能如何，却与混凝土拌制、浇筑和密实成型密切相关。可以说混凝土拌合物的性能在很大程度上决定了混凝土结构或构件的未来质量。

对混凝土拌合物的质量要求，主要是使拌合物在搅拌、运输、浇筑、捣实及表面处理等生产工序中易于施工操作，达到质量均匀，不泌水，不离析，获得良好的浇筑质量，从而为保证混凝土的强度、耐久性及其他要求具备的性能创造必要的条件。

混凝土拌合物的质量控制项目与指标主要有和易性、凝结时间、泌水与压力泌水率、含气量、表观密度和拌合物的均匀性等。

混凝土拌合物应具有良好的和易性，以保证混凝土在生产施工过程中易于搅拌均匀，运输、浇筑、振捣不产生分层离析，容易抹平，并获得体积稳定、结构密实均匀的性质。混凝土拌合物应有适当的凝结时间，以便于施工操作并尽早获得强度。混凝土在运输、振捣、泵送的过程中还会出现粗骨料下沉、水分上浮的泌水和离析现象，泌水和离析是混凝土处于塑性阶段两个可能发生的不利作用。通常，描述混凝土泌水特性的指标有泌水率和压力泌水率。此外，含气量、表观密度、组成材料比例和均匀性不同程度地影响混凝土的和易性、密实性和耐久性，也是混凝土拌合物重要的质量要求与指标。

混凝土拌合物和易性也称为工作性，是反映混凝土拌合物性质的概念，是指混凝土拌合物从搅拌开始，经浇筑到抹平，整个生产施工过程中易于搅拌均匀，运输、浇筑、振捣不产生分层离析，容易抹平，并获得体积稳定、结构密实均匀的混凝土的性质。和易性是一项综合的技术性质，是对混凝土拌合物性能的综合评价，它包括流动性、粘聚性和保水性三方面的含义。

流动性是指混凝土拌合物在自重或外力（如施工机具振动）作用下，能产生流动，并均匀密实地充满模型的性质。流动性的大小主要取决于单位用水量或水泥浆量的多少。单位用水量或水泥浆量多，混凝土拌合物的流动性就大，浇筑时容易充满模型。但流动性的提高并不是单单依靠增加用水量，采用减水型外加剂可以较好地提高混凝土的流动性。混凝土拌合物的流动性有很大差别，有的在自重作用下几乎不发生任何变形，也有的就像液体一样呈现出非常高的流动性，即具有自流平的特性。混凝土拌合物的流动性以稠度表示，依其流动性的大小，分别以坍落度或维勃稠度作为流动性指标，其中坍落度适用于塑性和流动性混凝土拌合物，维勃稠度适用于干硬性混凝土拌合物。

粘聚性是指混凝土拌合物在施工过程中，其组成材料之间有一定的粘聚力，不致产生分层和离析的现象。混凝土拌合物是由密度不同、颗粒大小不同的多组分固体和液体组成的混合物，在外力作用下，各组成材料移动的倾向性不同。如果各组成材料的用量配合不适当，容易产生分层和离析现象，使硬化后的混凝土内各组成材料分布不均匀，影响质量。粘聚性的观察评定是在量测坍落度后，用捣棒轻轻敲打混凝土拌合物锥体侧面，如锥体逐渐下沉，则表示粘聚性良好；如锥体倒塌、部分崩裂或出现离析，则表示粘聚性不好。

保水性是指混凝土拌合物在施工过程中，具有一定的保水能力，不致产生严重的泌水现象。混凝土拌合物在运输和施工过程中，随着较重骨料颗粒的下沉，密度较小的水分逐渐上升到混凝土拌合物表面的现象称为泌水。发生泌水现象时，混凝土内部的泌水通道形成孔隙，降低了混凝土的密实性，从而影响混凝土的质量。保水性是以混凝土拌合物中稀浆析出程度来评定。当坍落度筒提起后，有较多稀浆从底部析出，混凝土锥体也因失浆而骨料外露，则表明此拌合物的保水性能不好；如无稀浆或仅有少量稀浆自底部析出，则表明此拌合物的保水性能良好。

混凝土拌合物的流动性、粘聚性和保水性各有其特点和评定方法，三者之间既互有联系，又存在着矛盾。如粘聚性好的混凝土，其保水性也较好；而流动性过大的混凝土，容易发生泌水现象。和易性是这三方面性质在某种具体条件下矛盾统一的概念。

凝结时间是混凝土拌合物的一项重要指标，其对混凝土搅拌、运输、浇筑、抹面、养护等各施工工序有重要的参考作用。混凝土的凝结时间可分为初凝和终凝，标准试验方法是通过测定混凝土筛出砂浆后的贯入阻力值得到的。一般而言，混凝土的凝结时间与水泥密切相关，但混凝土中掺加外加剂和矿物掺合料后，会影响混凝土的凝结时间。尤其是混凝土外加剂品种众多，如缓凝剂和速凝剂，可显著影响混凝土的凝结时间。另外，水胶比、环境条件、构件形状和尺寸等也是影响混凝土凝结时间不可忽视的因素。

混凝土拌合物表观密度是指混凝土拌合物振捣密实后的单位体积质量，对于普通混凝土，其值为2400kg/m^3左右。混凝土中不同程度的含有一定孔隙，因此，绝对密实的混凝土是不存在的，普通混凝土的密实度一般不超过0.92。对所用材料品种相同而密实度不同的混凝土，可用混凝土表观密度近似地反映其密实度的不同。混凝土的密实度与混凝土的许多重要性能密切相关，如强度、变形、抗冻、抗渗、保温、隔热等。

混凝土和易性是一个综合的性质，目前还没有一个全面、准确地反映混凝土和易性的测试方法。通常是以测定混凝土坍落度或维勃稠度确定其流动性，通过观察混凝土拌合物的形态，判定其粘聚性和保水性，从而对混凝土拌合物的和易性作出综合评价。

另外，混凝土在拌制过程中，不可避免地会混入一定量的空气，从而影响混凝土的密实性。有时，为了改善混凝土拌合物的和易性或耐久性，常掺入引气剂或引气型外加剂，使混凝土拌合物含有一定量的空气。为了控制硬化后混凝土的质量，上述两种情况都需要控制混凝土拌合物的含气量。因此，含气量也属于混凝土拌合物的一种质量要求。

混凝土拌合物的均匀性是保证混凝土质量及保证全部混凝土的各项性能均匀一致的前提条件，因此，生产过程中还应控制混凝土拌合物的均匀性。

混凝土拌合物的离析、泌水、搅拌时间长短、浇筑工艺、倾落高度、振捣时间等都会对均匀性产生影响。

温度也是混凝土拌合物的性能指标之一。在混凝土拌制过程中发生的化学变化主要是水泥的水化反应，水泥水化速度不仅与水泥细度有关，而且也随温度的变化而变化，温度越高，水化反应越快，混凝土凝结时间缩短。混凝土出机温度越高，水分蒸发越快，拌合物坍落度损失也越快。在坍落度保持不变时，用水量随温度升高而加大。混凝土浇筑后尚未硬化前，内部温度较低时水可能存在结冰现象而产生冻胀应力，这个应力值如大于水泥石的初期强度值，混凝土受到会不同程度的破坏（即早期受冻破坏）而降低强度和密实性。

第二节　混凝土拌合物的质量要求

1. 维勃稠度

混凝土拌合物在固定频率和振幅的激振力作用下，混凝土被液化、坍落、流动，最终表面被振平。不同流动性的混凝土拌合物由锥体状到振平所需的能量不同，所需的时间也不同，因而可用振平所需的时间来评价混凝土的流动性，以维勃稠度表示。振平所需的时间越长（维勃稠度越大），混凝土拌合物的流动性越差。

维勃稠度试验法由于采用振动来测定混凝土拌合物的流动性，与实际混凝土工程的施工方法比较接近，能较好地反映混凝土拌合物在振动情况下的液化性能和流动性能。但维勃稠度试验所用仪器较为复杂，施工现场操作不便，因此，这一试验方法大部分用作混凝土拌合物流动性的室内试验。

混凝土拌合物根据其维勃稠度大小分为V0、V1、V2、V3、V4五个级别，见表3-1。

■表3-1 混凝土拌合物的维勃稠度等级划分 单位：s

等级	维勃稠度
V0	≥31
V1	30~21
V2	20~11
V3	10~6
V4	5~3

2.坍落度、坍落扩展度及排空时间

通过对混凝土拌合物坍落度、坍落扩展度和排空时间的测定，可对混凝土拌合物的和易性进行综合评定或对不同混凝土拌合物的和易性做相对比较。

（1）坍落度

坍落度试验是目前混凝土材料研究和施工中应用最普遍的一种试验方法，它是测定混凝土拌合物稠度大小、评价混凝土拌合物的变形能力或抵抗流动变形性能的一种方法。坍落度值越大，表明混凝土拌合物的流动性越大。另外，在测量完坍落度后的混凝土锥体侧面敲打，可定性地评定混凝土拌合物的粘聚性。如果拌合物锥体均匀地坍落，则表明这一混凝土具有较好的粘聚性。该方法设备简单，操作方便，而且就同一类混凝土来说，对混凝土用水量的变化较为敏感，因而被广泛地采用。但这一方法受人为因素影响较大，容易引起误差。另外，坍落度是一种靠材料自重产生变形的测定方法，并不能反映出混凝土是否易于密实或捣实，是否易于泵送，是否易于最后加工等，因此，坍落度主要适用于判定混凝土拌合物的流动性、粘聚性及保水性。

坍落度法适用于塑性混凝土、流动性混凝土。对于干硬性混凝土，由于坍落度非常小，甚至无坍落度，因而无法测量；对于流态混凝土，由于坍落度非常大，坍落度对混凝土的流动性已不敏感，因而无法做出评价。

测定坍落度时，大多数锥体会均匀地坍落，但也有些锥体会沿一斜面产生滑动，或是剪切坍落，这时应重新测定坍落度。若仍发生剪切坍落，则可认为混凝土拌合物粘聚性、均匀性较差。

混凝土拌合物根据其坍落度大小分为S1、S2、S3、S4、S5五个级别，见表3-2。

■表3-2 混凝土拌合物的坍落度等级划分 单位：mm

等级	坍落度
S1	10~40
S2	50~90
S3	100~150
S4	160~210
S5	≥220

注：坍落度检测结果，在分级评定时，其表达取舍至临近的10mm。

Concrete

施工生产用的混凝土拌合物在保证具有良好的粘聚性、保水性的前提下，应具有适应于所浇筑的结构物构件条件及施工生产工艺的坍落度。当构件截面尺寸较小、钢筋较密或采用人工插捣时，拌合物的流动性宜选大些；反之，当构件截面尺寸较大、钢筋较稀疏或采用振动器振捣时，拌合物的流动性宜选小些。当施工工艺采用混凝土泵输送混凝土时，则要求混凝土拌合物具有高流动性。

（2）坍落扩展度

坍落扩展度是随着大流动性混凝土的开发与应用而出现的，是能同时反映拌合物的变形能力与变形速度的性能指标，适合于测定大流动性混凝土的流动性。

坍落扩展度的测定方法是在测定混凝土坍落度的同时，测量锥体坍落扩展后圆形试样两个垂直方向上水平尺寸的平均值，作为混凝土坍落扩展度值，以此作为评价混凝土流动性的指标。

混凝土拌合物根据其坍落扩展度大小分为 F1、F2、F3、F4、F5、F6 六个级别，见表 3-3。

■表 3-3　混凝土拌合物的坍落扩展度等级划分　　单位：mm

等　级	扩展直径
F1	≤ 340
F2	350～410
F3	420～480
F4	490～550
F5	560～620
F6	≥630

（3）排空时间

排空时间是针对大流动性混凝土的特点提出的新的试验方法。试验时将混凝土拌合物装入距地面一定高度的已固定好的 V 形漏斗仪或倒置坍落度筒中，测定混凝土拌合物从底部全部流出所需要的时间，作为评价混凝土拌合物流动速度及粘聚性能的指标。

对自密实混凝土而言，各等级自密实混凝土的 V 漏斗通过时间应符合表 3-4 的要求。

■表 3-4　V 漏斗通过时间　　单位：s

自密实混凝土性能等级	一级	二级	三级
V 漏斗通过时间	10～25	7～25	4～25

采用倒置坍落度筒测定时，如排空时间在 5～25s 范围内且坍落扩展度大于 500mm 时，则可认为和易性（可泵性）良好；如排空时间小于 5s 或大于 25s，应适当调整混凝土配合比或采取其他措施。

3. 坍落度经时损失

坍落度经时损失是表示混凝土拌合物于搅拌后随时间的延长，主要是由于水泥水化反应在混凝土内部形成初始强度结构，使其坍落度值逐渐减小的现象。水泥遇水后，随着时间的推移，混凝土中的水分因不断水化和蒸发而被消耗，水泥浆由于不断水化而变稠，使拌合物的流动性不断降低，造成坍落度的经时损失，这是一个正常的物理化学过程。对用水量大，水胶比大的普通混凝土，影响并不很大，但对用水量小，水胶比小的高性能混凝土影响就很大，易给施工造成很大困难；温度越高，损失越快；水泥和减水剂的相容性越差，损失也越大。此外，还与减水剂的品种、掺量与掺入方式有关，也与骨料吸水率、水分蒸发速率、含气量降低、水化速率与水化产物等因素相关。因此，在做坍落度试验的同时，应做坍落度经时损失的测定，一般分 30min、60min、90min 至 120min 四个档次的测定。

混凝土拌合物的坍落度经时损失不应影响混凝土的正常施工。

4. 离析与泌水

（1）离析

离析是由于混凝土拌合物中各组分的颗粒粒径及密度不同，导致组分分离、不均匀的现象。这种组分分布的不均匀性将导致各部分混凝土性能的差异，易使混凝土内部或表面产生一些缺陷，影响混凝土的性能和正常使用。因此，必须注意采取有效的措施防止离析，保证混凝土拌合物具有良好的粘聚性、均匀性，从而保证各部分混凝土性能的一致性。

混凝土中存在两种离析，一种是混凝土中的粗骨料易于分离脱落，另一种是在搅拌时，水泥浆易于与混合料分离。粘度较高的水泥浆体有助于防止离析，因此，混凝土水胶比较小时，其离析倾向也较小。对于贫混凝土，由于水泥浆量较少，在流动性偏大时，则容易产生粗骨料的离析；对于大流动性混凝土，则容易产生水泥浆的离析。混凝土的施工作业过程对离析也有较大的影响。

混凝土的离析与诸多因素有关，其中包括混凝土配合比、流动指标、施工方法和条件等。

（2）泌水

混凝土拌合物经浇筑、振捣后，在凝结硬化过程中，伴随着粒状材料的下沉所出现的部分拌合水上浮至混凝土表面的现象，称为泌水（在外观上表现为混凝土沉缩）。

在混凝土拌合物表面产生少量泌水属正常现象，它对混凝土拌合物及硬化混凝土的质量没有什么不利的影响，但泌水量过大则会影响混凝土拌合物及硬化混凝土的一些性能，如混凝土拌合物的体积变化、塑性收缩、混凝土的强度和密实度、浆体与骨料的粘结、浆体与钢筋的粘结、耐久性、表面缺陷等。因泌水量多的混凝土沉降量也大，容易使混凝土出现沉缩裂缝，同时上浮的水使上部混凝土水胶比变大，容易在粗骨料或水平钢筋的下部产生间隙，对混凝土强度及密实性不利。通过泌水通道，一些轻质、细小颗粒会迁移到混凝土表面，这会降低混凝土的耐磨性能。泌水还会增加混凝土表面层中的可溶性碱含量，使发生碱-骨料反应的可能性增加。

泌水量的多少与混凝土配合比、外加剂、水泥、矿物掺合料及骨料等原材料的性能、环境温度等各种因素有关。一般而言，水胶比和坍落度越大，骨料级配较差，泌水可能性越大。在混凝土中掺入引气剂，可减少泌水量，掺粉煤灰、火山灰等矿物掺合料也可以减少泌水。同一配合比的混凝土，浇筑高度越高或浇筑高度落差越大，泌水可能性越大，过振也会增大泌水性。因此，混凝土应有适宜的配合比和施工作业方法，以便将泌水控制在较低的水平。

离析和泌水是混凝土处于塑性阶段两个可能发生的不利现象。

5. 压力泌水

随着混凝土工程技术的发展，混凝土施工常采用泵送工艺。在泵送过程中，由于混凝土中各组分的运动速度不一样，也会产生分离。这种分离与静态时的分离不同，它是一种动态的，是在一定外力作用下的分离。

混凝土在压力作用下的泌水称为压力泌水，对泵送混凝土来说，是一个较重要的性能指标，它反映了在压力作用下混凝土保持水泥浆体的能力。如果在泵送时较快产生压力泌水，遇到泵管的弯头、接缝时，含浆量多的饱和混凝土变成浆体贫乏的非饱和混凝土，从而丧失可泵性。

混凝土拌合物压力泌水性能的表征是压力泌水率，它是指在一定的压力下，混凝土拌合物在规定的时间内所泌出的水占所能泌出的水总量的百分数。

一般泵送混凝土 10s 时的相对压力泌水率 S_{10} 不宜大于 40%。

6. 凝结时间

水泥加水拌合后，即开始进行水化反应。水泥水化反应的历程可分为五个阶段，即初始快速反应期、诱导期、水化作用加速期、中间期、受扩散控制期。在前两个阶段，由于水泥水化产物较少，不能形成网状的凝聚结构，因此混凝土拌合物处于可流动状态。随着水化反应的进行，水化产物不断增多，水化产物与未水化水泥颗粒互相交叉搭接，使混凝土拌合物基本上失去流动性，此时混凝土拌合物即达到初凝。水化反应继续进行，水化产物不断加固网状凝聚结构，使混凝土具有一定内部结构强度，此时混凝土拌合物就达到终凝。以后的水化过程则是对这一凝聚结构的不断填充，使之致密化的过程。

混凝土的凝结时间与水泥的凝结时间有相似之处，但由于骨料的掺入，水灰比的变动及外加剂的应用，又存在一定的差异。水灰比增大，凝结时间延长；早强剂、速凝剂使凝结时间缩短；缓凝剂则使凝结时间大大延长。混凝土的凝结时间分初凝和终凝。初凝指混凝土加水至失去塑性所经历的时间，亦即表示施工操作的时间极限；终凝指混凝土加水到产生强度所经历的时间。混凝土凝结时间的测定通常采用贯入阻力法。

混凝土拌合物的凝结时间应满足混凝土施工要求及混凝土性能要求。初凝时间希望适当长些，以便于施工操作；终凝与初凝的时间差则越短越好。混凝土初凝后，不能再对混凝土进行扰动；混凝土终凝后，待达到一定强度，方可进行下一步施工操作。在混凝土初凝前后进行最后一次抹面效果最佳，可减少混凝土的微裂缝。

影响凝结时间的因素主要有水泥品种、外加剂和矿物掺合料的品种与掺量、水胶比以及环境的温度与湿度。

7.表观密度

表观密度是表示混凝土拌合物捣实后的单位体积质量，用于换算混凝土体积和重量的关系。普通混凝土拌合物的表观密度因骨料的表观密度、粗骨料的最大粒径、混凝土配合比等的不同而不同，常用普通混凝土拌合物的表观密度一般为 $2350\sim2450kg/m^3$。

混凝土表观密度也是混凝土拌合物的一项重要指标，表观密度的大小会影响混凝土的物理、力学及耐久性能。通常骨料密度、浆骨比、含气量、水泥用量、外加剂品种和掺量等都会影响普通混凝土的表观密度。

8.含气量

混凝土拌合物经振捣密实后单位体积中尚存的空气量称为含气量，它是与混凝土拌合物和易性及硬化混凝土耐久性有关的一项重要指标。

混凝土在搅拌和施工过程中不可避免地会混入部分空气，经振捣密实后，虽可排除一部分，但仍有部分空气残留在拌合物中，其含量一般不超过1%，故在混凝土配合比设计中按绝对体积法计算组成材料用量时，空气含量即按总体积的1%计。

为改善混凝土拌合物的和易性及混凝土耐久性，通常掺入引气型外加剂，从而在混凝土中引入适量微小气泡，这些微小气泡经过振捣后仍然能够大部分分散在混凝土中。由于引入的微小气泡在混凝土中是相互独立存在的，它们能够显著降低混凝土拌合物的泌水率，并使得因受到振捣作用后向上运动游离水的通道变得弯曲而相对困难，从而减少了混凝土因泌水留下的通道，可以改善和提高硬化混凝土抵抗渗透和侵蚀的能力；地处寒冷地区的混凝土在经历冻融循环时，由于这些微小气泡的存在，极大地缓解和减少了混凝土内部的水因冰冻膨胀产生的破坏力，使得混凝土抵抗冻融循环的能力显著提高；混凝土拌合物在凝固前由于含气量的存在（引入的含气量的效能等同于增加了同体积的水泥浆），使得和易性大为改善，粘聚性提高，拌合物不容易分层离析。但是，由于过量气泡的存在，在一定程度上会降低混凝土的强度。此外，泵送时如含气量过大，会影响泵送时的压力传递，因此，应予以控制。

含气量影响着混凝土的和易性、耐久性以及其他力学性能。因此，在使用引气型外加剂时必须进行含气量检验，以便将含气量控制在合适的水平。

外加剂的品种和掺量、水泥和矿物掺合料的品种和用量、骨料的品种和级配、搅拌时间、环境温度以及运输和施工工艺等均会对混凝土含气量有所影响，故在生产施工过程中应注意适当控制。

第三节 检验方法

混凝土拌合物试验所需的试样按检验目的，或从搅拌好的混凝土中抽取，或是在试验室单独拌制。用以检验预拌或现浇混凝土质量时，拌合物试样应从搅拌机出口处或浇筑地点采集。采集到的试样应尽快送到检验地点进行试验，试验前应略加拌合，以保证试样均匀一致。进行配合比设计或做材料性能研究时，试样应由试验室单独拌制。此时，拌合用料应提前运入室内，试验室温度应控制在（20±5)℃或控制在模拟温度。

每次试验所需的混凝土拌合物数量大致如下：坍落度、维勃稠度及表观密度试验——各 15kg；含气量试验——20kg。

一、维勃稠度试验

维勃稠度是目前测定干硬性混凝土稠度的一个主要方法，已在各个国家广泛采用。维勃稠度的测定方法见表 3-5。

■表 3-5 维勃稠度测定方法

项 目	主要内容
适用范围	适用于骨料最大粒径不大于 40mm,维勃稠度在 5~30s 之间的混凝土拌合物稠度测定
仪器设备	维勃稠度仪、秒表(精度不低于 0.1s)
主要操作步骤	1. 润湿容器、坍落度筒内壁及其他用具 2. 将喂料斗提到坍落度筒上方扣紧,校正容器位置,使其中心与喂料斗中心重合,然后拧紧固定螺钉 3. 将试样分三层经喂料斗均匀地装入筒内，装料及插捣的方法同表 3-6 4. 移开喂料斗，刮平顶面，垂直提起坍落度筒。 把透明圆盘转到混凝土圆台体顶面,放松测杆螺钉,降下圆盘,使其轻轻接触到混凝土顶面 5. 拧紧定位螺钉。 在开启振动台的同时开启秒表计时,当振动到透明圆盘的整个底面与水泥浆接触时停止计时，并关闭振动台
结果计算	秒表记录的时间作为维勃稠度值,精确至 1s

注：坍落度不大于 50mm 的干硬性混凝土和维勃稠度大于 30s 的特干硬性混凝土拌合物稠度可用增实因素法测定。

二、坍落度与扩展度试验

坍落度法是目前使用最广泛的稠度试验方法。大多数国家都用它来检验混凝土拌合物的和易性，并以此来划分混凝土的稠度级别。

扩展度是反映大流动性、自密实混凝土拌合物的变形能力的一种表示方法。

混凝土拌合物坍落度及坍落度经时损失、扩展度及扩展度经时损失和扩展时间的测定方法见表 3-6～表 3-8。对自密实混凝土，还可采用表 3-9 的 J 环扩展度方法测定混凝土拌合物的间隙通过性。

■表 3-6 坍落度及坍落度经时损失的测定方法

项　目	主 要 内 容
适用范围	适用于骨料最大公称粒径不大于 40mm、坍落度不小于 10mm 的混凝土拌合物坍落度及坍落度随静置时间变化的测定
仪器设备	坍落度仪;捣棒;钢尺(精度 1mm);底板(平面尺寸不小于 1500mm × 1500mm、厚度不小于 3mm 的钢板，其最大挠度不大于 3mm)
主要操作步骤	1. 坍落度: (1) 湿润坍落度筒及底板,底板应放置在坚硬水平面上,筒放在底板中心。然后用脚踩住两边的脚踏板,并始终保持此位置 (2) 混凝土试样分三层均匀地装入筒内,每层用标准捣棒插捣 25 次。插捣时,捣棒沿螺旋方向由外向中心均匀地插捣。插捣筒边混凝土时,捣棒可以稍稍倾斜。插捣底层时,捣棒应贯穿整个深度,插捣第二层和顶层时,捣棒应插透本层至下一层的表面;浇灌顶层时,混凝土应灌到高出筒口。顶层插捣完后,刮去多余的混凝土,用抹刀抹平 (3) 清除筒边混凝土,垂直平稳地提起坍落度筒。坍落度筒的提离过程应在 3~7s 内完成;从装料到提起坍落度筒的整个过程应在 150s 内连续完成 (4) 当试样不再继续坍落或坍落时间达 30s 时，测量筒高与坍落后混凝土试体最高点之间的高度差,即为该混凝土拌合物的坍落度值。坍落度筒提离后,如混凝土发生崩坍或一边剪坏现象,应重新取样测定。第二次试验若出现一边崩坍或剪坏现象，应予记录说明 2. 坍落度经时损失: (1) 测量试样出机时的初始坍落度值 H (2) 将全部试样装入塑料桶或金属桶内，密封静置 (3) 自搅拌加水开始计时，静置 60min 后将桶内试样全部倒入搅拌机内，搅拌 20s，测试坍落度，得出 60min 坍落度值 H_{60} (4) $H_0 - H_{60}$ 即为 60min 坍落度经时损失 (5) 当工程要求调整静置时间时，应按实际静置时间测定
结果评定	坍落度值以 mm 为单位,测量精确至 1mm,结果表达修约至 5mm

■表 3-7 扩展度及扩展度经时损失的测定方法

项　目	主 要 内 容
适用范围	适用于骨料最大公称粒径不大于 40mm、坍落度不小于 160mm 拌合物扩展度及扩展度随静置时间变化的测定
仪器设备	坍落度仪；捣棒；钢尺(量程不小于 1000mm，精度 1mm)；底板(平面尺寸不小于 1500mm × 1500mm、厚度不小于 3mm 的钢板，其最大挠度不大于 3mm)
主要操作步骤	1. 扩展度: (1) 按表 3-6 中步骤 1~ 3 进行 (2) 当混凝土拌合物不再扩散或扩散持续时间达 50s 时，用钢尺测量试样展开扩展面的最大直径及与最大直径呈垂直方向的直径 (3) 当两直径之差小于 50mm 时，取其算术平均值为扩展度；当两直径之差不小于 50mm 时，重新取样测定 (4) 从开始装料到测得扩展度值的整个过程应在 4min 内连续进行 2. 扩展度经时损失: (1) 测量试样出机时的初始扩展度值 L_0 (2) 将全部试样装入塑料桶或金属桶内，密封静置 (3) 自搅拌加水开始计时，静置 60min 后将桶内试样全部倒入搅拌机内，搅拌 20s，测试扩展度，即为 60min 扩展度值 L_{60} (4) $L_0 - L_{60}$ 即为 60min 混凝土扩展度经时损失 (5) 当工程要求调整静置时间时，则按实际静置时间测定扩展度损失
结果评定	扩展度为相互垂直的两个直径的平均值，测量精确至 1mm，结果修约至 5mm

■表 3-8　扩展时间的测定方法

项　目	主要内容
适用范围	测试混凝土拌合物的稠度和填充性
仪器设备	坍落度仪；捣棒；钢尺(精度 1mm)；底板(见下图，边长为 1000mm、最大挠度不大于 3mm 的正方形钢板，距中心标有不同直径的同心圆)；秒表(精度不低于 0. 1s) 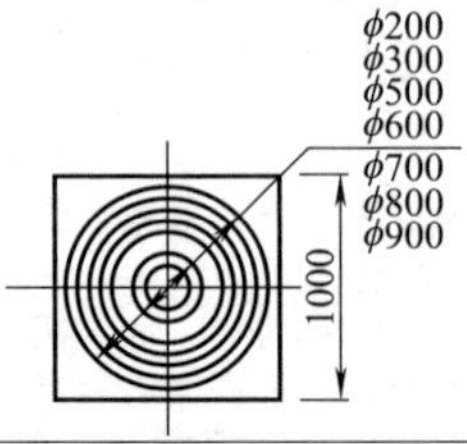
主要操作步骤	1. 润湿坍落度筒及底板，坍落度筒内壁和底板上应无明水。 底板应放置在坚硬水平面上，筒放在底板中心。 用脚踩住两边的脚踏板，并在装料过程中始终保持此位置不变 2. 用盛料容器一次性将混凝土拌合物均匀填满坍落度筒，且不得捣实或振动；自开始入料至填充结束控制在 40s 内 3. 取下装料漏斗，将试样沿筒口抹平；清除筒边试样后，垂直平稳地提起坍落度筒至 250±50mm 高度，提起时间控制在 3~ 7s 4. 测定扩展时间时，应自坍落度筒提离地面时开始，至扩展开的混凝土外缘初触平板上所绘直径 500mm 的圆周为止。 用秒表测定时间，精确至 0. 1s
结果评定	扩展时间以 s 为单位，精确到 0. 1s

■表 3-9　间隙通过性测定方法

项　目	主要内容
适用范围	适用于骨料最大公称料径不大于 20mm 的混凝土拌合物间隙通过性的测定
仪器设备	J 环(见下图，采用钢或不锈钢，用螺母和垫圈将 16 根 Φ16mm×100mm 圆钢锁在圆环上)；坍落度仪；不带脚踏板；底板 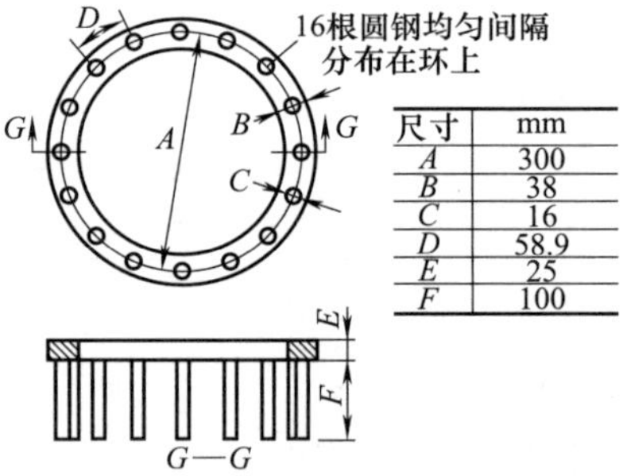
主要操作步骤	1. 润湿底板、J 环和坍落度筒，坍落度筒内壁和底板上应无明水。 底板放置在坚实的水平面上，J 环放在底板中心 2. 将坍落度筒正向放置在底板中心，并与 J 环同心。 将混凝土一次性填充至满 3. 用刮刀刮除坍落度筒顶部及周边混凝土余料，随即将坍落度筒垂直平稳地向上提起至(250±50)mm 高度，提起时间宜为 3~ 7s。 待混凝土不再扩散或扩散持续时间达 50s 时，测量展开扩展面的最大直径以及与最大直径呈垂直方向的直径。 自开始入料至提起坍落度筒应在 150s 内完成
结果评定	J 环扩展度为混凝土拌合物坍落扩展终止后扩展面相互垂直的两个直径的平均值，测量精确至 1mm，结果修约至 5mm；当两直径之差大于 50mm 时，应重新试验
结果判定	扩展度与 J 环扩展度的差值应作为混凝土间隙通过性结果。 当粗骨料在 J 环圆钢附近出现堵塞时，应予记录

Concrete

三、排空时间试验

排空时间的测定可采用 V 形漏斗法，也可采用倒置坍落度筒法。

V 形漏斗测定方法见表 3-10。

■表 3-10 V 形漏斗测定方法

项 目	主 要 内 容
适用范围	适用于骨料最大公称粒径不大于 20mm 的混凝土拌合物稠度和填充性的测定
仪器设备	V 形漏斗(见下图，由厚度不小于 2mm 钢板制成，出料口处有快速开启的密封盒，容积约 10L,并附有支承漏斗的台架)；投料容器;接料容器;抹刀;秒表(精度不低于 0. 1s) 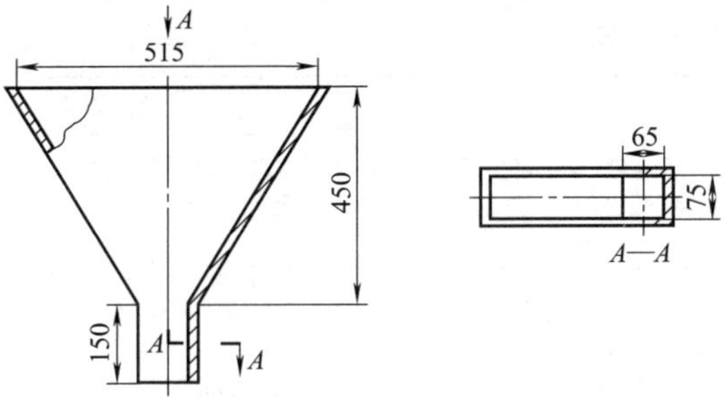
主要操作步骤	1. 将 V 形漏斗置于台架上,使其顶面呈水平,漏斗为垂直状态,确保漏斗稳固。 漏斗内壁润湿无明水 2. 在漏斗出口的下方,放置承接混凝土的接料容器。 装料前,确认漏斗流出口的密封盖已经关闭 3. 用投料容器将混凝土试样平稳地填入漏斗内至满,不需振捣,然后用抹刀将混凝土的顶面刮平 4. 静置(10±2)s，打开漏斗底部，使混凝土拌合物自然流出。 漏斗底部密封盖打开的同时开始计时,记录漏斗中混凝土拌合物流完所需的时间,精确至 0. 1s,同时观察并记录混凝土是否有堵塞等状况 注:若混凝土拌合物的粘滞性较高,全量流空瞬间的判定较为困难时,可由漏斗上方向下观察,透光的瞬间即为混凝土由卸料口流完的瞬间 宜在 5min 内对试样进行 2 次试验
结果评价	以 2 次试验结果的平均值进行评价,精确至 0. 1s

倒置坍落度筒法是将坍落度筒倒置，测定筒内混凝土拌合物自由下落的排空时间，其测定方法见表 3-11。

■表 3-11 倒置坍落度筒测定方法

项 目	主 要 内 容
适用范围	用于倒置坍落度筒中混凝土拌合物排空时间的测定
仪器设备	坍落度筒;捣棒;抹刀;秒表(精度不低于 0. 01s)；坍落度筒倒置支架(坍落度筒倒置时小口朝下,距底板不小于 500mm,筒底小口端设置可快速开启的密封盖)
主要操作步骤	1. 坍落度筒内壁湿润无明水，将坍落度筒小口朝下固定在支架上，使其中轴线垂直于底板 2. 将混凝土拌合物分两层均匀装入筒内,每层插捣 15 下,然后将上口抹平 3. 打开密封盖，用秒表测量自开盖至试样全部排空的时间，精确至 0. 01s 4. 从开始装料到打开密封盖，应在 150s 内完成 5. 5min 内完成两次试验，取两次试验的平均值，精确至 0. 1s
结果评定	两次试验结果的差值的绝对值与平均值的比值应小于等于 0. 05 如排空时间在 5~25s 范围内且扩展度大于 500mm 时,则可认为和易性(可泵性)良好;如排空时间小于 5s 或大于 25s,应适当调整混凝土配合比或采取其他措施

四、拌合物流速试验

为评定自密实混凝土的自密实性能，包括流动性、抗离析性、间隙通过性和填充性，除进行坍落扩展度试验、V形漏斗试验外，还可通过L形仪、U形仪等仪器测定混凝土拌合物的流速或填充高度，以此综合评价自密实混凝土拌合物的流动性大小。

（1）L形仪

试验时，将混凝土拌合物装满竖立的筒中，然后抽开隔板，让混凝土拌合物在自重作用下沿水平槽流动，以混凝土拌合物充满容器时的最高点与最低点的高度差作为评判混凝土拌合物流动性的指标。L形仪的测定方法见表3-12。

■表3-12 L形仪测定方法

项目	主要内容
适用范围	用于测定新拌混凝土通过钢筋间隙与自行填充至模板角落的能力，适用于各个等级的自密实混凝土自密实性能的测定，粗骨料最大粒径宜小于20mm
仪器设备	L形仪(见下图，硬质不吸水材料制成，前槽(竖向)与后槽(水平)之间有一活动门隔开，活动门前设有一垂直钢筋栅，钢筋栅由3根或2根长为150mm的Φ12光圆钢筋组成，钢筋净间距为40mm或60mm)；铲子；抹刀；秒表；钢尺(精度1mm) 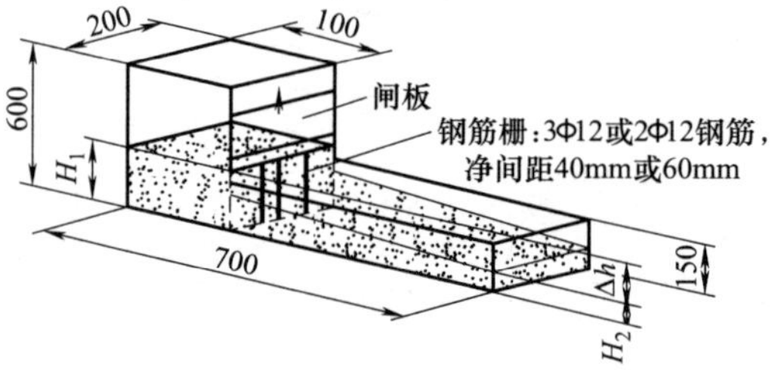
主要操作步骤	1. 将L形仪底面水平放置在地面上，保证活动门可以自由地开关 2. 湿润仪器内表面，清除多余的水 3. 将混凝土拌合物沿上缘倒入L形仪高端(前槽)一侧的容器中，装满，用捣棒插捣15次(如拌合物流动性较大而能自行充满时可免去插捣)，然后用抹刀抹平 4. 静置1min后，迅速提起活动门，使混凝土拌合物流进水平部分(后槽) 5. 混凝土拌合物停止流动后，测量并记录H_1、H_2的高度(mm)。整个试验在5min内完成 注：试验时如发现有明显的离析和泌水现象，应调整混凝土的配合比重新进行试验
结果评价	对自密实混凝土，要求$H_2/H_1 \geq 0.8$

（2）U形仪

U形仪适用于测定混凝土拌合物通过钢筋间隙与自行填充至模板角落的能力。试验时关闭活动门，将U形仪左侧筒中装满混凝土拌合物，然后打开活动门，让左筒中的混凝土在自重作用下通过钢筋栅栏，流向右筒。以填充高度表示混凝土拌合物的流动性。

U形仪的测定方法见表3-13。

五、抗离析性试验

对自密实混凝土，可通过抗离析性能和粗骨料振动离析率跳桌法检验其抗离析性，见表3-14、表3-15。

■表 3-13　U 形仪测定方法

项　目	主 要 内 容
适用范围	用于测定新拌混凝土通过钢筋间隙与自行填充至模板角落的能力,适用于各个等级的自密实混凝土自密实性能的测定,粗骨料最大粒径宜小于 20mm
仪器设备	U 形仪(见下图，硬质不吸水材料制成,中央部位设有沟槽,间隔板和可开启的间隔门能插入其中,将其分成两个空间,中央部位放置隔栅型障碍,其中Ⅰ型隔栅由 5 根Φ10 光圆钢筋制成,Ⅱ型隔栅由 3 根Φ13 光圆钢筋制成)；抹刀；秒表；钢尺(精度 1mm) 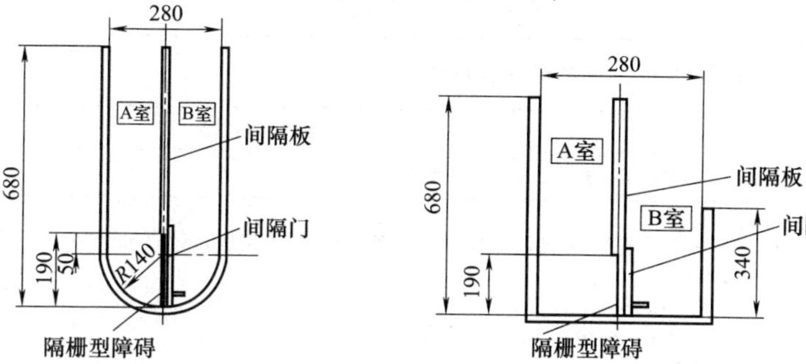 (a) Ⅰ型U形仪　(b) Ⅱ型U形仪
主要操作步骤	1. 将 U 形仪垂直放置,使其顶面呈水平。 插入间隔门并装好隔栅型障碍的间隔板,并保证间隔门可以自由开关 2. 用湿布润湿 U 形仪内表面、间隔门、间隔板和隔栅型障碍等 3. 关闭间隔门,用投料容器将混凝土拌合物试样连续浇入 A 室至满,不得用振捣棒振捣或橡皮槌敲振 4. 用抹刀沿容器的上缘刮平混凝土顶面后,静置 1min 5. 连续、迅速地将间隔门向上拉起,此时混凝土通过隔栅型障碍流向 B 室,直至流动停止为止。此期间应保持 U 形仪静止、不得移动 6. 在 U 形仪的 B 室,由填充混凝土的下端开始,量测混凝土填充至其顶面的高度,精确至 1mm,此高度即为填充高度,以 mm 表示。 测量时应沿容器宽的方向量取两端及中央等 3 个部位的填充高度,取其平均值
结果计算	以 3 个部位测得的填充高度的平均值进行评价,其结果修正至小数点后一位,报告中以整数值表示
结果评价	对自密实混凝土,要求填充高度在 320mm 以上

■表 3-14　抗离析性能测定方法

项　目	主 要 内 容
适用范围	测试混凝土拌合物的抗离析性
仪器设备	电子天平：称量 20kg，感量 1g 试验筛(公称直径 5mm 的方孔筛)；盛料器(见下图，采用钢或不锈钢，在上、下层连接处需加宽 3~5mm，并设有橡胶垫圈) 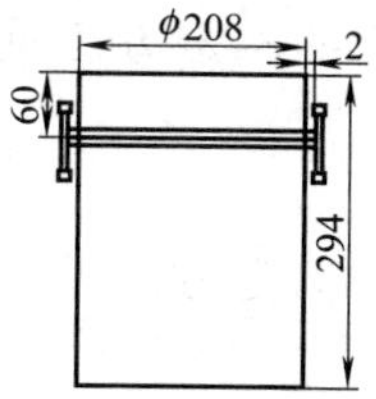
主要操作步骤	1. 取(10±0.5)L 混凝土置于盛料器中，放置在水平位置上，加盖静置(15±0.5)min 2. 将方孔筛固定在托盘上，然后将盛料器上节混凝土移出，倒入方孔筛；用天平称量其质量 m_0，精确到 1g 3. 倒入方孔筛，静置(120±5)s 后，先把筛及筛上的混凝土移走，用天平称量通过筛孔流到托盘上的浆体质量 m_m，精确到 1g

续表

项　目	主要内容
结果评定	离析率按下式计算 $$SR=\frac{m_m}{m_0}\times 100\%$$ 式中　SR——混凝土拌合物离析率，%，精确到 0.1%； m_m——通过标准筛的砂浆质量，g； m_0——倒入标准筛混凝土的质量，g

■表 3-15　粗骨料振动离析率跳桌测定方法

项　目	主要内容
适用范围	测试自密实混凝土拌合物的抗离析性
仪器设备	检测筒(见图)：由硬质、光滑、平整的金属板制成，分三节，并采用活动扣件固定 跳桌：振幅为(25±2)mm 电子天平：称量 10kg，感量 5g； 试验筛 公称直径 5mm 的方孔筛 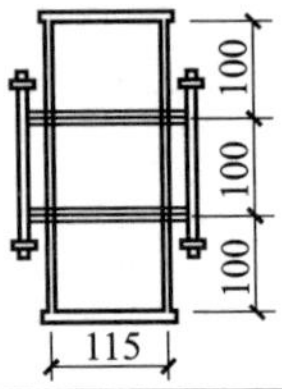
主要操作步骤	1. 用料斗将混凝土拌合物装入检测筒内，平至料斗口，垂直移走料斗，静置 1min，用抹刀将多余的拌合物除去并抹平，且不得压抹 2. 将检测筒放置在跳桌上，每秒转动一次摇柄，使跳桌跳动 25 次 3. 分节拆除检测筒，并将每节筒内拌合物装入孔径为 5mm 的圆孔筛子中，用清水冲洗拌合物，筛除浆体和细骨料，将剩余的粗骨料用海绵拭干表面的水分，用天平称其质量，精确到 1g，分别得到上、中、下三段拌合物中粗骨料的湿重 m_1、m_2 和 m_3
结果评定	粗骨料振动离析率按下式计算 $$f_m=\frac{m_3-m_1}{\overline{m}}\times 100\%$$ 式中　f_m——粗骨料振动离析率，%，精确到 0.1%； $\overline{m}$——三段混凝土拌合物中湿骨料质量的平均值，g； m_1——上段混凝土拌合物中湿骨料的质量，g； m_3——下段混凝土拌合物中湿骨料的质量，g

六、泌水量（率）试验

混凝土拌合物泌水量（率）的测定方法见表 3-16。

七、压力泌水率试验

混凝土拌合物压力泌水率的测定方法见表 3-17。

八、凝结时间试验

混凝土拌合物凝结时间的测定方法见表 3-18。

■表 3-16　泌水量（率）测定方法

项　目	主要内容
适用范围	适用于骨料最大公称粒径不大于 40mm 的混凝土拌合物泌水的测定
仪器设备	试样筒(容积为 5L 的容量筒并配有筒盖)；天平(称量 20kg,感量 1g)；量筒(100mL，分度值 1mL,带塞)；捣棒或振动台

续表

<table>
<tr><th>项 目</th><th>主 要 内 容</th></tr>
<tr><td>主要操作步骤</td><td>1. 用湿布湿润试样筒内壁,立即称量试样筒的质量。
2. 混凝土的装料及捣实方法有两种:
(1)坍落度不大于 90mm 时，采用振动台振实，将试样一次装入试样筒内,振动到表面出浆为止
(2)坍落度大于 90mm 时，采用捣棒捣实，试样分两层均匀装入,每层插捣 25 次。捣棒由边缘向中心均匀地插捣,插捣底层时捣棒应贯穿整个深度,插捣第二层时,捣棒应插透本层至下一层的表面;每一层捣完后用橡皮锤轻轻沿筒外壁敲打 5~10 次,直至拌合物表面插捣孔消失并不见大气泡为止
(3)自密实混凝土一次性填满，不应振动和插捣
3. 振实或捣实后,试样表面低于试样筒筒口(30±3)mm,用抹刀抹平。称量试样筒与试样的总质量，盖好筒盖，开始计时
4. 在初始的 60min 内,每隔 10min 吸取 1 次试样表面泌水。60min 后,每隔 30min 吸 1 次水,直至不再泌水为止。每次吸水前 2min，将一片(35±5)mm 厚的垫块垫入筒底一侧使其倾斜，吸水后复原盖好。吸出的水放入量筒中，盖好塞子，记录每次吸水的水量并计算累计水量,精确至 1mL
5. 整个试验过程中,试样筒应保持水平、不受振动;除了吸水操作外,始终盖好筒盖。室温应保持在(20±2)℃</td></tr>
<tr><td>结果计算</td><td>1. 泌水量按下式计算
$$B_a=\frac{V}{A}$$
式中 B_a——泌水量，mL/mm^2;
V——累计的泌水量，mL;
A——试样外露的表面面积，mm^2
计算精确至 $0.01mL/mm^2$
2. 泌水率按下式计算
$$B=\frac{V_w}{(W/m_T)m}\times 100\%$$
$$m=m_2-m_1$$
式中 B——泌水率，%;
V_w——泌水总量，mL;
m——试样质量，g;
W——混凝土拌合物拌合用水量，mL;
m_T——混凝土拌合物总质量，g;
m_2——试样筒及试样总质量，g;
m_1——试样筒质量，g
计算精确至 1%</td></tr>
<tr><td>结果评定</td><td>泌水量或泌水率取三个试样测值的算术平均值。当三个测值中的最大值或最小值,有一个与中间值之差超过中间值的 15%,则以中间值作为试验结果;当最大值和最小值与中间值之差均超过中间值的 15%时,应重新试验</td></tr>
</table>

■表 3-17 压力泌水率测定方法

<table>
<tr><th>项 目</th><th>主 要 内 容</th></tr>
<tr><td>适用范围</td><td>适用于骨料最大公称粒径不大于 40mm 的混凝土拌合物压力泌水的测定</td></tr>
<tr><td>仪器设备</td><td>压力泌水仪;200mL 量筒；150mL 烧杯；捣棒</td></tr>
<tr><td>主要操作步骤</td><td>1. 混凝土试样分两层装入压力泌水仪的缸体容器内。每层插捣 25 次。捣棒由边缘向中心均匀地插捣,插捣底层时捣棒应贯穿整个深度,插捣第二层时,捣棒应插透本层至下一层的表面;每一层捣完后用橡皮锤沿筒外壁敲打 5~10 次,直至拌合物表面插捣孔消失并不见大气泡为止。自密实混凝土一次性填满，不应振动和插捣。捣实的试样表面低于容器口(30±2)mm
2. 将容器外表面擦干净,安装好压力泌水仪，15s 内给混凝土试样施加压力至 3.2MPa，2s 内打开泌水阀门同时开始计时,保持恒压,泌出的水接入 150mL 烧杯里，并移至量筒中读数，精确至 1mL。加压至 10s 时读取泌水量 V_{10},加压至 140s 时读取泌水量 V_{140}</td></tr>
</table>

Concrete

续表

项　目	主要内容
结果计算	压力泌水率按下式计算 $$B_V=\frac{V_{10}}{V_{140}}\times 100\%$$ 式中　B_V——压力泌水率，%； V_{10}——加压至 10s 时的泌水量，mL； V_{140}——加压至 140s 时的泌水量，mL 计算精确至 1%
结果评价	泵送混凝土 10s 时的压力泌水率不宜大于 40%

■表 3-18　凝结时间测定方法

项　目	主要内容
适用范围	适用于从混凝土拌合物中筛出的砂浆用贯入阻力法测定坍落度值不为零的混凝土拌合物凝结时间的测定
仪器设备	贯入阻力仪(三种试针的承压面积分别为 $100mm^2$、$50mm^2$、$20mm^2$);砂浆试样筒(上口内径 160mm,下口内径 150mm,净高 150mm 的刚性不透水金属圆筒,带盖)；标准筛(筛孔公称直径为 5.00mm 的金属方孔筛)；振动台、捣棒
主要操作步骤	1. 用 5.00mm 筛筛出混凝土拌合物中的砂浆,拌合均匀,一次性分别装入三个试样筒中 2. 当混凝土坍落度大于 90mm 时,采用人工插捣,均匀插捣 25 次。当混凝土坍落度不大于 90mm 时,采用振动台振实,振动到表面出浆为止 3. 插捣或振实后,砂浆表面应低于砂浆试样筒口约 10mm,并立即加盖。将试样筒置于温度为(20±2)℃的环境中或现场同条件下待测,并始终保持在此条件下 4. 从水泥与水接触瞬间开始计时。根据混凝土拌合物的性能,确定测针试验时间,以后每隔 0.5h 测试一次,在临近初、终凝时应缩短测试间隔时间 5. 在每次测试前 2min,将一片(20±5)mm 厚的垫块垫入筒底一侧使其倾斜,用吸管吸去表面的泌水,然后平稳地复原 6. 测试时,将砂浆试样筒置于贯入阻力仪上,测针端部与砂浆表面接触,然后在(10±2)s 内均匀地将测针贯入砂浆(25±2)mm 深度，记录最大贯入阻力值，精确至 10N;记录测试时间,精确至 1min 7. 每个砂浆筒每次测 1~2 个点，各测点的间距应不小于 15mm,测点与试样筒壁的距离不应小于 25mm 8. 每个试样的贯入阻力测试不应少于 6 次,直至贯入阻力大于 28MPa 为止 9. 根据砂浆凝结状况,宜按下表适时更换测针 测针选用规定表 <table><tr><td>单位面积贯入阻力/MPa</td><td>0.2~3.5</td><td>3.5~20</td><td>20~28</td></tr><tr><td>测针面积/mm²</td><td>100</td><td>50</td><td>20</td></tr></table>
结果计算	1. 单位面积贯入阻力按下式计算 $$f_{PR}=\frac{P}{A}$$ 式中　f_{PR}——单位面积贯入阻力，MPa； P——贯入压力，N； A——测针面积，mm^2 计算结果精确至 0.1MPa 2. 凝结时间宜通过线性回归方法,建立下述回归方程式 $$\ln t= a+ b\ln f_{PR}$$ 式中　t——时间，min； f_{PR}——贯入阻力，MPa a、b——线性回归系数

续表

项 目	主 要 内 容
结果计算	3. 求得当单位面积贯入阻力为 3.5MPa 时对应的时间为初凝时间，单位面积贯入阻力为 28MPa 时对应的时间为终凝时间 4. 凝结时间也可用绘图拟合方法确定,方法是以单位面积贯入阻力为纵坐标,经过的时间为横坐标,绘制出两者的关系曲线,以 3.5MPa 和 28MPa 划两条平行于横坐标的直线,分别与曲线相交的两个交点的横坐标即为混凝土拌合物的初凝和终凝时间
结果评定	以三个试验结果的初凝和终凝时间的算术平均值作为此次试验的初凝和终凝时间。当三个测值的最大值或最小值中有一个与中间值之差超过中间值的 10%,则以中间值作为试验结果；当最大值和最小值与中间值之差均超过中间值的 10%时,应重新试验 凝结时间用 h:min 表示,精确至 5min

九、表观密度试验

表观密度是指混凝土拌合物捣实后的单位体积质量，在混凝土配合比设计以及校核混凝土材料用量时是一个必要的指标。

混凝土拌合物表观密度的测定方法见表 3-19。

■表 3-19 表观密度测定方法

项 目	主 要 内 容
适用范围	测定混凝土拌合物捣实后的单位体积质量
仪器设备	容量筒(5L 或其他尺寸);天平(称量 50kg,感量不大于 10g)；振动台；捣棒
主要操作步骤	1. 用水校正容量筒的容积 2. 根据拌合物的稠度选择装料和捣实方法 (1) 当混凝土坍落度大于 90mm 时,采用人工插捣 采用 5L 容量筒时,混凝土拌合物分两层均匀装入,每层插捣 25 次。容量筒大于 5L 时，每层混凝土高度不大于 100mm，每层插捣次数按每 $10000mm^2$ 不小于 12 次计算。插捣时，由边缘向中心均匀地插捣,插捣底层时捣棒贯穿整个深度,插捣第二层时,捣棒应插透本层至下一层的表面;每层捣完后用橡皮锤敲打容器外壁 5~10 次,直至拌合物表面插捣孔消失并不见大气泡为止 (2) 当混凝土坍落度不大于 90mm 时,采用振动台振实 一次装满料至高出容量筒口,振动至表面出浆为止 (3) 自密实混凝土一次性填满，不应振动和插捣 3. 用刮尺将筒口表面刮平,擦净容量筒外壁,称量试样与容量筒总质量,精确至 10g
结果计算	混凝土拌合物表观密度按下式计算 $$\rho = \frac{m_2 - m_1}{V} \times 1000$$ 式中 ρ——混凝土拌合物表观密度,kg/m^3; m_1——容量筒质量,kg; m_2——容量筒及试样总质量,kg; V——容量筒容积,L 计算结果精确至 $10kg/m^3$

十、含气量试验

混凝土拌合物含气量的测定采用气压式含气量仪，其测定原理是根据气体状态方程设计的，即在一定的温度下，气体的体积与压力成反比。

试验时将混凝土拌合物试样装入一定容积的容器中，气箱内预先将空气加到一定的压力，然后打开进气阀。如果试样中含气量较大，气箱内压力降低则较多。由气压表可直接读出降低后的气压数，并可求出试样的含气量。

混凝土拌合物含气量的测定方法见表3-20。

■表3-20 含气量测定方法

项目	主要内容
适用范围	适用于骨料最大公称粒径不大于40mm的混凝土拌合物含气量测定
仪器设备	含气量仪；捣棒或振动台；天平(称量50kg,感量不大于10g)；橡皮锤
主要操作步骤	1. 测定混凝土拌合物含气量之前,先按下列步骤测定拌合物所用骨料的含气量: (1) 按下式计算试样中粗、细骨料的质量 $m_g=\dfrac{V}{1000}\times m'_g$ $m_s=\dfrac{V}{1000}\times m'_s$ 式中 m_g，m_s——试样中的粗、细骨料质量，kg; V——含气量测定仪容器容积，L; m'_g，m'_s——每立方米混凝土拌合物中粗、细骨料质量，kg (2) 在容器中先注入1/3高度的水,把质量为m_g、m_s的粗、细骨料称好、拌匀,倒入容器，加料同时进行搅拌。水面每升高25mm左右,轻轻插捣10次,并略予搅动,以排除夹杂进去的空气,加料过程中应始终保持水面高出骨料的顶面;骨料全部加入后,浸泡约5min,再用橡皮锤轻敲容器外壁,排净气泡,除去水面泡沫,加水至满,擦净容器上口边缘；加盖拧紧螺栓，保持密封不透气 (3) 关闭操作阀和排气阀,打开排水阀和加水阀,通过加水阀向容器内注入水;当排水阀流出的水流中不含气泡时,在注水状态下,同时关闭加水阀和排水阀 (4) 关闭排气阀,用气泵向气室内注入空气,使气室内的压力略大于0. 1MPa,待压力表显示值稳定;微开排气阀,调整压力至0. 1MPa,关紧排气阀 (5) 开启操作阀,使气室里的压缩空气进入容器,待压力表显示值稳定后记录压力值，然后开启排气阀,压力仪显示值回零 (6) 根据含气量与压力值之间的关系曲线确定压力值对应的骨料的含气量精确至0. 1% (7) 骨料含气量取两次测量结果的平均值；两次测量结果的含气量相差大于0. 5%时，应重新试验 2. 混凝土拌合物的含气量: (1) 用湿布擦净容器和盖的内表面,装入混凝土拌合物试样 (2) 根据拌合物坍落度选择振捣方式:当坍落度大于90mm时,采用人工插捣。试样分三层均匀装入,每层装料后由边缘向中心均匀地插捣25次,捣棒应插透本层至下一层表面，再用橡皮锤沿容器外壁敲击5~10次；当坍落度不大于90mm时,采用机械振捣。试样一次装填至高出容器,振动至试样表面平整、出浆为止；自密实混凝土一次性填满，不应振动和插捣 (3) 将试样表面刮平。擦净容器上口边缘，加盖并拧紧螺栓 (4) 关闭操作阀和排气阀,打开排水阀和加水阀,通过加水阀,向容器内注水。当排水阀流出的水流不含气泡时,在注水的状态下,同时关闭加水阀和排水阀 (5) 关闭排气阀，用气泵注入空气至气室内压力略大于0. 1MPa,待压力示值仪示值稳定后,微微开启排气阀,调整压力至0. 1MPa,关闭排气阀 (6) 开启操作阀,待压力示值仪稳定后,测得压力值。然后开启排气阀，压力表显示值回零 (7) 根据含气量与压力值之间的关系曲线确定压力值对应的混凝土拌合物未校正的含气量A_0，精确至0. 1%。以两次测量结果的平均值作为试验结果；当两者相差大于0. 5%时，应重新试验 3. 含气量测定仪的标定和率定: (1) 擦净容器，将含气量测定仪安装好，测定含气量仪的总质量，精确至10g (2) 向容器内注水至上沿，然后加盖并拧紧螺栓，保持密封不透气；关闭操作阀和排气阀，打开排水阀和加水阀，通过加水阀向容器内注水；当排水阀流出的水流中不出现气泡时，在注水的状态下，关闭加水阀和排水阀，将含气量测定仪外表擦干净，再次测定其总质量，精确至10g (3) 含气量测定仪的容积按下式计算，结果精确至0. 01L: $V=\dfrac{m_{A2}-m_{A1}}{\rho_w}$ 式中 V——含气量仪的容积，L; m_{A1}——含气量仪的总质量，kg; m_{A2}——水、含气量仪的总质量，kg; ρ_w——容器内水的密度，kg/m^3，可取1kg/L

续表

项　目	主要内容
主要操作步骤	(4) 关闭排气阀，向气室内打气，应加压至大于 0.1MPa，且压力表显示值稳定；打开排气阀调整压力至 0.1MPa，同时关闭排气阀 (5) 开启操作阀，使气室里的压缩空气进入容器，待压力表显示值稳定后测得压力值，应为含气量为零时对应的压力值 (6) 开启排气阀，压力显示值应回零；关闭操作阀、排水阀和排气阀，开启加水阀，宜借助标定管在注水口用量筒接水；用气泵缓缓地向气室内打气，当排出的水是含气量仪容积的 1%时，按上述步骤测得含气量为 1%时的压力值 (7) 应继续测取含气量分别为 2%、3%、4%、5%、6%、7%、8%、9%、10%时的压力值 (8) 含气量分别为 0、1%、2%、3%、4%、5%、6%、7%、8%、9%、10%的试验均应进行两次，以两次压力值的平均值作为测量结果 (9) 根据含气量 0、1%、2%、3%、4%、5%、6%、7%、8%、9%、10%的测量结果，绘制含气量与压力值之间的关系曲线 (10) 混凝土含气量测定仪的标定和率定应保证测量结果准确
结果计算	含气量按下式计算： $A=A_0-A_g$ 式中　A——混凝土拌合物含气量，%； A_0——混凝土拌合物未校正含气量，%； A_g——骨料含气量，% 计算精确至 0.1%

十一、氯离子含量试验

混凝土配合比设计或质量控制过程中应检验拌合物中水溶性氯离子的含量。混凝土中的氯离子包括自由氯离子和结合氯离子，其中自由氯离子在混凝土孔隙溶液中保持游离状态，可溶于水，即水溶性氯离子；另一类是结合氯离子，包括与水泥水化产物反应以化学结合方式固化的氯离子和被水泥带正电的水化产物所吸附的氯离子。氯离子的这些状态是可以发生转化的。

混凝土拌合物氯离子测定方法有《混凝土中氯离子含量检测技术规程》（JGJ/T 322）和《水运工程混凝土试验规程》（JTJ 270）中“混凝土拌合物中氯离子含量的快速测定方法”。

按 JGJ/T 322 给出的混凝土拌合物水溶性氯离子含量测定方法分别见表 3-21 和表 3-22。

■表 3-21　水溶性氯离子含量快速测定方法

适用范围	适用于现场或试验室的混凝土拌合物中水溶性氯离子含量的快速测定
仪器设备和试剂	1. 氯离子选择电极：测量范围宜为 $5\times10^{-5}\sim5\times10^{-2}$mol/L，响应时间不得大于 2min，温度宜为 5～45℃ 2. 参比电极：应为双盐桥饱和甘汞电极 3. 电位测量仪器：分辨值应为 1mV 的酸度计、恒电位仪、伏特计或电位差计，输入阻抗不得小于 7MΩ 4. 系统测试的最大允许误差：应为 ±10% 5. 活化液：浓度为 0.001 mol/L 的 NaCl 溶液 6. 标准液：浓度分别为 5.5×10^{-4}mol/L 和 5.5×10^{-2}mol/L 的 NaCl 标准溶液

续表

主要操作步骤	1. 建立电位-氯离子浓度关系曲线 (1) 将氯离子选择电极放入活化液中活化 2h (2) 将氯离子选择电极和参比电极插入温度为(20±2)℃、浓度为 5.5×10^{-4}mol/L 的 NaCl 标准液，经 2min 后，用电位测量仪测得两电极之间的电位值(见下图)；然后按相同操作步骤测得温度为(20±2)℃、浓度为 5.5×10^{-2}mol/L 的 NaCl 标准液的电位值。将分别测得的两种浓度 NaCl 标准液的电位值标在 E-lg$C$ 坐标上，其连线即为电位-氯离子浓度关系曲线 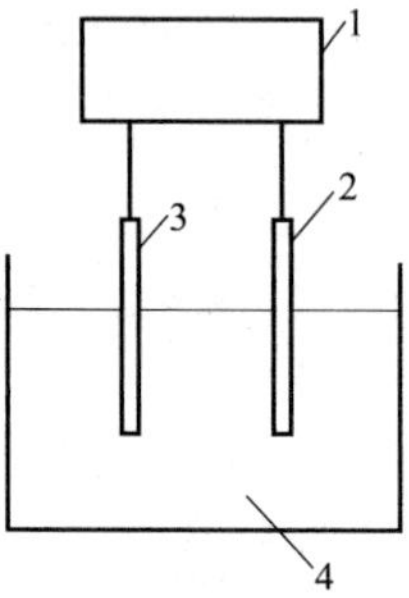 电位值测量示意图 1—电位测量仪；2—氯离子选择电极；3—参比电极；4—标准液或滤液 (3) 在测试每个 NaCl 标准液电位值前，应采用蒸馏水对氯离子选择电极和参比电极进行充分清洗，并用滤纸擦干 (4) 当标准液温度超出 20±2℃时，应对电位-氯离子浓度关系曲线进行温度校正 2. 测定混凝土拌合物中氯离子含量 (1) 用公称直径为 5.00mm 的筛子对混凝土拌合物进行筛分，获得不少于 1000g 的砂浆，称取 500g 砂浆试样两份，并向每份砂浆试样中加入 500g 蒸馏水，充分摇匀后获得两份悬浊液密封备用 (2) 先将氯离子选择电极浸入活化液中活化 1h (3) 将两份悬浊液摇匀后，以快速定量滤纸过滤，获取两份滤液，每份滤液均不少于 100mL (4) 分别测量两份滤液的电位值：将氯离子选择电极和参比电极插入滤液中，经 2min 后测定滤液的电位值；测量每份滤液前，应采用蒸馏水对氯离子选择电极和参比电极进行充分清洗，并用滤纸擦干；应分别测量两份滤液的温度，并对建立的电位-氯离子浓度关系曲线进行温度校正 (5) 根据测得的电位值，分别从 E-lg$C$ 关系曲线上推算两份滤液的氯离子浓度，将两份滤液的氯离子浓度的平均值作为滤液氯离子浓度的测定结果
结果计算	1. 每立方米混凝土拌合物中水溶性氯离子的质量应按下式计算 $m_{Cl^-} = C_{Cl^-} \times 0.03545 \times (m_B + m_S + 2m_W)$ 式中 m_{Cl^-}——每立方米混凝土拌合物中水溶性氯离子质量，精确至 0.01kg，kg； C_{Cl^-}——溶液的氯离子浓度，mol/L； m_B——混凝土配合比中每立方米混凝土的胶凝材料用量，kg； m_S——混凝土配合比中每立方米混凝土的砂用量，kg； m_W——混凝土配合比中每立方米混凝土的用水量，kg 2. 混凝土拌合物中水溶性氯离子含量占水泥质量的百分比应按下式计算 $w_{Cl^-} = \dfrac{m_{Cl^-}}{m_C} \times 100\%$ 式中 w_{Cl^-}——混凝土拌合物中水溶性氯离子占水泥质量的百分比，%，精确至 0.001%； m_C——混凝土配合比中每立方米混凝土的水泥用量，kg

■表 3-22 水溶性氯离子含量测定方法

适用范围	适用于作为验收依据或有争议时的混凝土拌合物中水溶性氯离子含量测定
仪器设备和试剂	1. 天平：称量 2000g、感量 0.01g 和称量 200g、感量 0.0001g 的天平各一台 2. 滴定管：宜为 50mL 棕色滴定管 3. 容量瓶：100mL 和 1000mL 容量瓶各一个 4. 试验筛：筛孔公称直径为 5.00mm 金属方孔筛 5. 移液管：20mL 移液管 6. 三角烧瓶：250mL 三角烧瓶 7. 烧杯：250mL 烧杯 8. 带石棉网的试验电炉、快速定量滤纸、量筒、表面皿等 9. 硝酸溶液：量取 63mL 硝酸(分析纯)缓慢加入约 800mL 蒸馏水中，移入 1000mL 容量瓶中，稀释至刻度 10. 乙醇：体积分数为 95% 11. 0.0141mol/L 硝酸银标准溶液：称取 2.40g 硝酸银(化学纯)，精确至 0.01g，用蒸馏水溶解后移入 1000mL 容量瓶中，稀释至刻度，混合均匀后，储存于棕色玻璃瓶中 12. 铬酸钾指示液：称取 5.00g 铬酸钾(化学纯)溶于少量蒸馏水中，加入硝酸银溶液直至出现红色沉淀，静置 12h，过滤并移入 100mL 容量瓶中，稀释至刻度 13. 酚酞指示剂：称取 0.50g 酚酞，溶于 50mL 乙醇，再加入 50mL 蒸馏水 14. 0.0141mol/L 氯化钠标准溶液：称取在(350 ± 50)℃ 灼烧至恒重的氯化钠(分析纯) 0.8240g，精确至 0.0001g，用蒸馏水溶解后移入 1000mL 容量瓶中，并稀释至刻度
主要操作步骤	1. 用公称直径为 5.00mm 的筛子对混凝土拌合物进行筛分，获得不少于 1000g 的砂浆，称取 500g 砂浆试样两份，并向每份砂浆试样中加入 500g 蒸馏水，充分摇匀后获得两份悬浊液密封备用 2. 将两份悬浊液摇匀后，分别移取不少于 100mL 的悬浊液于烧杯中，盖好表面皿后放到带石棉网的试验电炉或其他加热装置上沸煮 5min，停止加热，静置冷却到室温，以快速定量滤纸过滤，获取滤液 3. 分别移取两份滤液各 20mL(V_1)，置于两个三角烧瓶中，各加两滴酚酞指示剂，再用硝酸溶液中和至刚好无色 4. 滴定前分别向两份滤液中各加入 10 滴铬酸钾指示剂，然后用硝酸银标准溶液滴至略带桃红色的黄色不消失，终点的颜色判定必须保持一致。 分别记录两份滤液各自消耗的硝酸银标准溶液体积，取两者的平均值作为测定结果 5. 硝酸银标准溶液浓度的标定步骤为：用移液管移取氯化钠标准溶液 20mL(V_3)于三角瓶中，加入 10 滴铬酸钾指示剂，立即用硝酸银标准溶液滴至略带桃红色的黄色不消失，记录所消耗的硝酸银体积(V_4)
结果计算	1. 硝酸银标准溶液的浓度应按下式计算 $$c_{AgNO_3}=c_{NaCl}\frac{V_3}{V_4}$$ 式中 c_{AgNO_3}——硝酸银标准溶液的浓度，精确至 0.0001mol/L，mol/L； c_{NaCl}——氯化钠标准溶液的浓度，mol/L； V_3——氯化钠标准溶液的用量，mL； V_4——硝酸银标准溶液的用量，mL 2. 每立方米混凝土拌合物中水溶性氯离子的质量应按下式计算 $$m_{Cl^-}=\frac{C_{AgNO_3}V_2\times 0.03545}{V_1}\times(m_B+m_S+2m_W)$$ 式中 m_{Cl^-}——每立方米混凝土拌合物中水溶性氯离子质量，kg，精确至 0.01kg； V_2——硝酸银标准溶液用量的平均值，mL； V_1——滴定时量取的滤液量，mL； m_B——混凝土配合比中每立方米混凝土的胶凝材料用量，kg； m_S——混凝土配合比中每立方米混凝土的砂用量，kg； m_W——混凝土配合比中每立方米混凝土的用水量，kg 3. 混凝土拌合物中水溶性氯离子含量占水泥质量的百分比应按下式计算 $$w_{Cl^-}=\frac{m_{Cl^-}}{m_C}\times 100\%$$ 式中 w_{Cl^-}——混凝土拌合物中水溶性氯离子占水泥质量的百分比，%，精确至 0.001%； m_C——混凝土配合比中每立方米混凝土的水泥用量，kg

该测定方法与《水运工程混凝土试验规程》(JTJ 270) 中的方法相比，主要区别点如下。

(1) 增加了对测试系统误差的规定，即要求系统测试的最大允许误差为±10%。

(2) 采用砂浆与蒸馏水质量比1∶1混合后的滤液进行测定，具有可操作性好、测试误差小等优点。

(3) 分别测量两份砂浆样品的氯离子含量，以计算平均值作为检测结果，能保证试验结果的科学性和客观性。

十二、均匀性试验

混凝土拌合物均匀性的砂浆密度法测定方法见表3-23，混凝土稠度法见表3-24。

■表3-23 混凝土均匀性的砂浆密度法测定方法

适用范围	适用于混凝土拌合物均匀性的测定
仪器设备	砂浆容量筒(1L)，电子天平(最大量程5kg，感量不大于1g)，捣棒，振动台，公称直径5.00mm方孔筛
主要操作步骤	1. 测定混凝土砂浆的表观密度 (1)将干净的容量筒与玻璃板一起称重 (2)将容量筒装满水，缓慢将玻璃板从筒口一侧推到另一侧，筒内满水并不存在气泡，擦干筒外壁，再次称重 (3)两次称量结果之差除以该温度下水的密度为容量筒容积，常温下水的密度可取1kg/L 2. 用湿布擦净容量筒内表面，再称量容量筒质量，精确至1g 3. 从搅拌机口分别取最先出机和最后出机的混凝土试样各一份，每份不少于5L 4. 方孔筛固定在托盘上，将试样倒入方孔筛，筛得两份试样，并测定砂浆拌合物的稠度 5. 当砂浆稠度不大于50mm时，宜采用振动台振实，砂浆拌合物一次性装填至高出容量筒，并在振动台上振动10s，振动过程中砂浆试样低于筒口时应随时添加；当砂浆稠度大于50mm时，宜采用人工插捣，将砂浆拌合物一次性装填至高出容量筒，用捣棒由边缘向中心均匀插捣25次，插捣过程中砂浆试样低于筒口时应随时添加，并用橡皮锤敲击筒外壁5~6下 6. 振实或捣实后，将筒口多余的砂浆刮去，使砂浆表面平整，擦净筒外壁，称出砂浆和容量筒总质量，精确至1g
结果计算	砂浆表观密度应按下式计算，精确至10kg/m³ $\rho_m=\frac{(m_2-m_1)\times 1000}{V}$ 式中 ρ_m——砂浆拌合物的表观密度，kg/m³； m_1——容量筒质量，kg； m_2——容量筒及砂浆试样总质量，kg； V——容量筒容积，精确至0.01L，L
结果评定	混凝土砂浆密度偏差率应按下式计算，精确至0.1% $DR_\rho=\left\|\frac{\Delta\rho_m}{\rho_{max}}\right\|$ 式中 DR_ρ——混凝土砂浆密度偏差率，%； $\Delta\rho_m$——先后出机取样混凝土砂浆拌合物表观密度的差值，kg/m³； ρ_{max}——先后出机取样混凝土砂浆拌合物表观密度的大值，kg/m³； 混凝土中砂浆密度两次测值的相对误差不应大于0.8%

■表3-24 混凝土均匀性的稠度法测定方法

适用范围	适用于混凝土拌合物均匀性的测定
仪器设备	坍落度仪，钢尺(2把，分度值不大于1mm)，底板(不小于1500mm×1500mm、厚度不小于3mm的钢板，其最大挠度不大于3mm)，秒表(精度不低于0.1s)

续表

主要操作步骤	1. 从搅拌机口分别取最先出机和最后出机的混凝土试样各一份，每份不少于 10L 2. 混凝土拌合物的搅拌均匀性可用先后出机取样的混凝土拌合物的稠度差值作为评定依据 3. 按表 3-6 的操作步骤分别测定两份试样的坍落度值 4. 按表 3-7 的操作步骤分别测定两份试样的扩展度值 5. 按表 3-5 的操作步骤分别测定两份试样的维勃稠度值
结果计算	1. 混凝土坍落度差值应按下式计算，精确至 1mm $\Delta H=\|H_1-H_2\|$ 式中 ΔH——混凝土拌合物的坍落度差值，mm； H_1——先出机取样混凝土拌合物坍落度值，mm； H_2——后出机取样混凝土拌合物坍落度值，mm 2. 混凝土扩展度差值应按下式计算，精确至 1mm $\Delta L=\|L_1-L_2\|$ 式中 ΔL——混凝土拌合物的扩展度差值，mm； L_1——先出机取样混凝土拌合物扩展度值，mm； L_2——后出机取样混凝土拌合物扩展度值，mm 3. 混凝土维勃稠度值应按下式计算，精确至 1s $\Delta t_V=\|t_{V1}-t_{V2}\|$ 式中 Δt_V——混凝土拌合物的维勃稠度差值，s； t_{V1}——先出机取样混凝土拌合物维勃稠度值，s； t_{V2}——后出机取样混凝土拌合物维勃稠度值，s
结果评定	混凝土拌合物稠度两次测值的差值不应大于表 3-25、表 3-26 和表 3-27 的要求

十三、钢纤维体积率试验

钢纤维混凝土拌合物中钢纤维体积率测定方法见表 3-25。

■表 3-25 钢纤维体积率测定方法

适用范围	适用于测定钢纤维混凝土拌合物中的钢纤维体积率
试验仪器	容量筒(钢制，容积 5L，直径和筒高均为 186mm ± 2mm，壁厚 3mm)；托盘天平(最大称量 2kg，感量 2g)；台秤(最大称量 100kg，感量 50g)；振动台(频率 50Hz ± 2Hz，空载振幅 0.5mm ± 0.02mm)；木槌(质量 1kg)
主要操作步骤	1. 将钢纤维混凝土拌合物装入容量筒中，当拌合物坍落度小于 50mm 时，用振动台振实；当拌合物坍落度不小于 50mm 时，分两层装料，每层应沿侧壁四周用木槌均匀敲振 30 次，敲毕，底部垫直径 16mm 钢棒，在混凝土或石材地面上左右交错颠击 15 次。振实后应将容量筒上口抹平 2. 在倒出钢纤维拌合物的过程中，应边水洗边用磁铁搜集钢纤维 3. 应将搜集的钢纤维在(105 ± 5)℃ 的温度下烘干到恒重，冷却至室温后确定其质量，精确至 2g 4. 试验应进行两次
结果计算	钢纤维体积率应按下式计算，精确至 0.01 $V_{sf}=\frac{m_{sf}}{\rho_{sf}V}\times 100\%$ 式中 V_{sf}——钢纤维体积率，%； m_{sf}——容量筒中钢纤维质量，g； V——容量筒体积，L； ρ_{sf}——钢纤维质量密度，kg/m³
结果确定	应取两次试验测得的钢纤维体积率的平均值作为试验结果，并应符合下式要求，否则试验结果无效 $\|V_{sf1}-V_{sf2}\|\leqslant 0.05V_{sf,m}$ 式中 V_{sf1}，V_{sf2}——两次试验分别测得的钢纤维体积率，%； $V_{sf,m}$——两次试验测得的纤维体积率的平均值，%

第四节 混凝土拌合物的质量控制

混凝土配合比在实际生产过程中，各种原材料的计量误差、骨料含水率的变化以及搅拌的均匀程度，都会造成混凝土质量的波动。为能及时和直观的获得混凝土拌合物的质量信息，借以判定混凝土拌合物的质量是否稳定在正常波动范围内，可分别绘制混凝土拌合物的稠度控制图、水胶比控制图等，将在生产过程中的相关实测值绘于图中，如发现异常，可及时采取措施，予以解决。

通常，混凝土拌合物的质量控制主要从稠度、凝结时间、含气量及均匀性等几个方面进行。

1. 稠度

根据混凝土稠度大小选择相应的测试方法，对塑性和流动性混凝土拌合物测定其坍落度，对干硬性混凝土拌合物测定其维勃稠度，其检测方法按照《普通混凝土拌合物性能试验方法标准》GB/T 50080 的规定进行。当要求的坍落度或维勃稠度为某一级别时，其检测结果应分别符合本章表 3-2 或表 3-1 所规定的范围。当要求的坍落度或维勃稠度为某一定值时，其检测结果不得超过表 3-26 或表 3-27 的允许偏差值。坍落扩展度的允许偏差应符合表 3-28 的要求。

■表 3-26 坍落度允许偏差 单位：mm

坍落度	允许偏差
≤40	±10
50~90	±20
≥100	±30

■表 3-27 维勃稠度允许偏差 单位：s

维勃稠度	允许偏差
≤5	±1
10~6	±2
≥11	±3

■表 3-28 坍落扩展度允许偏差 单位：mm

坍落扩展度	允许偏差
≥350	±30

坍落度（维勃稠度）的测定适用于现场控制塑性和流动性（干硬性）混凝土拌合物的质量。可根据坍落度（维勃稠度）的变异情况，较直观的评判混凝土拌合物的组成，特别是用水量的变异情况，以此判定混凝土拌合物的配合比是否与原设计

配合比有较大差异。

当测得的坍落度（维勃稠度）值超出所要求的范围值或表 3-26（表 3-27）规定的允许偏差时，可根据拌合物的和易性情况调整配合比。当坍落度（维勃稠度）测试值小于要求值时，在保持原设计水胶比不变的原则下，可适当增加水和水泥用量或调整砂率或提高外加剂掺量；当坍落度（维勃稠度）测试值大于要求值时，可酌情增加砂、石用量或调整砂率或减少外加剂掺量。

根据坍落度（维勃稠度）的测定结果，绘制稠度控制图，结合砂细度模数控制图及水灰比控制图等分析研究混凝土拌合物的变异情况及其对混凝土强度变异的影响。

混凝土拌合物在满足施工要求的前提下，尽可能采用较小的坍落度。对泵送混凝土，其拌合物坍落度设计值不宜大于 180mm。对采用泵送施工的高强混凝土和自密实混凝土，还需控制拌合物的扩展度，泵送高强混凝土的扩展度不宜小于 500mm，自密实混凝土的扩展度不宜小于 600mm。

混凝土拌合物的坍落度经时损失不应影响混凝土的正常施工。泵送混凝土拌合物的坍落度经时损失不宜大于 30mm/h。

2. 凝结时间

凝结时间对混凝土工程的施工质量及施工进度有着重要的意义。通常，后一部分混凝土的浇筑必须在前一部分混凝土初凝前完成。如果凝结时间过短，已浇筑的混凝土达到初凝后再进行后一部分混凝土的浇筑，两部分混凝土之间会产生冷缝，将会影响混凝土结构的整体性、均匀性及稳定性；同时，后一部分混凝土浇筑时的振捣也会破坏前一部分混凝土中已形成的网状凝聚结构，在混凝土中留下一些细小的裂纹，影响混凝土的结构性能。如果凝结时间过长，将会影响整个工程的施工进度。因此，应根据工程的具体情况，控制混凝土的凝结时间，把握好施工进度，以保证工程质量和施工进度。

3. 含气量

适宜的含气量有助于改善混凝土拌合物的和易性、可泵性，提高混凝土的耐久性能，但过大的含气量会影响混凝土的密实性、稳定性，降低混凝土的抗压强度。含气量越大，抗压强度下降的幅度也越大，因此，在使用引气型外加剂时必须进行含气量检验，以便将含气量控制在合适的水平。

掺引气剂或引气型外加剂混凝土拌合物的含气量应满足混凝土性能对含气量的要求。《混凝土质量控制标准》（GB 50164）规定，混凝土拌合物的含气量宜符合表 3-29 的要求。

■表 3-29 混凝土含气量

粗骨料最大公称粒径/mm	混凝土含气量/%
20	≤5.5
25	≤5.0
40	≤4.5

混凝土拌合物含气量的检测结果与要求值的允许偏差应控制在±1.5%以内。

4.均匀性

混凝土拌合物的均匀性是保证混凝土强度及其他性能指标均匀一致的前提。混凝土拌合物应拌合均匀，颜色一致，不得有露砂、露石、离析、泌水现象；不同部位拌合物的砂浆密度及粗骨料含量应无较大差异，以保证混凝土拌合物具有良好的均匀性。另外，混凝土在浇筑过程中，过度的振动会使粗骨料下沉，浆体上移，影响混凝土的均匀性。因此，在混凝土生产、运输及施工过程中，应控制混凝土拌合物的均匀性。

对混凝土拌合物均匀性有特殊要求或对拌合物均匀性有怀疑时，应按《混凝土搅拌机性能试验方法》（GB 4477）的规定检测拌合物的均匀性。当检验一盘内混凝土拌合物的均匀性时，应在该盘混凝土卸料过程中，从卸料量的1/4～3/4之间采取试样进行检测，其检测结果应符合下列规定：

（1）混凝土拌合物中砂浆表观密度，两次测值的相对误差不应大于0.8%；

（2）单位体积混凝土拌合物中粗骨料含量，两次测值的相对误差不应大于5%。

参考文献

[1] GB/T 50080—2016.

[2] GB 50164—2011.

[3] JGJ/T 283—2012.

[4] CCES 02—2004.

[5] CECS 203：2006.

[6] 张承志. 商品混凝土. 北京：化学工业出版社，2006.

[7] 中国建筑科学研究院混凝土研究所. 混凝土实用手册. 北京：中国建筑工业出版社，1987.

[8] 耿维恕，韩素芳，钟炯垣. 混凝土及预制混凝土构件的质量控制. 北京：中国建筑工业出版社，1996.

[9] 张仁瑜，王征，孙盛佩. 混凝土质量控制与检测技术. 北京：化学工业出版社，2010.

[10] JGJ/T 322—2013.

本章主要执笔人：张秀芳

第四章

硬化后混凝土的质量要求及其检验与控制

第一节 混凝土的物理力学性能

一、概述

混凝土物理力学性能是指混凝土硬化后的特性或性质，是评价混凝土品质水准的基本技术参数。混凝土物理力学性能主要有强度及与其相关的特性，如弹性模量等。

混凝土强度被认为是混凝土物理力学性能中最重要的技术参数之一，是建筑结构设计的基本依据。随着时代的发展和技术的进步，人们对混凝土耐久性的认识逐渐深刻，开始认识到强度是混凝土的重要技术参数之一，但不应是唯一，“强度高就是质量好”“强度第一”的观点宜予改变。混凝土性能应符合工程的需要，能够满足混凝土工程所处的某种环境条件、施工条件及其具体用途的要求。混凝土不应一味追求高强度，而应满足各种性能的要求。

混凝土强度包括抗压强度、轴心抗压强度、抗拉强度、抗折强度、抗剪强度、抗疲劳强度等。抗压强度是混凝土基本的力学性能指标，通常是指立方体或圆柱体抗压强度，以混凝土试件单位面积所能承受的最大压应力表示。

各国多以标准尺寸试件的抗压强度来分级，表征混凝土按强度评价的质量水平。国际标准 ISO 3893—1977 中规定，标准尺寸的试件可以是圆柱体（ϕ150mm×300mm）或立方体（150mm×150mm×150mm），并建议按表 4-1 来划分等级。

■表 4-1 按抗压强度特征值分类的混凝土等级

混凝土等级	28d 抗压强度/MPa	
	圆柱体 ϕ150mm×300mm	立方体 150mm×150mm×150mm
C2/2.5	2.0	2.5
C4/5.0	4.0	5.0
C6/7.5	6.0	7.5
C8/10.0	8.0	10.0
C10/12.5	10.0	12.5
C12/15.0	12.0	15.0
C16/20.0	16.0	20.0
C20/25.0	20.0	25.0
C25/30.0	25.0	30.0
C30/35.0	30.0	35.0
C35/40.0	35.0	40.0
C40/45.0	40.0	45.0
C45/50.0	45.0	50.0
C50/55.0	50.0	55.0

注：此表中未列更高的数值属于特殊要求混凝土。

ISO 3893—1977 标准还指出“对任一国家的混凝土，其规定可以按所使用的试件种类，以一个数值表示之”。

根据各国习惯，采用其中一种，例如美国、法国、日本等采用圆柱体试件；英国、北欧、东欧、俄罗斯及我国等采用立方体试件。

英国的混凝土规范 BS EN 206-1：2000 中规定，混凝土抗压强度等级可以用直径 150mm、高 300mm 的圆柱体试件的 28d 抗压强度标准值（$f_{ck,cyl}$）或边长 150mm 立方体试件的 28d 抗压强度标准值（$f_{ck,cube}$）来进行等级划分。同种混凝土用两种不同的试件测出的强度不同，立方体试件高于圆柱体试件。普通容重、重混凝土的抗压强度等级有如表 4-2 的关系。

■表 4-2 普通容重和重混凝土的抗压强度等级

抗压强度等级	圆柱体试件 $f_{ck,cyl}$/MPa	立方体试件 $f_{ck,cube}$/MPa
C8/10	8	10
C12/15	12	15
C16/20	16	20
C20/25	20	25
C25/30	25	30
C30/37	30	37
C35/45	35	45
C40/50	40	50
C45/55	45	55
C50/60	50	60
C55/67	55	67
C60/75	60	75
C70/85	70	85
C80/95	80	95
C90/105	90	105
C100/115	100	115

目前，在我国，混凝土强度分级按 28d 立方体抗压强度划分，其试件标准尺寸为 150mm×150mm×150mm 立方体，现把《混凝土结构设计规范》GB 50010 中的规定列于表 4-3。

■表 4-3 混凝土立方体抗压强度标准值划分的混凝土强度等级

混凝土强度等级	C15	C20	C25	C30	C35	C40	C45	C50	C55	C60	C65	C70	C75	C80
28d 抗压强度标准值 $f_{cu,k}$/MPa	15.0	20.0	25.0	30.0	35.0	40.0	45.0	50.0	55.0	60.0	65.0	70.0	75.0	80.0

在我国，关于按混凝土抗压强度的分级情况，新中国建立后有几次变动，其历史沿革的具体情况列于表 4-4。

■表 4-4　我国混凝土按抗压强度分级的变化简表

分级名称	试件标准尺寸/mm	非标准尺寸试件的强度换算系数	使用年限	备　注
混凝土标号	边长 200mm 立方体	边长 100mm 立方体×0.85 边长 150mm 立方体×0.90	新中国成立后至 1974 年	与前苏联标准一致，并最早反映在我国《混凝土施工验收规范》(GB 10—1965)和《钢筋混凝土结构设计规范》(BJG 21—1966)中
混凝土标号 (R^b)	边长 200mm 立方体	边长 100mm 立方体×0.90 边长 150mm 立方体×0.95	1974 年至 1987 年	根据全国统计调查和组织部分单位试验验证结果，修改了非标准尺寸试件的强度换算系数。反映在我国国家标准《混凝土结构设计规范》(TJ 10—1974)中
混凝土强度等级	边长 150mm 立方体	边长 100mm 立方体×0.95 边长 200mm 立方体×1.05	1988 年至今	与国际标准 ISO 3893—1977 一致。与我国原标准相比，既修改了试件标准尺寸，又修改强度标准值($f_{cu,k}$)的保证率为 95%。这一结果反映在《混凝土结构设计规范》(GBJ 10—1989)①、GB 50010—2002 和 GB 50010—2011 及《混凝土强度检验评定标准》GBJ 107—1987 和 GB/T 50107—2010 中

① 混凝土按抗压强度分级修改后，分级名称由“标号”过渡到“强度等级”，其换算关系在 GBJ 10—1989 设计规范中以附录形式给出过渡办法。

二、混凝土力学性能要求

1. 立方体抗压强度

混凝土强度是一个根据试验结果确定的变量，即强度的高低随试件尺寸、养护、试验条件等因素的变化而得不同值的随机变量。因此，作为全国统一的划分等级的混凝土强度指标的试验条件、试件尺寸等影响混凝土强度高低的因素要做统一规定。按现行标准规定：强度等级由符号 C 和混凝土强度标准值组成，如 C20 级混凝土，即表示混凝土立方体抗压强度标准值 $f_{cu,k}=20MPa$；混凝土强度标准值系指按照标准方法制作的边长为 150mm 的混凝土立方体试件，在标准条件［温度(20±2)℃，相对湿度 95%以上］下养护 28d，用标准试验方法，测得的抗压强度总体分布中的一个值，强度低于该值的概率为 5%或该值为具有 95%保证率的抗压强度值，单位为 N/mm^2 或 MPa，以符号 $f_{cu,k}$ 表示。它不同于实践中直接测得的立方体试件抗压强度值（$f_{cu,i}$）。$f_{cu,k}$ 是立方体抗压强度标准值或称等级值，它是混凝土结构设计、混凝土配合比设计、混凝土质量控制及工程验收的重要参数。

注：对掺有大掺量矿物掺合料的混凝土，特别是掺粉煤灰的混凝土，其强度检验评定时，可采用按设计规定大于 28d 的龄期或按合同规定。

在我国现行《混凝土结构设计规范》（GB 50010—2011）中规定的等级有 C15、C20、C25、C30、C35、C40、C45、C50、C55、C60、C65、C70、C75 和 C80。在沈阳、北京、上海、深圳和广州等地区已在多项工程中采用了强度等级为 C100 级的高性能混凝土。

在实践中，当试件采用非标准尺寸时，对实际测得的混凝土强度应乘以换算系数，换算为标准尺寸试件强度，方可用于混凝土工程的设计与评定，换算系数按表4-5采用。

■表4-5 强度试件标准尺寸与非标准尺寸的换算系数

强度等级	强度类别	强度名称		标准尺寸/mm	非标准尺寸/mm	
<C60	抗压	立方体抗压		边长150	边长100	边长200
		系数		1	0.95	1.05
		轴压	棱柱体	150×150×300	100×100×300	200×200×400
			系数	1	0.95	1.05
			圆柱体	ϕ150×300	ϕ100×200	ϕ200×400
			系数	1	0.95	1.05
	抗拉	轴心受拉		—	—	—
		劈裂抗拉		边长150	边长100	—
		系数		1	0.85	
	抗折	小梁三分点		150×150×600(550)	100×100×400	
		系数		1.00	0.85	—
≥C60	—			—	立方体的非标准尺寸试件的强度换算系数应由专门试验确定	

注：对强度等级不小于C60级混凝土，宜采用标准尺寸试件；当采用非标准尺寸试件时，其强度换算系数应由试验确定，试件数量不应少于30对组。

2.轴心抗压强度

在实际工程中，钢筋混凝土结构设计采用轴心抗压强度值为棱柱体或圆柱体试件强度。而立方体试件承压时，主要由于承压板与试件端部箍紧效应等因素的影响，使抗压强度有较大提高，所以不能直接作为结构设计的依据。采用棱柱体试件，试件中间部分已基本超越了摩阻力的影响区段，故测得的混凝土强度值比较接近于混凝土构件的实际情况。在我国的钢筋混凝土结构设计中，计算受压构件是以混凝土轴心抗压强度（棱柱体抗压强度）为依据。

棱柱体试件是在与立方体试件相同的条件下制作、养护和测试，所测得的轴心抗压强度比同截面的立方体抗压强度低。许多试验表明，轴心抗压强度与立方体抗压强度之比约为0.70～0.85。标准尺寸的圆柱体试件抗压强度与标准尺寸立方体试件强度之比，当圆柱体试件承压面处理很理想的情况下大约在0.83。这仅是不同尺寸、形状之间的换算系数。

3.抗拉强度

混凝土属于弹塑性材料，其抗拉强度远远低于抗压强度，抗拉强度大致是抗压强度的$\frac{1}{10}\sim\frac{1}{20}$，随强度等级提高，拉压比下降。抗拉强度对控制混凝土开裂有重要意义，在结构设计中抗拉强度是确定混凝土抗裂性能的主要指标。

混凝土结构设计规范中的抗拉强度指标，是由专门的轴心抗拉试验确定的；轴心抗拉强度与标准尺寸立方体试件抗压强度平均值的关系式为：

Concrete

$$\mu_{f_t}=0.56\mu_{f_{cu,15}}^{\frac{2}{3}}$$

式中　μ_{f_t}——轴心抗拉强度平均值，MPa；

$\mu_{f_{cu,15}}$——标准尺寸试件的立方体抗压强度平均值，MPa。

直接测定混凝土的抗拉强度比较困难，一是试件夹头附近的混凝土局部破坏很难避免，二是外力作用线与试件轴心方向不易一致。所以在实践中，混凝土轴心抗拉强度可由劈裂抗拉强度 f_{ts} 换算求得，换算系数可由试验确定。现在一般以劈裂抗拉强度 f_{ts} 作为衡量混凝土抗拉性能的一个相对指标，其测值大小与试验所采用的垫条形状、尺寸、有无垫层、试件尺寸、加荷方向和粗骨料的最大粒径等有关。

劈裂抗拉强度 f_{ts} 与标准尺寸立方体抗压强度 f_{cu} 间的关系，经对比试验，等级小于C60级混凝土，其经验式为：

$$f_{ts}=0.35f_{cu}^{3/4}$$

4. 抗折强度

混凝土构件单位面积承受弯矩时的极限折断应力即为抗折强度，又称抗弯拉强度。抗折试验是用混凝土小梁承受弯曲应力，直到小梁折断，小梁截面上所能承受的最大应力即为抗折强度。

混凝土构件大多是承受弯曲，而不是承受轴向拉伸，因而抗折试验结果似乎更能说明混凝土的性能。

抗折强度标准尺寸试件是按照标准方法制作的150mm×150mm×600mm（或550mm）的棱柱体试件，抗折强度以 f_f 表示。其非标准尺寸试件强度的换算系数见表4-5。

混凝土道路路面主要承受弯拉荷载的作用，因此道路混凝土是以抗折强度（抗弯拉强度）作为主要强度指标。

5. 抗剪强度

混凝土的抗剪强度大约是抗压强度的1/6～1/4，是抗拉强度的2.5倍左右。由于测试上的困难，目前为止，尚没有满意的试验方法能直接测出混凝土的纯剪切强度。

6. 静力受压弹性模量

静力受压弹性模量（以下简称弹性模量）是描述固体材料抵抗形变能力的物理量，是弹性材料的一种最重要、最具特征的力学性质，用 E 表示。定义为理想材料有小形变时应力与相应的应变之比。弹性模量以单位面积上承受的力表示，单位为 N/mm^2 或MPa。

混凝土在不同的荷载作用下表现出不同的变形性能，它在受荷载作用时，会产生不可恢复的塑性变形，亦会产生可以恢复的弹性变形。

在应力-应变曲线上任何一点的应力 σ 与其应变 ε 的比值叫做该应力下的变形模量，它表示混凝土所受应力与所产生的应变之间的关系。弹性模量是混凝土结构设计的重要技术参数。

混凝土是弹、粘、塑性材料，其应力-应变曲线呈非线性，为将它看作弹性体，提高工程适用性，通常采用割线模量来表示混凝土的弹性模量，就是由实测的应力-应变曲线上任一点与原点连线的斜率求得的割线模量，它表示该点的实际变形，较易测准，它是静弹性模量。对割线模量的测定点的应力应加以标明，一般把测定点应力定为混凝土棱柱体抗压强度的 30%～50%。

混凝土弹性模量与混凝土强度存在一定相关性，强度愈高弹性模量愈高。根据《混凝土结构设计规范》（GB 50010）规定，混凝土强度等级由 C15 增至 C80 时，其弹性模量约由 2.20×10^4MPa 增至 3.80×10^4MPa。

混凝土在不同应力状态下有不同的弹性模量，常用的有静力抗压弹性模量及静力抗折弹性模量。

影响混凝土弹性模量的因素与影响混凝土强度的因素一样是多方面的，如骨料与水泥石的弹性模量、混凝土粗骨料含量、水胶（灰）比、养护条件、龄期等。一般来说水泥石的弹性模量低于骨料的弹性模量，所以混凝土的弹性模量一般低于其骨料的弹性模量。当原材料质量不变情况下，混凝土骨料含量较大、水胶（灰）比较小、养护条件较好且龄期较长时，混凝土的弹性模量就较大。经蒸汽养护的混凝土弹性模量比标准养护的略低。

三、检验方法

工业与民用建筑以及一般构筑物中的普通混凝土物理力学性能试验，包括立方体抗压强度试验、轴心抗压强度试验、劈裂抗拉强度试验、抗折强度试验、抗剪强度试验、粘结强度试验和弹性模量试验等。

普通混凝土力学性能试验方法，应符合《普通混凝土力学性能试验方法标准》（GB/T 50081）的有关规定。

（一）基本规定

1. 混凝土取样

（1）混凝土取样应符合《普通混凝土拌合物性能试验方法标准》（GB/T 50080）中的相关规定。

① 取样量应多于试验需要量的 1.5 倍，且不宜小于 20L。

② 取样应具有代表性，宜采用多次采样的方法。一般在同一盘混凝土或同一车混凝土中的约 1/4 处、1/2 处及 3/4 处分别取样，从第一次取样到最后一次取样不宜超过 15min，然后人工搅拌均匀。

（2）普通混凝土力学性能试验应以三个试件为一组，每组试件所用的混凝土拌合物应从同一盘混凝土或同一车混凝土中取样。

2. 试样的制备

在试验室制备混凝土拌合物时，应符合下列规定。

（1）混凝土拌合时环境温度应保持在（20±5）℃，所用原材料的温度应与试验拌合环境温度保持一致。

（2）原材料用量应以重量计。称量精度骨料为±1%；水泥、掺合料、外加剂、水均为±0.5%。

（3）混凝土应在拌制后尽快成型，一般不宜超过15min。

3. 试件的尺寸与形状

（1）试件的尺寸应根据混凝土中骨料的最大公称粒径按表4-6选定。

■表4-6　混凝土力学性能试验的试件尺寸选用表

试件横截面尺寸/mm	骨料最大公称粒径/mm	
	劈裂抗拉强度试验	其他试验
100×100	20	31.5
150×150	40	40
200×200	—	63

（2）抗压强度和劈裂抗拉强度试件应符合下列规定。

① 边长为150mm的立方体试件是标准尺寸试件。

② 边长为100mm和200mm的立方体试件是非标准尺寸试件。

③ 在特殊情况下，可采用ϕ150mm×300mm的圆柱体标准尺寸试件或ϕ150mm×200mm和ϕ150mm×400mm的圆柱体非标准尺寸试件。

（3）轴心抗压强度和静力受压弹性模量试件应符合下列规定。

① 边长为150mm×150mm×300mm的棱柱体试件是标准尺寸试件。

② 边长为100mm×100mm×300mm和200mm×200mm×400mm的棱柱体试件是非标准尺寸试件。

③ 在特殊情况下，可采用ϕ150mm×300mm的圆柱体标准尺寸试件或ϕ100mm×200mm和ϕ200mm×400mm的圆柱体非标准尺寸试件。

（4）抗折强度试件应符合下列规定。

① 边长为150mm×150mm×600mm（或550mm）的棱柱体试件是标准尺寸试件。

② 边长为100mm×100mm×400mm的棱柱体试件是非标准尺寸试件。

③ 试件在长向中部1/3区段内不得有表面直径超过5mm、深度超过2mm的孔洞。

4. 试件的尺寸公差

（1）试件的承压面的平面度公差不得超过 0.0005d（d 为边长）。

（2）试件的相邻面间的夹角应为 90°，公差不得超过 0.5°。

（3）试件各边长、直径和高度的公差不得超过 1mm。

5. 试件的制作和养护

（1）试件的制作

① 试模应符合《混凝土试模》（JG 3019）中技术要求的规定。试件制作前应拧紧试模螺栓并清刷干净，内壁涂刷一薄层矿物油或其他不与混凝土发生反应的脱模剂。

② 试件的成型方法应根据混凝土拌合物的稠度来确定。坍落度大于 70mm 的混凝土拌合物宜采用捣棒人工捣实成型；当混凝土拌合物比较粘稠或坍落度不大于 70mm 的混凝土宜用振动台振实；检验现浇混凝土或预制构件的混凝土，试件成型方法宜与实际采用的方法相同。

人工捣实成型：将搅拌好的混凝土拌合物分两层装入试模，每层装料的厚度大约相同。用钢制捣棒按螺旋方向从边缘向中心均匀进行插捣。插捣底层时，捣棒应达到试模底面；插捣上层时，捣棒应插入下层 20～30mm。插捣时捣棒应保持垂直，不得倾斜。然后用抹刀沿试模内壁插拔数次。插捣后应用橡皮锤轻轻敲击试模四周，直至插捣留下的空洞消失为止。每层的插捣次数应根据试件的截面而定，一般 1000mm^2 截面不应少于 12 次。捣实后，刮去多余的混凝土，待混凝土临近初凝时，用抹刀抹平。

振动台振实：将搅拌好的混凝土拌合物一次装入试模，装料时应用抹刀沿试模各内壁插捣，并使混凝土拌合物高出试模口，然后将试模附着或固定在振动台上，振动时试模不得有任何跳动，直至混凝土表面出浆为止，不得过振，刮去多余的混凝土，待混凝土临近初凝时用抹刀抹平。

（2）试件的养护

① 成型后应立即用不透水的薄膜覆盖表面。采用标准养护的试件，成型后应在温度为（20±5）℃的环境中静置一昼夜至二昼夜后编号、拆模，并立即放入温度为（20±2）℃，相对湿度为 95%以上的标准养护室中的支架上养护，试件彼此间隔 10～20mm，并不得被水直接冲淋。标准养护至 28d（从搅拌加水开始计时）或按合同规定的龄期。

② 采用同条件养护的试件成型后，也应立即用不透水的薄膜覆盖表面，置于实际构件的近旁，力求与实际构件的环境相同。试件的拆模时间可与实际构件的拆模时间相同，拆模后，试件仍需保持同条件养护。

（二）立方体抗压强度试验

混凝土立方体抗压强度试验方法见表 4-7。

■表 4-7 立方体抗压强度试验方法

项目	主要内容
主要仪器设备	试模、振动台、混凝土搅拌机、压力试验机、标准养护室、钢垫板、钢板尺、卡尺、捣棒等
试验步骤	1. 试件从养护地点取出后应及时进行试验，以免试件内部的温湿度发生显著变化 2. 将试件表面擦干净，测量尺寸，并检查外观，试件尺寸测量精确到 1mm，并据此计算试件的承压面积 3. 将试验机的上下承压板面擦干净，再将试件安放在试验机的下压板或垫板上，试件的承压面应与成型时的顶面垂直。试件的中心应与试验机下压板中心对准，开动试验机，当上压板与试件或钢垫板接近时，调整球座，使接触均衡 4. 混凝土试件的试验过程中应连续而均匀地加荷，混凝土强度等级＜C30 时，其加荷速度为 0.3～0.5MPa/s；当混凝土强度等级≥C30 且＜C60 时，则为 0.5～0.8MPa/s；当混凝土强度等级≥C60 时，取 0.8～1.0MPa/s。当试件接近破坏而开始迅速变形时，应停止调整试验机油门，直到试件破坏，并记录破坏荷载 5. 试件受压完毕，应清除上下压板上粘附的杂物，继续进行下一次试验
试验结果计算及确定	1. 混凝土立方体试件抗压强度按下式计算，精确至 0.1MPa： $f_{cc}=\frac{F}{A}$ 式中 f_{cc}——混凝土立方体试件抗压强度，MPa； F——试件破坏荷载，N； A——试件承压面积，mm^2 2. 强度值的确定： 以三个试件测值的算术平均值作为该组试件的抗压强度值(精确至 0.1MPa) 如三个测值中的最大值或最小值中有一个与中间值的差值超过中间值的 15%时，则把最大及最小值一并舍除，取中间值作为该组试件的抗压强度值；如最大值和最小值与中间值的差均超过中间值的 15%，则该组试件的试验结果作废 3. 非标准尺寸试件强度的换算： 混凝土强度等级＜C60 时，用非标准尺寸试件测得的强度值均应乘以尺寸换算系数，100mm×100mm×100mm 试件换算系数为 0.95；200mm×200mm×200mm 试件换算系数为 1.05。当混凝土强度等级≥C60 时，宜采用标准尺寸试件；使用非标准尺寸试件时，尺寸换算系数应由试验确定

（三）轴心抗压强度试验

轴心抗压强度试验方法见表 4-8。

■表 4-8 轴心抗压强度试验方法

项目	主要内容
主要仪器设备	同表 4-7
试验步骤	同表 4-7
试验结果计算及确定	1. 混凝土轴心抗压强度按下式计算，精确至 0.1MPa： $f_{cp}=\frac{F}{A}$ 式中 f_{cp}——混凝土轴心抗压强度，MPa； F——试件破坏荷载，N； A——试件承压面积，mm^2 2. 强度值的确定： 以三个试件测值的算术平均值作为该组试件的抗压强度值(精确至 0.1MPa) 如三个测值中的最大值或最小值中有一个与中间值的差值超过中间值的 15%时，则把最大及最小值一并舍除，取中间值作为该组试件的抗压强度值；如最大值和最小值与中间值的差均超过中间值的 15%，则该组试件的试验结果作废 3. 非标准尺寸试件强度的换算： 混凝土强度等级＜C60 时，用非标准尺寸试件测得的强度值均应乘以尺寸换算系数，100mm×100mm×300mm 试件换算系数为 0.95；200mm×200mm×400mm 试件换算系数为 1.05。当混凝土强度等级≥C60 时，宜采用标准尺寸试件；使用非标准尺寸试件时，尺寸换算系数应由试验确定

（四）劈裂抗拉强度试验

混凝土劈裂抗拉强度试验方法见表 4-9。

■表 4－9　劈裂抗拉强度试验方法

项　　目	主 要 内 容
主要仪器设备	主要仪器设备同表 4-7 劈裂抗拉强度试验应采用半径为 75mm 的钢制弧形垫块、垫条及定位支架(见下图)。垫条为三层胶合板制成，宽度为 20mm，厚度为 3～4mm，长度不小于试件长度，且不得重复使用 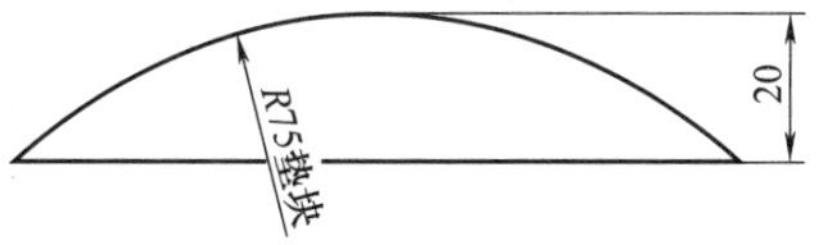 垫块 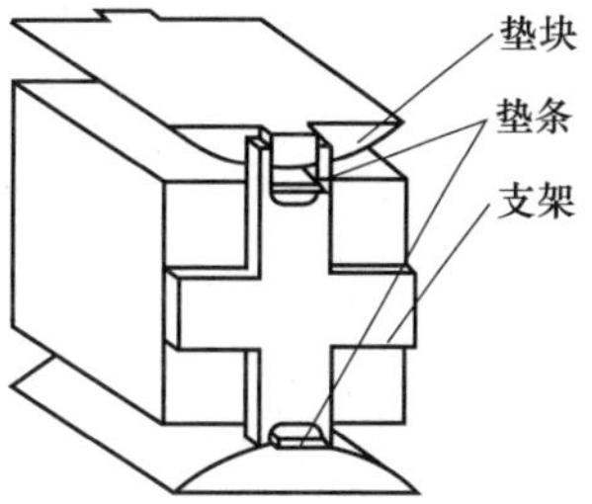 支架示意
试验步骤	1. 试件从养护地点取出后应及时进行试验，以免试件内部的温、湿度发生显著变化 2. 将试件表面擦拭干净，测量尺寸，并检查外观，试件尺寸测量精确到 1mm，并据此计算试件的承压面积 3. 将上、下承压板面擦干净，将试件放在试验机下压板的中心位置，劈裂承压面和劈裂面应与试件成型时的顶面垂直；在上、下压板与试件之间垫以圆弧形垫块及垫条，垫块与垫条应与试件上、下面的中心线对准并与成型时的顶面垂直。宜把垫条及试件安装在定位支架上使用 4. 试验过程中应连续而均匀地加荷，混凝土强度等级＜C30 时，其加荷速度为 0.02～0.05MPa/s；当混凝土强度等级≥C30 且＜C60 时，则为 0.05～0.08MPa /s；当混凝土强度等级≥C60 时，取 0.08～0.10MPa /s。当试件接近破坏而开始迅速变形时，停止调整试验机油门，直到试件破坏，并记录破坏荷载
试验结果计算及确定	1. 混凝土劈裂抗拉强度按下式计算，精确至 0.01MPa: $f_{ts}=\frac{2F}{\pi A}=0.637\frac{F}{A}$ 式中　f_{ts}——混凝土劈裂抗拉强度，MPa; F——试件破坏荷载，N; A——试件劈裂面面积，mm^2 2. 强度值的确定: 以三个试件测值的算术平均值作为该组试件的劈裂抗拉强度值(精确至 0.01MPa) 如三个测值中的最大值或最小值中有一个与中间值的差值超过中间值的 15%时，则把最大及最小值一并舍除，取中间值作为该组试件的抗压强度值；如最大值和最小值与中间值的差均超过中间值的 15%，则该组试件的试验结果作废 3. 采用 100mm×100mm×100mm 非标准尺寸试件测得的劈裂抗拉强度值，应乘以尺寸换算系数 0.85；当混凝土强度等级≥C60 时，宜采用标准尺寸试件；使用非标准尺寸试件时，尺寸换算系数应由试验确定

（五）抗折强度试验

混凝土抗折强度试验方法见表 4-10。

■表 4-10　抗折强度试验方法

项　　目	主要内容
主要仪器设备	主要仪器设备与表 4-7 立方体抗压强度试验基本相同 试验机应带有能使二个相等荷载同时作用在试件跨度 3 分点处的抗折试验装置，见下图 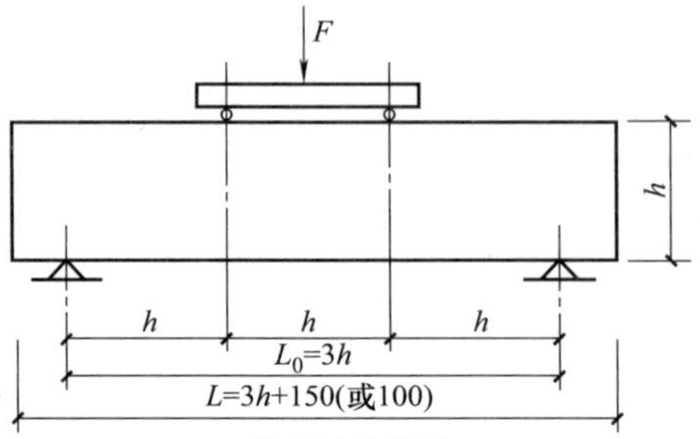 抗折试验装置 试件的支座和加荷头应采用直径为 20~40mm、长度不小于 b+10mm 的硬钢圆柱(b 为试件截面宽度 mm)，支座立脚点固定铰支，其他应为滚动支点
试验步骤	1. 试件安装尺寸偏差不得大于 1mm。试件的承压面应为试件成型时的侧面。支座及承压面与圆柱的接触面应平稳、均匀，否则应垫平 2. 施加荷载应保持均匀、连续。当混凝土强度等级<C30 时，加荷速度取 0.02~0.05MPa/s；当混凝土强度等级≥C30 且<C60 时，取 0.05~0.08MPa/s；当混凝土强度等级≥C60 时，取 0.08~0.10MPa/s。至试件接近破坏时，应停止调整试验机油门，直至试件破坏，记录试件破坏荷载的试验机示值及试件下边缘断裂位置
试验结果计算及确定	1. 若试件下边缘断裂位置处于二个集中荷载作用线之间，则试件的抗折强度 f_f 按下式计算，精确至 0.1MPa： $$f_f=\frac{Fl}{bh^2}$$ 式中　f_f——混凝土抗折强度，MPa； F——试件破坏荷载，N； l——支座间跨度，mm； h——试件截面高度，mm； b——试件截面宽度，mm 2. 强度值的确定：抗折强度值的确定同立方体抗压强度值的确定 3. 当试件尺寸为 100mm×100mm×400mm 非标准尺寸试件时，应乘以尺寸换算系数 0.85；当混凝土强度等级≥C60 时，宜采用标准尺寸试件。使用非标准尺寸试件时，尺寸换算系数应由试验确定

（六）静力受压弹性模量试验

静力受压弹性模量试验（简称弹性模量试验）方法见表 4-11。

■表 4-11　静力受压弹性模量试验方法

项　　目	主要内容
主要仪器设备	主要仪器设备基本与表 4-7 立方体抗压强度试验基本相同 试验机应带有微变形测量仪，在测定混凝土弹性模量时，微变形测量仪应安装在试件两侧的中线上并对称于试件的两端

续表

项目	主要内容
试验步骤	1. 测定前应仔细调整试件在压力试验机上的位置，使其轴心与下压板的中心线对准。开动压力试验机，当上压板与试件接近时调整球座，使其接触均衡 2. 加荷至基准应力为 0.5MPa 的初始荷载值 F_0，保持恒载 60s，在以后的 30s 内记录每个测点的变形读数ε_0，并立即连续均匀地加荷至应力为轴心抗压强度 f_{cp} 的 1/3 的荷载值 F_a，保持恒载 60s 并在以后的 30s 内记录每一测点的变形读数ε_a。试验加荷速度同立方体抗压强度试验 3. 当以上所测每测点变形值之差与其平均值之比大于 20%时，应重新调整对中试件后重新试验。如果不能使其比值减少到低于 20%时，则此次试验无效 4. 在确认试件轴心与下压板的中心线对准，并且所测每测点变形值之差与其平均值之比小于 20%时，再以与加荷速度相同的速度卸荷至基准应力 0.5MPa (F_0)，恒载 60s，然后用同样的加荷和卸荷速度及保持恒载 60s(F_0 及 F_a)的方法至少进行两次反复预压，最后一次预压完成后，在基准应力 0.5MPa(F_0)持荷 60s 并在以后 30s 内记录每一测点的变形读数ε_0，然后再用同样的加荷速度加荷至 F_a，持荷 60s 并在以后的 30s 内记录每一测点的变形读数ε_a 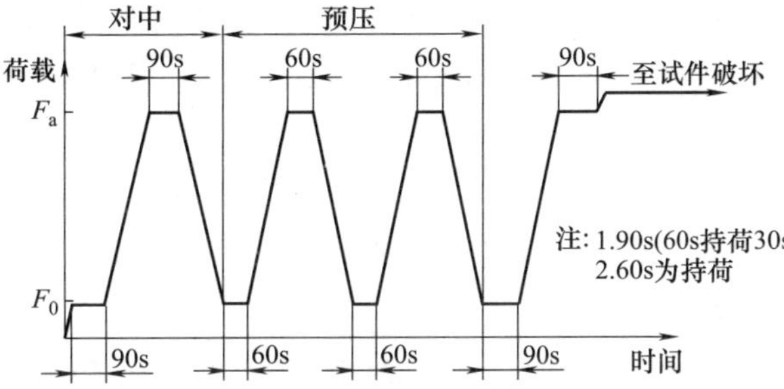 弹性模量加荷方法示意 5. 卸掉变形测量仪，以前面试验的同样速度加荷至破坏，记录破坏荷载，如试件的抗压强度与f_{cp}之差超过f_{cp}的 20%，应在试验报告中注明
试验结果计算及确定	1. 静力受压弹性模量值应按下式计算： $$E_c=\frac{F_a-F_0}{A}\times\frac{L}{\Delta n}$$ $$\Delta n=\varepsilon_a-\varepsilon_0$$ 式中 E_c——混凝土弹性模量，MPa; F_a——应力为 1/3 轴心抗压强度时的荷载，N; F_0——应力为 0.5MPa 时的初始荷载，N; A——试件承压面积，mm^2; L——测量标距，mm; Δn——最后一次从 F_0 加荷至 F_a 时试件两侧变形的平均值，mm; ε_a——F_a 时试件两侧变形的平均值，mm; ε_0——F_0 时试件两侧变形的平均值，mm 2. 静力受压弹性模量值的确定：混凝土弹性模量值以 3 个试件测试值的算术平均值作为该混凝土的弹性模量值，计算精确至 100MPa。如果其中有一个试件的轴心抗压强度值与用以确定检验控制荷载的轴心抗压强度值 f_{cp} 之差超过 f_{cp} 的 20%时，则按另两个试件测试值的算术平均值计算其混凝土弹性模量；如有两个试件超过上述差值，则此次试验无效

四、质量控制

为了使混凝土具有稳定的质量，满足结构可靠度的要求，应对混凝土的原材料、混凝土配合比及混凝土生产的各道工序进行控制，并根据在生产过程中所测得的各项质量参数分析其变化的原因。对显著影响质量的因素，应及时采取措施予以控制，以保证在以后的生产过程中保持质量稳定。

1. 合格评定时混凝土试件的取样、留置、养护和代表值的确定

（1）取样及取样频率

① 混凝土强度试样应在浇筑地点随机抽取。

② 取样频率应符合下列规定：每 100 盘、但不超过 100m^3 的同配合比混凝土，取样次数不应少于一次；每一工作班拌制的同配合比混凝土，不足 100 盘和 100m^3 时，其取样次数不应少于一次；当一次连续浇筑的同配合比混凝土超过 1000m^3 时，整批混凝土按 200m^3 取样不应少于一次；对房屋建筑，每一楼层、同一配合比的混凝土，取样不应少于一次。

（2）试件的留置

每种混凝土试样应制作标准养护 28d 或根据设计规定大于 28d 龄期强度的试件至少 1 组。此外，还应根据为确定构件的出池、起吊、拆模、预应力钢筋张拉和放松、出厂、结构实体验收等的需要制作试件，其组数由生产单位按实际需要确定。

（3）试件的养护

① 用于混凝土强度合格评定的混凝土试件，应采用标准方法成型、标准养护。

② 用于控制混凝土结构或构件养护过程中混凝土质量的强度试件，应与结构或构件相同条件下养护。

③ 用于依据早龄期或早期推定混凝土强度进行混凝土质量控制的试件，其养护制度应符合《早期推定混凝土强度试验方法标准》（JGJ/T 15）规定。

（4）试件强度代表值的确定

① 以三个试件强度的算术平均值作为该组试件的强度代表值（精确至 0.1MPa）。

② 如三个强度中的最大值或最小值与中间值之差超过中间值的 15%时，则取中间值作为该组试件强度的代表值。

③ 如最大值和最小值与中间值之差均超过中间值的 15%，则该组试件强度无代表值。

2. 混凝土强度的质量控制步骤

通常是以标准养护 28d（或设计规定的大于 28d 龄期）的混凝土立方体试件抗压强度判定混凝土质量。随着建筑技术的发展，这种需要 28d 或更长时间才能获得结果的试验方法，显然不能满足及时控制和判断混凝土质量的要求。因此，国内外研究出多种快速推定混凝土强度的试验方法。目前在国内已有四种快速试验方法列入《早期推定混凝土强度试验方法标准》（JGJ/T 15—2008）中，标准还规定可采用早龄期强度推定 28d 强度，进行混凝土质量控制。

（1）选定早期推定混凝土强度试验方法

① 混凝土强度快速试验方法

早期推定混凝土强度试验方法中，三种快速测定混凝土强度试验方法见表 4-12。

■表 4－12 混凝土强度快速试验方法

试验方法	养护介质及温度		养护制度			试验总周期	加速养护设备
	养护介质	养护温度/℃	前置时间	加速养护时间	后置时间		
沸水法	水	100±2	24h±15min	4h±5min	1h±10min	29h±15min	加速养护箱
热水法	水	80±2	1h±10min	5h±5min	1h±10min	7h±15min	加速养护箱及试模密封装置
温水法	水	55±2	1h±10min	23h±15min	1h±10min	25h±15min	加速养护箱及试模密封装置

注： 1. 表中三种试验方法所采用的混凝土试件尺寸、成型方法和拌合物的坍落度、工作度及立方体抗压强度的试验方法，以及不同尺寸试件强度的换算系数，均与常规试验方法相同。

2. 沸水法，试件采用脱模浸养；其余两种方法，试件带模浸养。

3. 试件前置和后置温度均为 (20±5)℃。

② 砂浆促凝压蒸法

该方法是采用砂浆小试件强度在 1h 左右温度推定出 28d 混凝土强度的试验方法，即促凝压蒸法，见表 4-13，该方法已列入 JGJ/T 15—2008 标准。

■表 4－13 砂浆促凝压蒸法

试验方法	养护介质及温度		促凝剂	养护制度				主要试验设备	备注
	介质	温度		取样与成型的时间	盖锅至达到 0.1MPa 压力时间	恒温压蒸时间	放气至开始试验时间		
促凝压蒸法	水蒸气	120℃	CS CAS	6～7min	15min	1h±2min	放气至锅中无压力	①专用小压力机，其表盘刻度读数≤20～40N ②压蒸锅 ③电炉：1.5kW ④筛：孔径 5mm ⑤台秤：5kg，感量 5g ⑥钢盖板	当使用快硬水泥或硅酸盐水泥时，压蒸时间可缩短至 30～45min 使用缓凝型外加剂或掺粉煤灰混合材时，压蒸时间可延长

注： 1. CS、CAS 为专用促凝剂，试验前采用分析纯或化学纯化学试剂、按下表的质量比配制。

促凝剂配方（质量比）

型号	无水碳酸钠 Na_2CO_3 /%	无水硫酸钠 Na_2SO_4 /%	铝酸钠 $NaAlO_2$ /%
CS	75	25	—
CAS	60	25	15

2. 配制时，将所用的化学试剂分别研细，按比例拌匀后，装入塑料袋密封，置于阴凉干燥处保存，保存期不得超过 7d。

3. 优先选用 CS 型促凝剂；对于早期强度低、水化速度慢、凝结时间长的混凝土可采用 CAS 型促凝剂。

4. 促凝剂的用量应通过试验确定。

③ 混凝土强度关系式的建立与强度的推定

用加速养护混凝土试件强度推定标准养护 28d（或其他龄期）强度时，应先通过专门试验建立两者之间的强度关系式：

a. 线性回归方程

$$f_{cu}^{e}=a+bf_{cu}^{a}$$

b. 幂函数回归方程

$$f_{cu}^{e}=a(f_{cu}^{a})^{b}$$

式中 f_{cu}^{e}——标准养护28d混凝土抗压强度的推定值，MPa；

f_{cu}^{a}——加速养护混凝土（砂浆）试件抗压强度值，MPa；

a，b——回归系数。

为建立混凝土强度关系式进行专门试验时，应采用与工程相同的原材料制作试件。试样拌合物的坍落度或工作度应与工程所用的相近。

每一混凝土试样应至少成型两组试件，组成一个对组。其中一组应按规定进行加速养护，测得加速养护强度；另一组进行标准养护，测得28d（或其他龄期）标准养护强度。

建立混凝土强度关系式时，混凝土试件数量应不少于30对组。混凝土试样拌合物的水灰（胶）比应不少于三种。每种水灰（胶）比拌合物成型的试件对组数宜相同，其最大和最小水灰（胶）比值之差不宜小于0.2，且使常用的水灰（胶）比值位于所选水灰（胶）比范围的中间区段。

所建立的强度关系式的相关系数应不小于0.90，关系式的剩余标准差应不大于标准养护28d强度平均值的10%。强度关系式的相关系数、剩余标准差可按JGJ/T 15给出的方法计算。

当应用专门建立的强度关系式推定实际工程用的混凝土强度时，应与建立强度关系式时的条件基本相同；其混凝土试件的加速养护强度应在事前建立强度关系式时的最大、最小加速养护强度值范围内，不应外延。

混凝土强度关系式，可利用应用过程中累积的数据加以校核，若无异常情况时，可用累积的数据加原有试验数据修订原混凝土强度关系式。若有异常情况，应查找原因，及时处理。当发现有系统误差时，应重新建立混凝土强度关系式。

（2）确定控制目标值

① 混凝土28d（或其他规定的评定龄期）和早龄期强度的目标值及相应强度标准差，应根据正常生产中积累的强度资料按月（或季）求得相应龄期的强度统计平均值及其标准差，从中选择最有代表性的数值作为控制的平均值的目标值。

② 强度不低于要求强度等级值的百分率（P）应根据本单位混凝土生产的质量管理水平确定，P 的目标值应不小于85%。

（3）选定与绘制混凝土强度质量控制图

① 对混凝土强度的质量控制宜采用计量型的单值-极差控制图（X-Rs-Rm）和均值-极差控制图（$\overline{X}$-R）。在进行统计控制的初级阶段或不易分批的情况下，宜采用单值-极差控制图；当质量开始稳定或可以分批时，可采用均值-极差控制图。

② 选定控制图后，利用正常生产中积累的同类混凝土强度数据，计算其均值

与标准差，求出控制图的各条控制线，绘制控制图，其具体方法见附录一。

③ 在生产中，应随时将测试值在控制图上画点，根据图上点子的分布状况取得混凝土强度（或其他质量参数）的质量信息，按控制图的判断规则（见附录一）确定生产是否处于控制状态。

④ 为及时提供混凝土生产过程中的质量信息，绘制质量控制图时，混凝土强度的质量指标可采用混凝土快速测定强度或混凝土其他早龄期强度（如 3d 或出池强度等）。

为便于分析混凝土强度的变异原因，有条件时尚可绘制稠度控制图、水灰（胶）比控制图等。

（4）分析影响混凝土强度变异的因素。当在控制图上发现异常情况时，应对影响混凝土强度的因素进行分析，可绘制因果分析图（见附录一），据此确定影响混凝土强度异常的主要因素。

（5）确定解决主要问题的对策。针对影响混凝土强度的因素分析和要解决的主要问题，应编制对策表，并应及时检查主要问题解决情况。

3.混凝土强度的统计分析与控制

通过对混凝土强度的统计分析，确定混凝土生产质量水平与试验误差。

（1）统计期、统计条件及统计参数

混凝土抗压强度的试验结果，应按月（或季）进行统计分析。正常生产的同类混凝土的强度可按正态分布考虑。混凝土的强度等级相同、龄期相同以及工艺和配合比基本相同的一批混凝土的强度，可合并在一起统计，计算强度的均值、标准差和大于或等于要求强度等级值的百分率。

（2）生产质量水平和试验室管理水平的控制

① 根据统计期内的混凝土强度标准差按表 4-14 控制。

■表 4-14 混凝土强度标准差

控制指标		<C20	C20~C40	≥C45
强度标准差(σ)/MPa	预拌混凝土搅拌站 预制混凝土构件厂	≤3.0	≤3.5	≤4.0
	施工现场搅拌站	≤3.5	≤4.0	≤4.5
不低于要求强度等级值的百分率(P)/%		≥95		

注：确定指标 σ 和 P 时，采用的试件组数不应少于 30 组。

不低于要求强度等级值的百分率：

$$P=\frac{n_0}{n}\times 100\%$$

式中 n_0——统计期内同批混凝土试件强度不小于相应强度等级值的组数；

n——统计期内同批混凝土试件总组数。

② 试验室的试验管理水平控制

混凝土试验室管理水平可采用盘内混凝土强度变异系数（δ_b）表示，其值宜控制不大于 5%。盘内混凝土强度的变异系数：

$$\delta_b=\frac{\sigma_b}{\mu_b}\times 100\%$$

式中　δ_b——盘内混凝土强度变异系数，%；

σ_b——盘内混凝土强度标准差，MPa；

μ_b——盘内混凝土强度平均值，MPa。

盘内混凝土强度标准差可利用正常生产连续积累的强度组内极差数据进行统计计算，其试件组数不应少于 30 组，σ_b 可按下式确定：

$$\sigma_b=0.59\frac{\sum_{i=1}^{n}\Delta f_{cu,i}}{n}$$

式中　0.59——采用极差法估计标准的 d_2 系数的倒数；

n——试件组数。

4. 混凝土强度的合格评定

混凝土强度应分批进行检验评定，同一个验收批的混凝土，应由强度等级相同、龄期相同及生产工艺和配合比基本相同的混凝土组成。同一个验收批的混凝土强度，应以批内全部标准养护试件的强度代表值作为评定单位，根据混凝土生产和混凝土工程的具体条件，在表 4-15 中选择一种方法对该批混凝土强度进行合格评定。

■表 4-15　混凝土强度合格评定方法

<table>
<tr><th>合格评定方法</th><th>合格评定条件</th><th>备　注</th></tr>
<tr><td>统计方法(一)</td><td>1. $m_{fcu}\geqslant f_{cu,k}+0.7\sigma_0$
2. $f_{cu,min}\geqslant f_{cu,k}-0.7\sigma_0$
且当强度等级≤C20 时，
$f_{cu,min}\geqslant 0.85f_{cu,k}$
且当强度等级＞C20 时，
$f_{cu,min}\geqslant 0.90f_{cu,k}$
式中　m_{fcu}——同一验收批混凝土抗压强度平均值，N/mm^2；
$f_{cu,k}$——混凝土立方体抗压强度标准值(等级值)，N/mm^2；
σ_0——验收批混凝土抗压强度标准差，N/mm^2；
$f_{cu,min}$——同一验收批混凝土抗压强度最小值，N/mm^2</td><td>前一检验期内的混凝土强度标准差(σ_0)按下式确定：
$\sigma_0=\sqrt{\frac{\sum_{i=1}^{n}f_{cu,i}^2-nm_{fcu}^2}{n-1}}$
式中　$f_{cu,i}$——第 i 组混凝土强度代表值，N/mm^2，精确到 $0.1N/mm^2$；
n——前一检验期内的样本容量
注：上述检验龄期不应小于 60d 也不宜超过 90d，且在该期间内样本容量不应少于 45 批。当 σ_0 计算值小于 $2.5N/mm^2$ 时，应取 $2.5N/mm^2$</td></tr>
<tr><td>统计方法(二)</td><td>1. $m_{fcu}-\lambda_1 S_{fcu}\geqslant f_{cu,k}$
2. $f_{cu,min}\geqslant \lambda_2 f_{cu,k}$
式中　S_{fcu}——同一验收批混凝土强度标准差计算值，N/mm^2；其值小于 $2.5N/mm^2$ 时，应取 $2.5N/mm^2$；
λ_1，λ_2——合格判定系数，按备注中表取值</td><td>一个验收批混凝土试件组数 $n\geqslant 10$ 组，n 组试件强度标准差(S_{fcu})按下式确定：
$S_{fcu}=\sqrt{\frac{\sum_{i=1}^{n}f_{cu,i}^2-nm_{fcu}^2}{n-1}}$
式中　$f_{cu,i}$——同一检验批第 i 组混凝土试件抗压强度代表值，N/mm^2；
n——本检验期内的试件组数
合格判定系数(λ_1、λ_2)
<table><tr><td>n</td><td>10～14</td><td>15～19</td><td>≥20</td></tr><tr><td>λ_1</td><td>1.15</td><td>1.05</td><td>0.95</td></tr><tr><td>λ_2</td><td>0.90</td><td colspan="2">0.85</td></tr></table></td></tr>
</table>

Concrete

续表

<table>
<tr><th>合格评定方法</th><th>合格评定条件</th><th>备　注</th></tr>
<tr><td>非统计方法</td><td>1. $m_{fcu} \geq \lambda_3 f_{cu,k}$
2. $f_{cu,min} \geq \lambda_4 f_{cu}$
式中，λ_3，λ_4合格判定系数，按备注中表取值</td><td>一个检验批混凝土试件组数(n)为 1~9 组
合格判定系数(λ_3、λ_4)
<table>
<tr><th>混凝土强度</th><th><C60</th><th>≥C60</th></tr>
<tr><td>λ_3</td><td>1.15</td><td>1.10</td></tr>
<tr><td>λ_4</td><td>0.95</td><td>0.95</td></tr>
</table></td></tr>
</table>

5. 混凝土子分部工程的实体检验对混凝土强度试件的留置、试验和评定的要求

（1）对涉及混凝土结构安全的有代表性的部位应进行结构实体检验。结构实体检验应包括混凝土强度、钢筋保护层厚度、结构位置与尺寸偏差以及合同约定的项目，必要时可检验其他项目。结构实体检验应由监理单位组织施工单位实施，并见证实施过程。施工单位应制定结构实体检验专项方案，并经监理单位审核批准后实施。除结构位置与尺寸偏差外的结构实体检验项目，应由具有相应资质的检测机构完成。

（2）结构实体混凝土强度应按不同强度等级分别检验，检验方法宜采用同条件养护试件方法。当未取得同条件养护试件强度或同条件养护试件强度不符合要求时，可采用回弹-取芯法进行检验。

（3）同条件养护试件的取样和留置应符合下列规定。

① 同条件养护试件所对应的结构构件或结构部位，应由施工、监理等各方共同选定，且同条件养护试件的取样宜均匀分布于工程施工周期内。

② 同条件养护试件应在混凝土浇筑入模处见证取样。

③ 同条件养护试件应留置在靠近相应结构构件的适当位置，并应采取相同的养护方法。

④ 同一强度等级的同条件养护试件不宜少于 10 组，且不应少于 3 组。每连续两层楼取样不应少于 1 组；每 2000m^3 取样不得少于 1 组。

（4）每组同条件养护试件强度值的试验按《普通混凝土力学性能试验方法标准》（GB/T 50081）的规定执行。混凝土强度检验时的等效养护龄期可取按日平均温度逐日累计达到 600℃·d 时所对应的龄期，且不应小于 14d，日平均气温为 0℃及以下的龄期不计入。冬季施工时，等效养护龄期计算时温度可取结构构件实际养护温度，也可根据结构构件的实际养护条件，按照同条件养护试件强度与在标准养护条件下 28d 龄期试件强度相等的原则由监理、施工等各方共同确定。

（5）对同一强度等级的同条件养护试件，其强度值应除以 0.88 后按《混凝土强度检验评定标准》（GB/T 50107）的有关规定进行评定，评定结果符合要求时可判结构实体混凝土强度合格。

第二节 混凝土长期性能与耐久性能要求

一、概述

混凝土是一种特殊的建筑材料，由于自身结构内部不断地变化和所处外界环境各种因素的作用，它的性能时刻都在发生变化。当外界条件有利时，混凝土性能则不停地向有利的方向发展，研究表明，几十年的混凝土强度仍可有细微的增长（内部水化尚未终结）。但外界有些条件一旦发生变化即可影响混凝土性能朝不利的方向发展，如果不利因素大于有利因素，这就造成了混凝土性能的劣化，此时，就不得不考虑它的使用寿命问题，也就是需要对它的耐久性进行研究和判断。这样，我们一方面要弄清楚在正常情况下混凝土随着时间的性能变化——长期性能；另一方面也要研究在各种条件作用下混凝土的破坏和使用寿命，这就是它的耐久性能，而后者往往是当前的研究重点。耐久性能是硬化后的混凝土对长时期物理或物理化学因素作用发生的状态变化下的承受能力。材料受环境因素的影响，其微结构和性能会随时间而发生变化。在特定的使用条件下，如果材料的性能呈现一定程度的劣化，继续使用将不安全或不经济，则可以认为该材料的服役寿命已经结束。引起混凝土劣化的物理和化学因素联系非常紧密且彼此加强，为了使混凝土结构具有良好的长期性能和耐久性能，设计者必须根据使用环境等因素，对混凝土的耐久性能提出质量要求，也就是针对各种劣化因素进行有效防护和控制。由于各种劣化因素对结构或构件是客观存在且是长时间的综合影响，如果按自然条件进行试验检测，则将要在很长的试验期后才能得到结果，而对工程和材料的质量控制需要在比较短的时间内得出明确的结论。因此，一般均以特定的强化试验条件和制度进行快速试验，以便在比较短的试验期内取得能反映该项性能的相对指标，以作为评定混凝土长期性能和耐久性能的基础。

混凝土耐久性能与混凝土结构的安全和使用年限密切相关。一般混凝土建筑物的设计使用年限要求在50年以上，很多国家对桥梁、水电站大坝、海底隧道、海上采油平台、核反应堆等重要结构的混凝土耐久性要求在100年以上。我国《混凝土结构设计规范》(GB 50010) 规定，混凝土的耐久性设计按照环境类别和设计使用年限分为50年和100年两个耐久性预期目标，对于重大、重要工程应按照100年年限来设计混凝土。近几年来，我国已有不少工程的混凝土设计使用年限为100年，这些工程大都结合环境条件和特点，采取专门有效的措施，以充分保证混凝土工程的耐久性设计要求。

过去，除了大型水利工程外，我国对一般混凝土工程的耐久性问题重视不够，混凝土结构没有达到预期的使用寿命，过早破坏的实例较多，造成的经济损失也较大。由于许多工程设计只满足荷载要求，而没有重视耐久性的要求，使已建成的部分混凝土建筑物存在耐久性隐患。因此，混凝土耐久性问题越来越受到人们的重视。

1. 混凝土耐久性破坏的常见原因

已故吴中伟院士早在1991年就指出，近年来混凝土耐久性破坏有日趋严重之势，原因很多，较显著的如下。

（1）第二次世界大战以后，混凝土建筑工程的建设进入高潮，至今40多年，问题暴露日多，尤其在混凝土质量较差的建筑物中。

（2）水泥与骨料的变化，水泥趋向快硬高强，优质骨料则日趋枯竭。

（3）快速施工。

（4）使用条件劣化或要求提高。

（5）多因素综合破坏作用。

（6）过去研究工作的缺陷，例如快速试验不符合实际，忽视综合作用等。

2. 混凝土耐久性受外界环境影响而劣化的整体模型

1994年美国的P. K. Mehta综合了导致混凝土劣化破坏的因素和过程，提出了“混凝土耐久性的整体论模型”，见图4-1。

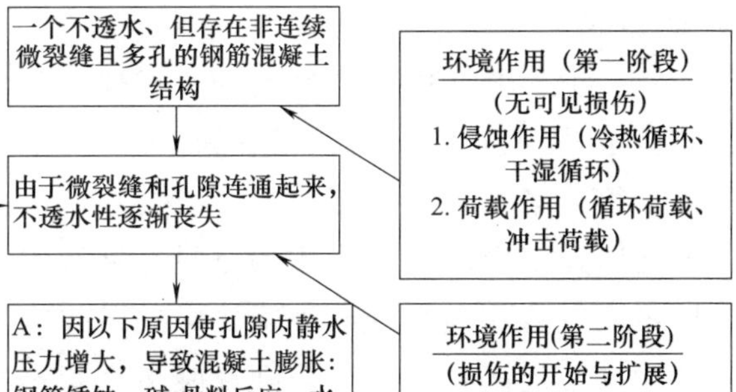

图4-1 混凝土受外界影响而劣化的整体模型

混凝土制备、浇筑、养护完成后，形成了一个相对不透水、但存在非连续微裂缝，且多孔的混凝土结构。在服役期的第一个阶段，受荷载和大气环境作用（干湿和冷热循环）促使微裂缝扩展直到连通，使混凝土渗透性显著增大；从第二阶段开始，水、氧气、CO_2和酸性离子能容易地渗入混凝土，这些介质的存在又促使各种物理化学反应易于进行，结果一方面是孔隙水压增大，另一方面混凝土强度和刚度部分丧失。在这两个同步发生过程的影响下，材料逐渐开裂、剥落、体积减小，这反过来又引起渗透性显著增大，加速了混凝土破坏。

P. Mehta 整体性模型不具体指某一个原因，而是强调微裂缝和孔隙是引起混凝土劣化的初因；不把混凝土的损伤归咎于水泥浆或混凝土某一组分的作用，而是考虑环境与荷载的作用使孔隙、裂缝扩展与连通的影响；此外，该模型依据试验室与现场的经验，认为混凝土在外界水分和侵蚀性介质沿着连通的裂缝和孔隙进入导致的高度饱水，对膨胀和开裂起着主导作用，而不管产生劣化的原因是冰冻（冻融循环）、钢筋锈蚀、碱-骨料反应还是硫酸盐侵蚀等。

3. 混凝土耐久性破坏的分类

混凝土耐久性的破坏原因多种多样，主要可分为以下几种。

(1) 物理破坏：由温度变化引起的混凝土组分膨胀而产生裂缝，如冻融循环、除冰盐分对混凝土的剥蚀等。

(2) 化学破坏：由混凝土内部材料引起的碱-骨料反应以及外部侵蚀性离子（Cl^-）引起的诸如钢筋锈蚀、硫酸盐侵蚀（SO_4^{2-}）、酸腐蚀等。

(3) 机械破坏：冲击、磨损、流动淡水溶蚀作用、流动气体的磨蚀、冲蚀等（如道路、港工混凝土）。

实际上，引起混凝土耐久性破坏常常是多种因素并存，但往往以一种因素为主导，其余因素对劣化起加剧和促进作用。

4. 提高混凝土耐久性的途径

混凝土的耐久性是一个十分复杂的综合性问题，不仅与所使用的材料有关，还与混凝土结构所处的环境条件（包括温湿度、结构物周围的水和土壤中的侵蚀性离子、空气中的侵蚀性成分等）紧密相连，因此要系统提高混凝土的耐久性，必须先调查清楚环境条件，再据以选定混凝土所采用的材料并进行耐久性设计。

根据使用环境，将耐久性看作与强度同等重要的技术要求，对混凝土配合比进行正确的设计，同时又能精心地制备、施工，则混凝土工程本身可服役几十年而无需维修。可以说，混凝土是一种特有的耐久材料。

二、混凝土长期性能和耐久性能

对于混凝土长期在各种实际使用条件下抵抗各种破坏因素作用长期保持强度和外观完整性的混凝土质量要求，主要是根据影响混凝土耐久性的主要因素，也就是根据各类混凝土劣化因素中，确定在实际工程中，主要或重要劣化因素作为混凝土的质量控制因素。由于混凝土劣化的物理和化学因素联系紧密且彼此作用，实际工程中要想把原因彼此分离出来常常是不可能的。但我们可确定其主要影响因素，以此来作为控制混凝土质量的依据。

混凝土长期性能和耐久性质量要求主要有收缩、徐变、抗碳化、钢筋锈蚀、抗冻性、抗渗透性、碱-骨料反应、抗硫酸盐腐蚀性和抗裂性等。

1. 收缩

收缩是混凝土的一个重要性能，混凝土收缩引起的应力，可使结构产生变形、裂缝，从而降低其强度和刚度。收缩还能使混凝土内部产生微裂缝，破坏混凝土微观结构，降低混凝土耐久性能。对预应力混凝土结构，由于混凝土的收缩，会产生预应力损失等。

（1） 定义

混凝土因物理化学作用而产生的体积缩小现象称为收缩。

（2） 收缩的分类

混凝土按其产生收缩的原因可分为沉缩、自收缩、物理收缩和碳化收缩，其主要特征如下。

① 沉缩：混凝土浇筑成型后，固体颗粒下沉，水分上浮，混凝土表面产生泌水，混凝土体积减少。沉缩大的混凝土，会产生沉缩裂缝。

② 自收缩：混凝土初凝后，在不与外界发生物质交换的条件下，因胶凝材料继续水化引起自干燥而导致混凝土体积减少。水泥的继续水化是自收缩产生的根本原因，水胶比、水泥及矿物掺合料的组成、活性和细度、龄期等与自收缩密切相关。水胶比小于0.40时，混凝土自收缩不可忽视。

③ 物理收缩：混凝土在空气中由于失水引起的体积减少，又称干燥收缩。干燥收缩与水胶比、空气湿度、试件尺寸等因素密切相关。

④ 碳化收缩：由空气中二氧化碳作用而引起的体积减少。在空气相对湿度30%～50%的条件下，碳化收缩最显著。碳化作用伴随着混凝土失重和收缩同时增加。

（3） 收缩的评价

混凝土收缩试验方法主要有非接触法和接触法两种。

非接触法主要适用于测定早龄期混凝土的自由收缩变形，也可用于无约束状态下混凝土自收缩变形的测量。

接触法适用于测定在无约束和规定的温、湿度条件下硬化混凝土试件的收缩变形性能。

2. 受压徐变

混凝土在室温下的徐变是显著的，并且受混凝土湿度变化的影响。对预应力钢筋混凝土而言，徐变所引起的尺寸变化将造成预应力损失，还可能导致构件的徐变破坏。当然，最终的徐变破坏包括永久变形和断裂两个方面。

（1） 定义

材料在持续荷载的作用下，随时间增加的变形称徐变，其显著特点是变形与时间有关，所以徐变也被称作时间变形。

（2） 徐变与收缩的关系

一般认为徐变和收缩有许多相似和相关之处：应变-时间曲线非常相似，应变具有相同的数量级；两者都包含着很大比例的不可逆应变；如同收缩一样，徐变主要反映了水泥石的一种特性，骨料在其中起着抑制收缩、抑制徐变的作用；有干缩发生时，混凝土的徐变值将增大等。

（3）徐变的组成

在徐变总量中有相当一部分徐变是不可逆的，而可逆部分也是随时间逐渐恢复的，并非卸荷后立即恢复。所以徐变由可恢复徐变和不可恢复徐变两部分组成，前者为弹性变形，后者多为粘性流动。混凝土试件在受载后，这两部分徐变的发展速度并不相同。恢复性徐变在加荷后两个月内趋于稳定，而非恢复徐变则在相当长的时间内仍然继续增长。

试验表明，在混凝土发生徐变的同时若有干缩伴随，则混凝土徐变增大。相对湿度愈低，混凝土失水收缩愈大，徐变也愈大，这种由于干燥过程而增加的这部分徐变称干缩徐变。如果在加载之前使试件与周围环境已达到了湿度平衡，混凝土不再有干缩发生，则环境湿度对徐变就几乎没有影响，这种不受干缩影响的徐变称基本徐变。一般实际工程中混凝土的徐变由基本徐变和干缩徐变两部分组成，但是这种区分在实践中常常被忽视，也就是忽视了干缩对徐变的影响。

（4）徐变的评价

混凝土受压徐变试验适用于测定混凝土试件在长期恒定轴向压力下的变形性能，其评价指标主要有徐变应变、徐变度和徐变系数。

3. 碳化

在某些情况下，混凝土的碳化会增加其密实性，但大部分情况下，碳化对混凝土是一个有害的化学反应过程。碳化会降低混凝土的碱度，破坏钢筋表面的钝化膜，诱发钢筋的锈蚀。同时混凝土的碳化会加剧混凝土的收缩，有可能导致混凝土的开裂和结构的破坏，对钢筋混凝土结构的耐久性极为不利。

（1）定义

混凝土碳化是指大气中的二氧化碳在有水分存在的条件下，与水泥水化产物发生反应生成碳酸钙和水，还可能生成硅胶、铝胶等的一种化学作用。

混凝土是一个多孔性非匀质材料，在其内部存在着许多大小不同的毛细管、孔隙和气泡。混凝土的碳化是伴随着二氧化碳向混凝土内部扩散，溶解于混凝土孔隙内的水，再与氢氧化钙等产物发生反应的复杂的物理化学过程。其反应式：

$$CO_2+Ca(OH)_2 = CaCO_3+H_2O$$

（2）碳化影响因素及改善措施

影响混凝土碳化速度的因素有混凝土的密实度、水泥水化产物氢氧化钙的含量等内部因素。混凝土的碳化一般是不可避免的，但是采取适当措施可以延缓碳化速度：如降低水胶比，掺加优质矿物掺合料，提高混凝土的密实度；掺加引气剂和减水剂，引气剂能形成许多独立的微小气泡，隔断连通的毛细管，减水剂能降低水胶比，减少毛细孔数量，细化毛细孔径。此外，可增设覆盖面材料，即在混凝土表面覆盖一层其他材料（如聚合物乳液改性砂浆），使混凝土与空气隔离，延缓或减小碳化速度。加强早期养护，也可提高混凝土的抗碳化能力。

另外，碳化速度还取决于混凝土的含水量及周围环境的湿度，只有在适中的湿度下，即相对湿度为50%左右时，碳化才会较快地发生。过高的湿度，如相对湿度100%，混凝土孔隙充满水，二氧化碳不容易扩散到水泥石中，或者水泥石中的钙离子通过水扩散到混凝土表面，碳化生成碳酸钙把表面孔隙堵塞，使二氧化碳不容易进入水泥石中；过低的湿度，如相对湿度25%的情况下，则孔中没有足够的水使二氧化碳生成碳酸，碳化也不容易进行。

(3) 混凝土碳化的评价

混凝土碳化试验是在二氧化碳浓度20%±3%、温度（20±2)℃、相对湿度70%±5%的条件下测定试件的碳化深度，作为不同龄期混凝土试件的碳化值，以符号T表示。上述条件下28d碳化深度大致相当于自然环境中50年的碳化深度。

测量碳化深度的方法实际上是测量混凝土碱度的变化。引起混凝土碱度变化的因素不仅仅是二氧化碳，如空气中、雨水中、工厂废气中酸度的增加，大部分矿物掺合料的掺入也会与水泥的水化产物氢氧化钙结合而降低混凝土碱度。因此，日本等国把上述诸多因素引起的结果都称之为中性化。

二氧化碳引起的碳化提高了混凝土表面硬度，因此，在用回弹等方法推定混凝土强度时应对硬度提高值予以修正。但除了二氧化碳引起的碱度降低、表面硬度提高外，其他因素引起的碱度降低均不会导致表面硬度的提高，因此，在确定修正值时应注意这个影响。

4.钢筋锈蚀

钢筋锈蚀是钢筋混凝土构件最具破坏性的因素之一。混凝土中钢筋发生锈蚀，对结构承载力的危害主要有以下三个方面：降低了构件的承载能力，减少了安全储备；降低了构件的刚度，增大了变形，甚至使保护层剥落，影响了正常使用；降低了构件的延性，甚至改变了其破坏形态，从而导致安全事故。

但实际上远在达到这些危害之前，因钢筋锈蚀引起的体积膨胀早已使混凝土开裂，保护层剥落，已致无法正常使用。

(1) 钢筋锈蚀产生的条件和原因

钢筋混凝土中钢筋发生锈蚀主要是电化学反应的结果。混凝土浇筑后，水泥的水化反应产生强碱环境，钢筋会在该环境中发生氧化反应（又称钝化反应），从而在钢筋的外表面产生一层致密的氧化层，也就是常说的钝化膜。完整的钝化膜能够将钢筋和外部环境隔离开来，阻止钢筋锈蚀。

当混凝土受外力破坏或化学侵蚀造成钝化膜局部破损时，失去保护的钢筋在具有氧气和水的环境中就会逐渐发生锈蚀。主要有以下几种常见的因素：

① 氯化物

Cl^-是一种侵蚀性很强的离子，它在钢筋表面引起其钝化膜的局部破坏，与周边部分出现的电位差使腐蚀电流显著增加，加速了电化学反应，使锈蚀作用大大加强。

② 酸性环境

混凝土处于酸性环境中时，离子渗透作用会逐渐改变钢筋周围的环境，当 pH 值低于 10 的时候，钝化膜被加速破坏，锈蚀发生。

③ 碳化

混凝土碳化反应是环境气体中的二氧化碳向混凝土内部扩散，与水化产物氢氧化钙作用形成碳酸钙，降低了混凝土的碱度，也使钢筋失去了碱性介质的保护作用，造成锈蚀发生的可能。

钢筋锈蚀过程伴有体积增加，其体积可增大到原来的 6 倍，致使混凝土保护层沿钢筋膨胀而开裂、起鼓、剥落，钢筋完全失去保护，导致结构耐久性下降。

（2）钢筋锈蚀的改善措施

大量的研究表明，提高混凝土的密实度，保持混凝土的高碱度，加大保护层的厚度，能有效阻止外部 Cl^- 渗达钢筋表面，避免钢筋锈蚀。但是，混凝土一旦开裂，或者混凝土中本身含有较多 Cl^-，此种方法就无济于事。这时，最经济有效的方法是掺加钢筋阻锈剂，也可采取其他特殊防腐措施，如混凝土表面涂层、混凝土表面硅烷浸渍、环氧涂层钢筋等。

（3）混凝土钢筋锈蚀的评价

钢筋锈蚀试验是在 100mm×100mm×300mm 的棱柱体试件中埋设直径为 6.5mm 经处理过的 Q235 普通低碳钢热扎盘条，混凝土试件拆模后在端部封闭不小于 20mm 厚的保护层并潮湿养护 24h，然后标养至 28d 后开始碳化 28d，继续移入标养室潮湿养护 56d，测出碳化深度后取出钢筋，计算钢筋的锈蚀失重率，作为评定钢筋锈蚀的依据。

5. 抗冻性

除钢筋锈蚀外，冻融循环作用是造成混凝土破坏的最严重因素之一。因此，可认为抗冻性是评价混凝土耐久性的主要指标之一。

（1）混凝土冻融破坏产生的原因

混凝土在大气中遭受冻融破坏的主要原因是当冰在毛细管中形成时，所伴随的体积增加引起剩余水被压缩而产生的水压力以及过冷水迁移造成的渗透压力；其次是孔隙中的水全部结冰时体积增加 9%产生的膨胀压力。混凝土在大气中经历反复冻融而遭受破坏，这种破坏作用是由表及里和不断积累的。

（2）影响混凝土抗冻性的主要因素及改善措施

从引起混凝土冻融破坏的原因分析得知，混凝土的水饱和程度对其冻融破坏有很大影响。饱水度低于某一临界值时，混凝土并不会发生冻融破坏。干燥到一定程度的混凝土，是不会被冻融破坏的，因为在此状态下，较大的毛细管是空的，为混凝土中提供了多余水外泄的空间，而不会产生水压力。

混凝土的强度可表征混凝土抵抗冻融破坏的能力，可以说，即使是引气混凝土，在强度还没有发挥的早期，仍将会因冰冻而破坏。相反，如果混凝土水化程度很高，水胶比在0.30以下，那么不需要引气，混凝土的抗冻性也是好的。所以混凝土的水胶比和水泥水化程度是影响抗冻性的又一重要因素，故对在严寒条件下使用的混凝土，必须限定水胶比不超过一定的范围。

随着龄期的增加，水泥不断水化，可冻结水逐渐减少；强度又随之提高；同时水中溶解的盐，其浓度也随之增加，因此冰点也随龄期增长而下降。所以，混凝土抗冻性随龄期增长而提高。

除去外界条件，对混凝土本身而言影响混凝土抗冻性的主要因素有：饱水度、孔隙度和强度。孔隙度大对抗冻性有正面影响也有负面影响。正面影响是孔隙为混凝土在冻结时提供了多余水外泄的通路和场所，对降低水压力有利。其负面影响是孔隙多可能填充的水分也多，可结冰的水也就多，而且孔隙多必然降低混凝土的强度，这些对抗冻性是不利的。可以说，引气混凝土和聚合物浸渍增密混凝土对提高混凝土的抗冻性都是有利的，它们从不同角度提高了混凝土的抗冻性。

(3) 混凝土抗冻性能的评价

① 慢冻法

慢冻法是将养护到一定龄期的饱水试件置于冻融试验箱中。冷冻期间冻融试验箱内的空气温度在−20～−18℃范围内，融化期间冻融试验箱内水温在18～20℃范围内，每次循环中冷冻或融化时间不少于4h。如此经历若干次循环后，最后以试件抗压强度损失率不超过25%或者重量损失率不超过5%时的最大循环次数确定混凝土抗冻标号，以符号D表示。

慢冻法适用于测定混凝土试件在气冻水融条件下，以经受的冻融循环次数来表示的混凝土抗冻性能。

② 快冻法

快冻法是将养护到一定龄期的饱水试件置于冻融试验箱中的试件盒内。在冷冻和融化过程中时，试件中心温度应分别控制在(−18±2)℃和(5±2)℃，每次冻融循环应在2～4h内完成，且用于融化的时间不少于整个冻融循环时间的1/4。如此经历若干次循环后，最后以试件相对动弹性模量下降至不低于60%或者重量损失率不超过5%时的最大循环次数来确定混凝土抗冻等级，以符号F表示。

快冻法适用于测定混凝土试件在水冻水融条件下，以经受的快速冻融循环次数来表示的混凝土抗冻性能。

③ 单面冻融法

单面冻融法是将在水中养护7d切割后形成的150mm×110mm×70mm的试件在(20±2)℃、相对湿度65%±5%的条件下干燥至28d龄期前的2～4d，对试件除测试面和与测试面相平行的顶面外的其他侧面进行环氧树脂密封，试件预吸水7d后按规定的冻融循环制度进行试验，每4个循环应对试件的剥落物、吸水率、超声波相对传播时间和超声波相对动弹性模量进行测定，当达到28次冻融循环、试件单位表面剥落物总质量大于1500g/m^{2}时或试件的超声波相对动弹性模量降低到80%时即可停止试验。

单面冻融法适用于测定混凝土试件在大气环境中且与盐接触的条件下，以能够经受的冻融循环次数或者表面剥落质量或者超声波相对动弹性模量来表示的混凝土抗冻性能。

6. 抗渗性

混凝土的渗透性对混凝土的耐久性有着重要的意义，因为渗透性控制着水分渗入和渗出的速率，同时也控制着混凝土受热或冰冻时水的移动。渗入的水中可能含有侵蚀性物质，从混凝土中渗出时又会带走水泥的水化产物——氢氧化钙。水分和氧气渗入，使钢筋锈蚀，水分和CO_2渗入，使混凝土发生碳化，导致碱度降低。对于地下建筑和建筑围护结构，水的渗透不仅影响耐久性，而且还会影响使用功能，所以抗渗性是混凝土很重要的性能。

(1) 混凝土产生渗透的原因

混凝土是通过水泥水化固化胶结砂石骨料而成的气、液、固三相并存的多孔性非匀质材料。它具有一定的透水性，原因是：首先，为使拌合物施工方便，用水量一般要大于水泥水化所需的水量，这些多余的水造成孔隙和孔洞，它们可能互相贯通，形成连续的通道；其次，水化产物的绝对体积小于水泥和水原有的体积之和，硬化水泥石不可能占据与原来新鲜水泥浆相同的空间，这样在硬化的水泥石中也会增加孔隙。由于骨料颗粒在混凝土中为水泥石所包裹，所以在密实混凝土中，对渗透性影响最大的是水泥石的渗透性，骨料本身的渗透性则影响不大。但在混凝土凝结过程中砂石骨料沉降形成的沉降孔和由于砂浆和骨料变形不一致或因骨料表面水膜蒸发而形成的接触孔往往是连通的，其直径比毛细孔大，是造成混凝土渗水的主要原因。

此外，水泥水化硬化产生的化学减缩、水泥水化产生热量形成的内外温度梯度、混凝土内部水分蒸发引起的干缩等原因引起的体积变化等因素，使混凝土在凝结硬化过程中表面和内部会形成许多微裂缝，当裂缝宽度超过0.1mm时，混凝土便渗水。因此，凝结硬化过程形成的微裂缝也影响混凝土的抗渗性。

可见，混凝土的渗透性是由其微观结构决定的，水或其他介质可以通过这些孔隙在混凝土中进行渗透。

(2) 影响混凝土渗透性的因素及改善途径

影响混凝土渗透性的因素很多。内部因素是指混凝土本身材料组成和结构特性，外在因素是指混凝土所处的使用环境。混凝土本身的材料结构和性能可通过配合比设计及适当的制作工艺来控制。外部因素是客观存在的，提高混凝土抗渗性的关键在于提高混凝土本身的致密性，尽可能地减少原生裂缝并加强混凝土硬化后的体积稳定性。

制备高抗渗性（低渗透性）混凝土，应使混凝土有足够的水泥用量和采用低水胶比以及保证潮湿养护足够龄期，在混凝土凝结以前尽量防止离析泌水。必要时可加入减水剂或引气剂（阻隔泌水通路），还可以采用改善骨料级配或掺入适量优质矿物掺合料等措施。

（3）混凝土抗渗性的评价

① 抗水渗透性

抗水渗透试验可分为渗水高度法和逐级加压法。

渗水高度法是把规定龄期的试件一次加压到 1.2MPa 并持续 24h 后以试件渗水高度的算术平均值作为试验结果。

逐级加压法是把规定龄期的试件从 0.1MPa 开始加压，以后每隔 8h 增加 0.1MPa 的水压，以混凝土 6 个试件中有 4 个试件未出现渗水时的最大水压力乘以 10 来表示抗渗等级。

渗水高度法适用于测定硬化混凝土在恒定水压力下的平均渗水高度来表示的混凝土抗水渗透性能；逐级加压法适用于通过逐级施加水压力来测定以抗渗等级来表示的混凝土的抗水渗透性能，以符号 P 表示。

② 抗氯离子渗透性

混凝土渗透性电测评价方法是近年发展较快的检测与评价技术之一。由于传统渗水压力法不能适应现代混凝土（特别是高强、高性能混凝土）渗透性的评价，各国在 20 世纪 80 年代即开始研究各种新的技术来检测或评价混凝土的渗透性，包括透气法、透水法、电测法等。其中电测法是发展最快的，以电通量法和快速氯离子迁移系数法（RCM）应用最为普遍。

RCM 法是将一定尺寸的试件养护到规定龄期，经切割处理成标准试件后在真空容器中进行真空处理，然后放入 RCM 试验装置中进行电迁移试验，在外加电场作用下加速氯离子在混凝土中的迁移速度，测定氯离子渗透深度，计算氯离子迁移系数。

电通量法是将一定尺寸的试件养护到规定龄期经真空饱水后，将 0.3mol/L NaOH 溶液和质量浓度 3%的 NaCl 溶液分别注入试验槽，施加 60V 直流恒电压，通电 6h，记录流过的电量。

RCM 法适用于测定氯离子在混凝土中非稳态迁移的迁移系数来确定混凝土抗氯离子渗透性能，以符号 RCM 表示。

电通量法适用于测定混凝土试件的电通量指标来确定混凝土抗氯离子渗透性能，以符号 Q 表示。该方法不适用于掺亚硝酸盐和钢纤维等良导电材料的混凝土抗氯离子渗透试验。

7. 碱-骨料反应

碱-骨料反应是影响混凝土耐久性的重要因素，该反应不同于其他混凝土病害，所引起的开裂破坏是整体性的，且目前尚没有有效的修补方法。混凝土结构发生碱-骨料反应，出现裂缝后就会加速破坏，如空气、水、二氧化碳等侵入会使混凝土碳化和钢筋锈蚀速度加快，而钢筋锈蚀产物的体积远大于钢筋原来的体积，又会使裂缝扩大。若在寒冷地区，混凝土出现裂缝后又会使冻融破坏加速，这样就导致混凝土工程的综合破坏。

（1）定义

碱-骨料反应是指混凝土中的碱（包括外界渗入的碱）与骨料中的活性成分发生化学反应，反应生成物吸水膨胀后产生内部应力并膨胀开裂，使结构耐久性下降。

（2）碱-骨料反应类型

碱-骨料反应可分为如下两种类型。

碱-硅酸反应（简称ASR）：是指混凝土中的碱与骨料中活性 SiO_2 发生化学反应，导致混凝土膨胀开裂和损毁的现象。

碱-碳酸盐反应（简称ACR）：是指混凝土中的碱与碳酸盐骨料中活性白云石晶体的反应，导致混凝土膨胀开裂和损毁的现象。

（3）碱-骨料反应机理

碱-硅酸反应：这种反应就是水泥中的碱与骨料中的活性 SiO_2 成分反应产生碱硅酸盐凝胶或称碱硅凝胶。碱硅凝胶固相体积大于反应前的体积，而且有强烈的吸水性，吸水后强度迅速下降并产生体积膨胀引起混凝土内部膨胀应力；而且碱硅凝胶吸水后进一步促进碱-骨料反应的发展，使混凝土内部膨胀应力增大，导致混凝土开裂，发展严重的会使混凝土结构崩溃。

碱-碳酸盐反应：碱-碳酸盐反应与碱-硅酸反应完全不同，在某些石灰岩中如含有白云石或粘土成分，白云石 $MgCO_3$ 在碱性介质中将转化为水镁石 $Mg(OH)_2$，这一作用将会引起体积膨胀，此外，粘土在碱性介质中也会吸水膨胀，引起混凝土内部产生应力，导致混凝土开裂。

（4）碱-骨料反应条件

迄今为止，世界各国发生的碱-骨料反应绝大多数为碱-硅酸反应。混凝土发生碱-骨料反应必须具备以下3个条件。

① 混凝土的原材料水泥、掺合料、外加剂和水中含碱量高。

② 骨料中含有相当数量的活性成分。含活性二氧化硅成分的矿物有蛋白石、玉髓、磷石英、方石英、火山玻璃及结晶有缺欠的石英以及微晶、隐晶石英等，碳酸盐矿物如泥质石灰质白云石等。

③ 潮湿环境，有充分的水分或湿空气供应。

（5）碱-骨料反应的预防措施

碱-骨料反应的特点是破坏一旦发生，往往是全局性、崩溃性的，且没有很好的办法进行治理，所以碱-骨料反应有混凝土的“癌症”之称，可见其危害性之大。从世界各国的研究和经验来看，解决混凝土碱-骨料反应问题的最好方法就是采取预防措施，其相关内容见《预防混凝土碱骨料反应技术规范》(GB/T 50733)。

预防混凝土碱-骨料反应的措施应从以上三个条件着手，主要措施如下。

① 控制水泥含碱量。控制水泥含碱量低于0.6%作为预防碱-骨料反应的安全界限已为大多数国家所接受，已有多个国家将此安全界限列入国家标准或规范。

② 控制混凝土中含碱量。混凝土中碱的来源不仅是从水泥，而且从掺合料、外加剂、水，甚至有时从骨料（例如海砂）中来，因此控制混凝土各种原材料的含碱量比单纯控制水泥含碱量更为重要。对此，南非曾规定每方混凝土中总碱量不得超过2.1kg，英国提出以每方混凝土全部原材料总碱量（Na_2O当量）不超过3kg，已为许多国家所接受。

③ 对骨料选择使用。如《预防混凝土结构工程碱集料反应规程》(DBJ 01—95—2005）中将骨料按碱-硅酸反应产生的膨胀率大小分为非碱活性骨料、低碱活性骨料、碱活性骨料及高碱活性骨料，针对使用的骨料活性和混凝土结构工程所处环境的不同分别采取相应的控制措施。

④ 使用矿物掺合料或化学外加剂。根据各国试验资料，水泥或混凝土中掺5%～10%的硅灰可有效地抑制碱-骨料反应；另外，掺粉煤灰也很有效，经试验，即使含碱量高的粉煤灰，如果取代30%的水泥，也可有效地抑制碱-骨料反应；高炉矿渣粉掺量必须大于50%时才能有效地抑制碱-骨料反应对工程的损害。

⑤ 隔绝水或湿空气的来源。在混凝土结构中易产生碱-骨料潜在危害的部位隔绝水和湿空气的来源，也可起到预防或减少碱-骨料反应发生的作用。

(6) 碱-骨料反应的评价

碱-骨料反应有很长的潜伏期，甚至可长达30～50年。因此，备料前检验骨料是否具有碱活性具有非常重要的意义。检验骨料碱活性的试验方法，大体上按照判断依据可分为三类：一是通过岩相鉴定检验骨料中是否含有活性组分的岩相法：二是以骨料和碱作用后产生膨胀率大小为判定依据的测长法；三是依据骨料在碱液中的反应程度为判定依据的化学法。

岩相法是通过肉眼和显微镜观察，鉴定所用骨料的种类和成分，从而确定碱活性骨料的种类和数量。岩相鉴定结果对之后选择合适的检测方法有重要的指导作用，其缺点是得不到活性组分含量与膨胀率的定量关系，且需要相当熟练的技术。

砂浆长度法是以骨料和碱作用后产生膨胀率大小为判据，是传统的骨料活性鉴定方法，该方法适合于碱-硅酸反应。试件尺寸为25mm×25mm×280mm，成型1天后脱模，测初始长度，然后在(40±2)℃养护，并测定不同龄期试件长度的变化，计算膨胀率。该测定方法不适用于碱-碳酸盐反应活性骨料检验。

快速法与砂浆长度法的测定方法基本相同，只不过是采用了(80±2)℃的养护制度，用14d的膨胀率评价骨料的碱活性，同样也适合于碱-硅酸反应。该方法测定周期较短，但某些判为无害的骨料存在漏判的可能。

岩石柱法适合于检验碳酸盐骨料是否具有碱活性。该方法是将钻取的圆柱体试件浸入一定浓度氢氧化钠溶液中，在（20±2）℃的环境下测定不同龄期的试件长度，计算膨胀率，用84d膨胀率作为评定的依据。

混凝土碱-骨料反应方法是检验混凝土棱柱体试件在温度（38±2）℃及潮湿养护条件下，混凝土棱柱体由于碱-骨料反应引起的长度变化，来评价细骨料或粗骨料或粗细混合骨料的潜在膨胀活性，也可用来评价掺合料对碱-硅酸反应的抑制效果。该方法适用于碱-硅酸反应和碱-碳酸盐反应。

8.硫酸盐侵蚀性能

硫酸盐侵蚀是一个复杂的物理化学过程。SO_4^{2-} 的来源非常广泛，一般情况下是从混凝土外部渗入混凝土孔隙中与其他物质反应。但由于近年来对含硫酸盐的外加剂及骨料的大量使用，使 SO_4^{2-} 存在于混凝土中，与水泥石中的矿物发生侵蚀反应，导致混凝土的破坏。

（1）定义

硫酸盐侵蚀是指自然界中存在的硫酸盐溶液与混凝土结构接触或进入混凝土基体中与水泥水化产物发生化学反应或盐结晶的物理作用，导致混凝土膨胀、开裂、剥落等损坏，进而使混凝土结构失去完整性和稳定性。

（2）硫酸盐侵蚀机理

混凝土硫酸盐侵蚀破坏是一个复杂的物理化学进程，其实质是 SO_4^{2-} 与水泥石的某些固相组分发生化学反应而生成一些难溶的盐类矿物，这些难溶的盐类矿物一方面由于吸收了大量水分子而产生体积膨胀，形成膨胀内应力，当膨胀内应力超过混凝土的抗拉强度时就会导致混凝土的破坏，另外也可使硬化水泥石中CH和C-S-H等组分溶出或分解，导致混凝土强度和粘结性能损失。

硫酸盐侵蚀还存在一个物理破坏的过程，即在温度循环或（和）干湿循环作用下，侵入混凝土内部的硫酸盐发生结晶-溶解-重结晶的过程，产生含有大量结晶水的膨胀性产物，从而破坏混凝土的微结构。硫酸盐类的物理腐蚀有时候破坏速度和破坏程度比化学腐蚀更为严重，在盐渍土地区的混凝土，有的不足几年就发生崩解，往往是以硫酸盐等盐类的物理破坏为主。

一般而言，硫酸盐侵蚀有以下化学反应。

① 形成钙矾石：SO_4^{2-} 与水泥石中的氢氧化钙和水化铝酸钙反应生成三硫型水化硫铝酸钙（钙矾石），固相体积增大94%，引起混凝土的膨胀、开裂、解体，这种破坏一般会在构件表面出现比较大的裂缝。另外，钙矾石生长过程中的内应力也进一步加剧了膨胀。这和液相的碱度密切相关，碱度低时，形成的钙矾石为大的板条状晶体，此类钙矾石一般不带来有害的膨胀，碱度高时如同在纯硅酸盐水泥混凝土中形成的钙矾石为针状或片状，甚至呈凝胶状析出，形成极大的结晶应力，因此合理控制液相的碱度是减轻钙矾石危害性膨胀的有效途径之一。

② 形成石膏：如果硫酸盐浓度较高时，则不仅生成钙矾石，而且还会有石膏

结晶析出。一方面石膏的生成使固相体积增大124%，引起混凝土膨胀开裂；另一方面，消耗了CH，而水泥水化生成的CH不仅是C-S-H等水化矿物稳定存在的基础，而且它本身以波特兰石的形态存在于硬化浆体中，对混凝土的力学强度有贡献，因此导致混凝土的强度损失和耐久性下降。

③ $MgSO_4$作用下的化学反应：$MgSO_4$是硫酸盐中侵蚀性最大的一种，其原因主要是Mg^{2+}和SO_4^{2-}均为侵蚀源，二者相互叠加，构成严重的复合侵蚀。反应主要有以下几种：

$$M\overline{S}+CH+2H \longrightarrow C\overline{S}H_2+MH$$

这种反应生成的石膏或钙矾石引起混凝土的体积膨胀，同时反应将CH转化成MH，降低了水泥石系统的碱度，破坏了C-S-H水化产物稳定存在的条件，使水化产物分解，造成混凝土强度和粘结性的损失。

$$C_4AH_{13}+3M\overline{S}+2CH+2OH \longrightarrow C_3A \cdot 3C\overline{S} \cdot H_{32}+3MH$$

同前式一样，该反应生成膨胀性产物钙矾石，并且将水化CH转化为MH。在混凝土系统中，若存在单硫型水化硫铝酸钙，则也会参与这类转化反应，对混凝土有类似的破坏作用。

$$C\text{-}S\text{-}H+M\overline{S}+5H \longrightarrow MH+C\overline{S}H_2+S_2H$$

$$2MH+S_2H \longrightarrow 2M\text{-}S\text{-}H+H$$

这两种反应将水泥石的主要强度组分C-S-H分解为没有胶结性能的硅胶或进一步转化为硅酸镁，导致混凝土强度损失，粘结性下降，实际工程中严重的硫酸镁侵蚀甚至将混凝土变成完全没有胶结性能的糊状物。

④ 形成碱金属硫酸盐晶体：混凝土孔隙中的碱金属硫酸盐浓度高时结晶析出，产生极大结晶应力和体积膨胀而使混凝土破坏。特别是当结构物的一部分浸入盐液，另一部分暴露在干燥空气中时，盐液在毛细管作用下升至水线以上部分然后蒸发，盐液浓缩而析晶。

（3）硫酸盐侵蚀影响因素与改善措施

硫酸盐侵蚀主要受两大方面因素的影响，即材料因素与环境因素。

① 材料因素：主要包括混凝土的水胶比、胶砂比、骨料品种级配、水泥的品种、外加剂与掺合料等。其中，水胶比、胶砂比、骨料级配、外加剂（高效减水剂等）主要是通过影响混凝土的密实度来影响硫酸盐侵蚀的。而水泥品种、掺合料则主要是通过改变水化铝酸钙与氢氧化钙含量来影响硫酸盐侵蚀。已有的研究表明，使用低铝的硅酸盐水泥以及掺加了适量的矿渣粉、硅灰、粉煤灰能提高混凝土的抗硫酸盐性能。

② 环境因素：阳离子的影响——在前面已经叙述不同的阳离子侵蚀机理不同，影响也不同。

溶液浓度的影响——当SO_4^{2-}离子浓度不同时，反应机理发生变化，生成产物也不同。以Na_2SO_4侵蚀为例，低SO_4^{2-}浓度（小于$1000\times10^{-6}SO_4^{2-}$），反应产物主要是钙矾石；而在高浓度下（大于 $8000\times10^{-6}SO_4^{2-}$），主要产物是石膏；在中等程度浓度下［$(1000\sim8000)\times10^{-6}SO_4^{2-}$］，钙矾石和石膏同时生成。而在 $MgSO_4$ 侵蚀情况下，在低 SO_4^{2-} 浓度（小于 $4000\times10^{-6}SO_4^{2-}$），反应产物主要是钙矾石；在中等程度浓度下［$(4000\sim7500)\times10^{-6}SO_4^{2-}$］，钙矾石和石膏同时生成；而在高浓度下（大于 $7500\times10^{-6}SO_4^{2-}$），镁离子腐蚀占主导地位。

干湿循环的影响——一般认为由于干湿循环产生了结晶压力，使混凝土膨胀开裂，硫酸盐的侵蚀速度加快。国外长期的对比研究表明，混凝土经过一年的干湿循环侵蚀破坏程度大致相当于 8 年的浸泡侵蚀破坏程度。

溶液 pH 值的影响——有研究表明：随着侵蚀溶液 pH 值的下降，侵蚀反应也不断变化。当 pH=12.5～12 时，钙矾石结晶析出；当 pH=11.6～10.6 时，石膏结晶析出；当 pH<10.6 时，钙矾石开始分解；与此同时，当 pH<12.5 时，C_2S_2H 凝胶也将溶解和再结晶，其钙硅比 CaO/SiO_2 逐渐下降，由 pH=12.5 时的 2.12 降到 pH=8.8 时的 0.5，水化产物的溶解-过饱和-再结晶过程不断进行，从而引起混凝土的孔隙率、强度和粘结力的变化；当 pH<8.8 时，即使掺超塑化剂和活性混合材的混凝土也难免遭受侵蚀。

温度的影响——温度升高将导致 SO_4^{2-} 扩散速度提高，同时也能加快反应速度。

（4）提高抗硫酸盐侵蚀的主要措施

提高混凝土抗硫酸盐侵蚀能力的主要措施如下。

① 正确选择混凝土原材料，降低混凝土组分与硫酸盐反应的活性。具体而言，选择含硫酸盐少的骨料、拌合水及外加剂等，选用抗硫酸盐水泥。值得注意的是，掺加矿物掺合料是改善混凝土抗硫酸盐侵蚀能力的一种重要方法，它不仅使混凝土中与硫酸盐有较强反应活性的物质尽量预先与矿物掺合料进行反应而生成能在硫酸盐侵蚀环境中较为稳定存在的物质，同时又可改善混凝土的孔结构。

② 尽量改善混凝土的孔隙结构，提高混凝土的密实度，使硫酸盐难以侵入混凝土内部经反应生成膨胀物质而引起破坏。具体而言：进行合适的配合比设计，在满足混凝土工作性的情况下，尽可能地降低单位用水量，以获得致密的混凝土，减小孔隙率和孔径；进行合理的养护，使混凝土强度稳定发展，减少温度裂缝；通过掺加矿物掺合料以提高水泥石强度及密实度，降低 SO_4^{2-} 的侵蚀能力。

（5）混凝土抗硫酸盐侵蚀的评价方法

混凝土抗硫酸盐侵蚀的评价方法是将养护到一定龄期的试件干燥处理后放入干湿循环试验装置，在 5%的 Na_2SO_4 溶液中浸泡（15±0.5）h，然后排液、风干 1h，温度升到 80℃并维持（80±5）℃共 6h 后，再予冷却，试件表面温度冷却到 25～30℃的时间为 2h。经过这样的若干次干湿循环后，当抗压强度耐蚀系数达到 75%、干湿循环次数达到 150 次或达到设计抗硫酸盐等级相应的干湿循环次数时可停止试验。

抗硫酸盐侵蚀试验适用于测定在干湿交替环境中遭受硫酸盐侵蚀的混凝土试件，以能够经受的最大干湿循环次数来表示混凝土抗硫酸盐侵蚀性能，符号为KS。

三、检验方法

混凝土长期性能和耐久性能试验，包括了混凝土的收缩、受压徐变、碳化、钢筋锈蚀、抗冻性能、抗渗性能、碱-骨料反应、抗裂性、抗硫酸盐侵蚀性能等试验方法。这些试验，需要具备专门的仪器设备和特殊的环境条件，并具有试验周期长、要求精度高、影响因素多、技术操作复杂等特点。

工业与民用建筑以及一般构筑物中的普通混凝土长期性能和耐久性能试验，依据GB/T 50082进行；而对于水工、水运和公路等行业都已有或正在编制相应的混凝土长期性能和耐久性能试验方法标准，其中多数内容基本上与GB/T 50082相同，但有些试验方法因为使用条件和要求不同，在一些具体参数或规定上往往很难一致，因此对于这些工程或行业中的混凝土长期性能和耐久性能试验方法，宜以相应的专业标准为依据。

在依据GB/T 50082进行混凝土长期性能和耐久性能试验时，还会涉及其他一些标准，如《普通混凝土拌合物性能试验方法标准》(GB 50080)，《普通混凝土力学性能试验方法标准》(GB 50081)以及相关的仪器设备、试模等标准，因此规定了进行混凝土长期性能和耐久性能试验，除执行GB/T 50082的规定外，尚应符合现行的国家其他设计、施工标准规范的有关规定，尤其是有关强制性标准的相关规定。

(一) 基本规定

1. 混凝土取样

(1) 混凝土取样应符合《普通混凝土拌合物性能试验方法标准》(GB/T 50080)中的规定。

(2) 每组试件所用的拌合物应从同一盘混凝土或同一车混凝土中取样。

2. 试件的横截面尺寸

(1) 试件的最小横截面尺寸宜按表4-16的规定选用。

■表4-16 试件最小横截面尺寸

粗骨料最大公称粒径/mm	试件最小横截面尺寸/mm
31.5	100×100或ϕ100
40.0	150×150或ϕ150
63.0	200×200或ϕ200

(2) 粗骨料最大公称粒径应符合《普通混凝土用砂、石质量及检验方法标准》(JGJ 52)的规定。

(3) 试件应采用符合《混凝土试模》(JG 237)规定的试模制作。

3. 试件的尺寸公差

（1）所有试件的承压面的平面度公差不得超过试件的边长或直径的 0.0005。

（2）除抗水渗透试件外，其他所有试件的相邻面间的夹角应为 90°，公差不得超过 0.5°。

（3）除特别指明试件的尺寸公差以外，所有试件各边长、直径或高度的公差不得超过 1mm。

4. 试件的制作和养护

（1）试件的制作和养护应符合《普通混凝土力学性能试验方法标准》GB/T 50081 中的规定。

（2）在制作混凝土长期性能和耐久性能试验用试件时，不应采用憎水性脱模剂。

（3）在制作混凝土长期性能和耐久性能试验用试件时，宜同时制作与相应耐久性能试验龄期对应的混凝土立方体抗压强度用试件。

（4）制作混凝土长期性能和耐久性能试验用试件时，所采用的振动台和搅拌机应分别符合《混凝土试验用振动台》（JG/T 245）和《混凝土试验用搅拌机》（JG 244）的规定。

（二）收缩试验

（1）非接触法

非接触法试验方法见表 4-17。

■表 4-17　非接触法试验方法

项　目	主要内容
适用范围	本方法主要适用于测定早龄期混凝土的自由收缩变形，也可用于无约束状态下混凝土自收缩变形的测定
混凝土试件	采用 100mm×100mm×515mm 的棱柱体试件，每组应为 3 个试件
试验仪器	1. 非接触法混凝土收缩变形测定仪(下图)应设计成整机一体化装置，并应具备自动采集和处理数据、能设定采样时间间隔等功能。整个测试装置(含试件、传感器等)应固定于具有避振功能的固定式实验台面上 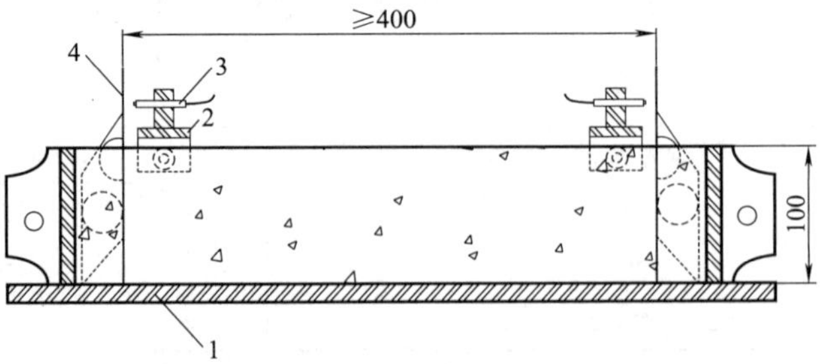 非接触法混凝土收缩变形测定仪原理示意(mm) 1—试模；2—固定架；3—传感器探头；4—反射靶

续表

项　　目	主 要 内 容
试验仪器	2. 应有可靠方式将反射靶固定于试模上，使反射靶在试件成型浇筑振动过程中不会移位偏斜，且在成型完成后应能保证反射靶与试模之间的摩擦力尽可能小。试模应采用具有足够刚度的钢模，且本身的收缩变形应小。试模的长度应能保证混凝土试件的测量标距不小于400mm 3. 传感器的测试量程不应小于试件测量标距长度的0.5%或量程不应小于1mm，测试精度不应低于0.002mm。且应采用可靠方式将传感器测头固定，并应能使测头在测量整个过程中与试模相对位置保持固定不变。试验过程中应能保证反射靶能够随着混凝土收缩而同步移动
试验步骤	1. 带模进行测试，试验应在温度为(20±2)℃、相对湿度为60%±5%的恒温恒湿条件下进行 2. 试模准备好后，应在试模内涂刷润滑油，然后应在试模内铺设两层塑料薄膜或者放置一片聚四氟乙烯(PTFE)片，且应在薄膜或者聚四氟乙烯片与试模接触的面上均匀涂抹一层润滑油。应将反射靶固定在试模两端 3. 将混凝土拌合物浇筑入试模后，应振动成型并抹平，然后应立即带模移入恒温恒湿室。成型试件的同时，应测定混凝土的初凝时间。混凝土初凝时间试验和早龄期收缩试验的环境应相同。当混凝土初凝时，应开始测读试件左右两侧的初始读数，此后应至少每隔1h或按设定的时间间隔测定试件两侧的变形读数 4. 在整个测试过程中，试件在变形测定仪上放置的位置、方向均应始终保持固定不变 5. 需要测定混凝土自收缩值的试件，应在浇筑振捣后立即采用塑料薄膜做密封处理
结果的计算和处理	1. 混凝土收缩率应按照下式计算： $$\varepsilon_{st}=\frac{(L_{10}-L_{1t})+(L_{20}-L_{2t})}{L_0}$$ 式中　ε_{st}——测试期为t(h)的混凝土收缩率，t从初始读数时算起； L_{10}——左侧非接触法位移传感器初始读数，mm； L_{1t}——左侧非接触法位移传感器测试期为t(h)的读数，mm； L_{20}——右侧非接触法位移传感器初始读数，mm； L_{2t}——右侧非接触法位移传感器测试期为t(h)的读数，mm； L_0——试件测量标距，mm，等于试件长度减去试件中两个反射靶沿试件长度方向埋入试件中的长度之和 2. 每组应取3个试件测试结果的算术平均值作为该组混凝土试件的早龄期收缩测定值，计算应精确到1.0×10^{-6}。作为相对比较的混凝土早龄期收缩值应以3d龄期测试得到的混凝土收缩值为准

（2）接触式法

接触法试验方法见表4-18。

■表4-18　接触法试验方法

项　　目	主 要 内 容
适用范围	本方法适用于测定在无约束和规定的温湿度条件下硬化混凝土试件的收缩变形性能
混凝土试件和测头	1. 应采用尺寸为100mm×100mm×515mm的棱柱体试件，每组应为3个试件 2. 采用卧式混凝土收缩仪时，试件两端应预埋测头或留有埋设测头的凹槽。卧式收缩试验用测头(下图)应由不锈钢或其他不锈的材料制成

续表

<table>
<tr><th>项　　目</th><th>主要内容</th></tr>
<tr><td>混凝土试件和测头</td><td>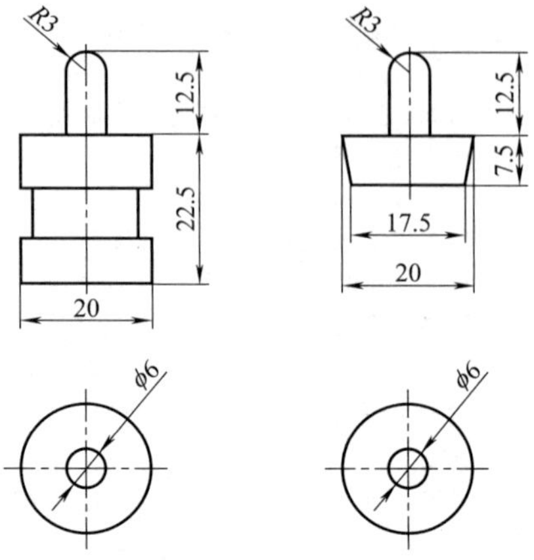

(a) 预埋测头　　(b) 后埋测头
卧式收缩试验用测头(mm)
3. 采用立式混凝土收缩仪时，试件一端中心应预埋测头(下图)。立式收缩试验用测头的另外一端宜采用 M20mm × 35mm 的螺栓(螺纹通长)，并应与立式混凝土收缩仪底座固定。螺栓和测头都应预埋进去
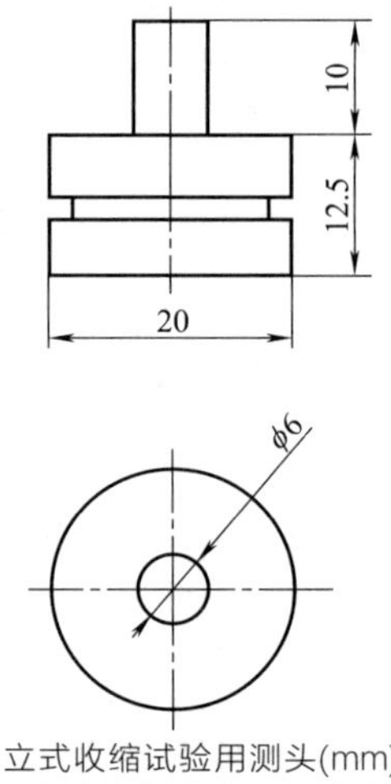

立式收缩试验用测头(mm)
4. 采用接触法引伸仪时，所用试件的长度应至少比仪器的测量标距长出一个截面边长。测头应粘贴在试件两侧面的轴线上
5. 使用混凝土收缩仪时，制作试件的试模应具有能固定测头或预留凹槽的端板。使用接触法引伸仪时，可用一般棱柱体试模制作试件
6. 收缩试件成型时不得使用机油等憎水性脱模剂。试件成型后应带模养护 1 ~ 2d，并保证拆模时不损伤试件。对于事先没有埋设测头的试件，拆模后应立即粘贴或埋设测头。试件拆模后，应立即送至温度为(20 ± 2)℃，相对湿度为 95% 以上的标准养护室养护</td></tr>
<tr><td>试验仪器</td><td>1. 测量混凝土收缩变形的装置应具有硬钢或石英玻璃制作的标准杆，并应在测量前及测量过程中及时校核仪表的读数
2. 收缩测量装置可采用下列形式之一：
(1)卧式混凝土收缩仪的测量标距应为 540mm，并应装有精度为 ± 0.001mm 的千分表或测微器
(2)立式混凝土收缩仪的测量标距和测微器同卧式混凝土收缩仪
(3)其他形式的变形测量仪表的测量标距不应小于 100mm 及骨料最大粒径的 3 倍。并至少能达到 ± 0.001mm 的测量精度</td></tr>
</table>

续表

项　目	主要内容
试验步骤	1. 收缩试验应在恒温恒湿环境中进行，室温应保持在(20±2)℃，相对湿度应保持在60%±5%。试件应放置在不吸水的搁架上，底面应架空，每个试件之间的间隙应大于30mm 2. 测定代表某一混凝土收缩性能的特征值时，试件应在3d龄期时(从混凝土搅拌加水时算起)从标准养护室取出，并应立即移入恒温恒湿室测定其初始长度，此后应至少按下列规定的时间间隔测量其变形读数：1d、3d、7d、14d、28d、45d、60d、90d、120d、150d、180d、360d(从移入恒温恒湿室内计时) 3. 测定混凝土在某一具体条件下的相对收缩值时(包括在徐变试验时的混凝土收缩变形测定)应按要求的条件进行试验。对非标准养护试件，当需要移入恒温恒湿室进行试验时，应先在该室内预置4h，再测其初始值。测量时应记下试件的初始干湿状态 4. 收缩测量前应先用标准杆校正仪表的零点，并应在测定过程中至少再复核1~2次，其中一次应在全部试件测读完后进行。当复核时发现零点与原值的偏差超过±0.001mm，应调零后重新测量 5. 试件每次在卧式收缩仪上放置的位置和方向均应保持一致。试件上应标明相应的方向记号。试件在放置及取出时应轻稳仔细，不得碰撞表架及表杆。当发生碰撞时，应取下试件，并应重新以标准杆复核零点 6. 采用立式混凝土收缩仪时，整套测试装置应放在不易受外部振动影响的地方。读数时宜轻敲仪表或者上下轻轻滑动测头。安装立式混凝土收缩仪的测试台应有减振装置 7. 用接触法引伸仪测量时，应使每次测量时试件与仪表保持相对固定的位置和方向，每次读数应重复3次
结果的计算和处理	1. 混凝土收缩率应按下式计算： $\varepsilon_{st}=\frac{L_0-L_t}{L_b}$ 式中　ε_{st}——试验期为t(d)的混凝土收缩率，t从测定初始长度时算起； L_b——试件的测量标距，用混凝土收缩仪测量时应等于两测头内侧的距离，即等于混凝土试件长度(不计测头凸出部分)减去两个测头埋入深度之和，mm；采用接触法引伸仪时，即为仪器的测量标距； L_0——试件长度的初始读数，mm； L_t——试件在试验期为t(d)时测得的长度读数，mm 2. 每组应取3个试件收缩率的算术平均值作为该组混凝土试件的收缩率测定值，计算精确至1.0×10^{-6} 3. 作为相互比较的混凝土收缩率值应为不密封试件于180d所测得的收缩率值。可将不密封试件于360d所测得的收缩率值作为该混凝土的终极收缩率值

(三) 受压徐变试验

受压徐变试验方法见表4-19。

■表4-19　受压徐变试验方法

项　目	主要内容
适用范围	适用于测定混凝土试件在长期恒定轴向压力作用下的变形性能
混凝土试件	1. 试件的形状与尺寸应符合下列规定： (1)徐变试验应采用棱柱体试件。试件的尺寸应根据混凝土中骨料的最大粒径按下表选用，长度应为截面边长尺寸的3~4倍

徐变试验试件尺寸选用表　　单位：mm

骨料最大公称粒径	试件最小边长	试件长度
31.5	100	400
40	150	≥450

续表

<table>
<tr><th>项　　目</th><th>主 要 内 容</th></tr>
<tr><td>混凝土试件</td><td>(2)当试件叠放时，应在每叠试件端头的试件和压板之间加装一个未安装应变量测仪表的辅助性混凝土垫块，其截面边长尺寸应与被测试件的相同，且长度应至少等于其截面尺寸的一半
2. 试件数量应符合下列规定：
(1)制作徐变试件时，应同时制作相应的棱柱体抗压试件及收缩试件
(2)收缩试件应与徐变试件相同，并应装有与徐变试件相同的变形测量装置
(3)每组抗压、收缩和徐变试件的数量宜各为3个，其中每个加荷龄期的每组徐变试件应至少为2个
3. 试件制备应符合下列规定：
(1)当要叠放试件时，宜磨平其端头
(2)徐变试件的受压面与相邻的纵向表面之间的角度与直角的偏差不应超过1mm/100mm
(3)采用外装式应变量测装置时，徐变试件两侧面应有安装量测装置的测头，测头宜采用埋入式，试模的侧壁应具有能在成型时使测头定位的装置。在对粘结的工艺及材料确有把握时，可采用胶粘
4. 试件的养护与存放方式应符合下列规定：
(1)抗压试件及收缩试件应随徐变试件一并同条件养护
(2)对于标准环境中的徐变，试件应在成型后不少于24h且不多于48h时拆模，且在拆模之前，应覆盖试件表面。随后应立即将试件送入标准养护室养护到7d龄期(自混凝土搅拌加水开始计时)，其中3d加载的徐变试验应养护3d。养护期间试件不应浸泡于水中。试件养护完成后应移入温度为(20±2)℃、相对湿度为60%±5%的恒温恒湿室进行徐变试验，直至试验完成
(3)对于适用于大体积混凝土内部情况的绝湿徐变，试件在制作或脱模后应密封在保湿外套中(包括橡皮套、金属套筒等)，且在整个试件存放和测试期间也应保持密封
(4)对于需要考虑温度对混凝土弹性和非弹性性质的影响等特定温度下的徐变，应控制好试件存放的试验环境温度，应使其符合希望的温度历史
(5)对于需确定在具体使用条件下的混凝土徐变值等其他存放条件，应根据具体情况确定试件的养护及试验制度</td></tr>
<tr><td>试验仪器</td><td>1. 徐变仪应符合下列规定：
(1)徐变仪应在要求时间范围内(至少1年)把所要求的压缩荷载加到试件上并应能保持该荷载不变
(2)常用徐变仪可选用弹簧式或液压式，其工作荷载范围应为180～500kN
(3)弹簧式压缩徐变仪(下图)应包括上下压板、球座或球铰及其配套垫板、弹簧持荷装置以及2～3根承力丝杆。压板与垫板应具有足够的刚度。压板的受压面的平整度偏差不应大于0.1mm/100mm，并应能保证对试件均匀加荷。弹簧及丝杆的尺寸应按徐变仪所要求的试验吨位而定。在试验荷载下，丝杆的拉应力不应大于材料屈服点的30%，弹簧的工作压力不应超过允许极限荷载的80%，且工作时弹簧的压缩变形不得小于20mm
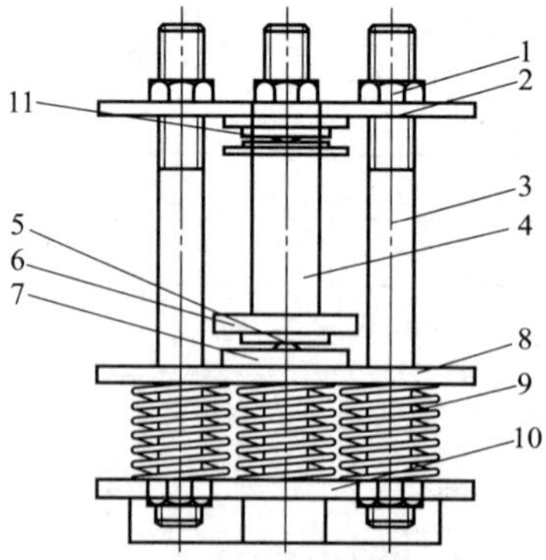

弹簧式压缩徐变仪示意
1—螺母；2—上压板；3—丝杆；4—试件；5,11—球铰；6—垫板；
7—定心；8—下压板；9—弹簧；10—底盘</td></tr>
</table>

续表

项目	主要内容
试验仪器	(4)当使用液压式持荷部件时，可通过一套中央液压调节单元同时加荷几个徐变架，该单元应由储液器、调节器、显示仪表和一个高压源(如高压氮气瓶或高压泵)等组成 (5)有条件时可采用几个试件串叠受荷，上下压板之间的总距离不得超过 1600mm 2. 加荷装置应符合下列规定： (1)加荷装置应由接长杆及顶板组成。 加荷时加荷架应与徐变仪丝杆顶部相连 (2)油压千斤顶可采用一般的起重千斤顶，其吨位应大于所要求的试验荷载 (3)测力装置可采用钢环测力计、荷载传感器或其他形式的压力测定装置。 其测量精度应达到所加荷载的 ± 2%，试件破坏荷载不应小于测力装置全量程的 20%且不应大于测力装置全量程的 80% 3. 变形量测装置应符合下列规定： (1)变形量测装置可采用外装式、内埋式或便携式，其测量的应变值精度不应低于 0. 001mm/m (2)采用外装式变形量测装置时，应至少测量不少于两个均匀地布置在试件周边的基线的应变。 测点应精确地布置在试件的纵向表面的纵轴上，且应与试件端头等距，与相邻试件端头的距离不应小于一个截面边长 (3)采用差动式应变计或钢弦式应变计等内埋式变形测量装置时，应在试件成型时可靠地固定该装置，应使其量测基线位于试件中部并应与试件纵轴重合 (4)采用接触法引伸仪等便携式变形量测装置时，测头应牢固附置在试件上 (5)量测标距应大于混凝土骨料最大粒径的 3 倍，且不少于 100mm
试验步骤	1. 徐变试验应符合下列规定： 对比或检验混凝土的徐变性能时，试件应在 28d 龄期时加荷。 当研究某一混凝土的徐变特性时，应至少制备 5 组徐变试件并应分别在龄期为 3d、7d、14d、28d、90d 时加荷 2. 徐变试验应按下列步骤进行： (1)测头或测点应在试验前 1d 粘好，仪表安装好后应仔细检查，不得有任何松动或异常现象。 加荷装置、测力计等也应予以检查 (2)在即将加荷徐变试件前，应测试同条件养护试件的棱柱体抗压强度 (3)测头和仪表准备好以后，应将徐变试件放在徐变仪的下压板后，应使试件、加荷装置、测力计及徐变仪的轴线相重合。 并应再次检查变形测量仪表的调零情况，且应记下初始读数。 当采用未密封的徐变试件时，应在将其放在徐变仪上的同时，覆盖参比用收缩试件的端部 (4)试件放好后，应及时开始加荷。 当无特殊要求，应取徐变应力为所测得的棱柱体抗压强度的 40%。 当采用外装仪表或者接触法引申仪时，应用千斤顶先加压至徐变应力的 20%进行对中。 两侧的变形相差应小于其平均值的 10%，当超出此值，应松开千斤顶卸荷，进行重新调整后，应再加荷到徐变应力的 20%，并再次检查对中的情况。 对中完毕后，应立即继续加荷直到徐变应力，应及时读出两边的变形值，并将此时两边变形的平均值作为在徐变荷载下的初始变形值。 从对中完毕到测初始变形值之间的加荷及测量时间不得超过 1min。 随后应拧紧承力丝杆上端的螺母，并应松开千斤顶卸荷，且应观察两边变形值的变化情况。 此时，试件两侧的读数相差不应超过平均值的 10%，否则应予以调整，调整应在试件持荷的情况下进行，调整过程中所产生的变形增值应计入徐变变形之中。 然后应再加荷到徐变应力，并应检查两侧变形读数，其总和与加荷前读数相比，误差不应超过 2%。 否则应予以补足 (5)应在加荷后的 1d、3d、7d、14d、28d、45d、60d、90d、120d、150d、180d、270d 和 360d 测读试件的变形值 (6)在测读徐变试件的变形读数的同时，应测量同条件放置参比用收缩试件的收缩值 (7)试件加荷后应定期检查荷载的保持情况，应在加荷后 7d、28d、60d、90d 各校核一次，如荷载变化大于 2%，应予以补足。 在使用弹簧式加载架时，可通过施加正确的荷载并拧紧丝杆上的螺母，来进行调整

续表

项目	主要内容
结果的计算和处理	试验结果计算及其处理应符合下列规定 1. 徐变应变应按下式计算： $$\varepsilon_{ct}=\frac{\Delta L_t-\Delta L_0}{L_b}-\varepsilon_t$$ 式中，ε_{ct}——加荷 t(d)后的徐变应变，mm/m，精确至 0.001mm/m； ΔL_t——加荷 t(d)后的总变形值，mm，精确至 0.001mm； ΔL_0——加荷时测得的初始变形值，mm，精确至 0.001mm； L_b——测量标距，mm，精确到 1mm； ε_t——同龄期的收缩值，mm/m，精确至 0.001mm/m 2. 徐变度应按下式计算： $$C_t=\frac{\varepsilon_{ct}}{\delta}$$ 式中 C_t——加荷 t(d)的混凝土徐变度，1/MPa，计算精确至 1.0×10^{-6}/MPa； δ——徐变应力，MPa 3. 徐变系数应按下列公式计算： $$\varphi_t=\frac{\varepsilon_{ct}}{\varepsilon_0}$$ $$\varepsilon_0=\frac{\Delta L_0}{L_b}$$ 式中 φ_t——加荷 t(d)的徐变系数； ε_0——在加荷时测得的初始应变值，mm/m，精确至 0.001mm/m 4. 每组应分别以 3 个试件徐变应变(徐变度或徐变系数)试验结果的算术平均值作为该组混凝土试件徐变应变(徐变度或徐变系数)的测定值 5. 作为供对比用的混凝土徐变值，应采用经过标准养护的混凝土试件，在 28d 龄期时经受 0.4 倍棱柱体抗压强度恒定荷载持续作用 360d 的徐变值。可用测得的 3 年徐变值作为终极徐变值

（四）碳化试验

碳化试验方法见表 4-20。

■表 4-20 碳化试验方法

项目	主要内容
适用范围	适用于测定在一定浓度的二氧化碳气体介质中混凝土试件的碳化程度
混凝土试件	1. 宜采用棱柱体混凝土试件，应以 3 块为一组。棱柱体的长宽比不宜小于 3 2. 无棱柱体试件时，也可用立方体试件，其数量应相应增加 3. 试件宜在 28d 龄期进行碳化试验，掺有掺合料的混凝土可以根据其特性决定碳化前的养护龄期。碳化试验的试件宜采用标准养护，试件应在试验前 2d 从标准养护室取出，然后应在 60℃下烘 48h 4. 经烘干处理后的试件，除应留下一个或相对的两个侧面外，其余表面应采用加热的石蜡予以密封。然后应在暴露侧面上沿长度方向用铅笔以 10mm 间距画出平行线，作为预定碳化深度的测量点
试验仪器	1. 碳化箱应符合《混凝土碳化试验箱》(JG/T 247)的规定，并应采用带有密封盖的密闭容器，容器的容积应至少为预定进行试验的试件体积的两倍。碳化箱内应有架空试件的支架、二氧化碳引入口、分析取样用的气体导出口、箱内气体对流循环装置、为保持箱内恒温恒湿所需的设施以及温湿度监测装置。宜在碳化箱上设玻璃观察口对箱内的温度进行读数 2. 气体分析仪应能分析箱内二氧化碳浓度，并应精确至 ±1% 3. 二氧化碳供气装置应包括气瓶、压力表和流量计

续表

项　　目	主要内容
试验步骤	1. 首先应将经过处理的试件放入碳化箱内的支架上。各试件之间的间距不应小于 50mm 2. 试件放入碳化箱后，应将碳化箱密封。密封可采用机械办法或油封，但不得采用水封。应开动箱内气体对流装置，徐徐充入二氧化碳，并测定箱内的二氧化碳浓度。应逐步调节二氧化碳的流量，使箱内的二氧化碳浓度保持在 20% ± 3%。在整个试验期间应采取去湿措施，使箱内的相对湿度控制在 70% ± 5%，温度应控制在(20 ± 2)℃的范围内 3. 碳化试验开始后应每隔一定时期对箱内的二氧化碳浓度、温度及湿度做一次测定。宜在前 2d 每隔 2h 测定一次，以后每隔 4h 测定一次。试验中应根据所测得的二氧化碳浓度、温度及湿度随时调节这些参数，去湿用的硅胶应经常更换。也可采用其他更有效的去湿方法 4. 应在碳化到了 3d、7d、14d 和 28d 时，分别取出试件，破型测定碳化深度。棱柱体试件应通过在压力试验机上的劈裂法或者用干锯法从一端开始破型。每次切除的厚度应为试件宽度的一半，切后应用石蜡将破型后试件的切断面封好，再放入箱内继续碳化，直到下一个试验期。当采用立方体试件时，应在试件中部劈开，立方体试件应只做一次检验，劈开测试碳化深度后不得再重复使用 5. 随后应将切除所得的试件部分刷去断面上残存的粉末，然后应喷上(或滴上)浓度为 1%的酚酞酒精溶液(酒精溶液含 20%的蒸馏水)。约经 30s 后，应按原先标划的每 10mm 一个测量点用钢板尺测出各点碳化深度。当测点处的碳化分界线上刚好嵌有粗骨料颗粒，可取该颗粒两侧处碳化深度的算术平均值作为该点的深度值。碳化深度测量应精确至 0.5mm
结果的计算和处理	混凝土碳化试验结果计算和处理应符合下列规定 1. 混凝土在各试验龄期时的平均碳化深度应按下式计算： $$\overline{d}_t = \frac{1}{n}\sum_{i=1}^{n} d_i$$ 式中　$\overline{d}_t$——试件碳化 t(d)后的平均碳化深度，mm，精确至 0.1mm； d_i——各测点的碳化深度，mm； n——测点总数 2. 每组应以在二氧化碳浓度为 20% ± 3%，温度为(20 ± 2)℃，湿度为 70% ± 5%的条件下 3 个试件碳化 28d 的碳化深度算术平均值作为该组混凝土试件碳化测定值 3. 碳化结果处理时宜绘制碳化时间与碳化深度的关系曲线

（五）钢筋锈蚀试验

钢筋锈蚀试验方法见表 4-21。

■表 4-21　钢筋锈蚀试验方法

项　　目	主要内容
适用范围	适用于测定在给定条件下混凝土中钢筋的锈蚀程度。不适用于在侵蚀性介质中混凝土内的钢筋锈蚀试验
混凝土试件	1. 应采用 100mm × 100mm × 300mm 的棱柱体试件，每组应为 3 块 2. 试件中埋置的钢筋应采用直径为 6.5mm 的 Q235 普通低碳钢热轧盘条调直截断制成，其表面不得有锈坑及其他严重缺陷。每根钢筋长应为(299 ± 1)mm，应用砂轮将其一端磨出长约 30mm 的平面，并用钢字打上标记。钢筋应采用 12%盐酸溶液进行酸洗，并经清水漂净后，用石灰水中和，再用清水冲洗干净，擦干后应在干燥器中至少存放 4h，然后应用天平称取每根钢筋的初重(精确至 0.001g)。钢筋应存放在干燥器中备用

续表

项　　目	主 要 内 容
混凝土试件	3. 试件成型前应将套有定位板的钢筋放入试模，定位板应紧贴试模的两个端板，安放完毕后应使用丙酮擦净钢筋表面 4. 试件成型后，在(20±2)℃的温度下盖湿布养护 24h 后编号拆模，并应拆除定位板。然后应用钢丝刷将试件两端部混凝土刷毛，并应用水灰比小于试件用混凝土水灰比、水泥和砂子比例为 1∶2 的水泥砂浆抹上不小于 20mm 厚的保护层，并应确保钢筋端部密封质量。试件应在就地潮湿养护(或用塑料薄膜盖好)24h 后，移入标准养护室养护至 28d
试验仪器	1. 混凝土碳化试验设备应包括碳化箱、供气装置及气体分析仪，并应符合表 4-20 中对其的相关要求 2. 钢筋定位板(下图)宜采用木质五合板或薄木板等材料制作，尺寸应为 100mm×100mm，板上应钻有穿插钢筋的圆孔 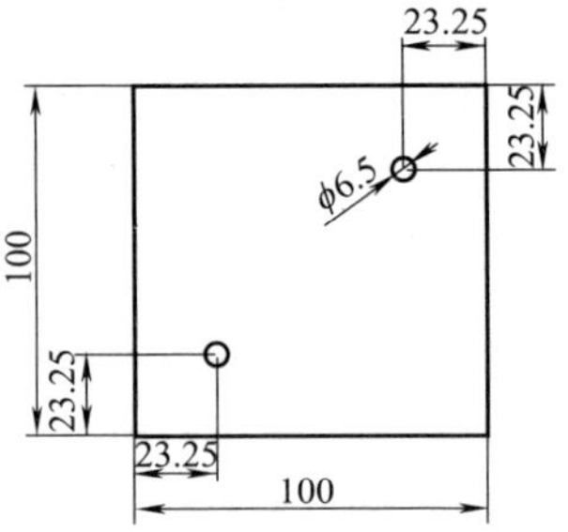 钢筋定位板示意(mm) 3. 称量设备的最大量程应为 1kg，感量应为 0.001g
试验步骤	1. 钢筋锈蚀试验的试件应先进行碳化，碳化应在 28d 龄期时开始。碳化应在二氧化碳浓度为 20%±3%、相对湿度为 70%±5%和温度为(20±2)℃的条件下进行，碳化时间为 28d。对于有特殊要求的混凝土中钢筋锈蚀试验，碳化时间可再延长 14d 或者 28d 2. 试件碳化处理后应立即移入标准养护室放置。在养护室中，相邻试件间的距离不应小于 50mm，并应避免试件直接淋水。应在潮湿条件下存放 56d 后将试件取出，然后破型，破型时不得损伤钢筋。应先测出碳化深度，然后进行钢筋锈蚀程度的测定 3. 试件破型后，应取出试件中的钢筋，并应刮去钢筋上粘附的混凝土。应用 12%盐酸溶液对钢筋进行酸洗，经清水漂净后，再用石灰水中和，最后应以清水冲洗干净。应将钢筋擦干后在干燥器中至少存放 4h，然后应对每根钢筋称重(精确至 0.001g)，并应计算钢筋锈蚀失重率。酸洗钢筋时，应在洗液中放入两根尺寸相同的同类无锈钢筋作为基准校正
结果的计算和处理	钢筋锈蚀试验结果计算和处理应符合以下规定 1. 钢筋锈蚀失重率应按下式计算： $$L_w=\frac{w_0-w-\frac{(w_{01}-w_1)+(w_{02}-w_2)}{2}}{w_0}\times 100$$ 式中　L_w——钢筋锈蚀失重率，%，精确至 0.01； w_0——钢筋未锈前质量，g； w——锈蚀钢筋经过酸洗处理后的质量，g； w_{01}，w_{02}——基准校正用的两根钢筋的初始质量，g； w_1，w_2——基准校正用的两根钢筋酸洗后的质量，g 2. 每组应取 3 个混凝土试件中钢筋锈蚀失重率的平均值作为该组混凝土试件中钢筋锈蚀失重率测定值

（六）抗冻性试验

（1）慢冻法

慢冻法试验方法见表 4-22。

■表 4-22 混凝土慢冻法试验方法

<table>
<tr><th>项　目</th><th>主 要 内 容</th></tr>
<tr><td>适用范围</td><td>适用于测定混凝土试件在气冻水融条件下，以经受的冻融循环次数来表示的混凝土抗冻性能</td></tr>
<tr><td>混凝土试件</td><td>1. 应采用 100mm×100mm×100mm 的立方体试件
2. 慢冻法试验所需要的试件组数应符合下表的规定，每组试件应为 3 块
慢冻法试验所需的试件组数
<table>
<tr><td>设计抗冻标号</td><td>D25</td><td>D50</td><td>D100</td><td>D150</td><td>D200</td><td>D250</td><td>D300</td><td>D300 以上</td></tr>
<tr><td>检查强度所需冻融次数</td><td>25</td><td>50</td><td>50 及 100</td><td>100 及 150</td><td>150 及 200</td><td>200 及 250</td><td>250 及 300</td><td>300 及设计次数</td></tr>
<tr><td>鉴定 28d 强度所需试件组数</td><td>1</td><td>1</td><td>1</td><td>1</td><td>1</td><td>1</td><td>1</td><td>1</td></tr>
<tr><td>冻融试件组数</td><td>1</td><td>1</td><td>2</td><td>2</td><td>2</td><td>2</td><td>2</td><td>2</td></tr>
<tr><td>对比试件组数</td><td>1</td><td>1</td><td>2</td><td>2</td><td>2</td><td>2</td><td>2</td><td>2</td></tr>
<tr><td>总计试件组数</td><td>3</td><td>3</td><td>5</td><td>5</td><td>5</td><td>5</td><td>5</td><td>5</td></tr>
</table></td></tr>
<tr><td>试验仪器</td><td>1. 冻融试验箱应能使试件静止不动，并应通过气冻水融进行冻融循环。在满载运转的条件下，冷冻期间冻融试验箱内空气的温度应能保持在-18～-20℃范围内；融化期间冻融试验箱内浸泡混凝土试件的水温度应能保持在 18～20℃范围内；满载时冻融试验箱内各点温度极差不应超过 2℃
2. 采用自动冻融设备时，控制系统还应具有自动控制、数据曲线实时动态显示、断电记忆和试验数据自动存储等功能
3. 试件架应采用不锈钢或者其他耐腐蚀的材料制作，其尺寸应与冻融试验箱和所装的试件相适应
4. 称量设备的最大量程应为 20kg，感量不应超过 5g
5. 压力试验机应符合《普通混凝土力学性能试验方法标准》（GB/T 50081）的相关要求
6. 温度传感器的温度检测范围不应小于-20～20℃，测量精度应为±0.5℃</td></tr>
<tr><td>试验步骤</td><td>1. 在标准养护室内或同条件养护的冻融试验的试件应在养护龄期为 24d 时提前将试件从养护地点取出，随后应将试件放在（20±2）℃水中浸泡，浸泡时水面应高出试件顶面 20～30mm，在水中浸泡的时间应为 4d，试件应在 28d 龄期时开始进行冻融试验。始终在水中养护的冻融试验的试件，当试件养护龄期达到 28d 时，可直接进行后续试验，对此种情况，应在试验报告中予以说明
2. 当试件养护龄期达到 28d 时应及时取出冻融试验的试件，用湿布擦除表面水分后应对外观尺寸进行测量，试件的外观尺寸应满足该标准中对试件公差的要求，并应分别编号、称重，然后按编号置入试件架内，且试件架与试件的接触面积不宜超过试件底面的 1/5。试件与箱体内壁之间应至少留有 20mm 的空隙。试件架中各试件之间应至少保持 30mm 的空隙
3. 冷冻时间应在冻融箱内温度降至-18℃时开始计算。每次从装完试件到温度降至-18℃所需的时间应在 1.5～2.0h 内。冻融箱内温度在冷冻时应保持在-20～-18℃
4. 每次冻融循环中试件的冷冻时间不应小于 4h
5. 冷冻结束后，应立即加入温度为 18～20℃的水，使试件转入融化状态，加水试件不应超过 10min。控制系统应确保在 30min 内，水温不低于 10℃，且在 30min 后水温能保持在 18～20℃。冻融箱内的水面应至少高出试件表面 20mm。融化时间不应小于 4h。融化完毕视为该次冻融循环结束，可进入下一次冻融循环
6. 每 25 次循环宜对冻融试件进行一次外观检查。当出现严重破坏时，应立即进行称重。当一组试件的平均质量损失率超过 5%，可停止其冻融循环试验</td></tr>
</table>

续表

项　　目	主 要 内 容
试验步骤	7. 试件在达到表 4-22 规定的冻融循环次数后，试件应称重并进行外观检查，应详细记录试件表面破损、裂缝及边角缺损情况。当试件表面破损严重时，应先用高强石膏找平，然后应进行抗压强度试验。抗压强度试验应符合《普通混凝土力学性能试验方法标准》(GB/T 50081)的相关规定 8. 当冻融循环因故中断且试件处于冷冻状态时，试件应继续保持冷冻状态，直至恢复冻融试验为止，并应将故障原因及暂停时间在试验结果中注明。当试件处在融化状态下因故中断时，中断时间不应超过两个冻融循环的时间。在整个试验过程中，超过两个冻融循环时间的中断故障次数不得超过两次 9. 当部分试件由于失效破坏或者停止试验被取出时，应用空白试件填充空位 10. 对比试件应继续保持原有的养护条件，直到完成冻融循环后，与冻融试验的试件同时进行抗压强度试验 11. 当冻融循环出现下列三种情况之一时，可停止试验： (1)已达到规定的循环次数 (2)抗压强度损失率已达到 25% (3)质量损失率已达到 5%
结果的计算和处理	试验结果计算及处理应符合下列规定 1. 强度损失率应按下式进行计算： $\Delta f_c=\frac{f_{c0}-f_{cn}}{f_{c0}}\times 100$ 式中　Δf_c——N 次冻融循环后的混凝土抗压强度损失率，%，精确至 0.1； f_{c0}——对比用的一组混凝土试件的抗压强度测定值，MPa，精确至 0.1MPa； f_{cn}——经 N 次冻融循环后的一组混凝土试件抗压强度测定值，MPa，精确至 0.1MPa 2. f_{c0} 和 f_{cn} 应以三个试件抗压强度试验结果的算术平均值作为测定值。当三个试件抗压强度最大值或最小值与中间值之差超过中间值的 15%时，应剔除此值，再取其余两值的算术平均值作为测定值；当最大值和最小值均超过中间值的 15%时，应取中间值作为测定值 3. 单个试件的质量损失率应按下式计算： $\Delta W_{ni}=\frac{W_{oi}-W_{ni}}{W_{oi}}\times 100$ 式中　ΔW_{ni}——N 次冻融循环后第 i 个混凝土试件的质量损失率，%，精确至 0.01； W_{oi}——冻融循环试验前第 i 个混凝土试件的质量，g； W_{ni}——N 次冻融循环后第 i 个混凝土试件的质量，g 4. 一组试件的平均质量损失率应按下式计算： $\Delta W_n=\frac{\sum_{i=1}^{3}\Delta W_{ni}}{3}\times 100$ 式中　ΔW_n——N 次冻融循环后一组混凝土试件的平均质量损失率，%，精确至 0.1 5. 每组试件的平均质量损失率应以三个试件质量损失率试验结果的算术平均值作为测定值。当某个试验结果出现负值，应取 0，再取三个试件的算术平均值。当三个值中的最大值或最小值与中间值之差超过 1%时，应剔除此值，再取其余两值的算术平均值作为测定值；当最大值和最小值与中间值之差均超过 1%时，应取中间值作为测定值 6. 抗冻标号应以抗压强度损失率不超过 25%或者质量损失率不超过 5%时的最大冻融循环次数按表 4-22 确定

（2）快冻法

快冻法试验方法见表 4-23。

■表 4-23　快冻法试验方法

项　　目	主 要 内 容
适用范围	适用于测定混凝土试件在水冻水融条件下，以经受的快速冻融循环次数来表示的混凝土抗冻性能

续表

项　　目	主要内容
混凝土试件	1. 应采用尺寸为 100mm×100mm×400mm 的棱柱体试件，每组试件应为 3 块 2. 成型试件时，不得采用憎水性脱模剂 3. 除制作冻融试验的试件外，尚应制作同样形状、尺寸，且中心埋有温度传感器的测温试件，测温试件应采用防冻液作为冻融介质。测温试件所用混凝土的抗冻性能应高于冻融试件。测温试件的温度传感器应埋设在试件中心。温度传感器不应采用钻孔后插入的方式埋设
试验仪器	1. 试件盒(下图)宜采用具有弹性的橡胶材料制作，其内表面底部应有半径为 3mm 橡胶突起部分。盒内加水后水面应至少高出试件顶面 5mm。试件盒横截面尺寸宜为 115mm×115mm，试件盒长度宜为 500mm 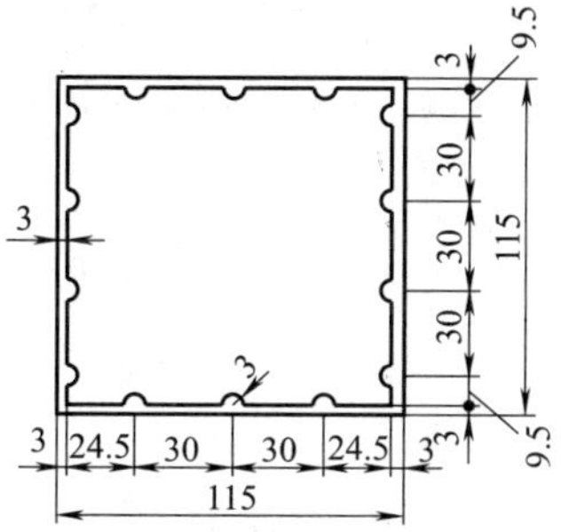 橡胶试件盒横截面示意(mm) 2. 快速冻融装置应符合《混凝土抗冻试验设备》(JG/T 243)的规定。除应在测温试件中埋设温度传感器外，尚应在冻融箱内防冻液中心、中心与任何一个对角线的两端分别设有温度传感器。运转时冻融箱内防冻液各点温度的极差不得超过 2℃ 3. 称量设备的最大量程应为 20kg，感量不应超过 5g 4. 混凝土动弹性模量测定仪应符合表 4-25 中对其的相关要求 5. 温度传感器(包括热电偶、电位差计等)应在-20～20℃范围内测定试件中心温度，且测量精度应为±0.5℃
试验步骤	1. 在标准养护室内或同条件养护的试件应在养护龄期为 24d 时提前将冻融试验的试件从养护地点取出，随后应将冻融试件放在(20±2)℃水中浸泡，浸泡时水面应高出试件顶面 20～30mm。在水中浸泡时间应为 4d，试件应在 28d 龄期时开始进行冻融试验。始终在水中养护的试件，当试件养护龄期达到 28d 时，可直接进行后续试验。对此种情况，应在试验报告中予以说明 2. 当试件养护龄期达到 28d 时应及时取出试件，用湿布擦除表面水分后应对外观尺寸进行测量，试件的外观尺寸应满足该标准中对试件公差的要求，并应编号、称量试件初始质量 W_{0i}；然后应按表 4-25 中规定的方法测定其横向基频的初始值 f_{0i} 3. 将试件放入试件盒内，试件应位于试件盒中心，然后将试件盒放入冻融箱内的试件架中，并向试件盒中注入清水。在整个试验过程中，盒内水位高度应始终保持至少高出试件顶面 5mm 4. 测温试件盒应放在冻融箱的中心位置 5. 冻融循环过程应符合下列规定： (1)每次冻融循环应在 2～4h 内完成，且用于融化的时间不得少于整个冻融循环时间的 1/4 (2)在冷冻和融化过程中，试件中心最低和最高温度应分别控制在(-18±2)℃和(5±2)℃，在任意时刻，试件中心温度不得高于 7℃，且不得低于-20℃ (3)每块试件从 3℃降至-16℃所用的时间不得少于冷冻时间的 1/2；每块试件从-16℃升至 3℃所用时间不得少于整个融化时间的 1/2，试件内外的温差不宜超过 28℃ (4)冷冻和融化之间的转换时间不宜超过 10min 6. 每隔 25 次冻融循环宜测量试件的横向基频 f_{ni}。测量前应先将试件表面浮渣清洗干净并擦干表面水分，然后应检查其外部损伤并称量试件的质量 W_{ni}。随后应按表 4-25 中规定的方法测量横向基频。测完后，应迅速将试件调头重新装入试件盒内并加入清水，继续试验。试件的测量、称量及外观检查应迅速，待测试件应用湿布覆盖

续表

项　目	主 要 内 容
试验步骤	7. 当有试件停止试验被取出时，应另用其他试件填充空位。当试件在冷冻状态下因故中断时，试件应保持在冷冻状态，直至恢复冻融试验为止，并应将故障原因及暂停时间在试验结果中注明。试件在非冷冻状态下发生故障的时间不宜超过两个冻融循环的时间。在整个试验过程中，超过两个冻融循环时间的中断故障次数不得超过两次 8. 当冻融循环出现下列情况之一时，可停止试验： (1)达到规定的冻融循环次数 (2)试件的相对动弹性模量下降到 60% (3)试件的质量损失率达 5%
结果的计算和处理	试验结果计算及处理应符合下列规定 1. 相对动弹性模量应按下式计算： $$P_i=\frac{f_{ni}^2}{f_{0i}^2}\times 100$$ 式中　P_i——经 N 次冻融循环后第 i 个混凝土试件的相对动弹性模量，%，精确至 0.1； f_{ni}——经 N 次冻融循环后第 i 个混凝土试件的横向基频，Hz； f_{0i}——冻融循环试验前第 i 个混凝土试件横向基频初始值，Hz $$P=\frac{1}{3}\sum_{i=1}^{3}P_i$$ 式中　P——经 N 次冻融循环后一组混凝土试件的相对动弹性模量，%，精确至 0.1 相对动弹性模量 P 应以三个试件试验结果的算术平均值作为测定值。当最大值或最小值与中间值之差超过中间值的 15%时，应剔除此值，并应取其余两值的算术平均值作为测定值；当最大值和最小值与中间值之差均超过中间值的 15%时，应取中间值作为测定值 2. 单个试件的质量损失率应按下式计算： $$\Delta W_{ni}=\frac{W_{oi}-W_{ni}}{W_{oi}}\times 100$$ 式中　ΔW_{ni}——N 次冻融循环后第 i 个混凝土试件的质量损失率，%，精确至 0.01； W_{oi}——冻融循环试验前第 i 个混凝土试件的质量，g； W_{ni}——N 次冻融循环后第 i 个混凝土试件的质量，g 3. 一组试件的平均质量损失率应按下式计算： $$\Delta W_n=\frac{\sum_{i=1}^{3}\Delta W_{ni}}{3}\times 100$$ 式中　ΔW_n——N 次冻融循环后一组混凝土试件的平均质量损失率，%，精确至 0.1 4. 每组试件的平均质量损失率应以三个试件的质量损失率试验结果的算术平均值作为测定值。当某个试验结果出现负值，应取 0，再取三个试件的平均值。当三个值中的最大值或最小值与中间值之差超过 1%时，应剔除此值，并应取其余两值的算术平均值作为测定值；当最大值和最小值与中间值之差均超过 1%时，应取中间值作为测定值 5. 混凝土抗冻等级应以相对动弹性模量下降至不低于 60%或者质量损失率不超过 5%时的最大冻融循环次数来确定，并用符号 F 表示

(3) 单面冻融法（或称盐冻法）

单面冻融法试验方法见表 4-24。

■ 表 4－24　单面冻融法试验方法

项　目	主 要 内 容
适用范围	适用于测定混凝土试件在大气环境中且与盐接触的条件下，以能够经受的冻融循环次数或者表面剥落质量或超声波相对动弹性模量来表示的混凝土抗冻性能

续表

项目	主要内容
混凝土试件	1. 在制作试件时，应采用 150mm×150mm×150mm 的立方体试模，应在模具中间垂直插入一片聚四氟乙烯片，使试模均分为两部分，聚四氟乙烯片不得涂抹任何脱模剂。当骨料尺寸较大时，应在试模的两内测各放一片聚四氟乙烯片，但骨料的最大粒径不得大于超声波最小传播距离的 1/3。应将接触聚四氟乙烯片的面作为测试面 2. 试件成型后，应先在空气中带模养护(24±2)h，然后将试件脱模并放在(20±2)℃的水中养护至 7d 龄期。当试件的强度较低时，带模养护的时间可延长，在(20±2)℃的水中的养护时间应相应缩短 3. 当试件在水中养护 7d 龄期后，应对试件进行切割。试件切割位置应符合下图的规定，首先应将试件的成型面切去，试件的高度应为 110mm。然后将试件从中间的聚四氟乙烯片分开成两个试件，每个试件的尺寸应为 150mm×110mm×70mm，偏差应为±2mm。切割完成后，应将试件放置在空气中养护。对于切割后的试件与标准试件的尺寸有偏差的，应在报告中注明。非标准试件的测试表面边长不应小于 90mm；对于形状不规则的试件，其测试表面大小应能保证内切一个直径 90mm 的圆，试件的长高比不应大于 3 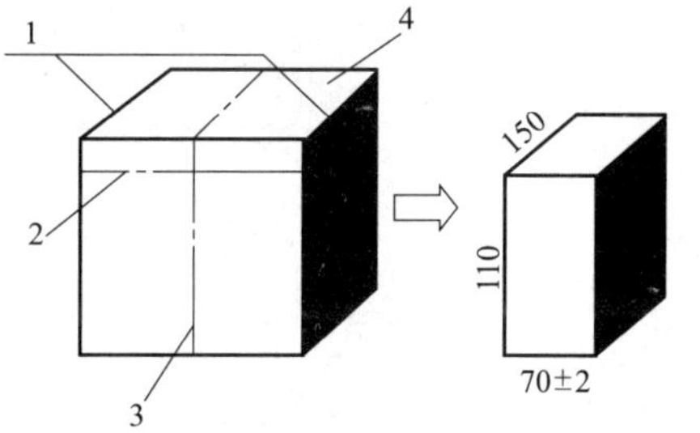 试件切割位置示意(mm) 1—聚四氟乙烯片(测试面)；2,3—切割线；4—成型面 4. 每组试件的数量不应少于 5 个，且总的测试面积不得少于 0.08m^2
试验仪器	1. 顶部有盖的试件盒(下图)应采用不锈钢制成，容器内的长度应为(250±1)mm，宽度应为(200±1)mm，高度应为(120±1)mm。容器底部应安置高(5±0.1)mm 不吸水、浸水不变形且在试验过程中不得影响溶液组分的非金属三角垫条或支撑 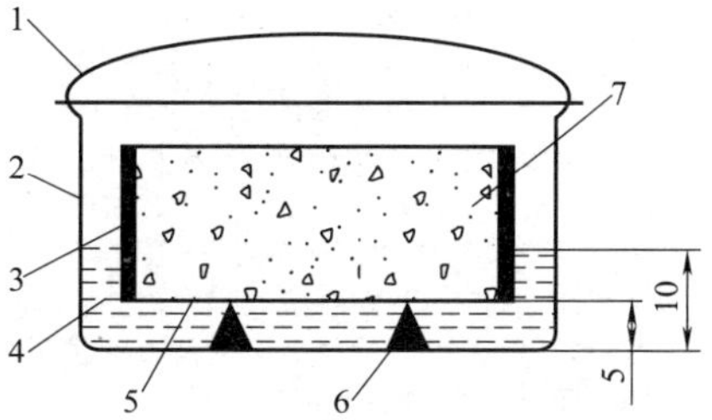 试件盒示意(mm) 1—盖子；2—盒体；3—侧向封闭；4—试验液体；5—试验表面；6—垫条；7—试件 2. 液面调整装置(下图)应由一支吸水管和使液面与试件盒底部间的距离保持在一定范围内的液面自动定位控制装置组成，在使用时，液面调整装置应使液面高度保持在(10±1)mm 3. 单面冻融试验箱(下图)应符合《混凝土抗冻试验设备》(JG/T 243)的规定，试件盒应固定在单面冻融试验箱内，并应自动地按规定的冻融循环制度进行冻融循环。冻融循环制度(下图)的温度应从 20℃开始，并应以(10±1)℃/h 的速度均匀地降至(-20±1)℃，且应维持 3h；然后应从-20℃开始，并应以(10±1)℃/h 的速度均匀地升至(20±1)℃，且应维持 1h

续表

项　　目	主 要 内 容
试验仪器	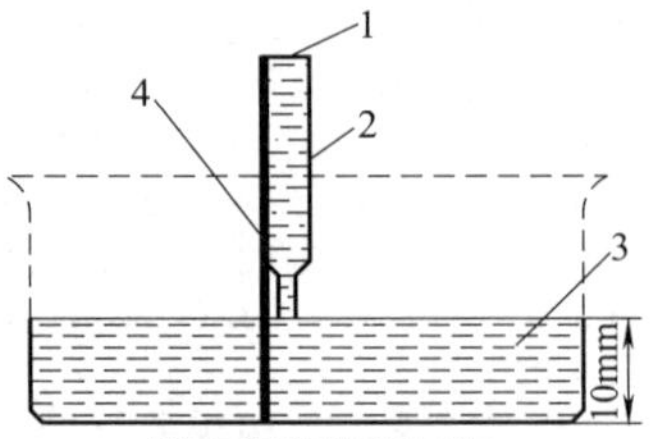 液面调整装置示意 1—吸水装置；2—毛细吸管；3—试验液体；4—定位控制装置 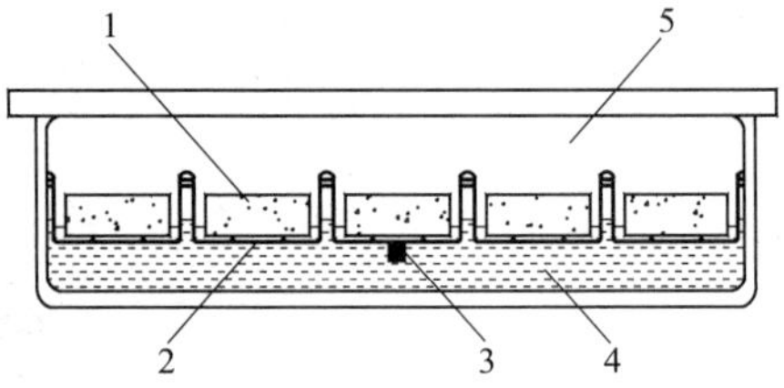 单面冻融试验箱示意 1—试件；2—试件盒；3—测温度点(参考点)；4—制冷液体；5—空气隔热层 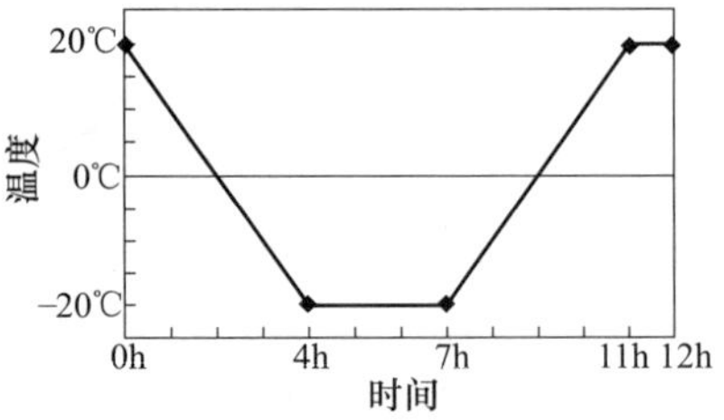 冻融循环制度 4. 试件盒的底部浸入冷冻液中的深度应为(15±2)mm。单面冻融试验箱内应装有可将冷冻液和试件盒上部空间隔开的装置和固定的温度传感器，温度传感器应装在50mm×6mm×6mm的矩形容器内。温度传感器在0℃时的测量精度不应低于±0.05℃，在冷冻液中测温的时间间隔应为(6.3±0.8)s。单面冻融试验箱内温度控制精度应为±0.5℃，当满载运转时，单面冻融试验箱内各点之间的最大温差不得超过1℃。单面冻融试验箱连续工作时间不应少于28d 5. 超声浴槽中超声发生器的功率应为250W，双半波运行下高频峰值功率应为450W，频率应为35kHz。超声浴槽的尺寸应使试件盒与超声浴槽之间无机械接触地置于其中，试件盒在超声浴槽的位置应符合下图的规定，且试件盒和超声浴槽底部的距离不应小于15mm 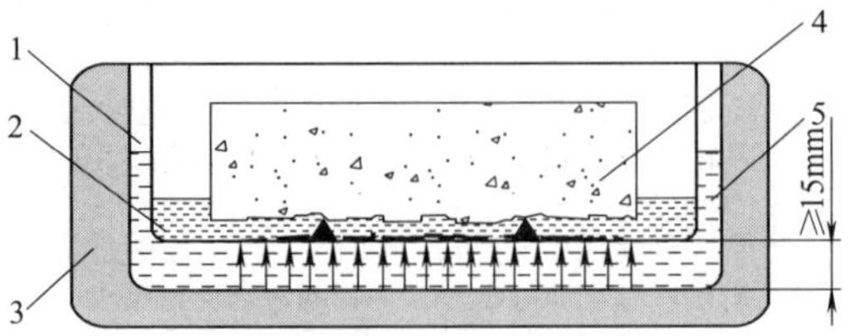 试件盒在超声浴槽中的位置示意 1—试件盒；2—试验液体；3—超声浴槽；4—试件；5—水

续表

项目	主要内容
试验仪器	6. 超声波测试仪的频率范围应在 50～150kHz 之间 7. 不锈钢盘(或称剥落物收集器)由厚 1mm、面积不小于 110mm × 150mm、边缘翘起为(10 ± 2)mm 的不锈钢制成的带把手钢盘 8. 超声传播时间测量装置(下图)应由长和宽均为(160 ± 1)mm、高为(80 ± 1)mm 的有机玻璃制成。超声传感器应安置在该装置两侧相对的位置上，且超声传感器轴线距试件的测试面的距离应为 35mm 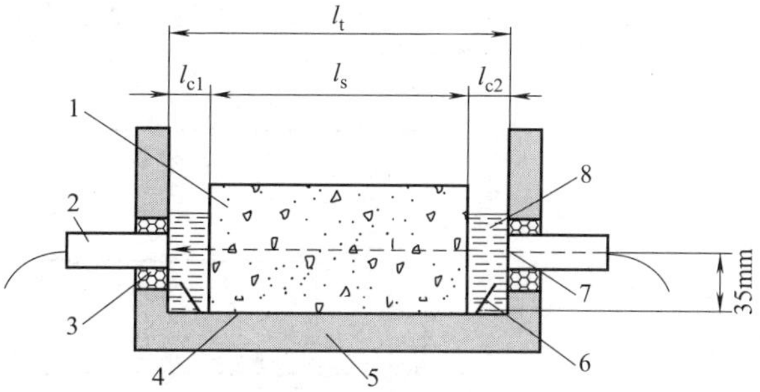 超声传播时间测量装置 1—试件；2—超声传感器(或称探头)；3—密封层；4—测试面；5—超声容器；6—不锈钢盘；7—超声传播轴；8—试验溶液 9. 试验溶液应采用质量比为 97%蒸馏水和 3%NaCl 配制而成的盐溶液 10. 烘箱温度应为(110 ± 5)℃ 11. 称量设备应采用最大量程分别为 10kg 和 5kg，感量分别为 0.1g 和 0.01g 各一台 12. 游标卡尺的量程不应小于 300mm，精度应为 ± 0.1mm 13. 成型混凝土试件应采用 150mm × 150mm × 150mm 的立方体标准试模，并附加尺寸应为 150mm × 150mm × 2mm 聚四氟乙烯片 14. 密封材料应为涂异丁橡胶的铝箔或环氧树脂。密封材料应采用在 -20℃ 和盐侵蚀条件下仍保持原有性能，且在达到最低温度时不得表现为脆性的材料
试验步骤	1. 到达规定养护龄期的试件应放在温度为(20 ± 2)℃，相对湿度为 65% ± 5% 的试验室中干燥至 28d 龄期。干燥时试件应侧立并应相互间隔 50mm。 2. 在试件干燥至 28d 龄期前的 2～4d，除测试面和与测试面相平行的顶面外，其他侧面应采用环氧树脂或其他满足本方法中“试验仪器”要求的密封材料进行密封。密封前应对试件侧面进行清洁处理。在密封过程中，试件应保持清洁和干燥，并应测量和记录试件密封前后的质量 w_0 和 w_1，精确至 0.1g 3. 密封好的试件应放置在试件盒中，并应使测试面向下接触垫条，试件与试件盒侧壁之间的空隙应为(30 ± 2)mm。向试件盒中加入试验液体并不得溅湿试件顶面。试验液体的液面高度应由液面调整装置调整为(10 ± 1)mm。加入试验液体后，应盖上试件盒的盖子，并应记录加入试验液体的时间。试件预吸水时间应持续 7d，试验温度应保持为(20 ± 2)℃。预吸水期间应定期检查试验液体高度，并应始终保持试验液体高度满足(10 ± 1)mm 的要求。试件预吸水过程中应每隔 2～3d 测量试件的质量，精确至 0.1g 4. 当试件预吸水结束之后，应采用超声波测试仪测定试件的超声传播时间初始值 t_0，精确至 0.1μs。在每个试件测试开始前，应对超声波测试仪器进行校正。超声传播时间初始值的测量应符合以下规定： (1)首先应迅速将试件从试件盒中取出，并以测试面向下的方向将试件放置在不锈钢盘上，然后将试件连同不锈钢盘一起放入超声传播时间测量装置中。超声传感器的探头中心与试件测试面之间的距离应为 35mm。应向超声传播时间测量装置中加入试验溶液作为耦合剂，且液面应高于超声传感器探头 10mm，但不应超过试件上表面 (2)每个试件的超声传播时间应通过测量离测试面 35mm 的两条相互垂直的传播轴得到。可通过细微调整试件位置，使测量的传播时间最小，以此确定试件的最终测量位置，并应标记这些位置作为后续试验中定位时采用

续表

项　　目	主 要 内 容
试验步骤	(3)试验过程中，应始终保持试件和耦合剂的温度为(20±2)℃，防止试件的上表面被湿润。排除超声传感器表面和试件两侧的气泡，并应保护试件的密封材料不受损伤 5. 将完成超声传播时间初始值测量的试件按本方法“试验仪器”中的要求重新装入试件盒中，试验溶液的高度应为(10±1)mm。在整个试验过程中应随时检查试件盒中的液面高度，并对液面进行及时调整。将装有试件的试件盒放置在单面冻融试验箱的托架上，当全部试件盒放入单面冻融试验箱中后，应确保试件盒浸泡在冷冻液中的深度为(15±2)mm，且试件盒在单面冻融试验箱的位置应符合下图的规定。在冻融循环试验前，应采用超声浴方法将试件表面的疏松颗粒和物质清除，清除之物应作为废弃物处理 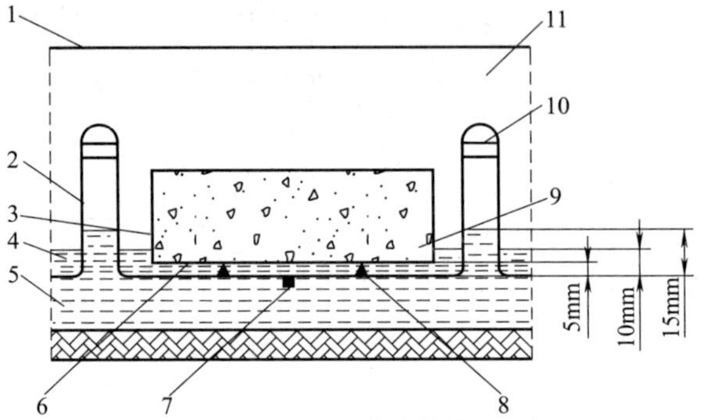 试件盒在单面冻融箱中的位置示意 1—试验机盖；2—相邻试件盒；3—侧向密封层；4—试验液体；5—制冷液体；6—测试面；7—测温度点(参考点)；8—垫条；9—试件；10—托架；11—隔热空气层 6. 在进行单面冻融试验时，应去掉试件盒的盖子。冻融循环过程宜连续不断地进行。当冻融循环过程被打断时，应将试件保存在试件盒中，并应保持试验液体的高度 7. 每4个冻融循环应对试件的剥落物、吸水率、超声波相对传播时间和超声波相对动弹性模量进行一次测量。上述参数测量应在(20±2)℃的恒温室中进行。当测量过程被打断时，应将试件保存在盛有试验液体的试验容器中 8. 试件的剥落物、吸水率、超声波相对传播时间和超声波相对动弹性模量的测量应按下列步骤进行： (1)先将试件盒从单面冻融试验箱中取出，并放置到超声浴槽中，应使试件的测试面朝下，并应对浸泡在试验液体中的试件进行超声浴3min (2)用超声浴方法处理完试件剥落物后，应立即将试件从试件盒中拿起，并垂直放置在一吸水物表面上。待测试面液体流尽后，应将试件放置在不锈钢盘中，且应使测试面向下。用干毛巾将试件侧面和上表面的水擦干净后，应将试件从钢盘中拿开，并将钢盘放置在天平上归零，再将试件放回到不锈钢盘中并进行称量。应记录此时试件的质量 w_n，精确至0.1g (3)称量后应将试件与不锈钢盘一起放置在超声传播时间测量装置中，并应按测量超声传播时间初始值相同的方法测定此时试件的超声传播时间 t_n，精确至0.1μs (4)测量完试件的超声传播时间后，应重新将试件放入另一个试件盒中，并应按上述要求进行下一个冻融循环 (5)将试件重新放入试件盒以后，应及时将超声波测试过程中掉落到不锈钢盘中的剥落物收集到试件盒中，并用滤纸过滤留在试件盒中的剥落物。过滤前应先称量滤纸的质量 μ_f，然后将过滤后含有全部剥落物的滤纸置在(110±5)℃的烘箱中烘干24h，并在温度为(20±2)℃、相对湿度为60%±5%的试验室中冷却(60±5)min。冷却后应称量烘干后滤纸和剥落物的总质量 μ_b，精确至0.01g 9. 当冻融循环出现下列情况之一时，可停止试验，并应以经受的冻融循环次数或者单位表面面积剥落物总质量或超声波相对动弹性模量来表示混凝土抗冻性能： (1)达到28次冻融循环时 (2)试件单位表面面积剥落物总质量大于1500g/m² 时 (3)试件的超声波相对动弹性模量降低到80%时

续表

项　目	主要内容
结果的计算和处理	试验结果计算及处理应符合下列规定 1. 试件表面剥落物的质量 μ_s 应按下式计算： $\mu_s=\mu_b-\mu_f$ 式中 μ_s——试件表面剥落物的质量，g，精确至 0.01g； μ_f——滤纸的质量，g，精确至 0.01g； μ_b——干燥后滤纸与试件剥落物的总质量，g，精确至 0.01g 2. N 次冻融循环之后，单个试件单位测试表面面积剥落物总质量应按下式进行计算： $m_N=\frac{\sum\mu_s}{A}\times10^6$ 式中 m_N——N 次冻融循环后，单个试件单位测试表面面积剥落物总质量，g/m^2； μ_s——每次测试间隙得到的试件剥落物质量，g，精确至 0.01g； A——单个试件测试表面的总面积，mm^2 3. 每组应取 5 个试件单位测试表面面积上剥落物总质量计算值的算术平均值作为该组试件单位测试表面面积上剥落物总质量测定值。 4. 经 N 次冻融循环后试件相对质量增长 Δw_N(或吸水率)应按下式计算： $\Delta w_N=(w_N-w_1+\sum\mu_s)/w_0\times100$ 式中 Δw_N——经 N 次冻融循环后，每个试件的吸水率，%，精确至 0.1； μ_s——每次测试间隙得到的试件剥落物质量，g，精确至 0.01g； w_0——试件密封前干燥状态的净质量(不包括侧面密封物的质量)，g，精确至 0.1g； w_N——经 N 次冻融循环后，试件的质量(包括侧面密封物)，g，精确至 0.1g； w_1——密封后饱水之前试件的质量(包括侧面密封物)，g，精确至 0.1g 5. 每组应取 5 个试件吸水率计算值的算术平均值作为该组试件的吸水率测定值。 6. 超声波相对传播时间和相对动弹模量应按下列方法计算 (1)超声波在耦合剂中的传播时间 t_c 按下式计算： $t_c=l_c/v_c$ 式中 t_c——超声波在耦合剂中的传播时间，μs，精确至 0.1μs； l_c——超声波在耦合剂中传播的长度$(l_{c1}+l_{c2})$mm。l_c 应由超声探头之间的距离和测试试件的长度的差值决定； v_c——超声波在耦合剂中传播的速度，km/s。v_c 可利用超声波在水中的传播速度来假定，在温度为(20±5)℃时，超声波在耦合剂中传播的速度为 1440m/s(或 1.440km/s) (2)经 N 次冻融循环之后，每个试件传播轴线上传播时间的相对变化 τ_n 应按下式计算： $\tau_N=\frac{t_0-t_c}{t_N-t_c}\times100$ 式中 τ_N——试件的超声波相对传播时间，%，精确至 0.1； t_0——在预吸水后第一次冻融之前，超声波在试件和耦合剂中的总传播时间，即超声波传播时间初始值，μs； t_N——经 N 次冻融循环之后超声波在试件和耦合剂中的总传播时间，μs (3)在计算每个试件的超声波相对传播时间时，应以两个轴的超声波相对传播时间的算术平均值作为该试件的超声波相对传播时间测定值。每组应取 5 个试件超声波相对传播时间计算值的算术平均值作为该组试件超声波相对传播时间的测定值 (4)经 N 次冻融循环之后，试件的超声相对动弹性模量 $R_{u,N}$ 应按下式计算： $R_{u,N}=\tau_N^2\times100$ 式中 $R_{u,N}$——试件的超声波相对动弹性模量，%，精确至 0.1 (5)在计算每个试件的超声波相对动弹性模量时，应先分别计算两个相互垂直的传播轴上的超声波相对动弹性模量，并应取两个轴的超声波相对动弹性模量的算术平均值作为该试件的超声波相对动弹性模量测定值。每组应取 5 个试件超声波相对动弹模计算值的算术平均值作为该组试件的超声波相对动弹性模量值测定值

（七）动弹性模量试验

动弹性模量试验方法见表 4-25。

■表 4-25　动弹性模量试验方法

项目	主　要　内　容
适用范围	适用于采用共振法测定混凝土的动弹性模量
混凝土试件	应采用尺寸为 100mm×100mm×400mm 的棱柱体试件
试验仪器	1. 共振法混凝土动弹性模量测定仪(又称共振仪)的输出频率可调范围应为 100～20000Hz，输出功率应能使试件产生受迫振动 2. 试件支承体应采用厚度约为 20mm 的泡沫塑料垫，宜采用表观密度为 16～18kg/m³ 的聚苯板 3. 称量设备的最大量程应为 20kg，感量不应超过 5g
试验步骤	1. 首先应测定试件的质量和尺寸。试件质量应精确至 0.01kg，尺寸的测量应精确至 1mm 2. 测定完试件的质量和尺寸后，应将试件放置在支撑体中心位置，成型面应向上，并应将激振换能器的测杆轻轻地压在试件长边侧面中线的 1/2 处，接收换能器的测杆轻轻地压在试件长边侧面中线距端面 5mm 处。在测杆接触试件前，宜在测杆与试件接触面涂一薄层黄油或凡士林作为耦合介质，测杆压力的大小应以不出现噪声为准。采用的动弹性模量测定仪各部件连接和相对位置应符合下图的规定 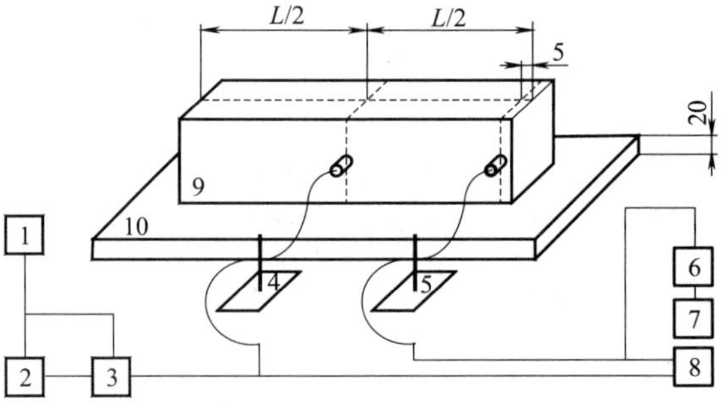 各部件连接和相对位置示意 1—振荡器；2—频率计；3—放大器；4—激振换能器；5—接收换能器；6—放大器； 7—电表；8—示波器；9—试件；10—试件支承体 3. 放置好测杆后，应先调整共振仪的激振功率和接收增益旋钮至适当位置，然后变换激振频率，并应注意观察指示电表的指针偏转。当指针偏转为最大时，表示试件达到共振状态，应以这时所显示的共振频率作为试件的基频振动频率。每一测量应重复测读两次以上，当两次连续测值之差不超过两个测值的算术平均值的 0.5%时，应取这两个测值的算术平均值作为该试件的基频振动频率 4. 当用示波器作显示的仪器时，示波器的图形调成一个正圆时的频率应为共振频率。在测试过程中，当发现两个以上峰值时，应将接收换能器移至距试件端部 0.224 倍试件长处，当指示电表示值为零时，应将其作为真实的共振峰值
结果的计算和处理	试验结果计算及处理应符合下列规定 1. 动弹性模量应按下式计算： $E_d = 13.244 \times 10^{-4} \times WL^3 f^2 / a^4$ 式中　E_d——混凝土动弹性模量，MPa； a——正方形截面试件的边长，mm； L——试件的长度，mm； W——试件的质量，kg，精确到 0.01kg； f——试件横向振动时的基频振动频率，Hz 2. 每组应以 3 个试件动弹性模量的试验结果的算术平均值作为测定值，计算应精确至 100MPa

（八）抗水渗透性试验

（1）渗水高度法

渗水高度法试验方法见表 4-26。

■表 4-26　渗水高度法试验方法

项目	主要内容
适用范围	适用于以测定硬化后混凝土在恒定水压力下的平均渗水高度来表示的混凝土抗水渗透性能
混凝土试件	应采用上口内部直径为 175mm、下口内部直径为 185mm 和高度为 150mm 的圆台体
试验仪器	1. 混凝土抗渗仪应符合《混凝土抗渗仪》(JG/T 249)的规定，并应能使水压按规定的制度稳定地作用在试件上。抗渗仪施加水压力范围应为 0.1~2.0MPa 2. 密封材料宜采用石蜡加松香或水泥加黄油等材料，也可采用橡胶套等其他有效密封材料 3. 梯形板(下图)应采用尺寸为 200mm×200mm 透明材料制成，并应画有十条等间距、垂直于梯形底线的直线 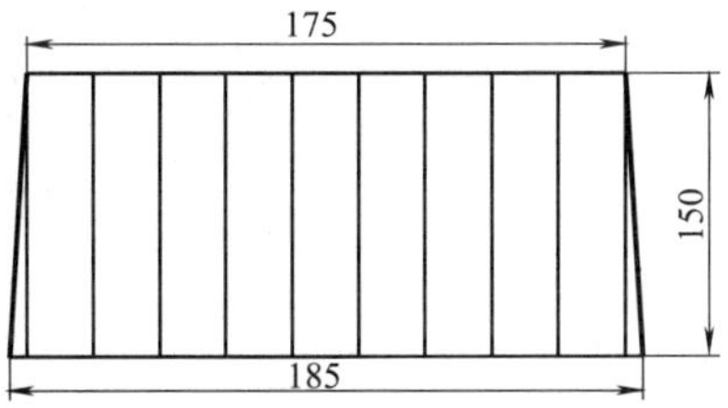 梯形板示意(mm) 4. 钢尺的分度值应为 0.1mm 5. 钟表的分度值应为 1min 6. 辅助设备应包括螺旋加压器、烘箱、电炉、浅盘、铁锅和钢丝刷等 7. 安装试件的加压设备可分为螺旋加压或其他加压形式，其压力应能保证将试件压入试件套内
试验步骤	1. 应先按本节 232 页的方法进行试件的制作和养护。抗水渗透试验应以 6 个试件为一组 2. 试件拆模后，应用钢丝刷刷去两端面的水泥浆膜，并应立即将试件送入标准养护室进行养护 3. 抗水渗透试验的龄期宜为 28d。应在到达试验龄期的前一天，从养护室取出试件，并擦拭干净。待试件表面晾干后，应按下列方法进行试件密封： (1)当用石蜡密封时，应在试件侧面裹涂一层熔化的内加少量松香的石蜡。然后应用螺旋加压器将试件压入经过烘箱或电炉预热过的试模中，使试件与试模底平齐，并应在试模变冷后解除压力。试模的预热温度，应以石蜡接触试模，即缓慢熔化，但不流淌为准 (2)用水泥加黄油密封时，其质量比应为(2.5~3)：1。应用三角刀将密封材料均匀地刮涂在试件侧面上，厚度应为 1~2mm。应套上试模并将试件压入，使试件与试模底齐平 (3)试件密封也可以采用其他更可靠的密封方式 4. 试件准备好之后，启动抗渗仪，并开通 6 个试位下的阀门，使水从 6 个孔中渗出，水应充满试位坑，在关闭 6 个试位下的阀门后应将密封好的试件安装在抗渗仪上 5. 试件安装好以后，应立即开通 6 个试位下的阀门，使水压在 24h 内恒定控制在(1.2±0.05)MPa，且加压过程不应大于 5 min，应以达到稳定压力的时间作为试验记录起始时间(精确至 1min)。在稳压过程中随时观察试件端面的渗水情况，当有某一个试件端面出现渗水时，应停止该试件的试验并应记录时间，并以试件的高度作为该试件的渗水高度。对于试件端面未出现渗水的情况，应在试验 24h 后停止试验，并及时取出试件。在试验过程中，当发现水从试件周边渗出时，应重新进行密封 6. 将从抗渗仪上取出来的试件放在压力机上，并应在试件上下两端面中心处沿直径方向各放一根直径为 6mm 的钢垫条，并应确保它们在同一竖直平面内。然后开动压力机，将试件沿纵断面劈裂为两半。试件劈开后，应用防水笔描出水痕

续表

项目	主要内容
试验步骤	7. 应将梯形板放在试件劈裂面上，并用钢尺沿水痕等间距量测 10 个测点的渗水高度值，读数应精确至 1mm。当读数时遇到某测点被骨料阻挡，可以靠近骨料两端的渗水高度算术平均值来作为该测点的渗水高度
结果的计算和处理	试验结果计算及处理应符合下列规定 1. 试件渗水高度应按下式进行计算： $$\overline{h_i}=\frac{1}{10}\sum_{j=1}^{10}h_j$$ 式中 h_j——第 i 个试件第 j 个测点处的渗水高度，mm； $\overline{h_i}$——第 i 个试件的平均渗水高度，mm。应以 10 个测点渗水高度的平均值作为该试件渗水高度的测定值 2. 一组试件的平均渗水高度应按下式进行计算： $$\overline{h}=\frac{1}{6}\sum_{i=1}^{6}\overline{h_i}$$ 式中 $\overline{h}$——一组 6 个试件的平均渗水高度，mm。应以一组 6 个试件渗水高度的算术平均值作为该组试件渗水高度的测定值

（2）逐级加压法

逐级加压法试验方法见表 4-27。

■表 4-27 逐级加压法试验方法

项目	主要内容
适用范围	适用于通过逐级施加水压力来测定以抗渗等级来表示的混凝土的抗水渗透性能
混凝土试件	同表 4-26
试验仪器	同表 4-26
试验步骤	1. 首先应按表 4-26 中的规定进行试件的密封和安装 2. 试验时，水压从 0.1MPa 开始，以后应每隔 8h 增加 0.1MPa 水压，并应随时观察试件端面渗水情况。当 6 个试件中有 3 个试件表面出现渗水时，或加至规定压力(设计抗渗等级)在 8h 内 6 个试件中表面渗水试件少于 3 个时，可停止试验，并记下此时的水压力。在试验过程中，当发现水从试件周边渗出，应重新进行密封
结果的计算和处理	混凝土的抗渗等级应以每组 6 个试件中有 4 个试件未出现渗水时的最大水压力乘以 10 来确定。混凝土的抗渗等级应按下式计算： $$P=10H-1$$ 式中 P——混凝土抗渗等级； H——6 个试件中有 3 个试件渗水时的水压力，MPa

（九）抗氯离子渗透试验

（1）快速氯离子迁移系数法（或称 RCM 法）

快速氯离子迁移系数法试验方法见表 4-28。

■表 4-28 快速氯离子迁移系数法试验方法

项目	主要内容
适用范围	适用于以测定氯离子在混凝土中非稳态迁移的迁移系数来确定混凝土抗氯离子渗透性能

续表

项目	主 要 内 容
试剂、试验仪器、溶液和指示剂	1. 试剂应符合下列规定: (1)溶剂应采用蒸馏水或去离子水 (2)氢氧化钠应为化学纯 (3)氯化钠应为化学纯 (4)硝酸银应为化学纯 (5)氢氧化钙应为化学纯 2. 仪器设备应符合下列规定: (1)切割试件的设备应采用水冷式金刚石锯或碳化硅锯 (2)真空容器应至少能够容纳 3 个试件 (3)真空泵应能保持容器内的气压处于 1～5kPa (4)RCM 试验装置(下图)采用的有机硅橡胶套的内径和外径应分别为 100mm 和 115mm，长度应为 150mm。 夹具应采用不锈钢环箍，其直径范围应为 105～115mm、宽度应为 20mm。 阴极试验槽可采用尺寸为 370mm×270mm×280mm 的塑料箱。 阴极板应采用厚度为(0. 5±0. 1)mm、直径不小于 100mm 的不锈钢板。 阳极板应采用厚度为 0. 5mm、直径为(98±1)mm 的不锈钢网或带孔的不锈钢板。 支架应由硬塑料板制成。 处于试件和阴极板之间的支架头高度应为 15～20mm。 RCM 试验装置还应符合 JG/T 262《混凝土氯离子扩散系数测定仪》的有关规定 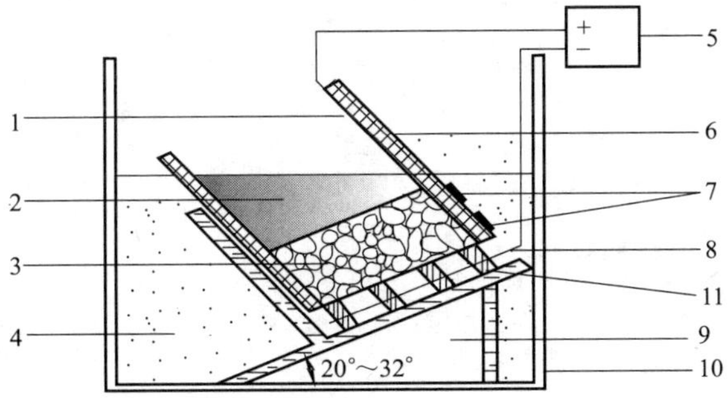 RCM 试验装置示意 1—阳极板；2—阳极溶液；3—试件；4—阴极溶液；5—直流稳压电源；6—有机硅橡胶套； 7—环箍；8—阴极板；9—支架；10—阴极试验槽；11—支撑头 (5)电源应能稳定提供 0～60V 的可调直流电，精度应为±0. 1V，电流应为 0～10A (6)电表的精度应为±0. 1mA (7)温度计或热电偶的精度应为±0. 2℃ (8)喷雾器应适合喷洒硝酸银溶液 (9)游标卡尺的精度应为±0. 1mm (10)尺子的最小刻度应为 1mm (11)水砂纸的规格应为 200～600 号 (12)细锉刀可为备用工具 (13)扭矩扳手的扭矩范围应为 20～100N · m，测量允许误差为±5% (14)电吹风的功率应为 1000～2000W (15)黄铜刷可为备用工具 (16)真空表或压力计的精度应为±665Pa(5mmHg)，量程应为 0～13300Pa(0～100mmHg) (17)抽真空设备可由体积在 1000mL 以上的烧杯、真空干燥器、真空泵、分液装置、真空表等组合而成 3. 溶液和指示剂应符合下列规定: (1)阴极溶液应为 10%质量浓度的 NaCl 溶液，阳极溶液应为 0. 3 mol/L 摩尔浓度的 NaOH 溶液。 溶液应至少提前 24h 配制，并应密封保存在温度为 20～25℃的环境中 (2)显色指示剂应为 0. 1mol/L 浓度的 $AgNO_3$ 溶液 4. RCM 试验所处的试验室温度应控制在 20～25℃

续表

项目	主要内容
试验步骤	1. 试件制作应符合下列规定： (1)RCM 试验用试件应采用直径为(100±1)mm，高度为(50±2)mm 的圆柱体试件 (2)在试验室制作试件时，宜使用 Φ100mm×100mm 或 Φ100mm×200mm 试模。骨料最大公称粒径不宜大于 25mm。试件成型后应立即用塑料薄膜覆盖并移至标准养护室。试件应在(24±2)h 内拆模，然后应浸没于标准养护室的水池中 (3)试件的养护龄期宜为 28d。也可根据设计要求选用 56d 或 84d 养护龄期 (4)应在抗氯离子渗透试验前 7d 加工成标准尺寸的试件。当使用 Φ100mm×100mm 试件时，应从试件中部切取高度为(50±2)mm 的圆柱体作为试验用试件，并应将靠近浇筑面的试件端面作为暴露于氯离子溶液中的测试面。当使用 Φ100mm×200mm 试件时，应先将试件从正中间切成相同尺寸的两部分(Φ100mm×100mm)，然后应从两部分中各切取一个高度为(50±2)mm 的试件，并应将第一次的切口面作为暴露于氯离子溶液中的测试面 (5)试件加工后应采用水砂纸和细锉刀打磨光滑 (6)加工好的试件应继续浸没于水中养护至试验龄期 2. RCM 法试验应按下列步骤进行： (1)首先应将试件从养护池中取出来，并将试件表面的碎屑刷洗干净，擦干试件表面多余的水分。然后应采用游标卡尺测量试件的直径和高度，测量应精确到 0.1mm。应将试件在饱和面干状态下置于真空容器中进行真空处理。应在 5min 内将真空容器中的气压减少至 1～5kPa，并应保持该真空度 3h，然后在真空泵仍然运转的情况下，将用蒸馏水配制的饱和氢氧化钙溶液注入容器，溶液高度应保证将试件浸没。在试件浸没 1h 后恢复常压，并应继续浸泡(18±2)h (2)试件安装在 RCM 试验装置前应采用电吹风冷风挡吹干，表面应干净、无油污、灰砂和水珠 (3)RCM 试验装置的试验槽在试验前应用室温凉开水冲洗干净 (4)试件和 RCM 试验装置准备好以后，应将试件装入橡胶套内的底部，应在与试件齐高的橡胶套外侧安装两个不锈钢环箍，每个箍高度应为 20mm，并应拧紧环箍上的螺丝至扭矩(30±2)N·m，使试件的圆柱侧面处于密封状态。当试件的圆柱曲面可能有造成液体渗漏的缺陷时，应以密封剂保持其密封性 (5)应将装有试件的橡胶套安装到试验槽中，并安装好阳极板。然后应在橡胶套中注入约 300mL 浓度为 0.3 mol/L 的 NaOH 溶液，并应使阳极板和试件表面均浸没于溶液中。应在阴极试验槽中注入 12L 质量浓度为 10%的 NaCl 的溶液，并应使其液面与橡胶套中的 NaOH 溶液的液面齐平 (6)试件安装完成后，应将电源的阳极(又称正极)用导线连至橡胶筒中阳极板，并将阴极(又称负极)用导线连至试验槽中的阴极板 3. 电迁移试验应按下列步骤进行： (1)首先应打开电源，将电压调整到(30±0.2)V，并应记录通过每个试件的初始电流 (2)后续试验应施加的电压(下表第二列)应根据施加 30V 电压时测量得到的初始电流值所处的范围(下表第一列)决定。应根据实际施加的电压，记录新的初始电流。应按照新的初始电流值所处的范围(下表第三列)，确定试验应持续的时间(下表第四列)

初始电流、电压与试验时间的关系

初始电流 I_{30V} (用 30V 电压)/mA	施加的电压 U (调整后)/V	可能的新初始电流 I_0/mA	试验持续时间 t/h
$I_0<5$	60	$I_0<10$	96
$5\leq I_0<10$	60	$10\leq I_0<20$	48
$10\leq I_0<15$	60	$20\leq I_0<30$	24
$15\leq I_0<20$	50	$25\leq I_0<35$	24
$20\leq I_0<30$	40	$25\leq I_0<40$	24
$30\leq I_0<40$	35	$35\leq I_0<50$	24
$40\leq I_0<60$	30	$40\leq I_0<60$	24
$60\leq I_0<90$	25	$50\leq I_0<75$	24
$90\leq I_0<120$	20	$60\leq I_0<80$	24
$120\leq I_0<180$	15	$60\leq I_0<90$	24
$180\leq I_0<360$	10	$60\leq I_0<120$	24
$I_0\geq 360$	10	$I_0\geq 120$	6

续表

项目	主 要 内 容
试验步骤	(3)应按照温度计或者电热偶的显示读数记录每一个试件的阳极溶液的初始温度 (4)试验结束时，应测定阳极溶液的最终温度和最终电流 (5)试验结束后应及时排除试验溶液。应用黄铜刷清除试验槽的结垢或沉淀物，并应用饮用水和洗涤剂将试验槽和橡胶套冲洗干净，然后用电吹风的冷风挡吹干 4. 氯离子渗透深度测定应按下列步骤进行： (1)试验结束后，应及时断开电源 (2)断开电源后，应将试件从橡胶套中取出，并应立即用自来水将试件表面冲洗干净，然后应擦去试件表面多余水分 (3)试件表面冲洗干净后，应在压力试验机上沿轴向劈成两个半圆柱体，并应在劈开的试件断面立即喷涂浓度为 0.1 mol/L 的 $AgNO_3$ 溶液显色指示剂 (4)指示剂喷洒约 15min 后，应沿试件直径断面将其分成 10 等份，并应用防水笔描出渗透轮廓线 (5)然后应根据观察到的明显的颜色变化，测量显色分界线(下图)离试件底面的距离，精确至 0.1mm (6)当某一测点被骨料阻挡，可将此测点位置移动到最近未被骨料阻挡的位置进行测量，当某测点数据不能得到，只要总测点数多于 5 个，可忽略此测点 (7)当某测点位置有一个明显的缺陷，使该点测量值远大于各测点的平均值，可忽略此测点数据，但应将这种情况在试验记录和报告中注明 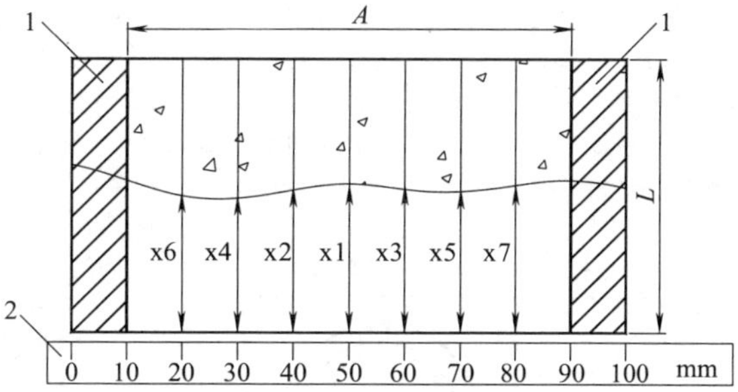 显色分界线位置编号 1—试件边缘部分；2—尺子；A—测量范围；L—试件高度
结果的计算和处理	试验结果计算及处理应符合下列规定 1. 混凝土的非稳态氯离子迁移系数应按下式进行计算： $$D_{RCM}=\frac{0.0239(273+T)L}{(U-2)t}\left[X_d-0.0238\sqrt{\frac{(273+T)LX_d}{U-2}}\right]$$ 式中 D_{RCM}——混凝土的非稳态氯离子迁移系数，精确到 $0.1\times10^{-12}m^2/s$； U——所用电压的绝对值，V； T——阳极溶液的初始温度和结束温度的平均值，℃； L——试件厚度，mm，精确到 0.1mm； X_d——氯离子渗透深度的平均值，mm，精确到 0.1mm； t——试验持续时间，h 2. 每组应以 3 个试样的氯离子迁移系数的算术平均值作为该组试件的氯离子迁移系数测定值。当最大值或最小值与中间值之差超过中间值的 15%时，应剔除此值，再取其余两值的平均值作为测定值；当最大值和最小值均超过中间值的 15%时，应取中间值作为测定值

(2) 电通量法

电通量法试验方法见表 4-29。

■表 4-29　电通量法试验方法

项目	主　要　内　容
适用范围	适用于测定以通过混凝土试件的电通量为指标来确定混凝土抗氯离子渗透性能。本方法不适用于掺有亚硝酸盐和钢纤维等良导电材料的混凝土抗氯离子渗透试验
试验仪器和化学试剂	1. 电通量测试装置应符合下图的要求，并应满足《混凝土氯离子电通量测定仪》(JG/T 261)的有关规定。 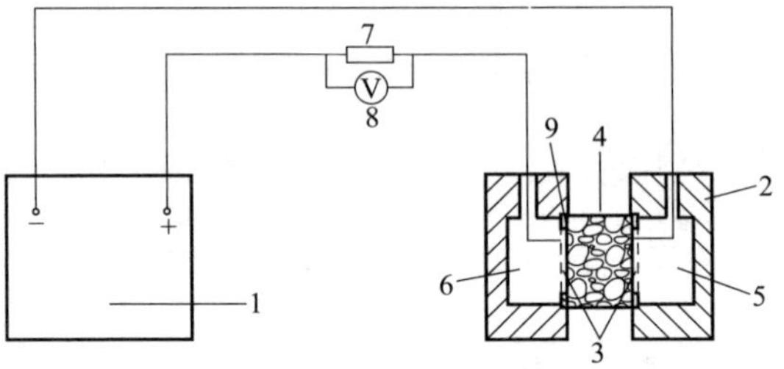 电通量测试装置示意 1—直流稳压电源；2—试验槽；3—铜电极；4—混凝土试件；5—3. 0% NaCl 溶液； 6—0. 3 mol/L NaOH 溶液；7—标准电阻；8—直流数字式电压表； 9—试件垫圈(硫化橡胶垫或硅橡胶垫) 2. 仪器设备和化学试剂应符合下列要求： (1)直流稳压电源的电压范围应为 0～80V，电流范围应为 0～10A。并应能稳定输出 60V 直流电压，精度应为 ±0. 1V (2)耐热塑料或耐热有机玻璃试验槽(下图)的边长应为 150mm，总厚度不应小于 51mm。试验槽中心的两个槽的直径应分别为 89mm 和 112mm。两个槽的深度应分别为 41mm 和 6. 4mm。在试验槽的一边应开有直径为 10mm 的注液孔 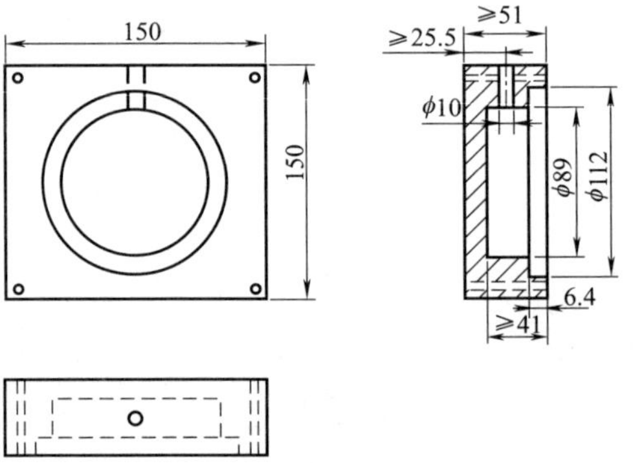 试验槽示意 (3)紫铜垫板宽度应为(12±2)mm，厚度应为(0. 50±0. 05)mm。铜网孔径应为 0. 95mm(64 孔/cm^2)或者 20 目 (4)标准电阻精度应为 ±0. 1%；直流数字电流表量程应为 0～20A，精度应为 ±0. 1% (5)真空泵应能保持容器内的气压处于 1～5kPa。真空表或压力计的精度应为 ±665Pa(5mmHg)，量程应为 0～13300Pa(0～100mmHg) (6)真空容器的内径不应小于 250mm，并应能至少容纳 3 个试件 (7)阴极溶液应用化学纯试剂配制的质量浓度为 3. 0%的 NaCl 溶液 (8)阳极溶液应用化学纯试剂配制的摩尔浓度为 0. 3mol/L 的 NaOH 溶液 (9)密封材料应采用硅胶或树脂等密封材料 (10)硫化橡胶垫或硅橡胶垫的外径应为 100mm、内径应为 75mm、厚度应为 6mm (11)切割试件的设备应采用水冷式金刚锯或碳化硅锯

续表

项目	主 要 内 容
试验仪器和化学试剂	(12)抽真空设备可由烧杯(体积在 1000mL 以上)、真空干燥器、真空泵、分液装置、真空表等组合而成 (13)温度计的量程应为 0～120℃，精度应为 ± 0. 1℃ (14)电吹风的功率应为 1000～2000W
试验步骤	1. 电通量试验应采用直径(100 ± 1)mm，高度(50 ± 2)mm 的圆柱体试件。试件的制作、养护应符合本手册 184 页“基本规定”中的相关要求。当试件表面有涂料等附加材料时，应预先去除，且试样内不得含有钢筋等良导电材料。在试件移送试验室前，应避免冻伤或其他物理伤害 2. 电通量试验宜在试件养护到 28d 龄期进行。对于掺有大掺量矿物掺合料的混凝土，可在 56d 龄期进行试验。应先将养护到规定龄期的试件暴露于空气中至表面干燥，并应以硅胶或树脂密封材料涂刷试件圆柱侧面，还应填补涂层中的孔洞 3. 电通量试验前应将试件进行真空饱水。应先将试件放入真空容器中，然后启动真空泵，并应在 5min 内将真空容器中的绝对压强减少至 1～5kPa，应保持该真空度 3h，然后在真空泵仍然运转的情况下，注入足够的蒸馏水或者去离子水，直至淹没试件，应在试件浸没 1h 后恢复常压，并继续浸泡(18 ± 2)h 4. 在真空饱水结束后，应从水中取出试件，并抹掉多余水分，且应保持试件所处环境的相对湿度在 95%以上。应将试件安装于试验槽内，并应采用螺杆将两试验槽和端面装有硫化橡胶垫的试件夹紧。试件安装好以后，应采用蒸馏水或者其他有效方式检查试件和试验槽之间的密封性能 5. 检查试件和试件槽之间的密封性后，应将质量浓度为 3. 0%的 NaCl 溶液和摩尔浓度为 0. 3mol/L 的 NaOH 溶液分别注入试件两侧的试验槽中，注入 NaCl 溶液的试验槽内的铜网应连接电源负极，注入 NaOH 溶液的试验槽中的铜网应连接电源正极 6. 在正确连接电源线后，应在保持试验槽中充满溶液的情况下接通电源，并应对上述两铜网施加(60 ± 0. 1)V 直流恒电压，且应记录电流初始读数 I_0。开始时应每隔 5min 记录一次电流值，当电流值变化不大时，可每隔 10min 记录一次电流值；当电流变化很小时，应每隔 30min 记录一次电流值，直至通电 6h 7. 采用自动采集数据的测试装置时，记录电流的时间间隔可设定为 5～10min。电流测量值应精确至 ± 0. 5mA。试验过程中宜同时监测试验槽中溶液的温度 8. 试验结束后，应及时排出试验溶液，并应用凉开水和洗涤剂冲洗试验槽 60s 以上，然后用蒸馏水洗净并用电吹风冷风挡吹干 9. 试验应在 20～25℃的室内进行
结果的计算和处理	试验结果计算及处理应符合下列规定： 1. 试验过程中或试验结束后，应绘制电流与时间的关系图。应通过将各点数据以光滑曲线连接起来，对曲线做面积积分，或按梯形法进行面积积分，得到试验 6h 通过的电通量(C) 2. 每个试件的总库仑电通量可采用下列简化公式计算： $Q=900(I_0+2I_{30}+2I_{60}+\cdots+2I_t+\cdots+2I_{300}+2I_{330}+I_{360})$ 式中 Q——通过试件的总电通量，C； I_0——初始电流，A，精确到 0. 001A； I_t——在时间 t(min)的电流，A，精确到 0. 001A 3. 计算得到的通过试件的总电通量应换算成直径为 95mm 试件的电通量值。应通过将计算的总电通量乘以一个直径为 95mm 的试件和实际试件横截面积的比值来换算，换算可按下式进行： $Q_s=Q_x\times(95/x)^2$ 式中 Q_s——通过直径为 95mm 的试件的电通量，C； Q_x——通过直径为 x(mm)的试件的电通量，C； x——试件的实际直径，mm 4. 每组应取三个试件电通量的算术平均值作为该组试件的电通量测定值。当某一个电通量值与中值的差值超过中值的 15%，应取其余两个试件的电通量的算术平均值作为该组试件的试验结果测定值。当有两个测值与中值的差值都超过中值的 15%，应取中值作为该组试件的电通量试验结果测定值

（十）碱-骨料反应试验

碱-骨料反应试验方法见表4-30。

■表4-30 碱-骨料反应试验方法

项目	主要内容
适用范围	用于检验混凝土试件在温度38℃及潮湿条件养护下，混凝土中的碱与骨料反应所引起的膨胀是否具有潜在危害。适用于碱-硅酸盐反应和碱-碳酸盐反应
试验仪器	1.应采用与公称直径分别为20mm、16mm、10mm、5mm的圆孔筛对应的方孔筛 2.称量设备的最大量程应分别为50kg和10kg，感量应分别不超过50g和5g，各一台 3.试模的内侧尺寸应为75mm×75mm×275mm，试模两个端板应预留安装测头的圆孔，孔的直径应与测头直径相匹配 4.测头(埋钉)的直径应为5~7mm，长度应为25mm。应采用不锈金属制成，测头均应位于试模两端的中心部位 5.测长仪的测量范围应为275~300mm，精度应为±0.001mm 6.养护盒应由耐腐蚀材料制成，不应漏水，且应能密封。盒底部应装有(20±5)mm深的水，盒内应有试件架，且应能使试件垂直立在盒中。试件底部不应与水接触。一个养护盒宜同时容纳3个试件
试验步骤	1.原材料和设计配合比应按照下列规定准备： (1)应使用硅酸盐水泥，水泥含碱量宜为0.9%±0.1%(以Na_2O当量计，即Na_2O+0.658K_2O)。可通过外加浓度为10%的NaOH溶液，使试验用水泥含碱量达到1.25% (2)当试验用来评价细骨料的活性，应采用非活性的粗骨料，粗骨料的非活性也应通过试验确定，试验用细骨料细度模数宜为2.7±0.2。当试验用来评价粗骨料的活性，应用非活性的细骨料，细骨料的非活性也应通过试验确定。当工程用的骨料为同一品种的材料，应用该粗、细骨料来评价活性。试验用粗骨料应由三种级配：20~16mm、16~10mm和10~5mm，各取1/3等量混合 (3)每立方米混凝土水泥用量应为(420±10)kg。水灰比应为0.42~0.45。粗骨料与细骨料的质量比应为6：4。试验中除可外加NaOH外，不得再使用其他的外加剂 2.试件应按下列规定制作： (1)成型前24h，应将试验所用所有原材料放入(20±5)℃的成型室 (2)混凝土搅拌宜采用机械拌合 (3)混凝土应一次装入试模，应用捣棒和抹刀捣实，然后应在振动台上振动30s或直至表面泛浆为止 (4)试件成型后应带模一起送入(20±2)℃、相对湿度在95%以上的标准养护室中，应在混凝土初凝前1~2h，对试件沿模口抹平并应编号 3.试件养护及测量应符合下列要求： (1)试件应在标准养护室中养护(24±4)h后脱模，脱模时应特别小心不要损伤测头，并应尽快测量试件的基准长度。待测试件应用湿布盖好 (2)试件的基准长度测量应在(20±2)℃的恒温室中进行。每个试件应至少重复测试两次，应取两次测值的算术平均值作为该试件的基准长度值 (3)测量基准长度后应将试件放入养护盒中，并盖严盒盖。然后应将养护盒放入(38±2)℃的养护室或养护箱里养护 (4)试件的测量龄期应从测定基准长度后算起，测量龄期应为1周、2周、4周、8周、13周、18周、26周、39周和52周，以后可每半年测一次。每次测量的前一天，应将养护盒从(38±2)℃的养护室中取出，并放入(20±2)℃的恒温室中，恒温时间应为(24±4)h。试件各龄期的测量应与测量基准长度的方法相同，测量完毕后，应将试件调头放入养护盒中，并盖严盒盖。然后应将养护盒重新放回(38±2)℃的养护室或者养护箱中继续养护至下一测试龄期 (5)每次测量时，应观察试件有无裂缝、变形，渗出物及反应产物等，并应作详细记录。必要时可在长度测试周期全部结束后，辅以岩相分析等手段，综合判断试件内部结构和可能的反应产物

续表

项目	主 要 内 容
试验步骤	4. 当碱-骨料反应试验出现以下两种情况之一时，可结束试验： (1)在 52 周的测试龄期内的膨胀率超过 0.04% (2)膨胀率虽小于 0.04%，但试验周期已经达 52 周(或一年)
结果的计算和处理	试验结果计算和处理应符合下列规定 1. 试件的膨胀率应按下式计算： $\varepsilon_t=\frac{L_t-L_0}{L_0-2\Delta}\times 100$ 式中 ε_t——试件在 t(d)龄期的膨胀率，%，精确至 0.001% L_t——试件在 t(d)龄期的长度，mm; L_0——试件的基准长度，mm; Δ ——测头的长度，mm 2. 每组应以 3 个试件测值的算术平均值作为某一龄期膨胀率的测定值 3. 当每组平均膨胀率小于 0.020%时，同一组试件中单个试件之间的膨胀率的差值(最高值与最低值之差)不应超过 0.008%；当每组平均膨胀率大于 0.020%时，同一组试件中单个试件的膨胀率的差值(最高值与最低值之差)不应超过平均值的 40%

(十一) 抗硫酸盐侵蚀性能试验

抗硫酸盐侵蚀试验方法见表 4-31。

■表 4-31 抗硫酸盐侵蚀试验方法

项目	主 要 内 容
适用范围	适用于测定混凝土试件在干湿交替环境中，以能够经受的最大干湿循环次数来表示的混凝土抗硫酸盐侵蚀性能
混凝土试件	1. 应采用尺寸为 100mm×100mm×100mm 的立方体试件，每组应为 3 块 2. 混凝土的取样、试件的制作和养护应符合本书 232 页的有关要求 3. 除制作抗硫酸盐侵蚀试验用试件外，还应按照同样方法，同时制作抗压强度对比用试件。试件数量应符合下表的要求（见下表）
试验仪器和试剂	1. 干湿循环试验装置宜采用能使试件静置不动，浸泡、烘干及冷却等过程应能自动进行的装置。设备应具有数据实时显示，断电记忆及试验数据自动存储的功能 2. 也可采用符合下列规定的设备进行干湿循环试验 (1)烘箱应能使温度稳定在(80±5)℃ (2)容器应至少能够装 27L 溶液，并应带盖，且应由耐盐腐蚀材料制成 3. 试剂应采用化学纯无水硫酸钠
试验步骤	1. 试件应在养护至 28d 龄期的前 2d，将需进行干湿循环的试件从标准养护室取出。擦干试件表面水分，然后将试件放入烘箱中，并应在(80±5)℃下烘 48h。烘干结束后应将试件在干燥环境中冷却到室温。对于掺入掺合料比较多的混凝土，也可采用 56d 龄期或者设计规定的龄期进行试验，这种情况应在试验报告中说明

抗硫酸盐侵蚀试验所需的试件组数

设计抗硫酸盐等级	KS15	KS30	KS60	KS90	KS120	KS150	KS150 以上
检查强度所需干湿循环次数	15	15 及 30	30 及 60	60 及 90	90 及 120	120 及 150	150 及设计次数
鉴定 28d 强度所需试件组数	1	1	1	1	1	1	1
干湿循环试件组数	1	2	2	2	2	2	2
对比试件组数	1	2	2	2	2	2	2
总计试件组数	3	5	5	5	5	5	5

续表

项目	主 要 内 容
试验步骤	2. 试件烘干并冷却后，应立即将试件放入试件盒(架)中，相邻试件之间应保持 20mm 间距，试件与试件盒侧壁的间距不应小于 20mm 3. 试件放入试件盒以后，应将配制好的 5% Na_2SO_4 溶液放入试件盒，溶液应至少超过最上层试件表面 20mm，然后开始浸泡。从试件开始放入溶液，到浸泡过程结束的时间应为(15±0.5)h。注入溶液的时间不应超过 30min。浸泡龄期应从将混凝土试件移入 5% Na_2SO_4 溶液中起计时。试验过程中宜定期检查和调整溶液的 pH 值，可每隔 15 个循环测试一次溶液 pH 值，应始终维持溶液的 pH 值在 6~8 之间。溶液的温度应控制在 25~30℃。也可不检测其 pH 值，但应每月更换一次试验用溶液 4. 浸泡过程结束后，应立即排液，并应在 30min 内将溶液排空。溶液排空后应将试件风干 30min，从溶液开始排出到试件风干的时间应为 1h 5. 风干过程结束后应立即升温，应将试件盒内的温度升到 80℃，开始烘干过程。升温过程应在 30min 内完成。温度升到 80℃后，应将温度维持在(80±5)℃。从升温开始到开始冷却的时间应为 6h 6. 烘干过程结束后，应立即对试件进行冷却，从开始冷却到将试件盒内的试件表面温度冷却到 25~30℃的时间应为 2h 7. 每个干湿循环的总时间应为(24±2)h。然后应再次放入溶液，按照上述 3~6 的步骤进行下一个干湿循环 8. 在达到上述规定的干湿循环次数后，应及时进行抗压强度试验。同时应观察经过干湿循环后混凝土表面的破损情况并进行外观描述。当试件有严重剥落、掉角等缺陷时，应先用高强石膏补平后再进行抗压强度试验 9. 当干湿循环试验出现下列三种情况之一时，可停止试验： (1)当抗压强度耐蚀系数达到 75% (2)干湿循环次数达到 150 次 (3)达到设计抗硫酸盐等级相应的干湿循环次数 10. 对比试件应继续保持原有的养护条件，直到完成干湿循环后，与进行干湿循环试验的试件同时进行抗压强度试验
结果的计算和处理	1. 试验结果计算及处理应符合下列规定 混凝土抗压强度耐蚀系数应按下式进行计算： $$K_f=\frac{f_{cN}}{f_{c0}}\times 100$$ 式中 K_f——抗压强度耐蚀系数，%； f_{cN}——N 次干湿循环后受硫酸盐腐蚀的一组混凝土试件的抗压强度测定值，MPa，精确至 0.1MPa； f_{c0}——与受硫酸盐腐蚀试件同龄期的标准养护的一组对比混凝土试件的抗压强度测定值，MPa，精确至 0.1MPa 2. f_{c0} 和 f_{cN} 应以 3 个试件抗压强度试验结果的算术平均值作为测定值。当最大值或最小值与中间值之差超过中间值的 15%时，应剔除此值，并应取其余两值的算术平均值作为测定值；当最大值和最小值均超过中间值的 15%时，应取中间值作为测定值 3. 抗硫酸盐等级应以混凝土抗压强度耐蚀系数下降到不低于 75%时的最大干湿循环次数来确定，并应以符号 KS 表示

（十二）早期抗裂试验

早期抗裂试验方法见表 4-32。

■表 4-32 早期抗裂试验方法

项目	主 要 内 容
适用范围	适用于测试混凝土试件在约束条件下的早期抗裂性能
试验仪器	1. 应采用尺寸为 800mm×600mm×100mm 的平面薄板型试件，每组应至少 2 个试件。混凝土骨料最大公称粒径不应超过 31.5mm 2. 混凝土早期抗裂试验装置(下图)应采用钢制模具，模具的四边(包括长侧板和短侧板)宜采用槽钢

续表

项目	主 要 内 容
试验仪器	或者角钢焊接而成，侧板厚度不应小于 5mm，模具四边与底板宜通过螺栓固定在一起。模具内应设有 7 根裂缝诱导器，裂缝诱导器可分别用 50mm × 50mm、40mm × 40mm 角钢与 5mm × 50mm 钢板焊接组成，并应平行于模具短边。底板应采用不小于 5mm 厚的钢板，并应在底板表面铺设聚乙烯薄膜或者聚四氟乙烯片做隔离层。模具应作为测试装置的一个部分，测试时应与试件连在一起 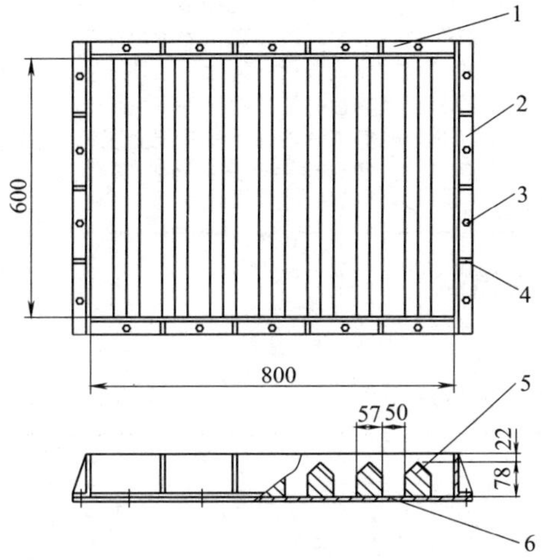 混凝土早期抗裂试验装置示意(mm) 1—长侧板；2—短侧板；3—螺栓；4—加强肋；5—裂缝诱导器；6—底板 3. 风扇的风速应可调，并且应能够保证试件表面中心处的风速不小于 5m/s 4. 温度计精度不应低于 ± 0.5℃。相对湿度计精度不应低于 ± 1%。风速计精度不应低于 ± 0.5m/s 5. 刻度放大镜的放大倍数不应小于 40 倍，分度值不应大于 0.01mm 6. 照明装置可采用手电筒或者其他简易照明装置 7. 钢直尺的最小刻度应为 1mm
试验步骤	1. 试验宜在温度为(20 ± 2)℃，相对湿度为 60% ± 5%的恒温恒湿室中进行 2. 将混凝土浇筑至模具内以后，应立即将混凝土摊平，且表面应比模具边框略高。可使用平板表面式振捣器或者采用振捣棒插捣，应控制好振捣时间，并应防止过振和欠振 3. 在振捣后，应用抹子整平表面，并应使骨料不外露，且应使表面平实 4. 应在试件成型 30min 后，立即调节风扇位置和风速，使试件表面中心正上方 100mm 处风速为(5 ± 0.5)m/s，并应使风向平行于试件表面和裂缝诱导器 5. 试验时间应从混凝土搅拌加水开始计算，应在(24 ± 0.5)h 测读裂缝。裂缝长度应用钢直尺测量，并应取裂缝两端直线距离为裂缝长度。当一个刀口上有两条裂缝时，可将两条裂缝的长度相加，折算成一条裂缝 6. 裂缝宽度应采用放大倍数至少 40 倍的读数显微镜进行测量，并应测量每条裂缝的最大宽度 7. 平均开裂面积、单位面积的裂缝数目和单位面积上的总开裂面积应根据混凝土浇筑 24h 测量得到裂缝数据来计算
结果的计算和处理	试验结果计算及确定应符合下列规定 1. 每条裂缝的平均开裂面积应按下式计算： $$a=\frac{1}{2N}\sum_{i=1}^{N}(W_i \times L_i)$$ 2. 单位面积的裂缝数目应按下式计算： $$b=\frac{N}{A}$$

续表

项目	主要内容
结果的计算和处理	3. 单位面积上的总开裂面积应按下式计算： $$c=ab$$ 式中 W_i——第 i 条裂缝的最大宽度，mm，精确到 0.01mm； L_i——第 i 条裂缝的长度，mm，精确到 1mm； N——总裂缝数目，条； A——平板的面积，m^2，精确到小数点后两位； a——每条裂缝的平均开裂面积，mm^2/条，精确到 $1mm^2$/条； b——单位面积的裂缝数目，条/m^2，精确到 0.1 条/m^2； c——单位面积上的总开裂面积，mm^2/m^2，精确到 $1mm^2/m^2$ 4. 每组应分别以 2 个或多个试件的平均开裂面积(单位面积上的裂缝数目或单位面积上的总开裂面积)的算术平均值作为该组试件平均开裂面积(单位面积上的裂缝数目或单位面积上的总开裂面积)的测定值

（十三）抗压疲劳变形试验

抗压疲劳变形试验方法见表 4-33。

■表 4-33　抗压疲劳变形试验方法

项目	主要内容
适用范围	适用于在自然条件下，通过测定混凝土在等幅重复荷载作用下疲劳累计变形与加载循环次数的关系，来反映混凝土抗压疲劳变形性能
试验仪器	1. 疲劳试验机的吨位应能使试件预期的疲劳破坏荷载不小于试验机全量程的 20%，也不应大于试验机全量程的 80%。准确度应为Ⅰ级，加载频率应在 4～8Hz 之间 2. 上、下钢垫板应具有足够的刚度，其尺寸应大于 100mm×100mm，平面度要求为每 100mm 不应超过 0.02mm 3. 微变形测量装置的标距应为 150mm，可在试件两侧相对的位置上同时测量。承受等幅重复荷载时，在连续测量情况下，微变形测量装置的精度不得低于 0.001mm 4. 抗压疲劳变形试验应采用尺寸为 100mm×100mm×300mm 的棱柱体试件。试件应在振动台上成型，每组试件应至少为 6 个，其中 3 个用于测量试件的轴心抗压强度 f_c，其余 3 个用于抗压疲劳变形性能试验
试验步骤	1. 全部试件应在标准养护室养护至 28d 龄期后取出，并应在室温(20±5)℃存放至 3 个月龄期 2. 试件应在龄期达 3 个月时从存放地点取出，应先将其中 3 块试件按照《普通混凝土力学性能试验方法标准》(GB/T 50081)测定其轴心抗压强度 f_c 3. 然后应对剩下的 3 块试件进行抗压疲劳变形试验。每一试件进行抗压疲劳变形试验前，应先在疲劳试验机上进行静压变形对中，对中时应采用两次对中的方式。首次对中的应力宜取轴心抗压强度 f_c 的 20%(荷载可近似取整数，kN)，第二次对中应力宜取轴心抗压强度 f_c 的 40%。对中时，试件两侧变形值之差应小于平均值的 5%，否则应调整试件位置，直至符合对中要求 4. 抗压疲劳变形试验采用的脉冲频率宜为 4Hz。试验荷载(下图)的上限应力 σ_{max} 宜取 $0.66f_c$，下限应力 σ_{min} 宜取 $0.1f_c$。有特殊要求时，上限应力和下限应力可根据要求选定 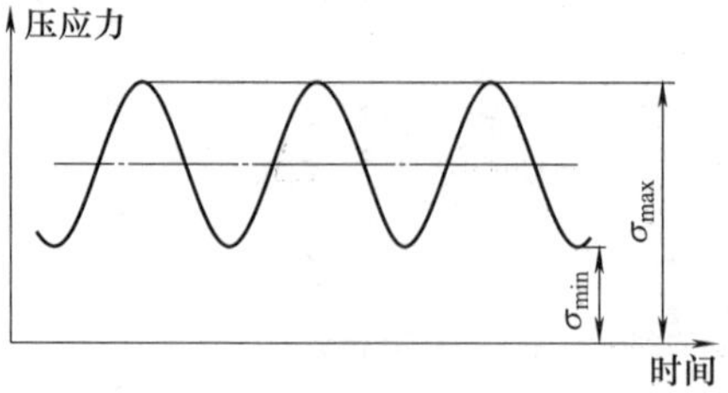 试验荷载示意图

续表

项目	主 要 内 容
试验步骤	5. 抗压疲劳变形试验中，应于每 1×10^5 次重复加载后，停机测量混凝土棱柱体试件的累积变形。测量宜在疲劳试验机停机后 15s 内完成。应在对测试结果进行记录之后，继续加载进行抗压疲劳变形试验，直到试件破坏为止。若加载至 2×10^6 次，试件仍未破坏，可停止试验
结果的计算和处理	每组应取 3 个试件在相同加载次数时累积变形的算术平均值作为该组混凝土试件在等幅重复荷载下的抗压疲劳变形测定值，精确至 0.001mm/m

四、质量控制

1. 基本规定

（1）混凝土耐久性检验评定的项目可包括抗冻性能、抗水渗透性能、抗硫酸盐侵蚀性能、抗氯离子渗透性能、抗碳化性能和早期抗裂性能。当混凝土需要进行耐久性检验评定时，检验评定的项目及其等级或限值应根据设计要求确定。

（2）混凝土原材料应符合国家现行有关标准的规定，并应满足设计要求；工程施工过程中，混凝土原材料的质量控制与验收应符合《混凝土结构工程施工质量验收规范》（GB 50204）的规定。

（3）对于需要进行耐久性检验评定的混凝土，其强度应满足设计要求，且强度检验评定应符合《混凝土强度检验评定标准》（GB/T 50107）的规定。

（4）混凝土的配合比设计应符合《普通混凝土配合比设计规程》（JGJ 55）中关于耐久性的规定。

（5）混凝土的质量控制应符合《混凝土质量控制标准》（GB 50164）的规定。

2. 性能等级划分与试验方法

（1）混凝土抗冻性能、抗水渗透性能和抗硫酸盐侵蚀性能的等级划分应符合表 4-34 的规定。

■表 4-34 混凝土抗冻性能、抗水渗透性能和抗硫酸盐侵蚀性能的等级划分

性 能	等级划分
抗冻等级(快冻法)	F50、F100、F150、F200、F250、F300、F350、F400、>F400
抗冻标号(慢冻法)	D50、D100、D150、D200、>D200
抗渗等级	P4、P6、P8、P10、P12、>P12
抗硫酸盐等级	KS30、KS60、KS90、KS120、KS150、>KS150

（2）混凝土抗氯离子渗透性能的等级划分应符合下列规定。

① 当采用氯离子迁移系数（RCM 法）划分混凝土抗氯离子渗透性能等级时，应符合表 4-35 的规定，且混凝土测试龄期应为 84d。

② 当采用电通量划分混凝土抗氯离子渗透性能等级时，应符合表 4-36 的规定，且混凝土测试龄期宜为 28d。当混凝土中水泥混合材与矿物掺合料之和超过胶凝材料用量的 50%时，测试龄期可为 56d。

■表 4-35　混凝土抗氯离子渗透性能的等级划分（RCM 法）

等级	RCM-Ⅰ	RCM-Ⅱ	RCM-Ⅲ	RCM-Ⅳ	RCM-Ⅴ
氯离子迁移系数 D_{RCM} (RCM 法)($\times 10^{-12} m^2/s$)	$D_{RCM} \geq 4.5$	$3.5 \leq D_{RCM} < 4.5$	$2.5 \leq D_{RCM} < 3.5$	$1.5 \leq D_{RCM} < 2.5$	$D_{RCM} < 1.5$

■表 4-36　混凝土抗氯离子渗透性能的等级划分（电通量法）　　单位：C

等级	Q-Ⅰ	Q-Ⅱ	Q-Ⅲ	Q-Ⅳ	Q-Ⅴ
电通量 Q_S	$Q_S \geq 4000$	$2000 \leq Q_S < 4000$	$1000 \leq Q_S < 2000$	$500 \leq Q_S < 1000$	$Q_S < 500$

（3）混凝土抗碳化性能的等级划分应符合表 4-37 的规定。

■表 4-37　混凝土抗碳化性能的等级划分　　单位：mm

等级	T-Ⅰ	T-Ⅱ	T-Ⅲ	T-Ⅳ	T-Ⅴ
碳化深度 d	$d \geq 30$	$20 \leq d < 30$	$10 \leq d < 20$	$0.1 \leq d < 10$	$d < 0.1$

（4）混凝土早期抗裂性能的等级划分应符合表 4-38 的规定。

■表 4-38　混凝土早期抗裂性能的等级划分　　单位：mm^2/m^2

等级	L-Ⅰ	L-Ⅱ	L-Ⅲ	L-Ⅳ	L-Ⅴ
单位面积上的总开裂面积 c	$c \geq 1000$	$700 \leq c < 1000$	$400 \leq c < 700$	$100 \leq c < 400$	$c < 100$

（5）混凝土耐久性检验项目的试验方法应符合《普通混凝土长期性能和耐久性能试验方法标准》（GB/T 50082）的规定。

（6）碱-骨料反应的判定方法建议参照美国和加拿大的方法，用一年膨胀率达到 0.04%作为判断骨料是否具有潜在危害性反应活性的骨料。

① 当混凝土试件在 52 周或一年的膨胀率超过 0.04%时，则判定为具有潜在碱活性的骨料；

② 当混凝土试件在 52 周或一年的膨胀率小于 0.04%时，则判定为非活性的骨料。

3. 检验

（1）检验批及试验组数

① 同一检验批的混凝土强度等级、龄期、生产工艺和配合比应相同。

② 对于同一工程、同一配合比的混凝土，检验批不应少于一个。

③ 对于同一检验批，设计要求的各个检验项目应至少完成一组试验。

（2）取样

① 取样方法应符合《普通混凝土拌合物性能试验方法标准》（GB/T 50080）的规定。

② 取样应在施工现场进行，应随机从同一车（盘）中取样，并不宜在首车（盘）混凝土中取样。从车中取样时，应将混凝土搅拌均匀，并应在卸料量的 1/4～3/4 之间取样。

③ 取样数量应至少为计算试验用量的1.5倍。计算试验用量应根据《普通混凝土长期性能和耐久性能试验方法标准》(GB/T 50082)的规定计算。

④ 每次取样应进行记录，取样记录应至少包括下列内容：耐久性检验项目；取样日期、时间和取样人；取样地点（试验室名称或工程名称、结构部位等）；混凝土强度等级；混凝土拌合物工作性；取样方法；试样编号；试样数量；环境温度和取样的混凝土温度（现场取样还应记录取样时的天气状况）；取样后的样品保存方法、运输方法以及从取样到制作成型的时间。

（3）试件制作与养护

① 试件制作应在现场取样后30min内进行。

② 试件制作和养护应符合《普通混凝土力学性能试验方法标准》(GB/T 50081)和《普通混凝土长期性能和耐久性能试验方法标准》(GB/T 50082)的有关规定。

（4）检验结果

① 对于同一检验批只进行一组试验的检验项目，应将试验结果作为检验结果。对于抗冻试验、抗水渗透试验和抗硫酸盐侵蚀试验，当同一检验批进行一组以上试验时，应取所有组试验结果中的最小值作为检验结果。当检验结果介于表4-34中所列的相邻两个等级之间时，应取等级较低者作为检验结果。

② 对于抗氯离子渗透试验、碳化试验、早期抗裂试验，当同一检验批进行一组以上试验时，应取所有组试验结果中的最大值作为检验结果。

4. 评定

（1）混凝土的耐久性应根据混凝土的各耐久性项目的检验结果，分项进行评定。符合设计规定的检验项目，可评定为合格。

（2）同一检验批全部耐久性项目检验合格者，该检验批混凝土耐久性可评定为合格。

（3）对于某一检验批被评定为不合格的耐久性检验项目，应进行专项评审并对该检验批的混凝土提出处理意见。

参考文献

[1] TC-71.

[2] GB/T 50107—2010.

[3] CECS 40：92.

[4] GB/T 50081—2002.

[5] GB/T 50080—2002.

[6] GB 50164—2011.

[7] 王忠德．实用建筑材料试验手册．第3版．北京：中国建筑工业出版社，2008.

[8] 早期推定混凝土强度试验方法标准．JGJ/T 15—2008.

[9] 吴中伟．混凝土耐久性综合症及其防治．混凝土，1991 (04)：4-8.

[10] 覃维祖．混凝土结构耐久性的整体论．建筑技术，2003，34 (1)：19-22.

[11] 周维，朱惠英．混凝土的耐久性和可持续发展问题述评．新型建筑材料，2007（9）：77-81．

[12] 刘艳萍．混凝土结构耐久性发展趋势．山西建筑，2006，32（20）：76-97．

[13] 迟培云，梁永峰，于素健．提高混凝土耐久性的技术途径．混凝土，2001（8）：12-15．

[14] 傅沛兴．混凝土碱骨料反应及其预防措施．混凝土，1998（5）．13-16．

[15] 吕林女，何永佳，丁庆军，胡曙光．混凝土的硫酸盐侵蚀机理及其影响因素．焦作工学院学报（自然科学版），2003，22（6）：465-468．

[16] 胡波，杨德斌．水泥混凝土硫酸盐侵蚀综述．山西建筑，33（15）：165-166．

[17] 国家建筑工程质量监督检验测试中心建筑结构及混凝土制品检测二部．混凝土实验员手册．中国建筑科学研究院．1994．

[18] 严吴南，计丽珠等．建筑材料性能学．重庆：重庆大学出版社，1996．

[19] GB/T 50082—2009．

[20] JGJ/T 193—2009．

本章主要执笔人：王安岭、韩素芳

第五章

混凝土配合比设计

第一节 概述

配合比设计是在原材料已基本确定的前提下，用计算和试配来确定能满足工程和使用条件下各种要求的混凝土原材料配制比例，它决定了混凝土服役期间的几乎所有性能指标，因此是混凝土生产中的一个重要环节。

配合比一经确定，应基本保持不变。但在生产过程中，随着使用条件的变化，原材料性能的波动，以及生产过程中反馈信息的要求，应当做必要的修正，但这些修正的前提是为了进一步满足设计和施工的要求。

20 世纪 70 年代末，配合水泥国家标准的修订，配套制订了我国自己的《普通混凝土配合比设计规程》(JGJ 55—81)，一直沿用至今，虽经几次修订，但其基本原则、方法、步骤并无实质变化，概括起来，我国所采用的混凝土配合比设计方法具有以下几个特点。

(1) 第一次以“规程”的形式制定出整套混凝土配合比设计步骤、方法和要求。规定明确、简要，易于掌握，这对我国广大工程技术人员在原材料质量变化频繁的条件下，能配制出满足要求的混凝土起了很大的作用。

(2) 一切从使用者的角度出发，对配合比设计程序做了最大可能的简化，提出了重量法（前称假定容重法）这一新的设计方法。它虽然用一个不太精确的假定来代替以前烦琐的试验和计算，但所得到的各原材料的比例关系还是准确的，因此，最后用一个修正系数修正，回复到了原来的精确度要求。

(3) 对原来传统使用的“体积法”设计方法，也做了简化和修改，方便了工程技术人员使用和掌握。

(4) 特别强调了砂率的作用，把砂率作为配合比设计和使用中的一个重要参数。随着混凝土技术的发展，砂的用量已经不是起着经典理论中的填充和拨开作用了，其对混凝土性能的影响，已经大大超越了这两点基本要求。因此，不能简单地用填充和拨开这样的概念来确定砂率，而是要根据原材料条件、施工要求来确定合理砂率值。实际上，砂率不但是配合比设计中的一个重要参数，也已成为混凝土生产过程中调节混凝土施工性能的一个重要手段。

混凝土配合比设计是混凝土科研、生产和应用过程中重要的基本环节。混凝土配合比设计可以针对混凝土结构耐久性的要求，从发挥混凝土原材料作用出发，使具有特殊品质的多组分矿物掺合料和具有特殊功能的混凝土外加剂紧密结合，使混凝土技术获得进一步发展。这样配制的混凝土适应特殊性能、特殊施工要求已成为现实。与以往的配合比设计相比，现代混凝土的配合比设计更强调试验环节，同时体现节约资源、节约能源、不污染环境及确保人身安全及人与环境协调的原则。另外，能提供快捷的配制技术，是现代混凝土推广、应用、发展的基础。

第二节 混凝土配合比设计原则、基本规定和程序

1. 配合比设计的原则及基本规定

混凝土配合比设计的原则及基本规定如下。

（1）应根据工程性质和所处环境确定混凝土性能指标，根据要求的性能指标进行混凝土配合比设计。配合比设计应符合《混凝土结构设计规范》（GB 50010）、《普通混凝土配合比设计规程》（JGJ 55）等标准的有关规定。

配制成的混凝土应满足设计规定的强度、耐久性指标和施工工艺要求。试验方法应分别符合《普通混凝土拌合物性能试验方法标准》（GB/T 50080）、《普通混凝土力学性能试验方法标准》（GB/T 50081）、《普通混凝土长期性能和耐久性能试验方法标准》（GB/T 50082）的规定。

（2）要求的混凝土性能指标以定量指标判定。当混凝土有多项性能要求时，应采取措施确保主要技术要求，并兼顾其他性能要求。

（3）根据要求的混凝土性能及混凝土工程所处环境特点，正确地选用符合要求的各项原材料，按混凝土配合比设计程序选定其合理且经济的定量比例。

（4）混凝土配合比设计试配时应采用工程实际使用的原材料，并应满足国家现行标准的有关要求。配合比设计所采用的细骨料含水率应小于 0.5%，粗骨料含水率应小于 0.2%。

（5）混凝土的最大水胶比应符合《混凝土结构设计规范》（GB 50010）的规定。

（6）混凝土的最小胶凝材料用量应符合表 5-1 的规定，配制 C15 及其以下强度等级的混凝土，可不受此表限制。

■表 5-1　混凝土的最小胶凝材料用量

环境等级	混凝土结构所处环境	最大水胶比	最小胶凝材料用量/(kg/m^3)		
			素混凝土	钢筋混凝土	预应力混凝土
一	1. 室内干燥环境 2. 无侵蚀性静水浸没环境	0.60	250	280	300
二 a	1. 室内潮湿环境 2. 非严寒和非寒冷地区的露天环境 3. 非严寒和非寒冷地区与无侵蚀性的水或土壤直接接触的环境 4. 严寒和寒冷地区的冰冻线以下与无侵蚀性的水或土壤直接接触的环境	0.55	280	300	300
二 b	1. 干湿交替环境 2. 水位频繁变动环境 3. 严寒和寒冷地区的露天环境 4. 严寒和寒冷地区冰冻线以上与无侵蚀性的水或土壤直接接触的环境	0.50	320		

Concrete

续表

环境等级	混凝土结构所处环境	最大水胶比	最小胶凝材料用量/(kg/m³)		
			素混凝土	钢筋混凝土	预应力混凝土
三	1. 严寒和寒冷地区冬季水位变动区环境 2. 受除冰盐影响环境 3. 海风环境	0.45	330		

（7）矿物掺合料在混凝土中的掺量应通过试验确定。采用硅酸盐水泥或普通硅酸盐水泥时，钢筋混凝土中矿物掺合料最大掺量宜符合表 5-2 的规定，预应力钢筋混凝土中矿物掺合料最大掺量宜符合表 5-3 的规定。对基础大体积混凝土，粉煤灰、粒化高炉矿渣粉和复合掺合料的最大掺量可增加 5%。采用掺量大于 30%的 C 类粉煤灰的混凝土应以实际使用的水泥和粉煤灰进行安定性检验。

■表 5-2 钢筋混凝土中矿物掺合料最大掺量

矿物掺合料种类	水胶比	最大掺量/%	
		采用硅酸盐水泥时	采用普通硅酸盐水泥时
粉煤灰	≤0.40	45	35
	>0.40	40	30
粒化高炉矿渣粉	≤0.40	65	55
	>0.40	55	45
钢渣粉	—	30	20
磷渣粉	—	30	20
硅灰	—	10	10
复合掺合料	≤0.40	65	55
	>0.40	55	45

注： 1. 采用其他通用硅酸盐水泥时，宜将水泥混合材掺量 20%以上的混合材量计入矿物掺合料。
2. 复合掺合料各组分的掺量不宜超过单掺时的最大掺量。
3. 在混合使用两种或两种以上矿物掺合料时，矿物掺合料总掺量应符合表中复合掺合料的规定。

■表 5-3 预应力钢筋混凝土中矿物掺合料最大掺量

矿物掺合料种类	水胶比	最大掺量/%	
		采用硅酸盐水泥时	采用普通硅酸盐水泥时
粉煤灰	≤0.40	35	30
	>0.40	25	20
粒化高炉矿渣粉	≤0.40	55	45
	>0.40	45	35
钢渣粉	—	20	10
磷渣粉	—	20	10
硅灰	—	10	10
复合掺合料	≤0.40	55	45
	>0.40	45	35

注： 1. 采用其他通用硅酸盐水泥时，宜将水泥混合材掺量 20%以上的混合材量计入矿物掺合料。
2. 复合掺合料各组分的掺量不宜超过单掺时的最大掺量。
3. 在混合使用两种或两种以上矿物掺合料时，矿物掺合料总掺量应符合表中复合掺合料的规定。

（8）混凝土拌合物中水溶性氯离子最大含量应符合表 5-4 的要求。混凝土拌合物中水溶性氯离子含量应按照《水运工程混凝土试验规程》（JTJ 270）中混凝土拌合物中氯离子含量的快速测定方法进行测定。

■表 5-4 混凝土拌合物中水溶性氯离子最大含量

环境条件	水溶性氯离子最大含量/%(水泥用量的质量百分比)		
	钢筋混凝土	预应力混凝土	素混凝土
干燥环境	0.30	0.06	1.00
潮湿但不含氯离子的环境	0.20		
潮湿且含有氯离子的环境、盐渍土环境	0.10		
除冰盐等侵蚀性物质的腐蚀环境	0.06		

(9) 长期处于潮湿或水位变动的寒冷和严寒环境以及盐冻环境的混凝土应掺用引气剂。引气剂掺量应根据混凝土含气量要求经试验确定。掺用引气剂的混凝土最小含气量应符合表 5-5 的规定，最大不宜超过 7.0%。

■表 5-5 掺用引气剂的混凝土最小含气量

粗骨料最大公称粒径/mm	混凝土最小含气量/%	
	潮湿或水位变动的寒冷和严寒环境	盐冻环境
40	4.5	5.0
25	5.0	5.5
20	5.5	6.0

注：含气量为气体占混凝土体积的百分比。

(10) 对于有预防混凝土碱骨料反应设计要求的工程，宜掺用适量粉煤灰或其他矿物掺合料，混凝土中最大碱含量不应大于 3.0kg/m^3。对于矿物掺合料碱含量，粉煤灰碱含量可取实测值的 1/6，粒化高炉矿渣粉碱含量可取实测值的 1/2。

(11) 在满足混凝土各项性能要求并符合国家相关标准规定的同时，宜采用低水胶比、低水泥用量、低用水量，以节省能源、资源，保护生态环境。

(12) 冬期施工应按照不同的负温条件进行配合比设计。

2.配合比设计程序

混凝土配合比设计程序如下。

(1) 根据设计要求的混凝土强度等级及质量控制水平确定配制强度，并考虑耐久性要求确定水胶比，按工程实际所用材料的技术资料进行计算，得出“计算配合比”。

(2) 经试验室试拌、调整，得出满足施工工艺要求的“试拌配合比”。

(3) 在“试拌配合比”的基础上，采用水胶比不少于 3 个的配合比制备混凝土，进行试配，并检测表观密度、拌合物性能、强度及相关性能后，经调整，确定能满足工程设计和施工工艺要求的“设计配合比”。

(4) 实际生产时，骨料一般具有一定的含水率，在确定含水骨料准确用量的基础上并从总用水量中扣除骨料中的水分后，得到的配合比为“施工配合比”。

第三节 混凝土配合比设计基本参数的选取和计算

一、混凝土配制强度的确定

混凝土在实际施工过程中，受材料质量和施工条件等的影响，混凝土强度有一定的波动。为使混凝土强度标准值（或称等级值）的保证率和合格评定符合国家标准要求，其混凝土的配制强度应有足够的强度富余量。

混凝土的配制强度（$f_{cu,0}$）应按下列规定确定。

（1）当混凝土的设计强度等级小于 C60 时，配制强度应按式（5-1）计算：

$$f_{cu,0} \geqslant f_{cu,k} + 1.645\sigma \tag{5-1}$$

式中 $f_{cu,0}$——混凝土配制强度，MPa；

$f_{cu,k}$——混凝土立方体抗压强度标准值或称强度等级值，MPa；

σ——混凝土强度标准差，MPa。

（2）当设计强度等级不小于 C60 时，配制强度应按式（5-2）计算：

$$f_{cu,0} \geqslant 1.15 f_{cu,k} \tag{5-2}$$

（3）考虑施工现场条件与试验室试配条件的差异等因素，宜适当提高配制强度，也可按下式确定：

$$f_{cu,0} = k(f_{cu,k} + 1.645\sigma)$$

式中，k 可取 1.10。

二、混凝土强度标准差

混凝土强度标准差应按下列规定确定。

（1）当具有近 1～3 个月的同一品种、同一强度等级混凝土的强度资料，且试件组数不小于 30 组时，其混凝土强度标准差 σ 应按式（5-3）计算：

$$\sigma = \sqrt{\frac{\sum_{i=1}^{n} f_{cu,i}^2 - n m_{fcu}^2}{n-1}} \tag{5-3}$$

式中 $f_{cu,i}$——第 i 组试件的强度，MPa；

m_{fcu}——n 组试件的强度平均值，MPa；

n——试件组数，n 值应大于或等于 30。

对于强度等级不大于 C30 的混凝土：当 σ 计算值不小于 3.0MPa 时，应按照计算结果取值；当 σ 计算值小于 3.0MPa 时，σ 应取 3.0MPa。对于强度等级大于 C30 且不大于 C60 的混凝土：当 σ 计算值不小于 4.0MPa 时，应按照计算结果取值；当

σ 计算值小于 4.0MPa 时，σ 应取 4.0MPa。

（2）当没有近期的同一品种、同一强度等级混凝土强度资料时，其强度标准差 σ 可按表 5-6 取值。

■表 5-6　混凝土强度标准差 σ 值　　单位：MPa

混凝土强度等级	≤C20	C25~C45	C50~C55
σ	4.0	5.0	6.0

三、水胶比的确定

混凝土水胶比宜按下式计算（下式仅适用于强度等级小于 C60 的混凝土）：

$$W/B=\frac{\alpha_a f_b}{f_{cu,0}+\alpha_a\alpha_b f_b} \tag{5-4}$$

式中　W/B——混凝土水胶比；

α_a，α_b——回归系数；

f_b——胶凝材料（水泥与矿物掺合料按使用比例混合）28d 胶砂抗压强度，MPa；试验方法应按《水泥胶砂强度检验方法（ISO 法）》（GB/T 17671）执行。

当 f_b 无实测值时，可按下列规定确定：

（1）根据建立的 3d 胶砂强度或快测强度与 28d 胶砂强度关系式推定 f_b 值；

（2）当矿物掺合料为粉煤灰和粒化高炉矿渣粉时，可按下式计算 f_b 值：

$$f_b=\gamma_f\gamma_s f_{ce} \tag{5-5}$$

式中　γ_f，γ_s——粉煤灰影响系数和粒化高炉矿渣粉影响系数，可按表 5-7 选用；

f_{ce}——水泥 28d 胶砂抗压强度，MPa。

■表 5-7　粉煤灰影响系数和粒化高炉矿渣粉影响系数

掺量/%（种类）	粉煤灰影响系数 γ_f	粒化高炉矿渣粉影响系数 γ_s
0	1.00	1.00
10	0.85~0.95	1.00
20	0.75~0.85	0.95~1.00
30	0.65~0.75	0.90~1.00
40	0.55~0.65	0.80~0.90
50	—	0.70~0.85

注：1. 采用Ⅰ级、Ⅱ级粉煤灰宜取上限值。
2. 采用 S75 级粒化高炉矿渣粉宜取下限值，采用 S95 级粒化高炉矿渣粉宜取上限值，采用 S105 级粒化高炉矿渣粉可取上限值加 0.05。
3. 当超出表中的掺量或与实际情况有较大出入时，粉煤灰和粒化高炉矿渣粉影响系数可通过试验确定。

当水泥 28d 胶砂抗压强度无实测值时，f_{ce} 值可按下式计算：

$$f_{ce}=\gamma_c f_{ce,g} \tag{5-6}$$

式中　$f_{ce,g}$——水泥强度等级值，MPa。

γ_c——水泥强度等级值的富余系数，可分别按品种、厂家实际统计资料确定；当缺乏实际统计资料时，也可按表 5-8 选用。

■表 5-8 水泥强度等级值的富余系数（γ_c）

水泥强度等级值	32.5	42.5	52.5
富余系数	1.12	1.16	1.10

注：选取本表系数时，应充分考虑不同厂家水泥的强度富余情况及强度的稳定性，γ_c 不宜大于表中所列数值。

回归系数宜按下列规定确定：

（1）根据工程所使用的原材料，通过试验建立的水胶比与混凝土强度关系式来确定。

（2）当不具备上述试验统计资料时，可按表 5-9 采用。

■表 5-9 回归系数 α_a、α_b 取值

系数 \ 粗骨料品种	碎石	卵石
α_a	0.53	0.49
α_b	0.20	0.13

四、用水量的确定

（1）干硬性和塑性混凝土用水量的确定

水胶比在 0.40～0.80 范围时，可根据粗骨料品种、粒径及施工要求的混凝土拌合物稠度按表 5-10 或表 5-11 选用，也可根据本单位所用材料的使用经验确定。

■表 5-10 干硬性混凝土的用水量　　单位：kg/m^3

拌合物稠度		卵石最大公称粒径/mm			碎石最大公称粒径/mm		
项目	指标	10.0	20.0	40.0	16.0	20.0	40.0
维勃稠度/s	16～20	175	160	145	180	170	155
	11～15	180	165	150	185	175	160
	5～10	185	170	155	190	180	165

■表 5-11 塑性混凝土的用水量　　单位：kg/m^3

拌合物稠度		卵石最大公称粒径/mm				碎石最大公称粒径/mm			
项目	指标	10.0	20.0	31.5	40.0	16.0	20.0	31.5	40.0
坍落度/mm	10～30	190	170	160	150	200	185	175	165
	35～50	200	180	170	160	210	195	185	175
	55～70	210	190	180	170	220	205	195	185
	75～90	215	195	185	175	230	215	205	195

注：1. 本表用水量系采用中砂时的平均取值。采用细砂时，每立方米混凝土用水量可增加 5～10kg；采用粗砂时，则可减少 5～10kg。

2. 掺用外加剂和矿物掺合料时，用水量应相应调整。

（2）水胶比小于 0.40 的混凝土用水量可通过试验确定。

（3）采用人工砂（混合砂）拌制的混凝土用水量应通过试验确定。

近年来，由于自然资源匮乏，很多地方采用人工砂作为细骨料。人工砂因受矿

源品质、制砂设备和加工工艺不同，其粒型、粒径分布、外观等较圆润光滑的天然砂有明显的差异。一般人工砂表面粗糙，棱角尖锐，对拌合物需水量影响较大，应通过试验确定单位用水量。由于人工砂颗粒级配较差，可通过采取人工砂与相匹配的天然砂配制成混合砂。当对混凝土有较高要求时，应采用经整形的人工砂。

（4）每立方米流动性或大流动性混凝土的用水量（m_{w0}）可按式（5-7）计算：

$$m_{w0}=m'_{w0}(1-\beta) \tag{5-7}$$

式中 m_{w0}——计算配合比每立方米混凝土的用水量，kg/m^3；

m'_{w0}——未掺外加剂时推定的满足实际坍落度要求的每立方米混凝土用水量，kg/m^3，以表5-11中90mm坍落度的用水量为基础，按每增大20mm坍落度相应增加5kg用水量来计算，当坍落度增大到180mm以上时，随坍落度相应增加的用水量可适当减少；

β——外加剂的减水率，%，应经混凝土试验确定。

五、胶凝材料、矿物掺合料和水泥用量的确定

（1）每立方米混凝土的胶凝材料用量（m_{b0}）应按式（5-8）计算：

$$m_{b0}=\frac{m_{w0}}{W/B} \tag{5-8}$$

（2）每立方米混凝土的矿物掺合料用量（m_{f0}）计算应符合下列规定：

① 按表5-2或表5-3确定符合要求的矿物掺合料掺量；

② 矿物掺合料用量（m_{f0}）应按式（5-9）计算：

$$m_{f0}=m_{b0}\beta_f \tag{5-9}$$

式中 m_{f0}——每立方米混凝土中矿物掺合料用量，kg/m^3；

β_f——计算水胶比过程中确定的矿物掺合料掺量，%。

（3）每立方米混凝土的水泥用量（m_{c0}）应按式（5-10）计算

$$m_{c0}=m_{b0}-m_{f0} \tag{5-10}$$

式中 m_{c0}——每立方米混凝土中水泥用量，kg/m^3；

m_{b0}——每立方米混凝土中胶凝材料用量，kg/m^3。

六、外加剂用量的确定

每立方米混凝土中外加剂用量应按式（5-11）计算：

$$m_{a0}=m_{b0}\beta_a \tag{5-11}$$

式中 m_{a0}——每立方米混凝土中外加剂用量，kg/m^3；

β_a——外加剂掺量，%，应经混凝土试验确定。

七、砂率的确定

骨料总量中砂所占比例称为砂率，该值对混凝土拌合物流动性和粘聚性有较大

的影响。适宜的砂率能使混凝土拌合物获得所需流动性的同时，还能保持拌合物的粘聚性和保水性能。砂率应根据骨料的技术指标、混凝土拌合物性能和施工要求，参考既有历史资料确定。

当缺乏历史资料时，砂率的确定应符合下列规定。

（1）坍落度小于 10mm 的混凝土，其砂率应经试验确定。

（2）坍落度为 10～60mm 的混凝土，其砂率可根据粗骨料品种、最大公称粒径及水胶比，参考表 5-12 选取。

■表 5-12　坍落度为 10～60mm 的混凝土的砂率　　单位：%

水胶比(W/B)	卵石最大公称粒径/mm			碎石最大公称粒径/mm		
	10.0	20.0	40.0	16.0	20.0	40.0
0.40	26～32	25～31	24～30	30～35	29～34	27～32
0.50	30～35	29～34	28～33	33～38	32～37	30～35
0.60	33～38	32～37	31～36	36～41	35～40	33～38
0.70	36～41	35～40	34～39	39～44	38～43	36～41

注：1. 本表数值系中砂的选用砂率，对细砂或粗砂，可相应地减少或增大砂率。

2. 采用人工砂配制混凝土时，砂率可适当增大。

3. 只用一个单粒级粗骨料配制混凝土时，砂率应适当增大。

4. 对薄壁构件，砂率宜取偏大值。

5. 掺有外加剂和矿物掺合料时，其合理砂率应经试验并参照其他有关规定确定。

（3）坍落度大于 60mm 的混凝土，其砂率可经试验确定，也可在表 5-12 的基础上，按坍落度每增大 20mm、砂率增大 1%的幅度予以调整。

在确定砂率时，应考虑混凝土结构形状和施工方法。例如：薄壁、薄板结构难于振捣密实，此时应适当提高砂率，增加水泥砂浆量；厚大结构可适当减少砂率；泵送混凝土要增大砂率，以保证混凝土在泵管中作栓柱流动至施工点；高强混凝土、自密实混凝土等有特殊要求者，其砂率与混凝土性能关系密切，应通过试验确定。

八、粗、细骨料用量的确定

（1）采用重量法计算粗细骨料用量应按下列公式计算：

$$m_{c0}+m_{f0}+m_{g0}+m_{s0}+m_{w0}=m_{cp} \tag{5-12}$$

$$\beta_s=\frac{m_{s0}}{m_{g0}+m_{s0}}\times 100\% \tag{5-13}$$

式中　m_{g0}——计算配合比每立方米混凝土的粗骨料用量，kg/m^3；

m_{s0}——计算配合比每立方米混凝土的细骨料用量，kg/m^3；

β_s——砂率，%；

m_{cp}——每立方米混凝土拌合物的假定重量，kg，可取 2350～2450kg/m^3。

（2）采用体积法计算粗细骨料用量应按下列公式进行计算：

$$\frac{m_{c0}}{\rho_c}+\frac{m_{f0}}{\rho_f}+\frac{m_{s0}}{\rho_s}+\frac{m_{g0}}{\rho_g}+\frac{m_{w0}}{\rho_w}+0.01\alpha=1 \tag{5-14}$$

式中 ρ_c——水泥密度，kg/m^3，可按《水泥密度测定方法》（GB/T 208）测定，也可取 2900～3100kg/m^3；

ρ_f——矿物掺合料密度，kg/m^3，可按《水泥密度测定方法》（GB/T 208）测定；

ρ_g——粗骨料的表观密度，kg/m^3，应按《普通混凝土用砂、石质量及检验方法标准》（JGJ 52）测定；

ρ_s——细骨料的表观密度，kg/m^3，应按《普通混凝土用砂、石质量及检验方法标准》（JGJ 52）测定；

ρ_w——水的密度，kg/m^3，可取 1000kg/m^3；

α——混凝土含气量百分数，在不使用引气剂或引气型外加剂时，α 可取为 1。

第四节 混凝土配合比的试配、调整、确定

一、试配

（1）试配时应采用工程实际使用的原材料。混凝土的搅拌方法宜与生产中使用的方法相同。

（2）试验室成型条件应符合《普通混凝土拌合物性能试验方法标准》（GB/T 50080）的规定。每盘混凝土的最小搅拌量应符合表 5-13 的规定，并不应小于搅拌机公称容量的 1/4，且不应大于搅拌机公称容量。

■表 5-13 混凝土试配的最小搅拌量

粗骨料最大公称粒径/mm	拌合物数量/L
≤31.5	20
40	25

（3）应在计算配合比的基础上进行试拌。宜在水胶比不变、胶凝材料用量和外加剂用量合理的原则下调整胶凝材料用量、外加剂用量和砂率等，直到混凝土拌合物性能符合设计和施工要求，得出试拌配合比。

（4）应在试拌配合比的基础上，进行混凝土强度试验，并应符合下列规定。

① 试验时至少应采用三个不同的配合比。当采用三个配合比时，其中一个为已确定的试拌配合比，另外两个配合比的水胶比，宜较该试拌配合比分别增加和减少 0.05，其用水量与试拌配合比基本相同，砂率可分别增加和减少 1%。

② 进行混凝土性能试验时，应保持拌合物性能符合设计和施工要求，并应检验拌合物的坍落度（或维勃稠度）、粘聚性、保水性及表观密度等，并以此结果作

为相应配合比的混凝土拌合物的性能指标。

③ 进行混凝土强度试验时，每个配合比至少应制作一组试件，并应标准养护28d或按国家现行有关标准规定的龄期或设计规定龄期进行试验。需要时，也可同时多制作几组试件供快速检验或较早、较晚龄期试压。其中快速检验可按《早期推定混凝土强度试验方法标准》（JGJ/T 15）进行，早期推定的混凝土强度用于配合比调整，但最终应满足标准养护28d或设计规定龄期的强度要求。

二、配合比的调整

1.配合比调整应符合下述规定

（1）根据混凝土强度试验结果，绘制强度与胶水比的线性关系图，用图解法或插值法求出与略大于配制强度对应的胶水比。

（2）在试拌配合比的基础上，用水量（m_w）和外加剂用量（m_a）应根据确定的水胶比做调整。

（3）胶凝材料用量（m_b）应以用水量乘以图解法或插值法求出的胶水比计算得出。

（4）粗骨料和细骨料用量（m_g 和 m_s）应根据用水量和胶凝材料用量进行调整。

2.配合比调整方法

当混凝土坍落度小时，可保持水胶比不变，适当增加胶凝材料和用水量，在砂率不变的前提下减少砂石用量；当混凝土坍落度过大时，则可保持砂率不变，增加砂石用量，减少水和胶凝材料用量；当粘聚性和保水性不好时，可在砂石总用量不变的前提下，提高砂率。在进行上述调整的同时，适当增减外加剂用量，可使调整过程较为简捷。若混凝土出现离析和泌水现象，宜采用减少外加剂用量、更换外加剂品种、提高砂率或引气剂用量等措施。

三、配合比确定

根据调整后的配合比所确定的材料用量，按下式计算混凝土的表观密度计算值 $\rho_{c,c}$，并测定调整后的混凝土表观密度 $\rho_{c,t}$：

$$\rho_{c,c}=m_c+m_f+m_g+m_s+m_w \tag{5-15}$$

按下式计算混凝土配合比校正系数 δ：

$$\delta=\frac{\rho_{c,t}}{\rho_{c,c}} \tag{5-16}$$

式中 $\rho_{c,t}$——混凝土拌合物表观密度实测值，kg/m^3；

$\rho_{c,c}$——混凝土拌合物表观密度计算值，kg/m^3。

当混凝土拌合物表观密度实测值与计算值之差的绝对值不超过计算值的2%时，调整后的配合比即确定为设计配合比。当两者之差超过2%时，需将配合比中每项材料用量均乘以校正系数 δ 进行配合比校正，校正后的配合比即确定为设计配合比。

当设计混凝土有耐久性、预防碱骨料反应、氯离子含量等要求时，应进行相应的试验检测，以符合要求的配合比确定为设计配合比。

生产单位可根据常用材料设计出常用的混凝土配合比备用，并在应用过程中予以调整和验证。遇有下列情况之一时，应重新进行配合比设计：

（1）对混凝土性能有特殊要求时；

（2）水泥、外加剂或矿物掺合料等原材料品种、质量有显著变化时。

第五节 有特殊要求的混凝土配合比

一、高强混凝土

1.性能要求

（1）拌合物性能

① 泵送高强混凝土拌合物的坍落度、扩展度、倒置坍落度筒排空时间和坍落度经时损失宜符合表 5-14 的规定。

■表 5-14 泵送高强混凝土拌合物的技术要求

项　　目	技术要求
坍落度/mm	≥220
扩展度/mm	≥500
倒置坍落度筒排空时间/s	>5且<20
坍落度经时损失/(mm/h)	≤10

② 非泵送高强混凝土拌合物的坍落度宜符合表 5-15 的规定。

■表 5-15 非泵送高强混凝土拌合物的坍落度

项　　目	技术要求	
	搅拌罐车运送	翻斗车运送
坍落度/mm	100～160	50～90

③ 高强混凝土拌合物不应离析和泌水，凝结时间应满足施工要求。

（2）力学性能

高强混凝土的强度等级应按立方体抗压强度标准值划分为 C60、C65、C70、C75、C80、C85、C90、C95 和 C100。

（3）长期性能和耐久性能

① 高强混凝土早期抗裂试验单位面积的总开裂面积不宜大于 $700mm^2/m^2$。

Concrete

② 用于受氯离子侵蚀环境条件的高强混凝土，其抗氯离子渗透性能宜满足电通量不大于1000C或氯离子迁移系数（D_{RCM}）不大于$1.5\times10^{-12}m^2/s$的要求；用于盐冻环境条件的高强混凝土，其抗冻等级不宜小于F350；用于滨海盐渍土或内陆盐渍土环境条件的高强混凝土，其抗硫酸盐等级不宜小于KS150。

2.原材料要求

（1）水泥

① 配制C80及以上强度等级的混凝土时，水泥28d胶砂强度不宜低于50MPa。

② 水泥中氯离子含量不应大于0.03%。

③ 对于有预防碱骨料反应设计要求的高强混凝土工程，宜采用碱含量低于0.6%的水泥。

④ 配制高强混凝土不得采用结块的水泥，也不宜采用出厂3个月的水泥。

⑤ 生产高强混凝土时，水泥温度不宜高于60℃。

（2）矿物掺合料

① 用于高强混凝土的矿物掺合料可包括粉煤灰、矿渣粉、硅灰、钢渣粉和磷渣粉等。

② 配制高强混凝土宜采用Ⅰ级或Ⅱ级的F类粉煤灰。

③ 配制C80及以上强度等级的高强混凝土掺用矿渣粉时，矿渣粉不宜低于S95级。

④ 当配制C80及以上强度等级的高强混凝土掺用硅灰时，硅灰的SiO_2含量宜大于90%，比表面积不宜小于$15\times10^3m^2/kg$。

⑤ 钢渣粉和磷渣粉宜用于强度等级不大于C80的高强混凝土，并应经过试验验证。

（3）细骨料

① 配制高强混凝土宜采用细度模数为2.6～3.0的Ⅱ区中砂。

② 砂的含泥量和泥块含量应分别不大于2.0%和0.5%。

③ 当采用人工砂时，石粉亚甲蓝（MB）值应小于1.4，石粉含量不应大于5%，压碎指标值应小于25%。

④ 高强混凝土用砂宜为非碱活性。

⑤ 高强混凝土不宜采用再生细骨料。

（4）粗骨料

① 岩石抗压强度应比混凝土强度等级标准值高30%。

② 粗骨料应采用连续级配，最大公称粒径不宜大于25mm。

③ 粗骨料的含泥量不应大于0.5%，泥块含量不应大于0.2%。

④ 粗骨料的针片状颗粒含量不宜大于5%，且不应大于8%。

⑤ 高强混凝土用粗骨料宜为非碱活性。

⑥ 高强混凝土不宜采用再生粗骨料。

（5）外加剂

① 配制高强混凝土宜采用高性能减水剂；配制 C80 及以上等级混凝土时，高性能减水剂的减水率不宜小于 28%。

② 外加剂应与水泥和矿物掺合料具有良好的适应性，并应经试验验证。

（6）水

① 混凝土搅拌与运输设备洗刷水不宜用于高强混凝土。

② 未经淡化处理的海水不得用于高强混凝土。

3. 配合比设计

（1）高强混凝土配合比设计应符合《普通混凝土配合比设计规程》（JGJ 55）的规定，并应满足设计和施工要求。

（2）高强混凝土配制强度应按下式确定：

$$f_{cu,0} \geqslant 1.15 f_{cu,k} \tag{5-17}$$

式中 $f_{cu,0}$——混凝土配制强度，MPa；

$f_{cu,k}$——混凝土立方体抗压强度标准值，MPa

（3）高强混凝土配合比应经试验确定，在缺乏试验依据的情况下宜符合下列规定：

① 水胶比、胶凝材料用量和砂率可按表 5-16 选取，并应经试配确定；

■表 5-16 水胶比、胶凝材料用量和砂率

强度等级	水胶比	胶凝材料用量/(kg/m³)	砂率/%
≥C60，<C80	0.28～0.34	480～560	35～42
≥C80，<C100	0.26～0.28	520～580	
C100	0.24～0.26	550～600	

② 外加剂和矿物掺合料的品种、掺量，应通过试配确定；矿物掺合料掺量宜为 25%～40%；硅灰掺量不宜大于 10%。

（4）大体积高强混凝土配合比试配和调整时，宜控制混凝土绝热温升不大于 50℃。

（5）高强混凝土设计配合比应在生产和施工前进行适应性调整，应以调整后的配合比作为施工配合比。

（6）高强混凝土生产过程中，应及时测定粗、细骨料的含水率，并根据其变化情况调整称量。

二、抗渗混凝土

1. 性能要求

抗渗等级不低于 P6 级的混凝土称为抗渗混凝土。由于普通混凝土存在较多的渗水“通道”，容易渗水，通过选择适宜的原材料，调整混凝土配合比，在满足和

易性的基础上，降低单位用水量，减少混凝土中的毛细管、孔隙、微裂缝等影响抗渗性的缺陷，达到提高混凝土的致密性和憎水性，确保预期的抗渗要求。目前配制的混凝土抗渗等级可以大于P30。

2.原材料要求

（1）宜选用普通硅酸盐水泥。

（2）细骨料宜采用中砂，含泥量不得大于3.0%，泥块含量不得大于1.0%。

（3）粗骨料宜采用连续级配，其最大公称粒径不宜大于40mm，含泥量不得大于1.0%，泥块含量不得大于0.5%。

（4）宜掺用外加剂和矿物掺合料。粉煤灰应采用F类，并不应低于Ⅱ级。

3.配合比设计

（1）抗渗混凝土配合比的设计除应遵守普通混凝土配合比设计的相关规定外，尚应符合下列规定：每立方米混凝土中的胶凝材料用量不宜小于320kg；砂率宜为35%～45%；最大水胶比应符合表5-17的规定。

■表5-17　抗渗混凝土最大水胶比

设计抗渗等级	最大水胶比	
	C20～C30	C30以上
P6	0.60	0.55
P8～P12	0.55	0.50
>P12	0.50	0.45

（2）掺用引气剂的抗渗混凝土，应进行含气量试验，其含气量宜控制在3.0%～5.0%。

（3）进行抗渗混凝土配合比设计时，抗渗技术要求应符合下列规定。

① 配制抗渗混凝土要求的抗渗水压值应比设计值提高0.2 MPa。

② 抗渗试验结果应符合下式要求：

$$p_t \geqslant \frac{p}{10} + 0.2 \tag{5-18}$$

式中　p_t——6个试件中4个未出现渗水时的最大水压值，MPa；

p——设计要求的抗渗等级值。

三、抗冻混凝土

1.性能要求

在低温条件下，混凝土的破坏多数与早期抗冻临界强度和日后的冻融循环作用有关，因此抗冻混凝土的性能要求之一是确保混凝土防冻临界强度，降低水的冰点，加速水泥水化进程，使其在不同负温时不结冰，仍可进行水化反应，并在负温条件下硬化，在规定时间内达到抗冻临界强度；性能要求之二是提升混凝土的抗冻融能力，在减少混凝土单位用水量的同时，引入一定量稳定的微小气泡，强化界面过渡区结构，提高混凝土整体结构的密实度。

2. 原材料要求

（1）应采用硅酸盐水泥或普通硅酸盐水泥。

（2）细骨料含泥量不得大于3.0%，泥块含量不得大于1.0%。

（3）粗骨料宜选用连续级配，其含泥量不得大于1.0%，泥块含量不得大于0.5%。

（4）粗、细骨料均应进行坚固性试验，并应符合《普通混凝土用砂、石质量及检验方法标准》（JGJ 52）的规定。

（5）抗冻等级不小于F100的抗冻混凝土宜掺用引气型外加剂。

（6）钢筋混凝土和预应力混凝土中不得掺用含有氯盐的防冻剂；预应力混凝土中不得掺用含有亚硝酸盐或碳酸盐的防冻剂。

3. 配合比设计

抗冻混凝土配合比设计除应遵守本章普通混凝土配合比设计的相关规定外，还应符合下列规定。

（1）最大水胶比和最小胶凝材料用量应符合表5-18的规定。

■表5-18 抗冻混凝土的最大水胶比和最小胶凝材料用量

设计抗冻等级	最大水胶比		最小胶凝材料用量/(kg/m^3)
	无引气剂时	掺引气剂时	
F50	0.55	0.60	300
F100	0.50	0.55	320
不低于F150	—	0.50	350

（2）复合矿物掺合料掺量宜符合表5-19的规定，其他矿物掺合料掺量宜符合表5-2和表5-3的规定。

（3）掺用引气剂的混凝土最小含气量应符合表5-5的规定。

■表5-19 复合矿物掺合料最大掺量

水胶比	最大掺量/%	
	采用硅酸盐水泥时	采用普通硅酸盐水泥时
≤0.40	60	50
>0.40	50	40

注：1. 采用其他通用硅酸盐水泥时，可将水泥混合材掺量20%以上的混合材量计入矿物掺合料。
2. 复合矿物掺合料中各矿物掺合料组分的掺量不宜超过表5-2和表5-3中单掺时的限量。

四、泵送混凝土

1. 性能要求

（1）混凝土应具有良好的可泵性，保证泵送后能满足所规定的和易性、均质性、强度和耐久性等方面的质量要求。

（2）混凝土的初凝时间不得少于拌合物运输、泵送、浇筑等全过程所需的时间。

2. 原材料要求

（1）宜选用硅酸盐水泥、普通硅酸盐水泥、矿渣硅酸盐水泥和粉煤灰硅酸盐水泥。

（2）细骨料宜采用中砂，其通过 0.315mm 筛孔的颗粒含量不宜少于 15%。

（3）粗骨料宜采用连续级配，其针片状颗粒含量不宜大于 10%；粗骨料的最大公称粒径与输送管径之比宜符合表 5-20 的规定。

■表 5-20　粗骨料的最大公称粒径与输送管径之比

石子品种	泵送高度/m	粗骨料最大公称粒径与输送管径比
碎石	<50	≤1∶3.0
	50～100	≤1∶4.0
	>100	≤1∶5.0
卵石	<50	≤1∶2.5
	50～100	≤1∶3.0
	>100	≤1∶4.0

（4）应掺用泵送剂或减水剂，并宜掺用粉煤灰等矿物掺合料。

3. 配合比设计

根据所用原材料的品质、混凝土泵的种类、输送管的直径、泵送的距离、气候条件、浇筑部位等，经试配、试泵确定配合比。

（1）泵送混凝土配合比除应遵守普通混凝土配合比设计的相关规定外，尚应符合下列规定。

① 胶凝材料用量不宜小于 $300kg/m^3$；用于结构工程的混凝土用水量不宜大于 $180kg/m^3$。

② 砂率宜为 35%～45%。

（2）泵送混凝土试配时应考虑坍落度经时损失。

五、大体积混凝土

1. 性能要求

大体积混凝土性能除满足强度等级、抗渗性、体积稳定性等要求外，还应控制胶凝材料水化温升，达到降低温度应力、防止产生温度裂缝的目的。

2. 原材料要求

（1）宜采用中、低热硅酸盐水泥或低热矿渣硅酸盐水泥，水泥的 3d 和 7d 水化热应符合《中热硅酸盐水泥 低热硅酸盐水泥 低热矿渣硅酸盐水泥》（GB 200）的规定；当采用硅酸盐水泥或普通硅酸盐水泥时，应掺加矿物掺合料，胶凝材料的 3d 和 7d 水化热分别不宜大于 240kJ/kg 和 270kJ/kg。水化热试验方法应按《水泥水化热测定方法》（GB/T 12959）执行。

（2）细骨料宜采用中砂，含泥量不应大于 3.0%。

(3) 粗骨料宜为连续级配，最大公称粒径不宜小于 31.5mm，含泥量不应大于 1.0%。

(4) 宜掺用粉煤灰等矿物掺合料和缓凝型减水剂。

3.配合比设计

大体积混凝土配合比设计除应遵守普通混凝土混合比设计的相关规定外，还应符合下列规定。

(1) 水胶比不宜大于 0.55，用水量不宜大于 175kg/m^3。

(2) 在保证混凝土性能要求的前提下，宜提高混凝土中的粗骨料用量；砂率宜为 38%～42%。

(3) 在保证混凝土性能要求的前提下，应减少胶凝材料中的水泥用量，提高矿物掺合料掺量，混凝土中矿物掺合料掺量应符合表 5-2、表 5-3 的规定。

(4) 充分利用混凝土的后期强度，可采用 60d 或 90d 龄期强度作为混凝土配合比设计和验收依据。

(5) 在配合比试配和调整时，控制混凝土绝热温升不宜大于 50℃。

(6) 配合比应满足施工对混凝土凝结时间的要求。

与《普通混凝土配合比设计规程》(JGJ 55) 相比，《大体积混凝土施工规范》(GB 50496) 与其在配合比设计参数上略有不同，GB 50496 规定混凝土设计强度等级宜为 C25～C40，水胶比不宜大于 0.50，砂率宜为 35%～42%，粉煤灰掺量不宜超过胶凝材料用量的 40%，矿渣粉的掺量不宜超过胶凝材料用量的 50%，粉煤灰和矿渣粉掺合料的总量不宜大于混凝土中胶凝材料用量的 50%。

六、自密实混凝土

自密实混凝土具有高流动性、均匀性和稳定性，浇筑时无需外力振捣，能够在自重作用下流动并充满模板空间。自密实混凝土可分为粉体型、增粘型和复合型三类。一般而言，自密实高强混凝土为粉体型，而自密实低强混凝土多为增粘型，其他自密实混凝土多为复合型。

在不同的国家和地区，不同的标准对自密实性能指标和相应测试方法的规定也不尽相同。除地方标准外，我国目前关于自密实混凝土的标准主要有《自密实混凝土设计与施工指南》(CCES 02)、《自密实混凝土应用技术规程》(CECS 203) 和《自密实混凝土应用技术规程》(JGJ/T 283)。在这三个标准中，对原材料技术要求、自密实性能指标、测试方法和配合比设计的规定也不尽一致，但从实质上而言差别不是很大。

本书以《自密实混凝土应用技术规程》(JGJ/T 283) 为准，介绍自密实混凝土的技术要求及配合比设计方法等内容。

1.性能要求

自密实混凝土除满足凝结时间、粘聚性和保水性等普通混凝土拌合物性能外，还应满足混凝土自密实性能要求。混凝土自密实性能包括填充性、间隙通过性和抗离析性，解决这些特殊工作性能的关键是调整混凝土拌合物高流动性和稳定性之间的关联因素。自密实混凝土性能分级及指标测试方法应符合表 5-21 的要求。

■表 5-21　混凝土拌合物自密实性能指标

检测性能	性能指标测试方法	性能等级	性能指标
填充性	坍落扩展度/mm	SF1	550~655
		SF2	660~755
		SF3	760~850
	扩展时间 T_{500}/s	VS1	≥2
		VS2	<2
间隙通过性	坍落扩展度与 J 环扩展度差值/mm	PA1	25<PA1≤5
		PA2	0<PA1≤25
抗离析性	离析率/%	SR1	≤20
		SR2	≤15
	粗骨料振动离析率/%	f_m	≤10

注：当抗离析性试验结果有争议时，以离析率筛析法试验结果为准。

自密实性能指标分为必控指标和可选指标，自密实混凝土应根据结构形状、尺寸、配筋状态、施工方式等特点，按表 5-22 选择自密实性能指标。

■表 5-22　混凝土自密实性能指标应用范围

性能指标	等级	应用范围	说明
填充性	SF1	从顶部浇筑的无筋混凝土或配筋较少的结构物；泵送浇筑施工工程；截面较小、无需水平长距离流动的竖向结构物	控制指标
	SF2	适合一般的普通钢筋混凝土结构	
	SF3	适用于结构紧密的竖向构件、形状复杂的结构等(粗骨料最大公称粒径宜小于 16mm)	
	VS1	适用于一般的普通钢筋混凝土结构	
	VS2	适用于配筋较多的结构或要求具有较高混凝土外观性能要求的结构，应严格控制	
间隙通过性	PA1	适用于钢筋净距 80~100mm	可选指标
	PA2	适用于钢筋净距 60~80mm	
抗离析性	SR1	适用于流动距离小于 5m、钢筋净距大于 80mm 的薄板结构和竖向结构	可选指标
	SR2	适用于流动距离超过 5m、钢筋净距大于 80mm 的薄板结构和向结构，也适用于流动距离小于 5m、钢筋净距小于 80mm 的竖向结构，当流动距离超过 5m，SR 值宜小于 10%	

注：1. 钢筋净距小于 60mm 宜进行浇筑模拟试验；对于钢筋净距大于 80mm 的薄板结构或钢筋净距大于 100mm 的其他结构可不作间隙通过性指标要求。

2. 高填充性(坍落扩展度指标为 SF2 或 SF3)的自密实混凝土，应有抗离析性要求。

硬化混凝土力学性能、长期性能和耐久性能应满足设计要求和相关标准规定。

2.原材料要求

（1）宜采用硅酸盐水泥或普通硅酸盐水泥，当采用其他品种水泥时，其性能指标应符合国家现行相关标准的规定。

（2）自密实混凝土可采用粉煤灰、矿渣粉、硅灰等矿物掺合料，采用其他矿物掺合料时，应通过充分试验进行验证，确保混凝土性能满足工程要求后再使用。

（3）粗骨料宜采用连续级配或两个及以上单粒级级配搭配使用，最大公称粒径不宜大于 20mm；对于结构紧密的竖向构件、复杂形状的结构以及有特殊要求的工程，粗骨料的最大粒径不宜大于 16mm。粗骨料的针片状颗粒含量、含泥量及泥块含量，应符合表 5-23 的要求，其他性能应符合《普通混凝土用砂、石质量及检验方法标准》（JGJ 52）的相关规定。

■表 5-23 粗骨料的性能指标

项 目	针片状颗粒含量	含泥量	泥块含量
指标/%	≤8	≤1.0	≤0.5

（4）轻粗骨料宜采用连续级配，性能指标应符合表 5-24 的要求，其他性能及试验方法应符合《轻集料及其试验方法 第 1 部分：轻集料》（GB/T 17431.1）和《轻集料混凝土技术规程》（JGJ 51）的规定。

■表 5-24 轻粗骨料的性能指标

项 目	密度等级	最大粒径/mm	粒型系数	24h 吸水率/%
指标	≥700	≤16	≤2.0	≤10

（5）细骨料宜选用级配Ⅱ区中砂，天然砂的含泥量及泥块含量应符合表 5-25 的要求；人工砂的石粉含量应符合表 5-26 的要求，细骨料的其他性能应符合《普通混凝土用砂、石质量及检验方法标准》（JGJ 52）的相关规定。

■表 5-25 天然砂的含泥量及泥块含量指标

项 目	含泥量	泥块含量
指标/%	≤3.0	≤1.0

■表 5-26 人工砂的石粉含量

项 目		指 标		
		≥C60	C55~C30	≤C25
石粉含量/%	MB<1.4	≤5.0	≤7.0	≤10.0
	MB≥1.4	≤2.0	≤3.0	≤5.0

（6）外加剂应符合《混凝土外加剂》（GB 8076）和《混凝土外加剂应用技术规范》（GB 50119）的有关规定。当掺用增稠剂、絮凝剂等其他外加剂时，应通过充

Concrete

分试验进行验证，其性能应符合国家有关标准的规定。

(7) 拌合用水和养护用水应符合《混凝土用水标准》(JGJ 63) 的规定。

(8) 自密实混凝土中加入钢纤维、合成纤维时，其性能应符合《纤维混凝土应用技术规程》(JGJ/T 221) 中的相关规定。

3.配合比设计

(1) 一般规定

① 自密实混凝土应根据工程结构形式、施工工艺以及环境因素进行配合比设计，并在综合考虑混凝土自密实性能、强度、耐久性及其他性能要求的基础上，计算初始配合比，经试验室试配、调整得出满足自密实性能要求的基准配合比，经强度、耐久性复核得到设计配合比。

② 自密实混凝土配合比设计宜采用绝对体积法，宜控制水胶比小于 0.45，胶凝材料用量在 $400 \sim 550 kg/m^3$ 之间。

③ 自密实混凝土宜采用通过增加粉体材料用量的方法适当增加浆体体积，也可通过添加外加剂的方法来改善浆体的粘聚性和流动性。

④ 钢管自密实混凝土配合比设计时，应采取减少收缩的措施。

(2) 配合比设计

① 计算配合比

自密实混凝土初步配合比设计应确定拌合物中粗骨料体积、砂浆中砂的体积分数、水胶比、胶凝材料用量、矿物掺合料的比例等参数。

粗骨料体积可按表 5-27 选用。

■表 5-27　每立方米混凝土中粗骨料体积

填充性指标	SF1	SF2	SF3
每立方米混凝土粗骨料的体积/m^3	0.32~0.35	0.30~0.33	0.28~0.30

每立方米混凝土中粗骨料质量可按下式计算：

$$m_g = V_g \rho_g \tag{5-19}$$

式中　m_g——每立方米混凝土中粗骨料的质量，kg/m^3；

V_g——每立方米混凝土粗骨料的体积，m^3；

ρ_g——粗骨料的表观密度，kg/m^3。

砂浆体积可按下式计算：

$$V_m = 1 - V_g \tag{5-20}$$

式中　V_m——每立方米混凝土中的砂浆体积，m^3。

砂浆中砂的体积分数可取 0.42~0.45。

每立方米混凝土中砂的体积和质量可按下式计算：

$$V_s = V_m \Phi_s \tag{5-21}$$

$$m_s = V_s \rho_s \tag{5-22}$$

式中 V_s——每立方米混凝土中砂的体积，m^3；

Φ_s——砂浆中砂的体积分数；

m_s——每立方米混凝土中砂的质量，kg/m^3；

ρ_s——砂的表观密度，kg/m^3。

胶凝材料表观密度可根据矿物掺合料和水泥的相对含量及各自的表观密度确定，可按下式计算：

$$\rho_b=\frac{1}{\frac{\beta}{\rho_m}+\frac{1-\beta}{\rho_c}} \tag{5-23}$$

式中 ρ_b——胶凝材料的表观密度，kg/m^3；

ρ_m——矿物掺合料的表观密度，kg/m^3；

β——每立方米混凝土中矿物掺合料占胶凝材料的质量分数，%；当采用两种或两种以上矿物掺合料时，可以 β_1、β_2、β_3 表示，并进行相应计算。根据自密实混凝土工作性、耐久性、温升控制等要求，合理选择水泥和矿物掺合料类型，矿物掺合料占胶凝材料的质量分数 β 不宜小于 20%；

ρ_c——水泥的表观密度，kg/m^3。

自密实混凝土配制强度应按式（5-1）或式（5-2）的规定进行计算。

当具备试验统计资料时，可根据工程所使用的原材料，通过建立水胶比与自密实混凝土抗压强度关系式来计算得到的水胶比；当不具备上述统计资料时，水胶比（m_w/m_b）可按下式计算：

$$m_w/m_b=\frac{0.42f_{ce}(1-\beta+\beta\gamma)}{f_{cu,o}+1.2} \tag{5-24}$$

式中 m_b——每立方米混凝土中胶凝材料的质量，kg/m^3；

m_w——每立方米混凝土中水的质量，kg/m^3；

f_{ce}——水泥 28d 实测抗压强度，MPa；当水泥 28d 强度未能实测时，可用水泥强度等级对应值乘以 1.1 得到的数值作为水泥抗压强度值；

γ——矿物掺合料的胶凝系数；粉煤灰（$\beta\leqslant0.3$）可取 0.4、矿渣粉（$\beta\leqslant0.4$）可取 0.9。

每立方米混凝土中胶凝材料的质量可按下式计算：

$$m_b=\frac{V_p-V_a}{\frac{1}{\rho_b}+\frac{m_w/m_b}{\rho_w}} \tag{5-25}$$

式中 V_p——每立方米混凝土中的浆体体积，L；

V_a——每立方米混凝土中引入空气的体积，L；对非引气型混凝土，可取 10～20L；

ρ_w——每立方米混凝土中拌合水的表观密度，kg/m^3，取 $1000kg/m^3$。

每立方米混凝土用水量可按下式计算：

$$m_{w}=m_{b}(m_{w}/m_{b}) \tag{5-26}$$

每立方米混凝土中矿物掺合料、水泥的质量可按下式计算：

$$m_{m}=m_{b}\beta \tag{5-27}$$

$$m_{c}=m_{b}-m_{m} \tag{5-28}$$

式中 m_{m}——每立方米混凝土中矿物掺合料用量，kg/m^3；

m_{c}——每立方米混凝土中水泥用量，kg/m^3。

外加剂的品种和用量应根据试验确定，外加剂用量可按下式计算：

$$m_{ca}=m_{b}\alpha \tag{5-29}$$

式中 m_{ca}——每立方米混凝土中外加剂用量，kg/m^3；

α——每立方米混凝土中外加剂掺量，%。

② 配合比试配、调整和确定

混凝土试配时应采用工程实际使用的原材料，每盘混凝土的最小搅拌量不宜小于25L。

试配时，首先应进行试拌，先检查拌合物自密实性能必控指标，再检查拌合物自密实性能可选指标。当试拌得出的拌合物自密实性能不能满足要求时，应在水胶比不变、胶凝材料用量和外加剂用量合理的原则下调整胶凝材料用量、外加剂用量或砂的体积分数等，直到符合要求为止。应根据试拌结果提出混凝土强度试验用的基准配合比。

混凝土强度试验时至少应采用三个不同的配合比。当采用不同的配合比时，其中一个应为按上述要求确定的基准配合比，另外两个配合比的水胶比宜较基准配合比分别增加和减少0.02，用水量与基准配合比相同，砂的体积分数可分别增加或减少1%。

制作混凝土强度试验试件时，应验证拌合物自密实性能是否达到设计要求，并以该结果代表相应配合比的混凝土拌合物性能指标。

混凝土强度试验时每种配合比至少应制作一组试件，标准养护到28d或设计要求的龄期时试压，也可同时多制作几组试件，按《早期推定混凝土强度试验方法标准》(JGJ/T 15）早期推定混凝土强度，用于配合比调整，但最终应满足标准养护28d或设计规定龄期的强度要求。如有耐久性要求时，还应检测相应的耐久性指标。

应根据试配结果对基准配合比进行调整，调整与确定按《普通混凝土配合比设计规程》(JGJ 55）的规定执行，确定的配合比即为设计配合比。

对于应用条件特殊的工程，宜采用确定的配合比进行模拟试验，以检验所设计的配合比是否满足工程应用条件。

七、轻骨料混凝土

(一) 普通轻骨料混凝土

1. 性能要求

(1) 一般规定

① 轻骨料混凝土的强度等级应按立方体抗压强度标准值确定，混凝土强度等级划分为 LC5.0、LC7.5、LC10、LC15、LC20、LC25、LC30、LC35、LC40、LC45、LC50、LC55 和 LC60。

② 轻骨料混凝土按其干表观密度可分为 14 个等级，见表 5-28。某一密度等级轻骨料混凝土的密度标准值，可取该密度等级干表观密度变化范围的上限值。

■表 5-28 轻骨料混凝土的密度等级

密度等级	干表观密度变化范围 /(kg/m³)	密度等级	干表观密度变化范围 /(kg/m³)
600	560~650	1300	1260~1350
700	660~750	1400	1360~1450
800	760~850	1500	1460~1550
900	860~950	1600	1560~1650
1000	960~1050	1700	1660~1750
1100	1060~1150	1800	1760~1850
1200	1160~1250	1900	1860~1950

③ 轻骨料混凝土根据其用途可按表 5-29 分为三大类。

■表 5-29 轻骨料混凝土按用途分类

类别名称	混凝土强度等级的合理范围	混凝土密度等级的合理范围	用途
保温轻骨料混凝土	LC5.0	≤800	主要用于保温的围护结构或热工构筑物
结构保温轻骨料混凝土	LC5.0 LC7.5 LC10 LC15	800~1400	主要用于既承重又保温的围护结构
结构轻骨料混凝土	LC15 LC20 LC25 LC30 LC35 LC40 LC45 LC50 LC55 LC60	1400~1900	主要用于承重构件或构筑物

（2）性能指标

结构轻骨料混凝土的轴心抗压和轴心抗拉强度标准值、弹性模量、收缩值、徐变系数、泊松比、温度线膨胀系数和热物理参数（热导率、比热容、导温系数和蓄热系数）见《轻骨料混凝土技术规程》(JGJ 51）的相关规定。

轻骨料混凝土不同使用条件的抗冻性应符合表5-30的要求。

■表5-30　不同使用条件的抗冻性

使用条件		抗冻等级
非采暖地区		F15
采暖地区	相对湿度≤60%	F25
	相对湿度>60%	F35
	干湿交替部位和水位变化的部位	≥F50

注：非采暖地区系指最冷月份的平均气温高于-5℃的地区，采暖地区系指最冷月份的平均气温低于或等于-5℃的地区。

结构用砂轻混凝土的28d碳化深度应符合表5-31的规定。

■表5-31　砂轻混凝土的碳化深度值

等级	使用条件	碳化深度值/mm
1	正常湿度，室内	≤40
2	正常湿度，室外	≤35
3	潮湿，室外	≤30
4	干湿交替	≤25

注：1.正常湿度系指相对湿度为55%～65%，潮湿系指相对湿度为65%～80%。

2.碳化深度值相当于在正常大气条件下，即CO_2的体积浓度为0.03%、温度为(20±3)℃环境条件下，自然碳化50年时轻骨料混凝土的碳化深度。

结构用砂轻混凝土的抗渗性应满足工程设计抗渗等级和有关标准的要求。

次轻混凝土（在轻粗骨料中掺入适量普通粗骨料，干表观密度大于1950kg/m^3、小于或等于2300kg/m^{3}的混凝土）的强度标准值、弹性模量、收缩、徐变等有关性能应通过试验确定。

2.原材料要求

轻骨料混凝土所用轻骨料应符合《轻集料及其试验方法 第1部分：轻集料》(GB/T 17431.1）和《膨胀珍珠岩》(JC 209）的要求；膨胀珍珠岩的堆积密度应大于80kg/m^3。

其他材料应符合相应标准的规定要求。

3.配合比设计

轻骨料混凝土配合比设计主要应满足抗压强度、密度和稠度的要求，并以合理使用材料和节约水泥为原则。必要时尚应符合对混凝土性能（如弹性模量、碳化和抗冻性等）的特殊要求。

轻骨料混凝土的配合比应通过计算和试配确定。混凝土试配强度应按式（5-1）确定。

混凝土强度标准差应根据同品种、同强度等级轻骨料混凝土统计资料计算确定。计算时强度试件组数不应少于 25 组，当无统计资料时强度标准差可按表 5-32 取值。

■表 5-32 强度标准差 单位：MPa

混凝土强度等级	<LC20	LC20~LC35	>CL35
σ	4.0	5.0	6.0

轻骨料混凝土配合比中的轻粗骨料宜采用同一品种的轻骨料。结构保温轻骨料混凝土及其制品掺入煤（炉）渣轻粗骨料时，其掺量不应大于轻粗骨料总量的 30%，煤（炉）渣含碳量不应大于 10%。为改善某些性能而掺入另一品种粗骨料时，其合理掺量应通过试验确定。

在轻骨料混凝土配合比中加入外加剂或矿物掺合料时，其品种、掺量和对水泥的适应性，必须通过试验确定。

不同试配强度的轻骨料混凝土的水泥用量可按表 5-33 选用。

■表 5-33 轻骨料混凝土的水泥用量 单位：kg/m^3

混凝土试配强度/MPa	轻骨料密度等级						
	400	500	600	700	800	900	1000
<5	260~320	250~300	230~280				
5~7.5	280~360	260~340	240~320	220~300			
7.5~10		280~370	260~350	240~320			
10~15			280~350	260~340	240~330		
15~20			300~400	280~380	270~370	260~360	250~350
20~25				330~400	320~390	310~380	300~370
25~30				380~450	370~440	360~430	350~420
30~40				420~500	390~490	380~480	370~470
40~50					430~530	420~520	410~510
50~60					450~550	440~540	430~530

注：1. 表中横线以上为采用 32.5 级水泥时水泥用量值，横线以下为采用 42.5 级水泥时的水泥用量值。

2. 表中下限值适用于圆球型和普通型轻粗骨料，上限值适用于碎石型轻粗骨料和全轻混凝土。

3. 最高水泥用量不宜超过 $550kg/m^3$。

现今的预拌混凝土中矿物掺合料掺量较大，尤其是使用P·O42.5水泥并同时掺加粉煤灰和矿渣粉的配合比非常普遍。在掺合料品种和掺量适宜的前提下，通过上表初步选取水泥用量可视为胶凝材料用量的选取。

轻骨料混凝土配合比中的水灰比应以净水灰比表示。配制全轻混凝土时可采用总水灰比表示，但应加以说明。轻骨料混凝土最大水灰比和最小水泥用量的限值应符合表5-34的规定。

■表5-34　轻骨料混凝土的最大水灰比和最小水泥用量

混凝土所处的环境条件	最大水灰比	最小水泥用量/(kg/m³)	
		配筋混凝土	素混凝土
不受风雪影响的混凝土	不做规定	270	250
受风雪影响的露天混凝土；位于水中及水位升降范围内的混凝土和潮湿环境中的混凝土	0.50	325	300
寒冷地区位于水位升降范围内的混凝土和受水压或除冰盐作用的混凝土	0.45	375	350
严寒和寒冷地区位于水位升降范围内和受硫酸盐、除冰盐等腐蚀的混凝土	0.40	400	375

注：1. 严寒地区指最寒冷月份的月平均温度低于-15℃，寒冷地区指最寒冷月份的月平均温度处于-5～-15℃。

2. 水泥用量不包括掺合料。

3. 寒冷和严寒地区用的轻骨料混凝土应掺入引气剂，其含气量宜为5%～8%。

轻骨料混凝土的净用水量根据稠度和施工要求，可按表5-35选用。

■表5-35　轻骨料混凝土的净用水量

轻骨料混凝土用途	稠　度		净用水量/(kg/m³)
	维勃稠度/s	坍落度/mm	
预制构件及制品：			
(1)振动加压成型	10～20	—	45～140
(2)振动台成型	5～10	0～10	140～180
(3)振捣棒或平板振动器振实	—	30～80	165～215
现浇混凝土：			
(1)机械振捣	—	50～100	180～225
(2)人工振捣或钢筋密集	—	≥80	200～230

注：1. 表中值适用于圆球型和普通型轻粗骨料，对碎石型轻粗骨料，宜增加10kg左右的用水量。

2. 掺加外加剂时，宜按其减水率适当减少用水量，并按施工稠度要求进行调整。

3. 表中值适用于砂轻混凝土。若采用轻砂时，宜取轻砂1h吸水率为附加水量；若无轻砂吸水率数据时，可适当增加用水量，并按施工稠度要求进行调整。

轻骨料混凝土的砂率可按表5-36选用。当采用松散体积法设计配合比时，表中数值为松散体积砂率；当采用绝对体积法设计配合比时，表中数值为绝对体积砂率。

■表 5-36 轻骨料混凝土的砂率

轻骨料混凝土用途	细骨料品种	砂率/%
预制构件	轻砂 普通砂	35~50 30~40
现浇混凝土	轻砂 普通砂	— 35~45

注：1. 当混合使用普通砂和轻砂作细骨料时，砂率宜取中间值，宜按普通砂和轻砂的混合比例进行插入计算。
2. 当采用圆球型轻粗骨料时，砂率宜取表中值下限；采用碎石型时，则宜取上限。

当采用松散体积法设计配合比时，粗细骨料松散状态的总体积可按表 5-37 选用。

■表 5-37 粗细骨料总体积

轻粗骨料粒型	细骨料品种	粗细骨料总体积/m^3
圆球型	轻砂 普通砂	1.25~1.50 1.10~1.40
普通型	轻砂 普通砂	1.30~1.60 1.10~1.50
碎石型	轻砂 普通砂	1.35~1.65 1.10~1.60

注：1. 混凝土强度等级较高时，宜取表中下限范围。
2. 当采用膨胀珍珠岩砂时，宜取表中上限值。

砂轻混凝土和全轻混凝土宜采用松散体积法进行配合比计算，砂轻混凝土也可采用绝对体积法计算。配合比计算中粗细骨料用量均应以干燥状态为基准。

采用松散体积法计算应按下列步骤进行：

① 根据设计要求的轻骨料混凝土的强度等级、混凝土的用途，确定粗细骨料的种类和粗骨料的最大粒径。

② 测定粗骨料的堆积密度、筒压强度和 1h 吸水率，并测定细骨料的堆积密度。

③ 按式（5-1）计算混凝土试配强度。

④ 按表 5-33 选择水泥用量。

⑤ 根据施工稠度的要求，按表 5-35 选择净用水量。

⑥ 根据混凝土用途按表 5-36 选取松散体积砂率。

⑦ 根据粗细骨料的类型，按表 5-37 选用粗细骨料总体积，并按下列公式计算每立方米混凝土的粗细骨料用量：

$$V_s = V_t S_p \tag{5-30}$$

$$m_s = V_s \rho_{1s} \tag{5-31}$$

$$V_a = V_t - V_s \tag{5-32}$$

$$m_a = V_a \rho_{1a} \tag{5-33}$$

Concrete

式中　V_s、V_a、V_t——每立方米细骨料、粗骨料和粗细骨料的松散体积，m^3；

m_s、m_a——每立方米细骨料和粗骨料的用量，kg/m^3；

S_p——砂率，%；

ρ_{1s}、ρ_{1a}——细骨料和粗骨料的堆积密度，kg/m^3。

⑧ 根据净用水量和附加水量的关系，按下式计算总用水量：

$$m_{wt}=m_{wn}+m_{wa} \tag{5-34}$$

式中　m_{wt}——每立方米混凝土的总用水量，kg/m^3；

m_{wn}——每立方米混凝土的净用水量，kg/m^3；

m_{wa}——每立方米混凝土的附加用水量，kg/m^3。

附加水量的计算应符合表5-38的规定。

■表5-38　附加水量的计算

项　　目	附加水量(m_{wa})
粗骨料预湿，细骨料为普砂	$m_{wa}=0$
粗骨料不预湿，细骨料为普砂	$m_{wa}=m_a\omega_a$
粗骨料预湿，细骨料为轻砂	$m_{wa}=m_s\omega_s$
粗骨料不预湿，细骨料为轻砂	$m_{wa}=m_a\omega_a+m_s\omega_s$

注：1. ω_a、ω_s 分别为粗、细骨料的1h吸水率。

2. 当轻骨料含水时，必须在附加水量中扣除自然含水率。

⑨ 计算混凝土干表观密度，并与设计要求的干表观密度进行对比，如其误差大于2%，则应按下式重新调整和计算配合比：

$$\rho_{cd}=1.15m_c+m_a+m_s \tag{5-35}$$

式中　ρ_{cd}——轻骨料混凝土的干表观密度，kg/m^3。

采用绝对体积法计算应按下列步骤进行：

① 根据设计要求的轻骨料混凝土的强度等级、密度等级和混凝土的用途，确定粗细骨料的种类和粗骨料的最大粒径。

② 测定粗骨料的堆积密度、颗粒表观密度、筒压强度和1h吸水率，并测定细骨料的堆积密度和相对密度。

③ 按式（5-1）计算混凝土试配强度。

④ 按表5-33选择水泥用量。

⑤ 根据施工稠度的要求，按表5-35选择净用水量。

⑥ 根据混凝土用途按表5-36选取砂率。

⑦ 按下列公式计算每立方米混凝土的粗细骨料用量：

$$V_s=\left[1-\left(\frac{m_c}{\rho_c}+\frac{m_{wn}}{\rho_w}\right)/1000\right]s_p \tag{5-36}$$

$$V_a=\left[1-\left(\frac{m_c}{\rho_c}+\frac{m_{wn}}{\rho_w}+\frac{m_s}{\rho_s}\right)\right]/1000 \tag{5-37}$$

$$m_a=V_a\rho_{ap} \tag{5-38}$$

式中 V_s——每立方米混凝土的细骨料绝对体积，m^3；

m_c——每立方米混凝土的水泥用量，kg/m^3；

ρ_c——水泥的相对密度，可取2.9～3.1；

ρ_w——水的密度，可取1.0；

V_a——每立方米混凝土的轻粗骨料绝对体积，m^3；

ρ_s——细骨料密度，采用普通砂时，为砂的相对密度，可取2.6；采用轻砂时，为轻砂的颗粒表观密度，g/cm^3；

ρ_{ap}——轻粗骨料的颗粒表观密度，kg/m^3。

⑧ 根据净用水量和附加水量的关系，按下式计算总用水量：

$$m_{wt}=m_{wn}+m_{wa} \tag{5-39}$$

附加水量的计算应符合表5-38的规定。

⑨ 计算混凝土干表观密度，并与设计要求的干表观密度进行对比，如其误差大于2%，则应按下式重新调整和计算配合比：

$$\rho_{cd}=1.15m_c+m_a+m_s \tag{5-40}$$

掺加外加剂或矿物掺合料时应满足以下要求：

① 外加剂品种和掺量应通过试验确定；

② 矿物掺合料品种和掺量应通过试验确定。

配合比的试配与调整应按下列步骤进行：

① 以计算的混凝土配合比为基础，再选取与之相差±10%的相邻两个水泥（胶凝材料）用量，用水量不变，砂率相应适当增减，分别按三个配合比拌制混凝土拌合物。测定拌合物的稠度，调整用水量以达到要求的稠度为止。

② 按校正后的三个混凝土配合比进行试配，检验混凝土拌合物的稠度和振实湿表观密度，制作确定混凝土抗压强度标准值的试件，每种配合比至少制作一组。

③ 标准养护28d后，测定混凝土抗压强度和干表观密度。最后，以既能达到设计要求的混凝土配制强度和干表观密度、又具有最小水泥用量的配合比作为选定的配合比。

④ 对选定配合比进行质量校正。其方法是先按下式计算轻骨料混凝土的计算湿表观密度，然后再与拌合物的实测振实湿表观密度相比，再按下公计算校正系数：

$$\rho_{cc}=m_a+m_s+m_c+m_f+m_{wt} \tag{5-41}$$

$$\eta=\frac{\rho_{co}}{\rho_{cc}} \tag{5-42}$$

式中 η——校正系数；

ρ_{cc}——按配合比各组成材料计算的湿表观密度，kg/m^3；

ρ_{co}——混凝土拌合物的实测振实湿表观密度，kg/m^3；

m_a、m_s、m_c、m_f、m_{wt}——配合比计算所得的粗骨料、细骨料、水泥、粉煤灰（矿物掺合料）用量和总用水量，kg/m^3。

⑤ 选定配合比中的各项材料用量均乘以校正系数即为最终的配合比设计值。

(二) 大孔轻骨料混凝土

1. 性能指标

大孔径骨料混凝土按其抗压强度标准值，可划分为 LC2.5、LC5.0、LC7.5 和 LC10.0 5 个强度等级，其干表观密度可按表 5-28 划分密度等级。

2. 原材料要求

（1） 轻粗骨料级配宜采用 5～10mm 或 10～16mm 单一粒级。

（2） 轻粗骨料的密度等级和强度应根据工程需要选用。

（3） 轻粗骨料其他性能应符合《轻集料及其试验方法 第 1 部分：轻集料》（GB/T 17431.1）的有关规定。

3. 配合比设计

① 混凝土的试配强度应按式（5-1）进行计算。

② 根据轻粗骨料的堆积密度，宜按下式计算每立方米混凝土的轻粗骨料用量：

$$m_{a}=V_{a}\rho_{1a} \tag{5-43}$$

按体积计量时，每立方米混凝土的轻粗骨料用量取其 $1m^3$ 松散体积（V_a）。

③ 根据混凝土要求的强度等级和轻粗骨料品种，水泥用量可在 150～250kg/m^3 范围内选用，并可掺入适量外加剂和掺合料。

④ 混凝土拌合物的用水量宜以水泥浆能均匀附在骨料表面并呈油状光泽而不流淌为度。可在净水灰比 0.30～0.42 的范围内选用一个试配水灰比，并可按下式计算拌合物的净用水量：

$$m_{wn}=m_{c}\frac{W}{C} \tag{5-44}$$

式中 W/C——试配水灰比。

当采用干燥骨料时，应根据净用水量加上轻粗骨料 1h 吸水量，按下式计算总用水量：

$$m_{wt}=m_{wn}+m_{wa} \tag{5-45}$$

⑤ 振动加压成型的轻骨料混凝土小型空心砌块宜采用干硬性大孔混凝土拌合物，其用水量宜以模底不淌浆和坯体不变形为准，可按表 5-35 选用。

⑥ 配合比应通过试验确定。其试验与调整应按上述“普通轻骨料混凝土”中给出的方法进行。

⑦ 混凝土试件的成型方法应与实际施工采用的成型工艺相同。

(三) 泵送轻骨料混凝土

1. 性能指标

（1） 泵送轻骨料混凝土宜采用砂轻混凝土。

（2） 泵送轻骨料混凝土采用的轻粗骨料在使用前，宜浸水或洒水进行预湿处理，预湿后的吸水率不应少于 24h 吸水率。

2. 原材料要求

（1）泵送轻骨料混凝土采用的轻粗骨料的密度等级不宜低于 800 级；当掺入轻细骨料时，轻细骨料的密度等级不宜低于 800 级。

（2）泵送轻骨料混凝土中的轻粗骨料应采用连续级配，最大公称粒径不宜大于 16mm，粒型系数不宜大于 2.0。

（3）泵送砂轻混凝土的细骨料宜采用中砂，细度模数宜在 2.2～2.7 之间，其中通过 0.315mm 颗粒含量不应少于 15%。

（4）泵送轻骨料混凝土宜掺用泵送剂、减水剂和引气剂等外加剂，且可掺加Ⅰ、Ⅱ级粉煤灰、矿渣粉或其他矿物掺合料。

3. 配合比设计

（1）泵送轻骨料混凝土配合比的设计除应满足轻骨料混凝土设计强度、耐久性和密度的要求外，其拌合物还应满足混凝土可泵性、粘聚性和保水性的要求。

（2）泵送轻骨料混凝土拌合物入泵时的坍落度值应根据泵送高度选用，宜为 150～200mm，含气量宜为 5%。

（3）泵送轻骨料混凝土试配时要求的坍落度值应按下式计算：

$$T_t = T_p + \Delta T \tag{5-46}$$

式中 T_t——试配时要求的坍落度值，mm；

T_p——入泵时要求的坍落度值，mm；

ΔT——试验时测得在预计时间内的坍落度经时损失值，mm。

（4）泵送轻骨料混凝土的水泥用量（矿物掺合料）不宜少于 350kg/m^3。

（5）泵送轻骨料混凝土的体积砂率宜为 40%～50%，当掺用粉煤灰时砂率可适当降低。

（6）泵送轻骨料混凝土配合比的设计步骤宜按上述“普通轻骨料混凝土”给出的方法进行。其中，轻粗骨料吸水率应采用 24h 吸水率。泵送轻骨料混凝土配合比应根据具体施工条件进行试配和调整，并应进行试泵。

八、重晶石防辐射混凝土

1. 性能要求

（1）重晶石防辐射混凝土表观密度可按表 5-39 的规定分为五个等级，配制密度等级为 1 级和 2 级的重晶石防辐射混凝土宜选用Ⅰ级重晶石细骨料和粗骨料。

■表 5-39 重晶石防辐射混凝土表观密度等级

密度等级	表观密度范围/(kg/m^3)	密度等级	表观密度范围/(kg/m^3)
1	$\rho_b \geqslant 3600$	4	$3000 \leqslant \rho_b < 3200$
2	$3400 \leqslant \rho_b < 3600$	5	$2800 \leqslant \rho_b < 3000$
3	$3200 \leqslant \rho_b < 3400$	—	—

Concrete

（2）重晶石防辐射混凝土的强度等级应按立方体抗压强度标准值确定，其强度等级可划分为 C20、C25、C30、C35、C40 五个等级。

（3）重晶石防辐射混凝土轴心抗压强度标准值和设计值、轴心抗拉强度标准值和设计值、受压或受拉弹性模量以及线膨胀系数值应符合《重晶石防辐射混凝土应用技术规范》（GB/T 50557）的规定。

（4）重晶石防辐射混凝土的化合水含量应满足工程设计防中子射线的要求。

（5）重晶石防辐射混凝土的最大水胶比应符合《混凝土结构设计规范》（GB 50010）的规定，最小胶凝材料用量建议执行《普通混凝土配合比设计规程》（JGJ 55）的规定。

2. 原材料要求

（1）一般规定

① 同一工程的重晶石防辐射混凝土所用重晶石粗细骨料宜选用同一矿床或同一产地的重晶石。

② 重晶石防辐射混凝土可全部采用重晶石骨料，也可掺入部分普通混凝土用砂、石或其他表观密度比普通混凝土用砂、石大的骨料。

③ 对防中子射线要求较高的工程结构，宜在重晶石防辐射混凝土中掺加含化合水的矿石骨料或含锂、硼等轻元素的材料。

（2）重晶石粗细骨料

① 重晶石细骨料宜为中砂，且颗粒级配宜符合《普通混凝土用砂、石质量及检验方法标准》（JGJ 52）中级配Ⅱ区的规定。重晶石粗骨料应符合《普通混凝土用砂、石质量及检验方法标准》（JGJ 52）中连续级配的规定。

② 重晶石细骨料的质量与技术性能指标应符合表 2-189 的规定。

③ 重晶石粗骨料的质量与技术性能指标应符合表 2-190 的规定。

④ 重晶石粗细骨料的其他性能应按《普通混凝土用砂、石质量及检验方法标准》（JGJ 52）和《建设用砂》（GB/T 14684）、《建设用卵石、碎石》（GB/T 14685）中的相关规定执行。

（3）其他原材料

① 重晶石防辐射混凝土宜选用通用硅酸盐水泥，中、低热硅酸盐水泥，钡水泥，锶水泥等，并应符合相关标准的规定。

② 重晶石防辐射混凝土所用矿物掺合料宜选用矿渣粉、Ⅱ级及以上粉煤灰等材料。

3. 配合比设计

（1）重晶石防辐射混凝土的配合比应根据其表观密度和强度等设计要求选择原材料进行计算，并经试验室试配、调整后确定。

（2）重晶石防辐射混凝土的试配强度应按式（5-1）进行计算。

（3）重晶石防辐射混凝土强度标准差宜根据同品种、同强度等级重晶石防辐射混凝土的统计资料计算确定，且强度试件组数不应少于 25 组。当无统计资料时，重晶石防辐射混凝土强度标准差可按表 5-40 的规定取值。

■表 5-40 重晶石防辐射混凝土强度标准差

混凝土强度等级	C20	C25~C35	C40
标准差/(N/mm^2)	4.5	5.5	6.5

（4）重晶石防辐射混凝土的水灰比可按下式计算：

$$\frac{W}{C}=\frac{\alpha_a f_{ce}}{f_{cub,o}+\alpha_a\alpha_b f_{ce}} \tag{5-47}$$

式中 α_a、α_b——回归系数，α_a 取 0.55，α_b 取 0.45；

$\frac{W}{C}$——混凝土水灰比；

$f_{cub,o}$——混凝土配制强度，N/mm^2；

f_{ce}——水泥 28d 抗压强度实测值，N/mm^2。

（5）单位体积重晶石防辐射混凝土的基准用水量可按表 5-41 取值。当坍落度大于 90mm 时，用水量可按表 5-41 中坍落度为 70～90mm 的用水量为基数，按坍落度每增大 20mm 用水量增加 5kg 进行调整；掺用外加剂或掺合料时，用水量应相应调整。

■表 5-41 重晶石防辐射混凝土的基准用水量 单位：kg/m^3

坍落度/mm	重晶石粗骨料最大粒/mm			
	16.0	20.0	31.5	40.0
10~30	190	180	175	160
35~50	200	190	185	170
55~70	210	200	195	180
70~90	220	210	205	190

注：本表用水量系采用重晶石细骨料为中砂时的平均取值。当重晶石细骨料为细砂时，每立方米重晶石防辐射混凝土用水量增加 4~8kg；当重晶石细骨料为粗砂时，每立方米重晶石防辐射混凝土用水量减少 4~8kg。

（6）当无统计资料可供参考时，重晶石防辐射混凝土砂率的确定应符合下列规定：

① 坍落度为 10～60mm 的混凝土砂率可根据粗骨料粒径及水灰比按表 5-42 选取。

② 坍落度小于 10mm 或大于 60mm 的重晶石防辐射混凝土砂率应经试验确定。

■表 5-42 重晶石防辐射混凝土砂率 单位：%

水灰比	重晶石粗骨料最大粒径/mm			
	16.0	20.0	31.5	40.0
0.4	33~38	32~37	31~36	29~34
0.5	36~41	35~40	34~41	32~37
0.6	39~44	38~43	37~42	35~40

注：1. 本表数值系重晶石细骨料为中砂的选用砂率，对重晶石细骨料为细砂或粗砂可相应地减少或增大砂率。

2. 砂率系指细骨料与粗细骨料总量的质量比，本表中所指粗细骨料为纯重晶石粗细骨料。

3. 掺用普通粗细骨料的重晶石防辐射混凝土砂率应做相应调整。

（7）重晶石防辐射混凝土配合比的试配与调整方法，可按《普通混凝土配合比设计规程》（JGJ 55）的规定执行。

九、纤维混凝土

1. 性能要求

（1）拌合物性能

① 纤维混凝土拌合物应具有良好的和易性，不得离析、泌水或纤维聚团，并应满足设计和施工要求。

② 泵送纤维混凝土拌合物在满足施工要求的条件下，入泵坍落度不宜大于180mm。

③ 纤维混凝土拌合物中水溶性氯离子最大含量应符合表5-43的规定。

■表5-43 纤维混凝土拌合物中水溶性氯离子最大含量

环境条件	水溶性氯离于最大含量/%		
	钢纤维混凝土	配钢筋的合成纤维混凝土	预应力钢筋钢纤维混凝土
干燥或有防潮措施的环境	0.30	0.30	0.06
潮湿但不含氯离子的环境	0.10	0.20	
潮湿并含有氯离子的环境	0.06	0.10	
除冰盐等腐蚀环境	0.06	0.06	

注：水溶性氯离子含量是指占水泥用量的质量百分比。

（2）力学性能

① 纤维混凝土的强度等级应按立方体抗压强度标准值确定。合成纤维混凝土的强度等级不应小于C20；钢纤维混凝土的强度等级采用CF表示，并不应小于CF25；喷射钢纤维混凝土的强度等级不宜小于CF30。纤维混凝土抗压强度的合格评定应符合《混凝土强度检验评定标准》（GB/T 50107）的规定。

② 纤维混凝土的其他性能应符合《纤维混凝土应用技术规程》（JGJ/T 221）的规定。

（3）长期性能和耐久性能

① 纤维混凝土的收缩和徐变性能应符合设计要求。

② 纤维混凝土的抗冻、抗渗、抗氯离子渗透、抗碳化、早期抗裂、抗硫酸盐侵蚀等耐久性能应符合设计要求。纤维混凝土耐久性能的检验评定应符合《混凝土耐久性检验评定标准》（JGJ/T 193）的规定。

2. 原材料要求

（1）钢纤维

① 钢纤维混凝土可采用碳钢纤维、低合金钢纤维或不锈钢纤维。钢纤维的形状可为平直形或异形，异形钢纤维又可为压痕形、波形、端钩形、大头形和不规则麻面形等。

② 钢纤维的几何参数、抗拉强度等级及其他性能宜分别符合表 2-193、表 2-194 和表 2-195 的规定。

（2）合成纤维

① 合成纤维混凝土可采用聚丙烯腈纤维、聚丙烯纤维、聚酰胺纤维或聚乙烯醇纤维等。合成纤维可为单丝纤维、束状纤维、膜裂纤维和粗纤维等。合成纤维应为无毒材料。

② 合成纤维的规格、性能及其他要求宜符合表 2-196～表 2-199 的规定。

（3）其他原材料

① 钢纤维混凝土宜采用普通硅酸盐水泥或硅酸盐水泥。

② 宜采用 5～25mm 连续级配的粗骨料以及级配Ⅱ区中砂。钢纤维混凝土不得使用海砂，粗骨料最大粒径不宜大于钢纤维长度的 2/3；喷射钢纤维混凝土的骨料最大粒径不宜大于 10mm。

3. 配合比设计

（1）一般规定

① 纤维混凝土配合比设计应满足混凝土试配强度的要求，并应满足混凝土拌合物性能、力学性能和耐久性能的设计要求。

② 纤维混凝土的最大水胶比应符合《混凝土结构耐久性设计规范》（GB/T 50476）的规定。

③ 纤维混凝土的最小胶凝材料用量应符合表 5-44 的规定；喷射钢纤维混凝土的胶凝材料用量不宜小于 380kg/m^3。

■表 5-44　纤维混凝土的最小胶凝材料用量

最大水胶比	最小胶凝材料用量/(kg/m^3)	
	钢纤维混凝土	合成纤维混凝土
0.60	—	280
0.55	340	300
0.50	360	320
≤0.45	360	340

④ 矿物掺合料和外加剂掺量应经混凝土试配确定，并应满足纤维混凝土强度和耐久性能的设计以及施工要求；钢纤维混凝土矿物掺合料掺量不宜大于胶凝材料用量的 20%。

⑤ 用于公路路面的钢纤维混凝土配合比设计应符合《公路水泥混凝土路面施工技术规范》(JTG F30) 的规定。

（2）配制强度的确定

① 纤维混凝土配制强度应按式（5-1）或式（5-2）计算。

② 纤维混凝土强度标准差的取值应符合表 5-6 的规定。

(3) 配合比计算

① 掺加纤维前的混凝土配合比计算应符合《普通混凝土配合比设计规程》(JGJ 55) 的规定。

② 配合比中的每立方米混凝土纤维用量应按质量计算；在设计参数选择时，可用纤维体积率表达。

③ 普通钢纤维混凝土中的纤维体积率不宜小于0.35%，当采用抗拉强度不低于1000MPa的高强异形钢纤维时，钢纤维体积率不宜小于0.25%；钢纤维混凝土的纤维体积率范围宜符合表5-45的规定。

■表5-45　钢纤维混凝土的纤维体积率范围

工程类型	使用目的	体积率/%
工业建筑地面	防裂、耐磨、提高整体性	0.35～1.00
薄型屋面板	防裂、提高整体性	0.75～1.50
局部增强预制桩	增强、抗冲击	≥0.50
桩基承台	增强、抗冲切	0.50～2.00
桥梁结构构件	增强	≥1.00
公路路面	防裂、耐磨、防重载	0.35～1.00
机场道面	防裂、耐磨、抗冲击	1.00～1.50
港区道路和堆场铺面	防裂、耐磨、防重载	0.50～1.20
水工混凝土结构	高应力区局部增强	≥1.00
	抗冲磨、防空蚀区增强	≥0.50
喷射混凝土	支护、砌衬、修复和补强	0.35～1.00

④ 合成纤维混凝土的纤维体积率范围宜符合表5-46的规定。

■表5-46　合成纤维混凝土的纤维体积率范围

使用部位	使用目的	体积率/%
楼面板、剪力墙、楼地面、建筑结构中的板壳结构、体育场看台	控制混凝土早期收缩裂缝	0.06～0.20
刚性防水屋面	控制混凝土早期收缩裂缝	0.10～0.30
机场跑道、公路路面、桥面板、工业地面	控制混凝土早期收缩裂缝	0.06～0.20
	改善混凝土抗冲击、抗疲劳性能	0.10～0.30
水坝面板、储水池、水渠	控制混凝土早期收缩裂缝	0.06～0.20
	改善抗冲磨和抗冲蚀等性能	0.10～0.30
喷射混凝土	控制混凝土早期收缩裂缝、改善混凝土整体性	0.06～0.25

注：增韧用粗纤维的体积率可大于0.5%，并不宜超过1.5%。

⑤ 纤维最终掺量应经试验验证确定。

(4) 配合比试配、调整与确定

① 纤维混凝土配合比的试配、调整与确定应符合《普通混凝土配合比设计规

程》(JGJ 55)的规定。

② 纤维混凝土配合比应根据纤维掺量按下列规定进行试配：

对于钢纤维混凝土，应保持水胶比不降低，可适当提高砂率、用水量和外加剂用量；对于钢纤维长径比为35～55的钢纤维混凝土，钢纤维体积率增加0.5%时，砂率可增加3%～5%，用水量可增加4～7kg，胶凝材料用量应随用水量相应增加，外加剂用量应随胶凝材料用量相应增加，外加剂掺量也可适当提高；当钢纤维体积率较高或强度等级不低于C50时，其砂率和用水量等宜取给出范围的上限值。喷射钢纤维混凝土的砂率宜大于50%。

对于纤维体积率为0.04%～0.10%的合成纤维混凝土，可按计算配合比进行试配和调整；当纤维体积率大于0.10%时，可适当提高外加剂用量或(和)胶凝材料用量，但水胶比不得降低。

对于掺加增韧合成纤维的混凝土，配合比调整可按钢纤维混凝土的方法进行，砂率和用水量等宜取给出范围的下限值。

③ 在配合比试配的基础上，纤维混凝土配合比应按《普通混凝土配合比设计规程》(JGJ 55)的规定，进行混凝土强度试验并进行配合比调整。

④ 调整后的纤维混凝土配合比应按下列方法进行校正：

纤维混凝土配合比校正系数应按下式计算：

$$\delta=\frac{\rho_{c,t}}{\rho_{c,c}} \tag{5-48}$$

式中 δ——纤维混凝土配合比配合比校正系数；

$\rho_{c,t}$——纤维混凝土拌合物的表观密度实测值，kg/m^3；

$\rho_{c,c}$——纤维混凝土拌合物的表观密度计算值，kg/m^3。

调整后的配合比中每项原材料用量均应乘以校正系数(δ)。

⑤ 校正后的纤维混凝土配合比，应在满足混凝土拌合物性能要求和混凝土试配强度的基础上，对设计提出的混凝土耐久性项目进行检验和评定，符合要求的，可确定为设计配合比。

⑥ 纤维混凝土设计配合比确定后，应进行生产适应性验证。

十、高性能混凝土

高性能混凝土的配合比设计见第八章的相关内容。

十一、透水水泥混凝土

透水水泥混凝土适用于城镇和园林中的轻荷载道路、广场和停车场等透水水泥混凝土路面。不适用于严寒地区、湿陷性黄土地区、盐渍土地区、膨胀土地区的路面。

1. 性能要求

透水水泥混凝土性能应符合表 5-47 的规定。

■表 5-47 透水水泥混凝土的性能

项目		指标	
耐磨性(磨坑长度)/mm		≤30	
透水系数(15℃)/(mm/s)		≥0.5	
抗冻性	25 次冻融循环后抗压强度损失率/%	≤20	
	25 次冻融循环后质量损失率/%	≤5	
连续空隙率/%		≥10	
强度等级		C20	C30
28d 抗压强度/MPa		≥20.0	≥30.0
28d 弯拉强度/MPa		≥2.5	≥3.5

透水水泥混凝土耐磨性试验应符合《无机地面材料耐磨性能试验方法标准》(GB/T 12988)的规定，透水系数的试验应符合《透水水泥混凝土路面技术规程》(CJJ/T 135—2009)附录 A 的规定，抗冻性试验应符合《普通混凝土长期性能和耐久性能试验方法标准》(GB/T 50082)的有关规定。

2. 原材料要求

(1) 水泥应采用不低于 42.5 级的硅酸盐水泥或普通硅酸盐水泥。

(2) 透水水泥混凝土采用的增强料可分有机材料和无机材料两类，其技术指标应符合表 5-48 的规定。

■表 5-48 增强料的技术指标

聚合物乳液	含固量/%	延伸率/%	极限拉伸强度/MPa
	40~50	≥150	≥1.0
活性 SiO_2	SiO_2 含量应大于 85%		

(3) 必须使用质地坚硬、耐久、洁净、密实的碎石料，其性能指标应符合《建设用卵石、碎石》(GB/T 14685)中的Ⅱ级以上要求，并应符合表 5-49 的规定。

■表 5-49 集料的性能指标

项目	指标		
	1	2	3
尺寸/mm	2.36~4.75	4.75~9.5	9.5~13.2
压碎值/%	<15.0		
针片状颗粒含量/%	<15.0		
含泥量/%	<1.0		
表观密度/(kg/m^3)	>2500		
紧密堆积密度/(kg/m^3)	>1450		
堆积孔隙率/%	<47.0		

3.配合比设计

(1) 计算配合比

透水水泥混凝土的配制强度，应符合《普通混凝土配合比设计规程》(JGJ 55)的规定，其性能应符合表5-47的要求。

单位体积粗骨料用量按下式计算确定：

$$W_G = \alpha \rho_G \tag{5-49}$$

其中 W_G——透水水泥混凝土中粗集料用量，kg/m^3；

α——粗骨料用量修正系数，取0.98；

ρ_G——粗骨料紧密堆积密度，kg/m^3。

胶结料体积应按下式计算确定：

$$V_P = 1 - \alpha(1 - \nu_C) - R_{void} \tag{5-50}$$

其中 V_P——每立方米透水水泥混凝土中胶结料浆体体积，m^3/m^3；

ν_C——粗骨料紧密堆积孔隙率，%；

R_{void}——设计孔隙率，%。

水胶比应经试验确定，取选择范围控制在0.25～0.35之间。

单位体积水泥用量应按下式确定：

$$W_C = \frac{V_P}{R_{W/C} + 1} \rho_C \tag{5-51}$$

其中 W_C——每立方米透水水泥混凝土中水泥用量，kg/m^3；

$R_{W/C}$——水胶比，%；

ρ_C——水泥密度，kg/m^3。

单位体积用水量应按下式确定：

$$W_W = W_C R_{W/C} \tag{5-52}$$

其中 W_W——每立方米透水水泥混凝土中用水量，kg/m^3。

外加剂用量应按下式确定：

$$M_a = W_C a \tag{5-53}$$

其中 M_a——每立方米透水水泥混凝土中外加剂用量，kg/m^3；

a——外加剂的掺量，%。

当掺用增强剂时，其掺量应按水泥用量的百分比计算，然后将其掺量换算成对应的体积。

(2) 配合比的试配、调整与确定

应按计算配合比进行试拌，并检验透水水泥混凝土的相关性能。当出现浆体在振动作用下过多坠落或不能均匀包裹骨料表面时，应调整透水水泥混凝土浆体用量或外加剂用量，达到要求后再提出供透水水泥混凝土强度试验用的基准配合比。

透水水泥混凝土强度试验时，应选择3个不同的配合比，其中一个为基准配合比，另外两个配合比的水胶比宜较基准配合比分别增减0.05，用水量宜与基准配合比相同。制作试件时应目视确定透水水泥混凝土的工作性。

根据试验得到的透水水泥混凝土强度、空隙率与水胶比的关系，应采用作图法或计算法求出满足空隙率和透水水泥混凝土配制强度要求的水胶比，并应据此确定水泥用量和用水量，最终确定正式配合比，即设计配合比。

第六节 混凝土配合比执行原则

混凝土配合比在执行过程中应遵守下列原则。

（1）建立混凝土配合比执行的动态管理控制，实施执行控制。

（2）充分掌握混凝土各项组成材料性能，确保混凝土组成材料与设计配合比所用的材料性能相符合。

（3）重视材料检验工作，依检验结果指导施工配合比的微调。关注影响混凝土单位用水量和流动性的相关原材料品质，关注重点如下。

水泥：标准稠度用水量，对外加剂的适应性，以及不同批次强度的波动大小。

矿物掺合料：细度、烧失量和需水量比。

外加剂：对水泥、矿物掺合料的适应性。混凝土达到所需单位用水量的外加剂掺量。

（4）重视水泥实际胶砂强度对水灰比的影响。统计分析宜采用快速测定法或早龄期法推定28d水泥胶砂强度和混凝土强度，根据强度变异，以确定混凝土试配强度及配合比的适应情况。

（5）加强工艺控制检查和监控，使用配合比中规定的原材料，执行规定的搅拌工艺，严格按下达的材料用量进行计量，对首次使用、使用间隔时间超过三个月的配合比，必须做好混凝土的开盘鉴定。

（6）加强检测砂石含水率，按检测结果调整用水量和砂石用量，做好配合比动态微调记录。

（7）采用增减外加剂用量调整混凝土的工作性，最大限度地保持配合比材料用量不变。目测每车混凝土的坍落度及和易性，抽样实测混凝土流变性能。坍落度及和易性不符合要求的混凝土不得出厂。

（8）定期抽查混凝土的表观密度，当混凝土表观密度实测值与计算值之差的绝对值超过计算值的2%时，应将配合比中每项材料用量乘以校正系数δ，修正配合比。

（9）做好配合比实时称量数据的抽查记录，按规定要求检测混凝土强度和混凝土的耐久性能。

（10）定期对材料检测数据、工艺控制、成品等监测与监控数据进行统计分析，根据所用材料定期对配合比库中的配合比进行验证。验证应详细记录各组成材料的性能、混凝土拌合物和易性的测量结果和描述，不同龄期强度记录以及相关的耐久性能检测记录等。

第七节 混凝土配合比设计实例

本节实例基本按上述相关规定程序进行配合比设计，仅供初始从事配合比设计的有关人员参考。

一、C30 普通混凝土配合比设计实例

某办公楼，主体为钢筋混凝土结构，设计混凝土强度等级为 C30，泵送施工，要求运到施工现场混凝土拌合物坍落度为（180±30）mm。

该工程所用原材料技术指标如下。

水泥：普通硅酸盐 P. O42.5 级，密度 $\rho=3100\text{kg/m}^3$，28d 强度实测值 $f_{ce}=48.0\text{MPa}$。

粉煤灰：Ⅱ级，表观密度 $\rho_f=2200\text{kg/m}^3$。

河砂：中砂，Ⅱ区颗粒级配，表观密度 $\rho_s=2650\text{kg/m}^3$。

碎石：5～31.5mm 连续级配，$\rho_g=2700\text{kg/m}^3$。

外加剂：萘系高效减水剂，掺量 1%时减水率为 24%。

水：饮用水。

C30 级混凝土配合比设计步骤如下：

（一）配合比计算

1. 混凝土配制强度（$f_{cu,0}$）的确定

已知：$f_{cu,k}=30\text{MPa}$，标准差（σ）由于无历史统计资料，查表 5-6 取 $\sigma=5\text{MPa}$；考虑到施工现场条件与试验室试配条件的差异，配制强度在原有计算基础上再提高 10%，由式（5-3）求得：

$$f_{cu,0}=1.1(f_{cu,k}+1.645\sigma)=1.1\times(30+1.645\times5)=42.0\quad(\text{MPa})$$

2. 计算水胶比

已知：混凝土配制强度 $f_{cu,0}=42.0\text{MPa}$，水泥 28d 实测强度 $f_{ce}=48.0\text{MPa}$，掺 30%的Ⅱ级粉煤灰（FA），其影响系数经试验 $\gamma_f=0.9$，则 $f_b=f_{ce}\gamma_f=48\times0.90=43.2\quad(\text{MPa})$

本工程采用碎石，回归系数由表 5-9 取 $\alpha_a=0.53$，$\alpha_b=0.20$，按式（5-4）计算水胶比（W/B）：

$$W/B=\frac{\alpha_a f_b}{f_{cu,0}+\alpha_a\alpha_b f_b}=\frac{0.53\times43.2}{42+0.53\times0.20\times43.2}=0.49$$

3.确定每立方米混凝土的用水量（m_{w0}）

已知：混凝土拌合物要求坍落度为180mm，碎石最大粒径为31.5mm。

（1）查表5-11，坍落度为90mm不掺外加剂时混凝土的用水量为205kg/m³；按每增加20mm坍落度增加5kg水，求出未掺外加剂时的用水量（m'_{w0}）为：

$$m'_{w0}=205+\frac{180-90}{20}\times 5=227.5 \quad (kg/m^3)$$

（2）确定掺减水率（β）为24%的高效减水剂后，混凝土拌合物坍落度达180mm时的用水量：

$$m_{w0}=m'_{w0}(1-\beta)=227.5\times(1-0.24)=173 \quad (kg/m^3)$$

4.计算胶凝材料用量（m_{b0}）、粉煤灰用量（m_{f0}）、水泥用量（m_{c0}）和外加剂用量m_{a0}

（1）胶凝材料用量（m_{b0}）：

$$m_{b0}=\frac{m_{w0}}{W/B}=\frac{173}{0.49}=353 \quad (kg/m^3)$$

（2）粉煤灰用量（m_{f0}）：

粉煤灰掺量30%（$\beta_f=0.30$）

$$m_{f0}=m_{b0}\beta_f=353\times 0.30=106 \quad (kg/m^3)$$

（3）水泥用量（m_{c0}）：

$$m_{c0}=m_{b0}-m_{f0}=353-106=247 \quad (kg/m^3)$$

（4）外加剂掺量：

外加剂掺量1%（$\beta_a=0.01$）

$$m_{a0}=m_{b0}\beta_a=353\times 0.01=3.53 \quad (kg/m^3)$$

5.砂率（β_s）的确定

本例混凝土采用泵送施工，其砂率宜控制在35%～45%。砂为中砂，根据历史经验砂率采用42%。

6.粗细骨料用量的计算

（1）按重量法计算

已知：混凝土用水量$m_{w0}=173kg/m^3$，胶凝材料用量$m_b=353kg/m^3$

砂率$\beta_s=42\%$。假定混凝土拌合物表观密度$m_{cp}=2400kg/m^3$

由式（5-12）和式（5-13），得：

$$m_{c0}+m_{f0}+m_{w0}+m_{s0}+m_{g0}=$$

$$247+106+173+m_{s0}+m_{g0}=2400(kg/m^3)$$

$$和\frac{m_{s0}}{m_{s0}+m_{g0}}=\beta_s=0.42$$

$$m_{s0}+m_{g0}=2400-247-106-173=1874(kg/m^3)$$

$$m_{s0}=(m_{s0}+m_{g0})\times 0.42=787(kg/m^3)$$

$$m_{g0}=(m_{s0}+m_{g0})-m_{s0}=1087(kg/m^3)$$

按重量法求得的计算配合比为：

单位：kg/m³

m_{c0}	m_{f0}	m_{w0}	m_{a0}	m_{s0}	m_{g0}
247	106	173	3.53	787	1087

结果均满足表 5-1 对最小胶凝材料用量和最大水胶比的要求。

（2）按体积法计算

已知：水泥密度 $\rho=3100\text{kg/m}^3$，砂表观密度 $\rho_s=2650\text{kg/m}^3$，碎石表观密度 $\rho_g=2700\text{kg/m}^3$，砂率=42%，将数据代入式（5-14），得：

$$\frac{247}{3100}+\frac{m_{s0}}{2650}+\frac{m_{g0}}{2700}+\frac{173}{1000}+\frac{106}{2200}+0.01\times 1=1$$

$$\frac{m_{s0}}{m_{s0}+m_{g0}}\times 100\%=42\%$$

解联立方程：

$$\frac{m_{s0}}{2650}+\frac{m_{g0}}{2700}=1-0.0797-0.1730-0.0482-0.01=0.6891 \quad ①$$

$$\frac{m_{s0}}{m_{s0}+m_{g0}}=0.42 \quad ②$$

用消元法由式②求得：

$$0.58m_{s0}=0.42m_{g0}$$

$$m_{s0}=0.7241m_{g0} \quad ③$$

将式③代入式①得：

$$\frac{m_{g0}}{2700}+\frac{0.7241m_{g0}}{2650}=0.6891$$

$$m_{g0}=1071\text{kg/m}^3$$

将 m_{g0} 代入式③得：

$$m_{s0}=776\text{kg/m}^3$$

按体积法求得的计算配合比如下：

单位：kg/m³

m_{c0}	m_{f0}	m_{w0}	m_{a0}	m_{s0}	m_{g0}
247	106	173	3.53	776	1071

（二）试拌

已知本例中重量法的计算配合比为

$m_{c0}:m_{f0}:m_{w0}:m_{s0}:m_{g0}:m_{a0}=247:106:173:787:1087:3.53$

（1）按标准规定，混凝土试拌量取 20L，各组成材料用量如下：

水泥=247×0.02=4.94（kg）

粉煤灰=106×0.02=2.12（kg）

水=173×0.02=3.46（kg）

外加剂＝3.53×0.02＝0.0706（kg）＝70.6（g）

砂＝787×0.02＝15.74（kg）

碎石＝1087×0.02＝21.74（kg）

（2）检验、调整混凝土拌合物的和易性

按上述计算的材料用量进行试拌，测得坍落度为120mm，无法满足施工要求，因此在保持水胶比不变的情况下，增加2%浆量（也可增加一定量的外加剂掺量调整）。经重新搅拌后的混凝土拌合物的坍落度为180mm，粘聚性、保水性良好，满足施工要求。试拌配合比的各组成材料用量如下：

水泥＝247×(1＋0.02)＝252（kg/m^3）

粉煤灰＝106×(1＋0.02)＝108（kg/m^3）

水＝173×(1＋0.02)＝176（kg/m^3）

此时的试拌配合比为 $m_{c0}:m_{f0}:m_{w0}:m_{s0}:m_{g0}:m_{a0}=252:108:176:787:1087:3.60$。

（三）试配、调整与确定

1. 混凝土强度检验与拌合物性能检验

根据已确定的试拌配合比，另外计算两个配合比，其水胶比较试拌配合比分别增加和减少0.05，用水量与确定的试拌配合比相同，砂率分别增加和减少1%。每个配合比均拌制20L混凝土，各配合比的材料用量及其试验结果列于表5-50～表5-52。

■表5-50　各配合比拌制20L C30普通混凝土的材料用量　单位：kg

配合比编号	水胶比	水	水泥	粉煤灰	外加剂	砂	石
1	0.49	3.52	5.04	2.16	0.0706	15.74	21.74
2	0.54	3.52	4.56	1.96	0.0652	16.32	21.64
3	0.44	3.52	5.60	2.40	0.0800	14.96	21.52

■表5-51　C30普通混凝土拌合物的坍落度、表观密度实测结果

配合比编号	水胶比	坍落度/mm	空桶重G/kg	桶容积V/m^3	桶+混凝土/kg	表观密度/(kg/m^3)
1	0.49	170	2.25	0.005	14.23	2400
2	0.54	165	2.25	0.005	14.15	2380
3	0.44	185	2.25	0.005	14.31	2410

■表5-52　C30普通混凝土强度检测结果　单位：MPa

配合比编号	水胶比	3d	7d	28d	60d
1	0.49	25.2	30.6	42.5	50.6
2	0.54	20.1	25.0	34.0	40.5
3	0.44	27.3	32.5	48.0	58.2

根据表5-25中混凝土28d强度试验结果，可用作图法求出与混凝土配制强度（$f_{cu,0}$）相应的胶水比（B/W）。如图5-1所示。

要求混凝土配制强度 $f_{cu,0}=42.0MPa$，可由图中给出的公式计算求得胶水比

$B/W=2.07$，即水胶比 $W/B=0.48$。

也可以配制强度（$f_{cu,0}$）与三个试配结果的 28d（或 60d）强度比较，本例就取 0.49 水胶比的配合比作为设计配合比。

2. 确定混凝土设计配合比

（1）根据强度试验结果，确定每立方米混凝土的材料用量：

用水量　$m_w=176kg/m^3$

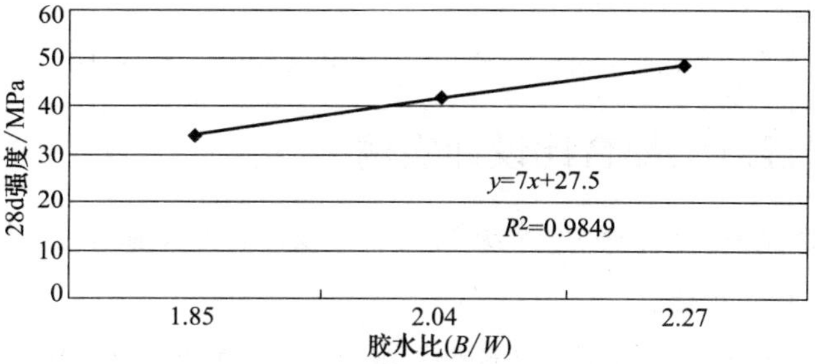

图 5-1　混凝土配制强度相应的胶水比

胶凝材料用量 $m_b=m_w/(B/W)=176/0.49=359$（$kg/m^3$）

其中　粉煤灰用量：$m_f=m_b\times0.30=108$（kg/m^3）

水泥用量：$m_c=251kg/m^3$

砂、石用量按重量法：砂用量 $m_s=787kg/m^3$

石用量 $m_g=1087kg/m^3$

按混凝土试验结果，其设计配合比（干料计）：

$m_w:m_c:m_f:m_a:m_s:m_g=176:251:108:3.59:787:1087$

（2）经强度检验确定后的配合比，尚应按混凝土拌合物表观密度进行校正：

① 计算混凝土表观密度计算值（ρ_{cc}）

$$\rho_{cc}=m_w+m_c+m_f+m_s+m_g+m_a=2413kg/m^3$$

② 计算校正系数（δ）：

$$\delta=\frac{2400}{2413}=0.99$$

实测值与计算值之差的绝对值 $=|2400-2413|=13$（kg/m^3）小于计算值（$2413kg/m^3$）的 2%，因此可不用校正系数调整配合比。

最终确定的混凝土设计配合比列于表 5-53。

■表 5-53　C30 普通混凝土设计配合比

项目	水泥	水	粉煤灰	外加剂	砂	石	砂率/%	坍落度/mm
材料用量/(kg/m³)	251	176	108	3.59	787	1087	42	170

（四）施工配合比

在混凝土生产前，对所使用的骨料应检测其含水率。本例中，现场砂的含水率为 6.5%，石为 0.1%（可不计），故施工配合比计算如下：

水泥用量　$m'_c=251kg/m^3$

粉煤灰用量　$m'_f=108kg/m^3$

石子用量　$m'_g=1087kg/m^3$

砂子用量　$m'_s=787(1+0.065)=838\ (kg/m^3)$

水用量　$m_w=176-(787\times0.065)=125\ (kg/m^3)$

本例的施工配合比为：

$m'_c:m'_f:m'_a:m'_s:m'_g:m'_w=251:108:3.59:838:1087:125$

二、 C80 高强混凝土配合比设计实例

某工程核心筒结构设计强度等级为 C80，采用泵送施工工艺，要求坍落度为 230mm，扩展度≥500mm。

该工程拟用原材料如下：P·O42.5 水泥，实测 28d 强度 53.4MPa；Ⅰ级粉煤灰；S95 矿渣粉；河砂，细度模数 2.9，含泥量 1.6%，泥块含量 0.3%；5～20mm 连续级配碎石，含泥量 0.3%，泥块含量 0.1%；聚羧酸高性能减水剂，固含量 20.00%。

1. 计算配合比

（1）配制强度的确定

混凝土配制强度依据公式 $f_{cu,0}\geqslant1.15f_{cu,k}$，计算 $f_{cu,0}\geqslant1.15\times80=92.0MPa$。

（2）水胶比、胶凝材料用量和砂率的确定

按表 5-17 初步选取水胶比 0.27，胶凝材料总量 $560kg/m^3$，砂率 38%。

（3）矿物掺合料和聚羧酸减水剂掺量的确定

初步选取Ⅰ级粉煤灰掺量 15%，S95 矿渣粉掺量 15%，聚羧酸高性能减水剂 2.0%。

（4）初步计算配合比

假定混凝土拌合物表观密度为 $2450kg/m^3$，按质量法计算各材料组成见表 5-54。

■表 5-54　C80 高强混凝土中各种原材料用量

水胶比	砂率/%	每立方米混凝土中原材料用量/(kg/m³)						
		水泥	水	砂	石	粉煤灰	矿渣粉	减水剂
0.27	38	392	142	661	1078	84	84	11.2

注：包括减水剂中的水，总用水量为 $151kg/m^3$。

2. 试拌

按上述计算的材料用量进行试拌，测定混凝土拌合物性能见表 5-55。

■表 5-55 混凝土拌合物性能

项 目	性能指标
坍落度/mm	245
扩展度/mm	650
倒置坍落度筒排空时间/s	8
1h 坍落度经时损失/mm	0

混凝土工作性良好，无离析、泌水现象，测得的拌合物性能指标满足要求，表5-54的配合比即为确定的试拌配合比。

3. 试配、调整与确定

根据已确定的试拌配合比，另外再计算两个配合比，其水胶比较试拌配合比分别增减 0.02，用水量与试拌配合比保持相同，各配合比的材料用量计算结果见表 5-56。

■表 5-56 C80 高强混凝土各试配配合比材料用量

水胶比	砂率/%	每立方米混凝土中原材料用量/(kg/m³)						
		水泥	水	砂	石	粉煤灰	矿渣粉	减水剂
0.29	38	364	143	676	1103	78	78	10.4
0.27	38	392	142	661	1078	84	84	11.2
0.25	38	423	141	644	1050	91	91	12.1

混凝土拌合物性能、表观密度、28d 抗压强度试验结果见表 5-57。

■表 5-57 C80 高强混凝土拌合物性能试验结果

水胶比	拌合物性能				实测表观密度/(kg/m³)	28d 抗压强度/MPa
	坍落度/mm	扩展度/mm	倒置坍落度筒排空时间/s	1h 坍落度经时损失/mm		
0.29	230	580	7	225	2430	87.9
0.27	235	650	8	230	2440	93.8
0.25	240	680	10	235	2440	98.4

上述各配合比混凝土工作性良好，测得的拌合物性能指标满足要求，表观密度实测值与计算值之差不超过计算值的 2%，各材料用量不必校正。

根据混凝土 28d 抗压强度结果，并结合配制强度 $f_{cu,0}$ 不低于 92.0MPa 的要求，对水胶比为 0.27 的混凝土配合比进行 3 次重复性验证，混凝土 28d 强度结果都高于配制强度。因此，确定表 5-59 中水胶比为 0.27 的混凝土配合比即为设计配合比。

三、C40F300 抗冻混凝土配合比设计实例

东北地区某工程，处于水位变动区的墩柱混凝土设计强度等级为 C40F300，要求混凝土坍落度为 180mm。

该工程拟用原材料如下：P·O42.5水泥，实测28d强度48.2MPa；Ⅱ级粉煤灰；S95矿渣粉；河砂，细度模数2.6，含泥量2.5%，泥块含量0.8%；5～25mm连续级配碎石，含泥量0.8%，泥块含量0.3%；聚羧酸高性能减水剂，固含量10.00%；三萜皂甙引气剂。

1. 计算配合比

（1）配制强度的确定

混凝土配制强度依据公式 $f_{cu,0} \geqslant f_{cu,k} + 1.645\sigma$，计算 $f_{cu,0} \geqslant 40.0 + 1.645 \times 5.0 = 48.2$MPa。其中，$\sigma$ 按表5-6取为5.0MPa。

（2）水胶比的计算

初定粉煤灰掺量为20%，矿渣粉掺量为20%，则按表5-7选取粉煤灰影响系数为0.85，矿渣粉影响系数为1.00，计算胶凝材料28d胶砂抗压强度 $f_b = \gamma_f \gamma_s f_{ce} = 0.85 \times 1.00 \times 48.2 = 41.0$（MPa）。

依据水胶比计算公式 $W/B = \dfrac{\alpha_a f_b}{f_{cu,0} + \alpha_a \alpha_b f_b} = \dfrac{0.53 \times 41.0}{48.2 + 0.53 \times 0.20 \times 41.0} = 0.41$，其中 α_a 取0.53，α_b 取0.20。

计算水胶比 $W/B = 0.41 < 0.50$，符合表5-18的要求。

（3）各种原材料的计算

选取砂率为39%，假定混凝土表观密度为2400kg/m^3，按质量法计算的配合比见表5-58。

■表5-58　C40F300抗冻混凝土中各种原材料用量

水胶比	砂率/%	每立方米混凝土中原材料用量/(kg/m^3)							
		水泥	水	砂	石	粉煤灰	矿渣粉	减水剂	引气剂
0.41	39	256	166	701	1097	85	85	9.8	0.09

注：包括减水剂中的水，总用水量为175kg/m^3。

由试拌配合比可知，胶凝材料用量符合表5-18中最小胶凝材料用量350kg/m^{3}的规定，粉煤灰和矿渣粉组成的复合矿物掺合料掺量也符合表5-19的规定。

2. 试拌配合比

按上述计算的材料用量进行试拌，测定混凝土拌合物工作性良好，混凝土坍落度为190mm，含气量5.2%，符合要求。因此表5-58的配合比即为确定的试拌配合比。

3. 试配、调整与确定

根据已确定的试拌配合比，另外再计算两个配合比，其水胶比较试拌配合比分别增减0.05，用水量与试拌配合比保持相同，各配合比的材料用量计算结果见表5-59。

■表 5-59 C40F300 抗冻混凝土试配配合比各种材料用量

水胶比	砂率/%	每立方米混凝土中原材料用量/(kg/m³)							
		水泥	水	砂	石	粉煤灰	矿渣粉	减水剂	引气剂
0.46	40	228	168	738	1106	76	76	8.0	0.08
0.41	39	256	166	701	1097	85	85	9.8	0.09
0.36	38	292	165	660	1078	97	97	11.2	0.10

混凝土拌合物性能、表观密度、28d 抗压强度和抗冻试验结果见表 5-60。

■表 5-60 C40F300 抗冻混凝土拌合物性能试验结果

水胶比	坍落度/mm	含气量/%	实测表观密度/(kg/m³)	28d 抗压强度/MPa	抗冻性能
0.46	190	5.0	2390	42.2	≥F300
0.41	185	5.3	2400	50.1	≥F300
0.36	190	5.6	2420	57.5	≥F300

上述各配合比混凝土工作性良好，测得的拌合物性能和含气量指标满足要求，表观密度实测值与计算值之差不超过计算值的 2%，各材料用量不必校正。

根据混凝土 28d 抗压强度及快冻试验结果，并结合配制强度 $f_{cu,0}$ 不低于 48.2MPa 的要求，水胶比为 0.41 的混凝土配合比 28d 强度结果略高于配制强度。因此，确定表 5-60 中水胶比为 0.41 的混凝土配合比即为设计配合比。

四、C35P12 大体积混凝土配合比设计实例

某大体积混凝土工程，底板最大厚度 2.5mm，混凝土设计强度等级为 C30P12，采用 60d 龄期进行验收，要求坍落度为 180mm。

该工程拟用原材料如下：P·O42.5 水泥，实测 28d 强度 48.2MPa；Ⅱ级粉煤灰；河砂，细度模数 2.6，含泥量 2.5%，泥块含量 0.8%；5～25mm 连续级配碎石，含泥量 0.8%，泥块含量 0.3%；缓凝型聚羧酸高性能减水剂，固含量 10.00%。

1. 计算配合比

(1) 配制强度的确定

混凝土配制强度依据公式 $f_{cu,0} \geqslant f_{cu,k} + 1.645\sigma$，计算 $f_{cu,0} \geqslant 35.0 + 1.645 \times 5.0 = 43.2$MPa。其中，$\sigma$ 按表 5-6 取为 5.0MPa。

(2) 水胶比的计算

初定粉煤灰掺量为 40%，实测胶凝材料的 3d、7d 水化热分别为 206kJ/kg、231kJ/kg；按表 5-7 选取粉煤灰影响系数为 0.65，计算胶凝材料 28d 胶砂抗压强度 $f_b = \gamma_f f_{ce} = 0.65 \times 48.2 = 31.3$ (MPa)。

依据水胶比计算公式 $W/B=\frac{\alpha_a f_b}{f_{cu,0}+\alpha_a\alpha_b f_b}=\frac{0.53\times31.3}{31.3+0.53\times0.20\times41.0}=0.47$，其中 α_a 取 0.53，α_b 取 0.20。

混凝土水胶比 0.47 满足表 5-17 中对 C30 以上混凝土最大水胶比不超过 0.50 的规定。

(3) 各种原材料的计算

选取砂率为 40%，假定混凝土表观密度为 2400kg/m³，按质量法计算配合比见表 5-61。

■表 5-61　C35P12 大体积混凝土中各种原材料用量

水胶比	砂率/%	每立方米混凝土中原材料用量/(kg/m³)					
		水泥	水	砂	石	粉煤灰	减水剂
0.47	40	217	164	747	1120	145	7.2

注：包括减水剂中的水，总用水量为 170kg/m³。

2. 试拌配合比

按上述计算的材料用量进行试拌，测定混凝土拌合物工作性良好，混凝土坍落度为 190mm，且胶凝材料用量满足不宜小于 320kg/m³ 的规定，因此表 5-61 的配合比即为确定的试拌配合比。

3. 试配、调整与确定

根据已确定的试拌配合比，另外再计算两个配合比，其水胶比较试拌配合比分别增减 0.05，用水量与试拌配合比保持相同，各配合比的材料用量计算结果见表 5-62。

■表 5-62　C35P12 大体积混凝土各试配配合比材料用量

水胶比	砂率/%	每立方米混凝土中原材料用量/(kg/m³)					
		水泥	水	砂	石	粉煤灰	减水剂
0.52	41	196	164	780	1123	131	6.2
0.47	40	217	164	747	1120	145	7.2
0.42	39	243	162	712	1112	162	8.5

混凝土拌合物性能、表观密度、28d 抗压强度和绝热温升试验结果见表 5-63。

■表 5-63　C35P12 大体积混凝土拌合物性能试验结果

水胶比	坍落度/mm	实测表观密度/(kg/m³)	28d 抗压强度/MPa	60d 抗压强度/MPa	抗渗性能	绝热温升/℃
0.52	180	2390	36.8	41.0	>P14	—
0.47	185	2400	42.6	46.0	—	38.2
0.42	190	2410	46.4	50.5	—	—

上述各配合比混凝土工作性良好，测得的拌合物性能指标满足要求，表观密度实测值与计算值之差不超过计算值的2%，各材料用量不必校正。

根据混凝土28d抗压强度、抗渗试验及绝热温升试验结果，并结合配制强度$f_{cu,0}$不低于43.2MPa的要求，确定表5-63中水胶比为0.47的混凝土配合比即为设计配合比。

五、C30自密实混凝土配合比设计实例

某工程普通钢筋混凝土墙体，采用自密实混凝土泵送浇筑，混凝土设计强度等级C30。

该工程拟用原材料如下：P·O42.5水泥，实测28d强度48.2MPa，表观密度3000kg/m^3；Ⅱ级粉煤灰，表观密度2200kg/m^3；河砂，细度模数2.6，含泥量2.5%，泥块含量0.8%，表观密度2650kg/m^3；5～20mm连续级配碎石，含泥量0.8%，泥块含量0.3%，表观密度2600kg/m^3；缓凝型聚羧酸高性能减水剂，固含量10.00%。

1.计算配合比

填充性指标定为SF2，按表5-27选取每立方米混凝土中粗骨料的体积为0.32。

混凝土中粗骨料的质量$m_g=V_g\rho_g=0.32\times2600=832$（kg/m^3）。

砂浆体积$V_m=1-V_g=1-0.32=0.68$m^3。

砂浆中砂的体积分数Φ_s取值为0.45，砂的体积$V_s=V_m\Phi_s=0.68\times0.45=0.306$（m^3），砂的质量$m_s=V_s\rho_g=0.306\times2650=811$kg/m^3。

浆体体积$V_p=V_m-V_s=0.68-0.306=0.374$m^3。

选取粉煤灰掺量为30%，即$\beta=0.30$，胶凝材料表观密度

$$\rho_b=\frac{1}{\frac{\beta}{\rho_m}+\frac{1-\beta}{\rho_c}}=\frac{1}{\frac{0.30}{2200}+\frac{1-0.30}{3000}}=2705\ (\text{kg/m}^3)$$

混凝土配制强度$f_{cu,0}\geqslant f_{cu,k}+1.645\sigma$，计算$f_{cu,0}\geqslant30.0+1.645\times5.0=38.2$（MPa），其中$\sigma$按表5-6取为5.0MPa。

水胶比 $m_w/m_b=\frac{0.42f_{ce}(1-\beta+\beta\gamma)}{f_{cu,0}+1.2}=\frac{0.42\times48.2\times(1-0.30+0.30\times0.4)}{38.2+1.2}=$ 0.42，其中矿物掺合料的胶凝系数$\gamma=0.4$，水胶比计算结果符合自密实混凝土宜小于0.45的要求。

胶材总量 $m_b=\frac{V_p-V_a}{\frac{1}{\rho_b}+\frac{m_w/m_b}{\rho_w}}=\frac{0.374-0.02}{\frac{1}{2705}+\frac{0.42}{1000}}=448$（kg/m^3），其中取空气体积$V_a=0.02$，胶材总量符合自密实混凝土400～550kg/m^{3}的规定。

水的质量$m_w=m_b(m_w/m_b)=448\times0.42=188$（kg/m^3）。

粉煤灰的质量$m_m=m_b\beta=448\times0.30=134$（kg/m^3）。

水泥的质量 $m_c = m_b - m_m = 448 - 134 = 314$（$kg/m^3$）。

混凝土中各种原材料计算见表 5-64。

■表 5-64 C30 自密实混凝土中各种原材料用量

水胶比	砂的体积分数 Φ_s	每立方米混凝土中原材料用量/(kg/m^3)					
		水泥	水	砂	石	粉煤灰	减水剂
0.42	0.45	314	180	811	832	134	9.0

注：包括减水剂中的水，总用水量为 188kg/m³。

2. 试拌配合比

按上述计算的材料用量进行试拌，测定混凝土拌合物工作性良好，混凝土坍落扩展度为 690mm，符合 SF2 性能等级要求，扩展时间 T_{500} 为 3.2s，符合 VS1 性能等级要求，因此表 5-64 的配合比即为确定的试拌配合比。

3. 试配、调整与确定

根据已确定的试拌配合比，另外再计算两个配合比，其水胶比较试拌配合比分别增减 0.02，用水量与试拌配合比保持相同，各配合比的材料用量计算结果见表 5-65。

■表 5-65 C30 自密实混凝土各试配配合比材料用量

水胶比	砂的体积分数	每立方米混凝土中原材料用量/(kg/m^3)					
		水泥	水	砂	石	粉煤灰	减水剂
0.44	0.46	300	182	829	832	129	7.7
0.42	0.45	314	180	811	832	134	9.0
0.40	0.44	328	179	793	832	141	10.3

混凝土自密实性能、表观密度、28d 抗压强度见表 5-66。

■表 5-66 C30 自密实混凝土拌合物性能试验结果

水胶比	自密实性能指标				实测表观密度/(kg/m^3)	28d 抗压强度/MPa
	坍落扩展度/mm	扩展时间 T_{500}/s	坍落扩展度与 J 环扩展度差值/mm	离析率/%		
0.44	685	5.8	40	9	2300	44.7
0.42	700	3.4	34	8	2330	48.8
0.40	710	2.7	26	6	2310	52.3

上述各配合比混凝土工作性良好，测得的自密实性能指标满足要求，表观密度实测值与计算值之差不超过计算值的 2%，各材料用量不必校正。

根据混凝土 28d 抗压强度试验结果，并结合配制强度 $f_{cu,0}$ 不低于 38.2MPa 的要求，水胶比为 0.44 的混凝土配合比 28d 强度结果略高于配制强度。因此，确定表 5-66 中水胶比为 0.44 的混凝土配合比即为设计配合比。

六、LC25轻骨料泵送混凝土配合比设计实例

某工程屋面设计为轻骨料混凝土，混凝土强度等级为LC25，密度等级为1800，坍落度160mm，要求采用泵送施工。

该工程拟用原材料如下：P·O42.5水泥，实测28d强度48.2MPa；Ⅱ级粉煤灰；河砂，细度模数2.6，含泥量2.5%，泥块含量0.8%，松散堆积密度1560kg/m^3；碎石型页岩陶粒，5～16mm连续级配，密度等级800，含泥量0.8%，泥块含量0.3%，实测松散堆积密度780kg/m^3，1h吸水率3.6%，24h吸水率4.3%；聚羧酸高性能减水剂，固含量10.00%。

1.计算配合比

（1）配制强度的确定

混凝土配制强度依据公式 $f_{cu,0} \geqslant f_{cu,k} + 1.645\sigma$，计算 $f_{cu,0} \geqslant 25.0 + 1.645 \times 5.0 = 33.2$MPa。其中，$\sigma$ 按表5-32取为5.0MPa。

（2）设计参数的选取

参照表5-33对水泥用量选取的一般原则，根据以往工程经验，初步选取胶凝材料总量为450kg/m^3，其中水泥用量为315kg/m^3，粉煤灰占胶材总量为30%，即其用量为135kg/m^3。

初步选取净用水量为180kg/m^3，混凝土工作性通过减水剂掺量进行调整。

按松散体积法进行混凝土配合比设计，松散体积砂率取为 $S_p = 45\%$，粗细骨料总体积取为1.10m^3。

（3）配合比的计算

砂的松散体积 $V_s = V_t \times S_p = 1.1 \times 45\% = 0.495$（m^3），每立方米混凝土砂用量 $m_s = V_s \rho_{1s} = 0.495 \times 1560 = 772$（kg/m^3）。

陶粒的松散体积 $V_a = V_t - V_s = 1.1 - 0.495 = 0.605$（m^3），每立方米混凝土陶粒用量 $m_a = V_a \rho_{1a} = 0.605 \times 780 = 472$（kg/m^3）。

混凝土总用水量 $m_{wt} = m_{wn} + m_{wa} = 180 + 472 \times 4.3\% = 200$（kg/m^3），在计算附加水量时陶粒采用24h吸水率。

计算混凝土干表观密度 $\rho_{cd} = 1.15m_c + m_a + m_s = 1.15 \times (315 + 135) + 772 + 472 = 1762$（kg/m^3），满足设计要求。

混凝土中各种原材料计算结果见表5-67。

2.试拌配合比

按上述计算的材料用量进行试拌，测定混凝土拌合物工作性良好，混凝土坍落度为195mm，符合要求，因此表5-67的配合比即为确定的试拌配合比。

■表 5-67　LC25 轻骨料泵送混凝土中各种原材料用量

净水胶比	松散体积砂率/%	每立方米混凝土中原材料用量/(kg/m³)					
		水泥	水	砂	陶粒	粉煤灰	减水剂
0.40	45	315	173	772	472	135	8.1

注：包括减水剂中的水，总净用水量为 180kg/m³。

3. 试配、调整与确定

根据已确定的试拌配合比，另外再计算两个配合比，其胶材总量较试拌配合比分别增减 10%，用水量与试拌配合比保持相同，各配合比的材料用量计算结果见表 5-68。

■表 5-68　LC25 轻骨料泵送混凝土各试配配合比材料用量

水胶比	砂率/%	每立方米混凝土中原材料用量/(kg/m³)					
		水泥	净用水量	砂	陶粒	粉煤灰	减水剂
0.44	46	284	174	789	463	122	6.9
0.40	45	315	173	772	472	135	8.1
0.36	44	346	172	755	480	148	9.4

混凝土拌合物坍落度、实测湿表观密度、28d 抗压强度和干表观密度试验结果见表 5-69。

■表 5-69　LC25 轻骨料泵送混凝土拌合物性能试验结果

水胶比	坍落度/mm	计算干表观密度/(kg/m³)	实测振实湿表观密度/(kg/m³)	含气量/%	28d 抗压强度/MPa	实测干表观密度/(kg/m³)
0.44	180	1719	1830	5.1	31.7	1730
0.40	190	1762	1870	5.3	36.3	1770
0.36	195	1803	1900	5.8	40.2	1790

上述各配合比混凝土工作性良好，测得的拌合物性能指标满足要求，表观密度实测值与计算值之差不超过计算值的 2%，各材料用量不必校正。

根据混凝土 28d 抗压强度及干表观密度试验结果，并结合配制强度 $f_{cu,0}$ 不低于 33.2MPa 的要求，水胶比为 0.40 的混凝土配合比 28d 强度结果略高于配制强度。因此，确定表 5-69 中水胶比为 0.40 的混凝土配合比即为设计配合比。

七、C50 钢纤维混凝土配合比设计实例

某机场道面设计为 C50 钢纤维混凝土，要求纤维体积率为 1.00%，坍落度为 160mm。

该工程拟用原材料如下：P·O42.5 水泥，实测 28d 强度 48.2MPa，表观密度 3000kg/m³；Ⅱ级粉煤灰，表观密度 2200kg/m³；S95 矿渣粉，表观密度 2900kg/m³；

河砂，细度模数 2.6，含泥量 2.5%，泥块含量 0.8%，表观密度 2650kg/m³；5～25mm 连续级配碎石，含泥量 0.8%，泥块含量 0.3%，表观密度 2600kg/m³；聚羧酸高性能减水剂，固含量 10.00%；端钩型钢纤维。

1. 计算配合比

（1）配制强度的确定

混凝土配制强度依据公式 $f_{cu,0} \geqslant f_{cu,k} + 1.645\sigma$，计算 $f_{cu,0} \geqslant 50.0 + 1.645 \times 6.0 = 59.9$（MPa）。其中，$\sigma$ 按表 5-6 取为 6.0MPa。

（2）水胶比的计算

初定粉煤灰掺量为 10%，矿渣粉掺量为 10%，则按表 5-7 选取粉煤灰影响系数为 0.95，矿渣粉影响系数为 1.00，计算胶凝材料 28d 胶砂抗压强度 $f_b = \gamma_f \gamma_s f_{ce} = 0.95 \times 1.00 \times 48.2 = 45.8$（MPa）。

依据水胶比计算公式 $W/B = \dfrac{\alpha_a f_b}{f_{cu,0} + \alpha_a \alpha_b f_b} = \dfrac{0.53 \times 45.8}{59.9 + 0.53 \times 0.20 \times 45.8} = 0.37$，其中 α_a 取 0.53，α_b 取 0.20。

（3）各种原材料的计算

选取砂率为 45%，钢纤维体积率 1.00%，含气量为 1%，按体积法计算的配合比见表 5-70。

■表 5-70 C50 钢纤维混凝土中各种原材料用量

水胶比	砂率/%	每立方米混凝土中原材料用量/(kg/m³)							
		水泥	水	砂	石	粉煤灰	矿渣粉	减水剂	钢纤维
0.37	45	378	164	757	925	47	47	11.8	78

注：包括减水剂中的水，总用水量为 175kg/m³。

由计算配合比可知，胶凝材料用量符合表 5-44 的规定，水胶比符合《混凝土耐久性设计规范》（GB/T 50476）的规定，粉煤灰和矿渣粉组成的复合矿物掺合料掺量也未超 20%的规定。

2. 试拌配合比

按上述计算的材料用量进行试拌，测定混凝土拌合物工作性良好，混凝土坍落度为 170mm，符合要求。因此表 5-70 的配合比即为确定的试拌配合比。

3. 试配、调整与确定

根据已确定的试拌配合比，另外再计算两个配合比，其水胶比较试拌配合比分别增减 0.05，用水量和钢纤维体积率与试拌配合比保持相同，含气量取 1%，各配合比的材料用量计算结果见表 5-71。

混凝土拌合物性能、表观密度、28d 抗压强度试验结果见表 5-72。

上述各配合比混凝土工作性良好，测得的拌合物性能满足要求，表观密度实测值与计算值之差不超过计算值的 2%，各材料用量不必校正。

■表 5-71　C50 钢纤维混凝土各试配配合比材料用量

水胶比	砂率/%	每立方米混凝土中原材料用量/(kg/m³)							
		水泥	水	砂	石	粉煤灰	矿渣粉	减水剂	钢纤维
0.42	46	333	166	797	930	42	42	9.6	78
0.37	45	378	164	757	925	47	47	11.8	78
0.32	44	438	162	709	902	55	55	14.8	78

■表 5-72　C50 钢纤维混凝土拌合物性能试验结果

水胶比	坍落度/mm	计算表观密度/(kg/m³)	实测表观密度/(kg/m³)	28d 抗压强度/MPa
0.42	170	2404	2410	51.3
0.37	180	2408	2420	62.4
0.32	180	2414	2420	69.2

根据混凝土 28d 抗压强度，并结合配制强度 $f_{cu,0}$ 不低于 59.9MPa 的要求，水胶比为 0.37 的混凝土配合比 28d 强度结果略高于配制强度。因此，确定表 5-72 中水胶比为 0.37 的混凝土配合比即为设计配合比。

八、C30 重晶石防辐射混凝土配合比设计实例

某医院放射室墙体设计为 C30 防辐射混凝土，要求密度等级为 2 级，坍落度为 120mm。

该工程拟用原材料如下：P·O42.5 水泥，实测 28d 强度 48.2MPa，表观密度 3000kg/m³；重晶石细骨料，细度模数 2.6，重晶石粉 4.5%，泥块含量 0.3%，表观密度 4350kg/m³；5～20mm 连续级配重晶石粗骨料，重晶石粉 2.1%，泥块含量 0.1%，表观密度 4300kg/m³；聚羧酸高性能减水剂，固含量 10.00%。

1. 计算配合比

（1）配制强度的确定

混凝土配制强度依据公式 $f_{cu,0} \geqslant f_{cu,k} + 1.645\sigma$，计算 $f_{cu,0} \geqslant 30.0 + 1.645 \times 5.5 = 39.0$（MPa）。其中，$\sigma$ 按表 5-40 取为 5.5MPa。

（2）水灰比的计算

依据水灰比计算公式 $\dfrac{W}{C} = \dfrac{\alpha_a f_{ce}}{f_{cu,o} + \alpha_a \alpha_b f_{ce}} = \dfrac{0.55 \times 48.2}{39.0 + 0.55 \times 0.45 \times 48.2} = 0.52$，其中 α_a 取 0.55，α_b 取 0.45。

（3）各种原材料的计算

选取砂率为 42%，含气量为 1%，用水量为 180kg/m³，按体积法计算的配合比见表 5-73。

■ 表 5-73 C30 重晶石防辐射混凝土中各种原材料用量

水胶比	砂率/%	每立方米混凝土中原材料用量/(kg/m^3)				
		水泥	水	重晶石细骨料	重晶石粗骨料	减水剂
0.52	42	346	175	1261	1741	5.5

注：包括减水剂中的水，总用水量为 $180kg/m^3$。

上述配合比计算表观密度（ρ_b）为 $3528kg/m^3$，满足密度等级 2 级要求，即 $3400kg/m^3 \leqslant \rho_b < 3600kg/m^3$。

2. 试拌配合比

按上述计算的材料用量进行试拌，测定混凝土拌合物工作性良好，混凝土坍落度为 125mm，实测表观密度为 $3540kg/m^3$，也符合密度等级为 2 级的要求，因此表 5-74 的配合比即为确定的试拌配合比。

3. 试配、调整与确定

根据已确定的试拌配合比，另外再计算两个配合比，其水胶比较试拌配合比分别增减 0.05，用水量与试拌配合比保持相同，含气量取 1%，各配合比的材料用量计算结果见表 5-74。

■ 表 5-74 C30 重晶石防辐射混凝土各试配配合比材料用量

水胶比	砂率/%	每立方米混凝土中原材料用量/(kg/m^3)				
		水泥	水	重晶石细骨料	重晶石粗骨料	减水剂
0.57	43	316	176	1309	1735	4.7
0.52	42	346	175	1261	1741	5.5
0.47	41	383	174	1209	1740	6.5

混凝土拌合物性能、表观密度、28d 抗压强度试验结果见表 5-75。

■ 表 5-75 C30 重晶石防辐射混凝土拌合物性能试验结果

水胶比	坍落度/mm	计算表观密度/(kg/m^3)	实测表观密度/(kg/m^3)	28d 抗压强度/MPa
0.57	120	3541	3520	37.7
0.52	125	3528	3540	41.0
0.47	130	3512	3550	46.5

上述各配合比混凝土工作性良好，测得的拌合物性能满足要求，表观密度实测值与计算值之差不超过计算值的 2%，各材料用量不必校正。

根据混凝土 28d 抗压强度及密度等级为 2 级要求，并结合配制强度 $f_{cu,0}$ 不低于 39.0MPa 的要求，水灰比为 0.52 的混凝土配合比 28d 强度结果略高于配制强度。因此，确定表 5-75 中水胶比为 0.52 的混凝土配合比即为设计配合比。

九、掺铁尾矿混合砂C55混凝土配合比设计实例

某工程混凝土柱设计强度等级C55，要求坍落度为200mm，采用泵送施工。

该工程拟用原材料如下：P·O42.5水泥，实测28d强度48.2MPa；Ⅱ级粉煤灰；S95矿渣粉；机制砂，细度模数3.6，石粉含量7.5%（MB值1.3），泥块含量0.8%；铁尾矿砂，细度模数1.5，石粉含量8.4%（MB值1.0），泥块含量0.3%；5～25mm连续级配碎石，含泥量0.8%，泥块含量0.3%；聚羧酸高性能减水剂，固含量10.00%。

铁尾矿砂与河砂按质量比1∶4组合后进行筛分试验，测得细度模数2.9，属Ⅱ区中砂。

1.计算配合比

（1）配制强度的确定

混凝土配制强度依据公式 $f_{cu,0} \geqslant f_{cu,k}+1.645\sigma$，计算 $f_{cu,0} \geqslant 55.0+1.645\times 6.0=64.9$（MPa）。其中，$\sigma$ 按表5-6取为6.0MPa。

（2）水胶比的计算

初定粉煤灰掺量为10%，矿渣粉掺量为20%，则按表5-7选取粉煤灰影响系数为0.95，矿渣粉影响系数为1.00，计算胶凝材料28d胶砂抗压强度 $f_b=\gamma_f\gamma_s f_{ce}=0.95\times 1.00\times 48.2=45.8$MPa。

依据水胶比计算公式 $W/B=\dfrac{\alpha_a f_b}{f_{cu,0}+\alpha_a\alpha_b f_b}=\dfrac{0.53\times 45.8}{64.9+0.53\times 0.20\times 45.8}=0.35$，其中 α_a 取0.53，α_b 取0.20。

（3）各种原材料的计算

选取砂率为39%，假定混凝土表观密度为2430kg/m^3，铁尾矿砂与河砂的质量比为1∶4，按质量法计算的配合比见表5-76。

■表5-76 掺铁尾矿混合砂C55混凝土中各种原材料用量

水胶比	砂率/%	每立方米混凝土中原材料用量/(kg/m^3)							
		水泥	水	铁尾矿砂	机制砂	石	粉煤灰	矿渣粉	减水剂
0.35	39	350	164	137	547	1070	50	100	12.5

注：包括减水剂中的水，总用水量为175kg/m^3。

由计算配合比可知，胶凝材料用量符合表5-1的规定，粉煤灰和矿渣粉组成的复合矿物掺合料掺量也符合表5-2的规定。

2.试拌配合比

按上述计算的材料用量进行试拌，测定混凝土拌合物工作性良好，混凝土坍落度为210mm，符合要求，因此表5-76的配合比即为确定的试拌配合比。

3.试配、调整与确定

根据已确定的试拌配合比，另外再计算两个配合比，其水胶比较试拌配合比分别增减0.05，用水量与试拌配合比保持相同，各配合比的材料用量计算结果见表5-77。

■表5-77 掺铁尾矿混合砂C55混凝土各试配配合比材料用量

水胶比	砂率/%	每立方米混凝土中原材料用量/(kg/m^3)							
		水泥	水	铁尾矿砂	机制砂	石	粉煤灰	矿渣粉	减水剂
0.40	40	306	166	145	581	1090	44	88	10.5
0.35	39	350	164	137	547	1070	50	100	12.5
0.30	38	408	161	127	508	1035	58	117	15.7

混凝土拌合物性能、表观密度、28d抗压强度见表5-78。

■表5-78 掺铁尾矿混合砂C55混凝土拌合物性能试验结果

水胶比	坍落度/mm	实测表观密度/(kg/m^3)	28d抗压强度/MPa
0.40	200	2410	52.7
0.35	215	2430	62.2
0.30	225	2440	75.0

上述各配合比混凝土工作性良好，测得的拌合物性能满足要求，表观密度实测值与计算值之差不超过计算值的2%，各材料用量不必校正。

根据混凝土28d抗压强度试验结果，并结合配制强度 $f_{cu,0}$ 不低于64.9MPa的要求，按线性插值法计算取水胶比0.34，调整后混凝土各原材料用量见表5-79。

■表5-79 混凝土设计配合比

水胶比	砂率/%	每立方米混凝土中原材料用量/(kg/m^3)							
		水泥	水	铁尾矿砂	机制砂	石	粉煤灰	矿渣粉	减水剂
0.34	39	360	163	136	543	1061	51	103	12.8

表5-79的混凝土配合比即为设计配合比。

十、C20透水混凝土配合比设计实例

某城市某道路路面基层采用C20透水混凝土，要求透水系数≥0.8mm/s。

该工程拟用原材料如下：P·O42.5水泥，实测28d强度48.2MPa，表观密度3000kg/m^3；4.75～9.5mm碎石，含泥量0.8%，泥块含量0.3%，紧密堆积密度1480kg/m^3，表观密度2600kg/m^3；聚羧酸高性能减水剂，固含量10.00%。

1.计算配合比

（1）配制强度的确定

混凝土配制强度依据公式 $f_{cu,0} \geq f_{cu,k}+1.645\sigma$，计算 $f_{cu,0} \geq 20.0+1.645\times$

Concrete

4.0=26.6（MPa）。其中，σ 按表 5-6 取为 4.0MPa。

（2）粗骨料用量的计算

粗骨料用量根据计算公式 $W_G=\alpha\rho_G=0.98\times1480=1450\text{kg/m}^3$。

（3）胶结料体积的计算

设计孔隙率取 25%，粗骨料紧密堆积孔隙率 $\nu_C=\dfrac{2600-1480}{2600}\times100\%=43\%$，胶结料体积根据计算公式 $V_P=1-\alpha(1-\nu_C)-R_{void}=1-0.98\times(1-0.43)-0.25=0.1914(\text{m}^3)$。

（4）水胶比的确定

初步选取水胶比为 0.32。

（5）其他材料用量的计算

水泥用量根据公式 $W_C=\dfrac{V_P}{R_{W/C}+1}\rho_C=\dfrac{0.1914}{0.32+1}\times3000=435(\text{kg/m}^3)$。

用水量根据公式 $W_W=W_CR_{W/C}=435\times0.32=139(\text{kg/m}^3)$。

外加剂用量根据公式 $M_a=W_Ca=435\times1.1\%=4.8(\text{kg/m}^3)$，其中外加剂掺量为 1.1%。

混凝土计算配合比中各种原材料用量见表 5-80。

■表 5-80　C20 透水混凝土基准配合比中各种原材料用量

水胶比	每立方米混凝土中原材料用量/(kg/m³)			
	水泥	水	粗骨料	外加剂
0.32	435	135	1450	4.8

注：包括外加剂中的水，总用水量为 139kg/m³。

2.试拌配合比

按上述计算的材料用量进行试拌，混凝土拌合物工作性良好，性能测定结果见表 5-81。

■表 5-81　C20 透水混凝土性能试验结果

项目	耐磨性(磨坑长度)/mm	透水系数/(mm/s)	抗冻性	
			25 次冻融循环后抗压强度损失率/%	25 次冻融循环后质量损失率/%
试验结果	23	0.9	12	2

因此表 5-81 的配合比即为确定的基准配合比。

3.试配、调整与确定

根据已确定的基准配合比，另外再计算两个配合比，其水胶比较基准配合比分别增减 0.05，用水量与试拌配合比保持相同，各配合比的材料用量计算结果见表 5-82。

■表 5-82 C20透水混凝土中各种原材料用量

水胶比	每立方米混凝土中原材料用量/(kg/m³)			
	水泥	水	粗骨料	外加剂
0.37	376	136	1450	3.8
0.32	435	135	1450	4.8
0.27	515	133	1450	6.2

混凝土拌合物性能及28d抗压强度见表5-83。

■表 5-83 C20透水混凝土拌合物性能试验结果

水胶比	透水系数/(mm/s)	28d抗压强度/MPa
0.37	1.5	24.5
0.32	0.9	28.8
0.27	0.5	33.2

上述各配合比混凝土工作性良好，但水胶比为0.37的配合比配制强度不满足要求，水胶比为0.27的配合比透水系数不满足要求，因此选择水胶比为0.32的配合比为设计配合比。另外，也可分别绘制混凝土强度-水胶比、孔隙率-水胶比关系图，利用插值法分别计算满足配制强度和孔隙率的水胶比，进而确定设计配合比中各种原材料用量。

参考文献

[1] JGJ 55—2011.
[2] GB 50010—2011.
[3] GB/T 5476—2008.
[4] CCES 02—2004.
[5] CECS 203：2006.
[6] JGJ/T 283—2012.
[7] GB 50496—2009.
[8] GB/T 50557—2010.
[9] JGJ/T 221—2010.
[10] CJJ/T 135—2009.

本章主要执笔人：韩素芳、王安岭

第六章

混凝土的生产质量控制与合格验收

第一节 概述

混凝土由于随机的影响因素多，质量控制难度也就较大，其中某一种原材料质量发生波动、生产环节出现失控，或者混凝土在运输、交付、成型、养护工作中一个小小的失误，以及天气、环境变化等，都可能会影响到混凝土的最终质量，所以，每一种材料、每一项工艺、每一道工序都必须严格控制，以保证混凝土质量合格。

对于混凝土生产企业来说，混凝土虽为其产品，但其最终质量与之后的混凝土运输、浇筑成型和养护有很大关系。混凝土须经一定的龄期才可判断最终质量合格与否，从这种意义上来讲，混凝土拌合物仅属于半成品，所以，必须严格加强过程控制和管理，才能最终确保混凝土结构质量。预拌混凝土的特点是规模化生产，周期短、效率高，出厂时混凝土强度等重要技术指标不易检测。混凝土的生产和使用单位必须实施有效的质量控制，才能保证生产出合格的混凝土产品。

混凝土是世界上最大宗的建筑结构材料，混凝土质量直接关系到建筑结构的质量，乃至整个建筑的使用寿命。为了保证混凝土质量，国家颁布了系列标准规范，如《混凝土质量控制标准》(GB/T 50164)、《混凝土结构工程施工规范》(GB 50666)、《混凝土结构工程施工质量验收规范》(GB 50204)、《混凝土强度检验评定标准》(GB/T 50107)、《预拌混凝土》(GB/T 14902)、《普通混凝土配合比设计规程》(JGJ 55) 和《早期推定混凝土强度试验方法标准》(JGJ/T 15) 等，对混凝土生产、施工和质量验收等做出了明确规定，各地区也根据实际情况制定了相关的地方标准，旨在进一步规范混凝土生产和施工行为。通过多年的努力，我国混凝土技术有了长足的进步，生产管理水平也有了明显的提高，当前，预拌混凝土企业的合同管理、材料采购、生产调度、技术试验、过程管理和销售经营等全过程均可采用信息管理系统，减少人为操作失误，提高工作效率。但是，这样那样的质量问题和事故仍时有发生，所以，生产和施工人员必须重视混凝土质量控制，科学组织生产，保证混凝土质量，进而提高混凝土结构使用寿命。

混凝土的质量控制应包括初步控制、生产控制和合格性控制。

初步控制系指为混凝土的生产控制和合格控制提供组成材料性能统计参数的质量控制。

生产控制系指在生产过程中为了使混凝土具有稳定的质量而进行的各工序生产工艺控制，即为生产者的自我控制，它包括计量、搅拌、运输、浇筑及养护等项内容。

合格控制系指在产品交付使用前根据规定的质量检验评定标准进行的合格性检

验，以保证产品的最终质量符合规定要求。

实施混凝土质量控制应遵循下列规定。也可把初步控制和生产控制统称为生产控制。生产控制属于单位内部的质量控制，合格控制是在生产单位和用户之间进行的质量控制，即按统一规定的质量验收标准或双方同意的其他规则进行验收。

（1）通过对原材料的质量检验与控制、混凝土配合比的确定与控制、混凝土生产和施工过程各工序的质量检验与控制以及合格性检验控制，使混凝土质量符合规定要求。

（2）在生产和施工过程中进行质量检测，计算统计参数，应用各种质量管理图表，掌握动态信息，控制整个生产和施工期间的混凝土质量，并遵循升级循环的方式，制订改进与提高质量的措施，完善质量控制过程，使混凝土质量稳定提高。

（3）混凝土质量控制程序及其控制手段如图 6-1 所示。

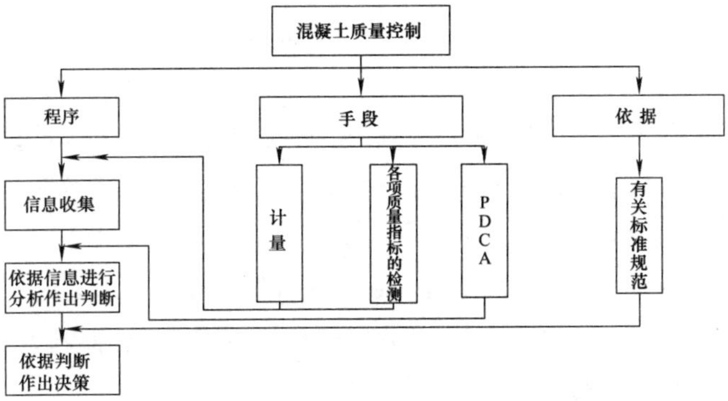

图 6-1 混凝土质量控制程序及其控制手段

注：PDCA 循环是质量管理的基本方法，是升级循环。它分为计划-实施-检查-处理四个阶段。对混凝土质量控制，在上述升级循环过程中可采用质量控制图、直方图、因果分析图及对策表等手段，以便直观、有效地发现问题和解决问题，简称三图一表。

（4）必须配备相应的技术人员和必要的检验及试验设备，建立健全必要的技术管理与质量控制制度。

（5）对混凝土进行合格控制，使交付的混凝土满足设计和使用要求。

第二节 混凝土的初步控制

一、原材料质量控制与管理

1. 原材料质量控制的主要项目

普通混凝土原材料的主要控制项目见第二章的相关质量控制要求。

2. 原材料质量控制应用要点

（1）水泥

① 采用新型干法窑生产的水泥。

② 应注明水泥中的混合材品种和掺加量。

③ 用于生产混凝土的水泥温度不宜高于 60℃。

（2）粗骨料

① 粗骨料宜采用连续级配。

② 对于混凝土结构，粗骨料最大公称粒径不得大于构件截面最小尺寸的 1/4，且不得大于钢筋最小净间距的 3/4；对混凝土实心板，骨料的最大公称粒径不宜大于板厚的 1/3，且不得大于 40mm；对于大体积混凝土，粗骨料最大公称粒径不宜小于 31.5mm。

③ 对于有抗渗、抗冻、抗腐蚀、耐磨或其他特殊要求的混凝土，粗骨料中的含泥量和泥块含量分别不应大于 1.0％和 0.5％，坚固性检验的质量损失不应大于 8％。

④ 对于高强混凝土，粗骨料的岩石抗压强度应至少比混凝土设计强度高 30％；最大公称粒径不宜大于 25mm，针片状颗粒含量不宜大于 5％且不应大于 8％，含泥量和泥块含量分别不应大于 0.5％和 0.2％。

⑤ 对粗骨料或用于制作粗骨料的岩石，应进行碱活性检验，包括碱-硅酸反应活性检验和碱-碳酸盐反应活性检验；对于有预防混凝土碱骨料反应要求的混凝土工程，不宜采用有碱活性的粗骨料。

（3）细骨料

① 泵送混凝土宜采用中砂，且 300μm 筛孔的颗粒通过量不宜少于 15％。

② 对于有抗渗、抗冻或其他特殊要求的混凝土，砂中的含泥量和泥块含量分别不应大于 3.0％和 1.0％，坚固性检验的质量损失不应大于 8％。

③ 对于高强混凝土，砂的细度模数宜控制在 2.6～3.0 范围之内，含泥量和泥块含量分别不应大于 2.0％和 0.5％。

④ 钢筋混凝土和预应力混凝土用砂的氯离子含量分别不应大于 0.06％和 0.02％。

⑤ 混凝土用海砂应经过净化处理。

⑥ 混凝土用海砂氯离子含量不应大于 0.03％，贝壳含量应符合表 2-96 的规定。海砂不得用于预应力混凝土。

⑦ 人工砂中的石粉含量应符合表 2-92 的规定。

⑧ 不宜单独采用特细砂作为细骨料配制混凝土。

⑨ 河砂和海砂应进行碱-硅酸反应活性检验；人工砂应进行碱-硅酸反应活性检验和碱-碳酸盐反应活性检验；对于有预防混凝土碱骨料反应要求的工程，不宜采用有碱活性的砂。

（4）矿物掺合料

① 掺用矿物掺合料的混凝土，宜采用硅酸盐水泥和普通硅酸盐水泥。

② 在混凝土中掺用矿物掺合料时，矿物掺合料的种类和掺量应经试验确定。

③ 矿物掺合料宜与高效减水剂同时使用。

④ 对于高强混凝土或有抗渗、抗冻、抗腐蚀、特殊要求的混凝土，不宜采用低于Ⅱ级的粉煤灰。

⑤ 对于高强混凝土和有耐腐蚀要求的混凝土，当需要采用硅灰时，不宜采用二氧化硅含量小于90%的硅灰。

（5）外加剂

① 在混凝土中掺用外加剂时，外加剂应与水泥具有良好的适应性，其种类和掺量应经试验确定。

② 高强混凝土宜采用高性能减水剂，有抗冻要求的混凝土宜采用引气剂或引气减水剂，大体积混凝土宜采用缓凝剂或缓凝减水剂，混凝土冬期施工可采用防冻剂。

③ 外加剂中的氯离子含量和碱含量应满足混凝土设计要求。

④ 宜采用液态外加剂。

（6）水

① 未经处理的海水严禁用于钢筋混凝土和预应力混凝土。

② 当骨料具有碱活性时，混凝土用水不得采用混凝土企业生产设备洗涮水。

3.原材料质量管理

前面章节系统介绍了混凝土原材料技术要求和质量控制相关内容，混凝土原材料的质量是混凝土质量的根本保证，要保证混凝土质量，必须加强原材料管理，确保原材料质量符合要求。混凝土生产企业应建立健全材料管理制度。混凝土原材料的质量管理流程如图 6-2 所示。

混凝土生产企业应建立材料供应商档案，形成稳定的材料采购渠道。订货前，应根据技术要求和工程特点选用原材料，按照国家现行标准规定对原材料质量进行检验和确认。

材料进场后应按有关规定进行检验。材料供应商应向混凝土生产企业提供所供材料的有效质量证明文件。质量证明文件应包括型式检验报告、出厂检验报告与合格证等，外加剂产品还应提供使用说明书。各种材料的型式检验报告有效期为一年。

原材料应分仓储存、标识明确，并符合有关环境保护的规定。标识应注明材料的品名、产地（厂家）、等级、规格等必要信息。

水泥应按不同生产厂家、不同品种和强度等级分别存储，并应采取防潮措施；出现结块的水泥不得用于混凝土结构工程；水泥出厂超过 3 个月（快硬硅酸盐水泥超过 1 个月），应进行复检，合格后方可使用。

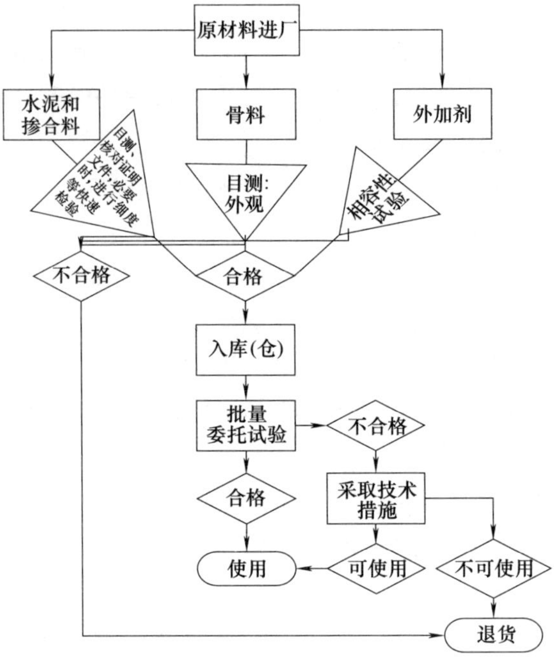

图 6-2 混凝土原材料质量管理流程

矿物掺合料存储时，应采取防潮防雨措施，不同品种矿物掺合料不得混杂存放。

粗、细骨料堆场应有防雨防雪设施，并应按品种、规格分别堆放，不得混入杂物。

外加剂的送检样品应与批量进货一致，并应按不同的供货单位、品种和牌号进行标识，单独存放；粉状外加剂应防止受潮结块，如有结块，应进行检验，合格者应经粉碎至全部通过 630μm 筛孔后方可使用；液态外加剂应贮存在密闭容器内，并应防晒和防冻，如有沉淀等异常现象，应重新均化并经检验合格后方可使用。

在符合国家、行业和地方标准的前提下，必要时，混凝土生产企业可制定自己的原材料技术要求，将原材料的性能指标要求写入原材料采购合同中，约束供应商，以保证质量。企业试验技术人员应充分掌握所用原材料的性能指标，储备分析试验数据，为下一步原材料选择提供依据，为混凝土配合比设计和生产控制提供可靠数据。

混凝土生产企业应经常跟踪分析原材料的质量波动情况，不断提高混凝土的质量管理水平，确保混凝土质量的稳定性，在提高混凝土合格率和稳定性的同时，降低混凝土成本。

二、配合比控制与管理

1. 配合比控制

(1) 混凝土配合比设计应符合《普通混凝土配合比设计规程》(JGJ 55) 及其

他相关技术标准的规定。

（2）混凝土配合比应满足混凝土施工性能要求，强度以及其他力学性能和耐久性能应符合设计要求。

（3）对首次使用、使用间隔时间超过三个月的配合比应进行开盘鉴定，开盘鉴定应符合下列规定。

① 生产使用的原材料应与配合比设计一致。

② 混凝土拌合物性能应满足施工要求。

③ 混凝土强度评定应符合设计要求。

④ 混凝土耐久性能应符合设计要求。

（4）在混凝土配合比使用过程中，应根据混凝土质量的动态信息及时调整。

2.配合比管理

混凝土配合比是预拌混凝土企业的核心技术，且能反映企业的管理水平和技术水平。经济合理的配合比能大大提高企业市场竞争力。混凝土生产企业应具备常规混凝土配合比的设计条件和能力。混凝土配合比应按《普通混凝土配合比设计规程》（JGJ 55）等规定，通过计算、试配、调整、校核等程序确定。对有特殊要求的混凝土，其配合比设计除应符合相关标准的规定外，混凝土配合比还应根据混凝土强度等级、稠度、耐久性、原材料品种、工程特点与要求、施工季节等进行设计。配合比应统一编号，专人管理。

混凝土配合比应经试验验证，除应满足混凝土施工性能要求外，还应满足强度、其他力学性能和耐久性能的要求。混凝土配制强度应留足富余，除应根据生产管理水平和强度统计结果确定外，还应考虑试验室条件与现场条件差异等因素，使混凝土等级值有足够的保证率。配合比设计时，应根据技术要求对混凝土的含气量、氯离子含量及碱总含量进行控制。配制混凝土时，根据工程要求、环境条件及混凝土性能要求选择相应品种的外加剂，并进行相容性试验，再根据所选用的原材料进行系统的混凝土试配试验；试配过程中，应详细记录混凝土拌合物的坍落度、扩展度、坍落度的经时损失值、凝结时间和含气量（必要时）等，并对混凝土拌合物的工作性做简要描述。根据需要，对经试拌、试配调整达到施工要求的混凝土制备3d、7d和28d标准养护试件，当掺加矿物掺合料时，根据要求可增加60d或90d强度试件，若有其他性能要求（如抗渗、抗冻等）时，还应制备相应试件。

预拌混凝土企业应根据本企业常用的原材料，按不同使用环境、不同工程类型、不同工程部位等进行常用的混凝土配合比设计及试验，并依据试配结果确定常用的混凝土配合比，建立常用混凝土配合比清单；另外还要根据工程对质量、原材料等的特殊要求进行特殊要求混凝土配合比设计及试验。配合比的选定、使用应有审批程序。当供应的混凝土种类多，性能要求不同时，必须合理确定混凝土配合比，即便是相同等级的混凝土，浇筑部位或施工条件不同，配合比也不完全相同。

例如，同样是C30级混凝土，基础底板与薄板等部位混凝土的配合比就有差别；运输时间不同、浇筑方式不同，混凝土的配合比也不一样。

首次使用的配合比应进行开盘鉴定，开盘鉴定应包括以下内容：①混凝土的原材料与配合比设计所采用原材料的一致性；②出机混凝土工作性与配合比设计要求的一致性；③混凝土凝结时间；④混凝土强度；⑤工程有要求时，尚应包括混凝土耐久性能等。开盘鉴定应由企业技术负责人组织有关技术、质检、生产人员参加，并至少留置一组28d标准养护试件用于验证配合比。生产过程中，任何一种原材料性能发生改变时，应先通过试拌，根据试拌情况对配合比进行调整，并至少留置一组28d标准养护混凝土强度试件作为调整后配合比的补充验证。一般情况下的配合比管理流程如图6-3所示。

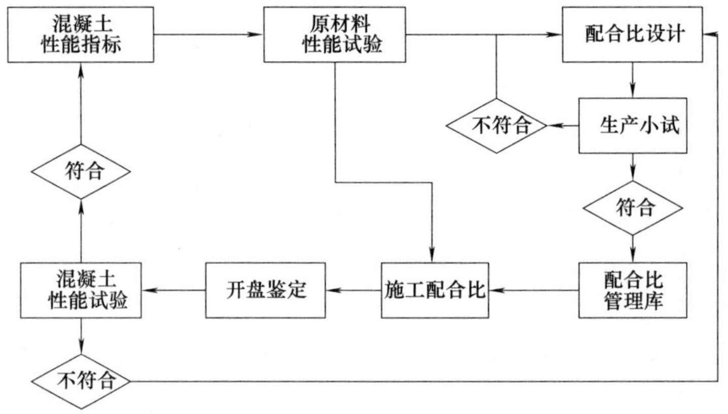

图6-3 配合比管理流程

混凝土生产所用原材料多属大宗产品，正常情况下原材料性能在一定范围内波动，特别是骨料，具有极强地域性特点，质量波动也较大；相同种类不同厂家的粉类材料也在一定范围内波动；所以必须就混凝土配合比进行调整，以保证生产的混凝土拌合物性能满足工程要求。生产过程中，配合比调整管理，是保证混凝土拌合物性能稳定的一个重要方面。

调整混凝土配合比的前提是，具有充分的试配数据，目的是保证交付的混凝土满足施工工程要求。混凝土生产企业的一般做法是，设置试验室与质量控制职能部门，配备经验丰富的技术人员对生产全过程进行质量控制，给予其合理的配合比调整和处置权限。配合比调整须经部门领导确认，配合比调整后，须留置验证试件，并做好相关记录以备追溯确认。

三、 试验管理

(1) 试验室应强化质量意识，严格按国家有关法律法规和工程建设标准开展工作，建立健全质量管理体系，并确保有效运行。

（2）试验室应具备水泥物理力学性能检验、砂（石）常规检验、混凝土配合比试验、混凝土强度检验、混凝土用掺合料检验等检验能力。

（3）试验室的仪器设备配置应与所开展的试验工作相适应。试验工作场所的温湿度应满足标准约定要求。对不具备试验条件的试验项目，应委托具备相应资质的试验室进行检验。

（4）按照顾客需求（合同要求）和有关标准及规定，对原材料、生产过程控制、出厂混凝土进行检验和试验，按规定做好记录、标识和台账，及时提供准确可靠的检验数据，掌握质量动态，保证必要的可追溯性。试验过程中应做到方法正确、操作规范、记录真实、结论准确。试验记录应统一编号。

（5）根据产品质量要求，设计混凝土配合比，制定原材料、生产过程和成品的企业内控质量指标，强化过程控制，运用科学的统计方法掌握质量波动规律，不断提高预见性与预防能力。

（6）用正确、科学的数理统计方法，及时进行质量统计并做好分析汇总，促进质量管理体系的持续改进。

（7）试验室应建立健全仪器设备管理制度和安全操作规程，对设备操作人员进行必要的培训，对计量设备进行计量检定，并确保其量值溯源性。

（8）当预拌混凝土使用的原材料检验不合格时应立即上报技术负责人，并通知生产、材料等相关部门进行隔离，对其采取技术措施或退货处理。

（9）当混凝土强度异常或达不到要求时，应及时分析排除试验原因造成的不合格，并上报技术负责人。

对于同样的混凝土，以下因素可能造成混凝土强度的不合格：试模问题（尺寸超差、变形、漏浆）；成型不规范，振捣不密实；表面未覆盖，过早拆模；标养室温湿度不达标；试压时表面过湿，承压面不平；试验机上、下承压板中心位置不同轴；加荷速度不符合要求；设备球铰不灵活，球座重叠使用。

以上这些因素，对高强高性能混凝土的检验尤为明显和敏感。为了对工程负责，就要力求客观地反映混凝土的强度，避免造成错判和误判。

第三节 混凝土生产过程控制

一、 生产工艺及设备管理

1.混凝土生产工艺

目前我国混凝土生产工艺和搅拌站设施的质量保证性都有了很大提高；混凝土原材料计量由按体积计量改为以重量计量；计量装置由磅秤到电子秤；生产过程控

制由人工手动控制到计算机自动控制；搅拌机由立轴式搅拌机替代鼓筒式搅拌机，进而发展到大容量卧轴式搅拌机。由于计量装置、控制系统和搅拌机的改进和使用，为混凝土的大规模、集中拌合及质量控制提供了有利条件。混凝土生产基本条件的完善是确保正常生产的基础，也是稳定生产合格产品的基本保证。

混凝土生产工艺是由生产场地、原材料储存方式、生产设备、计量装置等综合因素决定；但无论采用何种生产工艺，混凝土生产概括为由原材料储备、输送、计量、搅拌四部分组成，如图 6-4 所示。某些简易搅拌站，混凝土生产流程采用细骨料、粗骨料输送到计量料斗内计量，水泥与掺合料、水与外加剂（水剂）采用叠加方式计量，生产效率和计量精度相对较低。

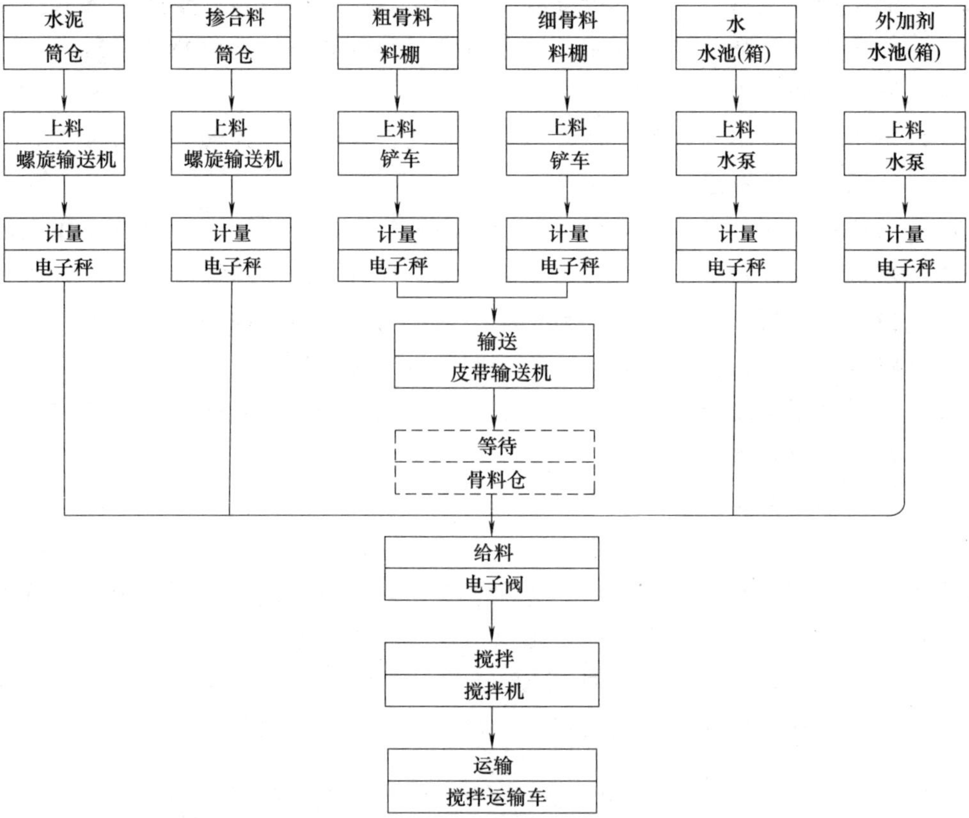

图 6-4　混凝土生产流程

预拌混凝土企业的生产搅拌系统大部分都采用了计算机自动控制，提高了计量控制精度，实现了仓门开关在线监测、辅助校秤、称量动态自动补偿、称量提前自动修正、生产数据实时存储、定期转存导出和生产状态动态模拟显示等功能。预拌混凝土企业的自动化管理大大提高了管理效率和产品质量。

2. 混凝土生产设施与设备

混凝土生产设施、设备主要包括原材料储存系统、原材料输送系统、原材料计量系统及混凝土搅拌系统等四部分，其所需的主要设施、设备见表 6-1。

■表 6-1 混凝土生产的主要设施与设备表

项次	生产过程	原材料或过程	主要设施与设备
1	原材料储存	粗、细骨料	储料场(包括设置的储料斗)、堆料机械(拉铲或推土机或铲车)
		散装水泥	水泥筒仓(其容量主要有 50t、100t、200t、300t 或更大)
		散装掺合料	筒仓
		外加剂	储存罐/储存箱、筒仓(粉剂)
		水	储存罐(箱)
2	原材料输送	粗、细骨料	皮带机、提升斗、铲车
		散装水泥	螺旋输送机、风动气槽或气泵
		散装掺合料	螺旋输送机、风动气槽或气泵
		外加剂	水泵(水剂)；螺旋输送机、风动气槽或气泵(粉剂)
		水	水泵
3	计量	粗、细骨料	皮带秤或电子秤
		散装水泥	电子秤
		散装掺合料	电子秤
		外加剂	电子秤
		水	电子秤
4	混凝土搅拌		立轴式搅拌机或卧轴式搅拌机
5	各系统控制		混凝土生产控制柜(计算机控制)
6	混凝土运输		混凝土搅拌运输车、翻斗车
7	混凝土输送		汽车泵、拖式泵、塔吊(施工企业)、滑槽等

3. 计量系统

计量系统精确程度直接影响原材料的计量准确度和混凝土配合比的执行，最终影响混凝土拌合物性能和硬化混凝土质量。计量设备的精度应符合《混凝土搅拌站(楼)技术条件》(GB 10172)的有关规定，应具有法定计量部门签发的有效检定证书，并应定期校验。混凝土生产单位每月应自检一次；每一工作班开始前，应对计量设备进行零点校准。原材料的自动计量控制系统应具备生产状态模拟显示，各种动态数据实时显示，称量动态自动补偿，称量提前量自动修正等功能。

当前混凝土生产企业，原材料一般按重量计，《混凝土质量控制标准》(GB 50164)中要求单盘计量允许偏差见表 6-2。原材料计量偏差应每班检查不少于1次。

■表 6-2 各种原材料计量的允许偏差

原材料种类	计量允许偏差(按质量计)	原材料种类	计量允许偏差(按质量计)
胶凝材料	±2%	拌合用水	±1%
粗、细骨料	±3%	外加剂	±1%

预拌混凝土生产企业可采用《预拌混凝土》(GB/T 14902)中规定原材料的计量允许偏差(表 6-3)要求。

■表 6-3　混凝土原材料计量允许偏差（单位为百分数）

序号	原材料品种	水泥	粗、细骨料	水	外加剂	掺合料
1	每盘计量允许偏差/%	±2	±3	±2	±2	±2
2	累计计量允许偏差/%	±1	±2	±1	±1	±1

注：累计计量允许偏差，是指每一运输车中各盘混凝土的每种原材料计量和的偏差。该项指标仅适用于采用微机控制的搅拌站。

4. 设备管理

混凝土生产设备在很大程度上反映了预拌混凝土企业的规模和实力，没有高效的设备就不可能有高的生产能力，没有先进的设备则难以保证混凝土的质量。因此，必须加强设备管理。

混凝土生产企业应建立健全仪器设备管理制度和安全操作规程。配备仪器设备管理人员，对仪器设备进行分类管理，建立设备档案及管理台账。混凝土生产企业应定期对搅拌机称量系统进行生产所需满负荷校准，且每月不少于一次。称量系统首次使用、停用超过一个月以上、出现异常情况、维修后再次使用前应进行校准。用于校准称量系统的砝码，初次使用前应进行检定。各种试验仪器设备的校准或检定应符合相关规定。混凝土生产企业应定期检查搅拌机的叶片和衬板，并保持搅拌机内外清洁。运输车内外粘结的残留混凝土应及时清理。

混凝土生产设备的完好性是混凝土质量保证的必要条件，在正常生产经营过程中，一般配备设备工程师，掌握各种设备的性能，指导监督设备的正确使用，监督日常保养，制定设备定期保养计划，保证设备完好。机械设备的保养应采取平时保养与定期保养相结合的方法。平时经常注意和检查润滑部位、易松动部位、易磨损部位和易污染部位，如有异常现象，及时处理。定期保养则是根据各种机械零件的磨损规律，确定各种零部件的保养期限，进行定期维护和保养。

混凝土企业对于大型设备，比如搅拌机、搅拌运输车、泵车等采用例行保养和分级保养相结合。例行保养是指每班在设备运行前、中、后进行的保养，检查设备的完好情况；检查油水数量；检查仪表指示值；检查操作和安全装置的工作情况；检查关键部位的牢固情况；检查有无漏油、漏水、漏气、漏电等不正常情况；以及检查是否需要添加润滑油、冷却水等情况。一级保养的工作主要是润滑、紧固；二级保养主要任务是检查和调整；三级保养的主要任务是消除隐患。混凝土生产企业应根据不同设备的特点制定适宜的保养维修制度，责任到人，确保设备的正常运转和运行安全。

混凝土生产企业一般不间断生产，设备的磨损比较严重，易损件比较多，需要经常更换，因此应有一定的储备量。设备管理人员必须深入调查、统计各种零配件的消耗情况，确定易损件的合理储备量，并不断摸索和总结。必须规范管理零配件，减少资金占用，节约管理成本，降低停机损失，提高维修效率。

二、混凝土制备过程管理

混凝土的制备是指按确定的配合比将各种原材料按确定的投料顺序投入到搅拌机内，经过规定时间的搅拌，制备出满足要求的混凝土拌合物的全过程。混凝土的制备过程中，投料顺序、投料方法、投料时间等诸多因素都会影响制备出的混凝土的性能。混凝土的制备应能满足两方面的要求：一是保证混凝土拌合物的均匀性满足标准要求，具有设计要求的工作性、硬化后的强度和耐久性；二是混凝土供应须满足施工进度要求。由于制备的混凝土的某些性能当时无法验证，所以在质量管理过程中，一定要严格控制混凝土制备环节。

1.混凝土制备方法

一般方法：先投入砂石，再投入粉料搅拌 10～15s 后，最后投入水和外加剂一同搅拌。整个搅拌过程大约需要 60～180s。

先拌水泥净浆法：先将水泥和水充分搅拌成均匀的水泥净浆后，再加入砂和石搅拌成混凝土。

先拌砂浆法：先将水泥、砂和水投入搅拌筒内进行搅拌，成为均匀的水泥砂浆后，再加入石子搅拌成均匀的混凝土。

水泥裹砂法：先将全部砂子投入搅拌机中，并加入总拌合水量 70%左右的水（包括砂子的含水量），搅拌 10～15s，再投入水泥搅拌 30～50s，最后投入全部石子、剩余水及外加剂，再搅拌 50～70s 后出罐。

水泥裹砂石法：先将全部的石子、砂和 70%拌合水投入搅拌机，拌合 15s，使骨料湿润，再投入全部水泥搅拌 30s 左右，然后加入 30%拌合水再搅拌 60s 左右。

当采用先拌水泥净浆法、先拌砂浆法、水泥裹砂法或水泥裹砂石法等分次投料搅拌工艺生产混凝土时，除应符合有关规定外，应结合搅拌设备及原材料情况进行试验，确定搅拌时分次投料的顺序、数量及分段搅拌的时间等工艺参数，并严格按确定的工艺参数和操作规程进行生产，以保证获得符合设计要求的混凝土拌合物。粉煤灰等掺合料宜与水泥同步投料；外加剂投料宜滞后于水和水泥。

目前，预拌混凝土企业大多采用一般方法。现场搅拌的混凝土亦应逐盘计量，水泥、砂石、掺合料、水、外加剂等均应采取重量法计量，并按照先骨料、再粉料、最后液体（水、外加剂）的顺序投料，搅拌均匀后再运到施工现场进行浇筑。

2.混凝土制备前的准备

（1）根据生产任务单中混凝土的品种、工程部位、运输距离、浇筑方式、气候条件以及企业的设备、原材料等实际情况，选择合理的混凝土配合比。测定砂石含水率，准确换算施工配合比。特殊要求混凝土配合比使用前进行生产性试验，确定合理工艺设备运行参数和质量控制标准。混凝土生产时的搅拌时间应按照生产工艺要求及搅拌设备说明书的规定执行，掺有引气剂、矿物掺合料、膨胀剂、纤维等材料和 C60（含）以上强度等级的混凝土还应适当延长搅拌时间。

（2）根据当天生产任务量，组织原材料供应，保证原材料的品种、规格、数量和质量符合生产要求，确保原材料性能指标与配合比保持一致。原材料储存地应有醒目标志，避免混仓误装。

（3）检查称料设备的工作状态和计量显示器的零点复位，确保称料设备处于良好工作状态和显示器复零。检查搅拌机各联结部位的连接情况、润滑情况，在检查无误的情况下，启动搅拌机进行空转检查，确保搅拌机运转正常。

（4）全面检查上料设备和原材料情况，避免原材料的误用。

（5）明确混凝土交付地点、交付现场情况、运输路线和道路交通状况，合理安排运输车辆和供应速度，确保混凝土连续供应。施工现场应有专人负责混凝土的接收、指挥和协调。

3.混凝土的制备

为保证混凝土质量，必须严格按照技术部门出具的配合比进行混凝土制备，配合比的输入和确认应有专人负责，一人输入、一人复核，确保准确无误。

当原材料的供应得到保证，生产设备运行正常，混凝土配合比输入和原材料得以确认，混凝土运输和施工现场准备工作完毕后方可生产混凝土。每一工作班正式称量前，应对计量设备进行零点校核，并空转10s进行动态检查，发现异常立即排除。运转正常可加料搅拌，加料顺序和搅拌时间按规定进行。开始搅拌后，随时关注设备的运转和计量秤的工作情况，确保设备运行正常。同时再次复核所用原材料，防止原材料误用。

混凝土搅拌机应符合《混凝土搅拌机》（GB/T 9142）的规定。混凝土搅拌宜采用强制式搅拌机。原材料投料方式应满足混凝土搅拌技术要求和混凝土拌合物质量要求。混凝土搅拌的最短时间可按表6-4执行。对于双卧轴强制式搅拌机，可在保证搅拌均匀的情况下适当缩短搅拌时间。混凝土搅拌时间每班应至少检查2次。

■表6-4　混凝土搅拌的最短时间　　单位：s

混凝土坍落度/mm	搅拌机机型	搅拌机出料量/L		
		<250	250~500	>500
≤40	强制式	60	90	120
>40且<100	强制式	60	60	90
≥100	强制式	60		

注：1. 混凝土搅拌的最短时间系指全部材料装入搅拌机中起，到开始卸料止的时间。

2. 当掺有外加剂与矿物掺合料时，搅拌时间应适当延长。

3. 当采用其他形式的搅拌设备时，搅拌的最短时间应按设备说明书的规定或经试验确定。

4. 采用自落式搅拌机时，搅拌时间宜延长30s。

5. 当采用搅拌运输车运输混凝土时，其搅拌的最短时间应符合设备说明书的规定，并且每盘搅拌时间不得低于30s，在制备C50以上强度等级的混凝土时应相应增加搅拌时间。

4.制备过程质量检查

（1）应测定粗细骨料的含水率，每一工作班至少测定2次，当含水率有显著变化时，应增加测定次数，依据检测结果及时调整用水量和骨料用量，并填写测定记录。冬期、暑期应测所用原材料温度及混凝土的出机温度，必要时控制水泥进场温度，并填写测定记录。

（2）设备管理人员应对搅拌机及计量器具的强检和自检情况进行检查，质检员在日常检验过程中应注意检查原材料每盘称量（重量计）的偏差是否符合标准规定。

（3）核对施工配合比，确保所使用配合比准确无误。

（4）对首次使用的配合比或配合比使用间隔时间超过 3 个月或原材料发生变化的配合比应进行开盘鉴定。

开盘鉴定是对混凝土质量进行有效预控的一项重要工作。开盘鉴定过程中，搅拌人员、质检人员、施工单位人员等相关人员对搅拌站工、料、机的配备情况及具体的搅拌方案进行确认；对计量器具的准确性及计量方法的正确性进行确认；对设计（理论）配合比及调整后施工生产配合比进行确认；对混凝土拌合物性能、混凝土强度等级及其他技术要求进行确认，以上环节正常后，方可投入批量生产。

（5）混凝土出厂前应逐车检查混凝土拌合物工作性，当混凝土有抗冻性要求时，应检测混凝土拌合物的含气量，其各项指标应满足设计施工要求。

（6）混凝土生产过程应设专职检查员进行质量检查控制，每班应有详细交接班记录。主要检查内容见表 6-5。

■表 6-5 混凝土生产过程质量控制检查内容

<table>
<tr><th>项次</th><th colspan="2">项　目</th><th colspan="7">检 查 内 容</th></tr>
<tr><td rowspan="5">1</td><td rowspan="5">原材料质量</td><td>水泥</td><td colspan="7">存放处、标识</td></tr>
<tr><td>细骨料</td><td colspan="7">存放处、标识、含泥量、泥块含量、细度模数、含水率</td></tr>
<tr><td>粗骨料</td><td colspan="7">存放处、标识、含泥量、泥块含量、粒径、杂物、含水率</td></tr>
<tr><td>外加剂</td><td colspan="7">存放处、标识</td></tr>
<tr><td>掺合料</td><td colspan="7">存放处、标识</td></tr>
<tr><td rowspan="11">2</td><td rowspan="11">混凝土生产质量控制</td><td>配合比通知单</td><td colspan="7">是否有误、与生产任务单相符</td></tr>
<tr><td>配合比调整</td><td colspan="7">调整依据、调整记录</td></tr>
<tr><td>计量装置</td><td colspan="7">计量装置校准及校验、零点校验、计量设定值</td></tr>
<tr><td>计量记录</td><td colspan="7">逐盘记录、记录的准确度</td></tr>
<tr><td rowspan="4">按施工配合比的计量抽查</td><td>原材料</td><td>水泥</td><td>细骨料</td><td>粗骨料</td><td>水</td><td>外加剂</td><td>掺合料</td></tr>
<tr><td>设计值</td><td></td><td></td><td></td><td></td><td></td><td></td></tr>
<tr><td>实测值</td><td></td><td></td><td></td><td></td><td></td><td></td></tr>
<tr><td>偏差/%</td><td></td><td></td><td></td><td></td><td></td><td></td></tr>
<tr><td>搅拌时间</td><td colspan="7">是否符合要求，混凝土拌合物是否均匀</td></tr>
<tr><td>工作性抽测</td><td colspan="7">坍落度、扩展度等</td></tr>
<tr><td>混凝土取样</td><td colspan="7">按标准或合同约定进行取样、留置混凝土试件</td></tr>
</table>

续表

项次	项目		检查内容
3	试验检验	仪器、设备	检定标识、使用记录、完好情况
		混凝土试件	试件组数、标识、制作记录
		试验	试验环境条件、试验过程、试验记录、试验依据的标准
4	混凝土强度的保证		快测、早龄期的混凝土强度推定值及验收龄期混凝土强度实测值是否达到控制要求
5	生产设备及环境		设备运行、维护保养、生产环境

（7）质量记录检查。

混凝土生产质量记录反映了各过程的质量控制情况，是混凝土质量控制的重要环节，所以要对质量保证资料进行检查。主要质量记录检查内容列于表6-6。

■表6-6　混凝土生产主要质量记录检查内容

项次	项目			检查内容
1	混凝土搅拌记录			是否齐全、记录项目
2	原材料质量管理	水泥	管理台账	是否齐全、台账项目、进场批量及数量
			质量证明	数量(与进场批量相符)、符合性、是否有效
			复试	数量(与进场批量相符)、及时性、试验项目、质量
3		细骨料	管理台账	是否齐全、台账项目、进场批量及数量
			质量证明	数量(与进场批量相符)、符合性、是否有效
			复试	数量(与进场批量相符)、及时性、试验项目、质量
4		粗骨料	管理台账	是否齐全、台账项目、进场批量及数量
			质量证明	数量(与进场批量相符)、内容符合性、是否有效
			复试	数量(与进场批量相符)、及时性、试验项目、质量
5		外加剂	管理台账	是否齐全、台账项目、进场批量及数量
			质量证明	数量(与进场批量相符)、符合性、是否有效
			复试	数量(与进场批量相符)、及时性、试验项目、质量
6		掺合料	管理台账	是否齐全、台账项目、进场批量及数量
			质量证明	数量(与进场批量相符)、符合性、是否有效
			复试	数量(与进场批量相符)、及时性、试验项目、质量
7	配合比管理	配合比设计		设计及合同要求、参数选择、设计计算、试配记录
8		配合比通知单		与生产任务单相符、与设计相符、试配依据
9		施工配合比		砂石含水率、调整记录
10	混凝土生产控制和质量	计量装置标定		标定记录是否齐全、及时性、有效性
11		计量装置校验		校验记录是否齐全、及时、加荷分级和荷载、频次
12		计量零点校核		校核记录是否齐全
13		开盘鉴定		是否齐全、与生产任务单相符
14		拌合物抽检记录		是否齐全、质量情况、抽检频次
15		原材料计量记录		是否齐全
16		抗压强度报告		是否齐全、抗压强度情况
17		抗压强度统计		是否齐全、质量统计情况
18		其他试验检验		是否齐全、质量情况

三、 混凝土运输

混凝土拌合物运输是指从混凝土搅拌地点到交付地点的运送。混凝土拌合物的自身特性，决定了其运输方式的特殊性。混凝土自搅拌地点至工地卸料地点的运输过程中，应保证混凝土拌合物的工作性能，控制混凝土不离析、不分层和组成成分不发生变化，并应控制混凝土拌合物性能满足施工要求；当采用翻斗车和其他敞开式工具运输时，应采取有效措施防止混凝土拌合物失水或洒落。目前混凝土生产企业均采用混凝土搅拌运输车运输混凝土。

混凝土施工时应根据混凝土浇筑量大小、运输距离和道路状况，配备足够数量的运输工具，确保混凝土连续供应并满足现场施工进度要求。

采用混凝土搅拌运输车运输混凝土时，接料前应用水湿润罐体，但必须排净积水；运输途中或等候卸料期间，应保持罐体 3～5r/min 的正常运转，防止混凝土发生沉淀、离析而改变混凝土的施工性能；卸料前先进行快速旋转 20s 以上，使混凝土拌合物更加均匀。

采用混凝土搅拌运输车运输时，施工现场行驶道路应符合下列规定：

(1) 宜设置循环行车道，并应满足重车行驶要求。

(2) 车辆出入口处，应设置交通安全指挥人员；危险区域，应设警戒标志。

(3) 夜间施工时，在交通出入口或运输道路上，应有良好的照明。

采用机动翻斗车运送混凝土，混凝土不应装得太满，道路应修筑平坦；在坡道或临时支架上运送混凝土，坡道或临时支架应搭设牢固，脚手板接头应铺设平顺，防止因颠簸、振荡造成混凝土离析或撒落。

混凝土在运输 、输送和浇筑过程中严禁加水；混凝土运输、输送和浇筑过程中散落的混凝土严禁用于混凝土结构构件的浇筑。采用搅拌运输车运输混凝土，当混凝土坍落度损失较大不能满足施工要求时，可加入适量与原配合比相同成分的减水剂。减水剂加入量应事先由试验确定，并应做出记录。加入减水剂后，应快速搅拌均匀，混凝土达到要求的工作性后再进行泵送或浇筑。

四、 混凝土施工

混凝土的施工是建筑工程的一个重要环节，是建造混凝土结构的一个直接的操作过程，施工质量优劣直接影响混凝土各项性能的实现，必须严格控制混凝土施工的每一个环节，以保证混凝土结构实体质量。混凝土施工过程的质量控制应由施工方负责，但作为混凝土专业技术人员，应熟悉混凝土施工各环节的质量控制内容。

(一) 混凝土的输送

输送混凝土的容器和输送管不应吸水、不应漏浆，并应保证卸料及输送通畅。容器和输送管在冬、夏季应采取保温、隔热措施。采用井架、吊车垂直输送混凝土时，混凝土宜从场外运输工具直接装入输送容器内。当需要二次倒运时，倒运处应在地面上铺设不吸水的钢板，防止失水，改变混凝土的工作性能。

当采用泵送混凝土时，混凝土运输应能保证混凝土连续泵送，并应符合《泵送混凝土施工技术规程》（JGJ/T 10）的有关规定。混凝土输送泵的选型，应根据混凝土浇筑作业面情况、泵送高度、混凝土泵的性能参数确定。混凝土输送泵需要配备的台数，应根据混凝土浇筑量和混凝土泵的平均输出量及作业面等情况确定。当混凝土浇筑量较大时，宜考虑一定数量的备用泵。混凝土的供应量应保证混凝土泵能够连续工作。

混凝土泵的现场布置应符合下列规定。

（1）混凝土泵设置地，应满足场地平整、坚实，道路畅通，距离浇筑地点近，适于重车通行等要求。

（2）在混凝土泵的作业范围内，不得有阻碍物，同时应有防范高空坠物的设施。

（3）采用接力泵输送混凝土时，接力泵的设置位置应使上、下泵的输送能力相匹配；对设置接力泵的楼面或其他结构部位，应进行承载力验算，必要时应采取加固措施。

输送管选择与支架的布置应符合以下规定。

（1）混凝土输送泵管应根据输送泵的型号、拌合物性能、总输出量、单位输出量、输送距离以及粗骨料粒径等进行选择；混凝土输送管最小直径宜符合表 6-7 的规定。

（2）宜缩短输送管长度；弯管宜有较大的转弯半径。

（3）输送管的接头应严密，有足够强度，并能快速装拆；输送管安装时，应严格按要求安装输送管接口密封圈。

（4）水平和竖向混凝土输送管应采用支架与结构牢固连接，支架受力应通过计算确定；使用过程中，应经常检查，确保安全。

（5）输送高度大于 100m 时，混凝土输送泵出料口处的输送泵管位置应设置截止阀。

■表 6-7　混凝土输送管道最小直径要求　　单位：mm

粗骨料最大粒径	输送管最小管径	粗骨料最大粒径	输送管最小管径
20	100	40	150
25	125	—	—

（二）混凝土的浇筑

混凝土浇筑过程中应有效控制混凝土的均匀性、密实性以及混凝土的工作性能。在浇筑过程中，不可用振捣棒赶料，人为造成混凝土组分比例失调。浇筑混凝土应连续进行，并应在前层混凝土初凝前，将次层混凝土浇筑完毕。

浇筑混凝土前，应检查并控制模板、钢筋、保护层和预埋件等的尺寸、规格、数量和位置，其偏差值应符合《混凝土结构工程施工质量验收规范》（GB 50204）的规定。此外，还应检查模板支撑的稳定性以及接缝的密合情况，并应保证模板在混凝土浇筑过程中不失稳、不跑模和不漏浆。

浇筑混凝土前，应清除模板内以及垫层上的杂物。表面干燥的木模板或垫层、地基上应浇水湿润，现场温度高于35℃时应对金属模板进行浇水降温，但不得留有积水。

混凝土从运输完成到输送入模的延续时间不宜超过表6-8的规定。

■表6-8 混凝土从运输完成到输送入模的延续时间限值 单位：min

条件	气温	
	≤25℃	>25℃
不掺外加剂	90	60
掺外加剂	150	120

注：有特殊要求的混凝土，应根据设计及施工要求，通过试验确定延续时间。

混凝土浇筑应连续进行。当需要间歇时，次层混凝土应在前层混凝土初凝之前浇筑完毕，且混凝土运输、输送、浇筑及间歇的全部时间不宜超过表6-9的规定。当不能满足表6-9的规定时，应临时设置施工缝，继续浇筑混凝土时应按施工缝要求进行处理。

■表6-9 混凝土运输、输送、浇筑及间歇的全部时间限值 单位：min

条件	气温	
	≤25℃	>25℃
不掺外加剂	180	150
掺外加剂	240	210

注：掺早强型减水剂、早强剂的混凝土，以及有特殊要求的混凝土，应根据设计及施工要求，通过试验确定允许时间。

混凝土自高处自由倾落的高度不宜大于2m。当混凝土自由倾落高度大于2m时，应采用串筒、溜管或溜槽等辅助设备。对浇筑柱、墙模板内混凝土，自由倾落的高度可适当放宽，但应能保证混凝土不发生离析，且宜满足表6-10的规定；当不能满足表6-10的规定时，宜加设串筒、溜槽或振动溜槽等装置。

■表6-10 柱、墙模板内混凝土最大浇筑高度限值 单位：m

条件	混凝土自由倾落高度	条件	混凝土自由倾落高度
骨料粒径大于25mm	≤3	骨料粒径小于等于25mm	≤6

注：当有可靠措施能保证混凝土不产生离析时，混凝土自由倾落高度可不受上表限制。

混凝土采用泵送浇筑时应符合下列要求。

（1）泵送混凝土前应先进行泵水检查，并采用水泥砂浆湿润泵的料斗、活塞及输送管等直接与混凝土接触的部位。水泥砂浆应与混凝土浆液成分相同，剩余的水泥砂浆应在出料口进行收集，少量可用于湿润结构施工缝，其余应运出，不得集中浇筑在结构中。

（2）混凝土泵送速度应先慢后快，逐步加速，系统运转顺利后方可按正常速度泵送。

（3）混凝土泵送过程中，泵车骨料斗应有足够的混凝土余量，避免吸入空气产生堵泵。

(4) 泵送混凝土浇筑应保持连续；当混凝土供应不及时，应采取间歇式放慢泵送速度，维持泵送连续性。

(5) 混凝土浇筑的布料点宜接近浇筑位置，以防止混凝土附着于浇筑区以外的钢筋或模板上。

(6) 混凝土布料设备出口或混凝土泵管出口应采取缓冲措施进行布料，混凝土不应直接冲击模板或钢筋，柱、墙模板内混凝土浇筑应使混凝土缓慢下落，避免混凝土产生离析。

(7) 泵送混凝土浇筑结束后，应将混凝土泵和输送泵管内的残余混凝土清洗干净，可采用从上往下水洗的方法，亦可采用从下往上泵送水洗的方法进行管壁清洁。多余或废弃的混凝土不得用于未浇筑的结构部位。

(8) 不同配合比或不同强度等级混凝土在同一时间段交替泵送浇筑时，不得相混。

浇筑结构混凝土可采用一次连续浇筑，也可采用分段分别连续浇筑。

现场浇筑的竖向结构物应分层浇筑，每层浇筑厚度宜控制在300～350mm；大体积混凝土宜采用分层浇筑方法，可利用自然流淌形成斜坡沿高度均匀上升，分层厚度不应大于500mm。自密实混凝土浇筑布料点应结合拌合物特性选择适宜的间距，必要时可以通过试验确定混凝土布料点下料间距。

结构柱、墙混凝土设计强度等级高于梁、板混凝土设计强度等级时，应在交界区域采取分隔措施。分隔位置应设在低强度等级的构件中，且应距高强度等级构件边缘不小于500mm的距离。应先浇筑高强度等级混凝土，后浇筑低强度等级混凝土。梁、板的混凝土宜同时浇筑；截面高度大于1.5m的梁，可在梁上部楼板下20～50mm位置设水平施工缝；截面高度大于2m的梁，可在梁中部区域设置若干水平施工缝，并应根据施工荷载对分次浇筑的梁进行施工验算，必要时应按验算结果对配筋进行调整。

施工缝或后浇带处混凝土浇筑不得出现泌水集中。施工缝或后浇带处浇筑混凝土应符合下列要求。

(1) 应清除浮浆、疏松石子、软弱混凝土层，并清理干净。

(2) 应采用浇水方法进行充分湿润，并将积水清理干净。

(3) 施工缝处已浇筑混凝土的强度不应小于1.2MPa。

(4) 柱、墙水平施工缝水泥砂浆接浆层厚度不应大于30mm，接浆层水泥砂浆应与混凝土浆液同成分。

(5) 后浇带混凝土强度等级及性能应符合设计要求；当无设计要求时，后浇带混凝土强度等级宜比两侧混凝土提高一级，并宜采用减少收缩的技术措施进行浇筑。混凝土浇筑宜选在温度较低时段。

现浇结构分次浇筑的叠合面上浇筑混凝土应符合下列要求：叠合面应有凹凸差不小于5mm的粗糙面；叠合面应清除浮浆和疏松石子，并清理干净；浇筑混凝土前，叠合面上应先浇水进行充分湿润，并不得有积水。

特殊结构混凝土和特殊性能混凝土的浇筑应符合相关规范和施工方案的要求。

在浇筑混凝土同时，应制作供结构或构件出池、拆模、吊装、张拉、放张和强度合格评定用的标准养护和同条件养护试件，还应按设计要求制作抗冻、抗渗或其他性能试验用的试件。

(三) 混凝土的振捣与抹面

混凝土振捣应能使模板内的各个角落都能够充满密实的混凝土。应根据混凝土拌合物特性及混凝土结构、构件或制品的制作方式选择适当的振捣方式和振捣时间。振捣时注意不漏振亦不过振，长时间强力振捣会使混凝土中粉料上浮，粗骨料下沉，人为造成混凝土质量不均匀。

振捣时间宜按拌合物稠度和振捣部位等不同情况控制在 10～30s 内，当混凝土拌合物表面出现泛浆，可视为捣实。

混凝土振捣宜采用机械振捣，常用的机械振捣方式有振动棒振捣、附着振动器振捣或表面振动器振捣。当施工无特殊振捣要求时，可采用振捣棒进行振捣，当浇筑厚度在 200mm 以下的表面积较大的平面结构或构件时，宜采用表面振动器振捣。自密实混凝土浇筑宜在边角位置采用小型振动棒辅助振捣或在模板外侧辅助敲击。

振动棒振捣混凝土应符合下列要求。

(1) 振动棒应按浇筑层进行振捣。振动棒应垂直于混凝土表面，使其自然沉入混凝土中。振动棒插入间距不应大于振捣棒振动作用半径的一倍，振捣时间以表面出现浮浆为准。振动棒的前端应插入前一次浇筑层，插入深度不应小于 50mm。

(2) 振动棒应上下抽动均匀振捣，至混凝土表面已平坦无明显塌陷、有水泥浆出现、不再冒气泡时拔出振动棒结束振捣。每一振捣点应适当控制振捣延续时间，应避免强振产生离析。

(3) 振动棒振捣混凝土应避免碰撞钢筋、模板、芯管、吊环、预埋件等。振动棒与模板距离不应大于其作用半径的 0.5 倍。

为保证混凝土浇捣密实，可采取延长振捣时间、加密振捣点、采用微型振捣棒等加强措施，必要时可采用人工辅助振捣。加强措施可采取一种，也可采取多种。对于下列情况，应采取延长振捣时间、加密振捣点、采用微型振捣棒等加强措施进行振捣：墙体内预留洞底部宽度大于 0.4m 时；后浇带及施工缝边角处；现浇结构分次浇筑的叠合面上；型钢与钢筋密集区域；预应力构件中锚固端、张拉端及埋件处。

混凝土在浇筑过程中应分层振捣，分层振捣的厚度应符合表 6-11 的规定。

■表 6-11 混凝土分层振捣厚度

振捣方法	混凝土分层振捣厚度	振捣方法	混凝土分层振捣厚度
插入式振动棒	振动棒作用部分长度的 1.25 倍	附着振动器	根据设置方式，通过试验确定
表面振动器	200mm	—	—

混凝土浇筑后，在混凝土初凝前和终凝前，宜分别对混凝土裸露表面进行抹面处理。为避免混凝土表面产生塑性收缩裂缝，宜采取多次抹面的处理措施。待混凝土泌浆完成后，至初凝前宜进行多次抹面、搓压，建议采用铁板压光抹平至少两遍或用木楔抹平搓毛两遍。

（四）混凝土的养护

养护是确保混凝土强度正常增长和防止产生裂缝的重要措施，因此应加强对混凝土的养护。混凝土养护可采用浇水、覆盖、喷雾、喷涂养护剂、冬季蓄热养护等方式。

选择养护方式应考虑现场条件、环境温湿度、构件特点、原材料情况、对混凝土性能的要求及质量要求、施工操作等因素。施工和生产单位提出施工养护方案或生产养护制度，并应严格执行。对于有特殊要求的混凝土，应在确保混凝土性能不受影响的前提下，制定专项养护方案。各种养护方式可单独使用，也可复合使用。选择的养护方法应满足混凝土对温度和湿度变化的要求。采用塑料薄膜覆盖养护时，混凝土表面应覆盖严密，并应保持膜内有凝结水；采用养护剂养护时，应通过试验检验养护剂的保湿效果。

混凝土的养护时间：对采用硅酸盐水泥、普通硅酸盐水泥或矿渣硅酸盐水泥的混凝土不得少于7d；对采用粉煤灰硅酸盐水泥、火山灰质硅酸盐水泥、复合硅酸盐水泥配制的混凝土，或掺用缓凝型外加剂、大掺量矿物掺合料的混凝土、抗渗混凝土、自密实混凝土、强度等级C60及以上混凝土、后浇带混凝土不得少于14d。对于地下室底层墙、柱和上部结构首层墙、柱，养护时间宜适当延长。大体积混凝土养护时间应根据施工方案确定。

覆盖养护主要指使用塑料布及湿麻袋片、草帘、岩棉被等进行覆盖。覆盖养护可分为塑料布围裹的自生养护和湿麻袋片、草帘覆盖的湿润养护。采用覆盖方式养护时，应在混凝土浇筑完毕后及时加以覆盖。混凝土构件敞露的全部表面均应覆盖严密，并应保持构件表面湿润。尽量减少混凝土暴露时间，防止水分蒸发，减少混凝土塑性收缩。通过抹压表面，使之面层更加密实，减少塑性裂纹。应及时检查含水覆盖物内是否有自由水，确保混凝土表面湿润。

浇水养护应根据温度、湿度和风力情况以及是否有阳光直射等，及时观察混凝土表面，确定浇水次数，确保混凝土处于湿润状态。当日平均温度低于5℃时，不得浇水。养护用水应符合《混凝土用水标准》（JGJ 63）的有关规定。有条件时，混凝土养护用水宜选用中水。

采用养护剂养护时，应在构件表层自由水分蒸发完毕后立即在构件表面喷涂养护剂，并保证涂层均匀。养护剂的使用应符合相关标准或使用说明书的规定。

对基础底板、楼板等平面结构构件，面积较大，易于失水，塑性收缩增大，易于产生裂缝，应通过及时覆盖和充分的保湿养护来降低风、太阳直射和温度等的影响。应在混凝土浇筑收浆和抹压后进行覆盖养护。混凝土初凝前，应卷起覆盖物，用抹子搓压表面，使之平整后再次覆盖。混凝土硬化至可上人时，揭去覆盖物，铺上麻袋或草帘，用水浇透，有条件时宜蓄水养护。对于大体积混凝土，养护过程应进行温度控制，混凝土内部和表面的温差不宜超过 25℃，表面与外界温差不宜大于 20℃。

对于柱、墙等竖向构件，浇水保湿较为困难，宜用湿麻袋或草帘围裹喷水养护，也可用塑料薄膜围裹自生养护或喷涂养护剂进行养护。

同条件养护试件的养护条件应保持与所代表实体结构部位相同，并应采取避免试件丢失、混淆、受损的有效措施。

混凝土构件成型后，在强度达到 1.2MPa 以前，不得在构件上面踩踏行走，混凝土在自然保湿养护下强度达到 1.2MPa 的时间可按表 6-12 估计；构件底模及其支架拆除时的混凝土强度应符合表 6-13 的规定。

■表 6-12 混凝土强度达到 1.2MPa 的时间估计 单位：h

水泥品种	外界温度/℃			
	1~5	5~10	10~15	15 以上
硅酸盐水泥 普通硅酸盐水泥	46	36	26	20
矿渣硅酸盐水泥 火山灰硅酸盐水泥 粉煤灰硅酸盐水泥	60	38	28	22

注：掺加矿物掺合料的混凝土适当增加时间。

■表 6-13 构件底模及其支架拆除时的混凝土强度要求

构件类型	构件跨度/m	达到设计的混凝土立方体抗压强度标准值的百分率/%
板	≤2	≥50
	>2，≤8	≥75
	>8	≥100
梁、拱、壳	≤8	≥75
	>8	≥100
悬臂构件	—	≥100

（五）混凝土的季节施工

根据当地多年气象资料统计，当室外日平均气温连续 5 日稳定低于 5℃时，应采取冬期施工措施；当室外日平均气温连续 5 日稳定高于 5℃时，可解除冬期施工措施。当混凝土未达到受冻临界强度，而气温骤降至 0℃以下或防冻剂规定温度时，亦应按冬期施工相关规定进行防护。

当日平均气温达到 30℃及以上时，应按高温施工要求采取措施。

雨季和降雨期间，应按雨期施工要求采取措施。

混凝土结构工程冬期、高温和雨期专项施工方案应包括混凝土施工工艺、材料和机具设备选择、作业条件和计划等内容。混凝土结构工程冬期施工应考虑混凝土结构特点、气温条件、施工进度、造价以及能耗等因素，选择适宜的养护方法，并应对混凝土的搅拌、运输、浇筑、养护过程进行热工计算。

受冻临界强度是混凝土冬期施工中的重要技术指标，在达到此强度之后，混凝土即使受冻也不会对后期强度及性能指标产生影响。我国在近30年对冬期施工的研究与工程应用过程中，总结出不同种类混凝土、不同气温条件下的受冻临界强度控制值，冬期浇筑的混凝土，其受冻临界强度应符合下列规定。

(1) 采用蓄热法、暖棚法、加热法等施工的普通混凝土，采用硅酸盐水泥、普通硅酸盐水泥配制时，其受冻临界强度不应小于设计混凝土强度等级值的30%；采用矿渣硅酸盐水泥、粉煤灰硅酸盐水泥、火山灰质硅酸盐水泥、复合硅酸盐水泥时，不应小于设计混凝土强度等级值的40%。

(2) 当室外最低气温不低于−15℃时，采用综合蓄热法、负温养护法施工的混凝土受冻临界强度不应小于4.0MPa；当室外最低气温不低于−30℃时，采用负温养护法施工的混凝土受冻临界强度不应小于5.0MPa。

(3) 对强度等级等于或高于C50的混凝土，不宜小于设计混凝土强度等级值的30%；对有抗渗要求的混凝土，不宜小于设计混凝土强度等级值的50%；对于有抗冻耐久性要求的混凝土，不宜小于设计混凝土强度等级值的70%。

(4) 当采用暖棚法施工的混凝土中掺入早强剂时，可按综合蓄热法受冻临界强度取值；当施工需要提高混凝土强度等级时，应按提高后的强度等级确定受冻临界强度。

1.冬期施工

(1) 混凝土原材料

混凝土宜选用硅酸盐水泥或普通硅酸盐水泥。当采用其他品种硅酸盐水泥时，应注意水泥中的混合材对混凝土早期强度、抗渗、抗冻等性能的影响。采用其他品种水泥时，应经试验确定适宜的防冻剂与养护方法。

混凝土用骨料应符合国家现行有关标准的规定，并不得含有冰、雪冻块及其他易冻裂物质。当使用具有碱活性骨料时，混凝土用防冻剂、早强剂等外加剂的碱含量应符合《混凝土外加剂应用技术规范》(GB 50119)的有关规定。

冬期施工混凝土用外加剂除应符合国家现行有关标准的规定外，还应符合下列规定。

① 采用非加热养护方法时，混凝土中宜掺入引气剂、引气型减水剂或含有引气组分的复合型外加剂，混凝土含气量宜控制在3%～5%。

② 使用含有强电解质无机盐成分的早强剂、防冻剂、早强减水剂等，应符合《混凝土外加剂应用技术规范》(GB 50119)的相关规定。

混凝土中掺入矿物掺合料可以提高混凝土的长期力学性能与耐久性，但在负温下使用矿物掺合料，应考虑与常温条件下的差异。矿物掺合料的掺量应在综合考虑混凝土负温下强度发展速率及其他物理力学性能的基础上经试验确定。

冬期施工混凝土配合比应依据施工期环境气温、原材料、养护方法、混凝土性能要求等经试验确定，并宜选择较小的水胶比和坍落度。

冬期施工混凝土配合比的确定尤为重要，不同的养护方法、不同的防冻剂、不同的气温都会影响配合比参数的选择。因此，在配合比设计中要依据施工要求和环境条件进行全面考虑，但和常温要求的原则一样，即尽可能降低混凝土的用水量，减小水胶比，在满足工艺条件下，减小坍落度，降低混凝土内部的自由水结冰率。混凝土最小水泥用量不宜小于 280kg/m^3，水胶比不应大于 0.55。对于强度等级低于 C20 的混凝土和大体积混凝土，其最小水泥用量和最大水胶比可根据实际情况和设计要求确定。

对于耐久性要求较高的混凝土，其最小水泥用量和最大水胶比应经试验确定，并应满足设计要求。

（2）混凝土制备

混凝土搅拌前，原材料的预热应符合下列规定。

① 宜加热拌合水。当仅加热拌合水不能满足热工计算要求时，可同时加热骨料。拌合水与骨料的加热温度可通过热工计算确定，且最高加热温度不得超过表 6-14 的规定。

② 水泥、外加剂、矿物掺合料不得直接加热，应事先贮于暖棚内。

■表 6-14 拌合水及骨料最高加热温度　　单位：℃

水泥强度等级	拌合水	骨料	水泥强度等级	拌合水	骨料
42.5以下	80	60	42.5及以上	60	40

注：当拌合水、骨料加热至上表规定温度仍不能满足热工计算要求时，可提高水温到 100℃，但水泥不得与 80℃以上热水直接接触。

采用热水搅拌混凝土，特别是 60℃以上的热水，若水泥直接与热水接触，易造成速凝和假凝现象，同时，也会对混凝土的工作性造成影响。因此，冬期施工中，当采用热水搅拌混凝土时，应先投入骨料和水或者是 2/3 的水进行预拌，待水温降低后，再投入胶凝材料与外加剂进行搅拌，混凝土的搅拌应符合下列规定。

① 液体防冻剂使用前应搅拌均匀，由防冻剂溶液带入的水分应从混凝土拌合水中扣除。

② 蒸汽法加热骨料时，应经常对骨料含水率进行测试，并将由骨料带入的水分从混凝土拌合水中扣除。

③ 混凝土搅拌前应对搅拌机械进行保温或采用蒸汽进行加温，搅拌时间应比常温搅拌时间延长 30～60s。

④ 混凝土搅拌时应先投入骨料与拌合水，预拌后再投入胶凝材料与外加剂。胶凝材料和引气剂或含引气组分外加剂不得与 60℃以上热水直接接触。

混凝土入模温度的控制是为了保证新拌混凝土浇筑后，有一段正温养护期供水泥早期水化，从而保证混凝土尽快达到受冻临界强度，免于受冻。混凝土出机温度较高，但经过不同距离的运输与输送之后，入模温度会受到不同程度的损失。冬期施工中，要尽量避免混凝土在运输与输送过程中的多次倒运。对于预拌混凝土，为防止运输过程中的热量损失，应对运输车进行保温。泵送过程中，还需对泵管进行保温，以保证混凝土的入模温度。因此，冬期施工方案中，要根据施工期的气温条件，对混凝土的运输和输送进行热工计算，确保混凝土的入模温度。混凝土拌合物的出机温度不宜低于10℃，入模温度不应低于5℃。对预拌混凝土或需远距离输送的混凝土，混凝土拌合物的出机温度不宜低于15℃，可根据运输和输送距离经热工计算确定。对于大体积混凝土，为防止混凝土内外温差过大，可以适当降低混凝土的入模温度，但要采取保温防护措施，保证新拌混凝土在入模后，水化热上升期之前不会产生冻结。

（3）混凝土运输和浇筑

加强对运输与浇筑过程的保温措施，降低混凝土的热量散失，混凝土运输与输送机具应进行保温。泵送混凝土在浇筑前应对泵管进行保温，并用与施工混凝土同配比砂浆进行润滑预热。运输、输送与浇筑过程中应进行测温，温度应满足热工计算的要求。

混凝土浇筑前，应清除地基、模板和钢筋上的冰雪和污垢，并进行覆盖保温。因为地基、模板与钢筋上的冰雪在未清除的情况下进行混凝土浇筑，会对混凝土表观质量以及与钢筋粘结力产生严重影响。当气温低于－10℃时，混凝土直接浇筑于冷钢筋上，会在混凝土与钢筋之间形成一层冰膜，导致钢筋粘结力下降。

混凝土分层浇筑时，特别是浇筑工作面较大时，会造成新拌混凝土热量损失加速，降低了混凝土的早期蓄热，此时分层厚度不应小于400mm。应加快浇筑速度，防止下层混凝土在被覆盖前受冻。已浇筑层在被上一层混凝土覆盖前，不得低于按热工计算要求的温度，且不得低于2℃。

采用加热方法养护现浇混凝土结构时，应考虑加热养护时所产生的温度应力对结构的影响，混凝土结构加热养护的升温、降温阶段会在内部形成一定的温度应力，为防止温度应力对结构的影响，应在混凝土浇筑前合理安排浇筑顺序或者留置施工缝，预防温度应力造成混凝土开裂。当加热温度超过40℃时，应会同设计单位进行温度应力计算，并按结果进行合理施工，并应对混凝土浇筑程序与施工缝留置位置进行合理安排。

（4）混凝土养护

当室外最低气温不低于－15℃时，对地面以下的工程或表面系数不大于5m^{-1}的结构，宜采用蓄热法养护，并对结构易受冻部位加强保温措施。对表面系数为5～15m^{-1}的结构，宜采用综合蓄热法养护。

对表面系数大于15m^{-1}或不易保温养护，且对强度增长无特殊要求的一般混凝土结构工程，可采用掺防冻剂的负温养护法进行施工。在混凝土内部温度降至防冻剂规定温度之前，混凝土强度应符合受冻临界强度的规定。日均气温低于5℃时，不得采用浇水自然养护方法。

当采用蓄热法、综合蓄热法或负温混凝土不能满足施工要求时，可采用暖棚法或蒸汽套法、热模法、内部通汽法等蒸汽加热养护方法，也可采用电极加热法、电热毯法、工频涡流法、线圈感应法等电加热养护方法。采用暖棚法、蒸汽加热法、电加热法养护混凝土时，应符合《建筑工程冬期施工规程》（JGJ/T 104）的规定。

采用综合蓄热法养护时，混凝土应掺用具有减水、引气作用的早强剂或早强型复合防冻剂。混凝土中掺入一定量的减水、引气以及早强防冻外加剂，可以有效地提高混凝土的早期强度发展，降低混凝土受冻临界强度值，并取消了外部加热措施，减少能源消耗，有利于节能、节材，是目前最为广泛应用的冬期施工方法。

混凝土浇筑后，应对裸露表面采用防水保湿材料覆盖并进行保温，对边、棱角及易受冻部位的保温层厚度应提高 1～3 倍。在混凝土养护和越冬期间，应采取防风、防失水措施，并不得直接向负温混凝土表面浇水养护。

混凝土在达到规定强度且表面温度不高于 5℃时方可拆除模板。对墙、板等薄壁结构构件，宜延长模板拆除时间，并利用模板进行保温。当混凝土与环境温度差大于 20℃时，拆模后的混凝土表面应立即进行保温覆盖，保证缓慢冷却。

混凝土拆模后，在强度未达到受冻临界强度和设计要求时，应继续进行养护。工程越冬期间，应编制越冬维护方案并进行保温维护。

（5）混凝土质量检查

混凝土冬期施工质量检查除按常温规定进行外，应加强骨料含水率、防冻剂掺量的检查以及原材料、入模温度、实体温度和强度的监测。

为防止混凝土受冻，施工技术人员应及时监测每日的气温，收集未来几日的气象资料，应根据气温的变化，检查防冻剂掺量是否符合配合比与防冻剂说明书的规定，并根据需要进行配合比的调整。

应定时测量拌合水、外加剂溶液、骨料的温度以及混凝土出机温度、浇筑温度和入模温度。每一工作班至少应测量 4 次。

混凝土养护期间的温度测量应符合下列规定。

① 采用蓄热法或综合蓄热法养护时，在达到受冻临界强度之前每隔 4～6h 测量不少于一次。

② 采用负温养护法时，在达到受冻临界强度之前每隔 2h 测量一次，之后每隔 6h 测量一次。

③ 采用加热法养护时，升温和降温阶段每隔 1h 测量一次，在恒温期间每隔 2h 测量一次。

④ 室外气温及周围环境温度在每昼夜内应定时定点测量不少于 4 次。

⑤ 混凝土在达到受冻临界强度后，可停止测温。

冬期施工中，对负温混凝土强度的监测不宜采用回弹法，目前较为常用的方法为留置同条件养护试件和采用成熟度法进行推算。混凝土结构的强度监测应符合下列规定。

① 混凝土试件的留置除应符合《混凝土结构工程施工质量验收规范》(GB 50204)的规定外，尚应增设与结构同条件养护试件不少于2组。

② 同条件养护试件应置于结构实体附近，并保持与实体养护条件相一致。

③ 同条件养护试件试压应在解冻后进行试验。在(20±3)℃条件下，100mm×100mm×100mm试件解冻时间宜取为4h，150mm×150mm×150mm试件解冻时间宜取为6h。

2. 高温施工

高温施工时，原材料温度对混凝土配合比、混凝土出机温度、入模温度以及混凝土拌合物性能等影响很大，所以应采取必要措施确保原材料满足高温施工的要求。高温施工时，应对水泥、掺合料、细骨料和粗骨料的贮存仓、料堆等采取遮阳防晒措施，必要时，可采取对细骨料、粗骨料喷雾降温措施。

原材料温度、天气、混凝土运输方式与时间等客观条件对混凝土配合比影响很大，必要时应进行试拌，以保证高温天气条件下施工的混凝土的性能指标的稳定性。同时，根据环境温度、湿度、风力和采取温控措施等的实际情况，对混凝土配合比进行调整。高温天气条件下施工的混凝土坍落度不宜过低。高温施工混凝土配合比设计除应满足相关规范规定的要求外，尚应符合以下要求。

(1) 应考虑原材料温度、大气温度、混凝土运输方式与时间对混凝土初凝时间、坍落度损失等性能指标的影响。

(2) 宜在近似现场运输条件、时间和预计混凝土浇筑作业最高气温的天气条件下，通过混凝土试拌和试运输的试验后，调整并确定适合高温天气条件下施工的混凝土配合比。施工过程中，应根据环境温度、湿度、风力和采取温控措施的实际情况，对混凝土配合比进行调整。

(3) 宜采用低水泥用量的原则，并可采用粉煤灰或其他掺合料取代部分水泥。宜选用水化热较低的水泥。

(4) 混凝土坍落度不宜小于70mm。当掺用缓凝型减水剂时，可根据气温适当增加坍落度。

混凝土高温天气搅拌，首先应对机具设备采取遮阳措施；对混凝土搅拌温度进行估算，达不到规定要求温度时，对原材料采取直接降温措施；采取对原材料进行直接降温时，对水、骨料进行降温最方便和有效；混凝土加冰拌合时，冰的重量不宜超过剩余水的50%，以便于冰的融化。混凝土的搅拌应符合下列规定。

(1) 应对搅拌站料斗、储水器、皮带运输机、搅拌楼采取遮阳措施。

(2) 对原材料进行直接降温时，宜采用对水、粗骨料进行降温的方法；可采用冷却装置冷却拌合用水，并对水管及水箱加设遮阳和隔热设施，也可在水中加碎冰作为拌合用水的一部分。混凝土拌合时掺加的固体冰应确保在搅拌结束前融化，且其重量应在拌合水中扣除。

（3）原材料进入搅拌机的最高温度不得超过表6-15的规定。混凝土拌合物出机温度不宜大于30℃。必要时，应采取附加控温措施。

（4）必要时，可采取喷液态氮和干冰措施，降低混凝土出机温度。

■表6-15 原材料最高入机温度 单位：℃

原材料	最高温度	原材料	最高温度
水泥	60	水	25
骨料	30	粉煤灰等掺合料	60

混凝土宜采用运输搅拌车运输，且运输搅拌车宜采用白色涂装；运输时间不宜超过60min，现场等待卸料时间不宜超过30min。对混凝土输送管应进行遮阳覆盖，并洒水降温。混凝土浇筑入模温度不应高于35℃。

混凝土浇筑应尽可能避开高温时段。同时，应对混凝土可能出现的早期干缩裂缝进行预测，并做好预防措施计划。因混凝土水分蒸发过快时，产生早期干缩裂缝的风险也随之增加。挡风、遮阳、喷雾等措施可改善作业面环境条件，有利于预防混凝土可能产生的干缩、塑性裂缝。混凝土浇筑宜在早间或晚间进行，且应连续浇筑。当水分蒸发速率大时，应在施工作业面采取挡风、遮阳、喷雾等措施。

混凝土浇筑前，施工作业面应遮阳，并应对模板、钢筋和施工机具采用洒水等降温措施，但在浇筑时模板内不得有积水。

混凝土浇筑完成后，应及时进行保湿养护。侧模拆除前宜采用带模湿润养护。

3.雨期施工

雨期施工时，应对水泥及矿物掺合料等粉状原材料采取防水、防潮措施，并应对粗骨料和细骨料含水率实时监测，及时调整混凝土配合比。

雨期施工期间，对混凝土搅拌、运输设备和浇筑作业面应采取防雨措施，并应加强施工机械检查维修及接地接零检测工作。

除采用防护措施外，小到中雨天气不宜进行露天浇筑混凝土，并不应进行大面积作业面的露天浇筑混凝土；大到暴雨天气严禁进行露天浇筑混凝土。

台风来临前，应对尚未浇筑混凝土的模板及支架采取临时加固措施；台风结束后，应对模板及支架进行检查，已验收合格的模板及支架需重新办理验收手续。

支承模板支架的地基面应设置排水设施，雨后应检查地基沉降，并应对模板及支架进行检查。模板脱模剂应具有防雨水冲刷性能。应采取措施防止模内积水。当模板内积水时应及时排除干净。

出现积水的基槽进行排水后方可浇筑混凝土，出现积水的混凝土浇筑面进行排水后方可进行混凝土振捣。混凝土浇筑过程中，对因雨水冲刷致使水泥浆流失严重的部位，应采取补救措施后方可继续施工。补救措施可采用补充水泥砂浆、铲除表层混凝土、插短钢筋等。

混凝土浇筑完毕后，应及时采取覆盖塑料薄膜等防雨措施。

第四节 混凝土的合格控制和生产质量控制水平的评价

一、 混凝土合格验收控制

混凝土性能的影响因素很多，浇筑的混凝土结构最终是否满足设计要求（合格），在混凝土交付使用时尚不能检测评定，故必须加强混凝土原材料、配合比、制备、运输、浇筑、振捣、养护等各个环节的质量控制，减少环境因素影响，以保证结构混凝土合格。预拌混凝土作为一种产品，其交付使用须进行质量检查验收，一般可分为混凝土出厂质量检查、交付检查验收和混凝土成品质量检查验收。

1. 出厂检查

混凝土生产企业应配备专业混凝土质量检查员（质检员），掌握需求方的要求，混凝土出厂前，质检员对出厂的每车混凝土拌合物性能进行检验，分别进行坍落度（稠度）、含气量（有要求时）、温度（季节施工时）检验，并目测混凝土和易性，检验合格加盖合格章后方可出厂，否则不予出厂。

当混凝土有抗冻要求时，混凝土的含气量控制值应根据抗冻等级要求经试验确定。对于无抗冻要求的混凝土，混凝土含气量不宜小于3%（预制构件混凝土除外）。

2. 交付检查验收

混凝土运至现场后，施工单位会同供应单位对到场混凝土取样进行坍落度（稠度）、温度（季节施工时）和含气量（有要求时）等性能检测，对质量、数量和资料等确认无误后在运输单上签字办理交付验收手续。混凝土运送至施工现场，施工单位质量员检验合格后准予浇筑施工，同时尚应根据规定制备混凝土试件，以备后续试验。

3. 成品检验验收

预拌混凝土生产厂、施工单位分别制备混凝土试件，其取样地点可依据混凝土供货合同执行。合同未规定的，用于出厂检验的混凝土试样应在搅拌地点采取，用于交货检验的混凝土试样应在交货地点采取。

混凝土取样应具有代表性，依据《预拌混凝土》（GB/T 14902）和《混凝土结构工程施工质量验收规范》（GB 50204）按批量制作混凝土强度试件，按标准进行养护。有抗渗、抗冻等耐久性要求时，应按现行有关标准留置试件进行试验。混凝土试件28d强度或规定其他龄期的强度及其他性能指标应符合标准规范和合同要求。预拌混凝土生产厂内留置的试件仅作为评定混凝土出厂强度是否合格和质量控制的依据，施工现场留置的试件作为混凝土结构强度评定的依据。硬化混凝土的质量要求和控制的具体内容见第四章。

结构构件的混凝土强度应按《混凝土强度检验评定标准》（GB/T 50107）的规定分批检验评定。当混凝土试件强度评定不合格时，可采用非破损或局部破损的检测方法，按国家现行有关标准的规定对结构构件中的混凝土强度进行推定，并作为处理依据。按《混凝土结构工程施工质量验收规范》（GB 50204）中的规定：当混凝土结构施工质量不符合要求时，应按下列规定进行处理。

（1）经返工、返修或更换构件、部件的检验批，应重新进行验收。

（2）经有资质的检测单位检测鉴定能够达到设计要求的检验批，应予以验收。

（3）经有资质的检测单位检测鉴定达不到设计要求、但经原设计单位核算并确认可满足结构安全和使用功能的检验批，可予以验收。

（4）经返修或加固处理能够满足结构安全使用要求的分项工程，可根据技术处理方案和协商文件进行验收。

4. 技术资料要求

（1）预拌混凝土供应单位应向施工单位提供以下资料

① 预拌混凝土运输单

② 预拌混凝土出厂合格证

③ 混凝土氯化物和碱含量计算书（工程结构有要求时）

④ 骨料碱活性试验报告（工程结构有要求时）

（2）预拌混凝土供应单位除向施工单位提供上述资料外，还应完整保存以下资料，以供查询

① 混凝土配合比及试配记录

② 原材料（水泥、骨料、掺合料、外加剂等）型式检验报告、试验记录及复试报告

③ 混凝土开盘鉴定

④ 混凝土抗压、抗折强度报告（出厂检验数值填入预拌混凝土出厂合格证）

⑤ 混凝土抗渗、抗冻性能试验（根据合同要求提供）

⑥ 混凝土试块强度统计、评定记录

⑦ 混凝土出厂检验记录

⑧ 混凝土运输单

⑨ 施工配合比调整记录

⑩ 过程控制质量记录等

二、 混凝土生产质量控制评价

1. 概述

混凝土强度（主要指抗压强度）通常是用来作为评价混凝土质量的一个重要技术指标。现代混凝土正逐步把混凝土的耐久性指标作为混凝土更重要的质量指标，

但混凝土耐久性指标不及混凝土强度评价方法简便易行，而且混凝土强度也是保证混凝土结构可靠性的重要指标，所以，目前大部分工程仍然采用强度指标评价混凝土质量，而且耐久性指标统计评价方法与强度类似，在此重点论述强度的评价方法。

混凝土强度是受多种因素影响的，每种组成材料的性能及其配比的变异，搅拌、运输、成型和养护等工艺条件的变异，都会引起混凝土强度的波动，且其波动是有一定规律可循的，即它的取值分布在一定的区间内，并以不同的概率出现。因此，从统计特性上讲，混凝土强度是一个随机变量。

实践表明，混凝土强度属连续性随机变量。在基本条件相同的情况下生产的一批混凝土，其强度的分布，一般可看作正态分布。评定混凝土质量好坏的数量标志是混凝土强度的平均值和标准差或变异系数。

2. 生产质量控制水平

预拌混凝土厂、混凝土预制构件生产企业、施工现场集中搅拌站连续生产的混凝土，除应按《混凝土强度检验评定标准》规定分批进行合格评定外，尚应对一个统计周期内的相同等级和龄期的混凝土强度进行统计分析，统计计算强度均值、标准差及强度不低于强度等级标准值的百分率，按表 6-16 中的标准差进行控制。

■表 6-16　混凝土强度标准差　　单位：MPa

生产场所	强度标准差 σ		
	<C20	C20~C40	≥C45
预拌混凝土搅拌站 预制混凝土构件厂	≤3.0	≤3.5	≤4.0
施工现场集中搅拌站	≤3.5	≤4.0	≤4.5

混凝土强度标准差（σ）和强度不低于规定强度等级值的百分率（P），可按下列公式计算：

$$\sigma=\sqrt{\frac{\sum_{i=1}^{n} f_{\mathrm{cu},i}^{2}-n m_{f_{\mathrm{cu}}}^{2}}{n-1}}$$

$$P=\frac{n_0}{n}\times 100\%$$

式中　$f_{\mathrm{cu},i}$——统计周期内第 i 组混凝土试件的立方体抗压强度值，MPa；

n——统计周期内相同强度等级的混凝土试件组数，该值不得少于 30 组；

$m_{f_{\mathrm{cu}}}$——统计周期内 n 组混凝土试件立方体抗压强度的平均值，MPa；

n_0——统计周期内试件强度不低于要求强度等级值的组数。

盘内混凝土强度的变异系数（δ_{b}）不宜大于 5%，其值可按下式确定：

$$\delta_b = \frac{\sigma_b}{\mu_{f_{cu}}} \times 100\%$$

盘内混凝土强度均值及其标准差可利用正常生产连续累积的强度资料按下列公式确定：

$$\mu_{f_{cu}} = \frac{\sum_{i=1}^{n} f_{cu,i}}{n}$$

$$\sigma_b = \frac{0.59}{n} \sum_{i=1}^{n} \Delta f_{cu,i}$$

式中 σ_b——盘内混凝土强度的标准差；

$\mu_{f_{cu}}$——n 组混凝土试件立方体抗压强度的平均值；

$\Delta f_{cu,i}$——第 i 组三个试件中强度最大值与最小值之差；

n——试件组数，该值不得少于 30 组；

$f_{cu,i}$——第 i 组混凝土试件立方体抗压强度值。

预拌混凝土生产厂和预制混凝土构件厂的统计周期可取一个月，施工现场搅拌站的统计周期可根据实际情况确定。

第五节 工程实例

混凝土生产过程控制应包括对混凝土原材料的选择，配合比设计，准确的计量，合理的搅拌时间，出厂质量检验、运输、泵送、浇筑、养护等工序的质量控制。而合格验收则是从另一个角度来对生产质量控制的验证和评价，通过采用规定的标准方法来证明产品达到合格的程度。因此，生产控制是前提，合格验收是结果，均是混凝土质量控制的内容。混凝土是一种非匀质材料，生产中即使是采用相同原材料，同样配合比，经过相同的过程方法，所获得的强度也不尽相同，如果控制不好，差异也比较大。这其中，既有技术上的因素，又有管理上的因素，因此，对混凝土生产的每个环节都应按国家有关规范、标准要求精心操作，加强管理，做好事前控制，使混凝土质量处于稳定状态。这里结合工程实例着重介绍不同混凝土生产与施工过程控制和合格验收等要点。

一、 高强混凝土质量控制

1. 混凝土制备

（1） 计量

原材料的计量允许偏差应符合表 6-17 的规定。

■表 6-17 原材料的计量允许偏差　　单位：%（质量）

原材料品种	水泥	骨料	水	外加剂	掺合料
每盘计量允许偏差	±2	±3	±1	±1	±2
累计计量允许偏差	±1	±2	±1	±1	±1

（2）搅拌

① 宜采用双卧轴强制式搅拌机，搅拌时间宜符合表 6-18 的规定。

■表 6-18 高强混凝土搅拌时间

混凝土强度等级	施工工艺	搅拌时间/s
C60～C80	泵送	60～80
	非泵送	90～120
＞C80	泵送	90～120
	非泵送	≥120

② 当高强混凝土掺用纤维、粉状外加剂时，搅拌时间宜在表 6-18 的基础上适当延长，延长时间不宜少于 30s；也可先将纤维、粉状外加剂和其他干料投入搅拌机干拌不少于 30s，然后再加水按表 6-18 的搅拌时间进行搅拌。

③ 清洁过的搅拌机搅拌第一盘高强混凝土时，宜分别增加 10% 水泥用量、10% 砂子用量和适量外加剂，相应调整用水量，保持水胶比不变，补偿搅拌机容器挂浆造成的混凝土拌合物中的砂浆损失；未清理过的搅拌高水胶比混凝土的搅拌机用来搅拌高强混凝土时，该盘混凝土宜增加适量水泥和外加剂，且水胶比不应增大。

④ 应保证高强混凝土拌合物质量均匀，同一盘混凝土的搅拌匀质性应符合《混凝土质量控制标准》(GB 50164) 的有关规定。

2. 混凝土的运输与浇筑

（1）运输

① 翻斗车应仅限用于现场运送坍落度小于 90mm 的混凝土拌合物。

② 高强混凝土从搅拌机装入搅拌运输车至卸料时的时间不宜大于 90min；当采用翻斗车时，运输时间不宜大于 45min；运输应保证浇筑连续性。

（2）浇筑

① 当缺乏高强混凝土泵送经验时，施工前宜进行试泵。

② 当泵送高度超过 100m 时，宜采用高压泵进行泵送。

③ 对于泵送高度超过 100m 的、强度等级不低于 C80 的高强混凝土，宜采用 150mm 管径的输送管。

④ 向上泵送高强混凝土过程中，当泵送间歇时间超过 15min 时，应每隔 4～5min 进行四个行程的正、反泵，且最大间歇时间不宜超过 45min；当向下泵送高强混凝土时，输送管与垂线的夹角不宜小于 12°，最大间歇时间不宜超过 15min。

⑤ 当改泵送较高强度等级混凝土时，应清空输送管道中原有的较低强度等级混凝土。

⑥ 当高强混凝土自由倾落高度大于 3m 时，宜采用导管等辅助设备。

⑦ 高强混凝土浇筑的分层厚度不宜大于 500mm，上下层同一位置浇筑的间隔时间不宜超过 120min。

⑧ 不同强度等级混凝土现浇对接处应设在低强度等级混凝土构件中，与高强度等级构件间距不宜小于 500mm；现浇对接处可设置密孔钢丝网拦截混凝土拌合物，浇筑时应先浇高强度等级混凝土，后浇低强度等级混凝土；低强度等级混凝土不得流入高强度等级混凝土构件中。

⑨ 高强混凝土可采用振捣棒捣实，插入点间距不应大于振捣棒振动作用半径，泵送高强混凝土每点振捣时间不宜超过 20s，当混凝土拌合物表面出现泛浆，基本无气泡逸出，可视为捣实；连续多层浇筑时，振捣棒应插入下层拌合物 50mm 进行振捣。

⑩ 混凝土拌合物从搅拌机卸出后到浇筑完毕的延续时间不宜超过表 6-19 的规定。

■表 6-19 混凝土拌合物从搅拌机卸出后到浇筑完毕的延续时间　　单位：min

混凝土施工情况		气温	
		≤25℃	>25℃
泵送高强混凝土		150	120
非泵送高强混凝土	施工现场	120	90
	制品厂	60	45

3. 混凝土的养护

（1）高强混凝土浇筑成型后，应及时对混凝土暴露面进行覆盖。混凝土终凝前，应用抹子搓压表面至少两遍，平整后再次覆盖。

（2）高强混凝土可采取潮湿养护，并可采取蓄水、浇水、喷淋洒水或覆盖保湿等方式，养护水温与混凝土表面温度之间的温差不宜大于 20℃；潮湿养护时间不宜少于 10d。

（3）当采用混凝土养护剂进行养护时，养护剂的有效保水率不应小于 90%，7d 和 28d 抗压强度比均不应小于 95%。

（4）在风速较大的环境下养护时，应采取适当的防风措施。

（5）对于大体积高强混凝土，宜采取保温养护等温控措施；混凝土内部和表面的温差不宜超过 25℃，表面与外界温差不宜大于 20℃。

（6）当冬期施工时，高强混凝土养护应符合下列规定。

① 宜采用带模养护。

② 混凝土受冻前的强度不得低于 10MPa。

③ 模板和保温层应在混凝土冷却到5℃以下再拆除，或在混凝土表面温度与外界温度相差不大于20℃时再拆除，拆模后的混凝土应及时覆盖。

④ 混凝土强度达到设计强度等级标准值的70%时，可撤除养护措施。

4.混凝土的质量检验与验收

高强混凝土的拌合物性能检验频率应符合《混凝土质量控制标准》(GB 50164)的要求，检验结果应符合本书第五章第六节的相关规定。高强混凝土的强度和耐久性检验评定按《混凝土强度检验评定标准》(GB/T 50107)和《混凝土耐久性检验评定标准》(JGJ/T 193)的有关规定执行。

二、 高强混凝土工程实例

(一) C100混凝土在国家大剧院中的应用

国家大剧院工程位于人民大会堂西侧，邻近天安门广场、人民大会堂、中南海、长安街重要建筑物与重要区域，由法国AEROPOROTSDEPARIS设计公司设计。工程总占地面积11.89万公顷，总建筑面积145000m^2，其中地上部分53600m^2，地下部分91400m^2，建筑总高45.35m。工程由北京建筑设计院设计，北京城建集团、香港建设、上海建工集团联合体负责施工。整个建筑由北侧建筑(201区)、中心建筑(大剧院)(202区)、南侧建筑(203区)三部分构成；国家大剧院202区主体结构从7.08m起共有86根钢管柱，其断面尺寸分别为ϕ500mm，ϕ400mm，部分钢管柱芯，采用C100高性能混凝土，由北京某混凝土公司负责供应。

1.确定C100混凝土的主要技术指标

(1) 强度要求

① 配制强度 $f_{cu,28} \geqslant 115$MPa。

② 工程结构强度评定合格。

(2) 工作性要求

① 坍落度220±30mm。

② 扩展度≥500mm。

③ 3h内混凝土坍落度损失率≤10%。

④ 不粘稠、不板结，易于泵送和浇筑成型。

(3) 耐久性要求

① 体积稳定性好，60d收缩率≤3×10^{-4}。

② 抗渗等级P35以上。

③ 抗冻等级F200以上。

④ 氯离子扩散系数≤1.5×10^{-8}cm^2/s。

⑤ 28d碳化深度≤0.5mm。

2. 确定配合比

选用质量稳定、活性高、需水量低、流变性能好的 P. O42. 5 水泥。采用河北怀来粒径为 5～20mm 的非碱活性机制碎石，其质地坚硬、表面粗糙，并用水将表面石粉冲洗干净，以有效地提高骨料与水泥浆体的粘结强度。采用洁净、级配良好的潮白河系低碱活性中砂。选用聚羧酸减水剂，减水率在 30%以上。掺加复合矿物掺合料，它是由三种优质矿物掺合料按一定比例组成。

（1）外加剂掺量的确定

将选定的聚羧酸减水剂和 P. O42. 5 水泥，分别以不同外加剂掺量掺入水泥净浆，测其流动度。从图 6-5 中可以看出，在一定范围内水泥的流动度随着减水剂掺量的增加而增加，当掺量超过 1.0%时，流动度变化明显地减缓，因此掺量以 1%为宜。

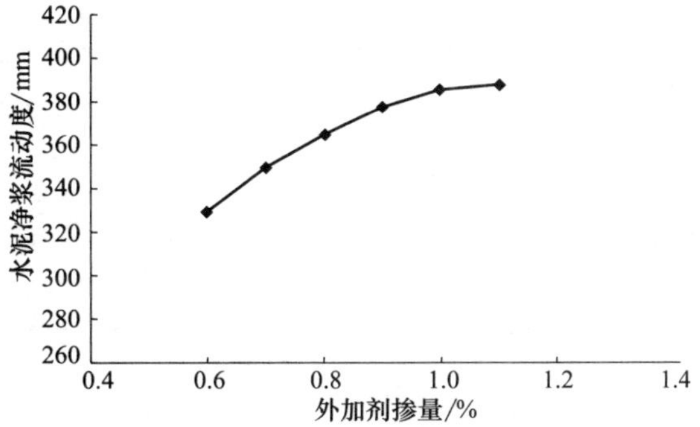

图 6-5 外加剂对水泥净浆流动度的影响

（2）配合比设计

在确定水泥、外加剂和掺合料的基础上，还要确定配合比的其他主要参数。采用正交试验法，选取水胶比（A）、复合掺合料掺量（B）和砂率（C）三个因素，每个因素选取三个水平，进行正交试验（见表 6-20），结果分析见图 6-6。

■表 6-20 正交试验表

水平/因素	水胶比 A	复合掺合料掺量/% B	砂率/% C
1	0.30	15	36
2	0.28	20	38
3	0.26	25	40

根据试验结果分析，在同时满足强度、工作性要求的前提下，选定了配合比主要参数：水胶比为 0.26，复合掺合料掺量为 25%，砂率为 36%。确定配合比为：水泥 450kg，水 156kg，砂子 614kg，石子 1092kg，外加剂 6kg，复合掺合料 150kg。为了施工安全起见，需进一步验证配合比的稳定性和复验性，用同一配合比重复进行了 14 次试验，证明选定的配合比满足设计要求，结果见表 6-21。

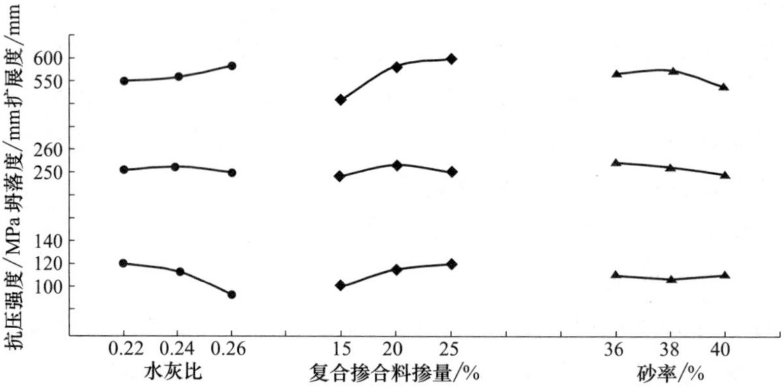

图 6－6 正交设计试验结果

■表 6－21 混凝土配合比抗压强度试验 单位：MPa

序号	抗压强度				序号	抗压强度			
	3d	7d	28d	60d		3d	7d	28d	60d
1	50.6	105.8	127.8	128.0	8	48.2	105.8	123.0	128.9
2	61.5	103.5	120.8	122.0	9	62.1	99.4	119.6	127.1
3	70.2	104.5	126.6	130.0	10	57.2	101.3	118.5	123.6
4	60.0	105.6	120.8	126.2	11	59.0	101.4	125.9	128.2
5	65.7	80.1	120.9	122.1	12	53.3	98.6	113.1	115.5
6	49.9	97.5	117.6	124.5	13	60.1	102.6	125.7	110.9
7	60.0	101.0	120.9	121.0	14	58.0	98.2	129.8	129.0

（3）混凝土工作性评价

① 坍落度、扩展度损失试验

高性能混凝土除具有足够的强度外，还应有良好的工作性和一定的坍落度保持时间。为此，对新拌混凝土进行了坍落度、扩展度试验，见图 6-7、图 6-8。试验结果表明：混凝土工作性在 5h 内基本保持不变。

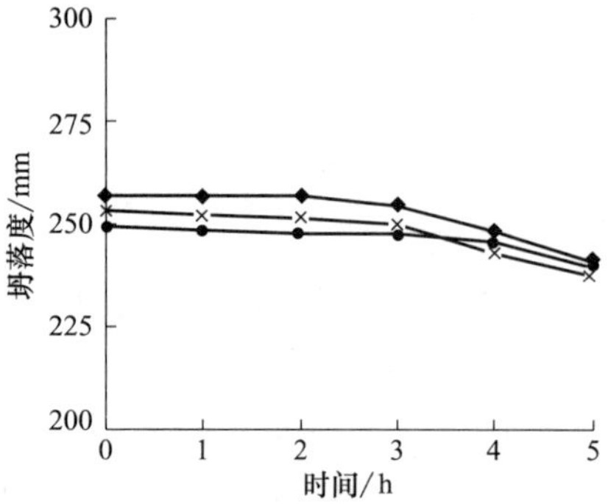

图 6－7 坍落度试验

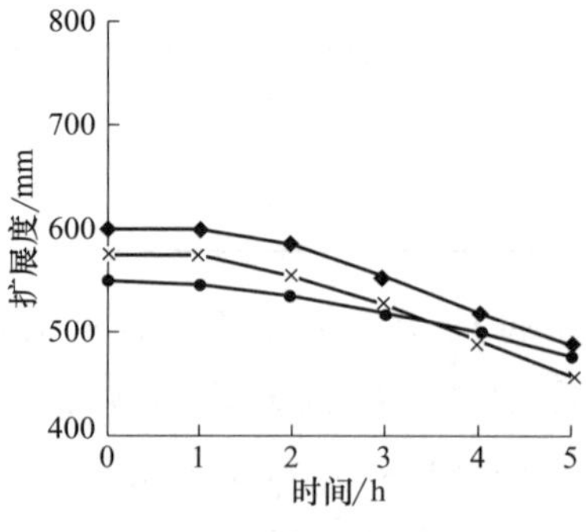

图 6－8 坍落扩展度试验

② 粘聚性试验

由于高强混凝土水胶比低、水泥用量高，一般不泌水，但容易造成过于粘稠，不易泵送、不易成型等问题。采用简易粘度计法——用倒置的坍落度筒测定混凝土的排空时间为10～15s，说明混凝土既不泌水，也不粘稠、不板结，具有良好的可泵性。

（4）确定配合比

通过试验确定配合比见表6-22。

C100混凝土钢管柱实体图如图6-9所示。

■表6-22 C100混凝土配合比表

水胶比	砂率/%	单方原材料用量/(kg/m^3)				
		水泥	砂	石	外加剂	复合掺合料
0.26	36	450	614	1092	6.0	150

图6-9 C100混凝土钢管柱实体图

3.工程应用情况

国家大剧院C100高性能混凝土分别于2002年9月9日、10月4日、10月25日、11月16日等先后分八次进行施工，由于工程地处市中心最繁华地段，施工期正值“十六”大召开期间，交通运输影响较大、施工条件较差，施工中浇筑持续时间长达6h以上。采用确定的配合比，严格控制原材料质量，C100高性能混凝土从生产到施工，整个过程非常顺利，混凝土工作性能优异，坍落度损失小，和易性好，不离析、不泌水、粘聚性好，但又不板结，易于振捣、成型，各项指标均达到了设计要求。为了确保工程质量，施工中采取了一些必要的技术措施。

（1）搅拌时投料顺序采用水泥裹砂、石的二次投料法。

（2）搅拌时间比普通混凝土延长，一般为60～90s。

（3）合理分层浇筑，每层厚度约为60～90cm，并及时覆盖。

（4）采用高频振捣棒振捣，快插慢拔，避免欠振和过振。

（5）成型后立即用岩棉被和塑料布将柱子包裹，以便降低温差和防止水分蒸发。

（6）冬季前施工时，混凝土终凝后用塑料软管从顶部插入塑料布内喷淋浇水，保持湿润，养护至14d。

为了减少搅拌站与施工现场的试验误差，混凝土生产企业与施工单位在现场共同取样、制作试件、养护至规定龄期后，共同送至检测中心进行检测，共取样21组，结果评定为合格。为避免折算系数取值不同对强度结果的影响，混凝土成型全部采用了150mm×150mm×150mm的标准尺寸试件，结果见表6-23。

■表6-23　混凝土强度试件评定结果　　单位：MPa

组数	抗压强度均值 $m_{f_{cu}}$	均方差 s_{fcu}	验收函数A	验收界限B	结果
21	117.9	6.75	$m_{fcu}-\lambda_1 s_{fcu}$	$[0.90\times f_{cu,k}]$	A>B
			106.8	90	A>B
			$f_{cu,min}$	$[0.85\times f_{cu,k}]$	
			107.3	85	
结论	强度合格				

C100混凝土除具有优异的工作性、高强度外，还具有优异的耐久性能，其28d标准养护试件快速碳化深度为0；300次快速冻融失重率为0，相对动弹模94.1%；氯离子扩散系数$1.01\times10^{-8}cm^2/s$。

(二)高强混凝土在广州西塔工程中的应用

广州国际金融中心（广州西塔）位于广州珠江新城核心商务区，项目总用地面积31084m^2，总建筑面积达到45万平方米，其中主塔楼约25万平方米，建筑高度为432m，地下4层（局部5层），地上103层，内筒为混凝土剪力墙结构，外筒为巨型钢管斜交网格结构。内筒剪力墙混凝土强度：地下4～15层为C80；16层到40层为C70；41层到80层为C60；81层到顶层为C50；其余柱为C50，楼板为C35及C50。

C60～C100的高强高性能混凝土约7万立方米，其中C80混凝土最高需泵送至410.65m，C90最高需泵送至167.75m，C100混凝土也得到试点应用，并成功的泵送至本工程的最高点440.75m（直升机平台）。高强高性能混凝土如此大批量的现场应用、如此高的泵送高度，截至该工程施工前国内尚无先例，在世界上也属罕见，超高强高性能混凝土配合比的研制及超高泵送是本工程混凝土工程顺利实施的最大难点，能否解决好高强高性能混凝土的可泵性和高性能化的矛盾将成为决定本工程的成败关键，对高强高性能混凝土可泵性的研究能有效地推进高强高性能混凝土的快速发展。

1.高强混凝土的原材料选择

高强混凝土由于其强度等级高、工作性能好，需合理选择粗、细骨料及各种胶凝材料的用量及级配，适当增加超细胶凝材料，填补混凝土拌合物中的空隙，降低混凝土拌合物的用水量，以达到增加其强度及流动性的目的。在高强高性能混凝土中，目前普遍采用添加粉煤灰、矿渣粉及硅粉中的一种或多种来达到增加混凝土强度及工作性能的目的。在广州西塔工程中泵送的高强高性能混凝土（C70～C100）主要采用以下原材料。水泥：P.Ⅱ52.5R水泥；硅粉：埃肯产品；矿粉：新加坡在中国的合资产品；减水剂：广东柯杰和西卡的聚羧酸高效减水剂；砂：河砂，细度模数约为2.7；碎石：粒径10～20mm的花岗岩粗碎石，粒径5～10mm的花岗岩细碎石。通过试验确定，粗碎石：细碎石比例为7∶3，砂率40%以上，可以得到骨料混合体系的最大堆积密度，即最小空隙率。

2.配合比及混凝土性能

通过优化设计，实际工程中使用如表6-24所示配合比，具有优良的工作性能（表6-25），满足泵送要求。

■表6-24 高强混凝土配比

混凝土强度等级	水胶比	胶凝材料用量/(kg/m³)	减水剂用量/(kg/m³)	砂率/%
C70	0.27	560	10.64	42
C80	0.26	580	12.26	42
C90	0.23	615	15.99	42
C100	0.20	750	18.00/12.75	46

■表6-25 高强混凝土的工作性能检测

混凝土强度等级	坍落度/mm	扩展度/mm	倒筒时间/s	压力泌水率/%
C70	250	675	11.6	37.54
C80	245	630	12	27.2
C90	245	570	17	15
C100	260	700	4.2	<5

其中C100混凝土配合比中各种材料用量见表6-26。

■表6-26 C100混凝土配合比　　单位：kg/m³

编号	水泥	水	砂	石	矿粉	硅灰	外加剂
1	500	150	750	850	190	60	柯杰/18.00
2							西卡/12.75

3.超高泵送技术

（1）管道布置

在超高层混凝土泵送施工中，为降低管道内混凝土对泵的背压冲击，混凝土管道布置遵循了如下三原则。

① 地面水平管的长度大于垂直高度的1/4，即110m水平管道。

② 地面水平管上布置截止阀。

③ 在相应楼层，垂直管道布置中应设有弯道。

（2）管道设计与连接

超高压泵送中，混凝土输送管是一个非常重要的因素。考虑到高强混凝土粘度非常大，采用45Mn2钢，调质后内表面高频淬火，硬度可达HRC45～55，寿命比普通管提高3～5倍。弯管采用耐磨铸钢。

管道采用强度更好的螺栓连接，采用O形圈端面密封方式。可耐100MPa的高压，并有很好的密封性能。

（3）超高压泵设计

动力超强，功率可达 2×286kW；泵送压力高达 40MPa；双发动机驱动双系统，可单独运行；S 管阀双作用油缸双驱动高寿命易损件，保证设备的高可靠性。

4. 现场施工情况

图 6-10、图 6-11 为广州西塔工程中的混凝土输送管道布置方案图。

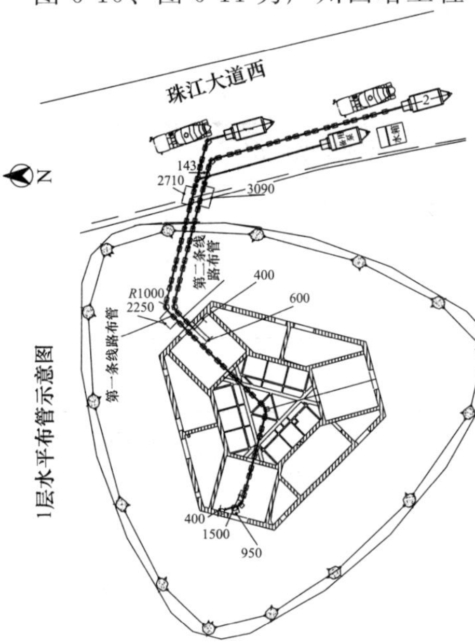

图 6-10　广州西塔工程一楼混凝土管道水平布置图

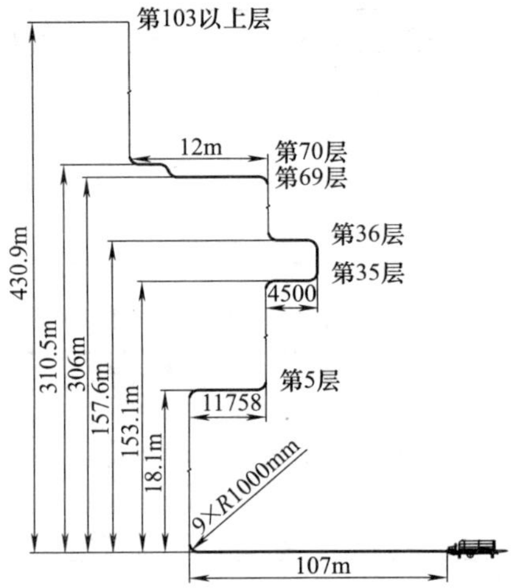

图 6-11　广州西塔工程混凝土输送管道垂直布置方案图

混凝土泵送参数见表 6-27。

■表 6-27　高强混凝土的泵送参数

混凝土强度等级	泵送高度/m	泵送效率/(m^3/h)	混凝土泵出口压力/MPa	液压系统压力/MPa
C70	184.50	31.8	16.1	13.1
C80	207.00	35.7	18.1	14.7
	410.65	18.0	18.9	15.3
C90	189.00	30.7	16.2	13.1
C100	440.75	16.0	21.0	16.9

其中，C100 混凝土的工作性满足坍落度不小于 250mm，坍落扩展度不小于 600mm，倒坍落度筒排空时间不大于 5s；抗压强度结果满足 C100 的要求；混凝土耐久性指标如下：电通量为 87C，抗硫酸盐侵蚀试验的膨胀率 0.0084%，300 次快冻循环后，相对动弹模为 95.8%。

通过配合比的优化设计，使用 HBT90.40.572RS 超高压混凝土输送泵顺利将 C100 高强高性能混凝土泵送至广州西塔的 440.75m 高度，创下了高强高性能混凝土的泵送高度记录。

（三）不掺硅灰 C80 混凝土工程应用

1. 技术措施

一般 C80 及 C100 级混凝土多采用硅灰作为掺合料，利用细度极小的硅灰在混凝土微孔内的二次水化作用，使它的强度和密实性大大提高，从而取得高强的效果。但是混凝土掺入硅灰以后会使它的收缩值明显增加，这对充填在钢管中的混凝土来说无太大影响（因为混凝土处于封闭状态下），而对直接暴露的剪力墙或柱来说，这就极为不利。因为本来强度高的混凝土容易产生裂缝，再加上掺用硅灰的不利作用叠加，造成结构裂缝的可能性就很大。既要保证混凝土强度，又要使裸露的混凝土不产生或少产生裂缝，最有效的办法就是在高强高性能混凝土中不掺硅灰，用常规材料配制 C80 级混凝土。早期我们采取粉煤灰与减水剂双掺，经不断的实践总结，后期采取粉煤灰、矿渣粉和高效减水剂三掺的技术，并通过如下技术措施提高混凝土的性能。

（1）优选水泥，条件是强度高，需水量低，并能与所用的外加剂良好匹配。

（2）砂、石的含泥量低，石子粒径不大于 20mm，砂子的细度模数要大一些。

（3）选用高性能的外加剂，降低用水量，提高混凝土的流动性。

（4）改善水泥浆与骨料的界面状态，除砂子选用西江的干净河砂外，石子用摇筛水洗，保证表面干净，提高骨料与浆体的粘结力。

2. 确定配合比

采用质量稳定、货源充足的 P. Ⅰ、P. Ⅱ 52.5 或 P. O42.5 水泥，采用Ⅰ级粉煤灰和 S95 级矿渣粉双掺，采用河砂和 5～20mm 连续级配花岗岩碎石；配合比见表 6-28。

■表 6-28　C80 混凝土配合比

单方混凝土材料用量/(kg/m^3)						配制强度目标值/MPa	砂率/%
水	水泥	粉煤灰+矿渣粉	砂	石	外加剂		
148～158	450～480	130～100	750～720	950～980	12.18～13.92	≥95	44～48

3. 工程应用

（1）深圳金润大厦工程，地上 26 层，地下 3 层，其中地下 3 层及地面以上 6 层的剪力墙和柱，采用 C80 级混凝土，其用量为 2327.5m^3，7 层以上至 13 层墙、柱采用 C70 级混凝土，14 层以上则采用 C60 级混凝土。

采用 HBT80C-1818DⅢ型柴油机混凝土拖泵泵送施工，最大垂直泵送高度 65m，泵送压力 16～25MPa，混凝土从泵管流出非常顺畅。

采用钢模板，墙体上设有喷淋水管，混凝土浇筑 24h 后松模，使墙体外侧与模板之间形成 2～3mm 的缝隙，采用带模双面喷淋养护不少于 7d。拆模后，全面覆盖塑料薄膜紧贴墙体表面，连续淋水养护 14d 后去掉塑料薄膜转入自然养护。

（2）安托山综合大楼工程，建筑面积为18万立方米，负一层至第四层的核心筒、墙、柱采用C80级混凝土（墙柱结构局部图如图6-12）。每层6个核心筒，圆柱最大直径1.2m；剪力墙厚0.8m，长4m。C80级混凝土总量约1万立方米。

采用HBT80C-1818DⅢ、HBT80.181RS型柴油机混凝土拖泵泵送，连接布料机施工，最大垂直泵送高度45m，水平泵送距离250m，泵送压力18～26MPa，泵送正常。其中泵送过程压力表显示，采用日本P.O42.5水泥配制的混凝土比粤秀P.Ⅱ42.5R水泥配制的混凝土泵送压力一般要高2.0MPa，说明日本P.O42.5水泥所配制的C80级混凝土可泵性能比粤秀P.Ⅱ42.5R差些。

墙体采用光面复合木模板，柱子采用玻璃钢定型模板。混凝土结构松模前在模板外侧设麻袋浇水保湿，松模后采用带模双面喷淋养护不少于7d，墙、柱拆模后使用土工布包裹保湿养护，养护时间不少于14d。

（3）深圳京基金融中心工程（效果图见图6-13），主塔楼为钢筋混凝土和钢结构外框筒组成的框筒结构，建筑总高度439m。地下4层，地上98层，建筑面积为24万平方米。负四层至地上一层核心筒采用C80混凝土，第2层至29层核心筒为C70，30层以上为C60。核心筒剪力墙最厚达1.9m，长35m，属高强大体积混凝土结构，夏天天气温度高于35℃时，采用加冰技术降低混凝土的入模温度。地上9.6m以上的外框角柱采用C80级高抛自密实混凝土，其余采用C60级混凝土，外框柱最大截面尺寸为2.7m×3.9m。整个工程C80级混凝土总量超过3万立方米。

图6-12　安托山综合楼墙柱结构局部图

图6-13　京基金融中心效果图

采用HBT90.40.572RS型柴油机输送泵，最大泵送混凝土压力可达40MPa，具有双发动机驱动系统。核心筒混凝土采用串筒高抛浇筑施工，目前垂直泵送高度已超300m，泵送压力小于21MPa，混凝土从泵管流出顺畅，布料振捣非常省力。

采取提模施工方法，混凝土浇筑24h提模后，悬挂3m高的棉毯紧贴墙体表面，连续淋水养护，养护时间不少于14d。悬挂棉毯也可起到保温和挡风的作用，避免楼层高时因风速过大而造成混凝土干缩裂缝。

结构实体强度结果见表6-29。

■表6-29 不同成型方法的试验结果

强度值 工程名称	28d出厂强度/MPa		现场送检强度/MPa		实体取芯强度/MPa		备注
	n	m_{fu}	n	m_{fu}	n	m_{fu}	
金润大厦	49	98.4	16	107.8	6	95.2	取芯验收龄期约60~90d
安托山综合楼	195	96.5	75	92.4	—	—	现场试件强度为标准养护与同条件一起统计
京基金融中心	70	95.4	—	—	2	105.6	取芯验收龄期约240d

从京基金融中心工程核心筒结构取芯强度结果看，如果考虑实体强度和试块强度差异而乘以1.10，取芯强度105.6MPa，折算成相应试件强度则为116.2MPa，说明结构实体的高强高性能混凝土在28d后随着时间的延长，其强度一直在不断地发展。

在安托山综合楼工程每层C80混凝土浇筑两个月后，对墙体进行碳化检测，其碳化深度均为0，说明C80混凝土具有良好的抗碳化性能。

京基金融中心工程外框柱经湖南大学采用“压电陶瓷智能骨料”方法检测，混凝土柱内部无裂缝，混凝土与钢管壁之间无缝隙，说明钢管混凝土自密实效果良好。

京基金融中心工程大体积剪力墙的测温结果。

采用电子便携式测温仪，温度记录误差不大于±1℃，夏天天气温度高于35℃时，采用加冰技术。根据测温统计，混凝土入模温度均控制在30℃以内，升温阶段在混凝土浇筑第2d达到峰值，混凝土中心最高温度88℃，表层温度最高达到59℃，里表最大温差小于30℃，28d后建设、施工、监理方共同检查墙体情况，未发现任何有害裂缝。

（四）沈阳地区高强混凝土工程应用

C80～C100级高性能混凝土是近年来发展起来的混凝土新技术，沈阳地区工程应用较多，应用的具体工程基本情况列于表6-30。

■表6-30 沈阳地区应用C80~C100级高性能混凝土工程一览

序号	应用时间	强度等级	工程名称	使用部位
1	1999.05	C80	大西电业园	负2至正4层钢管混凝土柱
2	2000年	C80	方圆大厦	1-10层钢管混凝土柱
3	2000年	C80	和平区地税局	1-6层钢管混凝土柱
4	2000年	C80	电信专网业务大楼	1-3层钢管混凝土柱
5	2001.05	C90	富琳大厦	1-6层钢管混凝土柱
6	2003.04	C100	远吉大厦	负2至正5层钢管混凝土柱
7	2003.10	C100	贵和大厦	1-2层钢管混凝土柱
8	2005.04	C100	皇朝万鑫大厦	负2至正14层钢管混凝土柱

续表

序号	应用时间	强度等级	工程名称	使用部位
9	2005.06	C80	鲁尔大厦	负2至正13层钢筋混凝土柱
10	2005.07	C100	东北大学综合科技楼	1-8层钢管混凝土柱
11	2005.09	C100	宏发国际名城	负2至正11层钢管混凝土柱
12	2006.11	C80	第一城	负2至正4层钢筋混凝土柱
13	2007.04	C100	清华同方信息港	1-8层钢管混凝土柱

以上不完全统计的十几项工程应用C80和C100级高性能泵送混凝土，均取得了良好的效果。

对C80、C100级混凝土配合比确定之后，在实际混凝土工程应用之前，均进行了若干次的验证试验；在2003年4月远吉大厦工程正式开工之前，对已确定的C100级混凝土配合比进行了多次验证试验，其结果列于表6-31。

■表6-31　C100级混凝土强度验证试验结果　　单位：MPa

水泥品种等级	3d强度		7d强度		28d强度		
华能小野田 P.Ⅱ42.5	n	m_{fcu}	n	m_{fcu}	n	m_{fcu}	σ
	29	69.9	29	91.8	36	115.9	5.17

下面结合高强高性能混凝土工程的应用，介绍其中两个工程实例。

1. 沈阳鲁尔大厦

沈阳鲁尔大厦位于沈阳铁西中心广场，建筑面积55000m^2，采用钢筋混凝土框架剪力墙结构，地下2层地上31层，高105m，建成于2006年。负2层至13层设计混凝土强度等级C80，高强高性能混凝土配合比由沈阳北方建筑材料试验有限责任公司设计并提供施工技术服务。通过试验确定配合比见表6-32。

■表6-32　C80混凝土配合比

水胶比	砂率/%	单方原材料用量/(kg/m^3)				
		水泥	砂	石	外加剂	复合掺合料
0.26	39	420	692	1080	26	150

配合比原材料情况：水泥采用浅野42.5R型硅酸盐水泥，浑河中粗砂，抚顺哈达乡5～25mm石灰岩碎石，JL118T型氨基磺酸盐系列外加剂（减水率30%），SY-8型复合矿物掺合料。

试验数据：混凝土坍落度240mm，扩展度580mm，7d强度79.9MPa，28d强度99.0MPa。

工程负二层柱混凝土于2005年7月1日施工，首次施工浇筑18m^{3}C80混凝土。施工中，混凝土泵送顺畅，流动性好，混凝土拌合物均匀填充模板。拆模后观察柱子表面，混凝土光洁密实、无裂缝。施工时，在现场取样成型混凝土试件16组，经28d标养后，在甲方、监理、施工单位、商品混凝土公司有关人员共同见证下试验，评定结果列表于6-33。

■表 6-33 C80级混凝土强度检验及评定

序号	试验结果						代表值/MPa	序号	试验结果						代表值/MPa
	破坏荷载/kN			强度/MPa					破坏荷载/kN			强度/MPa			
1	1120	1080	1108	104.2	100.4	103.0	102.5	9	1020	916	1004	94.9	85.2	93.4	91.1
2	1048	1080	1080	97.5	100.4	100.4	99.4	10	1024	1064	1068	95.2	99.0	99.3	97.8
3	1128	1080	1060	104.9	100.4	98.6	101.3	11	1004	1108	1058	93.4	103.0	98.4	98.3
4	1160	1076	1060	107.9	100.1	98.6	102.2	12	1032	1104	1052	96.0	102.7	97.8	98.8
5	1058	1102	1016	98.4	102.5	94.5	98.5	13	1084	1108	1076	100.8	103.0	100.1	101.3
6	1023	1020	1039	95.1	94.9	96.6	95.5	14	1060	1084	1068	98.6	100.8	99.3	99.6
7	1041	1000	1068	96.8	93.0	99.3	96.4	15	1000	1120	1088	93.0	104.2	101.2	99.4
8	1100	1084	1108	102.3	100.8	103.0	102.0	16	1112	1012	980	103.4	94.1	91.1	96.2
$m_{fcu}=98.8$ $S_{fcu}=2.98$ $f_{cu,min}=91.1$															

(1)验收函数(λ_1取1.05，λ_2取0.85)	(2)验收界限	要求	结论
$m_{fcu}=98.8$MPa $f_{cu,min}=91.1$MPa	$f_{cu,k}+\lambda_1 S_{fcu}=80+1.05\times2.98=83.1$(MPa) $0.85f_{cu,k}=0.85\times80=68.0$MPa	(1)≥(2)	由于(1)≥(2)，依据GB/T 50107按C80评定合格

注：试件尺寸为100mm×100mm×100mm，尺寸换算系数为0.93。

上表所列混凝土强度和评定结果表明：现场混凝土强度均匀，离散性较小，强度标准差只有2.98MPa；混凝土强度富余较大，最小值亦超过90MPa，说明该批混凝土质量良好。

2.沈阳皇朝万鑫大厦

沈阳皇朝万鑫大厦位于沈阳市青年大街，为五星级商务酒店。建筑功能包括酒店、办公、公寓、地下停车场等，占地面积10069m^2，建筑面积20万平方米，总高度150m，42层（地下2层，地上40层）。结构形式为框架核心筒结构，建筑合理使用年限为100年，抗震设防烈度为7级。工程负2～8层设计为C100级钢管混凝土柱；C100级混凝土配合比见表6-34。

■表 6-34 C100级混凝土配合比

水胶比	砂率/%	单方原材料用量/(kg/m^3)				
		水泥	砂	石	外加剂	复合掺合料
0.25	39	475	685	1070	29.75	120

配合比原材料情况：水泥采用浅野42.5R型硅酸盐水泥，浑河中粗砂，抚顺粒径5～25mm石灰岩碎石，JL118T型氨基磺酸盐系列外加剂（减水率30%），CZ-Ⅱ型复合矿物掺合料。

试验数据如下：混凝土坍落度250mm，扩展度580mm，表观密度2500kg/m^3；7d强度91.3MPa，28d强度121.9MPa。

施工中现场收集了10层C100级混凝土共144组试件，强度评定见表6-35。

■表 6-35 皇朝万鑫大厦 C100 级混凝土试验结果统计表

部位 序号	负二层柱	负一层柱	一层柱	二层柱	三层柱	四层柱	五层柱	六层柱	七层柱	八层柱
均值	120.1	118.0	117.1	119.8	117.4	122.4	121.1	119.9	116.5	118.5
标准差	4.41	2.88	4.29	3.69	3.39	3.58	2.77	2.38	3.53	4.5
组数	16	16	16	16	16	16	12	10	10	16

$m_{fcu}=119.1$　　$S_{fcu}=3.54$　　$f_{cu,min}=108.8$

(1)验收函数	(2)验收界限(λ_1 取 0.95，λ_2 取 0.85)	要求	结论
$m_{fcu}=119.1\text{MPa}$ $f_{cu,min}=108.8\text{MPa}$	$f_{cu,k}+\lambda_1 S_{fcu}=100+0.95\times3.54=103.4(\text{MPa})$ $\lambda_2 f_{cu,k}=0.85\times100=85.0(\text{MPa})$	(1)≥(2)	依据 GB/T 50107 按 C100 评定合格

皇朝万鑫大厦工程 C100 级混凝土成功的经验是：成果研发单位提供技术服务，从原材料选择，配合比设计，施工配合比确定，施工技术交底，过程控制，结果评价等全过程跟踪。该工程地下二层、地上八层，共十层 C100 级混凝土。施工时，有关人员均到达现场；混凝土强度评价时（28d 抗压），施工单位、监理单位、建设单位、商品混凝土公司到实验室共同见证，确保混凝土强度数据可靠性。

以上举例均为工程实际设计 C80 和 C100 混凝土，试件在混凝土浇筑地点取样制作。从统计评定的结果来看，混凝土强度标准差分别为 2.98MPa 和 3.54MPa，混凝土强度离散性小，且强度富余量多，检验批中最小值和平均值均远高于验收界限值。

总结全国应用高强高性能混凝土的成功经验，高强高性能混凝土在严格控制原材料的质量、配合比设计、计量、搅拌、运输、泵送、浇筑、养护等诸多环节的基础上，更应注重试件的制作、养护、试压。由于高强高性能混凝土对试验误差的影响较敏感，在不具有有效的尺寸效应系数经验数据时，最好制作边长为 150mm 的标准尺寸立方体试件。建议实际应用中适当多留置试件，以便采用统计方法予以评定。

三、 大体积混凝土质量控制

1. 混凝土的制备

（1）在混凝土制备前，应进行常规配合比试验，并应进行水化热、泌水率、可泵性等对大体积混凝土控制裂缝所需技术参数的试验；必要时其配合比设计应当通过试泵送。

（2）在确定混凝土配合比时，应根据混凝土的绝热温升、温控施工方案的要求等，提出混凝土制备时粗细骨料和拌合用水及入模温度控制的技术措施。

（3）多厂家制备预拌混凝土的工程，应符合原材料、配合比、材料计量等级相同，以及制备工艺和质量检验水平基本相同的要求。

2.混凝土的运输和浇筑

（1）运输

① 混凝土拌合物的运输应采用混凝土搅拌运输车，运输车应具有防风、防晒、防雨和防寒设施。

② 混凝土的运输能力应满足混凝土浇筑工艺的要求，并应满足施工工艺对坍落度损失、入模坍落度、入模温度等的技术要求。

（2）浇筑

① 混凝土浇筑层厚度应根据所用振捣器的作用深度及混凝土的和易性确定，整体连续浇筑时宜为300～500mm。

② 整体分层连续浇筑或推移式连续浇筑，应缩短间歇时间，并应在前层混凝土初凝之前将次层混凝土浇筑完毕。层间最长的间歇时间不应大于混凝土的初凝时间。混凝土的初凝时间应通过试验确定。当层间间歇时间超过混凝土的初凝时间时，层面应按施工缝处理。

③ 混凝土浇筑宜从低处开始，沿长边方向自一端向另一端进行。当混凝土供应量有保证时，亦可多点同时浇筑。

④ 混凝土浇筑宜采用二次振捣工艺。

⑤ 在大体积混凝土浇筑过程中，应采取防止受力钢筋、定位筋、预埋件等移位和变形的措施，并应及时清除混凝土表面的泌水。

⑥ 大体积混凝土浇筑面应及时进行二次抹压处理。

3.混凝土养护

（1）大体积混凝土应进行保温保湿养护，在每次混凝土浇筑完毕后，除应按普通混凝土进行常规养护外，尚应及时按温控技术措施的要求进行保温养护，并应符合下列规定。

① 应专人负责保温养护工作，同时应做好测试记录。

② 保湿养护的持续时间不得少于14d，并应经常检查塑料薄膜或养护剂涂层的完整情况，保持混凝土表面湿润。

③ 保温覆盖层的拆除应分层逐步进行，当混凝土的表面温度与环境最大温差小于20℃时，可全部拆除。

（2）在混凝土浇筑完毕初凝前，宜立即进行喷雾养护工作。

（3）塑料薄膜、麻袋、阻燃保温被等可作为保温材料覆盖混凝土和模板，必要时可搭设挡风保温棚或遮阳降温棚。在保温养护中，应对混凝土浇筑体的里表温差和降温速率进行现场监测，当实测结果不满足温控指标的要求时，应及时调整保温养护措施。温控指标宜符合下列规定。

① 混凝土浇筑体在入模温度基础上的温升值不宜大于50℃。

② 混凝土浇筑体的里表温差（不含混凝土收缩的当量温度）不宜大于25℃。

③ 混凝土浇筑体的降温速率不宜大于2.0℃/d。

④ 混凝土浇筑体表面与大气温差不宜大于20℃。

4.特殊气候条件下的施工

（1）大体积混凝土施工遇炎热、冬期、大风或者雨雪天气时，必须采用保证混凝土浇筑质量的技术措施。

（2）炎热天气浇筑混凝土，宜采用遮盖、洒水、拌冰屑等降低混凝土原材料温度的措施，混凝土入模温度宜控制在30℃以下。混凝土浇筑后应及时保湿保温养护，条件许可时应避开高温时段浇筑混凝土。

（3）冬期浇筑混凝土，宜采用热水拌合、加热骨料等措施提高混凝土原材料温度，混凝土入模温度不宜低于5℃。混凝土浇筑后应及时进行保温保湿养护。

（4）大风天气浇筑混凝土，在作业面应采取挡风措施，并应增加混凝土表面的抹压次数，及时覆盖塑料薄膜和保温材料，保持混凝土表面湿润，防止风干。

（5）雨雪天不宜露天浇筑混凝土，当需施工时，应采取确保混凝土质量的措施。浇筑过程中突遇大雨或大雪天气时，应及时在结构合理部位留置施工缝，并应尽快中止混凝土浇筑；对已浇筑还未硬化的混凝土立即进行覆盖，严禁雨水直接冲刷新浇筑的混凝土。

5.混凝土的绝热温升计算

（1）水泥的水化热可按下式计算

$$Q_t=\frac{1}{n+t}Q_0 t$$

$$\frac{t}{Q_t}=\frac{n}{Q_0}+\frac{t}{Q_0}$$

$$Q_0=\frac{4}{7/Q_7-3/Q_3}$$

式中 Q_t——龄期 t 时的累积水化热，kJ/kg；

Q_0——水泥水化热总量，kJ/kg；

t——龄期，d；

n——常数，随水泥品种、比表面积等因素不同而异。

（2）胶凝材料水化热总量应在水泥、掺合料、外加剂用量确定后根据实际配合比通过试验得出。当无试验数据时，可按下式计算：

$$Q=kQ_0$$

式中 Q——胶凝材料水化热总量，kJ/kg；

k——不同掺量掺合料水化热调整系数。

（3）当现场采用粉煤灰与矿粉双掺时，不同掺量掺合料水化热调整系数可按下式计算：

$$k=k_1+k_2-1$$

式中 k_1——粉煤灰掺量对应的水化热调整系数，可按表6-36取值；

k_2——矿粉掺量对应的水化热调整系数，可按表6-36取值。

■表 6-36 不同掺量掺合料水化热调整系数

掺量	0	10%	20%	30%	40%
粉煤灰(k_1)	1	0.96	0.95	0.93	0.82
矿渣粉(k_2)	1	1	0.93	0.92	0.84

注：表中掺量为掺合料占总胶凝材料用量的百分比。

(4) 混凝土的绝热温升值可按下式计算：

$$T(t)=\frac{WQ}{C\rho}(1-e^{-mt})$$

式中 $T(t)$——龄期为 t 时，混凝土的绝热温升，℃；

W——每立方米混凝土的胶凝材料用量，kg/m^3；

C——混凝土比热容，可取 0.92～1.0kJ/(kg·℃)；

ρ——混凝土表观密度，可取 2400～2500kg/m^3；

m——与水泥品种、浇筑温度等有关的系数，可取 0.3～0.5d^{-1}；

t——龄期，d。

6. 大体积混凝土温度计算

(1) 最大绝热温升

二式取其一。

1) $T_h=\frac{(m_c+KF)Q}{c\rho}$

2) $T_h=\frac{m_cQ}{c\rho(1-e^{-mt})}$

式中 T_h——混凝土最大绝热温升，℃；

m_c——混凝土中胶凝材料（包括膨胀剂）用量，kg/m^3；

F——混凝土中活性掺合料用量，kg/m^3；

K——掺合料折减系数。粉煤灰取 0.25～0.30；

Q——胶凝材料水化热总量，kJ/kg，当无试验数据时，水泥水化热可查表 6-37；

c——混凝土比热，可取 0.92～1.0kJ/(kg·℃)，一般取 0.97kJ/(kg·℃)；

ρ——混凝土表观密度，取 2400kg/m^3；

e——常数，取 2.718；

t——混凝土的龄期，d；

m——与水泥品种、浇筑温度等有关的系数，可取 0.3～0.5d^{-1}，也可查表 6-38。

■表 6-37 不同品种、强度等级水泥的水化热

水泥品种	水泥强度等级	水化热 Q/(kJ/kg)		
		3d	7d	28d
硅酸盐水泥	42.5	314	354	375
	32.5	250	271	334
矿渣水泥	32.5	180	256	334

■表 6-38　系数 m

浇筑温度/℃	5	10	15	20	25	30
m/d^{-1}	0.295	0.318	0.340	0.362	0.384	0.406

（2）混凝土中心计算温度

$$T_{1(t)}=T_j+T_h\xi_{(t)}$$

式中　$T_{1(t)}$——t 龄期混凝土中心计算温度,℃；

T_j——混凝土浇筑温度,℃；

$\xi_{(t)}$——t 龄期降温系数，查表 6-39。

■表 6-39　降温系数 ξ

浇筑层厚度/m	龄期 t/d									
	3	6	9	12	15	18	21	24	27	30
1.00	0.36	0.29	0.17	0.09	0.05	0.03	0.01			
1.25	0.42	0.31	0.19	0.11	0.07	0.04	0.03			
1.50	0.49	0.46	0.38	0.29	0.21	0.15	0.12	0.08	0.05	0.04
2.50	0.65	0.62	0.57	0.48	0.38	0.29	0.23	0.19	0.16	0.15
3.00	0.68	0.67	0.63	0.57	0.45	0.36	0.30	0.25	0.21	0.19
4.00	0.74	0.73	0.72	0.65	0.55	0.46	0.37	0.30	0.25	0.24

（3）混凝土表层温度

指混凝土表面下 50～100mm 处的温度。

1）保温材料厚度

$$\delta=0.5h\lambda_x(T_2-T_q)K_b/[\lambda(T_{max}-T_2)]$$

式中　δ——保温材料厚度，m；

λ_x——所选保温材料热导率，W/(m·K)，查表 6-40；

T_2——混凝土表面温度,℃；

T_q——施工期大气平均温度,℃；

λ——混凝土热导率，取 2.33W/(m·K)；

T_{max}——计算的混凝土最高温度,℃，计算时可取 $T_2-T_q=15\sim20$℃，$T_{max}-T_2=20\sim25$℃；

K_b——传热系数修正值，取 1.3～2.0，查表 6-41。

■表 6-40　几种保温材料热导率

材料名称	密度/(kg/m³)	热导率 λ/[W/(m·K)]	材料名称	密度/(kg/m³)	热导率 λ/[W/(m·K)]
建筑钢材	7800	58	木模板	500～700	0.23
钢筋混凝土	2400	2.33	木屑		0.17
水		0.58	草袋	150	0.14

续表

材料名称	密度/(kg/m³)	热导率 λ / [W/(m · K)]	材料名称	密度/(kg/m³)	热导率 λ / [W/(m · K)]
沥青蛭石板	350～400	0.081～0.105	膨胀珍珠岩	40～300	0.019～0.065
膨胀蛭石	80～200	0.047～0.07	油毡		0.05
矿棉、岩棉	110～200	0.031～0.065	膨胀聚苯板	15～25	0.042
沥青矿棉毡	100～160	0.033～0.052	空气		0.03
泡沫塑料	20～50	0.035～0.047	泡沫混凝土		0.10

■表 6-41 传热系数修正值

保温层种类	K_1	K_2
纯粹由容易透风的材料组成(如：草袋、稻草板、锯末、砂子)	2.6	3.0
由易透风材料组成，但在混凝土面层上再铺一层不透风材料	2.0	2.3
在易透风保温材料上铺一层不易透风材料	1.6	1.9
在易透风保温材料上下各铺一层不易透风材料	1.3	1.5
纯粹由不易透风材料组成(如：油布、帆布、棉麻毡、胶合板)	1.3	1.5

注：1. K_1 值为一般刮风情况（风速 < 4m/s，结构位置 > 25m）。

2. K_2 值为刮大风情况。

2）若采用蓄水养护，蓄水养护深度

$$h_w = xM(T_{max} - T_2)K_b\lambda_w/(700T_j + 0.28m_cQ)$$

式中 h_w——养护水深度，m；

x——混凝土维持到指定温度的延续时间，即蓄水养护时间，h；

M——混凝土结构表面系数，1/m，$M=F/V$；

F——与大气接触的表面积，m²；

V——混凝土体积，m³；

$T_{max}-T_2$——一般取 20～25℃；

K_b——传热系数修正值；

700——折算系数，kJ/(m³·K)；

λ_w——水的热导率，取 0.58W/(m·K)。

3）混凝土表面模板及保温层的传热系数

$$\beta = 1/[\sum(\delta_i/\lambda_i) + 1/\beta_q]$$

式中 β——混凝土表面模板及保温层等的传热系数，W/(m²·K)；

δ_i——各保温材料厚度，m；

λ_i——各保温材料热导率，W/(m·K)；

β_q——空气层的传热系数，取 23W/(m²·K)。

4）混凝土虚厚度

$$h' = k\lambda/\beta$$

式中 h'——混凝土虚厚度，m；

Concrete

k——折减系数，取 2/3；

λ——混凝土热导率，取 2.33W/(m·K)。

5）混凝土计算厚度

$$H=h+2h'$$

式中 H——混凝土计算厚度，m；

h——混凝土实际厚度，m。

6）混凝土表层温度

$$T_{2(t)}=T_q+4h'(H-h')[T_{1(t)}-T_q]/H^2$$

式中 $T_{2(t)}$——混凝土表层温度，℃；

T_q——施工期大气平均温度，℃；

h'——混凝土虚厚度，m；

H——混凝土计算厚度，m；

$T_{1(t)}$——混凝土中心温度，℃。

（4）混凝土内平均温度

$$T_{m(t)}=[T_{1(t)}+T_{2(t)}]/2$$

四、 大体积混凝土工程实例

（一）中央电视台新台址建设工程主楼底板工程

1. 工程概况

中央电视台新台址建设工程主楼由基座、裙楼及两座塔楼组成，设三层地下室，总建筑面积 472998m²。两座塔楼呈向内双向 6 度倾斜，分别为 51 层、44 层，顶部通过 14 层高 75m 长的悬臂结构连为一体。最大高度 234m，裙房 9 层，与塔楼连为一体。

主楼底板南北长 292.7m，东西宽 219.7m。塔楼区基底标高为－21.000～－27.400m，裙楼和基座区基底标高为－20.500～－15.600m。基底标高变化大，错台较多，塔楼区底板厚度 4.5～10.9m，裙楼和基座区厚度 1.3～2.5m。混凝土总方量约 12 万立方米。强度等级为 C40，采用 60d 后期强度评定，抗渗等级 P8。

根据结构特点，底板由后浇带分为 16 个区块，各区块大小厚度不一，施工难度最大的是塔楼底板的区块，其中塔楼 1 底板平面尺寸为 91m×75m，厚度分别为 4.5m、6m、7m、10.8m 等，最大厚度 10.8m，最小厚度 4.5m，混凝土方量为 3.9 万立方米。塔楼 2 底板平面尺寸为 77m×70m，厚度分别为 4.5m、6m、7m、10.9m 等，最大厚度 10.9m，最小厚度 4.5m，混凝土方量 3.3 万立方米。经建设部科技信息研究所查新，10.9m 厚的底板是迄今为止民用建筑领域厚度最大的底板。

2. 结构特点

本工程底板面积 292.7m×219.7m，根据结构要求已经将全部底板由后浇带分为了 16 个区块，但是主楼底板分割后塔楼底板平面尺寸仍然远远超出常规设置后浇带的尺寸要求，而且厚度也达到了前所未有的10.8m。由于两座塔楼均双向倾斜，三维受力复杂，为了保证主楼底板的良好的受力性能及整体性，设计要求一次连续浇筑混凝土。

3. 配合比

采用P. O42.5普通硅酸盐水泥，粗骨料选用5～25mm连续级配机碎石，细骨料选用细度模数2.5以上中砂，掺合料只选用Ⅰ级粉煤灰，掺加高效缓凝型减水剂。

经过系列配合比强度试验、膨胀剂专项试验、减水剂专项试验后，综合考虑强度、抗渗性、耐久性及工作性能等多种因素，结合专家评审会结论，最终确定底板混凝土配合比见表6-42。

该配合比混凝土试件28d标养强度48.1MPa，60d标养强度64.7MPa，抗渗等级达到P16。

■表6-42 混凝土的配合比

水胶比	砂率/%	原材料单方用量/(kg/m³)					
		水	水泥	砂子	石子	粉煤灰	外加剂
0.40	39	155	200	721	1128	196	3.97

4. 混凝土温升计算及测试

（1）温度计算

混凝土内部的最大温升由混凝土的入模温度及混凝土的绝热温升决定。

① 绝热温升

$$T(t)=\frac{WQ}{C\rho}(1-e^{-mt})$$

式中 $T(t)$——混凝土龄期为t时的绝热温升，℃；

W——每立方米混凝土的胶凝材料用量，kg/m^3；

C——混凝土的比热容，一般为0.92～1.0kJ/(kg·℃)；

ρ——混凝土的质量密度，2400～2500kg/m^3；

m——与水泥品种、浇筑温度等有关的系数，0.3～0.5d^{-1}；

t——混凝土龄期，d。

$$Q=kQ_0$$

式中 Q——胶凝材料水化热总量，kJ/kg；

k——不同掺量掺合料水化热调整系数。

$$Q_0=\frac{4}{7/Q_7-3/Q_3}$$

式中 Q_0——水泥水化热总量，kJ/kg。

$$Q_7=280\text{kJ/kg}, Q_3=220\text{kJ/kg}$$

$$Q_0=\frac{4}{7/Q_7-3/Q_3}=351\text{kJ/kg}$$

$$Q=kQ_0=0.7\times351=246\ (\text{kJ/kg})$$

$$T(t)=\frac{WQ}{C\rho}(1-e^{-mt})$$

$$=396\times246/(0.97\times2400)=41.8(℃)(最终绝热温升, t\rightarrow\infty)$$

内部绝热温升　$T_h=41.8℃$

② 内部最高温度

$$T_1=T_j+T_h\xi$$

式中　T_1——混凝土内部最高温度，℃；

T_j——混凝土浇筑温度，浇筑温度15℃；

ξ——混凝土降温系数，与浇筑厚度有关，由于混凝土厚度远超出4m，所以视为混凝土内部处于绝热状态，降温系数取1.0。

$$T_1=T_j+T_h\xi=15+41.8=56.8\ (℃)$$

(2) 混凝土绝热温升测试

根据上述计算，混凝土绝热温升较小，与常规混凝土不同，为了验证计算结果，使用全自动MIT-686-0型混凝土热量测定仪，进行了混凝土绝热温升试验，结果见图6-14。

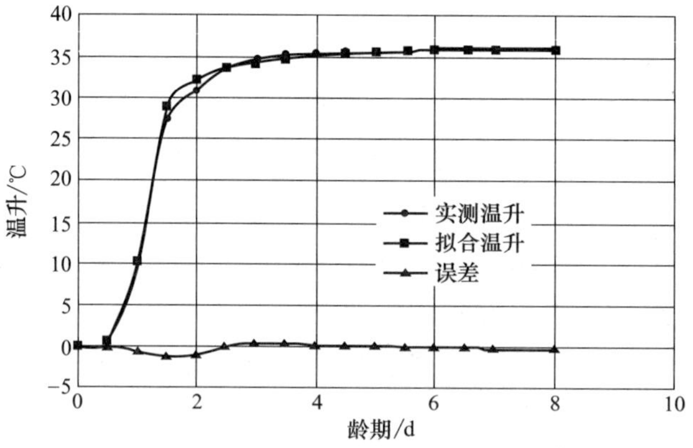

图6-14　绝热温升曲线

由上图可见，该配合比绝热温升约36～37℃，比理论计算结果略低。

5.施工控制措施

(1) 计量

计量器具应经过计量检定，每盘混凝土原材料计量偏差应符合标准的要求。

每一工作班正式称量前，要求对计量设备进行实物计量检查。

生产过程中要求测定骨料的含水率，每一工作班不少于1次，当含水率有较大变化以及雨天施工时，要求增加测定次数，依据检测结果及时调整用水量和骨料用量。

（2）拌制

要求严格执行标准配合比设计，可以根据混凝土供应单位的具体情况在允许的范围内进行微小调整，以保证混凝土的工作性能。

为了保证混凝土供应速度，所有原材料要求一起投入搅拌机，不采用“外掺”、“后掺”等做法。

搅拌站根据搅拌机组的性能，必须严格控制拌制时间，驻站工程师每一班抽测2次。

要求测定每车混凝土坍落度，同时观察混凝土的和易性，不得存在离析、分层等现象，坍落度小于到现场坍落度要求的混凝土不能出站。

（3）运输

混凝土运输时间在任何情况下不得大于180min，对到达浇筑点超过210min的混凝土不得使用。

混凝土运输车离开搅拌站后不得掺加任何材料，包括水、外加剂等。

现场拌合物坍落度不满足要求的混凝土不得浇筑。

混凝土到达浇筑点温度低于10℃的，不得使用。

（4）浇筑

对到现场的每车混凝土均要求测定坍落度、温度，观察其和易性，不得存在离析、泌水、黏结、分层等现象，检查不合格的混凝土要坚决退场，并不得重新搅拌后运回工地。

对筏板初始浇筑，由于板厚大于3m，所以在钢筋网片下悬挂串筒将混凝土自泵管出口送至作业面，以减小自由落差，防止混凝土离析、分层。

混凝土的振捣严格按施工操作规程进行，振捣棒要快插慢拔，振距一定要掌握好，不能漏振、欠振和过振，以混凝土表面出现浮浆和不再沉落为准。

混凝土收面找平后为了防止面层起粉及塑性收缩，修补因混凝土初期收缩、塑性沉陷而产生的非结构性表面裂缝，要求进行至少两次搓压。根据混凝土状态，最后一次搓压要在混凝土终凝前进行，完成搓压后立即覆盖塑料布保水保温，随后覆盖保温被进入养护期。

对底板面不能连续覆盖的部位，如墙、柱插筋部位、钢柱脚等保温养护的最薄弱环节，采用挂麻袋片、塞聚苯板等方式，尽可能进行覆盖，避免因这些部位局部散热降温过快而出现“冷桥”现象。

混凝土浇筑完成24h内，严禁上人踩踏，浇筑完成36h内，除检测测温设备及覆盖保温外，不得上人踩踏，且不得堆放施工材料。

（5）养护

混凝土采用“保湿软管＋塑料布＋草帘被”的方式保温保湿养护。草帘被覆盖层数根据底板厚度、养护期间环境周围温度、底板混凝土内外部温差等情况调整。进入冬季后，由于天气恶劣，为防止风雪，还要在草帘被外覆盖一层帆布，在混凝土表面形成双层不透风保温。

底层塑料布下预设补水软管，补水软管沿长方向每 10cm 开 5mm 小孔，根据底板表面湿润情况向管内注水，保证混凝土表面始终处于湿润状态。冬施期间，取消补水软管且不得向保温材料浇水，底层塑料布必须覆盖密实以保证混凝土表面的湿润。

6. 施工情况

自 2005 年 10 月 23 日开始，底板开始分区分块逐次浇筑混凝土，到 12 月，浇筑完成了除塔楼 1 与塔楼 2 外的其他小方量底板，约 5 万立方米混凝土。塔楼 2 底板 12 月 20 日 0:30 开盘，历时 52h，于 12 月 22 日 4:30 收盘，平均每小时浇筑混凝土超过 630 立方米，完成混凝土方量 3.3 万立方米；塔楼 1 底板 12 月 28 日 11:30 开盘，历时 54h，于 12 月 30 日 17:30 收盘，平均每小时浇筑混凝土超过 720 立方米，完成混凝土方量 3.9 万立方米。

包括塔楼 1、塔楼 2 在内的所有底板均未出现有害裂缝。非冬期施工的底板表面甚至未见干缩裂缝，混凝土内部最高温度 44℃。冬期施工的底板表面干缩裂缝也少之又少，未见超过 10cm 长、1mm 宽的干缩裂缝，混凝土内部最高温度 61℃。

混凝土标养试件 28d 强度均大于 42MPa，同条件试件 28d 强度均大于 45MPa；标养试件 60d 强度均大于 50MPa，同条件试件 60d 强度均大于 52MPa；抗渗试件加压至 0.9MPa 均未渗透。

(二) 国家游泳中心工程预应力梁

1. 工程概况

国家游泳中心工程地上二层轴线 3～7/M～U 范围处的八根大梁 2KL5（1B）设置为有粘结预应力梁，截面尺寸 1500mm（宽）×3500mm（高），总长 36.8m，跨度为 34m。梁内预应力筋曲线按抛物线布置以满足梁的刚度要求，预应力筋采用 1860 级钢绞线，直径 D=15.24mm，混凝土强度达到 100%后方可张拉预应力筋。预应力大梁混凝土强度等级为 C40，与之相交的梁板混凝土强度等级为 C30，两边支撑的圆柱混凝土强度等级为 C50。

就浇筑的八根预应力大梁来说，属于大体积混凝土的范畴，同时浇筑时环境温度在 35℃左右，气候炎热。为此，需采取一定的技术措施避免裂缝的出现。

2. 技术措施

为控制混凝土的浇筑温度和入模温度，降低混凝土的内部温度，采取如下措施。

（1）骨料全部堆放在封闭的大棚内，避免太阳直射。

（2）提前 24h 用地下水对石子进行浇水降温，石子浇水后测定的温度可控制在 20℃左右。

（3）提前对砂子进行大量堆积，生产时铲掉上部 2m 左右的砂子，使用下面温度偏低的砂子，砂子温度可控制在 25℃左右。

（4）降低生产用水的温度。提前 12h 把冰投入水池中降低水温，同时生产过程中在搅拌站存放一定量的冰块，依据水温变化状况，适时投入冰块。通过加冰措施，水温可以控制在 15℃以下。

（5）控制水泥的使用温度。提前与水泥厂沟通，由水泥厂通过延长贮运时间降低水泥温度，确保进厂的水泥温度不超过 50℃。

（6）对运输车辆罐体进行保温处理，降低环境与罐体之间的热交换速率。

（7）掺入缓凝型的聚羧酸外加剂，有效减少水泥用量，降低温峰值，推迟放热峰值出现的时间。

（8）对混凝土表面加强养护工作，减少内外温差。

（9）控制混凝土入模温度不高于 20℃。

（10）采用合理的施工工艺和浇筑措施，做好分层度的控制。

（11）在钢模板外侧加设一层聚苯板，再在其上覆盖塑料薄膜，加强保温保湿养护工作。

（12）采用分阶段张拉工艺，提高构件的抗裂性。在混凝土强度发展达到设计强度的 50%时，拆掉侧模，带底模先行张拉下排中间两根预应力筋，控制张拉应力为设计值的 50%；当混凝土强度发展到 100%时，再张拉全部预应力筋，此时的张拉应力为设计值的 100%。

3. 配合比

（1）原材料

选择性能稳定的 P. O42.5 水泥，控制碱含量低于 0.6%；选用中粗砂，细度模数 2.5～2.9，为低碱活性骨料，含泥量＜2%；选用 5～25mm 山碎石，为低碱活性骨料；掺加优质Ⅰ级粉煤灰；选用聚羧酸减水剂，减水率大于 25%，兼有缓凝作用。

（2）预应力大梁混凝土配合比

在充分试验的基础上，确定混凝土配合比，见表 6-43。

■表 6-43 预应力大梁混凝土配合比

强度等级	水胶比	砂率/%	原材料用量/(kg/m³)					
			水	水泥	砂	石	粉煤灰	外加剂
C40	0.39	43	156	300	793	1051	100	4.8

4. 混凝土热工计算

（1）绝热温升

$$T(t)=\frac{WQ}{C\rho}(1-e^{-mt})$$

式中 $T(t)$——混凝土龄期为 t 时的绝热温升，℃；

W——每立方米混凝土的胶凝材料用量，kg/m^3；

C——混凝土的比热，一般为 0.92～1.0kJ/(kg·℃)；

ρ——混凝土的质量密度，2400～2500kg/m^3；

m——与水泥品种、浇筑温度等有关的系数，0.3～0.5d^{-1}；

t——混凝土龄期，d。

$$Q=kQ_0$$

式中 Q——胶凝材料水化热总量，kJ/kg；

Q_0——水泥水化热总量，kJ/kg；

k——不同掺量掺合料水化热调整系数。

$$Q_0=\frac{4}{7/Q_7-3/Q_3}$$

其中 $Q_7=280$kJ/kg，$Q_3=220$kJ/kg

$$Q_0=\frac{4}{7/Q_7-3/Q_3}=351\ (\text{kJ/kg})$$

$$Q=kQ_0=0.94\times351=330\ (\text{kJ/kg})$$

$$T(t)=\frac{WQ}{C\rho}(1-e^{-mt})$$

$$=400\times330/(0.97\times2400)=56.7\ (℃)$$（最终绝热温升，$t\to\infty$）

内部绝热温升 $T_h=56.7$℃

（2）内部最高温度

$$T_1=T_j+T_h\xi$$

式中 T_1——混凝土内部最高温度，℃；

T_j——混凝土浇筑温度，浇筑温度 20℃。实际生产时，由于不断在水池中补充冰块，水温控制在 10℃左右，混凝土出机温度在 13～19℃，入模温度取 20℃；

ξ——混凝土降温系数，与浇筑厚度有关，降温系数取 0.71。

$$T_1=T_j+T_h\xi=20+56.7\times0.71=60.3\ (℃)$$

5. 实测温度

（1）测温点布置图（图 6-15）

（2）实测温度

距大梁上部、底部 50～100mm 处及在中部分别埋设了测温点。测量结果显示，混凝土中心最高温度在 60℃左右，表面温度在 45℃左右。内外温差、表面与大气温差在 25℃以下。

从拆模之后的效果来看，大梁表面光洁度高，八根大梁没有发现一条裂缝。拆模后实体见图 6-16。

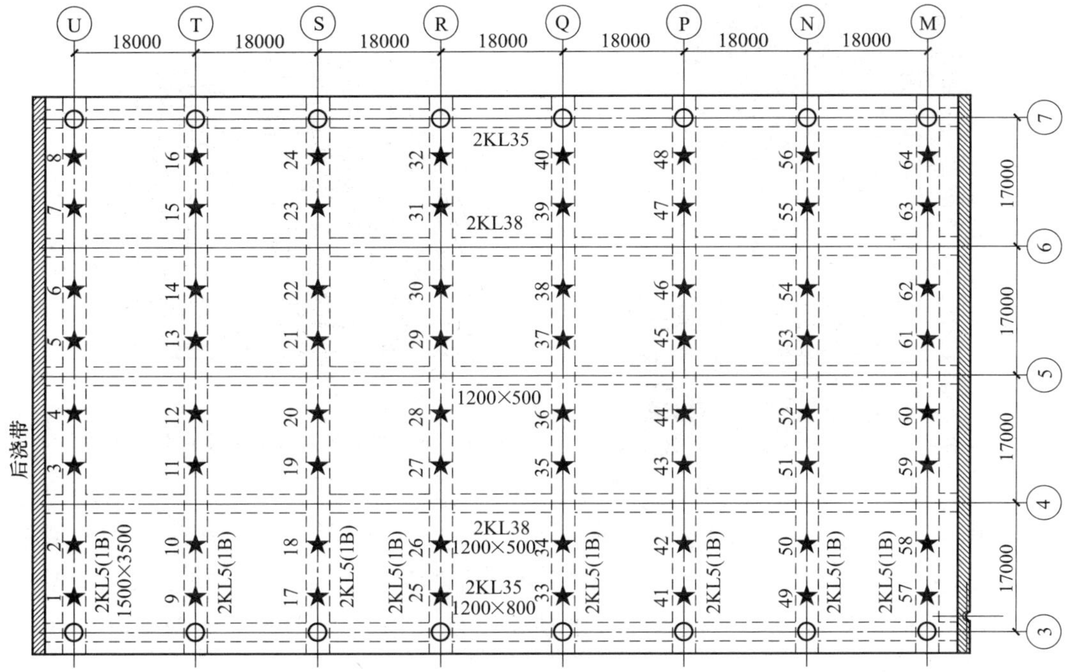

图 6-15　测温点布置示意

图 6-16　梁实体图

(三) 上海环球金融中心主楼深基础混凝土大底板施工

1. 工程概况

上海环球金融中心工程位于上海陆家嘴金融贸易区，与金茂大厦相邻，该工程地上 101 层，地下 3 层，地面以上实体高度为 492m，总建筑面积为 37.7 万平方米，为多功能摩天超高层建筑。主楼区域基坑呈 100m 内径的圆形，基坑面积约 $7850m^2$。主楼基础底板外包尺寸约为 69m×69m，厚度一般为 4.0m 和 4.5m，混凝土总方量约 $35374m^3$，分三次浇筑，其中最大一次浇筑量为 $28600m^3$。电梯井深坑位于基坑中部，面积约 $2116m^2$，开挖深度约 25.89m。主楼基础底板混凝土强度等级为 C40P8（R60），中部的电梯井深坑处底板最大厚度为 12.04m，落深部分的基坑混凝土量约为 $10000m^3$。图 6-17 是上海环球金融中心效果图，图 6-18 是塔楼底板施工阶段平面布置图。

2. 原材料

水泥使用 P. O42.5 水泥。细骨料使用表面洁净、级配良好、细度模数在 2.6～

图 6-17 上海环球金融中心效果图

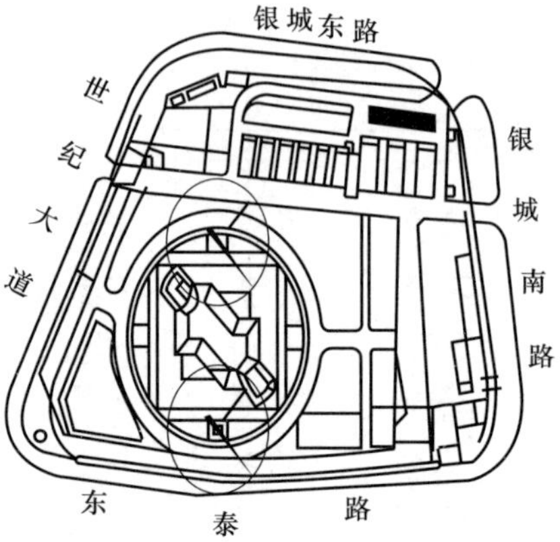

图 6-18 塔楼底板施工阶段平面布置图

3.1 的中粗砂。粗骨料使用质地坚硬、级配良好、石粉含量低、针片状颗粒含量少、孔隙率小的 5～25mm 碎石。掺合料使用活性高、细度适中、流动度大、烧失量小的Ⅱ级粉煤灰和 S95 矿粉。外加剂使用与水泥适应性好的广州西卡（V3301）的聚羧酸系外加剂。

3. 配合比

通过对混凝土正交试验结果极差的分析和比较，从混凝土拌合物的工作性和强度综合考虑，水胶比为 0.41，砂率 43%，水泥用量选用 270kg/m^3，矿粉用量 70kg/m^3，粉煤灰用量 70kg/m^3，西卡 V3301 外加剂掺量 2.72kg/m^3。

为比较各单位所用原材料对混凝土配合比的影响程度，分别在 7 家搅拌站进行了验证试验，结果见表 6-44。

■表 6-44 各搅拌站验证试验结果

单位名称	坍落度/mm			抗压强度/MPa			凝结时间(h:min)		含气量/%
	初始	1h	2h	7d	28d	60d	初凝	终凝	
浦新	175	165	160	31.8	55.0	65.4	9:20	12:50	2.1
浦莲	170	170	155	36.8	55.8	69.7	10:05	13:05	2.6
长桥	170	170	165	34.2	53.3	64.9	9:30	12:40	3.1
宏成	180	170	165	32.9	59.7	62.5	10:15	13:10	2.9
富康	185	180	175	35.6	58.5	64.3	9:25	12:50	3.3
汤臣	175	175	165	33.8	56.9	66.4	9:55	12:35	2.8
南航	175	170	160	35.9	61.4	70.3	9:56	13:05	2.6
平均	176	171	164	34.4	57.2	66.2	—	—	2.8

表 6-42 的试验结果表明，初步配合比混凝土强度、坍落度均满足设计要求，而且各单位的差异也在控制范围内，达到了预期目标。

为检验混凝土性能指标的复现性，在搅拌站验证试验的基础上，又进行了施工现场实地模拟验证试验，结果见表 6-45 和表 6-46。

■表 6-45 混凝土坍落度、凝结时间及含气量试验

设计要求	初始坍落度/mm	间隔时间/min	坍落度/mm	扩展度/mm	初凝时间(h:min)	终凝时间(h:min)	含气量/%
C40P8 (150±30)mm	185	30	185	610×620	9:45	13:20	3.2
		60	175	600×590			
		90	170	580×570			
		120	160	550×560			

表 6-45 的试验结果表明，混凝土拌合物的搅拌除了一般的混合作用外，还起到更好的塑化和强化作用，所以搅拌站生产混凝土的初始坍落度、强度比试验室试拌均有不同程度的增大和提高。

■表 6-46 混凝土各龄期抗压强度及其他力学性能

设计要求	立方体抗压强度/MPa					其他力学性能/MPa			
	3d	7d	14d	28d	60d	抗折	劈拉	轴压	弹模
C40P8	25.4	36.9	42.7	58.0	69.2	6.7	4.0	30.2	36100

表 6-46 的试验结果表明，在标准养护条件下，28d 后混凝土强度仍在增长，说明矿粉、粉煤灰仍在发挥二次水化反应，使混凝土进一步密实，提高了混凝土质量。

通过七家搅拌站试验验证及施工现场实地模拟，最终确定配合比见表 6-47。

■表 6-47 生产施工用 C40P8 混凝土配合比

材料名称	水	水泥	砂	石	粉煤灰	矿粉	外加剂
品种规格	自来水	P.O42.5	中砂	5~25mm	Ⅱ级	S95	V3301
用量/(kg/m^3)	170	270	780	1040	70	70	2.72

4.施工方案

本工程在电梯井深坑中部，由于维护设计的需要，设置了一道钢支撑，施工过程中需要进行换撑，所以在钢支撑底部设置了一道水平施工缝，此部分底板厚度为 4.74m，此道施工缝可以减少底板总厚度。在电梯井深坑顶部，为了加快进度，减少基坑变形，再设了一道施工缝，此部分底板厚度为 2.6m，从而使整个大底板混凝土分三次浇筑施工。施工缝位置见图 6-19。

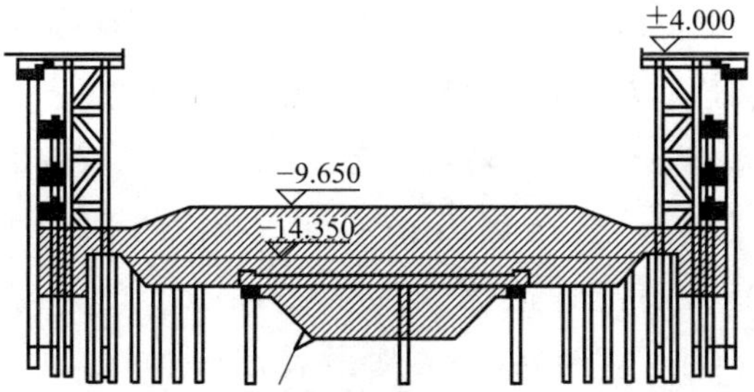

图 6-19 混凝土水平施工缝位置示意

（1）浇捣施工方案的确定

为减少深基坑底部暴露时间，满足换撑需要，保证深坑的安全、稳定，施工时先分两次连续浇捣深坑部位底板混凝土，而后再浇捣大面积底板混凝土。图 6-20 是底板浇筑施工图。

图 6-20　上海环球金融中心深坑

混凝土浇筑采用由北向南退捣方式浇筑。每台混凝土泵车的泵管负责浇筑宽度为 5m 左右，混凝土浇捣时依靠拌合物的流动性，采用大斜面分层下料，分皮振捣。

每台泵车配制 6 根振动棒进行振捣，施工时应特别重视每个浇筑带坡顶和坡脚的振捣，确保上、下部钢筋密集部位混凝土振实。

混凝土表面处理要做到“三压三平”。首先按面标高用工具拍板压实，长刮尺刮平；其次要在混凝土初凝前用铁滚筒进行数遍碾压和滚平；最后在终凝前用木楔打磨压实、整平，以闭合混凝土收缩裂缝。

保温措施采用两层塑料薄膜和两层麻袋覆盖，即在混凝土表面先覆盖塑料薄膜一层，以封闭混凝土内水分蒸发的途径，使混凝土能在潮湿条件下进行养护以控制干缩裂缝产生，在这层薄膜之上再盖一层麻袋，以减少混凝土表面热量的散发；然后再覆盖一层塑料薄膜，以防止雨水湿透。最后再覆盖一层麻袋，加强保温。要注意覆盖薄膜的幅边之间搭接宽度应不少于 100mm，麻袋之间的边口要拼紧。

（2）测温方案及结果

本次大底板测温点自坑边（*A*）始，依英文字母顺序排定，至中心点（*H*）为一组，再由（*H*）到坑边（*O*）点为另一组测温点。测温情况显示，混凝土入模温度为 10～13℃，测点温度、温升值随位置不同和厚度不同而各不相同。在混凝土较厚处，由于散热条件较差，所以温升值较大，如 3B 轴处 3B3 其最高温升值为 54.7℃，3J 轴处 3J3 其最高温升值为 52.9℃。在承台的边缘处，由于散热条件较好，所以温升值较小，如 3A 轴处 3A3 其最高温升值为 47.5℃，3C3 离电梯井较近，散热条件也较好，其最高温升值为 51.1℃。另外，在基础底板较薄处散热条件也较好，如 3M2 的最高温升值为 42.2℃。从测温得知，混凝土水化热发展期主要集中在 80～100h 内。

混凝土的质量关系到建筑物的安全，是和人民生命财产息息相关的大事，必须引起高度重视。混凝土从生产到验收，要经过若干个过程，涉及多个方面，因此，要把握各环节的质量控制，建立从人员、材料、机械、方法和环境优化组合的系统工程。

五、轻粗骨料混凝土质量控制

1.混凝土制备

（1）计量

① 在气温不低于 5℃的季节施工时，根据工程需要，应提前半天或一天对轻粗骨料进行淋水或泡水预湿，然后滤干水分进行投料。在气温低于 5℃时不宜进行预湿处理。

② 应对轻粗骨料的含水率及其堆积密度进行测定，测定原则宜为：在批量拌制轻骨料混凝土前进行测定；在批量生产过程中抽查测定；雨天施工或发现拌合物稠度反常时进行测定。

对预湿处理的轻粗骨料可不测其含水率但应测定其湿堆积密度。

③ 轻骨料混凝土生产时，砂轻混凝土各组分材料应以质量计量；全轻混凝土轻骨料组分可采用体积计量，但宜按质量进行校核。轻粗细骨料和掺合料的质量计量允许偏差为±3%，水、水泥和外加剂的质量计量允许偏差为±2%。

（2）搅拌

① 轻粗骨料混凝土必须采用强制式搅拌机搅拌。

② 在轻粗骨料混凝土搅拌时，使用预湿处理的轻粗骨料，宜采用图 6-21 的投料顺序；使用未预湿处理的轻粗骨料，宜采用图 6-22 的投料顺序。

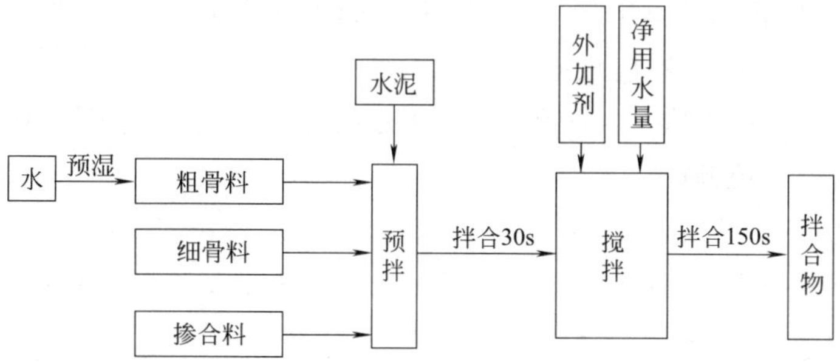

图 6-21 使用预湿处理的轻粗骨料时的投料顺序

③ 轻粗骨料混凝土全部加料完毕后的搅拌时间，在不采用搅拌运输车运送混凝土拌合物时，砂轻混凝土不宜少于 180s，全轻或干硬性砂轻混凝土宜为 180～240s。对强度低而易破碎的轻骨料，应严格控制混凝土的搅拌时间。

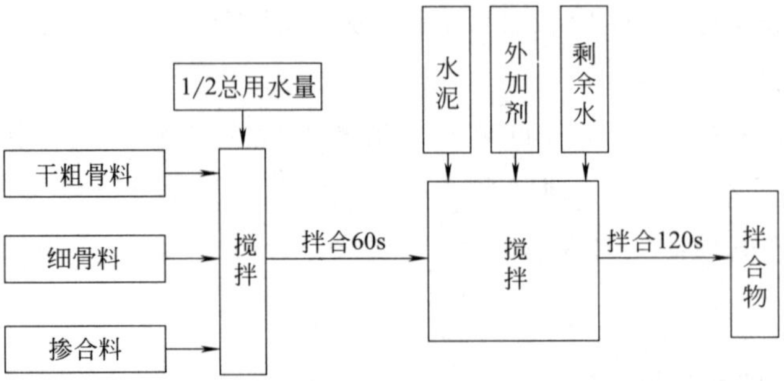

图 6-22 使用未预湿处理的轻粗骨料时的投料顺序

④ 外加剂应在轻骨料吸水后加入。当用预湿处理的轻粗骨料时，液体外加剂可按图 6-21 所示加入；当用未预湿处理的轻粗骨料时，液体外加剂可按图 6-22 所示加入。采用粉状外加剂可与水泥同时加入。

2. 混凝土的运输与浇筑

（1）运输

① 混凝土在运输中应采取措施减少坍落度损失和防止离析。

② 混凝土从搅拌机卸料起到入模内的延续时间不宜超过 45min。

（2）浇筑

① 轻骨料混凝土浇筑倾落的自由高度不应超过 1.5m。当倾落高度大于 1.5m 时应加串筒、斜槽或溜管等辅助工具。

② 轻骨料混凝土应采用机械振捣成型。对流动性大、能满足强度要求的塑性拌合物以及结构保温类和保温类轻骨料混凝土，可采用插捣成型。

③ 现场浇筑的大模板或滑模施工的墙体等竖向结构物，应分层浇筑，每层浇筑厚度宜控制在 300～350mm。

④ 浇筑上表面积较大的构件，当厚度小于或等于 200mm 时，宜采用表面振动成型；当厚度大于 200mm 时，宜先用插入式振捣器振捣密实后，再表面振捣。

⑤ 用插入式振捣器振捣时，插入间距不应大于其振动作用半径的一倍。连续多层浇筑时，插入式振捣器应插入下层拌合物约 50mm。

⑥ 振捣延续时间应以拌合物捣实和避免轻骨料上浮为原则。振捣时间应根据拌合物稠度和振捣部位确定，宜为 10～30s。

⑦ 浇筑成型后，宜采用拍板、刮板、辊子或振动抹子等工具，及时将浮在表层的轻粗骨料颗粒压入混凝土内。若颗粒上浮面积较大，可采用表面振动器复振，使砂浆返上，再做抹面。

3. 养护

（1）轻骨料混凝土浇筑成型后应及时覆盖和喷水养护。

（2）当采用自然养护时，用硅酸盐水泥、普通硅酸盐水泥、矿渣硅酸盐水泥拌制的轻骨料混凝土的湿养护时间不应少于 7d，用粉煤灰硅酸盐水泥、火山灰质硅酸盐水泥拌制的轻骨料混凝土的湿养护时间不应少于 14d。轻骨料混凝土构件用塑料薄膜覆盖养护时，全部表面应覆盖严密，保持膜内有凝结水。

4. 混凝土的质量检验与验收

(1) 轻骨料混凝土拌合物的检验应按下列规定进行：

① 检验拌合物各组成材料的称量是否与配合比相符，同一配合比每台班不得少于一次。

② 检验拌合物的坍落度或维勃稠度以及表观密度，同一配合比每台班不得少于一次。

(2) 轻骨料混凝土强度的检验应按下列规定进行，其检验评定方法应按《混凝土强度检验评定标准》(GB/T 50107) 的规定执行。

① 每 100 盘，且不超过 $100m^3$ 的同配合比的混凝土，取样次数不得少于一次。

② 每一工作班拌制的同配合比混凝土不足 100 盘时，取样次数不得少于一次。

(3) 混凝土干表观密度的检验应按下列规定进行，其检验结果的平均值不应超过配合比设计值的±3%。

① 连续生产的预制厂及预拌混凝土搅拌站，对同配合比的混凝土每月不得少于四次。

② 单项工程，每 $100m^3$ 混凝土的抽查不得少于一次，不足者按 $100m^3$ 计。

(4) 轻骨料混凝土工程验收应按《混凝土结构工程施工质量验收规范》(GB 50204) 的有关规定执行。

六、轻粗骨料混凝土工程实例

滨江国际花园是原供销大厦的改造工程，地下二层，地面裙房（商业）四层，第五层为会所兼设备转换，六至二十九层为住宅，第三十层为机房，建筑总高 101.1m，大屋面高度 93.6m，总建筑面积 $36197.9m^2$。四层以上采用短肢剪力墙结构形式，全部采用陶粒混凝土建造。

因该工程地面以上已建四层，通过设计院对裙房原基础进行复核，采用普通混凝土只能做到二十八层，离规划批准的方案差二层。为此，决定四层以上采用陶粒混凝土，最终做到三十层的要求。该工程首创了我国在结构体系上（筒体、剪力墙、梁、柱、板）全部采用轻骨料混凝土建设高层的记录，同时实现了轻骨料混凝土垂直高度达 101m 的高层高强泵送技术。

1. 原材料

(1) 水泥，华新 P·O42.5 水泥，其技术指标见表 6-48。

■表 6-48 水泥的技术性能指标

C_3S /%	C_2S /%	C_3A /%	C_4AF /%	M_gO /%	细度 /%	标准稠度/%	出厂温度/℃	凝结时间 /min		抗压强度 /MPa		安定性
								初凝	终凝	3d	28d	
5.6	72.07	8.66	7.96	1.49	3.2	27.0	65	190	252	28.7	51.4	合格

Concrete

（2）粉煤灰

襄樊粉煤灰厂生产的Ⅱ级粉煤灰，其技术指标见表 6-49。

■表 6-49 粉煤灰的技术性能指标

细度/%	需水量比/%	烧失量/%	含水量/%	SO_3 含量/%
9.6	97	6.8	0.42	1.21

（3）细骨料

湖南洞庭湖黄砂（细度模数 2.8～3.1）与当地河砂混合使用，其技术性能指标见表 6-50。

■表 6-50 砂的技术性能指标

颗粒级配	细度模数	含泥量/%	泥块含量/%	堆积密度/(kg/m^3)
合格	2.5	1.2	0	1460

（4）粗骨料

宜昌碎石型高强页岩 900 级陶粒，其技术性能指标见表 6-51。

■表 6-51 陶粒的技术性能指标

规格/mm	级配	堆积密度/(kg/m^3)	表观密度/(kg/m^3)	浸泡 24h 湿堆积密度/(kg/m^3)	吸水率					筒压强度/MPa	陶粒浮水面占总量比/%
					1h	2h	4h	6h	24h		
5-16	良好	820	1500	890	3.0	3.0	3.6	3.9	4.8	6.1	5.0

（5）减水剂

FDN-B 高效减水剂，其性能指标见表 6-52。

■表 6-52 FDN-B 高效减水剂的性能指标

固含量/%	减水率/%	水泥净浆流动度/mm	抗压强度比			硫酸钠含量/%
			3d	7d	28d	
31	18.0	220	150	135	124	4.45

2.混凝土配合比

经过对配合比各参数的优化，同时结合工程进度特殊要求，最后确定 LC40 所用配合比为 Q60，LC35 配合比为 Q54。

优化各参数后配合比如下。

① Q60 配合比：净用水量：水泥：细骨料：轻骨料：外加剂：粉煤灰：总用水量＝0.34：1：1.56：1.2：0.009：0.14：0.396。

② Q54 配合比：净用水量：水泥：细骨料：轻骨料：外加剂：粉煤灰：总用水量＝0.38：1：1.71：1.36：0.010：0.23：0.432。

Q60、Q54 配合比确定后各进行了 10 次重复验证试验，重复验证结果见表 6-53。

■表 6-53 Q60与Q54混凝土拌合物性能

配合比编号	坍落度/mm		扩展度/mm		抗压强度/MPa		湿表观密度/(kg/m^3)	干表观密度/(kg/m^3)
	初始	1h	初始	1h	7d	28d		
Q60	250~260	225~240	450~500	350~450	38.8~41.7	47.9~55.5	1952~1968	1830~1870
Q54	230~260	235~245	480~600	450~500	32.4~36.7	43.5~49.3	1920~1940	1810~1840

3.生产模拟

除室内多次重复验证试验外，还进行了生产试拌和试泵，即模拟生产和施工试验。通过模拟生产得出如下轻骨料泵送混凝土质量控制措施。

(1) 陶粒混凝土过振易浮粒，最佳振动时间为6～8s。

(2) 成型坍落度不宜过大，如超过230mm，在不振动状态下易出现浮粒现象，超过250mm浮粒严重。

(3) 施工时应进行二次收浆抹面。二次收浆可减少部分陶粒悬浮混凝土表面，亦可减少裂缝的产生。第二次收浆的时间为接近初凝时（用手指按混凝土还有手印时）开始进行。

(4) 生产准备必须认真到位：陶粒在生产前充分浸泡。陶粒上料前，将输送带、筒仓、上料口等全部清理一遍，防止残留的碎石混入陶粒混凝土，同时混凝土搅拌机、运输车在搅拌和装料前也要清理一遍。

(5) 泵送作业程序为：用足够的水先行试泵，充分润湿管道；泵完水后要有足够的砂浆润管；泵送前要预计过程中的坍落度损失。现场备足后掺外加剂，确保入泵坍落度180～200mm。

4.要求

(1) 生产技术要求

① 在实际生产施工前，将所用陶粒在浸泡池内浸泡24h，让陶粒充分饱水，以减少陶粒在泵压下吸水；生产时提前将陶粒进行滤水处理，让陶粒处于饱和面干状态。

② 每批陶粒浸泡前对陶粒的初始含水率、堆积密度、表观密度、筒压强度进行检测，生产时对陶粒的湿容重、含水率、湿表观密度进行检测并根据实测数据对配合比进行调整。同时测试砂的堆积密度。

(2) 泵送技术要点

① 使用HBTS-80型S摆阀柴油泵进行生产泵送，选择安放混凝土泵的最佳位置，合理布泵。

② 创建泵送管路中的悬浮运动的润滑层。向料斗内加入一定数量的清水以润滑料斗、混凝土缸、输送管道；再向料斗内加入一定量的（1∶2.0或1∶1.5）水

泥砂浆，然后泵入管道，使整条输送管道充分润滑。

③ 泵送开始时要注意观察混凝土泵的液压表和各个部位工作状态。泵的出口处（即S形管和锥管内）最宜发生堵管现象。如遇到堵管应立即将泵反转运行（即反泵），使泵出口处堵塞分离的混凝土能回到料斗内。尽量避免和减少泵送过程中途停歇，如出现停料情况或应施工要求迫使混凝土泵停车，则必须每隔15～20min进行四个行程的动作。泵送过程中不能把料斗内剩余混凝土降低到混凝土缸口以下，如果剩料过少，不但会使泵送量减少，而且易于吸入空气造成堵塞。

④ 选择最佳坍落度，并在泵送过程中保证混凝土坍落度的相对稳定，使之形成柱塞流运动。实践证明，坍落度在220～240mm时可以泵送，但容易产生离析和泌水而堵塞，180～200mm为最佳泵送坍落度。

5. 工程应用

滨江国际花园工程于2005年8月31日正式投入轻骨料混凝土的产生，泵送和施工浇注于2006年元月8日封顶，成功实现了国内首次全轻结构陶粒100m高层泵送。

该工程累计开盘生产LC40混凝土20次，完成方量2990m^3，垂直泵送高度61.2m；累计生产LC35混凝土3650m^3。在全部50多次的生产泵送过程中，直至最高垂直高度达101m时，均未发生一次堵管现象。

生产泵送LC40混凝土为8月至10月，此期间室外气温有时达到40℃，且有阳光暴晒，因此需要将混凝土凝结时间做适当调整，在室内标准温湿度状态下控制在10～13h，室外的高温状态下控制在5h，以保证足够的施工操作时间。考虑到混凝土运输途中坍落度温度损失，出厂坍落度加大30～40mm，从搅拌站到工地现场跟踪对比，最合适的出厂坍落度为210～230mm。

生产泵送LC35为10月底至2006年元月，期间虽然坍落度的温度损失较小，但泵送高度逐渐增加，泵压损失会相应增大，为保证泵送施工的顺利进行，对混凝土配合比又做了相应调整，即在保证容重不变的情况下，将砂率提高了1%，出厂坍落度仍控制为210～230mm。

工程用LC40和LC35陶粒混凝土可泵性、拌合物性能和力学性能统计结果分别见表6-54～表6-56。

■表6-54 LC40和LC35混凝土可泵性指标

强度等级	入泵坍落度/mm	坍落度损失/mm	泵送次数	泵送高度/m	泵送压力/MPa	出料口混凝土状态
LC40	180～200	10	20	61.2	10～12	和易性、保水性好：不产生分层、离析、流浆等现象
LC35	180～200	20	31	101	12～15	和易性、保水性好：不产生分层、离析、流浆等现象

■表 6-55 LC40和LC35混凝土拌合物指标

强度等级	出厂坍落度/mm	出厂扩展度/mm	坍落度损失/mm			湿表观密度/(kg/m³)	干表观密度/(kg/m³)
			30min	60min	90min		
LC40	200~230	450~500	15	20	30	1928~1960	1842~1884
LC35	200~230	450~500	10	20	25	1916~1954	1834~1873

■表 6-56 LC40和LC35混凝土强度统计结果

强度等级	验收组数	28d强度平均值/MPa	28d强度最小值/MPa	标准差/MPa	合格率/%	数理统计方法
LC40	80	48.4	42.9	2.85	100	标准差未知
LC35	116	44.7	37.6	3.74	100	标准差未知

七、自密实混凝土质量控制

1.混凝土制备

（1）原材料的计量应按质量计，计量允许偏差应符合表6-3的规定。

（2）混凝土搅拌时间不应少于60s，并应比非自密实混凝土适当延长。

（3）高温施工时，原材料最高入机温度应符合表6-57的规定，必要时应对原材料采取温度控制措施。

■表 6-57 自密实混凝土原材料最高入机温度

原材料	最高入机温度/℃	原材料	最高入机温度/℃
水泥	60	水	25
骨料	30	粉煤灰等掺合料	60

2.混凝土的运输与浇筑

（1）运输

① 运输车从开始接料至卸料的时间不宜大于120min。

② 混凝土的供应速度应保证施工的连续性。

（2）浇筑

① 高温施工时，混凝土入模温度不宜超35℃；冬期施工时，混凝土入模温度不宜低于5℃。在降雨、降雪期间，不宜在露天浇筑混凝土。

② 大体积自密实混凝土入模温度宜控制在30℃以下；混凝土在入模温度基础上的绝热温升值不宜大于50℃，混凝土的降温速率不宜大于2.0℃/d。

③ 自密实混凝土浇筑最大水平流动距离应根据施工部位具体要求确定，且不宜超过7m。布料点应根据混凝土自密实性能确定，并通过试验确定混凝土布料点的间距。

④ 柱、墙模板内的混凝土浇筑高度不宜大于5m，当不能满足规定时，应加设

串筒、溜管、溜槽等装置。

⑤ 浇筑结构复杂、配筋密集的混凝土构件时，可在模板外侧进行辅助敲击。型钢混凝土结构应均匀对称浇筑。

⑥ 钢管自密实混凝土结构浇筑应符合下列规定：应按设计要求在钢管适当位置设置排气孔，排气孔孔径宜为 20mm；混凝土最大倾落高度不宜大于 9m，倾落高度大于 9m 时，应采用串筒、溜槽、溜管等辅助装置进行浇筑。

⑦ 混凝土从管底顶升浇筑时应符合下列规定：应在钢管底部设置进料管，进料管应设止流阀门，止流阀门可在顶升浇筑的混凝土达到终凝后拆除；应合理选择顶升浇筑设备，控制混凝土顶升速度，钢管直径不宜小于泵管直径的两倍；浇筑完毕 30min 后，应观察管顶混凝土的回落下沉情况，出现下沉时，应人工补浇管顶混凝土。

⑧ 混凝土宜避开高温时段浇筑。当水分蒸发速率过快时，应在施工作业面采取挡风、遮阳等措施。

3.混凝土的养护

（1）混凝土浇筑完毕，应及时采用覆盖、蓄水、薄膜保湿、喷涂或涂刷养护剂等养护措施，养护时间不得少于 14d。

（2）大体积自密实混凝土养护措施应符合设计要求；当设计无具体要求时，应符合《大体积混凝土施工规范》（GB 50496）的有关规定。对裂缝有严格要求的部位应适当延长养护时间。

4.混凝土的质量检验与验收

（1）质量检验

① 自密实混凝土拌合物检验项目除应符合《混凝土结构工程施工质量验收规范》（GB 50204）的规定外，还应检验自密实性能，并应符合下列规定：混凝土自密实性能指标检验应包括坍落扩展度和扩展时间；出厂检验时，坍落扩展度和扩展时间应每 $100m^3$ 相同配合比的混凝土至少检验 1 次；当一个台班相同配合比的混凝土不足 $100m^3$ 时，检验不得少于 1 次；交货时坍落扩展度和扩展时间检验批次应与强度检验批次一致；实测坍落扩展度应符合设计要求，混凝土拌合物不得出现外沿泌浆和中心骨料堆积现象。

② 对掺引气型外加剂的自密实混凝土拌合物应检验其含气量，含气量应符合国家相关标准的规定。

③ 自密实混凝土强度应满足设计要求，检验的试件应符合下列规定：出厂检验试件留置方法和数量应符合《预拌混凝土》（GB/T 14902）的规定；交货检验试件留置方法和数量应符合《混凝土结构工程施工质量验收规范》（GB 50204）的规定。

④ 对有耐久性设计要求的自密实混凝土，还应检验耐久性项目，其试件留置方法和数量应符合《混凝土耐久性检验评定标准》（JGJ/T 193）的规定。

⑤ 混凝土拌合物自密实性能的试验方法和试件成型方法应按《自密实混凝土应用技术规程》(JGJ/T 283)的规定执行，混凝土拌合物的其他性能试验方法应按《普通混凝土拌合物性能试验方法标准》(GB/T 50080)的规定执行。自密实混凝土的力学性能、长期性能和耐久性能试验方法应分别按《普通混凝土力学性能试验方法标准》(GB/T 50081)和《普通混凝土长期性能和耐久性能试验方法标准》(GB/T 50082)的规定执行。

(2) 检验评定

① 自密实混凝土强度应按《混凝土强度检验评定标准》(GB/T 50107)的规定进行检验评定。

② 自密实混凝土耐久性能应按《混凝土耐久性检验评定标准》(JGJ/T 193)的规定进行检验评定。

(3) 工程质量验收

自密实混凝土工程质量验收应按《混凝土结构工程施工质量验收规范》(GB 50204)的规定执行。

八、自密实混凝土工程实例

(一) 广州西江引水工程—输水管线—干线(佛山小塘立交段)盾构施工工程

广州西江引水工程—输水管线—干线(佛山小塘立交段)盾构施工工程，盾构段起点位于广茂铁路以南与北江大堤之间，终点接入小塘立交东侧的远景预留中途提升泵站内，全长约2.45km。小塘立交段盾构分为两段，第一段盾构自广茂铁路—广三高速南侧，长约1125m；第二段盾构自广三高速南侧-西二环东侧，长约1230m。盾构隧道结构采用预制钢筋混凝土管片，外直径为6000mm，内直径为5400mm。本工程是在盾构隧道完成后于盾构管片隧道内衬砌DN4800管道，内衬钢管壁厚20mm，单节6m规格。内衬钢管与管片间隙采用泵送施工工艺回填C20自密实混凝土。钢管衬砌盾构段断面见图6-23。

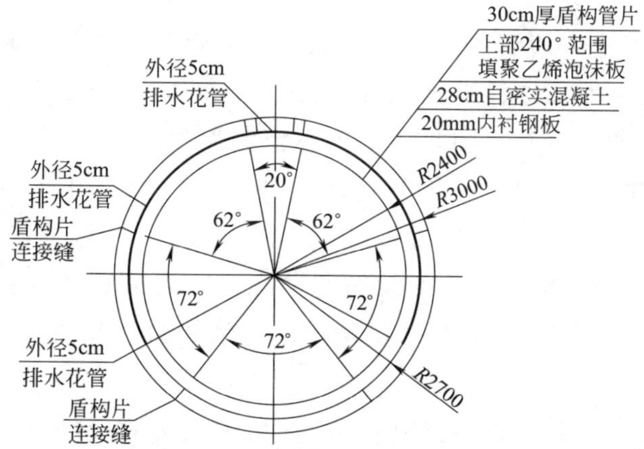

图6-23 钢管衬砌盾构段断面图

内衬钢管与管片间隙最大只有280mm，而且是圆形，混凝土无法振捣。因此，该工程采用C20低强度自密实混凝土，同时满足长达1.2km超长泵送混凝土施工，混凝土约共1.5万立方米。

1.原材料

P·O42.5R级水泥；Ⅱ级粉煤灰；聚羧酸缓凝高性能减水剂，减水率在27%以上；碎石，级配良好，粒径为5～16mm，含泥量≤0.5%；细度模数2.6的砂，含泥量0.3%。

2.配合比

针对自密实混凝土的特点，提前对混凝土配合比进行试配优化，充分利用大掺量粉煤灰提高和易性，调整用水量与外加剂的掺量，达到流动性与抗离析性的最佳平衡点。通过对室内试验和生产模拟试验，确定配合比见表6-58。

■表6-58　C20自密实混凝土配合比和工作性能

配合比原材料用量/(kg/m³)						坍落扩展度/mm	T_{500}/s	L形仪(H_2/H_1)
水泥	水	砂	石	粉煤灰	减水剂			
260	198	870	880	150	4.51	690	2.5	0.92

3.工程应用

(1)施工技术要点

①混凝土泵：由于隧道单段长达1.2km，对于远距离的混凝土泵送，对泵的要求较高。该工程选用佳尔华大象系列混凝土泵，混凝土输送压力高压为16.2MPa，低压为8.7MPa，电动机功率为110kW，混凝土输送管内径Φ125 mm。

②混凝土套筒：预制8套泵送混凝土的套筒装置，混凝土泵的输送管内径为Φ125mm，与6寸球阀采用法兰连接，球阀再与内径为Φ136mm的热轧无缝钢管法兰连接，无缝钢管的螺纹与钢管灌浆孔处的螺纹吻合。

③灌浆孔的设置。在制造钢管时，钢管制造厂家应按施工图纸所示的孔位和结构要求预留灌浆孔，并在钢管外侧加焊补强板，补强板设有内螺纹，出厂时已安装孔塞，保护螺纹，灌浆过程中，需要在已埋设的钢管上加钻灌浆孔。

④主灌浆孔为在焊接接长为12m的5m+7m的间隔处于上、左、右准线位置布置3个Φ136mm的灌浆孔，同时考虑到自密实混凝土泵送时水平流动距离过长，不利于泵送混凝土的密实，距24m分仓段中部11m+13m于上准线位置布置一个Φ136mm灌浆孔；并于24m泵送混凝土仓面的两端、中部上准线位置布置3个Φ48mm的观察孔，用于观察混凝土泵送的情况，同时兼顾排气孔和后期注浆的功能，防止钢管顶部出现较大的空洞。灌浆孔、注浆孔的位置均考虑避开纵向焊缝和十字焊缝。

⑤模板的组装（快易收口网预制构件）：采用快易收口网预制构件将钢管24m一段进行隔离分仓，在钢管对接完成后将预制构件钢筋焊接固定于钢管外壁上，离

焊接口 200mm 处。

⑥ 自密实混凝土的浇筑：当隧道钢管安装 2 节 24m 后，利用钢管预留 Φ136mm 灌浆孔进行钢管与隧道内壁混凝土之间间隙灌填 C20 自密性混凝土。自密实混凝土台阶式分层注浆，分层浇筑时以两端质量作为浮力控制的安全系数，相邻浇筑段的水平缝错台 500～800mm，灌填注浆的示意图如图 6-24。

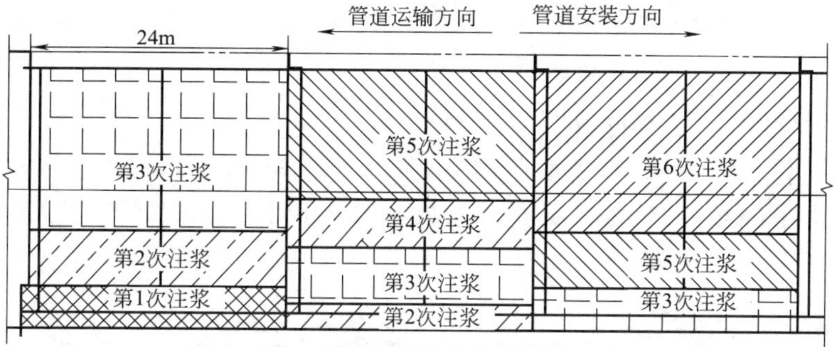

图 6-24 自密实混凝土分层灌填示意图

(2) 自密实混凝的浇筑工艺

① 浇筑混凝土前，在补强板上抹油，防止补强板与混凝土粘结，灌不进浆。

② 进行灌浆前，打开孔塞，旋上保护圈，防止损坏螺纹。

③ 堵塞混凝土中的灌浆孔，不得有渗水进入，然后泵送混凝土。

④ 分层泵送混凝土前，采用稍高于泵送压力的水（其压力不高于钢管抗外压的安全压力）挤开补强板与混凝土间的缝隙。

⑤ 因盾构管片的设计，盾构管片的纵缝可作为泵送混凝土时的出气孔。

⑥ 混凝土泵送前应用高强度等级砂浆进行试泵，以湿润和密封管壁，减少管壁对混凝土拌合物的阻力，保证自密实混凝土泵送的顺利进行。混凝土泵送应连续进行，停顿时间一般不应超过 15 min，以免造成混凝土堵管现象。混凝土进行浇筑时应观察拌合物的浇筑情况，必要时应适当敲击，以免混凝土流动不均匀造成的缺陷，而且还有利于排除内衬钢管与混凝土接触带中的气孔。

⑦ 浇筑混凝土时，两面应均匀对称浇筑，防止高差过大使模板变形、胀、漏造成不必要的损失。

⑧ 采取有效的温控措施，控制好混凝土的出机口温度、入仓温度和浇筑温度，并且加强对混凝土的温度监控及养护。

⑨ 泵送过程中，严格控制泵送压力，并在灌浆孔旁设置变位计，观测钢管变位，防止管壁失稳。除控制好压力外，还应加强抬动观测，一旦有异常变化，即可停止灌浆，防止钢衬发生变形。

⑩ 分层灌浆结束后，旋下泵送套筒和保护圈，清除灌浆孔中杂物，旋上孔塞及防渗石棉，烤干预留焊缝坡口，以补强板作外层垫板，封焊灌浆孔并磨平。

⑪ 灌浆结束 3～7d 后，用敲击的方法对浇筑部位进行检查，以敲击的声音来判断混凝土浇筑是否密实。经核实，混凝土浇筑部位没有任何填充不密实的现象，达

到预期的效果。

(二) 天津高银 117 大厦工程

天津高银 117 大厦作为中国北方第一高楼、中国结构第一高楼，需要高抵抗水平地震及风荷载能力，除钢筋混凝土核心筒外，外框 4 根巨型钢管柱也承担很大的水平荷载，提供必要的侧向刚度。巨型柱从地下室结构一直贯穿至顶层，高度达到 597m。从地下室结构到地上标高 183m 浇筑 C70 自密实混凝土。巨型柱腔体里有大量的竖向钢筋、肋板等，浇筑、振捣困难。巨型柱横截面见图 6-25。巨型柱内部横隔板、纵向加劲肋、栓钉布置以及内部配筋情况见图 6-26。另外，地上主塔楼巨型柱与环带桁架、巨型支撑交接处的加强层节点，其腔体构造复杂，竖向、水平隔板各 5 道，根本无振捣条件。巨型柱加强层节点结构见图 6-27 所示。

图 6-25 巨型柱横截面

图 6-26 巨型柱内部构造

天津高银 117 大厦巨型柱施工流程为钢板安装、焊接、第三方焊缝探伤检测完毕后，安装腔体内竖向主筋、箍筋、拉筋等，再进行腔内混凝土浇筑。由于混凝土浇筑前需要结构安装，所以混凝土浇筑时具有一定的抛落高度，最大抛落高度超过 30m。

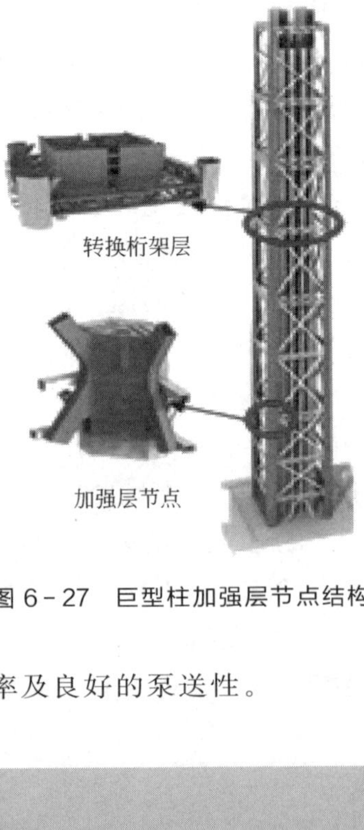

图 6-27 巨型柱加强层节点结构

1. 原材料

选用 P·O42.5，要求具有较低的需水性，同时还考虑其与高效减水剂的相容性；活性好、低需水性的粉煤灰、矿渣粉以及硅灰矿物掺合料；使用卵石时最大粒径为 25mm，使用碎石时最大粒径为 20mm，且针片状颗粒含量宜≤5.0%，含泥量应≤0.5%，泥块含量宜≤0.2%；细骨料细度模数宜≤2.6，含泥量≤2.0%，泥块含量≤0.5%；高效减水剂或缓凝高效减水剂，要求有较好的流化性能，保持拌合物的流动性、合适的凝结时间与泌水率及良好的泵送性。

2. 配合比

天津高银 117 大厦巨型柱混凝土在 C70 自密实混凝土配合比基础上进行配合比优化，满足高抛免振捣施工的需要。天津高银 117 大厦巨型柱 C70 高抛免振捣混凝土配合比为水泥：粉煤灰：硅灰：超细矿粉：河砂：5～25mm 碎石：水：减水剂＝320：150：60：80：720：940：160：13.42。

天津高银 117 大厦巨型柱 C70 高抛免振捣混凝土工作性能优异，28d 抗压强度符合要求。其性能指标如下：坍落扩展度 650mm；$T_{500}=3.9s$；U 型箱高度差 20mm；坍落扩展度与 J 环扩展度之差 10mm；离析率 4.2%；倒坍落度筒排空时间 4.2s；抗压强度 $R_7=71.1MPa$，$R_{14}=79.5MPa$，$R_{28}=89.7MPa$。

3. 工程应用

（1）混凝土的浇筑

① 在浇筑混凝土前，先浇筑一层 100～200mm 厚与混凝土配合比相同的水泥砂浆，防止自由下落的混凝土粗骨料产生弹跳，影响混凝土强度。

② 浇筑过程中，钢柱密实度采用方量控制与敲击控制两种方式。方量控制主要以实际浇筑量与理论浇筑量进行对比，在每浇筑一车混凝土后进行实测。测量工具选用测锤，同时配合手电筒进行照射并进行目测。

③ 浇筑过程中所有进场混凝土以控制扩展度为主，采用目测控制流动性等工作性能，要求进场混凝土扩展度≥650mm，3h 后扩展度≥600mm；对扩展度＜500mm 的混凝土，禁止使用。

④ 巨型柱钢管混凝土浇筑之前，应将管内异物、积水清除干净，管内混凝土浇筑应在钢构件安装完毕并验收合格后进行。

⑤ 混凝土浇筑时，巨型柱内各钢板分仓对称下料，分层浇筑，节点处加强人工振捣；巨型柱每段浇筑至指定标高。

⑥ 应轮流向各个腔内下料，每次下料高度控制在 2m，间隙 10～15min 后再继续下料，以此类推。

⑦ 抛落高度应≥4m，对于抛落高度＜4m 的部分，需应用内部振捣器振实。

⑧ 出料口需伸入钢柱，利用混凝土下落产生的动能达到混凝土自密实的效果，柱外配合人工用木槌进行敲击。

⑨ 浇筑过程中，由专人负责汽车泵调控工作。

⑩ 每浇筑 2m 高，应间隔 10min；特别是浇筑结构隔板处混凝土，应间隔 15min，以便有足够时间排出腔内空气。

（2）混凝土养护

① 混凝土浇筑前，在巨型柱表面粘贴一层 40mm 厚泡沫塑料保温板作为保温材料，利用工业胶将保温板紧密粘贴在巨型柱上，待混凝土养护达到要求后将每块保温板从巨型柱表面铲下回收，作为下一次巨型柱混凝土养护的材料实现反复利用。

② 对于混凝土露天的表面，在浇筑后12h内先在表面铺一层塑料薄膜，接着铺一层纤维薄膜，再用一层40mm厚泡沫塑料保温板穿过钢筋对混凝土面层压实进行保温，边角部位、钢筋穿孔部位及缺陷部位需用纤维棉进行封堵保温。

③ 应在浇筑12h内对混凝土加以保湿养护，保湿养护时间≥14d。

④ 保温层的拆除要逐步进行，当混凝土表面的温度与环境最大温差＜20℃时，可全部拆除。

（3）实施效果

针对异形多腔巨型柱结构特点，重点关注异形多腔巨型柱角部及横隔板下界面混凝土浇筑质量，对模拟试验柱进行破坏性剖切试验，验证C70大体积自密实混凝土的自密实性能及浇筑质量。试验结果表明：横隔板以下、竖向钢管壁及角部混凝土界面粘结牢固，硬化混凝土无缺陷，混凝土自密实性能良好。

（三）泵送顶升自密实钢管混凝土工程实例

实际工程中钢管混凝土结构复杂，若采用传统混凝土浇筑和振捣，不但施工效率低下，而且质量无法保证。因此在钢管混凝土结构中，自密实混凝土取代传统混凝土已成为一种必然趋势。

在钢管混凝土结构中，管内自密实混凝土的浇筑主要有以下两种方法：高位抛落不振捣法和泵送顶升浇灌法。高位抛落法是依靠混凝土自身重力，从钢管顶部抛落浇筑。该方法操作简便，浇筑速度较快，但也存在抛落高度受限制（不宜＞9m），同时管内混凝土不连续、整体性差、易离析的缺点。另外，该方法影响钢结构的施工进度，工人高空作业强度大。泵送顶升法利用混凝土泵自下而上将混凝土填充钢管，不易形成浇筑缺陷，适合管内混凝土的连续浇筑。

这里列出了部分工程应用情况、混凝土配合比、混凝土工作性能及物理力学性能，分别见表6-59～表6-61。

■表6-59 工程应用情况

编号	工程名称	文献时间	设计强度	钢管尺寸/mm	顶升高度/mm	顶升速度/(m^3/h)	泵送压力/MPa
1	福州万象商业广场	2006	C50	478，720	28.5	20～30	16
2	杭州复兴大桥	2006	C50	950，1700	47.5	50～60	16
3	巫山长江大桥	2006	C60	610，711，1220	62.0	30～35	10
4	江苏南河特大桥	2006	C50	1100	25.256	—	28
5	国家体育场	2006	C45	1000×1000	21.5	—	—
6	益阳茅草街大桥	2006	C50	650，1000	71.2	20～30	32
7	湖北支井河大桥	2009	C50	1200	78.1	30～40	—
8	甘肃会展中心	2010	C60	1000×800，1000×1000，1200×1200	23.9	—	16
9	天津津塔	2011	C60	600-1700	25.0	35～50	26

续表

编号	工程名称	文献时间	设计强度	钢管尺寸/mm	顶升高度/mm	顶升速度/(m^3/h)	泵送压力/MPa
10	贵阳花溪Ⅰ号大桥	2011	C50	700，1000	40.0	20~30	40
11	咸阳机 T3A 航站楼	2012	C40	200	22.0	40~50	15
12	天津于家堡商务区	2012	C70	1000	17.25	40~50	22

■表 6-60 混凝土配合比

编号	混凝土材料用量/(kg/m^3)											水胶比	砂率/%
	水泥	粉煤灰	矿粉	硅粉	石粒径/mm	石	砂	水	减水剂	膨胀剂	防冻剂		
1	380	63	110	—	5~25	950	713	175	11.06	38	—	0.32	43
2	400	93	—	—	—	947	713	195	51		—	0.39	
3	460	70	—	—	5~25	1010	714	180	10.1	55	—	0.34	38
4	398	70	—	—	5~31.5	1058	624	160	64		—	0.34	
5	395	103	—	—	5~25	974	673	175	15.7	43	—	0.34	43
6	443	54	—	—	5~25	994	735	157	43		—	0.31	43
7	464	58	—	—	5~20	1008	749	186	7	58	—	0.36	38
8	380	60	120	—	5~20	810	618	165	4.6	30	—	0.29	49
9	330	—	210	—	5~20	900	772	165	9.2	35	—	0.30	47
10	412	108	—	—	2.36~19	890	798	160	4.36	52	—	0.31	46
11	330	160	—	—	5~31.5	478	760	170	—	67	16.7	0.35	43
12	380	—	140	30	5~20	478	734	150	12.5	—	—	0.27	50

■表 6-61 混凝土工作性能及物理力学性能

编号	抗压强度			坍落度/mm	扩展度/mm	$T_{倒}$/s	膨胀率		
	3d	7d	28d				类型	时间/d	膨胀率/$\times 10^{-4}$
1	—	—	56.3	220	—	—	—	—	—
2	—	53.1	60.6	240	—	—	自由膨胀率	28	4
3	56	68	79	230	620	—	自由膨胀率	28	5.6
4	40.9	54.6	66.2	215	590	—	限制膨胀率	14	1.5
5	29.7	39.6	57.4	265	680	10	限制膨胀率	14	2.65
6	—	45.7	65	230	560	—	限制膨胀率	14	2.2
7	42	—	65.7	248	668	—	限制膨胀率	28	4.27
8	—	52.1	65.7	270	730	—	限制膨胀率	14	6.7
9	—	—	67.5	270	700	—	—	—	—
10	41.3	59.5	79	265	705	—	自由膨胀率	28	2.4
11	—	—	—	250	650	—	—	—	—
12	—	—	66.0	260	690×700	4.8	—	—	—

注：除巫山长江大桥工程选用 P·O 52.5 水泥外，其他工程均为 P·O 42.5 水泥。

通过以上工程应用，可总结如下。

（1）泵送顶升自密实混凝土水胶比宜控制在0.30～0.35之间，根据顶升高度和工作性要求再做适当调整。在一定范围内，混凝土流动性能随着砂率的增加而增强，砂率宜控制在45%左右。混凝土坍落度主要集中在255～270mm，扩展度主要分布在650～725mm。

（2）大部分工程单元顶升高度控制在30m以下，顶升速度控制在20m³/h以上，单元最大顶升高度与混凝土泵送压力和配合比等多重因素有关。

（3）管内混凝土采用敲击、超声波与钻芯取样等检测方法对钢管混凝土的密实性进行检测。但钻取管内混凝土芯样的方法损伤钢管壁且补强困难，钢管混凝土无损检测技术有待进一步研究和发展。

（4）自由膨胀率和限制膨胀率都不符合钢管混凝土的实际，管内混凝土膨胀性能的测定方法尚未给出，体积稳定性理论亟待研究。

九、纤维混凝土质量控制

1.混凝土制备

（1）纤维混凝土每盘混凝土原材料计量的允许偏差应符合表6-62的规定。

■表6-62　纤维混凝土原材料计量的允许偏差　　单位：%

原材料品种	水泥	骨料	水	外加剂	掺合料	纤维
每盘计量允许偏差	±2	±3	±1	±1	±2	±1

（2）纤维混凝土应采用强制式搅拌机搅拌，并应配备纤维专用计量和投料设备；宜先将纤维和粗、细骨料投入搅拌机干拌30～60s，然后再加水泥、矿物掺合料、水和外加剂搅拌90～120s，纤维体积率较高或强度等级不低于C50时，宜取搅拌时间范围的上限。当混凝土中钢纤维体积率超过1.5%或合成纤维体积率超过0.20%时，宜延长搅拌时间。

2.混凝土的运输与浇筑

（1）用于泵送钢纤维混凝土泵的功率，应比泵送普通混凝土大20%。喷射钢纤维混凝土时，宜采用湿喷工艺。

（2）纤维混凝土拌合物浇筑倾落的自由高度不应超过1.5m。当倾落高度大于1.5m时，应加串筒、斜槽、溜管等辅助工具。

（3）纤维混凝土浇筑应保证纤维分布的均匀性和结构的连续性，在浇筑过程中不得加水。

（4）纤维混凝土应采用机械振捣，在保证其振捣密实的同时，应避免离析和分层。

（5）钢纤维混凝土的浇筑应避免钢纤维露出混凝土表面。对于竖向结构，宜将模板角修成圆角，可采用模板附着式振动器进行振动；对于上表面积较大的平面结构，宜采用平板式振动器进行振动，再用表面带凸棱的金属圆辊将竖起的钢纤维压下，然后用金属圆辊将表面滚压平整，待钢纤维混凝土表面无泌水时，可用金属抹刀抹平，经修整的表面不得裸露钢纤维。

（6）当采用三棍轴机组铺筑钢纤维混凝土路面时，应在三棍轴机前方使用表面带凸棱的金属圆辊将钢纤维压下，再用三棍轴机整平施工。当采用滑模摊铺机铺筑钢纤维混凝土路面时，应在挤压底板前方配备机械夯实杆装置，将钢纤维和大颗粒骨料压下。

3. 混凝土的养护

（1）纤维混凝土浇筑成型后，应及时用塑料薄膜等覆盖和养护。

（2）当采用自然养护时，用普通硅酸盐水泥或硅酸盐水泥配制的纤维混凝土的湿养护时间不应少于 7d，用矿渣硅酸盐水泥、粉煤灰硅酸盐水泥或复合硅酸盐水泥配制的纤维混凝土的湿养护时间不应少于 14d。

4. 混凝土的质量检查与验收

（1）混凝土拌合物性能检验

① 纤维混凝土制备系统各种计量仪器设备在投入使用前应经标定合格后方可使用。原材料计量偏差应每班检查 2 次，混凝土搅拌时间应每班检查 2 次，检验结果应符合表 6-62 的规定。

② 纤维混凝土拌合物抽样检验项目应包括坍落度、坍落度经时损失、凝结时间、离析、泌水、粘稠性、保水性；对于钢纤维混凝土拌合物，还应测试钢纤维体积率。坍落度、离析、泌水、粘稠性和保水性应在搅拌地点和浇筑地点分别取样检验；钢纤维体积率应在浇筑地点取样检验。

③ 纤维混凝土的坍落度、离析、泌水、粘稠性、保水性，每工作班应至少检验 2 次，凝结时间和坍落度经时损失应 24h 检验一次。

④ 纤维混凝土拌合物性能应符合本书第五章第六节的相关规定。

（2）硬化纤维混接土性能检验

① 硬化纤维混凝土性能检验应符合下列规定：强度等级检验应符合《混凝土强度检验评定标准》（GB/T 50107）的规定，弯拉强度检验应符合《公路水泥混凝土路面施工技术规范》（JTG F30 ）的规定，其他力学性能检验应符合有关标准和工程要求的规定；耐久性能检验评定应符合《混凝土耐久性检验评定标准》（JGJ/T 193）的规定。

② 纤维混凝土力学性能和耐久性能应符合设计规定。

（3）混凝土工程质量验收

① 纤维混凝土工程验收应符合《混凝土结构工程施工质量验收规范》（GB 50204）、《屋面工程质量验收规范》（GB 50207）、《建筑地面工程施工质量验收规范》（GB 50209）、《地下工程防水技术规范》（GB 50108）和《公路水泥混凝土路面施工技术规范》（JTG F30）的规定。

② 纤维混凝土工程的耐久性能应符合设计要求。当有不合格的项目，应组织

专家进行专项评审并提出处理意见，作为验收文件的一部分备案。

十、纤维混凝土工程实例

钢纤维混凝土是将短的、不连续的钢纤维随机乱向地分布于混凝土中形成的复合材料。与普通混凝土相比，加入一定量的钢纤维后，不仅可以提高混凝土的抗拉强度、抗折强度和韧性，而且能够明显地提高混凝土的抗裂性能、抗收缩性能和极限拉应变，因此受到国内外学术界和工程界的极大重视。

中央电视台新台址工程，其主楼为两座斜塔楼，两座斜塔楼顶部采用14层高的悬臂结构进行连接，结构示意图见图6-28。

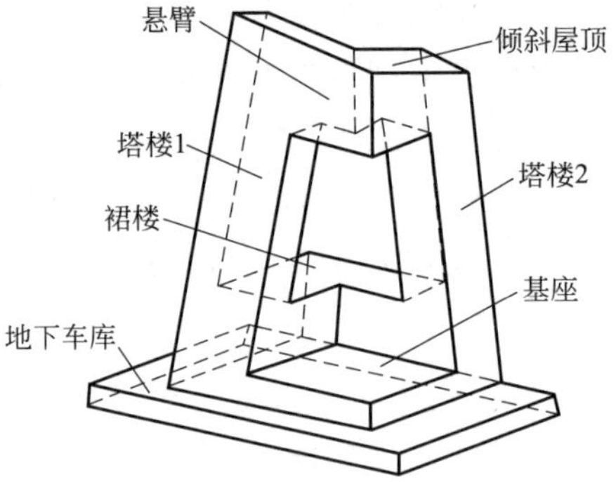

图6-28　CCTV新台址结构示意图

这种设计结构对混凝土施工过程控制和混凝土性能（尤其是变形性能）等提出了较高要求。该工程部分型钢柱混凝土强度等级为C60，泵送高度超过200m，而且这部分型钢柱在受力时，属于偏心受压（部分柱子受拉），因此要求型钢柱在整个施工过程中和建成后因受力发生一定挠度变形的同时（倾斜度约0.286°，变形值约为12.5μ_ε），所出现的裂缝在控制范围之内（裂缝宽度小于1mm，深度小于50mm）。为此，必须在混凝土中掺加钢纤维以增加混凝土的韧性。由于型钢混凝土柱设计受力复杂，钢筋密集（最小净间距为70mm），对掺入的钢纤维要求较高，并且由于施工、振捣困难等原因，必须使用自密实混凝土，即C60钢纤维自密实混凝土。

但是，设计单位仅对钢纤维本身的性能和掺量提出了粗略的要求，并未对本工程拟采用的C60钢纤维混凝土的具体性能指标进行详细说明。为了优化钢纤维自密实混凝土的组成，评价钢纤维自密实混凝土的性能，确定钢纤维的种类和厂家，确定钢纤维自密实混凝土的配合比、生产质量控制指标与试验方法，需要进行系统的试验研究，使其各项性能指标达到施工要求。即所配制的混凝土加入钢纤维后，硬化混凝土即要满足钢纤维混凝土施工过程中的变形指标要求，混凝土拌合物又要满足自密实混凝土的指标要求，具有高流动性、抗离析性强和自填充性的特点，这也是混凝土生产控制过程中的关键所在。

1.原材料

北京琉璃河水泥厂P·O42.5水泥；河北衡水电厂1级粉煤灰；河北潮河水洗天然中砂和河北三河产机制砂，细度模数均不小于2.3；三河产碎石，连续级配，粒径5～10mm和5～20mm；天津雍阳外加剂厂聚羧酸型UNF-5AST高效泵送剂；设计要求使用冷拉切断型钢纤维，其抗拉强度大于1000MPa，长径比大于50，长度35～50mm，掺量20～50kg/m^3。采用上海贝卡尔特-二钢有限公司生产的Dramix钢纤维和上海哈瑞克斯公司生产的Harex钢纤维两种冷拉钢丝切断型钢纤维。钢纤维性能指标见表 6-63。

■表 6-63 钢纤维性能指标

牌号	类型	抗拉强度/MPa	直径/mm	长度/mm	长径比
Dramix	RC-65/35-BN	1145~1545	0.53~0.57	32.0~38.0	56~68
Harex	CW03-30-1000	1100~1245	0.55~0.60	27.0~33.0	48~56

2.配合比

本工程钢纤维自密实混凝土配合比设计思路是：首先通过试验调整混凝土中的粉体比例、外加剂品种和掺量等，确定出满足施工指标要求的不掺加钢纤维的自密实混凝土的配比，为基准配比：然后在此基准配比的基础上掺加不同掺量的钢纤维，检测钢纤维混凝土的抗拉强度、抗弯强度和韧度指数等，确定满足力学与变形指标要求的钢纤维的品种和最小掺量：接着再对满足要求的钢纤维掺量最小的配合比进行微调，使混凝土拌合物的状态达到自密实的要求，并复验检测抗拉强度、抗弯强度和韧度指数等，以得到最佳试验室配合比；最后，对所确定的最佳配合比进行现场混凝土泵送试验，判断是否满足工程需要，最终得到满足施工生产要求的钢纤维自密实混凝土。

钢纤维混凝土配合比在调整时应考虑的主要方面是：拌合物的工作性、强度的双控（抗压、抗拉或抗压、弯拉）和钢纤维体积率的确定等。要提高钢纤维在混凝土中的增强效果，一是提高钢纤维的长径比；二是提高钢纤维与基体之间的粘结强度。但是，长径比过大，会使纤维混凝土的和易性降低，纤维结球现象发生的可能性也会增加。同时，钢纤维混凝土的骨料最大粒径直接影响到钢纤维的握裹力，一般最大粒径不宜超过钢纤维长度的 2/3。对同一基体而言，两端带弯钩的钢纤维较平直型钢纤维的界面粘结强度高。

最终确定的混凝土配合比见表 6-64。

■表 6-64 钢纤维自密实混凝土配合比

材料名称	水泥	水	天然砂	机制砂	5~10mm 石子	5~20mm 石子	粉煤灰	泵送剂	钢纤维
用量/(kg/m^3)	380	170	420	420	350	500	150	8.5	20

混凝土性能见表 6-65。

■表 6-65 钢纤维自密实混凝土性能

坍落度/mm	坍落扩展度/mm	V 漏斗通过时间/s	U 形箱填充高度/mm	抗压强度/MPa		劈拉强度/MPa		28d 弯曲韧度指数 $\eta_{m,R}$	28d 弹性模量/GPa
				28d	60d	28d	60d		
265	720	21	350	72.4	82.1	5.34	6.38	5.21	4.82

Concrete

3. 工程应用

钢纤维混凝土在泵送过程中，除按常规泵送操作外，还应注意以下几点。

（1）泵送过程中宜保持混凝土供应的连续性，如较长时间不能泵送混凝土，则会出现钢纤维混凝土粘管现象，尤其是在泵管的接口处，而且增大了再次泵送阻力且很难清洗干净。

（2）尽量减少泵管弯头，以减少泵送阻力和钢纤维混凝土在管内的淤积。如确实需要弯管，应尽量采用135°弯管。而且泵管的接口处要对接紧密，不能留有缝隙。

该钢纤维自密实混凝土柱浇筑拆模后，混凝土色泽均匀、无明显气泡，外观质量较好。采用塑料薄膜围裹的方式进行自生养护（如图6-29所示）。泵送高度在100m以下时，采用常用的HBT80型混凝土地泵，泵送效果较好，泵送压力在17～26MPa。

图6-29 型钢柱施工实图

为保证钢纤维混凝土的高层长距离泵送，应控制石子粒径和级配。当泵送高度大于100m时，最大粒径不宜超过16mm；当泵送高度超过200m时，最大粒径宜控制在10mm左右。

在配制自密实混凝土时，若混凝土拌合物的和易性尤其是粘度不能满足，需通过调整配合比中的粉体比例来实现，而利用机制砂中所含的石粉是一种较为方便的方法，但应充分掌握其比例含量和机制砂的适宜掺量。

十一、重晶石防辐射混凝土质量控制

1. 混凝土制备

（1）重晶石防辐射混凝土应采用强制式搅拌机拌制；搅拌机在使用前应清洗干净，在使用过程中不得搅拌其他品种的混凝土。

（2）重晶石防辐射混凝土原材料的计量均应按质量计；原材料计量的允许偏差应符合表6-3的规定。

（3）原材料投料时，宜先投入粗细骨料、水泥和掺合料，再加入水和外加剂，混凝土搅拌站搅拌时间不应少于30s，且不宜大于60s。

（4）重晶石防辐射混凝土制备时，应根据其表观密度与普通混凝土表观密度的比值，相应减少单盘搅拌容量。

2. 混凝土运输与浇筑

（1）运输

① 重晶石防辐射混凝土运输工具应能保证混凝土拌合物的均匀性，宜采用混凝土搅拌运输车。运输量宜根据重晶石防辐射混凝土的表观密度与普通混凝土表观

密度的比值相应减少。

② 当使用翻斗车运送重晶石防辐射混凝土时，应保证运送容器不漏浆，并应进行覆盖。翻斗车不得用于运送坍落度大于50mm的重晶石防辐射混凝土。

③ 重晶石防辐射混凝土从搅拌机出料到施工现场入模的间隔时间不宜超过90min。当超过90min时，应采取相应的技术措施确保混凝土拌合物的性能。

（2）浇筑

① 重晶石防辐射混凝土宜采用输送泵输送。根据现场施工条件，也可采用塔吊进行吊运输送，但应采取措施保证连续施工。

② 重晶石防辐射混凝土拌合物应具有良好的和易性。重晶石防辐射混凝土的入泵坍落度不宜大于180mm。

③ 采用泵送重晶石防辐射混凝土时，最大水平泵送距离应根据重晶石防辐射混凝土的表观密度、输送泵功率、配管情况、输出量等经计算确定，且计算方法应按照《混凝土泵送施工技术规程》（JGJ/T 10）的规定执行。

④ 重晶石防辐射混凝土拌合物的自由倾落高度不应大于1.5m。

⑤ 重晶石防辐射混凝土竖向构件应分层浇筑，每层高度不应大于500mm；浇筑重晶石防辐射混凝土水平构件时，宜采用斜面分层连续浇捣。分层浇筑时，上层与下层的浇筑间歇时间不得超过混凝土的初凝时间。

⑥ 重晶石防辐射混凝土的振捣应采用插入式振捣器。振捣泵送重晶石防辐射混凝土时，振动棒移动间距宜为400mm，振捣时间宜控制在15～25s，且宜以表面出现浮浆为准。分层振捣时，振动棒应插入下层50mm。重晶石防辐射混凝土结构板面除应采用插入式振捣器振捣外，尚应采用平板式振捣器配合振捣密实。

⑦ 重晶石防辐射混凝土入模温度宜控制在5～25℃。当遇炎热、低温、大风或雨雪天气时，应采取保证混凝土浇筑质量的技术措施。

3.混凝土养护

重晶石防辐射混凝土结构构件浇筑完毕后应在12h内开始养护，养护持续时间不得少于14d。竖向构件宜采用带模养护的方法，养护时间不宜少于3d。

4.混凝土的质量检验与验收

（1）质量检验

① 表观密度应按每100m^{3}同配合比的重晶石防辐射混凝土至少抽检2次，且每一工作班不应少于1次，检验结果应符合《普通混凝土拌合物性能试验方法标准》（GB/T 50080）的规定。

② 重晶石防辐射混凝土的强度检验评定应符合《混凝土强度检验评定标准》（GB/T 50107）的规定。

（2）工程验收

① 重晶石防辐射混凝土工程的质量验收除应符合上述规定外，尚应按《混凝土结构工程施工质量验收规范》（GB 50204）的规定执行。

② 重晶石防辐射混凝土工程施工完毕后，应委托具备相应资质的检测机构对重晶石防辐射混凝土结构的防辐射效果进行检测和验收，经检测和验收合格的工程方可投入使用。

十二、重晶石防辐射混凝土工程实例

某核动力研发基地Ⅰ期工程，是成都地区颇具影响力的重晶石防辐射混凝土大批量生产施工工程，由于施工现场距离混凝土供应站较远，导致运输混凝土时间较长，且重晶石防辐射混凝土本身的生产施工要求较高，施工性能控制难度较大。

该项目主要存在如下施工难点。

（1）重晶石防辐射混凝土施工现场作业面较小，现场无塔吊装置，且单次浇筑面积较大，为提高浇筑效率，只有采用车泵浇筑。选用37m车泵一台，配备6台运输车进行混凝土施工供应。

（2）施工现场距搅拌站较远，混凝土运距达到30km，所经道路限速60km/h，运输时间达到50～60min；施工工期在6、7月份，白天浇筑，成都地区该时段温度范围为25～30℃，对混凝土保持工作性能、控制坍落度损失提出较高要求。

（3）设计要求混凝土密度≥3600kg/m^3，对原材料选择、配合比设计提出了较高的要求。

1. 原材料

四川某品牌P·O 42.5R级水泥；云南祥云地区重晶石矿，对其进行破碎，加工成4.75～26.5mm重晶石粗骨料和0.15～4.75mm重晶石细骨料；重晶石细骨料的表观密度4340kg/m^3，细度模数2.9，松散堆积密度2360 kg/m^3，紧密堆积密度2500kg/m^3；重晶石粗骨料的表观密度4340kg/m^3，4.75～26.5mm连续级配，松散堆积密度2390kg/m^3，紧密堆积密度2530kg/m^3；重晶石粉采用同矿区重晶石加工而成，表观密度4340kg/m^3，比表面积2330cm^2/g；采用聚羧酸系高性能减水剂，含固量21.6%，减水率20%；地下水。

2. 配合比

（1）配合比设计原则

① 重晶石脆性大、硬度小，加工成骨料后的粒形较差、多棱角、石粉含量较多，故适量提高胶凝材料用量，以保证浆体对骨料的填充作用，提高混凝土施工性能。

② 水泥等传统胶凝材料密度小，远不能满足重晶石防辐射混凝土设计密度，故寻求满足设计强度等级下的最小水泥用量，采用重晶石粉部分替代胶凝材料，以降低胶凝材料密度对混凝土密度的影响。

③ 重晶石石粉含量较多，混凝土坍落度损失较普通混凝土快；为保证混凝土密度，须尽可能降低单方用水量；重晶石粗骨料和细骨料粒形较差，坍落度对混凝土的影响较普通混凝土敏感。三者之间存在矛盾关系，须严格控制单方用水量及选取适宜的减水剂。

④ 根据混凝土坍落度损失情况和现场施工条件，将现场混凝土坍落度设定为190～210mm，即在保证混凝土粘聚性、密实性的前提下提高泵送性能。

（2）混凝土配合比

根据以上的配合比设计原则，经反复试验与验证，最终确定“水泥＋重晶石粉”的胶凝材料体系，为满足混凝土密度≥3600kg/m^3 的要求，骨料均使用高密度的重晶石粗骨料和重晶石细骨料。为了平衡混凝土的和易性与密度之间的矛盾，使用高外加剂掺量和低用水量，最终确定的设计配合比如下：水泥∶重晶石粉∶重晶石粗骨料∶重晶石细骨料∶水∶外加剂＝1∶1.5∶5.5∶9.5∶0.6∶0.059。

混凝土工作性能见表 6-66。

■表 6-66 重晶石防辐射混凝土工作性能

密度/(kg/m^3)	坍落度/mm			扩展度/mm			凝结时间/h	
	0h	1h	2h	0h	1h	2h	初凝	终凝
3660	245	230	225	620	580	540	15	17

混凝土力学性能试验结果见表 6-67。

■表 6-67 重晶石防辐射混凝土力学性能

设计强度等级	抗压强度/MPa			劈裂抗拉强度/MPa		弹性模量/MPa	
	3d	7d	28d	7d	28d	7d	28d
C25	21.3	28.7	35.5	2.27	2.56	30.6	31.7

3. 工程应用

（1）重晶石经破碎加工、筛分后干燥备用。

（2）重晶石防辐射混凝土采用双卧轴强制式搅拌机生产，每次搅拌混凝土1.3m^3，搅拌时间设定为 60s，混凝土出机坍落度 220～240mm，扩展度 580～620mm，出站密度 3630～3740kg/m^3。

（3）根据运距确定用车数量，配备混凝土运输车 6 台，单车装载 5.2m^3，保证混凝土连续生产、浇筑。配备 37m 车泵 1 台，用于混凝土泵送。

（4）混凝土运输时间 50～60min，提前确定行驶路线，掌握路况信息，运输过程中保持运输车罐体旋转。

（5）混凝土到达施工现场后，进行密度测试和坍落度检测，满足泵送要求方可上泵浇筑。经测试，到达现场的混凝土密度 3620～3710kg/m^3，坍落度 190～210mm，扩展度 520～540mm，和易性良好，混凝土工作性能稳定。

（6）浇筑墙、柱时，为避免落料高度过大导致离析，分两层浇筑，每层浇筑高度 2.5m，单层落料高度小于 2.5m。

（7）为避免过振导致骨料下沉，浇筑过程中严格控制振捣时间，并做好二次振捣和抹面。

（8）为防止因混凝土侧向压力过大导致爆模、胀模，混凝土浇筑时采用多部位顺序浇筑，单层混凝土浇筑厚度控制在500mm以下。

（9）混凝土凝结时间为16～18h，为保证养护效果，混凝土浇筑后带模养护72h。拆模后墙、柱、板表面无浅表浮浆，无肉眼可见裂缝。水化热温升、内外温差和降温速率均控制在允许范围内。

参考文献

[1] 朱建华. 预拌混凝土和预制构件生产质量控制. 北京：中国建筑工业出版社，2001.

[2] DB11/385—2011.

[3] 张承志. 商品混凝土. 北京：化学工业出版社，2006.

[4] GB 50164—2011.

[5] 张仁瑜等. 混凝土质量控制与检测技术. 北京：化学工业出版社，2008.

[6] 陈镇. 全面质量管理及其评价方法研究. 上海：东华大学，2007.

[7] 郝燕勇. 商品混凝土企业质量管理应用研究. 天津：河北工业大学，2007.

[8] 中国建设监理协会组织编写. 建设工程质量控制. 北京：中国建筑工业出版社，2004.

[9] GB/T 50107—2010.

[10] GB 50164—2011.

[11] JGJ/T 281—2012.

[12] GB 50496—2009.

[13] JGJ 55—2002.

[14] JGJ/T 283—2012.

[15] JGJ/T 221—2010.

[16] GB/T 50557—2010.

[17] GB 50666—2011.

[18] GB 50204—2015.

[19] 王国荣. 100m高强泵送陶粒混凝土的应用（滨江国际花园陶粒砼的应用），“第八届全国轻骨料及轻骨料混凝土学术讨论会”暨“第二届海峡两岸轻骨料混凝土产制与应用技术研讨会”论文集. 2006.

[20] 詹国良，彭瑞鸿，邓旭华等. C20低强度自密实混凝土的试验研究及工程应用，混凝土. 2011(9).

[21] 余成行，刘敬宇. C60钢纤维自密实混凝土的配合比设计和应用，“全国特种混凝土技术及工程应用”学术交流会暨2008年混凝土质量专业委员会年会. 2008. 9.

[22] 刘权，石建军，周杨等. 泵送顶升自密实钢管混凝土应用研究，混凝土. 2014（2）.

[23] 袁启涛，朱涵，唐玉超. 天津高银117大厦C70高抛免振捣自密实混凝土制备及应用，施工技术. 2015（1下）.

[24] 高育欣，吴海泳，林喜华等. 重晶石防辐射泵送混凝土的试验研究与工程应用，混凝土. 2011(10).

本章主要执笔人：刘霞、马雪英、王庆法

第七章

混凝土结构实体的质量检验与验收

第一节 概述

我国对混凝土强度的检验与评定是依据《混凝土强度检验评定标准》（GB/T 50107）进行的，检验评定混凝土强度时，应采用28d或设计规定龄期的标准养护试件。然而结构中混凝土实际强度与标养试件强度是有差异的，这是因为二者在成型工艺和养护条件等都存在较大差别。另外，混凝土构件的浇筑质量与施工过程因素密切相关，如浇筑高度、振捣时间、配筋情况、气候条件等。因此，标养试件强度难以准确反映实体结构中混凝土的真实强度，或者说标养试件强度反映的是“材料”强度，而非“实体结构”强度。当施工过程中对混凝土强度存有疑问、或者标养试件强度不合格时，就需要采用无损检测技术，推定实体结构混凝土的强度。按《混凝土结构工程施工质量验收规范》（GB 50204）的规定，结构实体检验除混凝土强度外，还包括钢筋保护层厚度、结构位置与尺寸偏差等，本书仅介绍实体结构混凝土的抗压强度检测。

无损（包括局部破损）检测结构混凝土抗压强度的测试方法有许多种，部分方法比较见表7-1。除表7-1所列方法外，还有其他一些方法，只是实际应用较少，在此不再赘述。

■表7-1 混凝土抗压强度无损检测方法比较

方法名称	测试参数	优点	缺点
回弹法	使用回弹仪弹击混凝土表面取得回弹值	测试方法简便	仅限于测试混凝土表面，同一测点不能重复检测
超声法	测试超声波在混凝土中的传播速度	不受构件外形影响，同一测点可以反复测试	操作不够方便，虽然提供超声频率可以提高检测精度，但是，波能量衰减严重，建立的测强曲线通用性较差
贯入阻力法	测试“测针”贯入混凝土的深度	测试方法比较简便	在贯入力不大的情况下，仅适用于短龄期混凝土强度检测
拔出法	测试预埋或后装于混凝土中的锚件在混凝土破坏瞬间的最大拔出力	需要在混凝土中预埋或在硬化后的混凝土中钻孔，检测精度高	测试后在混凝土构件表面产生局部破损，操作麻烦
超声回弹综合法	测试回弹值和超声波在混凝土中的传播速度	由两种测试方法组合，提高了测试精度。	测试时不方便
取芯法	通过钻取芯样进行强度测试	检测直观，精度高	对结构实体会形成局部破损

本书仅就工程中常用的回弹法、超声回弹综合法以及钻芯法检测混凝土强度的技术做一介绍，大多数内容是原则性的。实际上，要做好混凝土实体强度检测工作，需要大量的经验积累，这个技术属于混凝土材料以外的分支领域。

第二节 回弹法及超声回弹综合法检测混凝土抗压强度

一、概述

1948 年瑞士人施密特（E. Schmidt）发明了回弹仪。根据《混凝土试验-第 7 部分：硬化混凝土的无损试验》ISO 1920-7-2004 第 3 章“回弹值的测定”中的描述：“由回弹仪弹击被测物体表面，以其回弹距离作为测试结果”，这就是回弹法的原理。用我国学者归纳的定义，就是“回弹法是用一弹簧驱动的重锤，通过弹击杆弹击混凝土表面，测出重锤被反弹回来的距离，并以这个距离——‘回弹值’作为与强度相关的指标来推定混凝土强度。”

目前，世界上许多国家在混凝土工程质量确认方面都用到了回弹法。但是，根据国情不同，重视程度有所不同。我国已经把回弹法检测结构混凝土抗压强度结果作为工程验收和工程质量事故处理的一个重要依据。由此可见，无损检测技术在我国混凝土工程质量控制中处于重要地位。

根据检测对象的不同，回弹仪又分为重型、中型和轻型三个系列。目前，重型和中型回弹仪分别适用于高强混凝土和普通混凝土强度检测。无论是高强混凝土还是普通混凝土，采用回弹法检测混凝土强度时，其基本操作步骤是相同的，只是适用范围和一些细节有所差异。

超声回弹综合法检测混凝土强度技术，是 1966 年由罗马尼亚建筑及建筑经济科学研究院首次提出的。超声回弹综合法是指采用超声仪和回弹仪，在结构混凝土上同一测区分别测量声时值及回弹值，然后利用已建立起来的测强公式推定该测区混凝土强度的一种方法。

因此，超声回弹综合法中也涉及回弹法的内容，为了避免重复，本节对回弹法和超声回弹综合法的具体内容一并介绍。

二、回弹仪的构造及使用

1. 回弹仪的构造

回弹仪构造如图 7-1 所示。

2. 回弹仪的率定和检定

检测仪器在使用前需要确认其是否处于标准状态，对于回弹仪来说，我们把这个确认过程叫做率定。率定应按下列步骤进行：

（1）将钢砧稳固地平放在坚实的地坪上。

（2）回弹仪向下弹击。

（3）弹击杆要相对仪器外壳旋转 3 次，每次应旋转 90°，且每旋转 1 次弹击杆，应弹击 3 次。

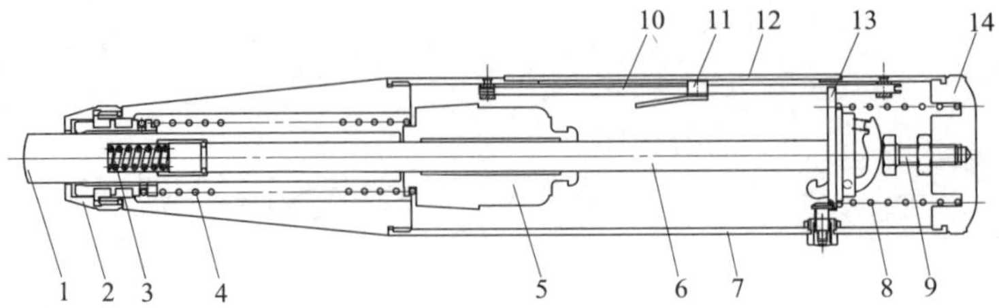

图 7-1　回弹仪构造

1—弹击杆；2—前端盖；3—缓冲弹簧；4—弹击拉簧；5—弹击锤；6—中心导杆；7—仪器外壳；8—压缩弹簧；9—调整螺栓；10—指针轴；11—指针滑块；12—刻度尺；13—导向法兰；14-尾盖

（4）将连续 3 次稳定回弹值的平均值作为率定值。在配套的洛氏硬度 HRC 为 60±2 的钢砧上，对于 2.207J 回弹仪率定值应为 80±2，4.50J 回弹仪率定值应为 88±2，5.50J 回弹仪率定值应为 83±1。

回弹仪除了在使用前进行率定外，在出现下述情况之一时，还应送法定计量检定机构进行检定。

（1）新回弹仪启用之前。

（2）超过检定有效期。

（3）更换零件和检修后。

（4）尾盖螺丝松动或调整后。

（5）遭受严重撞击或其他损害。

3. 回弹仪的维护和保养

回弹仪在日常使用过程中，应根据具体情况及时做率定工作，比如在弹击次数超过 2000 次后、率定值不合格、测试过程中发现回弹值异常时等。回弹仪每次使用完毕后，还应进行维护保养。尤其是在弹击次数超过 2000 次或率定值不符合要求的时候。

回弹仪是目前唯一一种要求用户自行拆解维护的仪器，如果维护不当或维护不及时将导致测试误差增加。下面以 4.50J 回弹仪为例，按先后顺序说明回弹仪的具体维护保养实施步骤，如图 7-2 所示。

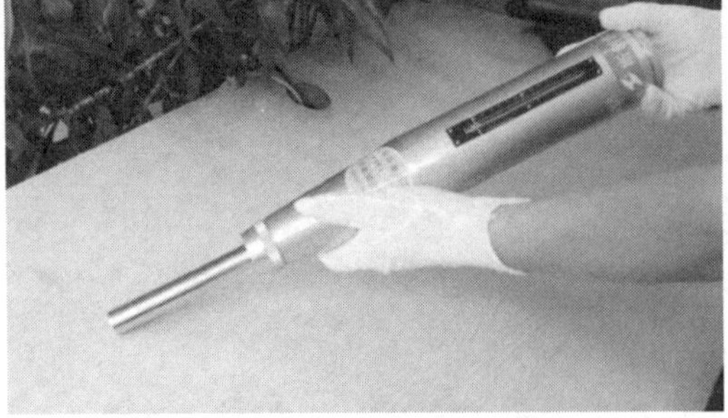

步骤 1　握住仪壳拧下尾盖。

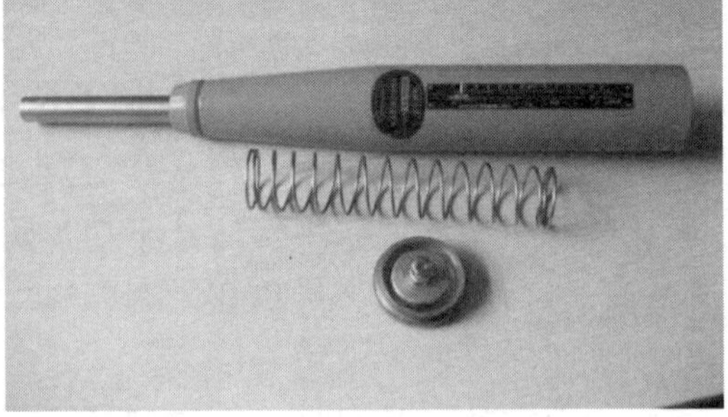

步骤 2　取出压簧。

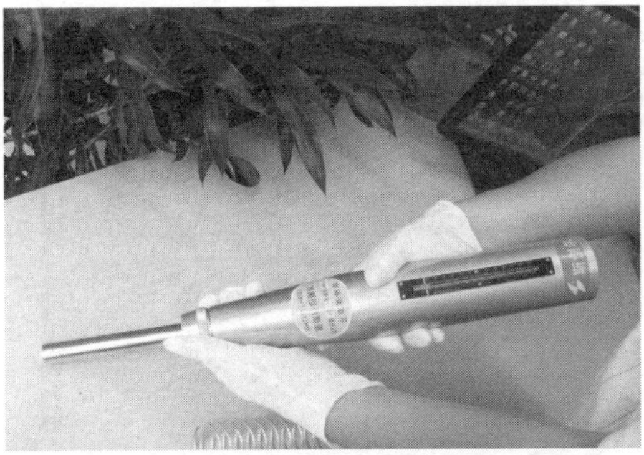

步骤3 握住仪壳卸下前端盖。

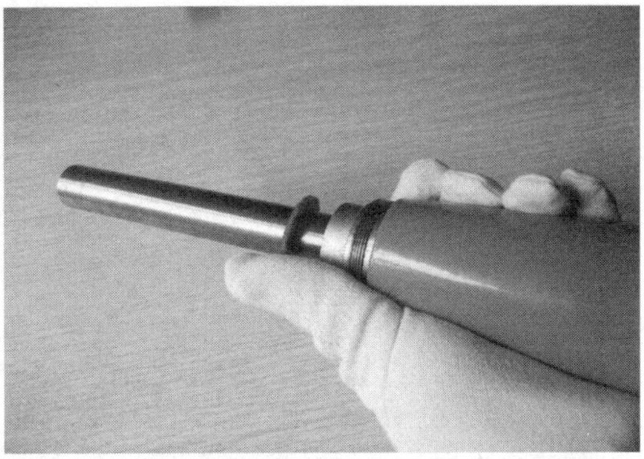

步骤4 取下防尘毡圈。

步骤5 向外拉弹击拉簧座，直至半圆卡环全部露出。

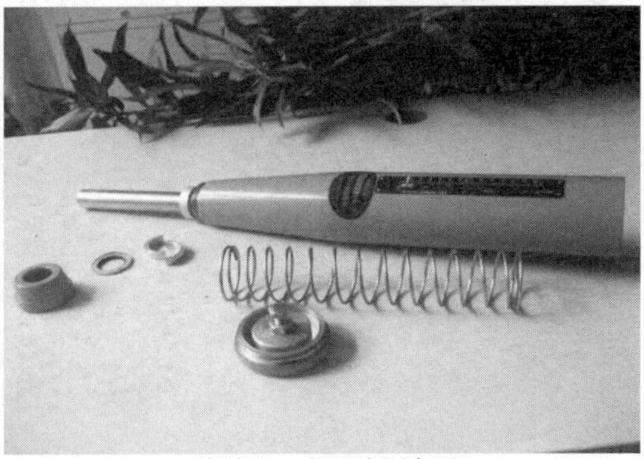

步骤6 卸下半圆卡环。

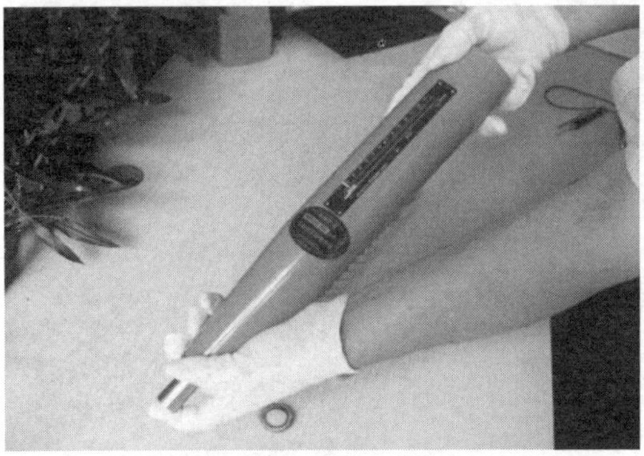

步骤7 标尺朝上，斜握机壳同时将弹击杆向机壳内推送，直到弹击锤挂钩在机壳尾部露出。

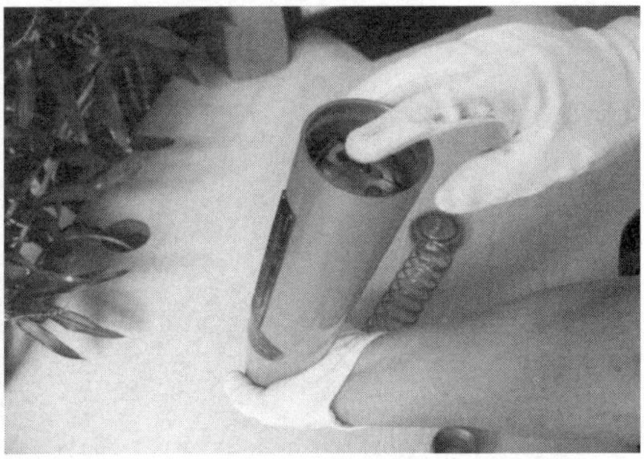

步骤8 轻轻按压挂钩顶部，使弹击锤脱钩。

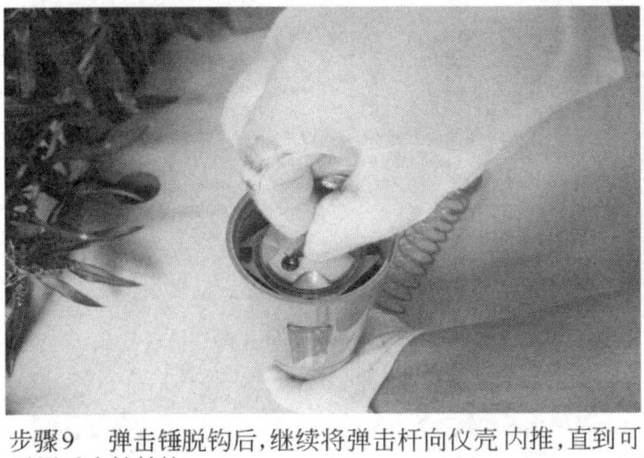

步骤9 弹击锤脱钩后，继续将弹击杆向仪壳内推，直到可以用手夹持挂钩。

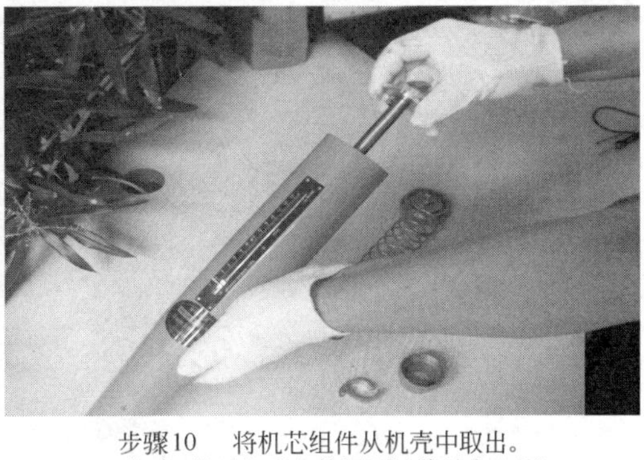

步骤10 将机芯组件从机壳中取出。
(注意：此时仪壳上的标尺始终处在上面)

图 7-2

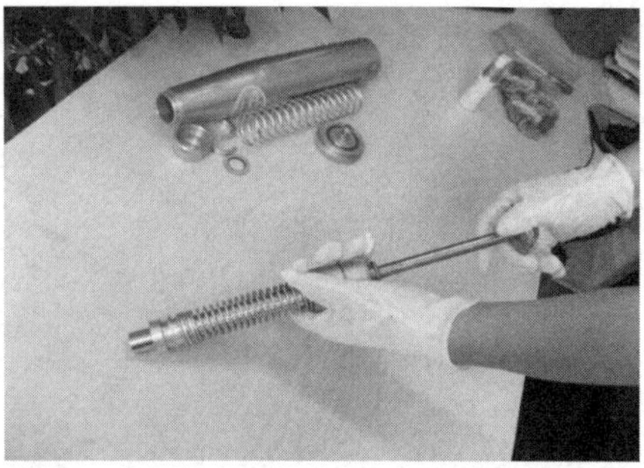

步骤11　将机芯分解，手握弹击锤，将中心导杆用力拔出。

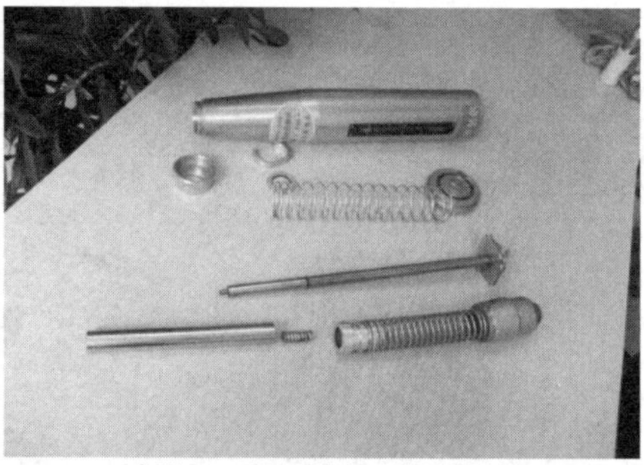

步骤12　取出弹击杆内的缓冲弹簧。

步骤13　拧下指针轴。

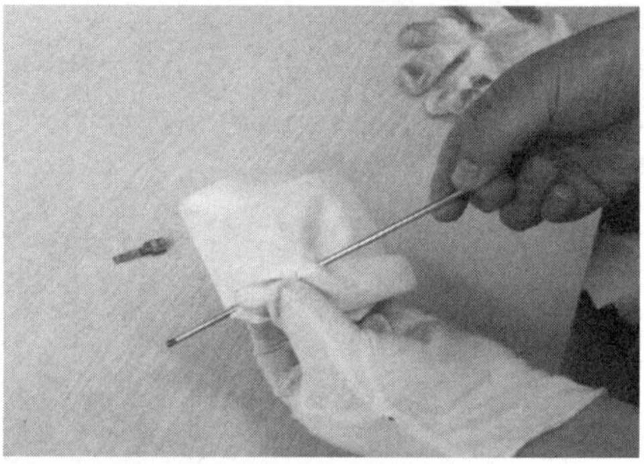

步骤14　将指针轴和指针滑块从机壳中取出，用干棉丝擦拭指针轴(不得涂油)。

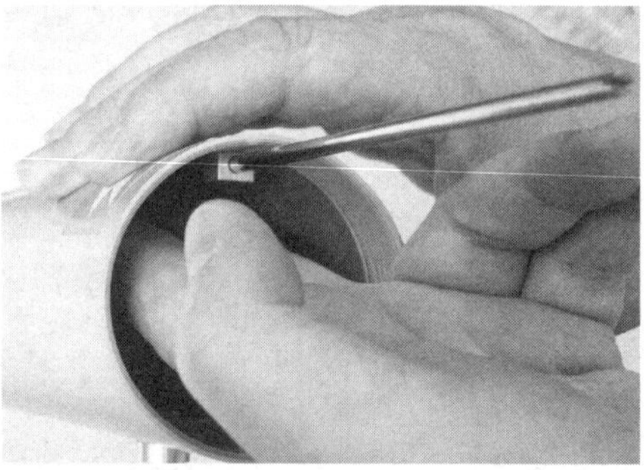

步骤15　将指针轴擦拭干净后，将指针滑块的弹片朝机壳内，将滑块的部分放入刻度尺下面的槽内，插入指针轴。

步骤16　拧紧指针轴。

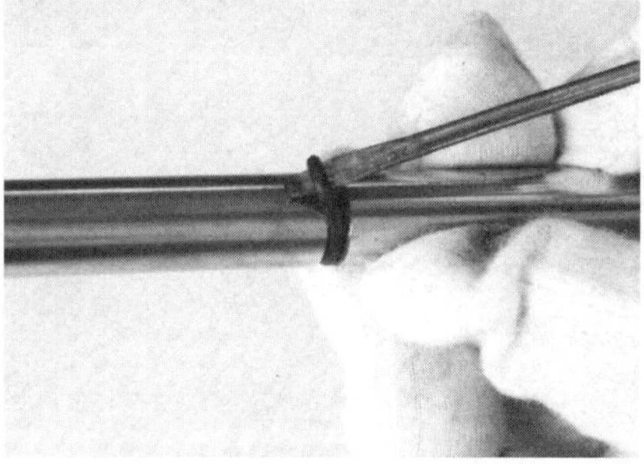

步骤17　卸下中心导杆上的防脱胀圈(橡胶材质或其他材质)。

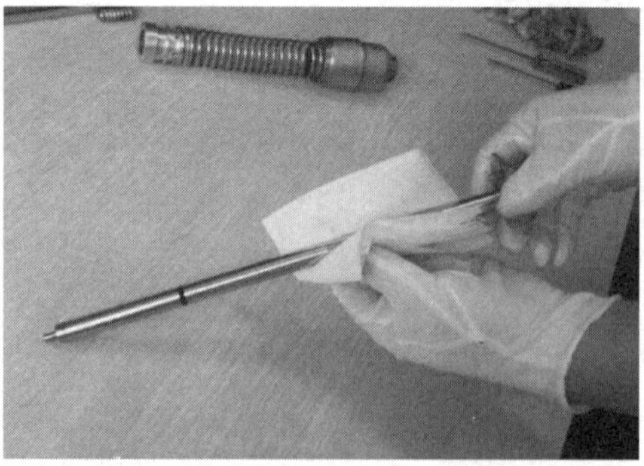

步骤18　用棉丝擦拭中心导杆表面，去除表面的油泥和污物。

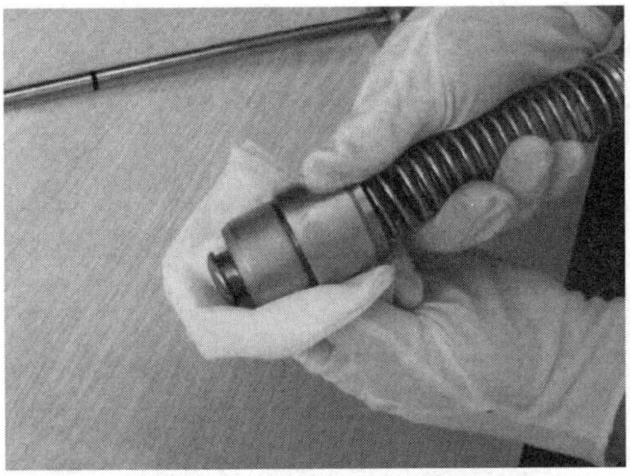

步骤19 擦拭弹击锤和弹击拉簧。

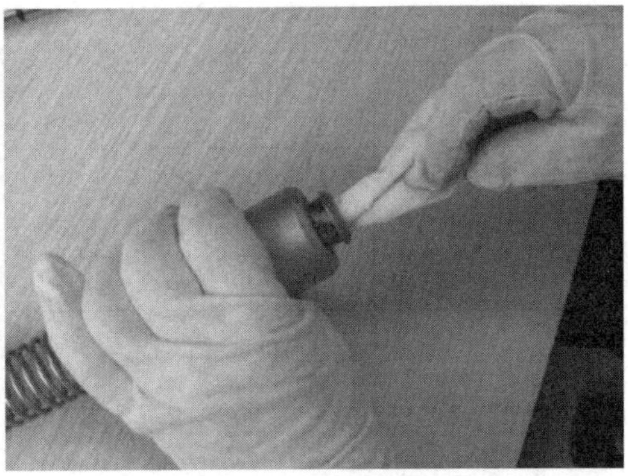

步骤20 擦拭弹击锤内孔。

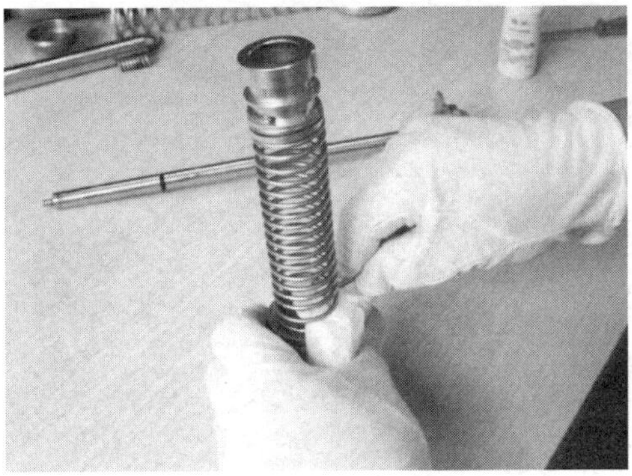

步骤21 擦拭弹击锤弹击端面。

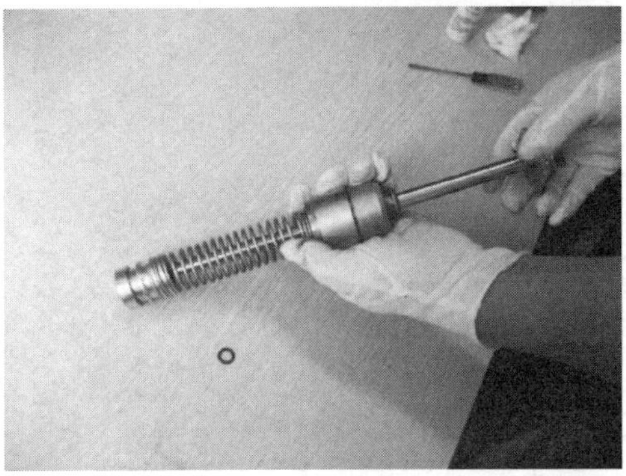

步骤22 将擦拭过的中心导杆装回弹击锤和弹击拉簧组件内。

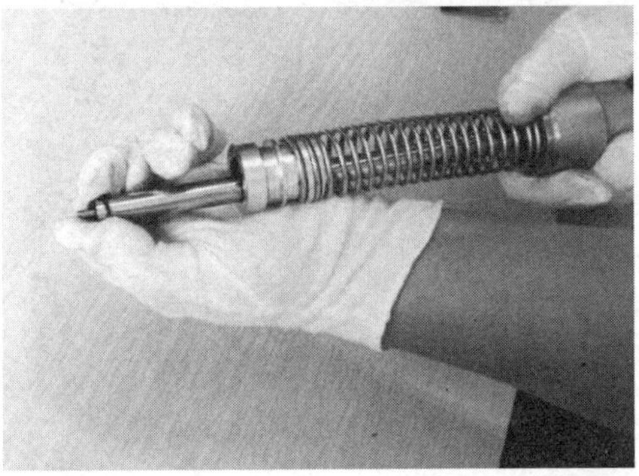

步骤23 在弹击杆的前端部放入新的防脱胀圈。

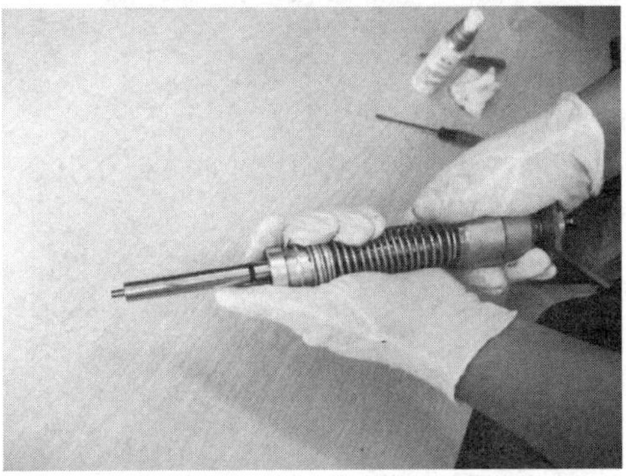

步骤24 将防脱胀圈推入胀圈槽内。

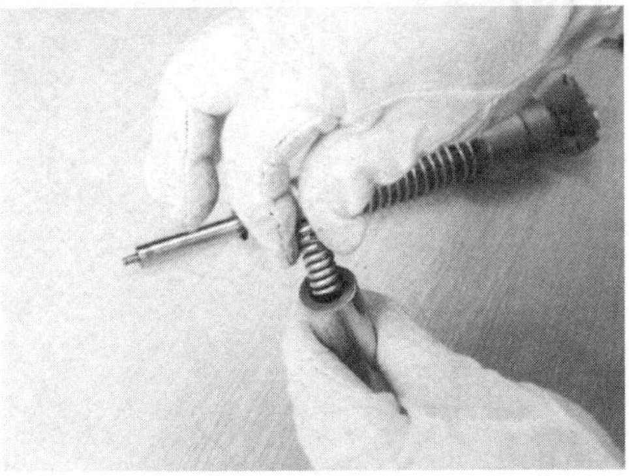

步骤25 将缓冲弹簧放入弹击杆内孔。

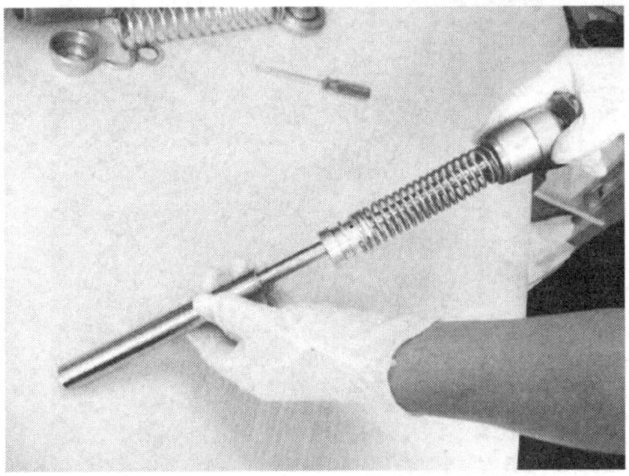

步骤 26 将中心导杆装入弹击杆内孔。

图 7-2

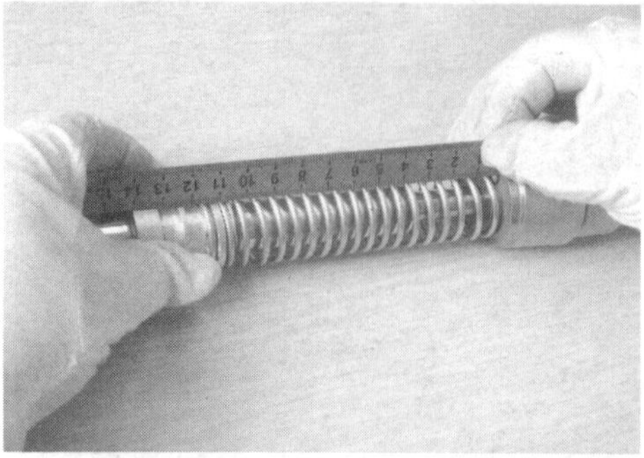

步骤 27　在弹击拉簧处于自由 状态时，测量弹击拉簧的工作长度(应为106mm)。

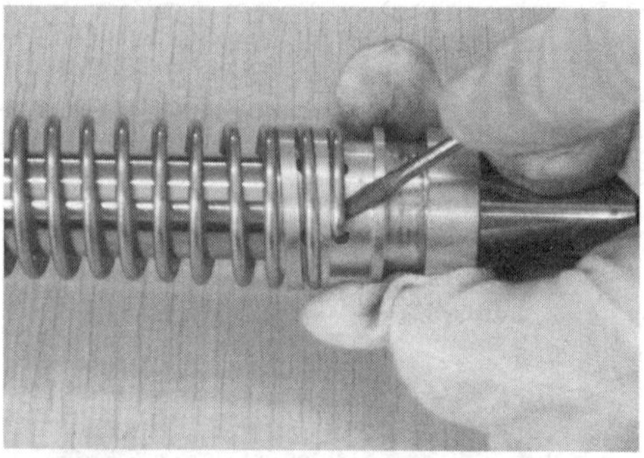

步骤28　如果工作长度未达到要求，则调整弹击拉簧在弹簧座上的旋入位置，直至到达要求(本操作最好在台钳上进行，以免划伤)。

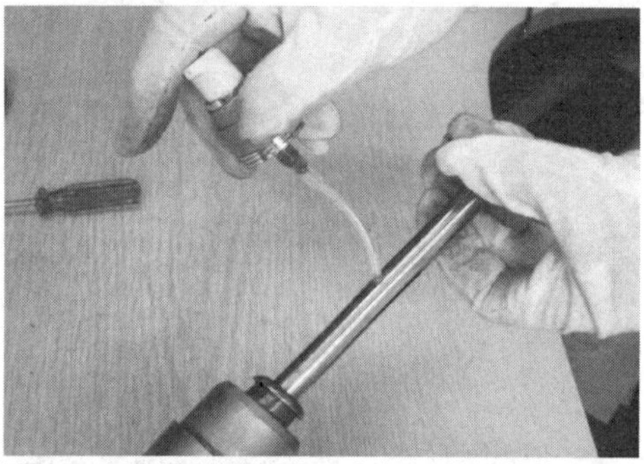

步骤29　在弹击锤脱钩情况下，在中心导杆上涂抹少许钟表油。

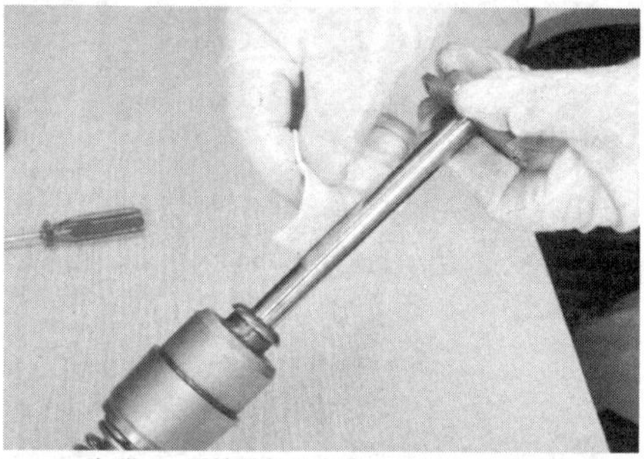

步骤30　用棉丝将油在中心导杆上涂抹均匀。

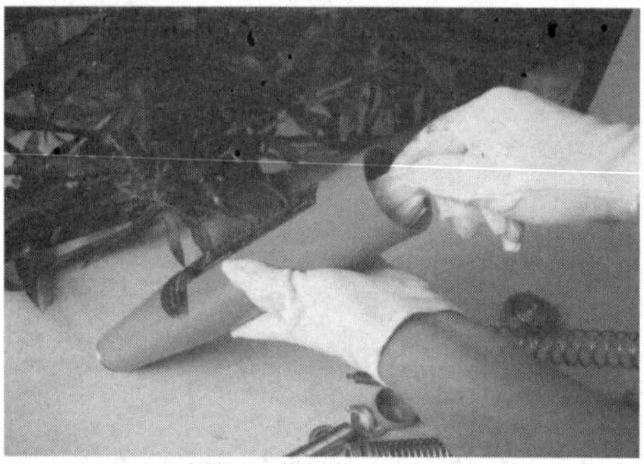

步骤31　清除机壳内粉尘。

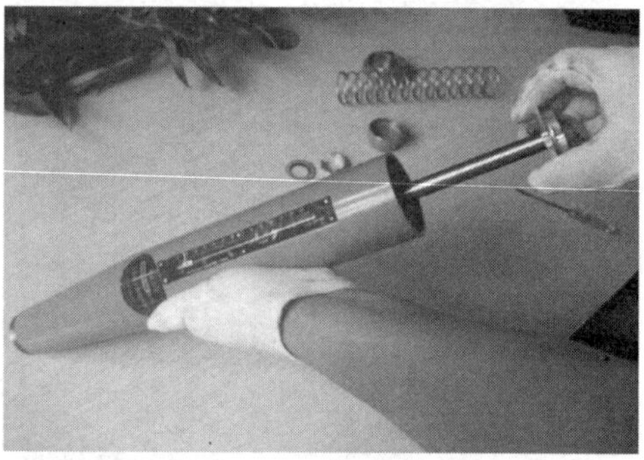

步骤32　使机芯上弹击锤脱钩，在刻度尺朝上的状态下，将机芯放入机壳内。

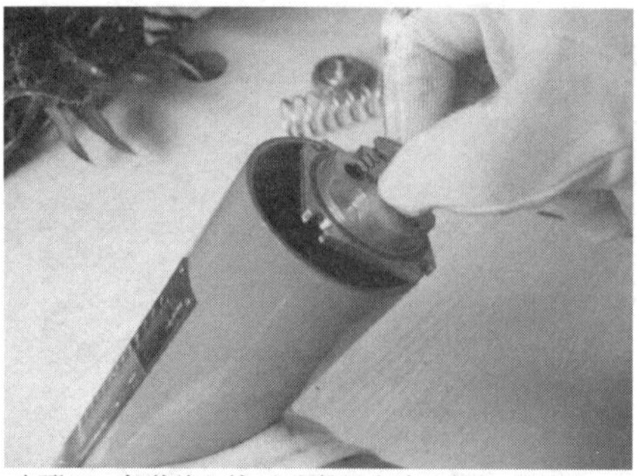

步骤33　机芯放入前，应调整导向法兰方向，使法兰让过指针座后放入机壳内，再转一角度，使法兰上的导向槽和机壳内的导向键及指针轴一一对 应继续放入。

步骤34　接续上面的动作，直至机芯完全放入机壳内。

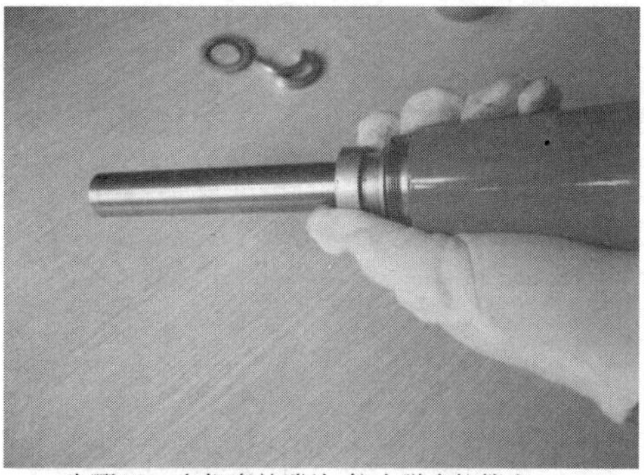

步骤35　在机壳前端处，拉出弹击拉簧座。

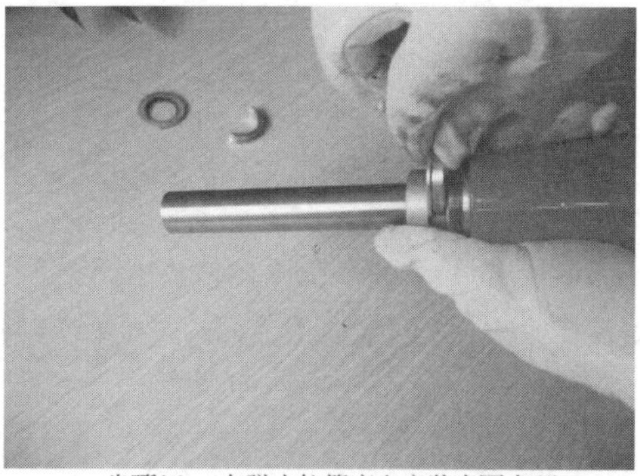

步骤36　在弹击拉簧座上安装半圆卡环。

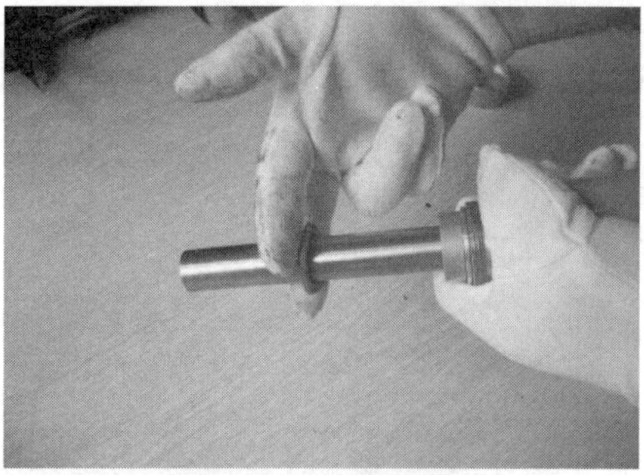

步骤 37　放置防尘毡圈。

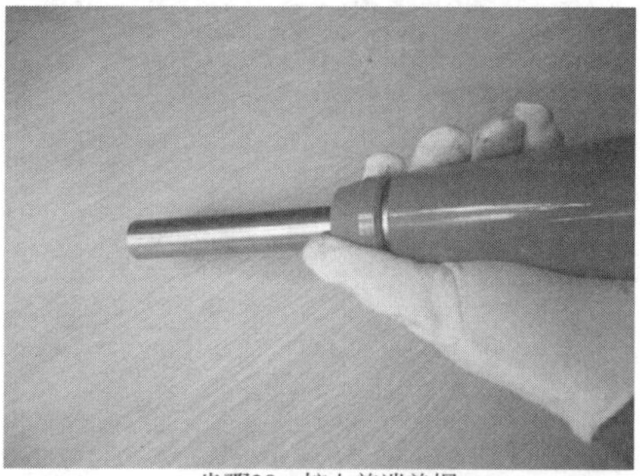

步骤38　拧上前端盖帽。

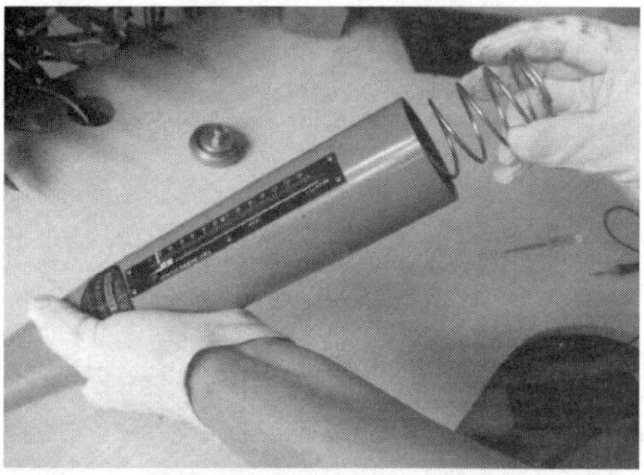

步骤 39　将压缩弹簧对准导向

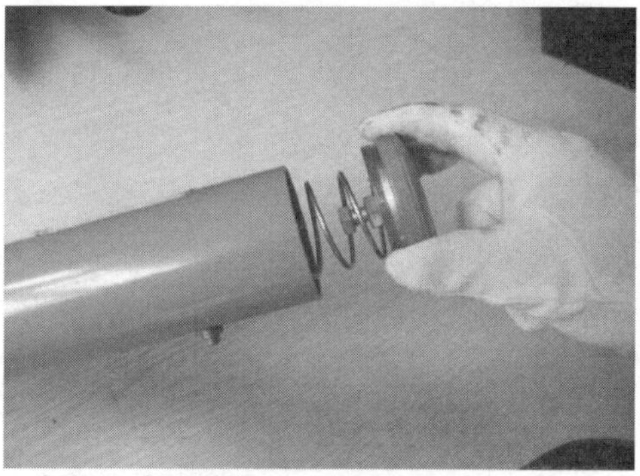

步骤40　拧上尾盖。法兰突起的部位，放入机壳内。

步骤 41　经过保养的回弹仪再次率定。

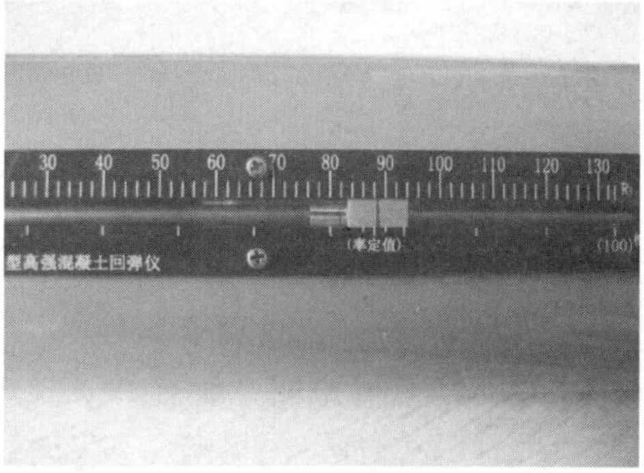

步骤 42　确认率定值为88±2。

图 7-2　回弹仪的维护保养实施步骤

通过上述操作，就做好了回弹仪的一次维护保养工作。这项工作应由熟悉回弹仪构造原理的人员进行，避免零部件在维护保养过程中损坏。

三、混凝土超声波检测仪原理

混凝土超声波检测仪器是专门用于检测混凝土的仪器，具体地说是用来检测超声波在混凝土中传播速度的，其工作原理见图 7-3。

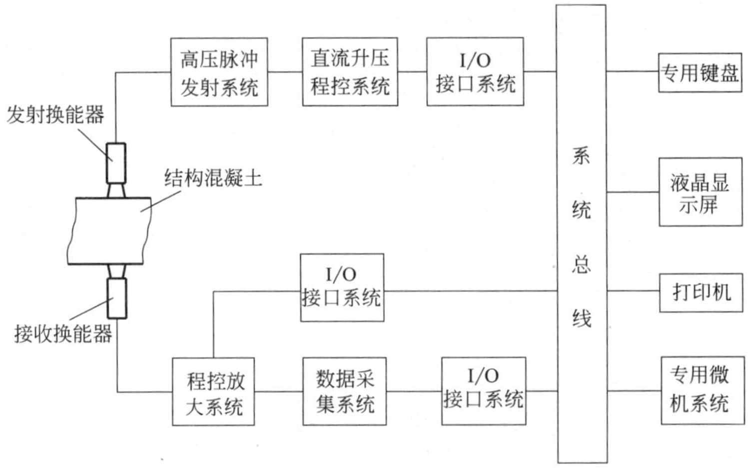

图 7-3　超声仪原理图

超声仪的作用是产生重复的电脉冲去激励发射换能器，发射换能器发射的超声波经耦合进入混凝土，在混凝土中传播后为接收换能器所接收并转换为电信号，电信号被送至超声仪，经过放大后显示在示波屏上。混凝土超声波检测仪可分为模拟式和数字式，现行标准《混凝土超声波检测仪》（JG/T 5004）对仪器的性能做了具体规定。对于实际工程用超声波检测仪，应使其在计量检定有限期内并符合 JG/T5004 的要求。超声波检测仪在工作前，应进行校准，并应测定声时初读数，以此确认仪器处于标准工作状态。

四、检测技术与要求

（一）回弹法

1. 适用范围

适用于普通混凝土抗压强度的检测，不适用于表层与内部质量有明显差异或内部存在明显缺陷的混凝土强度检测。

2. 一般规定

（1）单个构件的检测应符合如下规定。

① 对于一般构件，测区数不宜少于 10 个。当受检构件数量大于 30 个且不需提供单个构件推定强度或受检构件某一方向尺寸不大于 4.5m 且另一方向尺寸不大于 0.3m 时，每个构件的测区数量可适当减少，但不应少于 5 个。

② 相邻两测区的间距不应大于2m，测区离构件端部或施工缝边缘的距离不宜大于0.5m，且不宜小于0.2m。

③ 测区宜选在能使回弹仪处于水平方向的混凝土浇筑侧面。当不能满足这一要求时，也可选在使回弹仪处于非水平方向的混凝土浇筑表面或底面。

④ 测区宜布置在构件的两个对称的可测面上，当不能布置在对称的可测面上时，也可布置在同一可测面上，且应均匀分布。在构件的重要部位及薄弱部位应布置测区，并避开预埋件。

⑤ 测区的面积不宜大于0.04m^2。

⑥ 测区表面应为混凝土原浆面，并应清洁、平整，不应有疏松层、浮浆、油垢、涂层以及蜂窝、麻面。

⑦ 对于弹击时产生颤动的薄壁、小型构件，应进行固定。

(2) 对于混凝土生产工艺、强度等级相同，原材料、配合比、养护条件基本一致且龄期相近的一批同类构件的检测应采用批量检测。按批量进行检测时，应随机抽取构件，抽检数量不宜少于同批构件总数的30%且不宜少于10件。当检验批构件数量最大于30个时，抽样构件数量可适当调整，并不得少于国家现行有关标准规定的最少抽样数量。

(3) 测区应标有清晰的编号，并宜在记录纸上绘制测区布置示意图和描述外观质量情况。

(4) 当检测条件与统一测强曲线有较大差异时，可采用在构件上钻取的混凝土芯样或同条件试块对测区混凝土强度换算值进行修正。对同一强度等级混凝土修正时，芯样数量不应少于6个，公称直径宜为100mm，高径比应为1。芯样宜在测区内钻取，每个芯样应只加工一个试件。同条件试块修正时，试块数量不应少于6个，试块边长应为150mm。计算时，测区混凝土强度修正量及测区混凝土强度换算值的修正应符合下列规定：

$$\Delta_{tot}=\frac{1}{n}\sum_{i=1}^{n}f_{cor,i}-\frac{1}{n}\sum_{i=1}^{n}f_{cu,i}^{c} \tag{7-1}$$

$$\Delta_{tot}=\frac{1}{n}\sum_{i=1}^{n}f_{cu,i}-\frac{1}{n}\sum_{i=1}^{n}f_{cu,i}^{c} \tag{7-2}$$

式中 Δ_{tot}——测区混凝土强度修正量，MPa，精确到0.1MPa；

$f_{cor,i}$——第i个混凝土芯样试件的抗压强度，MPa；

$f_{cu,i}$——第i个同条件混凝土立方体试块的抗压强度，MPa；

$f_{cu,i}^{c}$——对应于第i个芯样部位或同条件立方体试块测区回弹值和碳化深度值的混凝土强度换算值，MPa；

n——混凝土芯样或试块数量。

测区混凝土强度换算值的修正应按下式计算：

$$f_{cu,i1}^{c}=f_{cu,i0}^{c}+\Delta_{tot} \tag{7-3}$$

式中　$f^{c}_{cu,i0}$——第 i 个测区修正前的混凝土强度换算值，MPa，精确到 0.1MPa；

$f^{c}_{cu,i1}$——第 i 个测区修正后的混凝土强度换算值，MPa，精确到 0.1MPa。

3. 回弹值测量

（1）测量回弹值时，回弹仪的轴线应始终垂直于混凝土检测面，并应缓慢施压、准确读数、快速复位。

（2）每一测区应读取 16 个回弹值，每一测点的回弹值读数应精确至 1。测点宜在测区范围内均匀分布，相邻两测点的净距离不宜小于 20mm；测点距外露钢筋、预埋件的距离不宜小于 30mm；测点不应 在气孔或外露石子上，同一测点应只弹击一次。

4. 碳化深度测量

（1）回弹值测量完毕后，应在有代表性的测区上测量碳化深度值，测点数不应少于构件测区数的 30%，应取其平均值作为该构件每个测区的碳化深度值。当碳化深度值极差大于 2.0mm 时，应在每一测区分别测量碳化深度值。

（2）碳化深度值的测量应符合下列规定。

① 可采用工具在测区表面形成直径约 15mm 的孔洞，其深度应大于混凝土的碳化深度。

② 应清除孔洞中的粉末和碎屑，且不得用水擦洗。

③ 采用浓度为 1%～2%的酚酞酒精溶液滴在孔洞内壁的边缘处，当碳化与未碳化界线清晰时，应采用碳化深度测量仪测量已碳化与未碳化混凝土交界面到混凝土表面的垂直距离，并应测量 3 次，每次读数应精确至 0.25mm。

④ 取三次测量的平均值作为检测结果，并应精确至 0.5mm。

5. 泵送混凝土的检测

检测泵送混凝土强度时，测区应选在混凝土浇筑侧面。

6. 回弹值计算

（1）计算测区平均回弹值时，应从该测区的 16 个回弹值中剔除 3 个最大值和 3 个最小值，其余的 10 个回弹值按下式计算：

$$R_m = \frac{\sum_{i=1}^{10} R_i}{10} \tag{7-4}$$

式中　R_m——测区平均回弹值，精确至 0.1；

R_i——第 i 个测点的回弹值。

（2）非水平方向检测混凝土浇筑侧面时，测区的平均回弹值应按下式修正：

$$R_m = R_{m\alpha} + R_{a\alpha} \tag{7-5}$$

式中　$R_{m\alpha}$——非水平方向检测时测区的平均回弹值，精确至 0.1；

$R_{a\alpha}$——非水平方向检测时回弹值修正值。

（3）水平方向检测混凝土浇筑表面或浇筑底面时，测区的平均回弹值应按下列公式修正：

$$R_m = R_m^t + R_a^t \tag{7-6}$$

$$R_m = R_m^b + R_a^b \tag{7-7}$$

式中 R_m^t、R_m^b——水平方向检测混凝土浇筑表面、底面时，测区的平均回弹值，精确至 0.1；

R_a^t、R_a^b——混凝土浇筑表面、底面回弹值的修正值。

（4）当回弹仪为非水平方向且测试面为混凝土的非浇筑侧面时，应先对回弹值进行角度修正，并应对修正后的回弹值进行浇筑面修正。

7.测强曲线

（1）统一测强曲线

① 符合下列条件的非泵送混凝土，测区强度应按《回弹法检测混凝土抗压强度技术规程》（JGJ/T 23—2011）附录 A 进行强度换算：混凝土采用的水泥、砂石、外加剂、掺合料、拌合用水符合国家现行有关标准；采用普通成型工艺；采用符合国家标准规定的模板；蒸汽养护出池经自然养护 7d 以上，且混凝土表层为干燥状态；自然养护且龄期为 14～1000d；抗压强度为 10.0～60.0MPa。

② 符合上述规定的泵送混凝土，测区强度可按《回弹法检测混凝土抗压强度技术规程》（JGJ/T 23—2011）附录 B 进行强度换算，或按下式进行计算：

$$f_{cu,i}^{c} = 0.034488R^{1.9400}10^{-0.0173d_m} \tag{7-8}$$

式中 $f_{cu,i}^{c}$——测区混凝土强度换算值，MPa，精确至 0.1MPa；

R——测区的平均回弹值，精确至 1；

d_m——测区的平均碳化深度值，精确至 0.5mm。

③ 当有下列情况之一时，测区混凝土强度不得按《回弹法检测混凝土抗压强度技术规程》（JGJ/T 23—2011）附录 A 或附录 B 进行强度换算：非泵送混凝土粗骨料最大公称粒径大于 60mm，泵运混凝土粗骨料最大公称粒径大于 31.5mm；特种成型工艺制作的混凝土；检测部位曲率半径小于 250mm；潮湿或浸水混凝土。

（2）地区和专用测强曲线

① 地区和专用测强曲线的强度误差应符合下列规定：地区测强曲线平均相对误差（δ）不应大于±14.0%，相对标准差（e_r）不应大于 17.0%；专用测强曲线的平均相对误差（δ）不应大于±12.0%，相对标准差（e_r）不应大于 14.0%。

② 地区和专用测强曲线应按《回弹法检测混凝土抗压强度技术规程》（JGJ/T 23—2011）附录 E 的方法制定。使用地区或专用测强曲线时，被检测的混凝土应与制定该类测强曲线混凝土的适用条件相同，不得超出该类测强曲线的适用范围，并应每半年抽取一定数量的同条件试件进行校核，当存在显著差异时，应查找原因，不得继续使用。

8.混凝土强度的计算

（1）构件第 i 个测区混凝土强度换算值，可按求得的平均回弹值（R_m）及平均碳化深度值（d_m）由《回弹法检测混凝土抗压强度技术规程》（JGJ/T 23—

2011）附录A或附录B查表或计算得出。当有地区或专用测强曲线时，混凝土强度的换算值宜按地区测强曲线或专用测强曲线计算或查表得出。

（2）构件的测区混凝土强度平均值应根据各测区的混凝土强度换算值计算。当测区数为10个及以上时，应计算强度标准差和强度平均值，计算公式如下：

$$m_{f_{cu}^{c}}=\frac{\sum_{i=1}^{n}f_{cu,i}^{c}}{n} \tag{7-9}$$

$$s_{f_{cu}^{c}}=\sqrt{\frac{\sum_{i=1}^{n}(f_{cu,i}^{c})^{2}-n(m_{f_{cu}^{c}})^{2}}{n-1}} \tag{7-10}$$

式中　$f_{cu,i}^{c}$——构件测区混凝土抗压强度的换算值，MPa，精确至0.1MPa；

$m_{f_{cu}^{c}}$——构件测区混凝土抗压强度换算值的平均差，MPa，精确至0.1MPa；

$s_{f_{cu}^{c}}$——结构或构件测区混凝土强度换算值的标准差，MPa，精确至0.01MPa；

n——对单个检测的构件，取该构件的测区数；对批量检测的构件，取所有被抽检构件测区数之和。

（3）构件的现龄期混凝土强度推定值（$f_{cu,e}$）应符合下列规定。

当构件测区数少于10个时，应按下式计算：

$$f_{cu,e}=f_{cu,min}^{c} \tag{7-11}$$

式中　$f_{cu,min}^{c}$——构件中最小的测区混凝土抗压强度换算值，MPa，精确至0.1MPa。

当构件的测区强度值中出现小于10.0MPa时，应按下式确定：

$$f_{cu,e}<10.0 \tag{7-12}$$

当构件测区数不少于10个时，应按下式计算：

$$f_{cu,e}=m_{f_{cu}^{c}}-1.645s_{f_{cu}^{c}} \tag{7-13}$$

当批量检测时，应按下式计算：

$$f_{cu,e}=m_{f_{cu}^{c}}-ks_{f_{cu}^{c}} \tag{7-14}$$

式中　k——推定系数，宜取1.645。当需要进行推定强度区间时，可按国家现行有关标准的规定取值。

（4）对按批量检测的构件，当该批构件混凝土强度标准差出现下列情况之一时，该批构件应全部按单个构件检测：

① 当该批构件混凝土强度平均值 $m_{f_{cu}^{c}}<25.0$MPa，标准差 $s_{f_{cu}^{c}}>4.5$MPa。

② 当该批构件混凝土强度平均值 $25.0\text{MPa}\leqslant m_{f_{cu}^{c}}\leqslant 60.0\text{MPa}$，标准差 $s_{f_{cu}^{c}}>5.5$MPa。

（二）超声回弹综合法

1.适用范围

适用于普通混凝土抗压强度的检测，不适用于检测因冻害、化学侵蚀、水灾、高温等已造成混凝土表面疏松、剥落的混凝土。

2. 一般规定

(1) 检测数量应符合如下规定。

① 按单个构件检测时，应在构件上均匀布置测区，每个构件上测区数量不应少于10个。

② 同批构件按批抽样检测时，构件抽检数量不应少于同批构件的30%且不应少于10件。对一般施工质量的检测和结构性能的检测，可按《建筑结构检测技术标准》(GB/T 50344) 的规定抽样。

③ 对某一方向尺寸不大于4.5m且另一方向尺寸不大于0.3m的构件，其测区数量可适当减少，但不应少于5个。

(2) 构件的测区布置宜满足下列规定。

① 在条件允许时，测区宜优先选择布置在构件混凝土浇筑方向的侧面。

② 测区可在构件的两个对应面、相邻面或同一面上布置。

③ 测区宜均匀布置，相邻两测区的间距不宜大于2m。

④ 测区应避开钢筋密集区和预埋件。

⑤ 测区尺寸宜为200mm×200mm。

⑥ 测试面应清洁、平整，不应有接缝、施工缝、饰面层、浮浆和油垢，并应避开蜂窝、麻面部位。必要时，可用砂轮片清除杂物和磨平不平整处，并擦净残留粉末。

(3) 结构或构件上的测区应编号，并记录测区位置和外观质量等情况。

(4) 对结构或构件的每一测区，应先进行回弹测试，后进行超声测试。

(5) 计算混凝土抗压强度换算值时，非同一测区内的回弹值和声速值不得混用。

3. 回弹测试及回弹值计算

(1) 回弹测试时，应始终保持回弹仪的轴线垂直于混凝土测试面。宜首先选择混凝土浇筑方向的侧面进行水平方向测试。如不具备浇筑方向侧面水平测试的条件，可采用非水平状态测试，或测试混凝土浇筑的顶面或底面。

(2) 测量回弹值应在构件测区内超声波的发射和接收面各弹击8点；超声波单面平测时，可在超声波的发射和接收测点之间弹击16点。每一测点的回弹值，测读精确度至1。

(3) 测点在测区范围内宜均匀布置，但不得布置在气孔或外露石子上。相邻两测点的间距不宜小于30mm；测点距构件边缘或外露钢筋、铁件的距离不应小于50mm，同一测点只允许弹击一次。

(4) 测区回弹代表值应从该测区的16个回弹值中剔除3个较大值和3个较小值，根据其余10个有效回弹值按式 (7-4) 计算。

(5) 非水平状态下测得的回弹值，应按式 (7-5) 进行修正。

(6) 在混凝土浇筑顶面或浇筑底面测得的回弹值，应按式 (7-6) 或式 (7-7) 进行修正。

(7) 测试时回弹仪处于非水平状态，同时测试面又非混凝土浇筑方向的侧面，则应对测得的回弹值先进行角度修正，然后对角度修正后的值再进行顶面或底面修正。非水平状态下和混凝土顶面或底面测试时的回弹修正值分别见《超声回弹综合法检测混凝土强度技术规程》(CECS 02):2005 表 5.2.5 和表 5.2.6 的规定。

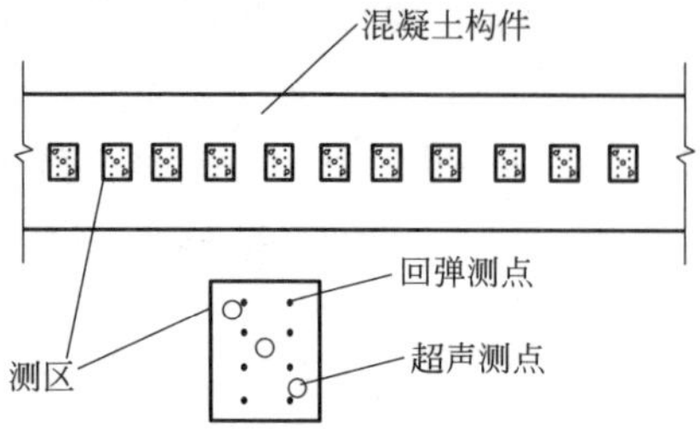

图 7-4 测区布置

4. 超声测试及声速值计算

(1) 超声测点应布置在回弹测试的同一测区内，每一测区布置 3 个测点（见图 7-4）。超声测试宜优先采用对测或角测，当被测构件不具备对测或角测条件时，可采用单面平测。

(2) 超声测试时，换能器辐射面应采用耦合剂使其与混凝土测试面良好耦合。

(3) 声时测量应精确至 0.1μs，超声测距测量应精确至 1.0mm，且测量误差不应超过超声测距的 ±1%。声速计算应精确至 0.01km/s。

(4) 当在混凝土浇筑方向的侧面进行对测时，测区混凝土中声速代表值应为该测区中 3 个测点的平均声速值，并应按下式计算：

$$v=\frac{1}{3}\sum_{i=1}^{3}\frac{l_i}{t_i-t_0} \tag{7-15}$$

式中 v——测区混凝土中声速代表值，km/s；

l_i——第 i 个测点的超声测距，mm；

t_i——第 i 个测点的声时读数，μs；

t_0——声时初读数，μs。

(5) 当在混凝土浇筑的顶面或底面测试时，测区声速代表值应按下列公式修正：

$$v_a=\beta v \tag{7-16}$$

式中 v_a——修正后的测区混凝土中声速代表值；

β——超声测试面的声速修正系数，在混凝土浇筑顶面和底面对测或斜测时，$\beta=1.034$；

在混凝土浇筑顶面和底面平测时，测区混凝土中声速代表值应按《超声回弹综合法检测混凝土强度技术规程》CECS02：2005 附录 B 的 B.2 节计算和修正。

5. 结构混凝土强度推定

(1)《超声回弹综合法检测混凝土强度技术规程》CECS02：2005 给出的强度换算方法适用于符合下列条件的普通混凝土：混凝土采用的水泥、砂石、外加剂、掺合料、拌合用水符合国家现行有关标准；人工或一般机械搅拌的混凝土或泵送混凝土；自然养护；龄期 7～2000d；混凝土强度 10.0～70.0MPa。

(2) 结构或构件中第 i 个测区的混凝土抗压强度换算值，可按规定求得修正后的测区回弹代表值和声速代表值后，优先采用专用测强曲线或地区测强曲线换算而得。

(3) 当无专用和地区测强曲线时，按《超声回弹综合法检测混凝土强度技术规程》CECS02：2005 附录 D 通过验证后，可按附录 C 规定的全国统一测区混凝土抗压强度换算表换算，也可按下列全国统一测区混凝土抗压强度换算公式计算：

① 当粗骨料为卵石时， $f^{c}_{cu,i}=0.0056v_{ai}^{1.439}R_{ai}^{1.769}$ (7-17)

② 当粗骨料为碎石时， $f^{c}_{cu,i}=0.0162v_{ai}^{1.656}R_{ai}^{1.410}$ (7-18)

式中 $f^{c}_{cu,i}$——结构或构件第 i 个测区混凝土抗压强度换算值，MPa，精确至0.1MPa；

v_{ai}——结构或构件第 i 个测区修正后的测区回弹代表值，MPa，精确至0.1 MPa；

R_{ai}——结构或构件第 i 个测区修正后的声速代表值，km/s，精确至0.01km/s。

(4) 专用测强曲线或地区测强曲线应按《超声回弹综合法检测混凝土强度技术规程》CECS02：2005 附录 A 的规定制定，并经工程质量监督主管部门组织审定和批准实施，专用或地区测强曲线的抗压强度相对误差（e_r）应符合下列规定：专用测强曲线相对误差 $e_r \leqslant 12\%$，地区测强曲线相对误差 $e_r \leqslant 14\%$。

(5) 当结构或构件的测区数不少于 10 个时，各测区混凝土强度换算值的强度平均值和标准差应按式（7-9）和式（7-10）计算。

(6) 当结构或构件所采用的材料及其龄期与制定测强曲线所采用的材料及其龄期有较大差异时，应采用同条件立方体试件或从结构或构件测区中钻取的混凝土芯样试件的抗压强度进行修正。试件数量不应少于 4 个。此时，测区混凝土抗压强度换算值应乘以下列修正系数 η。

① 采用同条件立方体试件修正时，

$$\eta=\frac{1}{n}\sum_{i=1}^{n}f^{o}_{cu,i}/f^{c}_{cu,i} \tag{7-19}$$

② 采用混凝土芯样试件修正时，

$$\eta=\frac{1}{n}\sum_{i=1}^{n}f^{o}_{cor,i}/f^{c}_{cu,i} \tag{7-20}$$

式中 η——修正系数，精确到小数点后两位；

$f^{c}_{cu,i}$——对应于第 i 个立方体试件或芯样试件的混凝土抗压强度换算值，MPa，精确至0.1MPa；

$f^{o}_{cu,i}$——第 i 个立方体（边长为 150mm）试件的抗压强度实测值，MPa，精确至0.1MPa；

$f^{o}_{cor,i}$——第 i 个混凝土芯样（$\Phi100\times100$mm）试件的抗压强度实测值，MPa，精确至0.1MPa；

n——试件数。

(7) 结构或构件混凝土抗压强度推定值 $f_{cu,e}$ 应按下列规定确定。

① 当结构或构件的测区抗压强度换算值中出现小于 10.0MPa 的值时，该构件的混凝土抗压强度推定值 $f_{cu,e}$ 取小于 10.0MPa。

② 当结构或构件中测区数少于 10 个时，应按式（7-11）进行计算。

③ 当构件测区数不少于 10 个时或按批量检测时，应按式（7-13）进行计算。

（8）对按批量检测的构件，当该批构件混凝土强度标准差出现下列情况之一时，该批构件应全部按单个构件进行强度推定。

① 当该批构件混凝土强度平均值 $m_{f^c_{cu}}<25.0\text{MPa}$，标准差 $s_{f^c_{cu}}>4.50\text{MPa}$。

② 当该批构件混凝土强度平均值 $25.0\text{MPa}\leqslant m_{f^c_{cu}}\leqslant 50.0\text{MPa}$，标准差 $s_{f^c_{cu}}>5.50\text{MPa}$。

③ 当该批构件混凝土强度平均值 $m_{f^c_{cu}}>50.0\text{MPa}$，标准差 $s_{f^c_{cu}}>6.50\text{MPa}$。

（三）高强混凝土回弹法和超声回弹综合法

1. 适用范围

适用于工程结构中强度等级为C50～C100的混凝土抗压强度检测。不适用于以下情况的混凝土。

（1）遭受严重冻伤、化学侵蚀、火灾而导致表里质量不一致的混凝土和表面不平整的混凝土。

（2）潮湿的和特种工艺成型的混凝土。

（3）厚度小于150mm的混凝土构件。

（4）所处环境温度低于0℃或高于40℃的混凝土。

2. 一般规定

（1）混凝土结构检测分为按单个构件检测和按批抽样检测，当按批抽样检测时，同时符合下列条件的构件才能作为同批构件。

① 混凝土设计强度等级、配合比和成型工艺相同。

② 混凝土原材料、养护条件及龄期基本相同。

③ 构件种类相同。

④ 在施工阶段所处状态相同。

（2）对于同批构件按批抽样检测时，构件应随机抽样，抽样数量不宜少于同批构件的30%，且不宜少于10件。当检验批中构件数量大于50时，构件抽样数量可按《建筑结构检测技术标准》（GB/T 50344）进行调整，但抽取的构件总数不宜少于10件，并应按GB/T 50344进行检测批混凝土的强度推定，此时检测批的最小样本容量取值、推定强度计算和是否符合设计要求判定等，应按照本章第四节的相关内容进行。

（3）检测时应在构件上均匀布置测区，每个构件上的测区数不应少于10个；对某一方向尺寸不大于4.5m且另一方向尺寸不大于0.3m的构件，其测区数量可减少，但不应少于5个。

（4）构件的测区布置应符合下列规定。

① 测区应布置在构件混凝土浇筑方向的侧面，并宜布置在构件的两个对称的可测面上，当不能布置在对称的可测面上时，也可布置在同一可测面上；在构件的重要部位及薄弱部位应布置测区，并应避开预埋件。

② 相邻两测区的间距不宜大于2m，测区离构件边缘的距离不宜小于100mm。

③ 测区尺寸宜为200mm×200mm。

④ 测试面应清洁、平整、干燥，不应有接缝、饰面层、浮浆和油垢；表面不平处可用砂轮适度打磨，并擦净残留粉尘。

3. 回弹测试及回弹值计算

（1）在构件上做回弹测试时，回弹仪的纵轴线应始终与混凝土成型侧面保持垂直，并应缓慢施压、准确读数、快速复位。

（2）结构或构件上的每一测区应回弹16个测点，或在待测超声波测区的两个相对测试面各回弹8个测点，每一测点的回弹值应精确至1。

（3）测点在测区范围内宜均匀分布，不得分布在气孔或外露石子上。同一测点应只弹击一次，相邻两测点的间距不宜小于30mm。测点距外露钢筋、铁件的距离不宜小于100mm。

（4）计算测区回弹值时，在每一测区内的16个回弹值中，应先剔除3个最大值和3个最小值，然后将余下的10个回弹值按式（7-4）计算，其结果作为该测区回弹值的代表值。

4. 超声测试及声速值计算

（1）采用超声回弹综合法检测时，应在回弹测试完毕的测区内进行超声测试。每一测区应布置3个测点（见图7-4）。超声测试宜优先采用对测，当被测构件不具备对测条件时，可采用角测和单面平测。

（2）超声测试时，换能器辐射面应采用耦合剂使其与混凝土测试面良好耦合。

（3）声时测量应精确至0.1μs，超声测距测量应精确至1mm，且测量误差应在超声测距的±1%之内。声速计算应精确至0.01km/s。

（4）当在混凝土浇筑方向的两个侧面进行对测时，测区混凝土中声速代表值应为该测区中3个测点的平均声速值，并应按式（7-15）进行计算。

5. 混凝土强度的推定

（1）结构或构件中第i个测区的混凝土抗压强度换算值，应优先采用专用测强曲线或地区测强曲线换算取得。专用测强曲线或地区测强曲线应按《高强混凝土强度检测技术规程》（JGJ/T 294—2013）附录C的规定制定。

（2）当无专用测强曲线和地区测强曲线时，可按《高强混凝土强度检测技术规程》（JGJ/T 294—2013）附录D的规定，通过验证后，采用全国高强混凝土测强曲线公式，计算结构或构件第i个测区混凝土强度换算值（在一些地区，可能无法组织大规模的验证工作，所以，先期可以用混凝土芯样抗压强度修正的办法解决这一问题。当经过一定数量工程的数据积累后，证明所用测强曲线与该地区工程中所用材料相适用时，则不必进行大规模的验证工作而直接使用）。

（3）当采用回弹法检测时，结构或构件第i个测区混凝土强度换算值，可按《高强混凝土强度检测技术规程》（JGJ/T 294—2013）附录A或附录B查表得出，也可按下式计算得出：

标称动能为4.5J的回弹仪，

$$f^{c}_{cu,i}=-7.83+0.75R+0.0079R^{2} \tag{7-21}$$

标称动能为5.5J的回弹仪，

$$f^{c}_{cu,i}=2.51246R^{0.889} \tag{7-22}$$

式中 $f^{c}_{cu,i}$——结构或构件第 i 个测区的混凝土抗压强度强度换算值，MPa；

R——测区回弹代表值，精确至0.1。

（4）当采用超声回弹综合法检测时，结构或构件第 i 个测区混凝土强度换算值，可按《高强混凝土强度检测技术规程》（JGJ/T 294—2013）附录E查表得出，也可按下式计算得出：

$$f^{c}_{cu,i}=0.117081v^{0.539038}R^{1.33947} \tag{7-23}$$

这里需要注意的是，被测混凝土的龄期不宜超过900d，且式（7-23）是采用4.5J回弹仪给出的计算公式。如果超过这个龄期，则需要用混凝土芯样（或同条件混凝土标准试件）抗压强度对上述公式计算的换算强度值进行修正。

（5）结构或构件的测区混凝土换算强度平均值可根据各测区的混凝土强度换算值计算。当测区数为10个及以上时，应按式（7-9）计算强度平均值和式（7-10）计算强度标准差。

（6）当检测条件与测强曲线的适用条件有较大差异时，应采用同条件标准试件或直接从结构构件测区内钻取混凝土芯样进行推定强度修正，且试件数量或混凝土芯样不少于6个，按式（7-1）或式（7-2）计算修正量（高强混凝土不考虑碳化影响）。

（7）测区混凝土强度换算值的修正应按式（7-3）进行计算（这种方法叫增量修正法。我国早期版本的无损检测混凝土强度标准中，一般规定在做芯样修正时采用系数法）。

（8）结构或构件的混凝土强度推定值应按下式计算：

当结构或构件测区数少于10个时，混凝土强度推定值应按式（7-11）进行计算。

当该结构或构件测区数不少于10个或按批量检测时，混凝土强度推定值应按式（7-13）进行计算。

（9）对按批量检测的结构或构件，当该批构件混凝土强度标准差出现下列情况之一时，该批构件应全部按单个构件检测：

① 该批构件的混凝土抗压强度换算值的平均值 $m_{f^{c}_{cu}} \leqslant 50.0$MPa，标准差 $s_{f^{c}_{cu}} > 5.50$MPa。

② 该批构件的混凝土抗压强度换算值的平均值 $m_{f^{c}_{cu}} > 50.0$MPa，标准差 $s_{f^{c}_{cu}} > 6.50$MPa。

需要提及的是，对于普通混凝土和高强混凝土，在实际采用无损检测技术时要区别对待。即普通混凝土强度检测要用《回弹法检测混凝土抗压强度技术规程》（JGJ/T 23）和《超声回弹综合法检测混凝土强度技术规程》CECS 02，高强混凝土强度检测要用《高强混凝土强度检测技术规程》（JGJ/T 294）。在实际工程检测时，对于设计强度等级C50～C60的混凝土，经常出现采用中型回弹仪检测强度不符合的现象发生。对于这类混凝土，建议改用JGJ/T 294进行强度检测，尽量避免误判工程质量的情况发生。

（四）结构实体混凝土回弹-取芯法强度检验

在《混凝土结构工程施工质量验收规范》（GB 50204—2015）附录D中，也给出了与上述思路不同的回弹法，具体名称为“结构实体混凝土回弹-取芯法强度检验”，对于需要进行实体结构混凝土强度验收检测技术人员应引起足够的重视。

“结构实体混凝土回弹-取芯法强度检验”操作的具体规定如下：

1.回弹构件的抽取

（1）同一混凝土强度等级的柱、梁、墙、板，抽取构件最小数量应符合表7-2的规定，并应均匀分布。

■表7-2 回弹构件抽取最小数量

构件总数量	最小抽样数量	构件总数量	最小抽样数量
20以下	全数	281～500	40
20～150	20	501～1200	64
151～280	26	1201～3200	100

（2）不宜抽取截面高度小于300mm的梁和边长小于300mm的柱。

2.回弹检测及回弹值计算

（1）每个构件应选取不少于5个测区进行回弹检测及回弹值计算，并应符合《回弹法检测混凝土强度技术规程》（JGJ/T 23）对单个构件检测的有关规定。

（2）楼板构件的回弹宜在板底进行。

3.芯样的钻取和要求

（1）对同一强度等级的混凝土，应将每个构件5个测区中的最小测区平均回弹值进行排序，并在其最小的3个测区各钻取1个芯样。芯样直径宜为100mm，且不宜小于混凝土骨料最大粒径的3倍。

（2）芯样试件的端部宜采用环氧胶泥或聚合物水泥砂浆补平，也可采用硫磺胶泥修补。

（3）加工后芯样尺寸偏差与外观质量应符合下列规定。

① 芯样试件的高度与直径之比实测值不应小于0.95，也不应大于1.05。

② 沿芯样高度的任一直径与其平均值之差应小于2mm。

③ 芯样试件端面的不平整度在100mm长度内不应大于0.1mm。

④ 芯样试件端面与轴线的不垂直度不应大于1°。

⑤ 芯样不应有裂缝、缺陷及钢筋等杂物。

（4）芯样试验

芯样试件应按《普通混凝土力学性能试验方法》（GB/T 50081）中圆柱体试件的规定进行抗压强度试验。

（5）结果判定

对同一强度等级的混凝土，当符合下列规定时，结构实体混凝土可判为合格：三个芯样的抗压强度算术平均值不小于设计要求的混凝土强度等级值的88%；三个芯样的抗压强度的最小值不小于设计要求的混凝土强度等级值的80%。

五、工程实例

【例 7-1】某工程主体为钢筋混凝土框架-剪力墙结构。其中，4-1段地下二层4-6～5/4-D～A轴范围同时浇筑的独立柱混凝土设计强度等级为C50，为确认该段工程质量，需要对该批柱进行强度检测。工程局部平面见图7-5，采用4.5J回弹仪进行检测，检测结果见表7-3。

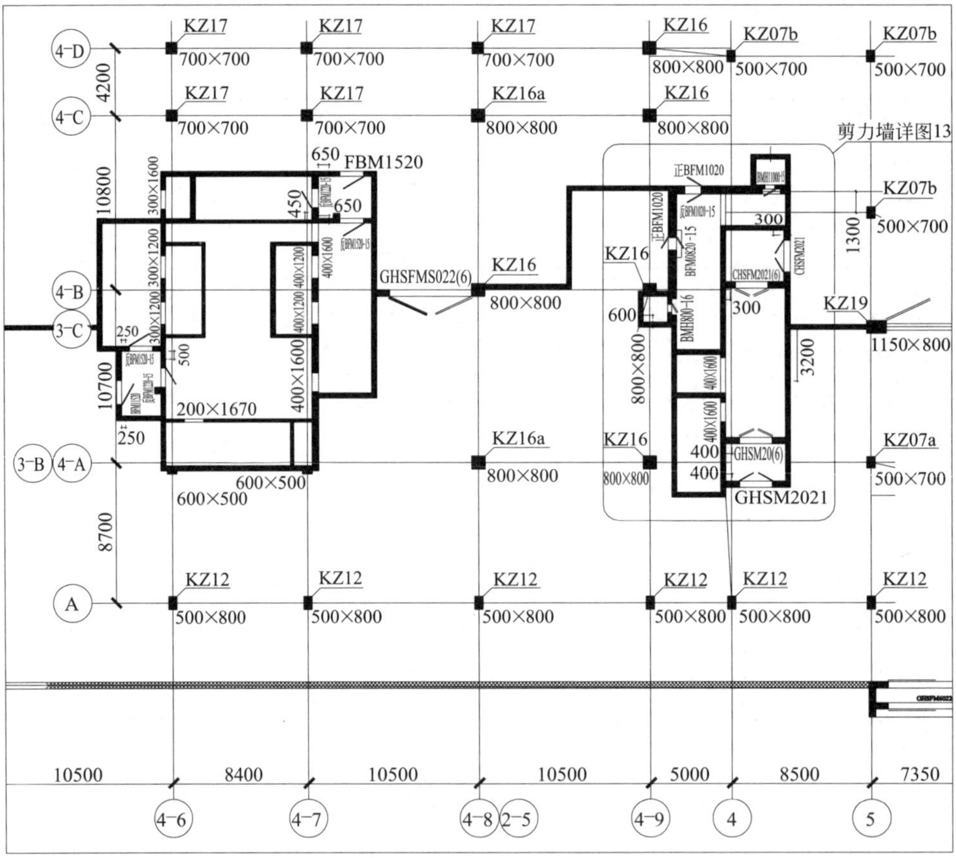

图7-5　工程局部平面

■表7-3　4-1段地下二层4-6～5/4-D～A轴独立柱混凝土强度检测结果

构件编号	混凝土抗压强度换算值/MPa			强度推定值/MPa
	平均值	标准差	最小值	
4-6/4-D	59.1	2.16	56.3	55.5
4-6/4-C	57.1	1.04	55.4	55.4
4-7/4-D	57.5	0.58	56.7	56.5

续表

构件编号	混凝土抗压强度换算值/MPa			强度推定值/MPa
	平均值	标准差	最小值	
4-7/4-C	56.6	1.00	55.1	55.0
4-8/4-D	58.3	0.86	56.8	56.9
4-8/4-C	57.2	0.72	56.0	56.0
4-9/4-D	58.2	1.05	57.3	56.5
4-9/4-C	56.8	0.70	55.7	55.6
4-9/4-A	57.5	1.10	55.7	55.6
4-8/4-A	56.8	1.57	54.0	54.2

检测结果表明：4-1 段地下二层 4-6～5/4-D～A 轴范围独立柱的混凝土强度平均值为 57.5 MPa，标准差为 1.35 MPa，混凝土强度批推定值为 55.3MPa，达到设计强度等级 C50 要求。

第三节 钻芯法

一、概述

钻芯法是采用专用钻机，从结构混凝土中钻取芯样测试其抗压强度的一种方法。从 1988 年《钻芯法检测混凝土强度技术规程》（CECS03：88）问世至今，钻芯法在我国已经使用几十年时间了。钻芯法的优点是检测结果直观、可靠、精度高，缺点是钻芯时对结构有局部破损，需要及时修补。

目前，我国的钻芯法经过几次修订，加入了一些新的内容。比如近些年提出混凝土强度批推定的概念、用直径小于 100mm 的混凝土芯样评价混凝土强度等。

钻芯法检测混凝土强度涉及的标准有《钻芯法检测混凝土强度技术规程》（JGJ/T 384）、《钻芯法检测混凝土强度技术规程》（CECS03）。本书以 JGJ/T 384 为准，介绍其主要内容。

二、适用条件

钻芯法的使用是有前提条件的，当出现如下情况时，才进行结构混凝土钻芯取样检测其抗压强度。

（1）对混凝土施工时预留标准试件抗压强度有怀疑时。

（2）结构混凝土因为质量较差或发生质量事故时。

（3）采用回弹、超声-回弹等混凝土强度无损检测方法而需要修正时。

(4) 对老旧混凝土结构进行加固改造时。

三、检测技术及要求

1.芯样加工和试件

结构混凝土芯样钻取时，应尽量避开混凝土中的钢筋（尤其是主筋）。这就需要在钻取芯样前，在结构上探测混凝土内部钢筋位置，标出具体芯样钻取位置后再行操作。钻芯法毕竟会在混凝土结构上造成局部损伤，所以，芯样的钻取位置应选在结构或构件受力较小的部位、混凝土强度具有代表性的部位、便于钻芯机安放与操作的部位及避开预埋件和管线的位置。

为了保证芯样外观质量，钻取时要保持匀速钻进。抗压芯样试件的高度与直径之比（H/d）宜为1.00。抗压芯样试件内最多只允许有一根直径不大于10mm的钢筋，且钢筋应与芯样试件的轴线垂直并距离端面10mm以上。钻取的混凝土芯样还要加工成符合抗压试验的外形，所以，锯切后的芯样应进行端面处理，并在磨平机上磨平端面，也可以采用环氧胶泥或聚合物水泥砂浆补平，补平层厚度不宜大于2mm。抗压强度低于30.0MPa的芯样试件，不宜采用磨平端面的处理方法；抗压强度高于60.0MPa的芯样试件，不宜采用硫磺胶泥或环氧胶泥补平的处理方法。

在试验前应按下列规定测量芯样试件的尺寸：平均直径应用游标卡尺在芯样试件上部、中部和下部互相垂直的两个位置上共测量6次，取其算术平均值作为芯样试件的直径，精确至0.5mm。芯样试件高度可用钢卷尺或钢板尺进行测量，精确至1mm。垂直度应用游标量角器测量芯样试件两个端面与母线的夹角，取最大值作为芯样试件的垂直度，精确至0.1°。平整度可用钢板尺或角尺紧靠在芯样试件承压面（线）上，一面转动钢板尺，一面用塞尺测量钢板尺与芯样试件承压面（线）之间的缝隙，取最大缝隙为芯样试件的平整度；也可采用其他专用设备测量。

试验用的混凝土芯样不应有较大缺陷，沿芯样高度方向上的任一直径与平均直径差应不超过1.5mm，端面与轴线的不垂直度不超过1°，实测高径比H/d=1mm±0.05mm，承压面的不平整度在100mm长度内不超过0.1mm。这些要求是保证测试精度的必要措施。

近些年，钻芯法规程对于芯样直径的要求有所放宽。但是，抗压芯样试件应尽量使用公称直径为100mm的芯样，且其公称直径要大于骨料最大粒径的3倍。采用小直径芯样时，公称直径也不应小于70mm且不得小于骨料最大粒径的2倍。由于直径为100mm的芯样的抗压强度标准差较小，在工程质量司法仲裁中被优先选用。

2.抗压强度检测

芯样试件应在自然干燥状态下进行抗压试验。当结构工作条件比较潮湿，需要确定潮湿状态下混凝土的强度时，芯样试件可在(20±5)℃的清水中浸泡40～48h，去除表面水渍后立即进行强度试验。

芯样试件抗压试验操作应符合《普通混凝土力学性能试验方法标准》(GB/T 50081)中对立方体试件抗压试验的规定。

混凝土芯样抗压强度值按下式计算：

$$f_{cu,cor}=\beta_c F_c / A_c \tag{7-24}$$

式中 $f_{cu,cor}$——芯样试件抗压强度值，MPa，精确至 0.1MPa；

F_c——芯样试件抗压试验的破坏荷载，N；

A_c——芯样试件抗压截面面积，mm^2；

β_c——芯样试件强度换算系数，取 1.0。

当有可靠试验依据时，芯样试件强度换算系数 β_c 也可根据混凝土原材料和施工工艺情况通过试验确定。

早期钻芯法规程仅用于对单个构件的混凝土强度推定，现行版本规程给出了批推定的方法。确定检测批的混凝土抗压强度推定值时，芯样试件的数量要根据检测批的容量确定。直径 100mm 的芯样试件的最小样本量不宜小于 15 个，小直径芯样试件的最小样本量不宜小于 20 个。芯样在结构上的位置应随机分布，一个构件上只能钻取一个芯样。

现行版本钻芯法规程对检测批混凝土抗压强度推定值时没有给出一个定值，而是给出强度推定区间。这个推定区间是通过一系列芯样抗压强度数据计算得出的。混凝土芯样换算强度平均值和芯样试件抗压强度样本的标准差计算公式如下：

$$f_{cu,cor,m}=\frac{\sum_{i=1}^{n} f_{cu,cor,i}}{n} \tag{7-25}$$

$$s_{cu}=\sqrt{\frac{\sum_{i=1}^{n}(f_{cu,cor,i}-f_{cu,cor,m})^2}{n-1}} \tag{7-26}$$

式中 $f_{cu,cor,m}$——芯样试件抗压强度平均值，MPa，精确至 0.1MPa；

$f_{cu,cor,i}$——单个芯样试件抗压强度值，MPa，精确至 0.1MPa；

s_{cu}——芯样试件抗压强度样本的标准差，MPa，精确至 0.01MPa。

推定区间的上限值 $f_{cu,e1}$ 和下限值 $f_{cu,e2}$ 按 448 页式 (7-27) 和式 (7-28) 进行计算。混凝土抗压强度推定上限值 $f_{cu,e1}$ 和下限值 $f_{cu,e2}$ 所构成推定区间的置信度宜为 0.90；当采用小直径芯样试件时，推定区间的置信度可为 0.85。$f_{cu,e1}$ 与 $f_{cu,e2}$ 之间的差值不宜大于 5.0MPa 和 0.10 $f_{cu,cor,m}$ 两者的较大值。宜以 $f_{cu,e1}$ 作为检测批混凝土强度的推定值。$f_{cu,e1}$ 与 $f_{cu,e2}$ 之间的差值大于 5.0MPa 和 0.10 $f_{cu,cor,m}$ 两者的较大值时，可适当增加样本容量，或重新划分检验批，直至满足要求为止。宜以 $f_{cu,e1}$ 作为检测批混凝土强度的推定值。

钻芯法现行版本确定单个构件的混凝土抗压强度推定值，仍然保留了“芯样试件的数量不应少于 3 个；对于较小尺寸构件，芯样试件的数量不得少于 2 个”的规定。单个构件的混凝土抗压强度推定值按芯样试件混凝土抗压强度值中的最小值确定。

钻芯法确定构件混凝土抗压强度代表值，芯样试件的数量宜为3个；应取芯样试件抗压强度值的算术平均值作为构件混凝土抗压强度代表值。抗压强度代表值可用于既有结构承载力的评定，不用于混凝土强度的合格评定。

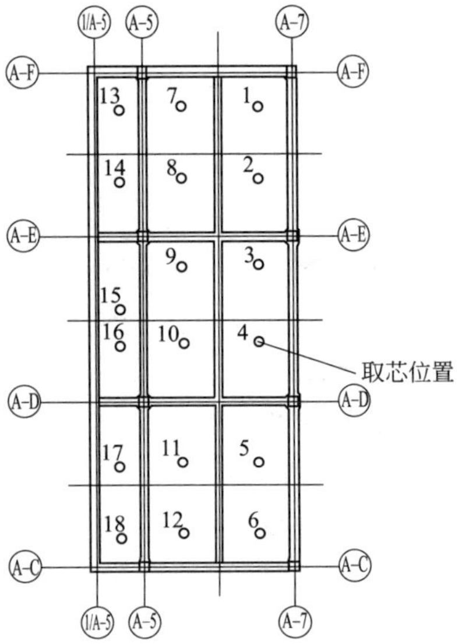

图7-6 工程平面和取样位置示意图

四、工程实例

【例7-2】钻芯法检测底板混凝土强度实例

某工程为钢筋混凝土框架结构，建筑面积$5200m^2$，地上1层（局部2层），地下1层，其中基础筏板A-C～A-F轴/1/A-5～A-7轴范围混凝土设计强度等级C40 P6，施工时该段基础筏板一次连续浇筑混凝土。为确认基础筏板混凝土质量，需要采用钻芯法进行该批混凝土强度检测。工程平面见图7-6。检测结果如表7-4所示。

■表7-4 基础筏板混凝土强度检测结果

芯样位置编号	芯样抗压强度值/MPa	芯样位置编号	芯样抗压强度值/MPa
1	53.0	10	51.6
2	50.1	11	50.2
3	51.3	12	50.5
4	54.4	13	52.8
5	49.2	14	52.1
6	49.9	15	45.1
7	49.2	16	45.2
8	50.1	17	52.2
9	48.4	18	53.6

$f_{cu,cor,m}=50.4$MPa，$k_1=1.15311$，$k_2=2.45295$，$s_{cor}=2.54$MPa

$f_{cu,e1}=f_{cu,cor,m}-k_1s_{cor}=47.5$MPa，$f_{cu,e2}=f_{cu,cor,m}-k_2s_{cor}=44.2$MPa

混凝土抗压强度推定上限值和下限值之差为3.3MPa，$0.10f_{cu,cor,m}=5.0$MPa，按照钻芯法对强度推定上限值和下限值之差的要求，得出结论为基础筏板混凝土强度批推定值为47.5MPa，达到设计强度等级C40的要求。

第四节 结构现场检测基本规定

一、检测范围和分类

1.分类

混凝土结构现场检测分为工程质量检测和结构性能检测。

2.范围

（1）当遇下列情况之一时，应进行工程质量的检测。

① 涉及结构工程质量的试块、试件以及有关材料检验数量不足。

② 对结构实体质量的抽测结果达不到设计要求或施工验收规范要求。

③ 对结构实体质量有争议。

④ 发生工程质量事故，需要分析事故原因。

⑤ 相关标准规定进行的工程质量第三方检测。

⑥ 相关行政主管部门要求进行的工程质量第三方检测。

（2）当遇到下列情况之一时，宜进行结构性能检测。

① 混凝土结构改变用途、改造、加层或扩建。

② 混凝土结构达到设计使用年限要继续使用。

③ 混凝土结构使用环境改变或受到环境侵蚀。

④ 混凝土结构受偶然事件或其他灾害的影响。

⑤ 相关法规、标准规定的结构使用期间的鉴定。

二、检测基本程序与要求

1.基本程序

混凝土结构现场检测工作宜按图 7-7 的程序进行。

2.要求

（1）混凝土结构现场检测工作可接受单方委托，存在质量争议时宜由当事各方共同委托。

（2）初步调查应以确认委托方的检测要求和制定有针对性的检测方案为目的。初步调查可采取踏勘现场、搜集和分析资料及询问有关人员等方法。

（3）检测方案应征询委托方意见。

（4）混凝土结构现场检测方案宜包括下列主要内容。

① 工程或结构概况，包括结构类型、设计、施工及监理单位，建造年代或检测时工程的进度情况等。

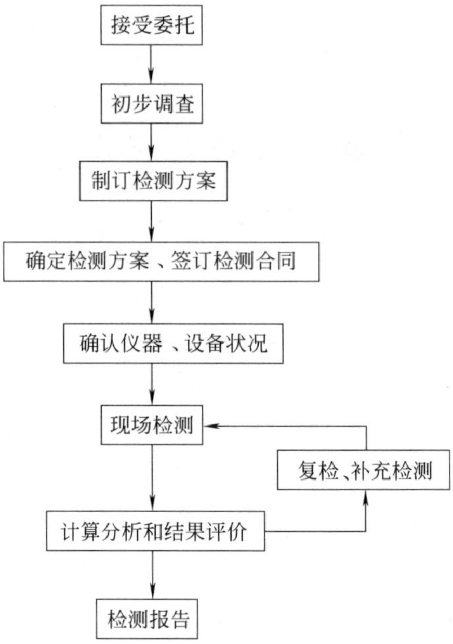

图 7-7　混凝土结构现场检测工作程序

② 委托方的检测目的或检测要求。

③ 检测的依据，包括检测所依据的标准及有关的技术资料等。

④ 检测范围、检测项目和选用的检测方法。

⑤ 检测的方式、检验批的划分、抽样方法和检测数量。

⑥ 检测人员和仪器设备情况。

⑦ 检测工作进度计划。

⑧ 需要委托方配合的工作。

⑨ 检测中的安全与环保措施。

(5) 现场检测所用仪器、设备的适用范围和检测精度应满足检测项目的要求。检测时，所用仪器、设备应在检定或校准周期内，并应处于正常状态。

(6) 现场检测工作应由本机构不少于两名检测人员承担，所有进入现场的检测人员应经过培训。

(7) 现场检测的测区和测点应有明晰标注和编号，必要时标注和编号宜保留一定时间。

(8) 现场检测获取的数据或信息应符合下列要求。

① 人工记录时，宜用专用表格，并应做到数据准确、字迹清晰、信息完整，不应追记、涂改；当有笔误时，应进行杠改并签字确认。

② 仪器自动记录的数据应妥善保存，必要时宜打印输出后经现场检测人员校对确认。

③ 图像信息应标明获取信息的时间和位置。

（9）现场取得的试样应及时标识并妥善保存。

（10）当发现检测数据数量不足或检测数据出现异常情况时，应进行补充检测或复检，补充检测或复检应有必要的说明。

（11）混凝土结构现场检测工作结束后，应及时提出针对由于检测造成结构或构件局部损伤的修补建议。

三、检测方法和抽样方案

1.检测方法

（1）建筑结构的检测，应根据检测项目、检测目的、建筑结构状况和现场条件选择适宜的检测方法。

（2）建筑结构的检测，可选用下列检测方法。

① 有相应标准的检测方法。

② 有关规范、标准规定或建议的检测方法。

③ 参照相应标准但需扩大其适用范围的检测方法。

④ 检测单位自行开发或引进的检测方法。

（3）选用有相应标准的检测方法时，应遵守下列规定。

① 对于通用的检测项目，应选用国家标准或行业标准。

② 对于有地区特点的检测项目，可选用地方标准。

③ 对同一种方法，地方标准与国家标准或行业标准不一致时，有地区特点的部分宜按地方标准执行，检测的基本原则和基本操作要求应按国家标准或行业标准执行。

④ 当国家标准、行业标准或地方标准的规定与实际情况确有差异或存在明显不适用问题时，可对相应规定做适当调整或修正，但调整与修正应有充分的依据；调整与修正的内容应在检测方案中予以说明，必要时应向委托方提供调整与修正的检测细则。

（4）采用有关规范、标准规定或建议的检测方法时，应遵守下列规定：

① 当检测方法有相应的检测标准时，应按上述规定执行。

② 当检测方法没有相应的检测标准时，检测单位应有相应的检测细则；检测细则应对检测用仪器设备、操作要求、数据处理等做出规定。

（5）采用扩大相应检测标准适用范围的检测方法时，应遵守下列规定。

① 所检测项目的目的与相应检测标准相同。

② 检测对象的性质与相应检测标准检测对象的性质相近。

③ 应采取有效的措施，消除因检测对象性质差异而存在的检测误差。

④ 检测单位应有相应的检测细则，在检测方案中应予以说明，必要时应向委托方提供检测细则。

（6）采用检测单位自行开发或引进的检测仪器及检测方法时，应遵守下列规定。

① 该仪器或方法必须通过技术鉴定，并具有一定的工程检测实践经验。

② 该方法应事先与已有成熟方法进行比对试验。

③ 检测单位应有相应的检测细则。

④ 在检测方案中应予以说明，必要时应向委托方提供检测细则。

（7）现场检测宜选用对结构或构件无损伤的检测方法。当选用局部破损的取样检测方法或原位检测方法时，宜选择结构构件受力较小的部位，并不得损害结构的安全性。

2. 抽样方案

（1）建筑结构检测的抽样方案，可根据检测项目的特点按下列原则选择：

① 外部缺陷的检测，宜选用全数检测方案。

② 几何尺寸与尺寸偏差的检测，宜选用一次或二次计数抽样方案。

③ 结构连接构造的检测，应选择对结构安全影响大的部位进行抽样。

④ 构件结构性能的实荷检验，应选择同类构件中荷载效应相对较大和施工质量相对较差构件或受到灾害影响、环境侵蚀影响构件中有代表性的构件。

⑤ 按检测批检测的项目，应进行随机抽样，且最小样本容量宜符合表7-5的规定。

⑥《建筑工程施工质量验收统一标准》（GB 50300）或相应专业工程施工质量验收规范规定的抽样方案。

■表7-5　混凝土结构计数抽样检测的最小样本容量

检测批的容量	检测类别和样本最小容量			检测批的容量	检测类别和样本最小容量		
	A	B	C		A	B	C
2～8	2	2	3	91～150	8	20	32
9～15	2	3	5	151～280	13	32	50
16～25	3	5	8	281～500	20	50	80
26～50	5	8	13	501～1200	32	80	125
51～90	5	13	20	—	—	—	—

注：检测类别A适用于一般施工质量的检测，检测类别B适用于结构质量或性能的检测，检测类别C适用于结构质量或性能的严格检测或复检。

（2）计量抽样检测批的检测结果，宜提供推定区间。推定区间的置信度宜为0.90，并使错判概率和漏判概率均为0.05。特殊情况下，推定区间的置信度可为0.85，使漏判概率均为0.10，错判概率仍为0.05。

（3）检验批标准差为未知时，计量抽样检验批具有95%保证率特征值的推定区间上限值和下限值可按下列公式计算：

$$x_{0.05,u}=m-k_{0.05,u}s \tag{7-27}$$

$$x_{0.05,l}=m-k_{0.05,l}s \tag{7-28}$$

式中 $x_{0.05,u}$——特征值推定区间的上限值；

$x_{0.05,l}$——特征值推定区间下限值；

m——样本均值；

s——样本标准差；

$k_{0.05,u}$、$k_{0.05,l}$——0.05分位数推定区间上、下限值系数，按表7-6取值。

■表7-6 标准差未知时推定区间上限值与下限值系数

试件数 n	$K_{0.05,u}(0.05)$	$K_{0.05,l}(0.05)$	试件数 n	$K_{0.05,u}(0.05)$	$K_{0.05,l}(0.05)$
10	1.01730	2.91096	40	1.29657	2.12549
11	1.04127	2.81499	41	1.30035	2.11831
12	1.06247	2.73634	42	1.30399	2.11142
13	1.08141	2.67050	43	1.30752	2.10481
14	1.09848	2.61443	44	1.31094	2.09846
15	1.11397	2.56600	45	1.31425	2.09235
16	1.12812	2.52366	46	1.31746	2.08648
17	1.14112	2.48626	47	1.32058	2.08081
18	1.15311	2.45295	48	1.32360	2.07535
19	1.16423	2.42304	49	1.32653	2.07008
20	1.17458	2.39600	50	1.32939	2.06499
21	1.18425	2.37142	60	1.35412	2.02216
22	1.19330	2.34896	70	1.37364	1.98987
23	1.20181	2.32832	80	1.38959	1.96444
24	1.20982	2.30929	90	1.40294	1.94376
25	1.21739	2.29167	100	1.41433	1.92654
26	1.22455	2.27530	110	1.42421	1.91191
27	1.23135	2.26005	120	1.43289	1.89929
28	1.23780	2.24578	130	1.44060	1.88827
29	1.24395	2.23241	140	1.44750	1.87852
30	1.24981	2.21984	150	1.45372	1.86984
31	1.25540	2.20800	160	1.45938	1.86203
32	1.26075	2.19682	170	1.46456	1.85497
33	1.26588	2.18625	180	1.46931	1.84854
34	1.27079	2.17623	190	1.47370	1.84265
35	1.27551	2.16672	200	1.47777	1.83724
36	1.28004	2.15768	250	1.49443	1.81547
37	1.28441	2.14906	300	1.50687	1.79964
38	1.28861	2.14085	400	1.52453	1.77776
39	1.29266	2.13300	500	1.53671	1.76305

(4) 计量抽样检测批的判定，当设计要求相应数值小于或等于推定上限值时，可判定符合设计要求。当设计要求相应数值大于推定上限值时，可判定低于设计要求。

(5) 对计量抽样检测结果推定区间上限值与下限值之差宜进行控制。

参考文献

[1] ISO 1920-7-2004.

[2] JGJ/T 294—2013.

[3] CECS02：2005.

[4] GB 50204—2015.

[5] JGJ/T 23—2011.

[6] JGJ/T 384—2016.

[7] GB/T 50081—2016.

[8] GB/T 50344—2004.

[9] GB/T 50784—2013.

本章主要执笔人：张荣成、姜平

第八章

高性能混凝土

第一节 概述

水泥混凝土从问世以来，经历了低强度、中等强度、高强度乃至超高强度的发展历程，似乎人们总是乐于追求强度的不断提高。但是近四五十年以来，混凝土结构物因材质劣化造成过早失效以至破坏崩塌的事故在国内外都屡见不鲜，并有愈演愈烈之势。这些混凝土工程的过早破坏，其原因不是由于强度不足，而是由于混凝土耐久性不良。例如，在日本海沿岸，许多港湾建筑、桥梁等，建成后不到10年的时间，混凝土表面即出现开裂、剥落，钢筋锈蚀外露。美国国家材料顾问委员会1987年提交的报告报道，约有25.3万座混凝土桥面板出现不同程度的破坏（其中部分仅使用不到20年），而且每年还将增加3.5万座。美国1991年在提交国会的报告《国家公路和桥梁现状》中指出，美国当时的全部混凝土工程价值约6万亿美元，而每年用于维修的费用高达300亿美元。英格兰岛中部环形线的21km快车道，11座混凝土高架桥的建造费是2800万英镑（1972年），因冬季撒盐化冰雪，两年后就发现因钢筋锈蚀导致混凝土顺筋胀裂，到1989年的15年间，修补费高达4500万英镑（即为造价的1.6倍），估计以后15年（到2004年）还要耗费1.2亿英镑（累计接近造价的6倍）。

我国已建的一些工程也有类似令人堪忧的状况，有不少混凝土工程使用寿命远低于设计要求。1989年，建设部科技发展司组织调查组对北京、西宁、贵阳等地的一些建筑物进行了调查，结果表明，建国初期的建筑均已达到必须大修的状态，现有大多数工业建筑不能满足安全使用50年的要求，一般使用25～30年就需大修和加固。1985年水电部调查报告表明：我国水工混凝土的冻融破坏在“三北”地区的工程中占100％，这些大型混凝土工程一般运行也就30年左右，有的甚至不到20年，如云峰宽缝重力坝，运行19年后下游面破损显著，表面剥蚀露出骨料，总面积约8500m^2；而丰满重力坝自从运行后就年年维修，运行33年后，上、下游面及尾水闸墩破损明显，表面露出钢筋，冻害严重，致使坝顶抬高10余厘米。港口码头工程，特别是接触海水工程，其受冻破坏的现象更为严重，破坏的结构主要是防波堤、胸墙、码头、栈桥等，如天津新港的防波堤，采用普通混凝土的部分，经十几年左右的运行，就遭受冻融破坏以致不能发挥作用了。地处寒冷地区的水电站、工业厂房、铁道桥涵、交通部门的混凝土路面、桥梁及市政工程等的混凝土，接触雨水、蒸汽的部分，排水系统及受渗透水作用的部分，都不同程度地受到了冻融破坏，如通辽发电厂的冷却塔，筒壁混凝土由于渗水致使混凝土遭受冻融破坏而发生表皮剥落、空鼓等现象。为使上述及类似工程继续发挥作用，各部门每年都要耗巨资加以维修。根据以往经验，混凝土工程安全使用期和维护使用期的费用比例为 1∶(3～10)，但维护使用期的维修费用却高达建设费用的 1～3 倍。

可见，由于混凝土的耐久性劣化或失效，世界各国为此付出的代价十分沉重。然而，值得庆幸的是，由于工程安全因素、更由于耗费巨资的经济因素提醒了我们，现在，混凝土耐久性问题已越来越受到人们的重视。美国学者用“五倍定律”形象地说明了耐久性的重要性，尤其是设计对耐久性问题的重要性。例如设计时，对新建项目在钢筋防护方面无谓地每节省 1 美元就意味着当发现钢筋锈蚀时采取措施要多追加维修费 5 美元，顺筋开裂时需多追加维修费 25 美元，严重破坏时需多追加维修费 125 美元。沉重的代价使人们认识到，不仅要用耐久性良好的材料及时修复已出现耐久性劣化的混凝土工程，更重要的是必须使今后新建的混凝土工程具有足够的耐久性以保证设计使用寿命，例如一些国家要求建设更为耐久的结构物，设计使用寿命为 100 年或更长。为此，世界各国都开始专门研究混凝土的耐久性及其改善技术，混凝土耐久性已成为国际工程界普遍关注的重大课题。随着科学技术的发展和社会文明的进步，人类生产活动涉及的范围越来越广，各种在严酷环境下使用的混凝土工程，如跨海大桥、海洋工程、核反应堆、电站大坝等不断增多，这些工程关系国计民生，必须实现百年大计甚至千年大计，必然要求混凝土具有优异的耐久性即足够长的使用寿命。

为此，人们对混凝土耐久性的追求已越来越主动和自觉，甚至超过了过去对混凝土强度的追求，于是以高耐久性为核心内容的高性能混凝土（High Performance Concrete，简称 HPC）便应运而生了。

一、高性能混凝土的定义

高性能混凝土这种新型混凝土是在 20 世纪 90 年代初才提出的。高性能混凝土这一名词的出现至今也就 20 多年，不同国家、不同学者按照各自的认识、实践、应用范围和目的要求，对高性能混凝土给出了不同的定义和解释。

美国国家标准与技术研究所（NIST）与美国混凝土协会（ACI）于 1990 年 5 月在马里兰州 Gaithersburg 城召开的讨论会上指出：高性能混凝土是具有某些性能要求的匀质混凝土，必须采用严格的施工工艺，采用优质材料配制的，便于浇捣，不离析，力学性能稳定，早期强度高，具有韧性和体积稳定性等性能的耐久混凝土，特别适用于高层建筑、桥梁以及暴露在严酷环境中的建筑结构。

美国的 P. K. Mehta 认为：高性能混凝土不仅要求高强度，还应具有高耐久性，且耐久性应当放在高性能混凝土的首位，同时具有高体积稳定性（高弹性模量、低干缩率、低徐变和低温度应变）、高抗渗性及高工作性。

法国的 Malier 认为：高性能混凝土的特点在于有良好的工作性、高的强度和早期强度、工程经济性高和高耐久性，特别适用于桥梁、港工、核反应堆以及高速公路等重要的混凝土建筑结构中。

日本的小泽一雅和冈村甫认为：高性能混凝土应具有高工作性（高的流动性、

粘聚性与可浇筑性)、低温升、低干缩率、高抗渗性和足够的强度。他们强调高性能混凝土首先应具备高工作性，甚至要达到免振捣，即自流平的状态。

日本的Sarkar提出：高性能混凝土具有较高的力学性能（如抗压、抗折、抗拉强度)、高耐久性（如抗冻融循环、抗碳化和抗化学侵蚀性)、高抗渗性，属于水胶比很低的混凝土家族。

加拿大Pierr-Claude和Adam Neville于1993年提出：高性能混凝土除比普通混凝土抗压强度高以外，还具有高弹性模量、高密实性能、低渗透性以及能抵御多种形式侵蚀的性能，特别适用于高层建筑、桥梁及暴露在恶劣环境中的结构。

以美国弗吉尼亚州交通研究院的C. Ozyildirim为代表强调：用于交通设施的高性能混凝土最重要的性能是低渗透性与高早期强度，在一些特殊设施中还要求较高的极限强度（40～60MPa)。

我国建筑材料与土木工程专家吴中伟院士定义高性能混凝土是一种新型高技术混凝土，是在大幅度提高普通混凝土性能的基础上，采用现代混凝土技术，选用优质材料，在严格质量管理条件下制成的；除了水泥、水、骨料外，必须掺加足够数量的掺合料和高效外加剂，且水胶比较低；针对不同用途要求，高性能混凝土对下列性能有重点地予以保证：耐久性、工作性、适用性、强度、体积稳定性及经济性，但应以耐久性作为设计的主要指标。

2014年11月，住房城乡建设部标准定额司和工业和信息化部原材料工业司组织有关单位编制了《高性能混凝土应用技术指南》，该指南给出的高性能混凝土定义如下：以建设工程设计、施工和使用对混凝土性能特定要求为总体目标，合理选用优质常规原材料，掺加高性能减水剂和合理掺量的矿物掺合料，采用较低水胶比并优化配合比，通过绿色预拌生产方式以及严格的施工措施，制成符合本指南技术要求、具有优异性能的混凝土。

综合以上观点，我们可以看出，大家公认高性能混凝土应具有高耐久性。也就是说高性能混凝土首先应具备高耐久性，同时兼有良好的工作性和适宜的强度。此处“适宜的强度”并非指高强度，而是指满足工程设计及使用要求的具有足够可靠度的强度，即高性能混凝土未必要求很高的强度指标。因为大量使用的钢筋混凝土建筑物，如低层和多层房屋及高层房屋的上层部分，又如海工、水工混凝土，尤其是一些大体积混凝土，对强度要求并不高（例如C30左右即足矣)，但对耐久性要求都很高。如日本明石海峡大桥2号和3号大体积柱基，91d设计强度只有17MPa（配制强度为24MPa，实测91d强度为42MPa)，但为了保证这一20世纪全世界最长悬索桥的安全性和使用寿命，混凝土是按耐久性设计的，属于高性能混凝土。过去忽视耐久性的惨痛教训和未来混凝土工程可持续发展战略的提出，都告诫我们不论任何强度等级的混凝土，要求其具有足够的耐久性应该总是合理的。过去人们设计混凝土只单一以强度作为设计指标，导致很长时期以来人们一直将注意力放在了混凝土强度的不断提高上而忽视了耐久性，这一趋势在高性能混凝土提出之后发生了转变。

二、高性能混凝土发展概况

高性能混凝土自提出以后的10多年以来，世界各国都对其进行了大量的研究开发与推广应用工作。其实早在高性能混凝土这个名词诞生以前，世界各国都已在客观上成功地应用了高性能混凝土，如下所示：

美国西雅图双联广场	C135混凝土（1988年）
美国芝加哥水塔大厦	C75混凝土（1975年）
美国纽约Trump塔楼	C65混凝土（1981年）
加拿大多伦多Nova Scotia广场中心大厦	C80混凝土（1987年）
日本明石海峡大桥	C40混凝土（1988年）

进入20世纪90年代以后，高性能混凝土的研究开发与推广应用快速发展，世界各国均对此予以高度重视。

1986～1993年，法国由政府组织包括政府研究机构、高等院校、建筑公司等23个单位开展了“混凝土新方法”的研究项目，进行高性能混凝土的研究，并建成了示范工程。如Joigny城一座三跨后张法预应力钢筋混凝土桥，其混凝土强度等级相当于我国C70；又如Civaux核电站2号反应堆预应力混凝土安全壳，高85m，直径44m，混凝土强度等级为C70，其水泥用量只有240kg/m^3，却有很高的气密性；再如英吉利海峡隧道衬里，由于设计寿命为120年，配制了水灰比为0.35～0.32、水泥用量为400kg/m^{3}的混凝土，抗压强度为63MPa，渗透系数极低（$K=1.4\times10^{-13}$m/s）。1996年，法国公共工程部、教育与研究部又组织了为期4年的国家研究项目“高性能混凝土2000”，投入研究经费550万美元，对高性能混凝土材料设计、耐久性及工程性能进行广泛的研究。

日本建设省于1988～1993年进行了一项综合开发计划钢筋混凝土结构建筑物的超轻质、超高层化技术的开发（简称“新RC计划”），该计划研究内容涉及有关高性能混凝土的高工作性、高强度等方面，获得大量的科研成果，并在工程中获得了试验验证与工程应用。

加拿大于1990年启动“优质混凝土科研网”，这是由该国政府提供科研基金（2.4亿加元）的一项国家重大科研项目，集中了7所大学和两家公司的科研力量，经过8年努力，在高性能混凝土及活性粉末混凝土领域取得了举世瞩目的成果，并制定了有关高性能混凝土的规范。

美国在高性能混凝土研究应用方面成果丰富。1994年，美国联邦政府16个机构联合提出了一个在基础设施工程建设中应用高性能混凝土的建议，并决定在10年内投资2亿美元进行研究和开发。美国国家自然科学基金（NSF）、美国国家标准与技术研究所（NIST）、美国联邦公路管理局（HWA）以及一些州政府的运输部和美国工程兵研究机构，都一直投入大量经费来资助高强混凝土和高性能混凝土的研究开发，例如NSF以每年200万美元的经费定期资助以西北大学为首的水泥基复合材料联合研究中心对高性能混凝土进行研究。1999年，美国NIST的建筑与防水研究试验室（BFRL）在国际互联网上公布了一个“高性能混凝土技术的伙伴关系（Partnership for High Performance Concrete Technology）”，由工业界四个大企业和国家预拌混凝土协会、波特兰水泥协会合作，承担“商品高性能混凝土结构项目中计算机集成知识系统（CIKS）的开发”的国家重点研究计划。

英国、西班牙、德国、澳大利亚、波兰等国也纷纷组织专门机构对高性能混凝土进行研究。

近年来，我国高强混凝土与高性能混凝土的研究、应用在有限的经费支持下发展也较快。清华大学于1992年开始进行有关高性能混凝土的研究，并得到各部门的重视与支持，1994～1997年由国家自然科学基金委员会、国家建设部、国家铁道部及国家建材局联合资助一项国家自然科学基金重点项目“高强与高性能混凝土材料的结构与力学性态研究”，取得的成果卓著。在“九五”期间，国家计委、国家科技部安排了重点科技攻关项目“重点工程混凝土安全性的研究”，对混凝土耐久性及高性能混凝土进行了系统研究，取得了大量成果。

2000～2003年期间，由中国工程院土木建筑学部、国家建设部科技司组织，制定了《混凝土结构耐久性设计与施工指南》（CCES01—2004），随后，住建部又颁布了《混凝土结构耐久性设计规范》（GB/T 50476—2008），对高性能混凝土应用与发展起到不小的推动作用。近年来，我国许多重大工程中都不同程度地应用了高性能混凝土，如上海金茂大厦、上海东方明珠电视塔、深圳地王大厦、首都机场航站楼、台湾东帝士大厦、广州西塔、上海中心等工程。

2015年1月，住房和城乡建设部标准定额司、工业和信息化部原材料工业司组织编制了《高性能混凝土应用技术指南》。该指南从具体技术细节入手，以期达成各相关方关于高性能混凝土应用的统一认识，体现其技术内容的普遍指导性，从而有效推进我国高性能混凝土应用的常规化。

从不同国家、不同学者对高性能混凝土的定义和技术总结可以发现，高性能混凝土的内涵十分丰富，但目前至少在以下方面已取得共识。

（1）高性能混凝土可采用常规材料和工艺生产，保证混凝土结构所要求的各项力学性能，并具有高耐久性、良好的工作性和体积稳定性。“性能”是一个综合的概念，而不仅仅是单一的某项性能指标。

（2）高性能混凝土强调应以工程所需性能为目标，根据工程类别、结构部位和服役环境的不同，提供“个性化”和“最优化”的混凝土。

（3）高性能混凝土不排斥具体场合对强度要求不高、而对其他性能要求极高的混凝土。

（4）高性能混凝土强调原材料优选、配合比优化、严格生产施工措施、强化质量检验等全过程质量控制的理念。

（5）高性能混凝土强调绿色生产方式和资源的合理利用（如粉煤灰、矿渣粉、尾矿等的利用），最大限度地减少水泥熟料用量，实现节能减排和环境保护的可持续发展战略。

随着技术的进步、经济和社会的发展，人们对高性能混凝土的认识不断深化，其定义和内涵也在不断发展完善。高性能混凝土概念反映了现阶段对现代混凝土技术发展方向的认识，代表着混凝土技术发展的方向和趋势。

本书以《高性能混凝土应用技术指南》为准，介绍高性能混凝土的主要技术内容。

第二节 高性能混凝土的质量要求

高性能混凝土也分为常规品高性能混凝土和特制品高性能混凝土，其中特制品高性能混凝土包括的种类有轻骨料高性能混凝土、高强高性能混凝土、自密实高性能混凝土、纤维高性能混凝土和高性能重混凝土。

一、拌合物性能要求

1. 稠度等级划分

混凝土拌合物坍落度和扩展度的等级划分应符合表 3-2 和表 3-3 的规定，施工设计可根据施工要求在适当稠度等级中选用控制目标值——坍落度值和扩展度值。（高性能混凝土不采用干硬性混凝土，所以无维勃稠度等级划分）

2. 稠度允许偏差

高性能混凝土稠度允许偏差应满足表 8-1 的要求。

■表 8-1 混凝土拌合物坍落度和扩展度的允许偏差

项目	控制目标值/mm	允许偏差/mm
坍落度	≤40	±10
	50～90	±20
	100～150	±20
	≥160	±30
扩展度	≥500	±30

3. 其他要求

（1）常规品的泵送高性能混凝土坍落度控制目标值不宜大于 180mm，并应满足施工要求，坍落度经时损失不宜大于 30mm/h。

（2）特制品的高性能混凝土稠度以及其他性能控制宜符合以下要求。

① 泵送高强高性能混凝土坍落度控制目标值宜在表 3-2 的 S5 等级中选用，1h 坍落度应无损失，扩展度不宜小于 500mm，倒置坍落度筒排空时间宜控制在 5～20s。

② 自密实高性能混凝土扩展度不宜小于600mm，1h扩展度应无损失；扩展时间T_{500}不大于8s；坍落度扩展度与J环扩展度差值不大于25mm；离析率不大于15%。

③ 泵送轻骨料高性能混凝土坍落度控制目标值不宜大于210 mm，坍落度经时损失不宜大于30mm/h；拌合物中的轻骨料不明显上浮。

④ 泵送钢纤维高性能混凝土坍落度控制目标值宜在表3-2的S4等级中选用，坍落度经时损失不宜大于20mm/h；合成纤维高性能混凝土坍落度控制目标值不宜大于180mm，坍落度经时损失不宜大于30mm/h；纤维混凝土拌合物中的纤维应分布均匀，不出现结团现象，钢纤维混凝土拌合物中纤维体积率应符合设计要求。

（3）高性能混凝土拌合物的凝结时间应满足施工要求和混凝土性能要求。

（4）高性能混凝土拌合物中水溶性氯离子最大含量应符合表5-4的要求。

（5）对于无抗冻要求的一般环境条件，掺用引气剂或引气型外加剂高性能混凝土拌合物的含气量宜符合表8-2的要求（与在寒冷或严寒环境下长期处于潮湿或水位变动区的普通混凝土要求一致）。

■表8-2 高性能混凝土含气量

粗骨料最大公称粒径/mm	混凝土含气量/%
20	≤5.5
25	≤5.0
40	≤4.5

注：含气量从运至施工现场的新拌混凝土中取样，用含气量测定仪(气压法)测定，允许误差不应大于±1.0%。

二、力学性能要求

1.抗压强度强度等级划分

（1）常规品高性能混凝土强度等级划分

常规品高性能混凝土强度等级应按立方体抗压强度标准值划分为C30、C35、C40、C45、C50、C55（无C10、C15、C20、C25等级划分）。

（2）特制品高性能混凝土强度等级划分

① 高强高性能混凝土强度等级应按立方体抗压强度标准值划分为C60、C65、C70、C75、C80、C85、C90、C95、C100。

② 自密实高性能混凝土强度等级划分与常规品高性能混凝土相同。

③ 钢纤维高性能混凝土强度等级应按立方体抗压强度标准值划分为CF35、CF40、CF45、CF50、CF55、CF60、CF65、CF70、CF75、CF80（与普通钢纤维混凝土相比，无CF25、CF30等级划分）；合成纤维高性能混凝土强度等级划分与常规品高性能混凝土相同（与普通合成纤维混凝土相比，无C20、C25等级划分）。

④ 轻骨料高性能混凝土强度等级应按立方体抗压强度标准值划分为LC20、LC25、LC30、LC35、LC40、LC45、LC50、LC55、LC60（与普通轻骨料混凝土相比，无LC5.0、LC7.5、LC10、LC15等级划分）。

⑤ 高性能重混凝土强度等级应按立方体抗压强度标准值划分为C30、C35、C40（与普通重混凝土相比，无C20、C25等级划分）。

2. 其他要求

（1）高性能混凝土抗压强度的评定按照《混凝土强度检验评定标准》（GB/T 50107）执行。

（2）轻骨料高性能混凝土实行密度等级和强度等级双控，即密度等级制约强度等级，二者应同时满足设计要求。

（3）高性能混凝土轴压、弹模、抗折、抗拉、抗剪等其他力学性能应符合工程设计要求。

三、耐久性能要求

高性能混凝土的耐久性能应根据结构的设计使用年限、结构所处的环境类别及作用等级进行确定。同一结构中的不同构件或同一构件中的不同部位在所处的局部环境条件有差异时，耐久性指标应予区别对待。

1. 混凝土耐久性能等级划分

（1）混凝土的抗冻性能、抗水渗透性能和抗硫酸盐侵蚀性能的等级划分应符合表8-3的规定（与普通混凝土相比，快冻法无F50、F100、F150、F200等级划分，慢冻法无D50、D100等级划分，抗渗无P4、P6、P8、P10等级划分，抗硫酸盐无KS30、KS60、KS90等级划分）。

■ 表8-3 混凝土抗冻性能、抗水渗透性能和抗硫酸盐侵蚀性能的等级划分

抗冻等级(快冻法)		抗冻标号(慢冻法)	抗渗等级	抗硫酸盐等级
F250	F400	D150	P12	KS120
F300	>F400	D200	>P12	KS150
F350	—	>D200	—	>KS150

（2）混凝土抗氯离子渗透性能的等级划分应符合下列规定。

① 当采用氯离子迁移系数（RCM法）划分混凝土抗氯离子渗透性能等级时，应符合表8-4的规定，且混凝土测试龄期应为84d（与普通混凝土相比，无RCM-Ⅰ、RCM-Ⅱ等级划分）。

■ 表8-4 混凝土抗氯离子渗透性能的等级划分（RCM法）

等级	RCM-Ⅲ	RCM-Ⅳ	RCM-Ⅴ
氯离子迁移系数 D_{RCM}(RCM法)($\times 10^{-12} m^2/s$)	$2.5 \leq D_{RCM} < 3.5$	$1.5 \leq D_{RCM} < 2.5$	$D_{RCM} < 1.5$

② 当采用电通量划分混凝土抗氯离子渗透性能等级时，应符合表8-5的规定，且混凝土测试龄期宜为28d。当混凝土中水泥混合材与矿物掺合料之和超过胶凝材料用量的50%时，测试龄期可为56d（与普通混凝土相比，无Q-Ⅰ、Q-Ⅱ等级划分）。

■表 8-5 混凝土抗氯离子渗透性能的等级划分（电通量法）

等级	Q-Ⅲ	Q-Ⅳ	Q-Ⅴ
电通量 Q_s/C	1000≤Q_s＜2000	500≤Q_s＜1000	Q_s＜500

（3）混凝土的抗碳化性能等级划分应符合表 8-6 的规定（与普通混凝土相比，无 T-Ⅰ、T-Ⅱ等级划分）。

■表 8-6 混凝土抗碳化性能的等级划分

等级	T-Ⅲ	T-Ⅳ	T-Ⅴ
碳化深度 d/mm	10≤d＜20	0.1≤d＜10	d＜0.1

对于表 8-4、表 8-5 和表 8-6，当设计提出的耐久性要求为等级时，实际控制值应不大于表中等级范围的上限值；当设计提出的耐久性要求为表中等级范围中的具体指标时，实际控制值应不大于这一具体指标。

2. 环境类别和作用等级划分

在混凝土结构耐久性设计阶段，应对工程及构件所处的水质、土质、气候条件等进行勘察或调查，确定环境类别及作用等级，为确定高性能混凝土耐久性能指标提供依据。

（1）结构及构件所处环境按其对钢筋和混凝土材料的腐蚀机理可分为 5 类，并应按表 8-7 确定。

■表 8-7 环境类别

环境类别	名称	腐蚀机理
Ⅰ	一般环境	保护层混凝土碳化、水渗透等引起钢筋锈蚀
Ⅱ	冻融环境	反复冻融导致混凝土损伤
Ⅲ	海洋氯化物环境	氯盐引起钢筋锈蚀
Ⅳ	盐渍土等其他氯化物环境	氯盐引起钢筋锈蚀
Ⅴ	化学腐蚀环境	硫酸盐等化学物质对混凝土的腐蚀

注：一般环境系指无冻融、氯化物和其他化学腐蚀物质作用。

（2）环境对配筋混凝土结构及构件的作用程度应采用环境作用等级表达，并应符合表 8-8 的规定。

■表 8-8 环境作用等级

环境作用等级 环境类别	A 轻微	B 轻度	C 中度	D 严重	E 非常严重	F 极端严重
一般环境	Ⅰ-A	Ⅰ-B	Ⅰ-C	—	—	—
冻融环境	—	—	Ⅱ-C	Ⅱ-D	Ⅱ-E	—
海洋氯化物环境	—	—	Ⅲ-C	Ⅲ-D	Ⅲ-E	Ⅲ-F
盐渍土等其他氯化物环境	—	—	Ⅳ-C	Ⅳ-D	Ⅳ-E	—
化学腐蚀环境	—	—	Ⅴ-C	Ⅴ-D	Ⅴ-E	—

当混凝土结构构件受到多种环境类别共同作用时，混凝土应分别满足每种环境类别单独作用下的耐久性要求。

3. 设计使用年限

（1）混凝土结构的设计使用年限应按建筑物的合理使用年限确定，不应低于《工程结构可靠性设计统一标准》（GB 50153）的规定，高性能混凝土结构的使用年限分别按 100 年和 50 年规定混凝土耐久性指标。

（2）一般环境下的民用建筑在设计使用年限内无需大修，其结构构件的设计使用年限应与结构整体设计使用年限相同。严重环境作用下的桥梁、隧道等混凝土结构，其部分构件可设计成易于更换的形式，或能够经济合理地进行大修。可更换构件的设计使用年限可低于结构整体的设计使用年限，并应在设计文件中明确规定。

4. 一般环境作用等级及混凝土耐久性能要求

（1）一般环境作用等级划分

一般环境对配筋混凝土结构的环境作用等级应根据具体情况按表 8-9 确定。

表 8 - 9　一般环境对配筋混凝土结构的环境作用等级

环境作用等级	环境条件	结构构件示例
Ⅰ-A	室内干燥环境	常年干燥、低湿度环境中的室内构件
	长期浸没水中环境	所有表面均永久处于水下的构件
Ⅰ-B	非干湿交替的室内潮湿环境	中、高湿度环境中的室内构件
	非干湿交替的露天环境	不接触或偶尔接触雨水的室外构件
	长期湿润环境	长期稳定与水或湿润土体接触的构件
Ⅰ-C	干湿交替环境	与冷凝水、露水或与蒸汽频繁接触的室内构件 地下室顶板构件 表面时常淋雨或频繁与水接触的室外构件 处于水位变动区的构件

注：1. 环境条件系指混凝土表面的局部环境。

2. 干燥、低湿度环境指年平均湿度低于 60%，中、高湿度环境指年平均湿度大于 60%。

3. 干湿交替指混凝土表面经常交替接触到大气和水的环境条件。

配筋混凝土墙、板构件的一侧表面接触室内干燥空气、另一侧表面接触水或湿润土体时，接触空气一侧的环境作用等级宜按干湿交替环境确定。

（2）一般环境作用等级下的混凝土耐久性能要求

一般环境下混凝土的耐久性能，应控制在正常大气作用下混凝土碳化、渗水引起的内部钢筋锈蚀，耐久性能控制要求应按表 8-10 确定。

表 8 - 10　一般环境中的混凝土耐久性能要求

环境作用等级 控制项目	50 年	100 年	
	Ⅰ-C	Ⅰ-B	Ⅰ-C
强度等级	≥C30	≥C35	≥C40
28d 碳化深度/mm	≤15	≤10	≤5
抗渗等级	≥P12	≥P12	≥P12

5. 冻融环境中的环境作用等级及混凝土耐久性能要求

（1）冻融环境中的环境作用等级划分

长期与水体直接接触并会发生反复冻融的混凝土结构构件，应考虑冻融环境的作用。最冷月平均气温高于 2.5℃的地区，混凝土结构可不考虑冻融环境作用。

冻融环境对混凝土结构的环境作用等级应按表 8-11 确定。

■表 8－11　冻融环境对混凝土结构的环境作用等级

环境作用等级	环境条件	结构构件示例
Ⅱ-C	微冻地区的无盐环境 混凝土高度饱水	微冻地区的水位变动区构件和频繁受雨淋的构件水平表面
	严寒和寒冷地区的无盐环境 混凝土中度饱水	严寒和寒冷地区受雨淋构件的竖向表面
Ⅱ-D	严寒和寒冷地区的无盐环境 混凝土高度饱水	严寒和寒冷地区的水位变动区构件和频繁受雨淋的构件水平表面
	微冻地区的有盐环境 混凝土高度饱水	有盐微冻地区的水位变动区构件和频繁受雨淋的构件水平表面
	严寒和寒冷地区的有盐环境 混凝土中度饱水	有盐寒冷地区受雨淋构件的竖向表面
Ⅱ-E	严寒和寒冷地区的有盐环境 混凝土高度饱水	有盐严寒和寒冷地区的水位变动区构件和频繁受雨淋的构件水平表面

注：1. 冻融环境按当地最冷月平均气温划分为微冻地区、寒冷地区和严寒地区，其平均气温分别为：－3～2.5℃、－8～－3℃和－8℃以下。

2. 中度饱水指冰冻前偶受水或受潮，混凝土内饱水程度不高；高度饱水指冰冻前长期或频繁接触水或湿润土体，混凝土内高度水饱和。

3. 无盐或有盐指冻结的水中是否含有盐类，包括氯盐、除冰盐或其他盐类。

位于冰冻线以上土中的混凝土结构构件，其环境作用等级可根据当地实际情况和经验适当降低。

可能偶然遭受冻害的饱水混凝土结构构件，其环境作用等级可按表 8-12 的规定降低一级。直接接触积雪的混凝土墙、柱底部，宜适当提高环境作用等级。

（2）冻融环境作用等级下的混凝土耐久性能要求

冻融环境中混凝土耐久性能控制要求应按表 8-12 确定。

■表 8－12　冻融环境中的混凝土耐久性能控制

环境作用等级 控制项目	50 年			100 年		
	Ⅱ-C	Ⅱ-D	Ⅱ-E	Ⅱ-C	Ⅱ-D	Ⅱ-E
强度等级	≥C_a30 或≥C60	≥C_a35 或≥C60	≥C_a40	≥C_a35 或≥C60	≥C_a40	≥C_a45
抗冻等级	≥F250	≥F300	≥F350	≥F300	≥F350	≥F400

注：1. C_a30 表示强度等级为 C30 的引气混凝土，其他类同。

2. 不小于 C60 强度等级的非引气混凝土用于无盐冻融环境。

6. 氯化物环境中的环境作用等级及混凝土耐久性能要求

（1）氯化物环境中的环境作用等级划分

海洋和近海地区接触海水氯化物的配筋混凝土结构构件，应按海洋氯化物环境确定混凝土耐久性能指标。

降雪地区接触除冰盐（雾）的桥梁、隧道、停车库、道路周围构筑物等配筋混凝土结构的构件，内陆地区接触含有氯盐的地下水、土以及频繁接触含氯盐消毒剂的配筋混凝土结构的构件，应按除冰盐等其他氯化物环境确定混凝土耐久性指标。降雪地区新建的城市桥梁和停车库楼板，应按除冰盐氯化物等其他氯化物环境作用确定混凝土耐久性指标。

海洋氯化物环境对配筋混凝土结构构件的环境作用等级，应按表 8-13 确定。

■表 8-13 海洋氯化物环境的作用等级

环境作用等级	环境条件	结构构件示例
Ⅲ-C	水下区和土中区：周边永久浸没于海水或埋于土中	桥墩，基础
Ⅲ-D	大气区(轻度盐雾): 距平均水位 15m 高度以上的海上大气区 涨潮岸线以外 100～300m 内的陆上室外环境	桥墩，桥梁上部结构构件； 靠海的陆上建筑外墙及室外构件
Ⅲ-E	大气区(重度盐雾): 距平均水位上方 15m 高度以内的海上大气区 离涨潮岸线 100m 以内、低于海平面以上 15m 的陆上室外环境	桥梁上部结构构件； 靠海的陆上建筑外墙及室外构件
	潮汐区和浪溅区，非炎热地区	桥墩，码头
Ⅲ-F	潮汐区和浪溅区，炎热地区	桥墩，码头

注：1. 近海或海洋环境中的水下区、潮汐区、浪溅区和大气区的划分，按《海港工程混凝土结构防腐蚀技术规范》(JTJ 275)的规定确定；近海或海洋环境的土中区指海底以下或近海的陆区地下，其地下水中的盐类成分与海水相近。

2. 海水激流中构件的作用等级宜提高一级。

3. 轻度盐雾区与重度盐雾区界限的划分，宜根据当地的具体环境和既有工程调查确定；靠近海岸的陆上建筑物，盐雾对室外混凝土构件的作用尚应考虑风向、地貌等因素；密集建筑群，除直接面海和迎风的建筑物外，其他建筑物可适当降低作用等级。

4. 炎热地区指年平均温度高于 20℃的地区。

5. 内陆盐湖中氯化物的环境作用等级可比照上表规定确定。

一侧接触海水或含有海水土体、另一侧接触空气的海中或海底隧道配筋混凝土结构构件，其环境作用等级不宜低于Ⅲ-E。

江河入海口附近水域的含盐量应根据实测确定，当含盐量明显低于海水时，其环境作用等级可根据具体情况低于表 8-13 的规定。

除冰盐等其他氯化物环境对于配筋混凝土结构构件的环境作用等级宜根据调查确定；当无相应的调查资料时，可按表 8-14 确定。

在确定氯化物环境对配筋混凝土结构构件的作用等级时，不应考虑混凝土表面普通防水层对氯化物的阻隔作用。

■表 8－14　除冰盐等其他氯化物环境的作用等级

环境作用等级	环境条件	结构构件示例
Ⅳ-C	受除冰盐盐雾轻度作用	离开行车道 10m 以外接触盐雾的构件
	四周浸没于含氯化物水中	地下水中构件
	接触较低浓度氯离子水体，且有干湿交替	处于水位变动区，或部分暴露于大气、部分在地下水土中的构件
Ⅳ-D	受除冰盐水溶液轻度溅射作用	桥梁护墙，立交桥桥墩
	接触较高浓度氯离子水体，且有干湿交替	海水游泳池壁；处于水位变动区，或部分暴露于大气、部分在地下水土中的构件
Ⅳ-E	直接接触除冰盐溶液	路面，桥面板，与含盐渗漏水接触的桥梁帽梁、墩柱顶面
	受除冰盐水溶液重度溅射或重度盐雾作用	桥梁护栏、护墙，立交桥桥墩；车道两侧 10m 以内的构件
	接触高浓度氯离子水体，有干湿交替	处于水位变动区，或部分暴露于大气、部分在地下水土中的构件

注：1. 水中氯离子浓度(mg/L)的高低划分为：较低 100～500；较高 500～5000；高> 5000；土中氯离子浓度(mg/kg)的高低划分为：较低 150～750；较高 750～7500；高> 7500。

2. 除冰盐环境的作用等级与冬季喷洒除冰盐的具体用量和频度有关，可根据具体情况作出调整。

（2）氯化物环境作用等级下的混凝土耐久性能要求

氯化物环境中混凝土耐久性能控制要求应按表 8-15 确定。

■表 8－15　氯化物环境中的混凝土耐久性能控制

环境作用等级 控制项目	50 年				100 年			
	Ⅲ-C Ⅳ-C	Ⅲ-D Ⅳ-D	Ⅲ-E Ⅳ-E	Ⅲ-F	Ⅲ-C Ⅳ-C	Ⅲ-D Ⅳ-D	Ⅲ-E Ⅳ-E	Ⅲ-F
强度等级	≥C40	≥C45	≥C50	≥C50	≥C45	≥C50	≥C50	≥C55
84d 氯离子迁移系数 /($\times 10^{-12}m^2/s$)	< 3.0	< 2.5	< 2.0	< 1.5	< 2.5	< 2.5	< 1.5	< 1.2

注：当海洋氯化物环境与冻融环境同时作用时，应采用引气混凝土。

7. 化学腐蚀环境中的环境作用等级划分及混凝土耐久性能要求

（1）化学腐蚀环境中的环境作用等级划分

水、土中的硫酸盐和酸类物质对混凝土结构构件的环境作用等级可按表 8-16 确定。当有多种化学物质共同作用时，应取其中最高的作用等级作为设计的环境作用等级。如其中有两种及以上化学物质的作用等级相同且可能加重化学腐蚀时，其环境作用等级应再提高一级。

部分接触含硫酸盐的水、土且部分暴露于大气中的混凝土结构构件，可按表 8-16 确定环境作用等级。当混凝土结构构件处于干旱、高寒地区，其环境作用等级应按表 8-17 确定。

■ 表 8-16 水、土中硫酸盐和酸类物质环境作用等级

作用因素 / 环境作用等级	水中硫酸根离子浓度 SO_4^{2-}/(mg/L)	土中硫酸根离子浓度(水溶值)SO_4^{2-}/(mg/kg)	水中镁离子浓度/(mg/L)	水中酸碱度(pH 值)	水中侵蚀性二氧化碳浓度/(mg/L)
V-C	200～1000	300～1500	300～1000	6.5～5.5	15～30
V-D	1000～4000	1500～1600	1000～3000	5.5～4.5	30～60
V-E	4000～10000	6000～15000	≥3000	<4.5	60～100

注：1. 表中与环境作用等级相应的硫酸根浓度，所对应的环境条件为非干旱高寒地区的干湿交替环境；当无干湿交替(长期浸没于地表或地下水中)时，可按表中的作用等级降低一级，但不得低于 V-C 级；对于干旱、高寒地区的环境条件可按表 8-17 确定。

2. 当混凝土结构构件处于弱透水土体中时，土中硫酸根离子、水中镁离子、水中侵蚀性二氧化碳及水的 pH 值的作用等级可按相应的等级降低一级，但不低于 V-C 级。

3. 对含有较高浓度氯盐的地下水、土，可不单独考虑硫酸盐的作用。

4. 高水压条件下应提高相应的环境作用等级。

■ 表 8-17 干旱、高寒地区硫酸盐环境作用等级

作用因素 / 环境作用等级	水中硫酸根离子浓度 SO_4^{2-}/(mg/L)	土中硫酸根离子浓度(水溶值)SO_4^{2-}/(mg/kg)
V-C	200～500	300～750
V-D	500～2000	750～3000
V-E	2000～5000	3000～7500

注：1. 我国干旱区指干燥度系数大于 2.0 的地区，高寒地区指海拔 3000m 以上的地区。

2. 干燥度系数 $K=\frac{0.16\Sigma t}{\gamma}$，其中 Σt 为日平均温度≥10℃稳定期的年积温，℃；γ 为日平均温度≥10℃稳定期的年降水量，mm；0.16 是假定我国秦岭、淮河一带降水与蒸发接近平衡的系数。

污水管道、厩舍、化粪池等接触硫化氢气体或其他腐蚀性液体的混凝土结构构件，可将环境作用确定为 V-E 级，当作用程度较轻时也可按 V-D 级确定。

大气污染环境对混凝土结构的作用等级可按表 8-18 确定。

■ 表 8-18 大气污染环境作用等级

环境作用等级	环境条件	结构构件示例
V-C	汽车或机车废气	受废气直射的结构构件，处于封闭空间内受废气作用的车库或隧道构件
V-D	酸雨(雾、露)pH 值≥4.5	遭酸雨频繁作用的构件
V-E	酸雨 pH 值< 4.5	遭酸雨频繁作用的构件

处于含盐大气中的混凝土结构构件环境作用等级可按 V-C 级确定，对气候常年湿润的环境，可不考虑其环境作用。

（2）化学腐蚀环境作用等级下的混凝土耐久性能要求

化学腐蚀环境下的高性能混凝土不宜单独使用硅酸盐水泥或普通硅酸盐水泥作为胶凝材料，其原材料组成应根据环境类别和作用等级进行控制。

在干旱、高寒硫酸盐环境和含盐大气环境中的高性能混凝土宜为引气混凝土，其含气量不宜超过5%。

化学腐蚀环境中的高性能混凝土耐久性能控制要求应按表8-19确定。

■表8-19　化学腐蚀环境中的混凝土耐久性能控制

环境作用等级 控制项目	50年			100年		
	V-C	V-D	V-E	V-C	V-D	V-E
强度等级	≥C40	≥C45	≥C50	≥C45	≥C50	≥C55
对于非地下环境，84d氯离子迁移系数/($\times 10^{-12}m^2/s$)	≤4.0	≤2.5	≤2.0	≤3.5	≤2.0	<1.5
对于地下环境，56d电通量/C	≤2000	≤1500	≤1000	≤1500	≤1000	≤800
对于硫酸盐环境，抗硫酸盐等级	≥KS120	≥KS150	≥KS150	≥KS150	≥KS150	≥KS150

注：表中84d氯离子迁移系数与56d电通量不具有相关性，不可相互替代。

8.预防碱骨料反应要求

（1）高性能混凝土宜采用非碱活性骨料。

（2）在盐渍土、海水和受除冰盐作用等含碱环境中，高性能混凝土不得采用碱活性骨料；当用于非重要结构时，除应采取抑制骨料碱活性措施外，还应在混凝土表面采用隔离措施。

（3）当采用快速砂浆棒法检验结果膨胀率不小于0.10%的骨料时，应按《预防混凝土碱骨料反应技术规范》（GB/T 50733）的规定进行抑制骨料碱-硅酸反应活性有效性试验，并验证是否有效，然后采取以下措施。

① 宜采用碱含量不大于0.6%的通用硅酸盐水泥、F类碱含量不宜大于2.5%的Ⅰ级或Ⅱ级粉煤灰、碱含量不大于1.0 %的粒化高炉矿渣粉。

② 混凝土碱含量不应大于3.0kg/m³，混凝土碱含量计算应符合以下规定：混凝土碱含量应为配合比中各原材料的碱含量之和；水泥、外加剂和水的碱含量可用实测值计算，粉煤灰碱含量可用1/6实测值计算，硅灰和粒化高炉矿渣粉碱含量可用1/2实测值计算。

③ 当采用硅酸盐水泥和普通硅酸盐水泥时，混凝土中矿物掺合料掺量宜符合下列规定：对于快速砂浆棒法检验结果膨胀率大于0.20%的骨料，混凝土中粉煤灰掺量不宜小于30%，当复合掺用粉煤灰和粒化高炉矿渣粉时，粉煤灰掺量不宜小于25%，粒化高炉矿渣粉掺量不宜小于10%；对于快速砂浆棒法检验结果膨胀率为0.10%～0.20%的骨料，宜采用不小于25%的粉煤灰掺量；当这些规定均不能满足抑制碱-硅酸反应活性有效性要求时，可再增加掺用硅灰或用硅灰取代相应掺量的粉煤灰或粒化高炉矿渣粉，硅灰掺量不宜小于5%。

9.收缩要求

高性能混凝土180d收缩率不宜超过0.045%。

第三节 高性能混凝土的原材料要求

高性能混凝土要选用优质的常规原材料，因此除去对原材料的一般要求外，用于配制高性能混凝土的原材料也应体现出“优质”的特征，现对各种原材料的应用要求分别简述如下。

一、水泥

1. 应用要点

(1) 宜采用强度等级不低于42.5级的通用硅酸盐水泥。

(2) 对同一强度等级和品种的水泥，应尽量采用较高胶砂强度的水泥，42.5级水泥的28d胶砂强度不宜低于48MPa。

(3) 当地有合格的矿物掺合料时，尽量采用硅酸盐水泥或普通硅酸盐水泥，当地缺乏矿物掺合料时，可以采用其他通用硅酸盐水泥。

(4) 水泥品种与强度等级的选用应根据设计、施工要求以及工程所处环境确定。对于一般建筑结构及预制构件用混凝土，宜采用通用硅酸盐水泥；高强混凝土和有抗冻要求的混凝土宜采用硅酸盐水泥或普通硅酸盐水泥；有预防混凝土碱-骨料反应要求的混凝土工程宜采用碱含量低于0.6%的水泥；大体积混凝土宜采用中、低热硅酸盐水泥或低热矿渣硅酸盐水泥，也可使用硅酸盐水泥或普通硅酸盐水泥同时复合使用大掺量的矿物掺合料；有抗硫酸盐侵蚀要求的混凝土，宜采用矿渣硅酸盐水泥、粉煤灰硅酸盐水泥或火山灰质硅酸盐水泥，也可使用硅酸盐水泥或普通硅酸盐水泥同时复合使用优质的矿物掺合料。

(5) 应尽量使用均匀性和稳定性较好的水泥。

2. 应用说明

一般高性能混凝土使用的就是《通用硅酸盐水泥》(GB 175) 规定的水泥品种。与GB 175的技术要求比较，主要有以下几点差异。

(1) 未列入早强型水泥（即后缀“R”的水泥）。因早强型水泥一般C_3A或C_3S含量高，或者粉磨细度大，用其制备的混凝土体积稳定性差，容易收缩开裂，影响结构耐久性。

(2) 高性能混凝土中几乎不使用32.5MPa强度等级的水泥。因此，未列入这一强度等级的水泥。

(3) 对于水泥细度，规定硅酸盐水泥和普通硅酸盐水泥的比表面积不应大于350m^2/kg。而GB 175中硅酸盐水泥和普通硅酸盐水泥规定的细度是比表面积不小于300m^2/kg，但该指标是选择性指标，可由买卖双方协商。

二、矿物掺合料

矿物掺合料是制备高性能混凝土的标志性材料。在配制混凝土时加入适量的矿物掺合料，可以降低温升，改善工作性，增进强度，并可以改善混凝土内部结构，提高抗腐蚀能力。因此，混凝土中掺用矿物掺合料，其技术、经济和环境效益十分显著。

矿物掺合料大致可分为活性矿物掺合料和非活性矿物掺合料两大类。其中活性矿物掺合料是指具有胶凝性或火山灰性的材料，如粒化高炉矿渣粉、粉煤灰、硅灰、钢渣粉、磷渣粉、天然火山灰等。非活性矿物掺合料是指不具备化学反应活性，但是能够优化胶凝材料的颗粒级配，实现胶凝材料的最紧密堆积，如磨细的石灰石粉等。

1.粉煤灰

（1）应用要点

① 粉煤灰的主要控制项目应包括细度、需水量比、烧失量和三氧化硫含量，C类粉煤灰的主要控制项目还应包括游离氧化钙含量和安定性。

② 尽量采用需水量比低、烧失量小的粉煤灰。

③ 使用C类粉煤灰应注意其安定性，掺量不宜超过胶凝材料总量的25%。

④ 掺用粉煤灰有利于改善混凝土拌合物的工作性，尤其对于改善混凝土泵送性能非常重要。

⑤ 掺加粉煤灰有利于提高混凝土的抗渗透性能，也有利于抗化学侵蚀性能的改善。

⑥ 应尽量与矿渣粉等其他掺合料复合使用，充分发挥多种掺合料的叠加效应，最大程度实现混凝土的高性能化。

⑦ 掺用粉煤灰会对混凝土早期强度产生影响，在对混凝土早期强度及其增长率要求不降低的情况下，应控制掺量或采用矿渣粉部分取代，必要时可采用早强剂，但预应力混凝土除外。

⑧ 粉煤灰掺量较大时，尤其使用大掺量粉煤灰时，会对混凝土抗冻、抗碳化、耐磨等性能产生影响，可采用适当降低水胶比、掺加引气剂等专用外加剂等技术措施。

（2）应用说明

与《用于水泥和混凝土中的粉煤灰》（GB/T 1596）比较，高性能混凝土要求至少达到Ⅱ级粉煤灰的品质指标。

2.矿渣粉

（1）应用要点

① 矿渣粉的比表面积、活性指数和流动度比是其应用中重要的技术指标，应尽量采用活性指数高、流动度比大的矿渣粉。

② 矿渣粉活性高于除硅灰外的一般矿物掺合料，在大掺量范围内，仍有良好的强度性能，这是矿渣粉的重要特点。

③ 掺加矿渣粉有利于提高混凝土抗渗透性能和抗化学侵蚀性能，矿渣粉混凝土还具有较小的电通量，加之良好的强度性能，因此，用于海洋环境、盐渍土环境等工程的防腐蚀时可以较大量掺加。

④ 矿渣粉掺量较大且混凝土水胶比较低时，拌合物粘度较大，会影响施工性能，因此，与粉煤灰复合使用可发挥各自特点，并且可充分发挥复合掺合料的叠加效应，最大程度实现混凝土的高性能化。

⑤ 使用比表面积大的矿渣粉会增大混凝土的水化放热。

⑥ 避免使用掺加石粉的矿渣粉，可采用检验玻璃体含量或者烧失量的手段预防。

⑦ 掺加较多矿渣粉时，应注意混凝土的泌水。

（2）应用说明

与《用于水泥和混凝土中的粒化高炉矿渣粉》（GB/T 18046）比较，配制高性能混凝土要求达到不低于 S95 级矿渣粉的指标要求。

3. 钢渣粉

（1）应用要点

① 钢渣粉的活性指数、流动度比和安定性是应用中需要关注的重要指标。

② 钢渣粉活性较低，磨得越细越有利于活性发挥。

③ 钢渣粉中游离 CaO 和 MgO 可能引起混凝土的有害膨胀，应通过检验验证无害后方可应用。使用硅酸盐水泥时钢渣粉的掺量不宜大于 30%，使用普通硅酸盐水泥时，钢渣粉的掺量不宜大于 20%。

④ 应考虑钢渣粉的均匀性和稳定性，避免使用受潮和混入杂物的钢渣粉。

⑤ 应尽量考虑与其他掺合料复合使用，有利于激发钢渣粉的活性，弱化钢渣粉的缺点，同时充分发挥多种掺合料的叠加效应。

（2）应用说明

与《用于水泥和混凝土中的钢渣粉》（GB/T 20491）比较，配制高性能混凝土要求达到一级钢渣粉的指标要求。

钢渣成分较复杂，且均含有 f-CaO，并以不同结构形态存在，且大部分结构致密，水化速度很慢，只有在一定的温度和湿度下才会水化消解。因此，钢渣具有不稳定性，使用过程中需要密切注意其安定性，并应严格控制掺量。

4. 磷渣粉

（1）应用要点

① 磷渣粉的细度、活性指数、流动度比、五氧化二磷含量是磷渣粉应用中需要关注的重要指标；磷渣粉的作用与矿渣粉接近，应用要点可参考矿渣粉，但其活性低于矿渣粉。

② 由于磷渣粉中五氧化二磷的缓凝作用，因此应重点注意磷渣粉对凝土凝结时间的影响；磷渣粉比较适用于大体积混凝土。

③ 应尽量考虑磷渣粉与其他掺合料复合使用，可弱化磷渣粉的缺点，并充分发挥多种掺合料的叠加效应。

④ 应注意检验磷渣粉的放射性。

(2) 应用说明

与《用于水泥和混凝土中的粒化电炉磷渣粉》(GB/T 26751) 比较，配制高性能混凝土要求满足不低于 L85 级别磷渣粉的指标要求。

5. *硅灰*

(1) 应用要点

① 硅灰的比表面积和二氧化硅含量是硅灰应用中需要关注的重要指标，应尽量选择比表面积大，二氧化硅含量高的硅灰。

② 硅灰能显著提高混凝土的强度，强度等级不低于 C80 的高强混凝土一般会掺用适量硅灰。

③ 硅灰能显著提高混凝土的抗渗透性能和耐腐蚀性能。用于海洋环境，能显著提高抗氯离子渗透性能，当掺用矿渣粉不能达到抗氯离子渗透性能指标要求时，掺用适量硅灰即可奏效；用于盐渍土等环境，具有显著的抗化学侵蚀作用，并且在降低电通量方面也较矿渣粉明显。

④ 硅灰能显著提高混凝土的耐磨性能，尤其适用于桥面等耐磨混凝土工程。

⑤ 由于硅灰比表面积大，应配合高效减水剂等外加剂共同使用。

⑥ 掺加硅灰会增加混凝土收缩开裂的风险，因此，硅灰掺量一般控制在胶凝材料的 10%以内。

⑦ 硅灰应用中应尽量考虑与其他掺合料复合使用，充分发挥多种掺合料的叠加效应。

⑧ 硅灰价格较高，使用时应考虑经济性。

(2) 应用说明

与《砂浆和混凝土中用硅灰》(GB/T 27690) 比较，配制高性能混凝土要求 SiO_2 含量不低于 90%，而 GB/T 27690 规定 SiO_2 含量≥85.0%。

6. *石灰石粉*

(1) 应用要点

① 石灰石粉的碳酸钙含量、流动度比、亚甲蓝值是应用中需要关注的重要指标，应优先选用碳酸钙含量高、细度适宜、流动度比大、亚甲蓝值 *MB* 小的石灰石粉。

② 石灰石粉适用于自密实混凝土，能提高自密实混凝土的工作性能。

③ 石灰石粉基本属于惰性矿物掺合料，掺用石灰石粉的混凝土应采用硅酸盐水泥或普通硅酸盐水泥，并应尽量考虑与其他掺合料复合使用。

④ 掺加较多的石灰石粉后会明显影响混凝土的耐久性能和长期性能，比如抗

冻性能和收缩性能等。以普通硅酸盐水泥为准，石灰石粉掺量不宜超过20%。

⑤ 应考虑石灰石粉的均匀性和稳定性，避免使用掺加其他石粉或含土较多的石灰石粉，可以通过检验碳酸钙含量控制掺加其他石粉，检验亚甲蓝值控制土的含量。

⑥ 石灰石的应用还应符合《石灰石粉在混凝土中应用技术规程》(JGJ/T 318)的其他有关规定。

(2) 应用说明

与《石灰石粉混凝土》(GB/T 30190)和《石灰石粉在混凝土中应用技术规程》(JGJ/T 318)比较，有以下两点需要重点说明：

① 碳酸钙含量要求不低于80%，高于上述两项标准中不低于75%的规定。碳酸钙含量要求的提高意味着石粉中杂质含量的降低，有利于高性能混凝土的质量控制。

② 活性指数要求为65%，高于上述两项标准中不低于60%的规定。活性指数并非认为是石灰石粉具有明显活性的指标，也不是反映石灰石粉本质特性的技术指标，但作为混凝土质量控制的指标是必要的。

7.天然火山灰质材料

(1) 应用要点

① 磨细火山渣较适用于高性能混凝土。

② 天然火山灰碱含量比较高，应用时需进行碱-骨料反应测试。

③ 应考虑天然火山灰质材料的均匀性和稳定性，避免使用受潮和混入杂物的天然火山灰质材料。

④ 应尽量考虑与其他掺合料复合使用，充分发挥多种掺合料的叠加效应。

⑤ 天然火山灰质材料流动度比较小，宜与高性能减水剂共同使用。

(2) 应用说明

与《水泥砂浆和混凝土用天然火山灰质材料》(JG/T 315)比较，配制高性能混凝土要求流动度比不小于90%。而JG/T 315中规定流动度指标如下：磨细火山灰≥85%，磨细玄武岩、安山岩和凝灰岩≥90%，浮石粉≥65%。

8.复合掺合料

(1) 应用要点

① 比表面积、流动度比和活性指数是复合掺合料的重要指标。一般情况下，优先选用比表面积大、流动度比大、活性指数高的复合掺合料。

② 使用复合掺合料时，应结合高性能混凝土工程的使用目的、使用环境、使用时间等因素，科学制定复合掺合料使用配比。

③ 使用复合掺合料时应注意外加剂和胶凝材料的相容性。

④ 使用复合掺合料的高性能混凝土宜选用硅酸盐水泥或普通硅酸盐水泥，当使用其他种类水泥时应适当降低复合掺合料掺量。

⑤ 应考虑复合掺合料的均匀性和稳定性，避免使用受潮和混入杂物的复合掺

合料。

⑥ 高性能混凝土采用的复合掺合料及其掺量应通过试验确定。

（2）应用说明

与《矿物掺合料应用技术规范》（GB/T 51003）比较，高性能混凝土用复合掺合料的细度、活性指数和流动度比等指标要高于该标准的技术要求。高性能混凝土用复合掺合料的比表面积≥400m²/kg，0.045μm 方孔筛筛余≤10%，7d 活性指数≥70%，28d 活性指数≥90%，三氧化硫含量≤3.0%，氯离子含量≤0.02%，烧失量未做规定；而 GB/T 51003 规定复合掺合料的比表面积≥350m²/kg，0.045μm 方孔筛筛余≤12%，7d 活性指数≥50%，28d 活性指数≥75%，三氧化硫含量≤3.5%，氯离子含量≤0.06，烧失量≤5.0%。

三、细骨料

1. 人工砂

（1）应用要点

① 人工砂的颗粒级配、细度模数和石粉含量是人工砂应用的重要指标，用于配制高性能混凝土的人工砂应尽量选用Ⅱ区中砂，且石粉含量较低。

② 应重视人工砂的碱活性检验。

③ 人工砂与河砂混合掺用有利于调整和改善人工砂的性能。

④ 石粉含量较高时，可将部分石粉计入胶凝材料用量设计配合比。

⑤ 对用于冻融环境和化学腐蚀环境的混凝土，应尽量采用压碎值指标和坚固性指标小的人工砂。

⑥ 人工砂混凝土的搅拌时间应比天然砂混凝土的时间适当延长。

⑦ 人工砂配制的高性能混凝土要注意早期养护，养护时间应比天然砂混凝土适当延长。

（2）应用说明

与《建设用砂》（GB/T 14684）和《普通混凝土用砂、石质量及检验标准》（JGJ 52）比较，高性能混凝土在人工砂技术要求方面，需要重点说明的是：

① 人工砂细度模数不宜超过 3.3，且不宜采用细砂。

② 石粉含量不大于 10%且亚甲蓝值不大于 1.2，略高于《建设用砂》（GB/T 14684）中Ⅲ类技术要求。

不同标准人工砂性能指标的主要差异见表 8-20。

2. 河砂

（1）应用要点

① 用于配制高性能混凝土的河砂应尽量选用Ⅱ区中砂。

② 不宜单独使用细砂和特细砂配制高性能混凝土，细砂和特细砂应与中砂、粗砂或人工砂按适当比例混合使用配制高性能混凝土。

■表 8-20 不同标准人工砂性能指标主要差异

指标	高性能混凝土应用技术指南	GB/T 14684—2011	JGJ 52—2006
颗粒级配	与 JGJ 52—2006 一致	在 150μm 筛累计筛余上与指南有差别	见表 2-90
石粉含量/%	≤10.0	在 MB 值≤1.4 时，与指南一致	在 MB 值<1.4 时，与≤C25 混凝土用砂一致
MB 值	≤1.2	—	—
泥块含量/%	≤1.0	与Ⅱ类砂一致	与 C30~C55 混凝土用砂一致
坚固性指标	≤8	与Ⅰ、Ⅱ类砂一致	与在严酷环境条件下混凝土用砂一致
压碎指标/%	≤25(单级最大压碎指标)	与Ⅱ类砂一致	<30(总压碎值指标)

③ 配制高强混凝土时，河砂的细度模数宜为 2.6～3.0，含泥量不宜大于 2.0%，泥块含量不应大于 0.5%。

④ 对于用于冻融环境和化学腐蚀环境的混凝土，应尽量采用坚固性指标小的河砂。

⑤ 当河砂的实际颗粒级配不符合要求时，宜采取技术措施，并经试验证明能确保高性能混凝土质量后，方允许使用。

(2) 应用说明

与《建设用砂》(GB/T 14684) 和《普通混凝土用砂、石质量及检验方法标准》(JGJ 52) 比较，高性能混凝土在河砂技术要求方面，规定坚固性指标不大于 8%，要求较高；与《高强混凝土应用技术规程》(JGJ/T 281—2012) 比较，规定含泥量不宜大于 2.0%，而不是“不应大于 2.0%”。不同标准河砂性能指标的主要差异见表 8-21。

■表 8-21 不同标准河砂性能指标主要差异

项目名称	高性能混凝土应用技术指南	GB/T 14684—2011	JGJ 52—2006
氯离子含量/%	≤0.02	与Ⅱ类砂一致	与预应力混凝土用砂一致
含泥量/%	≤3.0	与Ⅱ类砂一致	与 C30~C55 混凝土用砂一致
泥块含量/%	≤1.0	与Ⅱ类砂一致	与 C30~C55 混凝土用砂一致
坚固性指标	≤8	与Ⅰ、Ⅱ类砂一致	与在严酷环境条件下混凝土用砂一致
硫化物和硫酸盐含量(按 SO_3 计)/%	≤1.0	≤0.5	一致
云母含量/%	≤1.0	与Ⅰ类砂一致	≤2.0

3. 海砂

（1）应用要点

① 海砂中含有引起混凝土钢筋锈蚀的氯离子，海砂必须经过净化处理并满足离子含量不大于0.025%方可使用。

② 水溶性氯离子含量是海砂应用中最重要的指标。

③ 为保护环境，不应采用滩砂，且滩砂多为细砂。

④ 海砂中贝壳最大尺寸不应超过4.75mm；配制高强混凝土时，贝壳含量不应大于3%。

⑤ 无论混凝土的海砂掺用比例多少，均视为海砂混凝土。

（2）应用说明

在技术要求方面，高性能混凝土用海砂主要基于《海砂混凝土应用技术规范》（JGJ 206）的若干性能指标进行规定，水溶性氯离子含量不大于0.025%的要求高于《普通混凝土用砂石质量及检验方法标准》（JGJ 52）的规定（钢筋混凝土用砂不得大于0.06%，预应力钢筋混凝土用砂不得大于0.02%），也高于JGJ 206中对氯离子含量0.03%的规定，与《建设用砂》（GB/T 14684）中Ⅱ类砂不大于0.02%的指标接近（Ⅰ类砂≤0.01%，Ⅲ类砂≤0.06%）。

经过净化处理的海砂，易于做到含泥量小于1.0%，泥块含量小于0.5%，虽然此两项指标规定为现有砂石标准最严格限值，但对海砂混凝土的质量控制具有重要意义。

《普通混凝土用砂石质量及检验方法标准》（JGJ 52）对海砂中的贝壳含量进行了规定（混凝土强度等级≥C40时，贝壳含量≤3%；混凝土强度等级C30～C35，贝壳含量≤5%；混凝土强度等级在C15～C25，贝壳含量≤8%），但未对贝壳尺寸进行规定。《建设用砂》（GB/T 14684）对海砂中的贝壳含量也进行了规定（Ⅰ类砂≤3.0%，Ⅱ类砂≤5.0%，Ⅲ类砂≤8.0%），但同样未对贝壳尺寸进行规定。大贝壳会明显影响混凝土的性能，故应对贝壳尺寸进行要求。

4. 陶砂

（1）应用要点

① 密度等级、细度模数和吸水率是陶砂应用中最主要的指标。陶砂密度等级的选用取决于混凝土强度等级和密度等级的设计要求，吸水率除对轻骨料混凝土生产施工有重要影响外，也会对轻骨料混凝土耐久性能产生影响。

② 陶砂主要用于全轻混凝土——粗细骨料全都是轻骨料，目的通常有两方面：一是用于改善维护结构保温性能，二是较大幅度减轻结构自重。

③ 陶砂也可与天然砂混合使用，配制的混凝土属于砂轻混凝土——由普通砂或部分轻砂做细骨料配制而成的轻骨料混凝土。

④ 对于泵送轻骨料混凝土，采用密度等级较大的陶砂相对容易些。

（2）应用说明

与《轻集料及其试验方法　第1部分：轻集料》（GB/T 17431.1）比较，高性能混凝土用陶砂在技术要求方面，需要重点说明的内容如下：

① 在密度等级方面，未将大于1000级（1100级和1200级）的密度等级列入，主要考虑性能特点不明显。

② 在有害物质控制方面，按结构用轻骨料要求控制。

四、粗骨料

1. 普通粗骨料

（1）应用要点

① 用于配制高性能混凝土的普通粗骨料应尽量采用连续粒级的碎石。

② 高性能混凝土采用卵石时，应采取措施并经试验证实能确保工程质量后，方可使用。

③ 可选用单粒级粗骨料组合成满足要求级配的连续粒级。

④ 对于高强高性能混凝土，粗骨料的岩石强度应至少比混凝土设计强度高30%，最大粒径不宜大于25mm。

⑤ 对于自密实高性能混凝土，粗骨料最大粒径不宜大于20mm。

⑥ 对于大体积混凝土，粗骨料最大粒径不宜小于31.5mm。

⑦ 使用普通粗骨料的高性能混凝土的拌合物性能、力学性能、长期性能和耐久性能应符合工程设计要求。

（2）应用说明

高性能混凝土用普通粗骨料在技术要求方面，与《建筑用卵石、碎石》（GB/T 14685）中Ⅱ类骨料的技术指标一致。与《普通混凝土用砂、石质量及检验方法标准》（JGJ 52）比较，二者性能指标的主要差异见表8-22。

■表8-22 不同标准普通粗骨料性能指标主要差异

项目名称		高性能混凝土应用技术指南	JGJ 52—2006
颗粒级配		未规定5~10mm连续级配	规定了5~10mm连续级配
含泥量/%		≤1.0	与C30~C55混凝土用石一致
泥块含量/%		≤0.2	与≥C60混凝土用石一致
针片状颗粒含量/%		≤10	混凝土强度等级≥C60时≤8%，混凝土强度C30~C55时≤15%，混凝土强度等级≤C25时≤25%
坚固性指标		≤8	与在严酷环境条件下混凝土用石一致
压碎指标/%	碎石	≤20	与岩石种类有关
	卵石	≤14	混凝土强度C60~C40时≤12%，混凝土强度等级≤C35时≤16%
吸水率		≤2.0	未规定
松散堆积空隙率/%		≤45	未规定

2. 陶粒

（1）应用要点

① 密度等级、强度指标和吸水率是陶粒应用中最主要的指标。

② 应着重考虑密度等级和强度指标两个方面，而不仅仅是强度单方面。

③ 陶粒在使用前，应充分预湿；尽量采用吸水率小的陶粒。

④ 超轻陶粒主要应用于保温构件，与陶砂等一起使用效果更好。

⑤ 高强陶粒有利于配制强度等级较高的轻骨料混凝土，如 LC40 及其以上强度等级的轻骨料混凝土。

⑥ 碎石型陶粒对于大高程泵送的轻骨料混凝土，有较大应用优势。

（2）应用说明

与《轻集料及其试验方法　第 1 部分：轻集料》（GB/T 17431.1）比较，高性能混凝土用陶粒在技术要求方面，主要有以下几点差异。

① 在级配上，未将 5～40mm 公称粒级的陶粒列入，主要是考虑在预拌混凝土中大颗粒易于上浮，且这一级配陶粒在轻骨料混凝土中很少采用。

② 未包括 200 级、300 级、400 级、1000 级、1100 级和 1200 级陶粒。

③ 在粒型系数方面，进行了细分，对于圆球型陶粒，粒型系数为 1.4，低于 GB/T 17431.1 中的 2.0，旨在避免长条状（俗称江米条）粒型，影响混凝土性能。

④ 在有害物质控制方面，按结构用轻骨料要求控制。

五、外加剂

1. 高效减水剂

（1）应用要点

① 高效减水剂在使用前应考虑与胶凝材料的相容性。

② 高效减水剂掺量应根据供方的推荐掺量、环境温度、施工要求的混凝土凝结时间、运输距离、停放时间等经试验确定。

③ 液体高效减水剂宜与拌合水同时加入搅拌机内，计量应准确，减水剂的含水量应从拌合水中扣除；粉状高效减水剂宜与胶凝材料同时加入搅拌机内，并适当延长搅拌时间。

④ 高效减水剂可用于素混凝土、钢筋混凝土、预应力混凝土，并可制备高强高性能混凝土。

⑤ 标准型高效减水剂宜用于 0℃以上混凝土的施工，可用于蒸养混凝土。缓凝型高效减水剂宜用于日最低气温 5℃以上混凝土的施工，不宜单独用于有早强要求的混凝土及蒸养混凝土。

⑥ 缓凝型高效减水剂可用于大体积混凝土、碾压混凝土、炎热气候条件下施工的混凝土、大面积浇筑的混凝土、避免冷缝产生的混凝土、需较长时间停放或长距离运输的混凝土、自密实混凝土、滑模施工或拉模施工的混凝土及其他需要延缓

凝结时间、又有较高减水率要求的混凝土。

⑦ 高效减水剂的应用还应符合《混凝土外加剂应用技术规范》(GB 50119) 的其他有关规定。

(2) 应用说明

与《混凝土外加剂》(GB 8076) 比较，高性能混凝土用高效减水剂要求 28d 收缩率比不大于 125%，比 GB 8076 中规定的不大于 135%要严格，因为高性能混凝土对收缩要求较严。另外，高性能混凝土用减水剂未列入普通减水剂，主要是考虑其技术性能较低。

2.高性能减水剂

(1) 应用要点

① 聚羧酸高性能减水剂宜用于高性能混凝土、高强混凝土、自密实混凝土、泵送混凝土、清水混凝土、预制构件混凝土、大体积混凝土和钢管混凝土。

② 聚羧酸高性能减水剂宜用于具有高耐久性和高工作性要求的混凝土，宜用于对抗裂性要求高的混凝土结构工程。

③ 聚羧酸高性能减水剂对骨料的含泥量较为敏感，含泥量过高会降低其分散效果；此外，其减水效果还受混凝土原材料、配合比以及试验条件的影响。

④ 聚羧酸高性能减水剂配制的混凝土拌合物对用水量较为敏感，尤其在低用水量的情况下，加水量的波动可能易导致状态的突变。

⑤ 聚羧酸高性能减水剂不得与萘系、氨基磺酸盐和三聚氰胺系高效减水剂混合使用；与其他品种外加剂同时使用时，宜分别掺加；必须复配时应关注两者的相容性。

⑥ 聚羧酸高性能减水剂应采用聚乙烯塑料桶或玻璃钢、不锈钢桶运输、储存，以保证其性能稳定性。

⑦ 聚羧酸高性能减水剂的应用还应符合《混凝土外加剂应用技术规范》(GB 50119) 的其他有关规定。

(2) 应用说明

用于高性能混凝土的聚羧酸高性能减水剂在性能方面，与高效减水剂方面的技术要求比较，主要有以下几点差异。

① 掺量低、减水率高。按固体掺量计，聚羧酸系高性能减水剂的一般正常掺量(以含固量计算)为胶凝材料重量的 0.2%左右。目前国内外的产品按照《混凝土外加剂》(GB 8076) 测定减水率，一般均在 25%～30%之间；在接近极限掺量 0.5%(以含固量计算)左右时，其减水率可达 45%以上。

② 增强效果好。与掺萘系减水剂的混凝土相比，掺聚羧酸高性能减水剂的混凝土各龄期抗压强度比均有大幅度提高。以 28d 抗压强度比为例：掺萘系减水剂的混凝土 28d 抗压强度比一般在 130%左右，而掺聚羧酸高性能减水剂的混凝土抗压强度比在 150%左右。

③ 收缩率低。掺聚羧酸高性能减水剂比掺萘系减水剂的混凝土体积稳定性有较大的提高。

3. 泵送剂

（1）应用要点

① 用于强度等级不大于 C55 的高性能混凝土，泵送剂的减水率可控制在 16%～28%之间。

② 用于自密实混凝土的泵送剂，减水率不宜小于 20%。

③ 用于自密实混凝土、高强混凝土或低水胶比的高性能混凝土，泵送剂的减水率不宜小于 25%。

④ 采用泵送剂的高性能混凝土，1h 坍落度经时损失不宜大于 30mm。

⑤ 含有木质素磺酸盐和/或糖类物质的泵送剂，不宜用于以天然硬石膏、氟石膏和其他工业副产品石膏作为调凝剂的水泥所配制的混凝土。

⑥ 泵送剂应用于日平均气温 5℃以上施工的环境，不宜用于蒸汽养护混凝土和蒸压养护的预制混凝土。

⑦ 泵送剂的应用还应符合《混凝土外加剂应用技术规范》（GB 50119）的其他有关规定。

（2）应用说明

与《混凝土外加剂》（GB 8076）比较，高性能混凝土用泵送剂要求收缩率比不超过 125%，比 GB 8076 中规定的不超过 135%要严。因为高性能混凝土对收缩要求严，而泵送剂中可能存在的萘系减水剂成分在这方面相对较弱。

4. 缓凝剂

（1）应用要点

① 缓凝剂宜用于有延缓凝结时间要求的混凝土以及自密实混凝土、大体积混凝土等。

② 缓凝剂的品种及掺量应根据环境温度、施工要求的混凝土凝结时间、运输距离、停放时间、强度等确定。

③ 用于连续浇筑混凝土时，混凝土的初凝时间应大于每层混凝土的施工时间，并满足施工设计要求。

④ 含有糖类组分的缓凝剂与减水剂复合使用时，可按《混凝土外加剂应用技术规范》（GB 50119—2013）附录 A 的方法进行与水泥的相容性试验。

⑤ 缓凝剂以溶液掺加时，计量必须准确，使用时加入拌合水中，溶液中的水量应从拌合水中扣除，尽量避免采用难溶和不溶物多的缓凝剂。

⑥ 缓凝剂可与其他种类减水剂复合使用，配制溶液时，如产生分层或沉淀等现象，应分别配制并分别加入搅拌机。

⑦ 缓凝剂宜用于日最低气温 5℃以上施工的混凝土，不宜单独使用于有早强要求的混凝土及蒸养混凝土。

⑧ 当环境温度波动超过10℃时，应经试验调整缓凝剂掺量或重新选择缓凝剂品种。

⑨ 缓凝剂的应用还应符合《混凝土外加剂应用技术规范》(GB 50119) 的其他有关规定。

(2) 应用说明

与《混凝土外加剂》(GB 8076) 比较，高性能混凝土用缓凝剂要求收缩率比不大于125%，比GB 8076规定的不大于135%要严格。

5.引气剂

(1) 应用要点

① 引气剂宜以溶液掺加，使用时加入拌合水中，溶液的水量应从拌合水中扣除。

② 引气剂配制溶液时，应充分溶解后方可使用。引气剂可与减水剂、早强剂、缓凝剂、防冻剂复合使用。配制溶液时，如产生絮凝或沉淀等现象，应分别配制并分别加入搅拌机内。

③ 当材料、配合比或施工条件变化时，应重新试验，确定引气剂的掺量。

④ 掺引气剂混凝土宜采用强制式搅拌机，并应搅拌均匀，搅拌时间及搅拌量应通过试验确定；出料到浇筑的停放时间也不宜过长；采用插入式振捣时，振捣时间不宜超过20s。

⑤ 混凝土的含气量对强度影响较大，因此应确保引气剂计量准确。为方便计量减小误差，使用前宜将引气剂稀释，降低因计量误差导致的含气量波动。

⑥ 引气剂的应用还应符合《混凝土外加剂应用技术规范》(GB 50119) 的其他有关规定。

(2) 应用说明

引气剂用于高性能混凝土，应注意以下两点。

① 要求引气剂的含气量≥3.0%，仅规定了含气量的下限，未对上限做出限制。实际工程中，混凝土每增加1.0%的含气量，可能导致强度降低5%～10%；尤其对C50及以上强度等级的混凝土强度降低明显。因此，实际工程中，从混凝土拌合物的和易性、抗压强度、相对耐久性等指标综合考虑，混凝土含气量控制在3.0%～5.5%较为合适。

② 含气量的稳定性是评价引气剂品质优劣的重要指标之一。实际使用过程中不应仅仅关注新拌混凝土含气量大小，而应更多关注入模时的含气量以及硬化后保留在混凝土中的含气量。对于有耐久性要求的高性能混凝土，更应关注硬化混凝土的含气量，只有保留在硬化混凝土中的气泡，才能真正提高混凝土的耐久性。

6.膨胀剂

(1) 应用要点

① 膨胀剂与其他外加剂复合使用时，宜进行相容性试验。

② A类（硫铝酸钙类）、AC类（硫铝酸钙-氧化钙类）膨胀剂不得用于长期环境温度为80℃以上的高性能混凝土工程；C类（氧化钙类）膨胀剂不得用于海水或有侵蚀性水的工程。

③ 掺膨胀剂的混凝土适用于钢筋混凝土工程和填充性混凝土工程。

④ 掺膨胀剂的大体积混凝土，混凝土里表温差不宜大于25℃。

⑤ 掺膨胀剂的补偿收缩混凝土刚性屋面宜用于南方地区。

⑥ 膨胀混凝土要有充分湿养护才能更好地发挥膨胀效应，必须重视养护工作。

⑦ 粉状膨胀剂应与混凝土其他原材料一起投入搅拌机，现场拌制的高性能混凝土搅拌时间要适当延长，以保证膨胀剂拌和均匀，提高匀质性。

⑧ 膨胀剂的应用还应符合《补偿收缩混凝土应用技术规程》（JGJ/T 178）的其他有关规定。

（2）应用说明

与《混凝土膨胀剂》（GB 23439）比较，高性能混凝土用膨胀剂在技术要求方面，采用Ⅱ型产品指标，即水中7d限制膨胀率≥0.050％，空气中21d限制膨胀率≥－0.010％。

六、水

1.应用要点

（1）未经处理的海水不得用于高性能混凝土的生产和养护。

（2）混凝土拌合用水不应有漂浮明显的油脂和泡沫、也不应有明显的颜色和异味。

（3）混凝土生产企业设备洗刷水在使用前应充分沉淀，不宜用于预应力混凝土、装饰混凝土、暴露于腐蚀环境的混凝土，并不得用于使用碱活性或具有潜在碱活性骨料的混凝土。

（4）混凝土生产企业设备洗刷水、生产废水不应单独用作高性能混凝土拌合用水，但可按一定比例掺用在正常水中，混合后水质应符合混凝土用水的技术要求。

2.应用说明

饮用水一般为自来水，可以直接用于高性能混凝土的拌合和养护。地表水、地下水、再生水在使用前需要检测，符合《混凝土用水标准》（JGJ 63）要求的地表水和地下水可以用作高性能混凝土的拌合用水和养护用水。混凝土生产企业设备洗刷水、生产废水的pH值和碱含量较高，不宜单独使用。高性能混凝土不采用未经处理的海水。

七、纤维

1.钢纤维

（1）应用要点

① 高性能混凝土宜采用异形钢纤维品种。

② 钢纤维长度的选择可参照表 2-193 的要求。

③ 采用抗拉强度不低于 1000MPa 的高强异形钢纤维时，掺量可低于普通钢纤维的掺量。

④ 纤维混凝土生产应配备纤维专用计量和投料设备。

⑤ 搅拌混凝土时，宜先将钢纤维和粗、细骨料投入搅拌机干拌，将钢纤维打散，然后再加水泥、矿物掺合料、水和外加剂搅拌。

⑥ 钢纤维的应用还应符合《纤维混凝土应用技术规程》（JGJ/T 221）的其他有关规定。

（2）应用说明

钢纤维混凝土适用于对弯拉（抗折）强度、弯曲韧性、抗裂、抗冲击、抗疲劳等性能要求较高的混凝土工程、结构或构件。目前，钢纤维原材料主要为碳钢、低合金钢，用于特殊腐蚀环境中时可采用不锈钢。目前国内外广泛使用的钢纤维主要有四大类：高强钢丝切断型、薄板剪切型、钢锭铣削型和熔抽型。钢丝切断型钢纤维是用切断机将冷拔钢丝按需要的长度切断制造的钢纤维；薄板剪切型钢纤维是由冷轧薄钢板剪切而成的；钢锭铣削型钢纤维是用专用铣刀对钢锭进行铣削制成的；熔抽型钢纤维是将外缘头部做成螺旋角状的圆盘与熔融的钢水表面接触，旋转时圆盘与钢水接触的瞬间即将钢水带出，由于旋转时的离心力，同时对圆盘进行冷却，被圆盘带出来的钢水迅速凝固成纤维。目前，世界上只有少数几个国家掌握了熔抽型钢纤维的生产技术。

与《纤维混凝土应用技术规程》（JGJ/T 221）比较，钢纤维高性能混凝土采用不低于抗拉强度等级为 600 级的钢纤维（即不采用 380 级钢纤维），有利于保证钢纤维高性能混凝土的特性。钢纤维的抗拉强度等级能明显影响增强增韧效果。研究发现，采用高强度混凝土和低强度钢纤维配制的纤维混凝土，断裂时较多钢纤维被拉断，增强增韧效果较差。所以，用于高性能混凝土的钢纤维抗拉强度等级应为 600 级及以上。

钢纤维的增强增韧效果与钢纤维的长度、直径（或当量直径）、长径比、纤维形状和表面特性等因素有关。钢纤维长度太短时增强效果不明显，太长则影响混凝土拌合物性能；钢纤维太细在拌和过程中易被弯折甚至结团，太粗则在等体积含量时增强效果差；钢纤维的增强作用随长径比增大而提高。大量试验研究和工程经验表明：长度为 20～60mm，直径为 0.3～0.9mm，长径比在 30～80 范围内的钢纤维具有较好的增强效果和施工性能。

钢纤维的弯折性能要求是为了保证钢纤维的材质质量，使其在拌合过程中不发生脆断。

钢纤维的尺寸偏差和平均根数要求是为了检验钢纤维的生产控制质量，减少同一产品的差异。

异形钢纤维的尺寸偏差要求是为了检验异形钢纤维的生产控制质量，减少同一产品的差异，并保证异形钢纤维与混凝土基体的粘结性能。

钢纤维的杂质含量要求是为了保证钢纤维的使用性能。钢纤维表面粘有油污等不利于与水泥粘结的物质，会影响钢纤维与混凝土基体的粘结强度。

由于钢纤维混凝土基体破坏时，钢纤维基本上是从基体中拔出而不是拉断，因此，钢纤维的增强作用主要取决于钢纤维与混凝土基体的粘结性能。异形、表面粗糙的钢纤维品种粘结性能较好，适用于高性能混凝土。

2. 合成纤维

（1）应用要点

① 通常情况下，对于抑制混凝土塑性裂缝，宜选用聚丙烯纤维。

② 一般宜优先选用膜裂纤维。

③ 为了保证合成纤维均匀分散在混凝土中，最好先将纤维和粗、细骨料干拌，将纤维打散，然后再加入其他材料共同湿拌；合成纤维混凝土的搅拌时间应比普通混凝土长。

（2）应用说明

合成纤维混凝土适用于要求改善早期抗裂、抗渗、抗冲击和抗疲劳等性能的混凝土工程、结构或构件。

合成纤维的品种和规格繁多，主要有聚丙烯（PP）纤维、聚丙烯腈（PAN）纤维、聚酰胺（PA）纤维和聚乙烯醇（PVA）纤维等。

聚丙烯纤维价格低廉，生产工艺简单，在我国的生产厂家很多。聚丙烯纤维在碱液和升温（pH=14，温度为80℃）条件下，6h后强度保持率大于95%，具有非常好的耐碱性能，是目前用于混凝土最主要的合成纤维品种。

聚丙烯腈纤维俗称腈纶，能耐酸，但耐碱性较差。聚丙烯腈纤维在碱液和升温（pH=14，温度为80℃）条件下，6h后强度保持率仅为76%；当pH=13、温度为80℃时，24h后强度保持率也仅为85%；但是在环境pH值较低时的强度保持率基本可以满足要求，在这种条件下可以用于混凝土。

聚酰胺纤维俗称尼龙，具有无毒、质轻、机械强度优良、耐磨性及耐腐蚀性较好等特点。在混凝土中其耐碱性能十分优秀。

聚乙烯醇纤维的生产技术较为特殊，并且会对周边环境造成影响，目前在我国的生产尚不广泛，但在日本已有较为成熟的产品。聚乙烯醇纤维的耐酸性能和耐碱性能均很好，对碱的稳定性优于对酸的稳定性。

聚酯纤维俗称涤纶，其耐碱性差，不适用于水泥混凝土。

目前，国内外生产的合成纤维绝大多数都是聚烯烃类纤维，主要为聚丙烯纤维。聚乙烯醇纤维在国内已有企业开始生产，但是价格较高，在混凝土中应用尚不广泛。与《纤维混凝土应用技术规程》（JGJ/T 221）比较，高性能混凝土用合成纤维未采用粗纤维，也未采用增韧纤维。

第四节 高性能混凝土配合比设计

一、常规品高性能混凝土配合比设计

(一) 基本要求

高性能混凝土配合比应按强度和耐久性能进行设计，并应满足混凝土配制强度及其他力学性能、拌合物性能、长期性能和耐久性能的设计要求。

高性能混凝土配合比设计主要包括计算和试配两个阶段：计算是为试配服务的，具有近似性，目的是将试配工作压缩到一个较小的合理范围，使试配工作更为简捷、准确和减少试验量；试配才是混凝土配合比设计的关键，通过试验，调整确定拌合物性能，力学性能和耐久性能等，使高性能混凝土性能满足工程设计和施工的要求，同时，在技术和经济方面，将配合比优化到最佳。

(二) 配制强度的确定

1. 高性能混凝土配制强度

高性能混凝土配制强度应按下列要求确定。

当混凝土的设计强度等级小于 C60 时，配制强度应按下式确定：

$$f_{\mathrm{cu},0} \geqslant f_{\mathrm{cu},\mathrm{k}} + 1.645\sigma \tag{8-1}$$

式中 $f_{\mathrm{cu},0}$——混凝土配制强度，MPa；

$f_{\mathrm{cu},\mathrm{k}}$——混凝土立方体抗压强度标准值，MPa；

σ——混凝土强度标准差，MPa。

2. 混凝土强度标准差

混凝土强度标准差应按下列要求确定。

(1) 当具有近 1～3 个月的同一品种、同一强度等级混凝土的强度资料，且试件组数不小于 30 时，其混凝土强度标准差 σ 应按下式计算：

$$\sigma = \sqrt{\frac{\sum_{i=1}^{n} f_{\mathrm{cu},i}^{2} - n m_{f_{\mathrm{cu}}}^{2}}{n-1}} \tag{8-2}$$

式中 σ——混凝土强度标准差，MPa；

$f_{\mathrm{cu},i}$——第 i 组的试件强度，MPa；

$m_{f_{\mathrm{cu}}}$——n 组试件的强度平均值，MPa；

n——试件组数。

对于强度等级不小于 C30 且不大于 C60 的混凝土，当混凝土强度标准差计算值不小于 4.0MPa 时，应按上式计算结果取值；当混凝土强度标准差计算值小于

4.0MPa 时，应取 4.0MPa。

（2）当没有近期的同一品种、同一强度等级混凝土强度资料时，其强度标准差 σ 可按表 8-23 取值。

（3）当采用非统计方法评定混凝土强度时，强度标准差 σ 应按表 8-23 取值。

■表 8-23　强度标准差 σ 值

混凝土强度标准值	C30～C45	C50～C55
σ/MPa	5.0	6.0

（三）混凝土耐久性能配合比设计控制目标及要求

1. 混凝土耐久性能配合比设计控制目标

混凝土配合比设计应将工程设计文件规定的耐久性能指标和长期性能指标作为控制目标。

工程设计文件未提出混凝土耐久性能设计指标时，混凝土配合比设计须结合工程具体情况，以环境分类、结构构件部位及相应的耐久性能要求作为控制目标。

除上述混凝土耐久性能控制项目外，如果工程设计文件还规定了混凝土收缩、徐变等长期性能指标作为控制目标，则配合比设计也应将其作为控制目标。

2. 混凝土拌合物中水溶性氯离子基本要求

混凝土拌合物中水溶性氯离子最大含量应符合表 5-4 的规定，其测试方法应符合《混凝土中氯离子含量检测技术规程》（JGJ/T 322）的规定。

3. 高性能混凝土抗裂性能的配合比控制要求

高性能混凝土配合比的混凝土试配宜进行早期抗裂试验，其控制要求为单位面积上的总开裂面积不宜大于 $700mm^2/m^2$。

4. 一般环境中的高性能混凝土配合比控制要求

（1）一般环境中高性能混凝土配合比基本要求应满足表 8-24 的要求。

■表 8-24　一般环境中的高性能混凝土配合比控制要求

环境作用等级 / 控制项目	50 年	100 年	
	Ⅰ-C	Ⅰ-B	Ⅰ-C
水胶比	≤0.45	≤0.42	≤0.40

（2）抗渗配合比设计基本要求

① 高性能混凝土抗渗等级应大于 P12，配制抗渗混凝土要求的抗渗水压值应比设计值提高 0.2MPa。

② 掺用引气剂或引气型外加剂的抗渗混凝土，应进行含气量试验，含气量宜控制在 3.0%～5.0%。

5. 高性能混凝土抗冻配合比设计基本要求

（1）冻融环境中高性能混凝土配合比基本要求应满足表 8-25 的要求。

（2）最大水胶比应不大于 0.45；混凝土中的胶凝材料用量不宜小于 $350kg/m^3$。

■表 8-25 冻融环境中的混凝土耐久性控制

环境作用等级 控制项目	50 年			100 年		
	Ⅱ-C	Ⅱ-D	Ⅱ-E	Ⅱ-C	Ⅱ-D	Ⅱ-E
水胶比	≤0.45	≤0.42	≤0.38	≤0.42	≤0.38	≤0.35
胶凝材料用量/(kg/m^3)	≥350	≥380	≥400	≥380	≥400	≥420

（3）复合矿物掺合料最大掺量宜符合表 8-26 的规定；其他矿物掺合料最大掺量宜符合表 5-2 的规定。

■表 8-26 复合矿物掺合料最大掺量

水胶比	最大掺量/%	
	采用硅酸盐水泥时	采用普通硅酸盐水泥时
≤0.40	60	50
>0.40	50	40

注：1. 采用其他通用硅酸盐水泥时，可将水泥混合材掺量 20%以上的混合材量计入矿物掺合料。
2. 复合矿物掺合料中各矿物掺合料组分的掺量不宜超过表 5-2 中单掺时的限量。

（4）掺用引气剂的混凝土最小含气量应符合表 5-5 的要求。

长期处于潮湿或水位变动的寒冷和严寒环境、盐冻环境、受除冰盐作用环境的混凝土应掺用引气剂。引气剂掺量应根据混凝土含气量要求经试验确定，混凝土最小含气量应符合表 8-27 的规定，最大不宜超过 7.0%。

■表 8-27 混凝土最小含气量

粗骨料最大公称粒径/mm	混凝土最小含气量/%	
	潮湿或水位变动的寒冷和严寒环境	受除冰盐作用、盐冻环境、海水冻融环境
40.0	4.5	5.0
25.0	5.0	5.5
20.0	5.5	6.0

注：含气量为气体占混凝土体积的百分比。

6. 高性能混凝土抗氯离子渗透配合比设计基本要求

高性能混凝土抗氯离子渗透的配合比应满足表 8-28 的要求。

■表 8-28 氯化物环境中的混凝土配合比基本要求

环境作用等级 控制项目	50 年				100 年			
	Ⅲ-C Ⅳ-C	Ⅲ-D Ⅳ-D	Ⅲ-E Ⅳ-E	Ⅲ-F	Ⅲ-C Ⅳ-C	Ⅲ-D Ⅳ-D	Ⅲ-E Ⅳ-E	Ⅲ-F
水胶比	≤0.42	≤0.40	≤0.36	≤0.34	≤0.40	≤0.36	≤0.34	≤0.32
矿物掺合料掺量/%	≥ 35				≥ 40			

注：1. 当海洋氯化物环境与冻融环境同时作用时，应采用引气混凝土。
2. 矿物掺合料系指采用普通硅酸盐水泥时的掺量。
3. 宜合理选用矿渣、硅灰等可有效降低混凝土氯离子迁移系数和电通量的矿物掺合料。

7. 高性能混凝土抗化学腐蚀配合比设计基本要求

(1) 化学腐蚀环境高性能混凝土配合比应满足表 8-29 的要求。

■表 8-29 化学腐蚀环境中的混凝土配合比基本要求

环境作用等级 控制项目	50 年			100 年		
	V-C	V-D	V-E	V-C	V-D	V-E
水胶比	≤0.42	≤0.39	≤0.36	≤0.39	≤0.36	≤0.33
矿物掺合料掺量/%	≥30			≥35		

注：1. 矿物掺合料系指采用普通硅酸盐水泥时的掺量。
2. 矿物掺合料主要为矿渣粉和粉煤灰等，或复合采用。

(2) 高性能混凝土抗硫酸盐或镁盐侵蚀配合比应满足表 8-30 的要求。

■表 8-30 高性能混凝土抗硫酸盐或镁盐侵蚀配合比基本要求

抗硫酸盐等级	最大水胶比	矿物掺合料掺量/%
KS120	0.42	≥30
KS150	0.38	≥35
> KS150	0.33	≥40

注：1. 矿物掺合料掺量为采用普通硅酸盐水泥时的掺量。
2. 矿物掺合料主要为矿渣粉和粉煤灰等，或二者复合采用。

(3) 高性能混凝土抗其他化学腐蚀配合比应满足表 8-31 的要求。

■表 8-31 高性能混凝土抗其他化学腐蚀配合比基本要求

环境条件	腐蚀介质指标	最大水胶比
水(含酸雨等)中酸碱度(pH 值)	6.0~5.5	0.42
	5.5~5.0	0.39
	< 5.0	0.36
水中侵蚀性 CO_2 浓度/(mg/L)	15~30	0.42
	30~60	0.40
	60~100	0.38

(四) 矿物掺合料掺量要求及确定

矿物掺合料的选用以及在混凝土中的掺量应通过试验确定。掺用矿物掺合料以采用硅酸盐水泥或普通硅酸盐水泥为好，钢筋混凝土中矿物掺合料最大掺量宜符合表 5-2 的规定，预应力钢筋混凝土中矿物掺合料最大掺量宜符合表 5-3 的规定。对基础大体积混凝土，粉煤灰、粒化高炉矿渣粉和复合掺合料的最大掺量可增加 5%。采用掺量大于 30%的 C 类粉煤灰的混凝土应以实际使用的水泥和粉煤灰掺量进行安定性检验。

(五) 水胶比计算及要求

水胶比以及包括回归系数（α_a、α_b）、粉煤灰和矿渣粉影响系数、水泥强度等级富裕系数的计算和确定按本书第五章第三节的规定进行。

（六）砂率及原材料用量

包括用水量和外加剂用量、矿物掺合料和水泥用量、砂率及粗细骨料用量按本书第五章第三节的规定进行。

（七）配合比试配与优化

1. 试拌调整拌合物性能，优化外加剂、砂率和胶凝材料用量

（1）先按计算配合比进行称量，留出部分外加剂，将全部原材料倒入搅拌机进行搅拌。

（2）逐步加入留出的外加剂，将外加剂用量调整适度。

（3）将混凝土拌合物卸出搅拌机，看混凝土拌合物流动性与工作性是否好，如果不好，可适当增加浆体，即维持水胶比不变，同时增加水和胶凝材料，使混凝土拌合物达到流动性与工作性要求；如果非常好，则可在满足拌合物流动性与工作性要求的前提下适当减少浆体，即维持水胶比不变，同时减少水和胶凝材料。

（4）在计算配合比砂率基础上，再分别增加和减少砂率，可共选 3～5 个砂率进行试拌，取拌合物流动性与工作性最好的砂率为后续试验砂率。

（5）修正计算配合比，提出试拌配合比。

2. 配合比的优化和确定

见本书第五章第四节有关内容。

3. 试验验证耐久性能

（1）测定拌合物水溶性氯离子含量，试验结果应符合表 5-4 的要求。

（2）对设计要求的混凝土耐久性能进行验证试验，试验结果应满足设计要求。

（八）应用说明

1. 耐久性能配合比设计控制目标

一般环境中高性能混凝土配合比基本要求主要针对抗水渗透性和碳化，要达到环境作用等级要求的抗水渗透和抗碳化性能，尤其是抗碳化的要求，除要求水胶比较小外，同时胶凝材料用量比较充分，有利于改善混凝土的密实性，即可提高混凝土抗水和抗 CO_2 渗透的能力。但对于抗碳化性能，还取决于矿物掺合料掺量，通常掺量越大则越不利。

冻融环境中高性能混凝土配合比基本要求主要针对混凝土抗冻，要达到环境作用等级要求的抗冻性能，需要在混凝土中掺加引气剂。胶凝材料用量比较充分，浆体也相对比较充分，混凝土易于引气，含气量也相对比较稳定，有利于抗冻；但引气会降低混凝土强度，可适当降低水胶比，提高强度。对于抗冻性能，另外还取决于矿物掺合料掺量，通常掺量越大则越不利。

高性能混凝土抗氯离子渗透的配合比基本要求与抗渗和抗碳化类似，都是提高混凝土的密实性，提高抗渗透能力。有所区别的是混凝土抗氯离子渗透对混凝土密

实性要求更高，因此水胶比更低，为了保证混凝土泵送施工，混凝土浆体宜比较充分，因此胶凝材料用量不宜太少，其他耐久性能要求低水胶比的情况都与此类似；另一差异则是混凝土抗氯离子渗透需要掺加较多矿物掺合料，而且应尽量采用能使混凝土氯离子迁移系数和电通量明显降低的矿物掺合料。

化学腐蚀环境高性能混凝土配合比基本要求除应提高混凝土密实性外，要达到环境作用等级要求的抗化学腐蚀性能，尚应减少混凝土中参与化学反应和易于溶出的成分。在低水胶比、胶凝材料比较充分的情况下，宜掺加较多矿物掺合料。对于地下硫酸盐环境，也应考虑掺加较多矿物掺合料。对于酸雨、水中侵蚀性 CO_2 腐蚀环境，可采取措施提高混凝土密实度，减缓腐蚀介质的侵蚀。

2.矿物掺合料掺量

通常情况下，控制矿物掺合料最大掺量有利于保证混凝土耐久性能，尤其是对于抗碳化、抗冻等最普遍的性能要求。对于有较高抗硫酸盐侵蚀、抗氯离子渗透要求的混凝土，则可根据技术要求不拘泥于矿物掺合料最大掺量的限值。如果需要掺加大量矿物掺合料而又不超出限值的约束，采用复合使用矿物掺合料的方法比较合理。再者，不同的矿物掺合料有不同的优点和弱点，复合使用可相得益彰。

矿物掺合料在混凝土中的实际掺量是通过试验确定的，当超出给定的矿物掺合料最大掺量时，可通过对混凝土性能进行全面试验论证，证明结构混凝土安全性和耐久性可以满足设计要求后，还是可以采用的。

3.配合比试配与优化

试配第一步是试拌，试拌的目的有两个：一个是使拌合物性能满足施工要求，另一个是优化外加剂、砂率和胶凝材料用量，主要是优化胶凝材料用量。在试拌调整过程中，保持计算水胶比不变，即如果增加或减少浆体量，则按比例同时增加或减少用水量和胶凝材料用量。以节约胶凝材料为原则，尽量采用较少的胶凝材料用量，并通过调整外加剂用量和砂率，使混凝土拌合物坍落度和和易性等性能满足施工要求，提出试拌配合比。

试配第二步是在试拌配合比的基础上进行混凝土强度试验。无论是计算配合比还是试拌配合比，都不能保证混凝土配制强度是否满足要求，混凝土强度试验的目的是通过三个不同水胶比的配合比的比较，取得能够满足配制强度要求的、胶凝材料用量经济合理的配合比。由于混凝土强度试验是在混凝土拌合物调整适宜后进行，所以强度试验采用三个不同水胶比的配合比的混凝土拌合物性能应维持不变，即维持用水量不变，增加和减少胶凝材料用量，并相应减少和增加砂率，外加剂掺量也做减少和增加的微调。在没有特殊规定的情况下，混凝土强度试件在28d龄期进行抗压试验；当工程设计方同意采用60d或90d等其他龄期的设计强度时，混凝土强度试件在相应的龄期进行抗压试验。

试配第三步是调整配合比。首先依据试配第二步的3个水胶比混凝土强度试验结果绘制强度和胶水比关系图，或采用插值法，选用略大于配制强度的偏于安全的强度对应的胶水比做进一步配合比调整。也可以直接采用前述 3 个水胶比混凝土强度试验中一个满足配制强度的胶水比做进一步配合比调整。然后采用调方公式调整每立方米混凝土中各种材料的用量，经计算校正，可使依据配合比计算的混凝土生产方量更为准确。

试配第四步是进行验证试验，主要是试验验证混凝土耐久性是否符合设计要求，例如设计规定的混凝土氯离子含量、抗水渗透、抗氯离子渗透、抗冻、抗碳化和抗硫酸盐侵蚀等耐久性能要求。除混凝土氯离子含量外，对于设计文件中没有规定要求的混凝土耐久性能，可以不做验证。

二、特制品高性能混凝土配合比设计

(一) 轻骨料高性能混凝土配合比设计

1. 一般要求

(1) 轻骨料混凝土的配合比设计主要应满足抗压强度和表观密度要求，尚应满足工程对混凝土性能（如拌合物性能、弹性模量、耐久性能、收缩和徐变等）的特殊要求。

(2) 泵送轻骨料混凝土的胶凝材料用量不宜少于 350kg/m^3。

(3) 轻骨料混凝土配合比中的轻粗骨料应采用同一品种的轻骨料。为改善某些性能而掺入另一品种粗骨料时，其掺量应通过试验确定。

(4) 掺加化学外加剂或矿物掺合料时应满足以下要求。

① 外加剂品种和掺量应通过试验确定。

② 矿物掺合料品种和掺量应通过试验确定。

2. 配制强度的确定

轻骨料混凝土试配强度应按式 (8-1) 确定。

混凝土强度标准差应根据同品种、同强度等级轻骨料混凝土统计资料计算确定，强度试件组数不应少于 30 组。

当无统计资料时，强度标准差可按表 8-32 取值。

■表 8-32　σ 取值表

混凝土强度等级	CL20～CL35	高于 CL35
σ /MPa	5.0	6.0

3. 轻骨料混凝土耐久性能的配合比设计控制目标及要求

可参照本书有关内容对常规品高性能混凝土耐久性能配合比设计控制目标及要求的规定进行。

4. 配合比设计参数选择

(1) 轻骨料高性能混凝土的胶凝材料用量可参照表 8-33 选用。

■表 8-33 轻骨料混凝土的水泥用量　　单位：kg/m^3

试配强度/MPa	轻骨料密度等级				
	600	700	800	900	1000
20~25	350~500	330~400	320~390	310~380	300~370
25~30	—	380~450	360~430	360~430	350~420
30~40	—	420~500	390~490	380~480	370~470
40~50	—	—	430~530	420~520	410~510
50~60	—	—	450~550	440~540	430~530

注：1. 水泥以普通硅酸盐水泥为准。
2. 最高水泥用量不宜超过 $550kg/m^3$。

（2）轻骨料混凝土最大水胶比不宜大于 0.48，配合比中的水胶比以净水胶比表示。

（3）轻骨料混凝土的净用水量系指不包括轻骨料吸入水量的混凝土用水量。净用水量可参照表 5-35，并按施工要求经试验调整确定。

（4）轻骨料混凝土的砂率应以体积砂率表示，即细骨料体积与粗细骨料总体积之比。采用绝对体积法计算时，砂率即为绝对体积砂率；采用松散体积法计算时，砂率即为松散体积砂率。砂率可按表 5-36 选用。

（5）当采用松散体积法设计配合比时，粗细骨料松散状态的总体积可按表 5-37 选用。

5. 配合比计算、试配与调整

应参照本书第五章第五节的规定进行。

6. 性能验证试验

对设计要求的轻骨料高性能混凝土的弹性模量、耐久性能、收缩和徐变等性能进行验证试验，试验结果应满足工程设计要求。

（二）高强高性能混凝土配合比设计

1. 配制强度的确定

当设计强度等级不小于 C60 时，配制强度应按下式确定：

$$f_{cu,0} \geq 1.15 f_{cu,k} \tag{8-3}$$

式中 $f_{cu,0}$——混凝土配制强度，MPa；

$f_{cu,k}$——混凝土立方体抗压强度标准值，MPa。

2. 混凝土耐久性能的配合比设计控制目标及要求

可参照本节对常规品高性能混凝土耐久性能配合比设计控制目标及要求的规定进行。

3. 配合比计算、试配与调整

应参照本书第五章第三节～第五节的有关规定进行。

（三）自密实高性能混凝土配合比设计

1. 配制强度的确定

当混凝土的设计强度等级小于 C60 时，配制强度应按式（8-1）确定；当设计强度等级不小于 C60 时，配制强度应按式（8-3）确定。

2.混凝土耐久性能的配合比设计控制目标及要求

可按照本节对常规品高性能混凝土耐久性能配合比设计控制目标及要求的规定进行。

3.配合比要求

(1)矿物掺合料掺量不宜小于25%，具体要求及确定可参照表5-2和表5-3执行，但应考虑采用适量石灰石粉取代部分其他矿物掺合料，取代量应经试验确定。

(2)水胶比计算可按参照公式(5-4)执行，水胶比不宜大于0.45；计算水胶比后，验算水粉比——水体积与粉料体积之比，水粉比范围宜为0.8～1.15。水粉比=水胶比×粉体密度，粉体密度(ρ_b)可按下式计算：

$$\rho_b=\frac{1}{\frac{\beta}{\rho_m}+\frac{1-\beta}{\rho_c}}$$

式中 ρ_m——矿物掺合料的表观密度，kg/m^3；

ρ_c——水泥的表观密度，kg/m^3；

β——矿物掺合料掺量,%；当采用两种或两种以上矿物掺合料时，可以β_1、β_2、β_3表示，并进行相应计算。

如果不在上述水粉比范围，可以进行调整，通过增减矿物掺合料掺量(改变粉体密度)，同时增减水胶比，以维持力学性能不变。

(3)用水量、外加剂用量、胶凝材料、矿物掺合料和水泥用量计算可按本书第五章第三节有关内容的规定执行。然后将计算结果的浆体量放大到350～380L范围内，即维持水胶比不变，按相同比例同时增加水和胶凝材料。胶凝材料用量不应大于$580kg/m^3$。

(4)选取砂率并计算粗细骨料用量，砂率可在47%～51%范围内初选，粗细骨料用量计算可按本书第五章第三节有关的规定执行。

(5)配合比试配与优化可参照本书第五章第五节的有关规定执行。自密实混凝土拌合物应满足流动性(扩展度试验)、粘性(T500时间或V漏斗排空时间试验)、间隙通过性(J环试验或U型箱试验)、抗离析性(筛析试验)等设计指标要求，混凝土其他性能应满足工程设计要求。

(6)对于钢管自密实高性能混凝土，应采取减少收缩的措施。

(四)纤维混凝土配合比设计

1.一般要求

(1)纤维混凝土配合比设计应满足混凝土试配强度的要求，并应满足混凝土拌合物性能、力学性能和耐久性能的设计要求。

(2)纤维混凝土的最大水胶比不宜大于0.45。钢纤维混凝土最小胶凝材料用量不宜小于$360kg/m^3$，喷射钢纤维混凝土的胶凝材料用量不宜小于$380kg/m^3$；合成纤维混凝土最小胶凝材料用量不宜小于$340kg/m^3$。

（3）用于公路路面的钢纤维混凝土的配合比设计应符合《公路水泥混凝土路面施工技术规范》（JTG F30）的规定。

2. 配制强度的确定

当混凝土的设计强度等级小于C60时，配制强度应按式（8-1）确定；当设计强度等级不小于C60时，配制强度应按式（8-3）确定。

3. 混凝土耐久性能的配合比设计控制目标及要求

可参照本节相关内容常规品高性能混凝土配合比设计控制目标及要求中的规定进行。

4. 配合比计算、试配、调整与确定

应参照本书第五章第三节～第五节的有关规定进行。

第五节 高性能混凝土质量控制与验收

一、生产与施工质量控制要求

（一）生产设备设施要求

见本书第九章第三节的相关要求。

（二）绿色生产要求

高性能混凝土生产过程中，不得向厂区以外排放生产废水和废浆。其他要求包括生产性粉尘和噪声控制、生产废水和废浆控制和利用见本书第九章第三节的相关要求。

（三）原材料进场与贮存

高性能混凝土应严格控制原材料进场环节，控制生产所用原材料质量，采用科学的原材料贮存方式来满足高性能混凝土生产要求。原材料进场与贮存要满足环境保护要求，尚应符合《预拌混凝土》（GB/T 14902）和《混凝土质量控制标准》（GB 50164）的相关规定。

（四）计量

（1）混凝土生产单位每月应至少自检计量设备一次；每一工作班开始前，应对计量设备进行零点校准。

（2）每盘混凝土原材料计量的允许偏差应符合表8-34的规定，原材料计量偏差应每班检查1次。

■表8-34 各种混凝土原材料计量的允许偏差 单位：%（按质量计）

原材料品种	水泥	骨料	水	外加剂	掺合料	纤维
每盘计量允许偏差	±2	±3	±1	±1	±2	±1
累计计量允许偏差	±1	±2	±1	±1	±1	±1

Concrete

(3) 高性能混凝土用外加剂的计量宜单独采用精度更高的计量设备或其他有效措施来提高外加剂计量精度。

(4) 当掺加纤维等特殊原材料时，应安排专人负责计量操作和环境安全。

(5) 应严格控制计量过程中的粉尘排放，并定期对除尘装置进行滤芯更换。

(6) 高性能混凝土计量尚应符合《预拌混凝土》(GB/T 14902) 和《混凝土质量控制标准》(GB 50164) 的规定。

(五) 搅拌、运输、浇筑与养护的技术要求

(1) 浇筑高性能混凝土前，应根据工程特点、环境条件、施工工艺与施工条件制定浇筑方案，包括浇筑起点、浇筑方向和浇筑厚度等，在混凝土浇筑过程中不得无故更改浇筑方案。

(2) 浇筑混凝土前，应检查并控制模板、钢筋、保护层和预埋件等的尺寸、规格、数量和位置，其偏差值应符合《混凝土结构工程施工质量验收规范》(GB 50204) 的有关规定，并应检查模板支撑的稳定性以及接缝的密合情况，应保证模板在混凝土浇筑过程中不失稳、不跑模和不漏浆。当施工重混凝土和钢纤维混凝土等特制品时，模板与支架的设计施工应注意混凝土自重的标准值取值要大于普通混凝土。

(3) 高性能混凝土入模温度不宜大于 35℃，夏季施工现场最高气温超过 40℃时，应有隔热措施。

(4) 不同强度等级混凝土现浇对接处应设在低强度等级混凝土构件中，与高强度等级构件间距不宜小于 500mm。现浇对接处可设置密孔钢丝网 (孔径 5 mm×5mm) 拦截混凝土拌合物，浇筑时应先浇高强度等级混凝土，后浇低强度等级混凝土。低强度等级混凝土不得流入高强度等级混凝土构件中。

(5) 高性能混凝土浇筑成型后，应及时对混凝土暴露面进行覆盖。梁板或道路等平面结构混凝土终凝前，应用抹子搓压表面至少二遍，平整后再次覆盖。

(6) 采用塑料薄膜覆盖养护时，混凝土全部表面应覆盖严密，并应保持膜内有凝结水。当采用混凝土养护剂进行养护时，养护剂的有效保水率不应小于 90%，7d 和 28d 抗压强度比均不应小于 95%。养护剂有效保水率和抗压强度比的试验方法应符合《公路工程混凝土养护剂》(JT/T 522) 的规定。

(7) 其他施工技术应符合《预拌混凝土》(GB/T 14902)、《混凝土质量控制标准》(GB 50164) 和《混凝土结构工程施工规范》(GB 50666) 的规定，见本书第六章第三节的相关内容。

(六) 特制品高性能混凝土生产施工特殊要求

1. 轻骨料高性能混凝土

(1) 泵送轻骨料高性能混凝土宜采用碎石型陶粒。

(2) 在配制轻骨料高性能混凝土之前，首先应将轻骨料充分预湿，宜提前 24h

对轻骨料进行泡水处理，用时滤水后铲出，然后计量和搅拌。

(3) 对预湿处理的轻骨料，在生产过程中应测定监控湿堆积密度，保证轻骨料预湿的充分性和稳定性。

(4) 为保证施工操作时间充分，应注意以下方面。

① 应采取措施尽量减少混凝土拌合物坍落度经时损失。

② 从搅拌机卸料起到浇筑入模内止的延续时间不宜超过 45min。

(5) 浇筑倾落的自由高度超过 1.5m 时，应加串筒、溜管等辅助工具，避免拌合物离析。

(6) 振捣时不宜过振，振捣至混凝土表面泛浆即可，避免混凝土分层。

2. 高强高性能混凝土

(1) 配制高强高性能混凝土的原材料要求有以下要点。

① 水泥 28d 胶砂强度不宜低于 50MPa。

② 宜采用聚羧酸高性能减水剂，配制 C80 及其以上等级混凝土时，高性能减水剂的减水率不宜小于 28%。

③ 配制 C80 及其以上等级混凝土时，宜掺加适量硅灰。

(2) 高强高性能混凝土搅拌应采用双卧轴强制式搅拌机，搅拌时间宜满足表 8-35 的要求。当高强高性能混凝土掺用纤维、粉状外加时，搅拌时间宜在表 8-35 的基础上适当延长。

■表 8-35　高强高性能混凝土搅拌时间

混凝土强度等级	施工工艺	搅拌时间/s
C60～C80	泵送	60～80
	非泵送	90～120
＞C80	泵送	90～120
	非泵送	≥120

(3) 高强高性能混凝土泵送要求有以下要点。

① 当缺乏高强高性能混凝土泵送经验时，施工前宜进行试泵。

② 当泵送高度超过 100m 时，宜采用高压泵进行泵送。

③ 对于泵送高度超过 100m、强度等级不低于 C80 的高强高性能混凝土，宜采用 150mm 管径的输送管。

④ 向下泵送高强高性能混凝土时，输送管与垂线的夹角不宜小于 12°。

⑤ 当改泵送较高强度等级混凝土时，应清空输送管中原有的较低强度等级混凝土。

(4) 对于大体积高强高性能混凝土，应采取保温养护且应进行温控。

3. 自密实高性能混凝土

(1) 配制自密实高性能混凝土的原材料要求有以下要点。

① 骨料最大粒径不宜大于 20mm。

② 宜采用聚羧酸高性能减水剂。

③ 可考虑掺加适量石粉。

(2) 自密实混凝土应采用双卧轴强制式搅拌机，搅拌时间不宜小于 60s。

(3) 在形状复杂或封闭模板空间内浇筑自密实混凝土时，应在模板的适当部位设置排气口和观察口。

(4) 浇筑时的布料点间距应通过混凝土自密实性能试验确定。

(5) 型钢混凝土结构应均匀对称浇筑自密实混凝土。

(6) 钢管自密实混凝土浇筑应符合下列要求。

① 应按设计要求在钢管适当位置设置排气孔，排气孔孔径宜为 20mm。

② 宜采用导管、溜管等辅助装置进行浇筑，混凝土最大自由倾落高度不宜大于 9m。

(7) 顶升浇筑时应符合下列规定。

① 进料管应设置在钢管底部，并应设有止流阀门，止流阀门可在混凝土达到终凝后拆除。

② 钢管直径不宜小于泵管直径的两倍。

③ 浇筑完毕后管顶混凝土出现下沉时，应从管顶补浇混凝土。

4. 纤维高性能混凝土

见本书第六章第五节的相关内容。

二、检验与验收

(一) 检验

1. 绿色生产监测

绿色生产监测是指对高性能混凝土生产过程产生的废浆、生产废水、生产性粉尘和噪声等定期进行监测。绿色生产监测包括第三方监测和自我监测二种方式，第三方监测可作为绿色生产评价依据，自我监测则是为了企业自身绿色生产水平控制。

绿色生产监测应符合下列要求。

(1) 第三方监测机构应具有相应法定资格。

(2) 监测时间应选择满负荷生产时段。

(3) 监测频率最小限值应符合表 9-3 的要求。

(4) 检测结果应符合本书第九章第三节的相关要求。

(5) 绿色生产监控尚应符合《预拌混凝土绿色生产及管理技术规程》(JGJ/T 328) 的规定。

2. 混凝土原材料检验

(1) 原材料进场时应按规定验收质量证明文件，并按检验批量随机取样进行原材料进场检验。

（2）混凝土原材料的检验批量应符合下列规定。

① 散装水泥应按每500t为一个检验批，袋装水泥应按每200t为一个检验批；粉煤灰、粒化高炉矿渣粉、钢渣粉、磷渣粉、石灰石粉、天然火山灰、天然沸石粉、复合矿物掺合料等矿物掺合料应按每200t为一个检验批，硅灰应按每30t为一个检验批；粗、细骨料应按每400m³为一个检验批；外加剂应按每50t为一个检验批；钢纤维应按每20t为一个检验批，合成纤维应按每50t为一个检验批；水应按同一水源不少于一个检验批。

② 当符合下列条件之一时，可将检验批量扩大一倍：对经产品认证机构认证符合要求的产品；来源稳定且连续三次检验合格；同一厂家的同批出厂材料，用于同时施工且属于同一工程项目的多个单位工程。

③ 不同批次或非连续供应的不足一个检验批量的混凝土原材料应作为一个检验批。

3.拌合物性能检验

（1）在生产施工过程中，应进行出厂检验和交货检验。出厂检验在搅拌地点由企业自我进行，是企业为确保供货质量的检验；交货检验在浇筑地点由第三方质检部门进行，交货检验作为验收依据。

（2）高性能混凝土拌合物检验应为抽样检验。出厂检验应在搅拌地点取样；混凝土交货检验应在交货地点取样，交货检验试样应随机从同一运输车卸料量的1/4～3/4之间抽取。混凝土交货检验取样及试验应在混凝土运到交货地点时开始算起20min内完成。

（3）常规品高性能混凝土拌合物交货检验项目及其频率应符合下列要求。

① 混凝土坍落度取样检验频率应符合《混凝土强度检验评定标准》（GB/T 50107）的规定。

② 同一工程、同一配合比、采用同一批次水泥和外加剂的混凝土的凝结时间应至少检验1次。

③ 同一工程、同一配合比的混凝土的氯离子含量应至少检验1次；同一工程、同一配合比和采用同一批次海砂的混凝土氯离子含量应至少检验1次。

④ 引气混凝土拌合物含气量检测频率与坍落度检验频率相同。

（4）特制品高性能混凝土拌合物的交货检验项目及其频率除应满足上述常规品的检验项目及其频率的要求外，还应满足以下要求：

① 自密实混凝土拌合物检验项目还应包括扩展度和扩展时间（可不检验坍落度），其检测频率与常规品混凝土坍落度检验频率相同。

② 轻骨料混凝土和重混凝土拌合物检验项目还应包括表观密度，其检测频率与常规品混凝土坍落度检验频率相同。

（5）高性能混凝土拌合物性能出厂检验项目及其频率除包括交货检验的检验项

目及其频率的要求外，还应满足以下要求。

① 泵送高性能混凝土拌合物应检验坍落度经时损失，检验频率为每一工作班检验一次。

② 高强高性能混凝土拌合物应检验倒置坍落度筒排空时间，检验频率为每一工作班检验一次。

③ 自密实高性能混凝土拌合物应检验J环扩展度和离析率，检验频率为每一工作班检验一次。

④ 钢纤维高性能混凝土拌合物应检验纤维体积率，检验频率为每一工作班检验一次。

⑤ 大体积高性能混凝土拌合物应检验入模温度，检验频率为每一工作班检验一次。

4. 力学性能检验

（1）高性能混凝土力学性能应进行出厂检验和交货检验。出厂检验在搅拌地点由企业自检，是企业为质量控制进行的检验；交货检验在浇筑地点由第三方质检部门进行，交货检验作为验收依据。

（2）高性能混凝土力学检验应为抽样检验。出厂检验应在搅拌地点取样；混凝土交货检验应在交货地点取样，交货检验试样应随机从同一运输车卸料量的1/4～3/4之间抽取。混凝土交货检验取样及试件制作应在混凝土运到交货地点时开始算起30min内完成。

（3）高性能混凝土力学性能检验项目及其频率应符合下列要求。

① 混凝土强度检验应符合以下要求：出厂检验时，每100盘相同配合比混凝土取样不应少于1次，每一工作班相同配合比混凝土不能达到100盘时应按100盘计；交货检验的取样频率应符合《混凝土强度检验评定标准》（GB/T 50107）的规定，即与混凝土拌合物坍落度的要求一致。

② 同条件养护试件抗压强度应符合以下要求：在拆除底模及支架、张拉或放张预应力筋、确定受冻临界强度等情况下，应制作同条件养护试件，并在设计要求的龄期进行试验；同条件养护试件取样和留置组数应根据实际情况确定。

③ 对于设计提出要求的高性能混凝土轴压、弹模、抗折、抗拉、抗剪等其他力学性能，应在混凝土出厂前进行验证并满足设计要求，交货检验应符合工程要求。

（4）高性能混凝土强度检验评定应符合《混凝土强度检验评定标准》（GB/T 50107）的规定。

（5）轻骨料高性能混凝土在检验强度的过程中，还应检验混凝土的干表观密度，可通过混凝土拌合物表观密度和硬化混凝土干表观密度的相关性，以混凝土拌合物表观密度来控制硬化混凝土干表观密度，因此，硬化混凝土干表观密度的检测频率允许每300m^{3}混凝土检测一次。

5. 耐久性能检验

（1）高性能混凝土出厂前，应在混凝土配制过程中进行设计要求的混凝土耐久性能验证试验，试验结果符合要求后方可出厂。

（2）高性能混凝土耐久性能交货检验应在浇筑地点由第三方质检部门进行，交货检验作为验收依据。

（3）高性能混凝土耐久性能检验应符合《混凝土耐久性检验评定标准》（JGJ/T 193）的规定。

（4）高性能混凝土耐久性能检验项目仅包括设计提出要求以及标准规程规定的耐久性项目。

（5）检验批及试验组数应符合以下要求。

① 同一检验批混凝土的强度等级、龄期、生产工艺和配合比应相同。

② 对于同一工程、同一配合比的混凝土，检验批不应少于一个。

③ 对于同一检验批，设计要求的各个检验项目应至少完成一组试验。

（6）混凝土取样应符合以下要求。

① 取样方法应符合《普通混凝土拌合物性能试验方法标准》（GB/T 50080）的规定。

② 取样应在施工现场进行，应随机从同一车（盘）中取样，并不宜在首车（盘）混凝土中取样。从车中取样时，应将混凝土搅拌均匀，并应在卸料量的1/4～3/4之间取样。

③ 取样数量应至少为计算试验用量的1.5倍。试验用量应根据《普通混凝土长期性能和耐久性能试验方法》（GB/T 50082）的规定计算。

④ 每次取样应进行记录，取样记录应包括下列内容：耐久性检验项目；取样日期、时间和取样人；取样地点（试验室名称或工程名称、结构部位等）；混凝土强度等级；混凝土拌合物工作性；取样方法；试样编号；试样数量；环境温度及取样的混凝土温度（现场取样还应记录取样时的天气状况）；取样后的样品保存方法、运输方法以及从取样到制作成型的时间。

（7）混凝土试件制作与养护应符合以下要求。

① 试件制作应在现场取样后30min内进行。

② 需要检验实体结构混凝土的耐久性能时，应制作要求数量的同条件养护试件。

③ 试件的制作和养护应符合《普通混凝土力学性能试验方法标准》（GB/T 50081）和《普通混凝土长期性能和耐久性能试验方法》（GB/T 50082）的有关规定。

（8）耐久性试验结果处理应符合以下要求。

① 对于同一检验批只进行一组试验的检验项目，应将试验结果作为检验结果。对于抗冻试验、抗水渗透试验和抗硫酸盐侵蚀试验，当同一检验批进行一组以上试验时，应取所有组试验结果中的最小值作为检验结果。当检验结果介于表8-3中所

列的相邻两个等级之间时，应取等级较低者作为检验结果。

② 对于抗氯离子渗透试验、碳化试验、早期抗裂试验，当同一检验批进行一组以上试验时，应取所有组试验结果中的最大值作为检验结果。

6. 实体结构质量检验

（1）当需要检验高性能混凝土实体结构的力学性能时，可采用同条件养护试件进行力学性能检验，并应符合《混凝土结构工程施工质量验收规范》（GB 50204）的规定。当对强度产生争议时，可采用钻芯法进行检验，实体结构混凝土强度筛查可以采用回弹、超声等非破损方法进行检验，检验结果应符合高性能混凝土力学性能的相关要求和《混凝土结构工程施工质量验收规范》（GB 50204）、《建筑结构检测技术标准》（GB/T 50344）的规定。

（2）当需要检验高性能混凝土实体结构的耐久性能时，可采用同条件养护试件进行耐久性能检验。检验结果应符合高性能混凝土耐久性能的相关要求。

（3）高性能混凝土实体结构裂缝及其他外观质量与缺陷的检验应符合《建筑结构检测技术标准》（GB/T 50344）的规定，检验结果应符合《混凝土结构工程施工质量验收规范》（GB 50204）的规定。

（4）高性能混凝土实体结构钢筋保护层厚度检验应符合《混凝土结构工程施工质量验收规范》（GB 50204）的规定，检验结果应符合《混凝土结构工程施工质量验收规范》（GB 50204）的规定。

（5）高性能混凝土实体结构混凝土氯离子检验应符合《混凝土中氯离子含量检测技术规程》（JGJ/T 322）的规定，检验结果应符合表 5-4 的要求。

（二）验收

（1）高性能混凝土原材料、配合比、施工以及工程质量的验收应符合《混凝土结构工程施工质量验收规范》（GB 50204）的规定。

（2）轻骨料高性能混凝土的验收还应符合《轻骨料混凝土技术规程》（JGJ 51）的有关技术规定。

（3）自密实高性能混凝土的验收还应符合《自密实混凝土应用技术规程》（JGJ/T 283）的有关技术规定。

（4）纤维高性能混凝土的验收还应符合《纤维混凝土应用技术规程》（JGJ/T 221）的有关技术规定。

参考文献

[1] 黑龙江省混凝土及外加剂专家委员会. 寒冷地区高性能混凝土病害与防治.
[2] 高性能混凝土推广应用技术指导组. 高性能混凝土应用技术指南. 北京：中国建筑工业出版社. 2015.

本章主要执笔人：王安岭、冀海河

第九章

混凝土绿色生产与评价

第一节 概述

混凝土是应用最广、用量最大的工程结构材料，是支撑我国建设发展的关键性材料之一。但混凝土材料不仅是资源和能源的消耗大户，同时也是重要的环境污染源之一，在生产、使用、处理等过程中带来了沉重的环境负担。显然传统的混凝土行业是不符合可持续发展战略的，这促使各国混凝土技术研究者重新审视混凝土材料的环境负荷性，研究混凝土材料与环境的相互作用，研究开发与环境协调的新型混凝土技术产品，最大限度地减少资源和能源的消耗，注重环保和循环再生利用，为人类提供舒适、健康的环境。

一、有关绿色建材的评价体系与方法

目前，我国已开展了多项与建材产品相关的环保认证工作，主要有以下几项。

1. ISO 14000 体系认证

ISO 14000 认证标准是在当今人类社会面临严重环境问题的背景下产生的，目的是规范企业和社会团体等所有组织的环境行为，以达到节省资源、减少环境污染、改善环境质量、促进经济持续健康发展的目标。ISO 14000 系列标准是由国际化组织（ISO）第 207 技术委员会制定的环境管理体系标准，主要内容包括环境管理体系（EMS）、环境审核（EA）、环境标志（EL）、环境行为评价（EPE）、生命周期评估（LCA）以及产品标准中的环境指标。ISO14000 适用于任何性质和规模的组织，是创建绿色组织的工具，用于证明其产品或服务能达到相关方和环保法规的要求，为组织持续开展环境管理工作提供一个系统化的管理思想和方法。

2. 环境标志产品认证

1993 年国家环保局正式颁布中国的环境标志图形，由青山、绿水、太阳及十个环组成。而后，针对一些建材产品制定了相关的标准并组织了认证工作，如《环境标志产品　预拌混凝土》（HJ/T 412）等。环境标志产品技术要求规定，获得环境标志的产品必须是质量优、环境行为优的双优产品，是唯一同时以产品性能达标和环境安全为依据的认证，获得此标志的产品在生产使用及处置过程都符合环保要求，对环境无害或危害小，同时有利于资源回收和再生利用，具有权威性。但其只是产品性能标准和环境标准的简单结合，难以在通过认证的产品中定量评价哪种性能指标和安全性更好。环境标志产品是我国对产品环境行为认证的最高规格的标识，也是目前国际上通行的环保认证形式。

3. 国家相关安全标准体系

国家标准《室内空气质量标准》（GB/T 18883）、《民用建筑工程室内环境污染控制规范》（GB 50325）、10 项《室内装饰装修材料有害物质限量》（GB 18580～GB 18588 和 GB 6566）共同组成我国一个较为完整的室内环境污染控制的评价体系，但很多建筑材料包括混凝土、水泥等大宗建筑材料未包括在内。

4.预拌混凝土绿色生产及管理评价

为规范预拌混凝土绿色生产及管理技术，保证混凝土质量，满足节地、节能、节材、节水和环境保护要求，住房城乡建设部 2014 年 4 月发布了《预拌混凝土绿色生产及管理技术规程》（JGJ/T 328），该规程适用于预拌混凝土绿色生产、管理及评价。预拌混凝土绿色生产评价指标体系由厂址选择和厂区要求、设备设施、控制要求和监测控制四类指标组成，每类指标都包括控制项和一般项。绿色生产评价等级划分为一星级、二星级和三星级三个等级。

5.绿色建材评价标识

为支撑建筑节能、绿色建筑和新型城镇化建设需求，落实节约资源、保护环境的基本国策，加快转变城乡建设模式和建筑业发展方式，促进建材工业转型升级，推动工业化和城镇化良性互动，2015 年 10 月 14 日，由住房城乡建设部、工业和信息化部共同发布了《绿色建材评价标识管理办法》。该办法明确了“绿色建材”的涵义，并从评价的总体概况、组织管理、申请和评价、监督检查等环节逐一进行了规定。该办法同时以附件的形式发布了《绿色建材评价标识管理办法实施细则》和《绿色建材评价技术导则》（试行，第一版），为在全国各地开展绿色建材评价标识管理活动奠定了基础，其中第一版导则制定了包括预拌混凝土、预拌砂浆等七类建材产品的评价标准。

6.节能低碳产品认证

为规范节能低碳产品认证活动，应对气候变化，促进节能低碳产业发展，控制温室气体排放，2013 年 2 月国家发展改革委和国家认监委联合印发《低碳产品认证管理暂行办法》，组建低碳认证技术委员会，研究制定国家低碳产品认证的产品目录、认证技术规范和认证实施规则，研究制定低碳产品认证实施机构和人员的资质准入条件，建立了中国的低碳产品认证制度。国务院办公厅 2014 年 5 月印发低碳发展行动方案的通知（国办发［2014］23 号），要求整合节能和低碳产品认证制度，制定节能低碳产品认证管理办法。2015 年 9 月国家质检总局和国家发展改革委联合印发《节能低碳产品认证管理办法》。目前发布的《低碳产品认证目录》（第一批与第二批），产品涉及通用硅酸盐水泥、平板玻璃等 7 种产品。虽然节能低碳产品认证还没有包括混凝土产品，但混凝土行业中已有企业开始管理混凝土生产的碳足迹，核查混凝土的碳排放量。

二、发展绿色建材的意义及必要性

1. 是贯彻《中华人民共和国节约能源法》和《民用建筑节能条例》等法律法规的要求

“十一五”规划《纲要》提出了“十一五”单位 GDP 能耗降低 20%左右的约束

性指标，这是贯彻落实科学发展观，加快建设资源节约型、环境友好型社会的重大举措。建筑作为人工环境，是满足人类物质和精神生活需要的重要组成部分。然而，人类对感官享受的过度追求，以及不加节制的开发与建设，使现代建筑不仅疏离了人与自然的天然联系和交流，也给环境和资源带来了沉重的负担。据统计，人类从自然界所获得的50%以上的物质原料用来建造各类建筑及其附属设施，这些建筑在建造与使用过程中又消耗了全球50%左右的能源；在环境总体污染中，与建筑有关的空气污染、光污染、电磁污染等就占了34%；建筑垃圾则占人类活动产生垃圾总量的40%；在发展中国家，剧增的建筑量还造成侵占土地、破坏生态环境等现象日益严重。中国正处于工业化和城镇化快速发展阶段，要在未来15年保持GDP年均增长7%以上，将面临巨大的资源约束瓶颈和环境恶化压力。严峻的事实告诉我们，中国要走可持续发展道路，发展节能与绿色建筑刻不容缓。开展绿色建筑行动，以绿色、循环、低碳理念指导城乡建设，严格执行建筑节能要求，不仅对中国的建筑节能和绿色建筑发展有着积极的促进作用，而且对全球的可持续发展也将产生深远的影响。

2. 可支撑建筑节能，促进绿色建筑发展，推进新型城镇化进程

目前，中国正处于高速工业化和城镇化进程中，每年新开工建设52亿平方米建筑，消耗水泥20多亿吨、钢材6亿吨，建筑能耗呈急剧上升趋势，给环境带来了巨大压力。建材行业、建筑方式的改变刻不容缓。而新型城镇化是国家今后的重点战略方向，是实现人口、经济、资源和环境相协调的生态文明的城镇化，必将直接推动绿色建筑、绿色建材的高速发展。新型城镇化进程的推进，为绿色建材开辟的巨大市场空间已经出现。据国家发改委推算，新型城镇化在未来10年可拉动40万亿元人民币投资，其中就包括绿色建材。另据统计，按每年新开工52亿平方米建筑计算，如果使用绿色模块化房屋技术，每年可节省18亿吨水泥、52亿吨水、4.5亿吨煤炭、2亿吨钢铁。绿色建筑产业化之路对中国产业结构调整、新型城镇化建设意义重大。美丽中国梦的实现，需要推进生态文明的新型城镇化建设。绿色建筑是实现生态文明的先导，绿色建材又是发展绿色建筑的基础。按照《建材工业“十二五”发展规划纲要》，必须加快新型墙体材料和绿色建筑材料的发展，这意味着，在新型城镇化发展过程中，大力发展绿色建筑、绿色建材将是国家战略发展的重要方向。而推广绿色建材与绿色建筑，是实现我国生态文明与新型城镇化建设融合的必由之路。

3. 是加强和改进城市规划建设管理工作，开创城市现代化建设新局面的要求

我国经历了世界历史上规模最大、速度最快的城镇化进程，城镇化率由1978年的17.9%提高到2015年的56.1%，城市基础设施不断完备，城市各项功能日趋健全，城市人居环境显著改善，我国城市发展和城市规划建设管理工作取得了举世瞩目的成就。但必须认识到，在城市规划建设管理方面还存在诸多问题，制约了城市持续健康发展。如城市规划前瞻性、严肃性、强制性和公开性不够，城市建筑贪

大、媚洋、求怪等乱象丛生，特色缺失，文化传承堪忧；城市建设盲目追求规模扩张，节约集约程度不高；依法治理城市力度不够，违法建设、大拆大建问题突出，公共产品和服务供给不足，环境污染、交通拥堵等“城市病”蔓延加重。为此，需加强和改进城市规划建设管理工作，提升城市建设水平，完善城市公共服务，营造城市宜居环境。

4. 可促进绿色消费，加快生态文明建设，推动经济社会绿色发展

推行绿色消费，对于我国生态文明建设意义十分重大。这可以从消费具有的两大效应来认识：一是消费具有下游效应，减少消费能成几何级数地减少资源投入。在人类的各种活动中，消费处于下游。在下游减少一个单位的产品消耗，在上游就能减少数十倍、数百倍甚至数千倍的资源投入。在生态系统最下游减少一个单位的产品消耗，不但可以减少大量资源投入，还可以减少数十倍、数百倍甚至数千倍的污染排放。这对于保护生态环境、实现可持续发展的意义是十分重大的。二是消费同时具有弹性效应，增加消费会抵消提高生产效率的效果。消费数量的增加，往往会抵消提高生产效率、节约资源投入的效果。事实证明，各种工业产品都可以通过实施清洁生产、循环经济提高资源利用率，减少资源消耗量和污染排放量。但如果消费数量增加，这种效果就会被抵消。如，建筑材料的改进可以减少建筑材料消耗、节约能源资源，但人均住房面积的扩大会抵消这种效果。这说明，控制盲目的、不顾环保的消费需求，对于建设资源节约型、环境友好型社会十分重要。

绿色消费是一种具有生态意识的理性消费，不仅包括绿色产品，还包括资源的回收利用、能源的有效使用、对生存环境的保护等，涵盖生产行为、消费行为的方方面面。绿色消费倡导在消费时选择未被污染或有助于公众健康的绿色产品，注重在消费过程中对废弃物的处置，引导消费者崇尚自然舒适、追求健康和关注环保、厉行节约的可持续消费。绿色消费还包括企业公民的社会责任，要求企业发展绿色产业、开发绿色产品、降低生产成本、转变发展方式，努力为广大消费者提供丰富实惠的绿色产品，同时形成有利于节约资源和保护环境的经济发展模式。很清楚，绿色消费模式是资源节约型、环境友好型的消费模式，是符合可持续发展战略的消费模式。

绿色经济已经成为全球环境与发展领域的一种趋势和潮流，也是当前国际社会的共识。发展绿色经济就是要将环境资源作为经济发展的内在要素，把实现经济、社会和环境的可持续发展作为发展目标，把经济活动过程和结果的绿色化、生态化作为主要内容和途径。通过转变经济发展方式、践行绿色文化、发展绿色经济，在现有的技术条件下，从生产到消费、从建设到回收实现绿色化，从而降低排放与污染，提高能效水平，实现社会的可持续发展。

5. 是实现建材工业可持续发展的保证

传统建材工业发展，主要依靠资源和能源的高消耗来支撑，建材工业是典型的资源依赖型行业，也是一个资源耗量大、环境污染严重的行业，传统的生产对生态

系统构成极大的压力，不符合可持续发展的原则。建材行业实现可持续发展非常必要，不仅可以缓解资源枯竭问题，减少矿产资源消耗，减少单位产品消耗，提高不可再生资源的利用效率，延长产品的使用年限，而且可以缓解环境污染问题，向零排放逼近；另外，建材行业也是消纳工业固体废弃物数量巨大且使其再资源化潜力最大的行业，利用全国冶金、煤炭、电力、矿业和化工等部门工业废弃物约占全国工业部门固体废弃物利用总量的80%。建材行业的生产特点和产品属性，决定了建材对其他许多相关产业绿色发展循具有重要作用，是实施可持续发展战略中具有重要作用的产业。

第二节 混凝土的绿色化途径

混凝土的绿色化主要体现在使用无毒无污染的原材料、充分利用工业废渣和用再生资源代替传统材料、降低生产能耗、控制污染物及噪声排放、提高材料耐久性等方面。

一、减少资源消耗的技术措施

1.减少水泥用量

水泥是混凝土的主要原材料之一，一般在混凝土中的用量为200～500kg/m³。水泥熟料在煅烧过程中不仅产生大量粉尘，还排放CO_2、NO_x、SO_2等有害气体，其中CO_2是主要的温室气体。生产1t熟料约排放0.6～1t CO_2左右。因此降低混凝土中水泥用量具有重大意义，特别是在我国仍处于建设高峰阶段。这不仅有利于减少温室气体的排放，而且可减少粉尘污染，对保护环境非常有利。

2.大量利用工业固体废弃物

粉煤灰是我国当前排量较大的工业废渣之一，也是混凝土中最早被使用的矿物掺合料。随着电力工业的发展，2013年的年排放量已达5.8亿吨。冶金行业排放的固体废弃物也非常之多。据统计，2014年我国矿渣粉产量近1.5亿吨，钢渣排放量也逾1亿吨。目前，可开发利用的矿物掺合料的品种在逐渐增加，石灰石粉、天然火山灰、磷渣粉、沸石粉等在混凝土中也得到推广和使用。随着《矿物掺合料应用技术规范》(GB/T 51003)、《混凝土用复合掺合料》(JGJ/T 385)等标准的实施，矿物掺合料的多品种化、复合化、超细化成为掺合料技术发展的一个必然趋势。

矿物掺合料在混凝土中能充分发挥其火山灰活性效应、微集料效应、减水塑化效应及耐久效应，大幅度提高混凝土的工作性能、物理力学性能和耐久性能。矿物掺合料是混凝土的主要功能组分，混凝土所需要的各种特殊性能主要通过各种矿物掺合料来赋予改性，矿物掺合料不仅可替代部分水泥，而且其有时起着比水泥更为重要的作用。矿物掺合料不仅能满足混凝土高性能的要求，而且更能体现混凝土的绿色和可持续发展的要求。

掺合料在混凝土中的大量应用，首先意味着混凝土的生产降低工业废渣本身的环境污染及土地资源浪费；其次减少了胶凝材料中水泥的用量而间接地减少了熟料水泥生产而导致的资源、能源消耗及环境污染；另外在一定程度上提高混凝土的性能，延长混凝土的寿命，减少了维护及重建所需的水泥及混凝土用量，也间接地节约了资源、能源，降低了环境污染。从以上三个方面的论述，以工业废渣为主要成分的矿物掺合料是符合绿色和可持续发展要求的。

3.使用代用骨料

据统计，2014 年我国混凝土用量超过 40 亿立方米。若按 40 亿立方米混凝土总量估算，大约需要消耗粗细骨料超过 70 亿吨。水泥和混凝土行业按目前势头发展下去，我国可开采的石灰石资源将在数十年内消耗殆尽。因此，必须开发新的骨料资源，确保混凝土的可持续发展。目前尾矿、再生骨料及人造骨料等是较好的替代材料，在部分区域已得到使用或试用。

北京已有多年使用铁尾矿代砂的成功经验，通过铁尾矿砂与机制砂按一定比例复合，较好地解决了因机制砂较粗、粒型不好等带来混凝土拌合物工作性不佳的问题。目前，我国已发布了《铁尾矿砂》(GB/T 31288) 和《铁尾矿砂混凝土应用技术规范》(GB 51032) 等标准，为铁尾矿砂的应用起到较好的促进作用。

海砂资源丰富，用海砂取代河砂或山砂，是解决混凝土细骨料资源短缺的有效办法。但海砂中含有 Cl^-、SO_4^{2-}、贝壳、有机物等有害物，容易使钢筋腐蚀，也有可能使混凝土发生硫酸盐侵蚀。因此，海沙在使用前应进行净化处理，确保其技术指标满足《海砂混凝土应用技术规范》(JGJ 206) 等标准的规定。

“再生混凝土”(Recycled Concrete) 又称“再生骨料混凝土”(Recycled Aggregate Concrete)，它是利用旧建筑物上拆除下来的废弃混凝土块，经过分选、清洗、破碎、筛分并按一定比例混合后，作为部分或全部骨料重新拌制混凝土。目前，我国已发布了《混凝土用再生粗骨料》(GB/T 25177)、《混凝土和砂浆用再生细骨料》(GB/T 25176) 和《再生骨料应用技术规范》(JGJ/T 240) 等标准，为再生骨料的应用起到较好的指导作用。

发达国家对建筑垃圾的利用研究起步较早，第二次世界大战后，德国、日本等国对废弃混凝土进行了开发研究和再生利用。从 20 世纪 70 年代开始，德国、日本、荷兰、美国等在这方面进展很快，取得了一系列的研究成果并积极推广应用于工程实际。综合起来看，国外的研究与应用主要集中于以下几个方面：一是研究建筑垃圾作为再生骨料的技术，解决循环利用的难题，扩大再生骨料的应用范围；二是研究再生骨料和再生混凝土的分类，包括原生混凝土对再生混凝土性能影响，然后制定再生骨料及再生混凝土的技术规范，为应用提供技术依据；三是研究制定配套的法律法规，鼓励再生骨料和再生混凝土的应用。尽管我国也出台了鼓励使用再生骨料的相关政策及标准，但还没有形成再生骨料大量使用的先例，主要是受其来源复杂、生产和加工工序多、生产成本高、质量不稳定等问题困扰，但从节省资源和保护环境的角度出发，再生骨料的利用具有重要的社会效益和环境效益。

人造骨料是以天然材料、工业废渣、城市垃圾、下水道污泥等为原料制得的混凝土骨料，其中，可用来生产骨料的工业废弃物很多，如矿渣、钢渣、粉煤灰等。此外，用粉煤灰、粘土页岩等烧制的人造轻骨料，不仅可制造轻质混凝土，而且可减轻结构自重，提高建筑物保温隔热性能，减少建筑能耗。

二、节能减排控制技术和措施

1. 延长混凝土结构的使用寿命

20 世纪 70 年代以来，许多已建混凝土工程，特别是早年修建的桥梁等基础设施，由于混凝土老化引起的问题日渐突出，其维修或更新不仅耗资巨大，而且会严重扰乱社会正常的生产和秩序。实践证明，传统混凝土并不总是像它当初应用时那么耐久，一些暴露于室外大气和处于腐蚀环境中的混凝土结构，有的寿命只有一二十年甚至只有几年。现在不少发达国家每年用于已建混凝土工程的维修和更新费用已经超过新建费用，这些教训促使一些国家规定桥梁等重要基础设施工程的使用寿命必须超过 100～120 年、甚至 150 年的要求。我国基本建设比发达国家迟三十多年，有不少混凝土工程使用寿命远低于设计要求。目前，我国对重要结构已按 100 年安全使用期进行设计。在建设工程中，推广和使用高性能混凝土，延长混凝土结构的使用寿命，提高资源利用效率，是推进节能减排的重要举措。

2. 循环再生利用混凝土

据对砖混结构、全现浇结构和框架结构等建筑施工材料损耗的粗略统计，在每万平方米建筑的施工过程中，仅建筑垃圾就会产生 500～600t。而每万平方米拆除的旧建筑，将产生 7000～12000t 建筑垃圾。我国建筑垃圾的数量已占到城市垃圾总量的 30%～40%，预计到 2020 年，我国还将新增建筑面积约 300 亿平方米，新产生的建筑垃圾将是一个令人震撼的数字。大量的建筑垃圾如不能适当加以利用，不仅不符合我国发展循环经济和可持续发展的国策，而且会给环境治理造成很大的困难。如何科学有效地解决我国当前的建筑垃圾，实现建筑垃圾的资源化，是一个急迫并且重要的问题。随着我国城镇化建设的蓬勃发展，建筑垃圾的产生量也与日俱增，上海、北京、青岛、深圳等地对建筑垃圾的回收利用做了一定探索和尝试，一些高校、科研院所也开展了这方面的相关研究。1997 年，建设部将“建筑废渣综合利用”列入了科技成果重点推广项目。2002 年，上海市科委设立重点项目，对混凝土再生及高效利用的关键技术进行了比较系统的研究。2004 年，交通部启动了“水泥混凝土路面再生利用关键技术研究”。2007 年，科技部将“建筑垃圾再生产品的研究开发”列入国家科技支撑计划。可见，再生骨料及再生混凝土的研究正在兴起，已成为我国学术界和工程界关注的热点和前沿问题之一。

但再生骨料也存在如下缺点：再生骨料的来源具有多样性，且地方差异大，因而性能不稳定，离散性较大。和普通砂石骨料相比，再生骨料表面粗糙，棱角较多，并且骨料表面还包裹着相当数量的水泥砂浆（孔隙率大、吸水率高）。再加上在解体、破碎过程中由于损伤积累使再生骨料内部存在大量微裂纹，这些因素都使再生骨料的吸水率和吸水速率增大，而且表观密度比普通混凝土低；同时，这些物理特性又与基体混凝土（即废弃混凝土）的强度等级、配合比、使用时间、使用环境及地域等因素有关。

再生骨料的开发和应用，一方面可重复循环利用废弃混凝土；另一方面，还可解决天然骨料日益匮乏以及大量混凝土废物造成生态环境恶化的现实，确保混凝土的可持续发展。

3.大力推广应用高性能混凝土技术

混凝土作为一种在建筑工程中使用最为广泛的大宗建筑材料，随应用领域的不断扩展，各种特殊工程对其性能的要求在不断提高。首先强度是表征混凝土最常规而且也是主要的一项技术指标，在相当长一段时间内混凝土强度直接代表着混凝土发展的技术水平，随高层建筑及大跨度桥梁的不断建设与发展，混凝土必然会向着高强方向发展。其次，由于施工机械化和生产效率的不断提高，混凝土的生产已经走上了商品化的道路，而且混凝土的供应品种也在不断增加，如泵送混凝土，水下不分散混凝土，免振捣自密实混凝土等，这都要求混凝土具有良好的流动性、可泵性、保水性等施工性能。再次，混凝土的耐久性也越来越成为国内外混凝土研究人员关注的热点，良好的耐久性不仅意味着混凝土结构的寿命延长，而且更重要的是能适应各种不同的恶劣环境，抵御不同侵蚀介质的破坏，如在大型水利大坝、海洋钻油平台等特殊工程中混凝土的耐久性往往比强度更为重要。另外，为了适应新材料的发展趋势，人们对混凝土的某些特殊功能提出了要求，如超早强、高耐磨、吸声等性能。综上所述，混凝土的发展必然会迈向高性能的发展道路。

采用低水胶比和加入矿物掺合料是配制高性能混凝土的核心技术，采用高性能混凝土具有如下优点。

（1）能更多地节约水泥熟料，更有效的减少环境污染，同时也能大量降低物料消耗与能耗。

（2）能更多地掺加以工业废渣为主的矿物掺合料，改善环境，节约土地资源，减少二次污染。

（3）能延长建筑物使用寿命，从而减少维护、维修成本。

可见，高性能混凝土在节能、节材、节地、工程经济、减轻环境污染等方面都具有重要意义，应大力推广应用。

三、环境影响控制技术和措施

1.使用环保型外加剂

混凝土外加剂在现代混凝土技术中起着重要作用，外加剂可提高混凝土强度，改善混凝土工作性及耐久性。以前使用外加剂时只注重对混凝土性能的影响，对环境及人身健康危害往往被忽视了。如早期使用的早强剂、防冻剂中采用氯盐引起的钢筋锈蚀，采用尿素造成建筑物室内空气污染，采用亚硝酸盐对水体的污染等，因此应明确混凝土外加剂可能存在的环境问题、耐久性问题以及对人体健康的危害，实现外加剂的环保化和绿色化。

2.提高混凝土的工作性

良好的工作性是混凝土获得匀质性和安全性的前提。没有良好的工作性就不可能有良好的耐久性，如混凝土在生产和施工过程中出现的离析、泌水、蜂窝、孔洞等严重缺陷。良好的工作性可使施工简便并加快施工进度、改善劳动条件，有利于环境保护。工作性的提高可使拌合物的填充性、自流平性和均匀性得以提高，并为混凝土生产和施工走向机械化和自动化创造条件。因此，对混凝土的工作性应予以重视。

3.使用预拌混凝土技术

预拌混凝土采用集中生产与统一供应的模式，为采用新技术与新材料、实行严格的质量控制、改进施工方法、保证工程质量创造了有利条件，在质量、效率、需求、能耗、环保等方面，具有无可比拟的优势，与可持续发展有密切联系。预拌混凝土的应用数量和比例标志着一个国家混凝土工业化生产水平。

4.大力推广和应用装配式构件

装配式构件是在工厂预制完成的，然后运抵施工现场后完成组装，这种产业化和工业化的建筑在欧美、日本等国家已广泛采用。发展装配式构件具有以下优点。

（1）有利于提高建筑质量。由于装配式建筑是在工厂预制的，能最大限度地改善建筑墙体开裂、渗漏等质量通病，提高住宅安全等级、防火性和耐久性。

（2）有利于加快工程进度。据统计，装配式建筑比传统施工作业方式的效率提升30%左右。

（3）有利于文明施工和安全管理。实现构件装配化后，大量工作主要在工厂制作完成，施工现场作业量大量减少，施工人员数量大大下降，有利于文明生产和安全作业。

（4）有利于环境保护和节约资源。实现构件装配化后，模板等重复利用率提高，建筑垃圾、损耗、能耗等大幅减少，这对环保和节能、节材意义重大。

5.采用绿色生产工艺与技术

生产绿色化是高性能混凝土的主要特征，通过要求搅拌站（楼）封闭，关键扬尘环节安装除尘装置，搅拌主机、装载机等选用低噪声设备，对混凝土生产过程中产生的废水、粉尘和噪声进行控制和检测是确保绿色生产持续有效运行的手段。

第三节 预拌混凝土绿色生产及管理技术

我国预拌混凝土通常在预拌混凝土搅拌站（楼）、预制混凝土构件厂及施工现场搅拌楼进行集中搅拌生产。为规范预拌混凝土绿色生产及管理技术，保证混凝土质量，满足节地、节能、节材、节水和环境保护要求，2014 年 4 月住房城乡建设部发布了《预拌混凝土绿色生产及管理技术规程》（JGJ/T 328）。该标准主要从厂址选择和厂区要求、设备设施、控制要求、监测控制及绿色生产评价等方面进行了规定，适用于预拌混凝土绿色生产、管理及评价。预拌混凝土绿色生产及管理技术的主要内容如下。

一、厂址选择和厂区要求

1. 厂址选择

（1）搅拌站（楼）厂址应符合规划、建设和环境保护的要求。

（2）搅拌站（楼）厂址宜满足生产过程中合理利用地方资源和方便供应产品的要求。

2. 厂区要求

（1）厂区内的生产区、办公区和生活区宜分区布置，可采取下列隔离措施降低生产区对生活区和办公区环境的影响。

① 可设置围墙和声屏障，或种植乔木和灌木来减弱或阻止粉尘和噪声传播。

② 可设置绿化带来规范引导人员和车辆流动。

（2）厂区内道路应硬化，功能应满足生产和运输要求。

（3）厂区内未硬化的空地应进行绿化或采取其他防止扬尘措施，且应保持卫生清洁。

（4）生产区内应设置生产废弃物存放处。生产废弃物应分类存放、集中处理。

（5）厂区内应配备生产废水处置系统。宜建立雨水收集系统并有效利用。

（6）厂区门前道路和环境应符合环境卫生、绿化和社会秩序的要求。

二、设备设施

（1）预拌混凝土绿色生产宜选用技术先进、低噪声、低能耗、低排放的搅拌、运输和试验设备。设备应符合《混凝土搅拌站（楼）》（GB/T 10171）、《混凝土搅拌机》（GB/T 9142）和《混凝土搅拌运输车》（GB/T 26408）等的相应规定。

（2）搅拌站（楼）宜采用整体封闭方式。

（3）搅拌站（楼）应安装除尘装置，并应保持正常使用。

（4）搅拌站（楼）的搅拌层和称量层宜设置水冲洗装置，冲洗产生的废水宜通过专用管道进入生产废水处置系统。

(5) 搅拌主机卸料口应设置防喷溅设施。装料区域的地面和墙壁应保持清洁卫生。

(6) 粉料仓应标识清晰并配备料位控制系统，料位控制系统应定期检查维护。

(7) 骨料堆场应符合下列规定。

① 地面应硬化并确保排水通畅。

② 粗、细骨料应分隔堆放。

③ 骨料堆场宜建成封闭式堆场，宜安装喷淋抑尘装置。

(8) 配料地仓宜与骨料仓一起封闭，配料用皮带输送机宜侧面封闭且上部加盖。

(9) 粗、细骨料装卸作业宜采用布料机。

(10) 处理废弃新拌混凝土的设备设施宜符合下列规定。

① 当废弃新拌混凝土用于成型小型预制构件时，应具有小型预制构件成型设备。

② 当采用砂石分离机处置废弃新拌混凝土时，砂石分离机应状态良好且运行正常。

③ 可配备压滤机等处理设备。

④ 废弃新拌混凝土处理过程中产生的废水和废浆应通过专用管道进入生产废水和废浆处置系统。

(11) 预拌混凝土绿色生产应配备运输车清洗装置，冲洗产生的废水应通过专用管道进入生产废水处置系统。

(12) 搅拌站（楼）宜在皮带传输机、搅拌主机和卸料口等部位安装实时监控系统。

三、控制要求

1. 原材料

(1) 原材料的运输、装卸和存放应采取降低噪声和粉尘的措施。

(2) 预拌混凝土生产用大宗粉料不宜使用袋装方式。

(3) 当掺加纤维等特殊原材料时，应安排专人负责技术操作和环境安全。

2. 生产废水和废浆

(1) 预拌混凝土绿色生产应配备完善的生产废水处置系统，可包括排水沟系统、多级沉淀池系统和管道系统。排水沟系统应覆盖连通搅拌站（楼）装车层、骨料堆场、砂石分离机和车辆清洗场等区域，并与多级沉淀池连接；管道系统可连通多级沉淀池和搅拌主机。

(2) 当采用压滤机对废浆进行处理时，压滤后的废水应通过专用管道进入生产废水回收利用装置，压滤后的固体应做无害化处理。

（3）经沉淀或压滤处理的生产废水用作混凝土拌合用水时，应符合下列规定。

① 与取代的其他混凝土拌合用水按实际生产用比例混合后，水质应符合《混凝土用水标准》（JGJ 63）的规定，掺量应通过混凝土试配确定。

② 生产废水应经专用管道和计量装置输入搅拌主机。

（4）废浆用于预拌混凝土生产时，应符合下列规定。

① 取废浆静置沉淀 24h 后的澄清水与取代的其他混凝土拌合用水按实际生产用比例混合后，水质应符合《混凝土用水标准》（JGJ 63）的规定。

② 在混凝土用水中可掺入适当比例的废浆，配合比设计时可将废浆中的水计入混凝土用水量，固体颗粒量计入胶凝材料用量，废浆用量应通过混凝土试配确定。

③ 掺用废浆前，应采用均化装置将废浆中固体颗粒分散均匀。

④ 每生产班检测废浆中固体颗粒含量不应少于 1 次。

⑤ 废浆应经专用管道和计量装置输入搅拌主机。

（5）生产废水、废浆不宜用于制备预应力混凝土、装饰混凝土、高强混凝土和暴露于腐蚀环境的混凝土；不得用于制备使用碱活性或潜在碱活性骨料的混凝土。

（6）经沉淀或压滤处理的生产废水也可用于硬化地面降尘和生产设备冲洗。

3. 废弃混凝土

（1）废弃新拌混凝土可用于成型小型预制构件，也可采用砂石分离机进行处置。分离后的砂石应及时清理、分类使用。

（2）废弃硬化混凝土可生产再生骨料和粉料，由预拌混凝土生产企业消纳利用，也可由其他固体废弃物再生利用机构消纳利用。

4. 噪声

（1）预拌混凝土绿色生产应根据《声环境质量标准》（GB 3096）和《工业企业厂界环境噪声排放标准》（GB 12348）的规定以及规划，确定厂界和厂区声环境功能区类别，制定噪声区域控制方案和绘制噪声区划图，建立环境噪声监测网络与制度，评价和控制声环境质量。

（2）搅拌站（楼）的厂界声环境功能区类别划分和环境噪声最大限值应符合表 9-1 的规定。

表 9-1 搅拌站（楼）的厂界声环境功能区类别划分和环境噪声最大限值 单位：dB（A）

声环境功能区域	时段	
	昼间	夜间
以居民住宅、医疗卫生、文化教育、科研设计、行政办公为主要功能，需要保持安静的区域	55	45
以商业金融、集市贸易为主要功能，或者居住、商业、工业混杂，需要维护住宅安静的区域	60	50
以工业生产、仓储物流为主要功能，需要防止工业噪声对周围环境产生严重影响的区域	65	55
高速公路、一级公路、二级公路、城市快速路、城市主干路、城市次干路、城市轨道交通地面段、内河航道两侧区域，需要防止交通噪声对周围环境产生严重影响的区域	70	55
铁路干线两侧区域，需要防止交通噪声对周围环境产生严重影响的区域	70	60

注：环境噪声限值是指等效声级。

（3）对产生噪声的主要设备设施应进行降噪处理。

（4）搅拌站（楼）临近居民区时，应在对应厂界安装隔声装置。

5. 生产性粉尘

（1）预拌混凝土绿色生产应根据《环境空气质量标准》（GB 3095）和《水泥工业大气污染物排放标准》（GB 4915）的规定以及环境保护要求，确定厂界和厂区内环境空气功能区类别，制定厂区生产性粉尘监测点平面图，建立环境空气监测网络与制度，评价和控制厂区和厂界的环境空气质量。

（2）搅拌站（楼）厂界环境空气功能区类别划分和环境空气污染物中的总悬浮颗粒物、可吸入颗粒物和细颗粒物的浓度控制要求应符合表 9-2 的规定。厂界平均浓度差值应符合下列规定。

① 厂界平均浓度差值应是在厂界处测试 1h 颗粒物平均浓度与当地发布的当日 24h 颗粒物平均浓度的差值。

② 当地不发布或发布值不符合混凝土站（楼）所处实际环境时，厂界平均浓度差值应采用在厂界处测试 1h 颗粒物平均浓度与参照点当日 24h 颗粒物平均浓度的差值。

■表 9-2　总悬浮颗粒物、可吸入颗粒物和细颗粒物的浓度控制要求

污染物项目	测试时间/h	厂界平均浓度差值最大限值/(μg/ m³)	
		自然保护区、风景名胜区和其他需要特殊保护的区域	居住区、商业交通居民混合区、文化区、工业区和农村地区
总悬浮颗粒物	1	120	300
可吸入颗粒物	1	50	150
细颗粒物	1	35	75

（3）厂区内生产时段无组织排放总悬浮颗粒物的 1h 平均浓度应符合下列规定。

① 混凝土搅拌站（楼）的计量层和搅拌层不应大于 1000μg/m³。

② 骨料堆场不应大于 800μg/m³。

③ 搅拌站（楼）的操作间、办公区和生活区不应大于 400μg/m³。

（4）预拌混凝土绿色生产宜采取下列防尘技术措施。

① 对产生粉尘排放的设备设施或场所进行封闭处理或安装除尘装置。

② 采用低粉尘排放量的生产、运输和检测设备。

③ 利用喷淋装置对砂石进行预湿处理。

6. 运输管理

（1）运输车应达到当地机动车污染物排放标准要求，并应定期保养。

（2）原材料和产品运输过程应保持清洁卫生，符合环境卫生要求。

（3）预拌混凝土绿色生产应制定运输管理制度，并应合理指挥调度车辆，且宜采用定位系统监控车辆运行。

（4）冲洗运输车辆宜使用循环水，冲洗运输车产生的废水可进入废水回收利用设施。

7. 职业健康安全

（1）预拌混凝土绿色生产除应符合《职业健康安全管理体系要求》（GB/T

28001）的规定外，尚应符合下列规定。

① 应设置安全生产管理小组和专业安全工作人员，制定安全生产管理制度和安全事故应急预案，每年度组织不少于一次的全员安全培训。

② 在生产区内噪声、粉尘污染较重的场所，工作人员应佩戴相应的防护器具。

③ 工作人员应定期进行体检。

（2）生产区的危险设备和地段应设置醒目安全标识，安全标识的设定应符合《安全标志及其使用导则》（GB 2894）的规定。

四、监测控制

1. 绿色生产监测控制对象应包括生产性粉尘和噪声。当生产废水和废浆用于制备混凝土时，监测控制对象尚应包括生产废水和废浆。预拌混凝土绿色生产应编制监测控制方案，并针对监测控制对象定期组织第三方监测和自我监测。废浆、生产废水、噪声和生产性粉尘的监测时间应选择满负荷生产时段，监测频率最小限值应符合表 9-3 的规定，检测结果应符合相关控制要求的规定。

■表 9-3 废浆、生产废水、噪声和生产性粉尘的监测频率最小限值

监测对象	监测频率/(次/年)		
	第三方监测	自我监测	总计
废浆	1	—	1
生产废水	1	—	1
噪声	1	2	3
生产性粉尘	1	—	1

2. 生产废水的检测方法应符合《混凝土用水标准》（JGJ 63）的规定。废浆的固体颗粒含量检测方法可按《混凝土外加剂匀质性试验方法》（GB/T 8077）的规定执行。

3. 环境噪声的测点分布和监测方法除应符合《声环境质量标准》（GB 3096）和《工业企业厂界环境噪声排放标准》（GB 12348）的规定外，尚应符合下列规定。

（1）当监测厂界环境噪声时，应在厂界均匀设置四个以上监控点，并应包括受被测声源影响大的位置。

（2）当监测厂区内环境噪声时，应在厂区的骨料堆场、搅拌站（楼）控制室、食堂、办公室和宿舍等区域设置监控点，并应包括噪声敏感建筑物的受噪声影响方向。

（3）各监控点应分别监测昼间和夜间环境噪声，并应单独评价。

4. 生产性粉尘排放的测点分布和监测方法除应符合《大气污染物无组织排放监测技术导则》（HJ/T 55）、《环境空气总悬浮颗粒物的测定重量法》（GB/T 15432）和《环境空气 PM_{10} 和 $PM_{2.5}$ 的测定重量法》（HJ 618）的规定外，尚应符合下列规定。

（1）当监测厂界生产性粉尘排放时，应在厂界外 20m 处、下风口方向均匀设置两个以上监控点，并应包括受被测粉尘源影响大的位置，各监控点应分别监测

1h 平均值，并应单独评价。

（2）当监测厂区内生产性粉尘排放时，当日 24h 细颗粒物平均浓度值不应大于 $75\mu g/m^3$。应在厂区的骨料堆场、搅拌站（楼）的搅拌层、称量层、办公和生活等区域设置监控点，各监控点应分别监测 1h 平均值，并应单独评价。

（3）当监测参照点大气污染物浓度时，应在上风口方向且距离厂界 50m 位置均匀设置两个以上参照点，各参照点应分别监测 24h 平均值，取算术平均值作为参照点当日 24h 颗粒物平均浓度。

5. 预拌混凝土绿色生产应定期检查和维护除尘、降噪和废水处理等环保设施，并应记录运行情况。

五、绿色生产评价

（1）预拌混凝土绿色生产评价指标体系可由厂址选择和厂区要求、设备设施、控制要求和监测控制四类指标组成。每类指标应包括控制项和一般项。当控制项不合格时，绿色生产评价结果应为不通过。

（2）绿色生产评价等级应划分为一星级（★）、二星级（★★）和三星级（★★★）。绿色生产评价等级、总分和评价指标要求应符合表 9-4 的规定。

■表 9-4　绿色生产评价等级、总分和评价指标要求

等级	总分	厂区要求			设备设施			控制要求			检测控制		
		控制项	一般项	分值	控制项	一般项	分值	控制项	一般项	分值	控制项	一般项	分值
★	100	1	5	10	2	10	50	1	7	30	1	3	10
★★	130	1	5	10	12	0	50	4	12	60	1	3	10
★★★	160	1	5	10	12	0	50	7	15	90	1	3	10

（3）一星级绿色生产评价应按表 9-5 的规定进行评价。当评价总分不低于 80 分时，评价结果应为通过。

■表 9-5　绿色生产评价通用要求

评价指标	指标类型	分值	分项评价内容	分项分值	评价要素
厂区要求	控制项	4	道路硬化及质量	4	道路硬化率达到 100%，得 2 分；硬化道路质量良好、无明显破损，得 2 分
	一般项	6	功能分区	1	厂区内的生产区、办公区和生活区采用分区布置，得 1 分
			未硬化空地的绿化	1	厂区内未硬化空地的绿化率达到 80%以上，得 1 分
			绿化面积	1	厂区整体绿化面积达 10%以上，得 1 分
			生产废弃物存放处的设置	1	生产区内设置生产废弃物存放处，得 0.5 分；生产废弃物分类存放、集中处理，得 0.5 分
			整体清洁卫生	2	厂区门前道路、环境按门前三包要求进行管理，并符合要求，得 1 分；厂区内保持卫生清洁，得 1 分

续表

评价指标	指标类型	分值	分项评价内容	分项分值	评价要素
设备设施	控制项	14	除尘装置	7	粉料筒仓顶部、粉料贮料斗、搅拌机进料口或骨料贮料斗的进料口均安装除尘装置，除尘装置状态和功能完好，运转正常，得7分
			生产废水、废浆处置系统	7	生产废水、废浆处置系统包括排水沟系统、多级沉淀池系统和管道系统且正常运转，得4分；排水沟系统覆盖连通装车层、骨料堆场和废弃新拌混凝土处置设备设施，并与多级沉淀池连接，得1分。当生产废水和废浆用作混凝土拌合用水时，管道系统连通多级沉淀池和搅拌主机，得1分，沉淀池设有均化装置，得1分；当经沉淀或压滤处理的生产废水用于硬化地面降尘、生产设备和运输车辆冲洗时，得2分
	一般项	36	监测设备	3	拥有经校准合格的噪声测试仪，得1分；拥有经校准合格的粉尘检测仪，得2分
			清洗装置	4	预拌混凝土绿色生产配备运输车清洗装置，得2分；搅拌站(楼)的搅拌层和称量层设置水冲洗装置，冲洗废水通过专用管道进入生产废水处置系统，得2分
			防喷溅设施	2	搅拌主机卸料口设下料软管等防喷溅设施，得2分
			配料地仓、皮带输送机	6	配料地仓与骨料仓一起封闭，得2分；当采用高塔式骨料仓时，配料地仓单独封闭得2分。骨料用皮带输送机侧面封闭且上部加盖，得4分
			废弃新拌混凝土处置设备设施	4	采用砂石分离机时，砂石分离机的状态和功能良好，运行正常，得4分；利用新拌混凝土成型小型预制构件时，小型预制构件成型设备的状态和功能良好，运行正常，得4分；采用其他先进设备设施处理废弃新拌混凝土并实现砂、石和水的循环利用时，得4分
			粉料仓标识和料位控制系统	3	水泥、粉煤灰、矿粉等粉料仓标识清晰，得1分；粉料仓均配备料位控制系统，得2分
			雨水收集系统	2	设有雨水收集系统并有效利用，得2分
			骨料堆场或高塔式骨料仓	5	当采用高塔式骨料仓时，得5分。当采用骨料堆场时：地面硬化率100%，并排水通畅，得1分；采用有顶盖无围墙的简易封闭骨料堆场，得2分，噪声和生产性粉尘排放满足前述相关控制要求，得2分；采用有三面以上围墙的封闭式堆场，得3分，噪声和生产性粉尘排放满足前述相关控制要求，得1分；采用有三面以上围墙且安装喷淋抑尘装置的封闭式堆场，得4分
			整体封闭的搅拌站(楼)	5	当搅拌站(楼)四周封闭时，得4分，噪声和生产性粉尘排放满足前述相关控制要求，得1分；当搅拌站(楼)四周及顶部同时封闭时，得5分；当搅拌站不封闭并满足前述相关控制要求，得5分
			隔声装置	2	搅拌站(楼)临近居民区时，在厂界安装隔声装置，得2分；搅拌站(楼)厂界与居民区最近距离大于50m时，不安装隔声装置，得2分

续表

评价指标	指标类型	分值	分项评价内容	分项分值	评价要素
控制要求	控制项	5	废弃物排放	5	不向厂区以外直接排放生产废水、废浆和废弃混凝土，得5分
	一般项	25	环境噪声控制	5	第三方监测的厂界声环境噪声限值符合表9-1的规定，得5分
			生产性粉尘控制	7	第三方监测的厂界环境空气污染物中的总悬浮颗粒物、可吸入颗粒物和细颗粒物的浓度符合表9-2中浓度限值的规定，得4分；厂区无组织排放总悬浮颗粒物的1h平均浓度限值符合前述相关控制要求，得3分
			生产废水利用	3	沉淀或压滤处理的生产废水用作混凝土拌合用水并符合前述相关控制要求，得3分；沉淀或压滤处理的生产废水完全循环用于硬化地面降尘、生产设备和运输车辆冲洗时，得3分
			废浆处置和利用	2	利用压滤机处置废浆并做无害化处理，且有应用证明，得2分；或者废浆直接用于预拌混凝土生产并符合前述相关控制要求，得2分
			废弃混凝土利用	2	利用废弃新拌混凝土成型小型预制构件且利用率不低于90%，得1分；或者废弃新拌混凝土经砂石分离机分离生产砂石且砂石利用率不低于90%，得1分；当循环利用硬化混凝土时：由固体废弃物再生利用机构消纳利用并有相关证明材料，得1分；由混凝土生产商自己生产再生骨料和粉料消纳利用，得1分
			运输管理	3	采用定位系统监控车辆运行，得1分；运输车达到当地机动车污染物排放标准要求并定期保养，得2分
			职业健康安全管理	3	每年度组织不少于一次的全员安全培训，得1分；在生产区内噪声、粉尘污染较重的场所，工作人员佩戴相应的防护器具，得1分；工作人员定期进行体检，得1分
监测控制	控制项	5	监测资料	5	具有第三方监测结果报告，得2分；具有生产废水和废浆处置或循环利用记录，得1分；具有除尘、降噪和废水处理等环保设施检查或维护记录，得1分；具有料位控制系统定期检查记录，得1分
	一般项	5	生产性粉尘的监测	2	生产性粉尘的监测符合前述相关控制要求，监测频率符合表9-3的规定，具有监测结果报告，得2分
			生产废水和废浆的监测	2	生产废水和废浆用于制备混凝土时，监测符合前述相关控制要求，监测频率符合表9-3的规定，具有监测结果报告，得2分；生产废水完全循环用于硬化地面降尘、生产设备和运输车辆冲洗时，不需要监测，得2分
			环境噪声的监测	1	环境噪声的监测符合前述相关控制要求，监测频率符合表9-3的规定，具有监测结果报告，得1分

(4) 二星级绿色生产评价应符合下列规定。

① 应按表9-5和表9-6分别评价，并累计评价总分。

② 按表9-5进行评价，评价总分不应低于85分，且设备设施评价应得满分；按表9-6进行评价，评价总分不应低于20分。

③ 当累计评价总分不低于110分时，评价结果应为通过。

■表 9-6 二星级及以上绿色生产评价专项要求

评价指标	指标类型	分值	分项评价内容	分项分值	评价要素
控制技术	控制项	12	生产废水控制	4	全年的生产废水消纳利用率或循环利用率达到 100%，并有相关证明材料
			厂界生产性粉尘控制	5	厂区位于住区、商业交通居民混合区、文化区、工业区和农村地区时，总悬浮颗粒物、可吸入颗粒物和细颗粒物的厂界浓度差值最大限值分别为 250 $\mu g/m^3$、120 $\mu g/m^3$ 和 55 $\mu g/m^3$
			厂界噪声控制	3	比规定的所属声环境昼间噪声限值低 5dB（A）以上，或最大噪声限值 55dB (A)
	一般项	18	废浆和废弃混凝土控制	4	废浆和废弃混凝土的回收利用率或集中消纳利用率均达到 90% 以上
			厂区内生产性粉尘控制	4	厂区内无组织排放总悬浮颗粒物的 1h 平均浓度限值符合下列规定：混凝土搅拌站(楼)的计量层和搅拌层不应大于 800 $\mu g/m^3$；骨料堆场不应大于 600 $\mu g/m^3$
			厂区内噪声控制	3	厂区内噪声敏感建筑物的环境噪声最大限值［dB(A)］符合下列规定：昼间生活区 55，办公区 60；夜间生活区 45，办公区 50
			环境管理	4	应符合《环境管理体系要求及使用指南》(GB/T 24001)规定
			质量管理	3	应符合《质量管理体系要求》(GB/T 19001)规定

（5）三星级绿色生产评价宜符合下列规定。

① 应按表 9-5 、表 9-6 和表 9-7 分别评价，并累计评价总分。

② 按表 9-5 进行评价，评价总分不应低于 90 分，且设备设施评价应得满分；按表 9-6 进行评价，评价总分不应低于 25 分；按表 9-7 进行评价，评价总分不应低于 20 分。

③ 当累计评价总分不低于 140 分时，评价结果应为通过。

■表 9-7 三星级绿色生产评价专项要求

评价指标	指标类型	分值	分项评价内容	分项分值	评价要素
控制技术	控制项	18	生产废弃物	6	全年生产废弃物的消纳利用率或循环利用率达到 100%，达到零排放
			厂界生产性粉尘控制	6	厂区位于住区、商业交通居民混合区、文化区、工业区和农村地区时，总悬浮颗粒物、可吸入颗粒物和细颗粒物的厂界浓度差值最大限值分别为 200 $\mu g/m^3$、80 $\mu g/m^3$ 和 35 $\mu g/m^3$
			厂界噪声控制	6	比规定的所属声环境昼间噪声限值低 10dB(A)以上，或最大噪声限值 55dB(A)
	一般项	12	厂区内生产性粉尘控制	5	厂区内无组织排放总悬浮颗粒物的 1h 平均浓度限值符合下列规定：混凝土搅拌站(楼)的计量层和搅拌层不应大于 600 $\mu g/m^3$；骨料堆场不应大于 400 $\mu g/m^3$
			厂区内噪声控制	5	厂区内噪声敏感建筑物的环境噪声最大限值［dB(A)］符合下列规定：昼间办公区 55；夜间办公区 45
			职业健康安全管理	2	应符合《职业健康安全管理体系要求》(GB/T 28001)规定

第四节　混凝土绿色建材评价

从广义上讲，绿色建材不是一种单独的建材产品，而是对建材“健康、环保、安全”等属性的一种要求。1999 年在我国首届全国绿色建材发展与应用研讨会上首次提出绿色建材的定义，指出绿色建材是使用清洁生产技术，不用或少用天然资源和能源，大量使用工农业或城市固态废物生产的无毒害、无污染、无放射性，达到使用周期后可回收利用，有利于环境保护和人体健康的建筑材料。2014 年住房和城乡建设部、工业和信息化部印发的《绿色建材评价标识管理办法》和 2015 年《促进绿色建材生产和应用行动方案》中指出：绿色建材是指在全生命周期内可减少对天然资源消耗和减轻对生态环境影响，具有“节能、减排、安全、便利和可循环”特征的建材产品。

在建材产品全生命周期内，“节能”是指节约生产能耗、运输能耗、施工能耗、使用过程能耗、废弃后的拆除能耗等，要求在这些过程中能耗低；“减排”指污染排放减少，包括原材料开采过程、材料加工生产过程、施工过程、使用过程、废弃过程排放的废渣、废弃、废水，要求在这些过程对环境污染小；“安全”是指不仅保证产品性能指标合格，而且要求安全生产标准化水平达到规定要求；“便利”是指不仅施工性能好，而且满足应用区域实用性和经济性等要求；“可循环”是指在生产、使用、废弃等过程中产生的废弃物可被回收再利用。

一、绿色建材评价技术导则——混凝土

为科学引导和规范管理我国绿色建材评价标识工作，加快绿色建材推广应用、促进绿色建筑发展，住房城乡建设部、工业和信息化部制定了《绿色建材评价技术导则》（试行，第一版）。该导则制定了砌体材料、保温材料、预拌混凝土、建筑节能玻璃、陶瓷砖、卫生陶瓷、预拌砂浆等七类建材产品的评价技术要求，适用于上述七类产品的绿色建材评价。该导则将不断修订和完善，逐步扩展其他种类建材产品的评价技术要求。绿色建材评价在符合该导则的要求和各地域特征的同时，还应符合国家相关法律、法规和标准的规定。

现重点介绍《绿色建材评价技术导则》中关于混凝土的评价技术要求。

1. 基本规定

（1）评价指标体系分为控制项、评分项和加分项。参评产品及其企业必须全部满足控制项要求。评分项总分为 100 分，加分项总分为 5 分，总得分和评分项得分的计算公式如下。

$$Q_{总}=Q_{评}+Q_{加}$$

$$Q_{评}=\sum w_i Q_i$$

式中 $Q_{总}$——总分；

$Q_{评}$——评分项得分；

$Q_{加}$——加分项得分；

w_i——评分项各指标权重；

Q_i——评分项各指标得分。

（2）控制项主要包括大气污染物、污水、噪声排放，工作场所环境、安全生产和管理体系等方面的要求。评分项是从节能、减排、安全、便利和可循环五个方面对建材产品全生命周期评价。加分项是重点考虑建材生产工艺和设备的先进性、环境影响水平、技术创新和性能等。

（3）评分项指标节能是指单位产品能耗、原材料运输能耗、管理体系等要求；减排是指生产厂区污染物排放、产品认证或环境产品声明（EPD）、碳足迹等要求；安全是指影响安全生产标准化和产品性能的指标；便利是指施工性能、应用区域适用性和经济性等要求；可循环是指生产、使用过程中废弃物回收和再利用的性能指标。

（4）控制项的评定结果为满足或不满足；评分项和加分项的评定结果为获得分值或不得分。

（5）绿色建材等级由评价总得分确定，低到高分为“★”、“★★”和“★★★”三个等级。等级划分见表 9-8。

■表 9-8 绿色建材等级划分

等　　级	★	★★	★★★
分值($Q_{总}$)区间	$60\leq Q_{总}<70$	$70\leq Q_{总}<85$	$Q_{总}\geq 85$

2. 预拌混凝土

（1）控制项

① 生产企业的基本要求应符合表 9-9 的规定。

■表 9-9 生产基本要求

项　　目	要　　求
大气污染物排放	《大气污染物综合排放标准》(GB 16297)，三级；或满足地方排放标准的最低要求
污水排放	《污水综合排放标准》(GB 8978)
噪声排放	符合《工业企业厂界环境噪声排放标准》(GB 12348)
工作场所环境	《工作场所有害因素职业接触限值 化学有害因素》(GBZ 2.1) 《工作场所有害因素职业接触限值 物理有害因素》(GBZ 2.2)
安全生产	《企业安全生产标准化基本规范》(AQ/T 9006)，三级
管理体系	完备的质量、环境和职业健康安全管理体系

注：大气污染物、污水、噪声排放应符合环境影响评价批复的要求。

② 企业生产和管理应满足《预拌混凝土绿色生产及管理技术规程》（JGJ/T 328）的要求或当地预拌混凝土绿色生产管理的相关规定。

③ 生产企业应具备详细、可行的应用技术文件。

④ 基本性能应满足《预拌混凝土》（GB/T 14902）要求。

（2）评分项

评分项各指标及权重见表9-10。

■表9-10 评分项各指标权重

指标	权重	具体条文	权重
节能(Ⅰ)	0.26	1. 原材料运输能耗	0.05
		2. 单位产品能耗或碳排放	0.06
		3. 强度等级	0.10
		4. 能源、测量管理体系认证	0.05
减排(Ⅱ)	0.13	1. 厂区大气污染物、污水排放	0.08
		2. 产品认证或评价、环境产品声明(EPD)、碳足迹报告	0.05
安全(Ⅲ)	0.27	1. 标准差	0.10
		2. 抗渗等级、抗氯离子渗透等级、抗碳化等级、抗冻等级	0.15
		3. 安全生产标准化水平	0.02
便利(Ⅳ)	0.10	1. 施工性能、自密实混凝土	0.05
		2. 适用性与经济性	0.05
可循环(Ⅴ)	0.24	1. 报废混凝土产生率	0.06
		2. 报废混凝土回收利用率	0.06
		3. 固体废弃物综合利用比例	0.06
		4. 工业废水回收利用比例	0.06

Ⅰ 节能

① 原材料运输能耗评分为以下两条得分之和，但总分不超过100分：

累计运输半径不大于200km的原材料重量比例不小于60%但小于70%，得40分；不小于70%但小于80%，得60分；不小于80%但小于90%，得80分；不小于90%，得100分。

200km以外的原材料采用铁路、轮船运输的重量比例不小于70%但小于80%，得20分；不小于80%但小于90%，得40分；不小于90%，得60分。

② 近三年单位产品能耗水平或单位产品碳排放量持续改进，总分100分，由专家评分。

③ 强度等级应与设计强度等级一致，得100分。

④ 管理体系评分为以下两条之和。

通过GB/T 23331能源管理体系认证，得60分。

通过GB/T 19022测量管理体系认证，得40分。

Ⅱ 减排

① 厂区大气污染物、污水排放评分为以下两条之和。

符合《大气污染物综合排放标准》（GB 16297）表2规定的二级或地方排放标准的最高要求，得50分。

符合《污水综合排放标准》（GB 8978）规定的一级，得50分。

② 通过产品认证或评价，提交环境产品声明（EPD）、碳足迹报告。评分为以下各条得分之和。

通过产品认证或评价，总分40分，由专家评分。

提交环境产品声明（EPD）报告，总分30分，由专家评分。

提交产品碳足迹报告，总分30分，由专家评分。

Ⅲ 安全

① 同一配合比，连续10个批次产品抗压强度（MPa）的标准偏差评分规则如下。

大于该等级强度标准差上限值σ_{max}的1.0倍，且小于等于1.2倍，得60分。

大于该等级强度标准差上限值σ_{max}的0.8倍，且小于等于1.0倍，得80分。

小于等于该等级强度标准差上限值σ_{max}的0.8倍，得100分。

② 耐久性评分规则如下。

抗渗等级不低于《混凝土耐久性检验评定标准》（JGJ/T 193）规定的P8级，得30分；P10级，得40分；P12级，得50分。

抗氯离子渗透等级符合《混凝土耐久性检验评定标准》（JGJ/T 193）规定的Ⅱ级，得10分；符合Ⅲ级，得20分；符合Ⅳ级及以上，得30分。

抗碳化等级符合《混凝土耐久性检验评定标准》（JGJ/T 193）规定的Ⅲ级，得5分；符合Ⅳ级及以上，得10分。

抗冻等级不低于F300，得5分；不低于F400，得10分。

③ 安全生产标准化水平符合《企业安全生产标准化基本规范》（AQ/T 9006）规定的二级，得80分；符合一级，得100分。

Ⅳ 便利

① 预拌混凝土达到自密实混凝土性能，得100分。

② 预拌混凝土的适用性与经济性评分为以下两条之和。

与应用区域经济发展水平、环境、产业配套等相匹配，总分50分，由专家评分。

与应用区域法律法规、标准规范等相匹配，总分50分，由专家评分。

Ⅴ 可循环

① 报废混凝土产生率评分规则如下。

不小于1.0%但小于1.5%，得60分。

不小于0.5%但小于1.0%，得80分。

小于 0.5%，得 100 分。

② 报废混凝土回收利用率评分规则如下。

不小于 50%但小于 70%，得 60 分。

不小于 70%但小于 90%，得 80 分。

不小于 90%，得 100 分。

③ 固体废弃物综合利用比例评分规则如下。

不小于 30%但小于 50%，得 60 分。

不小于 50%但小于 70%，得 80 分。

不小于 70%，得 100 分。

④ 废水回收利用比例达到 100%，得 100 分。

（3）加分项

① 建筑材料生产过程中采用了先进的生产工艺或生产设备，且环境影响明显低于行业平均水平。总分 2 分，由专家评分。

② 建筑材料具有突出的创新性且性能明显优于行业平均水平。总分 3 分，由专家评分。

二、绿色建材评价标识的组织管理办法实施细则

为落实《绿色建筑行动方案》和《促进绿色建材生产和应用行动方案》、推动绿色建筑发展和建材工业转型升级、推进新型城镇化，依据《中华人民共和国节约能源法》、《民用建筑节能条例》有关要求和《绿色建材评价标识管理办法》，由住房城乡建设部、工业和信息化部于 2015 年 10 月制定了《绿色建材评价标识管理办法实施细则》。

《绿色建材评价标识管理办法实施细则》中要求绿色建材评价应紧密围绕绿色建筑和建材工业发展需求，促进节地与室内外环境保护、节能与能源利用、节水与水资源利用、节材与资源综合利用等方面的材料与产品以及通用绿色建材的生产与应用。同时在实施细则中明确绿色建材评价工作遵循企业自愿和公益性原则，政府倡导，市场化运作。评价技术要求和程序全国统一，标识全国通用，在全国绿色建材评价标识管理信息平台（以下简称信息平台）发布。在实施细则中还明确了绿色建材评价机构、评价专家及有关工作人员对评价结果负责。建材生产企业应对获得标识产品的质量及该产品的全部公开信息负责。

1. 组织管理

（1）组织机构

在《关于成立绿色建材推广和应用协调组的通知》［建办科（2013）30 号］中决定成立绿色建材推广和应用协调组，明确了协调组成员和主要职责。协调组下设办公室，成员由住房城乡建设部建筑节能与科技司、工业和信息化部原材料工业司人员组成，负责日常工作和联络。住房城乡建设部、工业和信息化部绿色建材推广和应用协调组明确为绿色建材评价标识日常管理机构，由该机构承担绿色建材评价

标识日常实施管理和服务工作，以及住房城乡建设部、工业和信息化部委托的相关事项，组织架构图见图9-1。

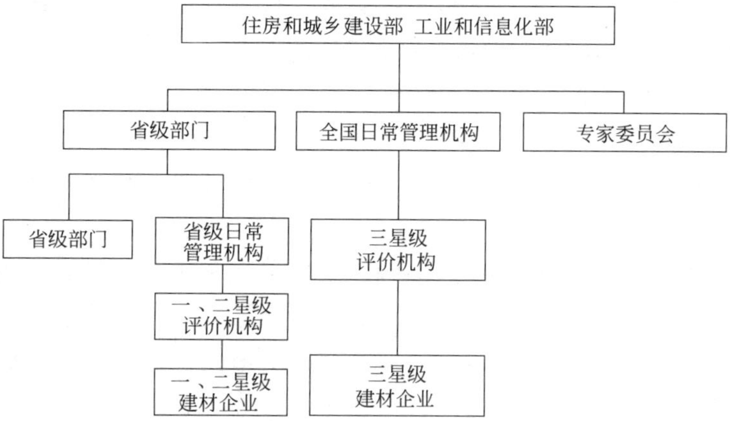

图9-1 绿色建材评价标识管理组织架构

（2）主管部门

住房城乡建设部、工业和信息化部共同推进绿色建材评价标识工作，其主要职责如下。

① 组织编制绿色建材评价技术要求。

② 绿色建材评价证书和标志的制定和使用管理。

③ 建立和维护全国绿色建材评价标识管理信息平台。

④ 三星级评价机构的备案和监督管理，一、二星级评价机构备案。

⑤ 绿色建材评价标识的查询，申诉、举报等事务的审核和处理。

⑥ 对相应的评价机构和获得标识的企业定期或不定期抽查和检查。

⑦ 指导地方绿色建材评价标识日常工作。

⑧ 组织专家委员会的活动。

各省、自治区、直辖市住房城乡建设、工业和信息化主管部门，负责本地区绿色建材评价标识工作，其主要职责如下。

① 明确省级绿色建材评价标识日常管理机构。

② 一星级、二星级评价机构的备案并将备案情况及时报送有关部门。

③ 本地区绿色建材评价标识应用的协调和监管。

④ 在信息平台发布本地区绿色建材评价标识等工作。

2.专家委员会

（1）主要职责

全国绿色建材评价标识专家委员会由住房城乡建设部、工业和信息化部两部门负责组建，省级部门可参照成立省级专家委员会，其主要职责如下。

① 提供技术咨询和支持。

② 评审绿色建材评价技术要求。

③ 其他相关工作。

(2) 聘任条件

专家委员会由建筑、建材等领域专家组成，设主任委员1名、副主任委员2～3名。委员任期为3年，可连续聘任。委员应具备以下条件。

① 高级技术职称且长期从事本专业工作，具有丰富的理论知识和实践经验，在专业领域有一定的学术影响。

② 熟悉建筑或建材产业发展现状和国内外趋势，了解相关政策、法规、标准和规范。

③ 出版过相关专著、发表过相关科技论文、主持过相关国家或行业标准编制或主持过国家相关科技项目。

④ 良好的科学道德、认真严谨的学风和工作精神，秉公办事，并勇于承担责任。

⑤ 身体健康，年龄一般不超过68岁。

(3) 聘任程序

① 单位或个人推荐，填写《全国绿色建材评价标识专家委员会专家登记表》，并提供相应的证明材料，经所在单位同意，报送有关部门审核。

② 通过审核的，颁发《全国绿色建材评价标识专家证书》。

3. 评价机构

(1) 评价机构应具备的条件

① 评价工作所需要的土木工程、材料与制品、市政与环境、节能与能源利用、机电与智能化、资源利用和可持续发展等专业人员，一星级、二星级评价机构不少于10人，三星级评价机构不少于30人。

其中中级及以上专业技术职称人员比例不得低于60%，高级专业技术职称人员比例不得低于30%。

② 独立法人资格，在行业内具有权威性、影响力。

③ 评价机构人员应遵守国家法律法规，熟悉相关政策和标准规范，以及绿色建材评价技术要求。

④ 组织或参与过国家、行业或地方相关标准编制工作，或从事过相关建材产品的检测、检验或认证工作。

⑤ 开展评价工作相适应的办公条件。

⑥ 所需的其他条件。

(2) 对评价机构的管理

对评价机构实施备案和动态信用清单管理。拟从事绿色建材评价标识工作的机构应提交《绿色建材评价机构备案表》。备案表应随附相关材料复印件，如法人资格证书、营业执照和其他证明材料等。

从事三星级绿色建材评价标识工作的机构，经所在地省级部门向两部门备案。中央企事业单位、全国性行业学（协）会可直接向两部门提交备案表，同时抄报所在地省级部门。从事各地一、二星级绿色建材评价标识工作的机构，向当地省级部门备案。三星级评价机构如开展一星级、二星级标识评价的，向相应的省级部门备案。从事三星级评价标识工作的机构应不少于两家，每省（自治区、直辖市）从事一、二星级评价标识工作的机构应不少于两家。

评价机构相关信息及时在信息平台发布。评价机构与申请评价标识的企业不得有任何经济利益关系。从事相关建材产品设计、生产和销售的企事业单位原则上不得作为绿色建材评价机构。

4.标识申请、评价及使用

(1) 标识申请由建材生产企业向相应的评价机构提出。生产企业可依据评价技术要求向相应等级的评价机构，申请相应的星级评价和标识。同一生产企业的同一种产品不得同时向多个评价机构提出相同星级的申请。

(2) 标识申请企业应填写《绿色建材评价标识申报书》，按照评价技术要求提供相应技术数据和证明材料，并对其真实性和准确性负责。

(3) 评价机构收到企业申请后，须在5个工作日内完成形式审查。通过形式审查的，评价机构向申请企业发放受理通知书。双方应以自愿为原则，协议双方的权利和义务等。未通过形式审查的，应一次性告知申请企业应补充的材料。

(4) 评价工作应在30个工作日内完成（不含抽样复测时间）。

评价通过的，予以公示，公示期为10个工作日。公示无异议后，评价机构向两部门申请证书编号，颁发标识；公示有异议的，由相应主管部门组织复核。

评价未通过的，如企业对评价结果有异议，应在10个工作日内向受理的评价机构提出申诉，评价机构应在10个工作日内给出答复意见；企业对评价机构的答复意见仍有异议的，可向相应的主管部门提出申诉。

(5) 评价机构按照本办法规定和评价技术要求对企业申请的产品进行评价，出具评价报告，明确评价结论和等级等。

(6) 获得绿色建材评价标识的企业，应以适当、醒目的方式在产品或包装上明示绿色建材标识。

(7) 获得标识的企业应建立标识使用管理制度，规范标识使用，保证出厂产品各项性能指标与标识的一致性。对标识的使用情况应如实记录和存档。

(8) 标识有效期为3年，有效期内企业应于每年12月底前向评价机构提交标识使用情况报告。有效期满6个月前可向评价机构申请延期使用复评。延期复评程序与初次申请程序一致。

(9) 获得标识的企业如发生企业重大经营活动变化的，应及时向评价机构报备。出现下列重大变化之一的，应重新提出评价申请。

① 企业生产装备、工艺等发生重大变化且严重影响产品性能的。

② 企业生产地点发生转移的。

③ 产品标准发生更新且影响产品检测结论的。

5. 监督管理

（1）评价机构每年3月底前向相应的主管部门提交上年度工作报告。报告内容应包括：评价工作概况、当年发放标识的统计、评价工作情况分析、机构和人员情况、存在的困难、问题及建议、其他应说明的情况。

（2）主管部门应对相应的评价机构和获得标识的企业进行定期或不定期抽查和检查。

（3）评价机构有下列情况之一的，计入诚信记录并以适当方式公布。

① 备案过程中提供虚假资料、信息的。

② 未经当地主管部门备案在当地从事绿色建材评价标识工作的。

③ 评审过程中提供虚假资料、信息，造成评价结果严重失实的。

④ 出具虚假评价报告的。

⑤ 不能保证评价工作质量的。

⑥ 其他违背诚实信用原则的情况。

（4）获得标识的企业出现下列重大问题之一的，评价机构应撤销或者由主管部门责令评价机构撤销已授予的标识，并通过信息平台向社会公布。

① 出现影响环境的恶性事件和重大质量问题的。

② 标识产品抽查不合格的。

③ 超范围使用标识的。

④ 以欺骗等不正当手段获得标识的。

⑤ 利用获得的标识进行虚假或夸大宣传的。

⑥ 其他依法应当撤销的情形。

（5）被撤销标识的企业，自撤销之日起2年内不得再次申请标识；再次被撤销标识的企业，评价机构不得再受理其评价申请。撤销标识的有关信息在信息平台上予以公示。

（6）主管部门和管理机构工作人员在工作中徇私舞弊、滥用职权、玩忽职守或者干扰评价工作导致评价不公正的，依照有关规定给予纪律处分；构成犯罪的，依法移送司法机关追究刑事责任。

（7）任何单位或个人对评价过程或评价结果有异议的，可向主管部门提出申诉和举报。

第五节 混凝土环境标志产品认证

为贯彻《中华人民共和国环境保护法》，减少混凝土在生产和使用过程中对人体健康和环境的影响，更好的节约能源、资源，保护环境，由国家环境保护总局组织制定了《环境标志产品技术要求 预拌混凝土》(HJ/T 412—2007)，于2008年04月01日起实施。本标准对预拌混凝土的放射性、水溶性六价铬、矿物掺合料掺量以及释放空气污染物等方面进行了规定。

一、预拌混凝土环境标志产品技术要求

1. 基本要求

(1) 产品质量应符合GB/T 14902标准的要求。

(2) 企业污染物排放必须符合国家或地方规定的污染物排放标准的要求。

(3) 产品生产应采用计算机自动控制的生产工艺，具有计量自动补偿、数据储存、统计和查询功能。

(4) 产品生产过程产生的工业废水回收利用率达100%。

(5) 产品生产过程产生的固体废弃物回收利用率达95%以上。

(6) 产品生产中所使用水泥的散装率达到100%。

2. 技术内容

(1) 混凝土的内照射指数不大于0.9，外照射指数不大于0.9 ($I_{Ra} \leqslant 0.9$ 和 $I_{\gamma} \leqslant 0.9$)。

(2) 混凝土中水溶性六价铬(质量分数)不大于 0.2×10^{-6}。

(3) 矿物掺合料掺量：矿物掺合料占胶凝材料总量的质量分数不小于30%；当利用尾矿砂、尾矿石做骨料时，尾矿与矿物掺合料体积之和占混凝土总体积的体积分数不小于30%。

(4) 混凝土释放空气中污染物应满足表9-11要求。

■表9-11 混凝土释放空气中污染物限量

项 目	污染物限量①
游离甲醛/(mg/m^3)	≤0.08
苯/(mg/m^3)	≤0.03
氨/(mg/m^3)	≤0.2
总挥发性有机化合物 TVOC/(mg/m^3)	≤0.4

① 污染物浓度限量，均应以同步测定的室外空气相应值为空白值。

3. 检验方法

(1) 混凝土放射性的要求按GB 6566—2001进行检测。

(2) 混凝土中水溶性六价铬按表9-12进行检测。

■表9-12 混凝土样品中水溶性六价铬的测定

目 的	适用于混凝土中水溶性六价铬的测定
原理	将标准养护28d的混凝土试件破碎，在(105±5)℃下烘干至恒重后磨细，并通过0.08mm方孔筛，试样不少于2000g，用四分法分样后称取1000g，用蒸馏水或分析等级水充分混合后过滤。滤液用二苯卡巴肼处理，调整酸度、显色，在540nm处测吸光度，在工作曲线上查得铬(Ⅵ)含量

续表

试剂和材料	在分析中使用确认为分析纯的试剂、蒸馏水或符合 GB/T 6682—1992 中的三级水 1. 盐酸(HCl)、丙酮(CH_3COCH_3)、稀盐酸(1.0mol/L)、稀盐酸(0.04mol/L) 2. 铬(Ⅵ)储备液：称取已在(140±5)℃烘干至恒重的重铬酸钾 0.1414g 溶于水，转移至 1000ml 容量瓶中，用水稀释至刻度，摇匀。此溶液 Cr(Ⅵ)含量为 50mg/L 3. 铬(Ⅵ)标准溶液：吸取 10mL 上述储备液移至 100mL 容量瓶，用水稀释至刻度，摇匀。此溶液 Cr(Ⅵ)含量为 5mg/L。此标准溶液不得储存，现用现配 4. 标准曲线的绘制：吸取 1.0mL、2.0mL、5.0mL、10.0mL 和 15.0mL 现配的铬(Ⅵ)标准溶液至 50mL 容量瓶中。每瓶加入 5.0mL 指示剂溶液、5mL 浓度 0.04mol/L 盐酸，用水稀释至刻度，摇匀。每升溶液分别含有 0.1mg、0.2mg、0.5mg、1.0mg、1.5mg 的 Cr(Ⅵ) 加入指示剂溶液 15~30min 后，以试剂空白为参比测量出 540nm 时的吸光度值 根据不同铬(Ⅵ)浓度时的吸光度，绘出标准曲线 5. 指示剂溶液：称取 0.125g 二苯卡巴肼($(C_6H_5NHNH)_2CO$(英文名称 1,5-diphenylcarbazide)，用 25mL 丙酮溶解于 50mL 容量瓶内，用水稀释至刻度，摇匀。此指示剂的使用期限为一周
试验仪器	分析天平(精确至±0.0005g)、电子天平(精确至 0.1g)、水泥胶砂搅拌机(符合 JC/T 681 要求)、分光光度计(能够在 540nm 时测量溶液的吸光度)、比色皿(光程 10mm)、容量瓶(50mL、500mL 和 1000mL)、移液管(1.0mL、2.0mL、5.0mL、10.0mL、15.0mL 和 50.0mL)、量筒(500mL)、pH 计(精度为±0.05)、过滤设备(由一个直径 100mm 玻璃砂芯漏斗安装在一个 2L 的抽滤瓶上，过滤设备与真空泵相连)
主要操作步骤	1. 试样的制备：用四分法称取 1000g 待测样品。将样品放入密封的洁净干燥的容器中，摇动使样品混合均匀 2. 分析滤液的制备：制作质量比例为一份试样和半份水((即水/混凝土粉料的比率为 0.50)的溶液 (1)试料 ① 水必须采用蒸馏水或分析等级的水 ② 若待测样品在水/混凝土粉料的比率为 0.50 分析时不易充分过滤，允许增加水的用量，降低稠度，直至充分过滤 (2)过滤 每次使用时，确保过滤设备(抽滤瓶、砂芯漏斗和低口烧杯)是干燥的。安装好砂芯漏斗，打开抽真空设备，将待测样品倒入砂芯漏斗中，以最大功率抽 10min 得到至少 15mL 滤液。如果此时没有 15mL 滤液，继续抽滤直至得到足够量用于测试的滤液(如果滤液混浊且不能通过简单的过滤去除，可以采用离心分离机和覆有细孔膜的漏斗过滤。如果滤液仍有部分混浊，此样品的空白应为没有加入指示剂溶液的样品的滤液) 3. 空白试验溶液的测定：使用等量的试剂，不加入样品，按照相同的测试步骤进行空白实验，从而对得到的分析测试结果进行校正 4. 铬(Ⅵ)的测定： (1)在过滤后 8h 内，移取 5.0mL(V_2)滤液放入 100mL 烧杯中。加 5mL 指示剂溶液和 20mL 水后摇动。立即用 1.0mol/L 盐酸(通常需要 0.2~0.6mL 即 5~15 滴)调整 pH 值在 2.1~2.5 之间。将溶液移至 50mL(V_3)容量瓶中，用水稀释至刻度并摇匀。放置 15~30min (2)以程序空白为参比，在 540nm 时测量溶液的吸光度 (3)通过标准曲线查出水溶性铬(Ⅵ)的浓度，单位为 mg/L

续表

结果计算	水溶性铬(Ⅵ)的质量分数按下式进行计算: $K = C \times (V_3/V_2) \times (V_1/M) \times 10^{-6}$ 式中 K——水溶性铬(Ⅵ)的质量分数; C——由标准曲线得出的铬(Ⅵ)的浓度，mg/L; V_1——混凝土中水的体积，mL; V_2——滤液的体积，mL; V_3——容量瓶的体积，mL; M——混凝土的质量，g; V_3/V_2——待测滤液的稀释倍数; V_1/M——混凝土的水粉比，通常为 0.50

(3) 矿物掺合料掺量和尾矿用量的要求通过现场检查和文件审查的方式进行验证。

(4) 混凝土释放空气中污染物限量的要求按表 9-13 中规定的方法进行检测。

■表 9-13 混凝土释放空气污染物的测定

目的	适用于混凝土样品释放空气中污染物的测定
原理	参照 GB 50325 中释放空气中污染物的测定方法，根据一般现浇混凝土框架结构暴露在房屋空间单位体积释放污染物的量与试块暴露在密闭容器中单位体积释放污染物的量相等的原理，进行检测
样品制备	将 100mm×100mm×100mm 的一组混凝土试件标养 28d，再置于体积为 1m³ 的密闭容器中存放 9h，测其容器中空气污染物的浓度
试验步骤	混凝土释放空气中污染物的抽样和检验方法按《民用建筑工程室内环境污染控制规范》(GB 50325—2001)进行
结果的计算和处理	测定结果应满足表 9-11 的要求

二、环境标志产品保障措施指南

环境标志产品保障措施指南（以下简称指南）提出了申请者（生产者）建立环境标志产品保障措施的要求，以保证环境标志产品及其申请者（生产者）能够持续有效的符合环境标志标准的要求。申请者（生产者）应建立符合本指南要求的保障措施，并使之有效地运行，且具备批量生产符合环境标志标准要求的产品的能力。

1. 管理要求

(1) 职责

申请者应规定与认证产品有关人员的职责及相互关系，且在组织的管理层内指定一名中国环境标志产品认证负责人，确保能够履行以下方面的职责。

① 建立与保持环境标志产品保障措施，以保证获得中国环境标志认证的产品在认证有效期内持续有效的符合环境标志标准的要求。

② 相关方对申请或获得中国环境标志认证的产品的投诉得到有效处理。

（2）资源

申请者应为环境标志产品保障措施的建立与保持提供必要的资源，确保以下几个方面的内容。

① 生产设备和检验设备能满足产品持续有效符合环境标志标准的要求。

② 从事对产品和产品生产过程环境行为有影响的人员具备必要的能力。

（3）标志与证书的管理

申请者应建立与保持标志与证书管理的保障措施，以确保中国环境标志及其认证证书的使用符合《中国环境标志使用管理规定》的要求。

（4）文件及记录

应建立与保持符合本指南要求的相关文件及记录。

（5）信息交流

申请者应建立与保持必要的信息交流保障措施，以确保以下几个方面的内容。

① 所执行环境标志标准、环境法律法规的有效性。

② 申请者与认证机构信息交流渠道畅通，有关认证产品变更的信息及时通报认证机构。

（6）不符合、纠正与预防措施

申请者应对不符合项进行处理与调查，并采取纠正与预防措施，减少由此产生的影响和防止类似不符合的发生。

（7）保障措施的评审

申请者应对保障措施的建立与运行状况进行定期评审，以确保保障措施的有效性和充分性，评审过程应形成文件。

2.产品环境行为要求

（1）环境标志产品的设计和开发

① 申请者应制定申请环境标志产品的设计标准或规范，其要求应满足环境标志标准的要求。

② 申请者应对产品进行设计和开发策划并形成设计和开发方案，应能在设计和开发方案和相应文件中确定产品环境行为和主要性能指标要求。

③ 申请者应对设计和开发结果进行评审和验证，并对其是否满足环境标志标准进行确认。

（2）受控部件和材料采购

① 申请者应建立采购控制措施，以确保供应商提供使产品满足环境标志标准的受控部件和材料。该措施应明确受控部件和材料采购技术要求，且符合环境标志产品设计的要求。申请者应将采购技术要求与供应方进行有效沟通。

② 申请者应建立对供应商管理的相关措施，应包括对供应商的选择、评定和日常管理相关内容。

(3) 生产过程控制

① 申请者应对影响产品环境行为的关键生产工序进行控制，必要时应制订相应的工艺文件，以确保生产过程处于受控状态。

② 申请者应具备满足生产需要的设施、设备、工装和工作场所，并保持工作场所的整洁，应建立并保持对生产设备进行维护保养的制度。

(4) 检验和试验

① 申请者应对受控部件和原材料进行有效检验，检验项目和主要技术指标应满足采购技术要求的规定。受控部件的检验可由申请者进行，也可以由供应商完成。当由供应商检验时，申请者应对供应商提出明确的检验要求。

② 申请者应在生产的适当阶段对产品进行检验，应规定过程检验要求和方法；形成符合环境标志标准和工艺要求的过程检验文件或规定，并按文件规定进行检验。

③ 申请者应建立成品检验控制措施，规定其环境指标的检验要求和方法；并按要求进行抽样、检验，检验结果应满足环境标志标准的规定。

(5) 不合格品的控制

申请者应建立不合格品的控制措施，对不合格品的标识、隔离和处置及采取的纠正、预防措施进行控制。经返修、返工后的产品应重新检测。应保存对不合格产品的处置记录。

(6) 认证产品的一致性

① 申请者应对批量生产产品与提交认证检验合格的产品的一致性进行控制，以使申请认证的产品持续符合环境标志标准的要求。

② 申请者应对认证产品的受控部件和材料的变更进行控制，确保变更后的产品环境指标符合认证要求。

(7) 产品的包装、标签、储运

① 申请者应保证产品的包装、标签符合相应标准要求，包装材料尽量选择对环境有益的材质。

② 申请者所进行的任何搬运操作和储存环境应不影响产品的性能，同时应采取相应的措施减少在搬运、储存和运输过程中对环境产生的污染。

3. 产品生产过程环境行为要求

(1) 生产者应遵守国家和地方的环境保护法律法规要求。

(2) 生产者每年应提供通过计量认证的环境监测部门出具的污染物排放监测报告。

(3) 生产者应对其生产过程中废水、废气、噪声、危险废物进行识别与评价，并实施有效控制。

(4) 生产者应制定并保持保障措施，以确保：

① 污染治理设备的正确使用与正常运行；

② 污染治理与检验设备按规定进行校准、维护。

4. 产品质量、安全、卫生要求

（1）申请者应建立相应的措施，用来确定认证产品所应执行的产品质量、安全、卫生标准的有效性及该行业强制实施、开展的许可证制度，建立获取更新这些要求的渠道，确保按照产品质量安全、卫生标准的要求实施产品质量检验；并按要求提供由国家或省市技术监督部门认可的检验机构出具的产品质量安全、卫生合格检验报告。

（2）申请者应建立成品检验控制措施，至少规定其主要性能指标的检验要求和方法；并按要求进行抽样、检验，检验结果应满足产品质量安全、卫生标准的规定。成品出现不合格应按文件规定进行评价和处置。申请者不能进行检验的项目，可采取委托检验的方式，并定期请有关检验机构进行检测，以保证质量安全、卫生指标的稳定。当采取委托检验方式时，申请者须保留相应的检验结果。

参考文献

[1] 同继峰，马眷荣主编. 绿色建材. 北京：化学工业出版社. 2015. 10.

[2]《绿色建材评价标识管理办法》［建科（2014）75 号］. 住房和城乡建设部，工业和信息化部. 2014，5.

[3]《绿色建材评价标识管理办法实施细则》［建科（2015）162 号］. 住房和城乡建设部，工业和信息化部. 2015，5.

[4]《绿色建材评价技术导则》（试行）［建科（2015）162 号］. 住房和城乡建设部，工业和信息化部. 2015，5.

[5] 李秋义，高嵩，薛山. 绿色混凝土技术. 北京：中国建材工业出版社. 2014，9.

[6] 绿色建材评价资料汇编. 国建联信认证中心. 2016，3.

[7] 姚武，绿色混凝土. 北京：化学工业出版社. 2006，1.

[8]《环境标志产品保障措施指南》. 中环联合（北京）认证中心有限公司.

[9]《中国环境标志认证的产品认证实施细则 预拌混凝土》. CEC-7052EL-D/0.

[10] JGJ/T 328—2014.

[11] HJ/T 412—2007.

本章主要执笔人：高金枝、段遵莉

附录一

常用数理统计方法和混凝土质量控制图表

本附录介绍了数理统计的一些基本概念，它们是编制标准、规范时常用的工具，也是广大工程技术人员进一步理解标准中有关界限的制定原则，数据的处理分析方法以及进行混凝土质量控制图、表制作和使用方法等所需要掌握的内容。

一、混凝土强度的统计方法

在混凝土生产中，进行混凝土抗压强度试验的目的，是为了控制生产出的混凝土质量达到符合设计的要求。混凝土是由多种材料组成的，每一种组成材料性能的变异以及配合比、搅拌、运输、浇筑和养护等工艺过程的变异都会导致混凝土强度的波动。试件制作的偏差和试验条件的偏差也是引起混凝土强度分散性的原因之一。因此，即使在原材料、配合比和制作工艺条件都完全相同的条件下，生产出的混凝土，其强度也不尽相同，这说明混凝土强度数据具有波动性；同时我们还可以看到，用相同原材料、在相同工艺条件下生产的相同强度等级的混凝土，在相同龄期时强度波动并非杂乱无章，而是服从某种规律性，所以我们应承认客观存在的这种波动性，并利用其波动的规律性，来对混凝土的质量进行控制。

从波动的数据中找出其规律性来，所借用的数学方法为数理统计。

数理统计方法为评定混凝土强度试验结果提供了有力的工具，为改善混凝土生产过程的质量管理和修订规范、标准提供重要依据。

为使统计结果有效，数据应该是随机抽取，尽可能避免按取样人意图选择试样的某种倾向性。“随机取样”的含义是每一个可能的试样被选取到的机会均等。如果样本是根据取样人的判断选取，则难免导致主观的倾向性，而使所得结果失去代表性。

(一) 统计中的几个基本问题

1.概率论和数理统计的研究对象和意义

在我们观察自然现象和社会现象时，会发现下列情形。

如在标准大气压下，把水加热到 100℃时，水会沸腾。这种在一定条件下必然发生的现象叫必然事件，称一次独立试验的结果为事件。

0℃时，水会沸腾，这是不可能的事件。

必然事件和不可能事件，虽然在形式上相反，但有一个共同特点，就是事先对其发生与否可以做出肯定的回答。所有这类现象，称为确定性现象。

但是，在自然界和社会现象中，还广泛存在着与上述确定性现象有着本质区别的另一类现象。例如：投掷一枚质地均匀的硬币，可能国徽朝上，也可能币值朝上。再如某工厂生产的产品，抽查一件，可能是优质品，也可能是次品等。

这些现象的特点：在一定条件下，其可能结果不止一个，至于哪一个出现，事先无法确定，称为随机现象。概率论和数理统计就是以随机现象作为研究对象的。

随机现象所表现出的这种不确定性，是由于在它里面有许多无法控制的因素在影响着最终结果的缘故。

例如：某月某日是否下雨，仅孤立地研究某月某日的天气就很难做出判断；若将几十年来的天气变化情况结合在一起考虑时，就会得出一些规律，用于指导每天的天气预报。

再如：考察某工厂的两批产品，如果每批各抽取一件产品进行质量检验，结果从第一批抽出的那件产品质量不及从第二批抽取的那件，由此而认为第一批产品质量不如第二批，是难以令人信服的。人们往往怀疑所出现的个别结果的偶然性，即个别结果偶然性在起着支配作用。倘若从各批中不是抽一件而是100件甚至更多，第一批中抽出的次品率明显高于第二批，此时再下结论就比较令人信服了，这是由于大量抽检结果所呈现的规律性（统计规律性）更能反映它所代表整批产品的次品率这一内在规律的缘故。

随机现象本身就具备着一次试验结果的不确定性，而在大量重复条件下又呈现出规律性的现象。

比如说，我们将一枚质地均匀的硬币放在手心上，用一定的力向上抛，让硬币自由地落在具有弹性的桌面上，假定出现国徽朝上时，称事件A，那么在抛一次硬币，事件A是否发生是不确定的。当多次重复地抛硬币时，事件A发生的次数（称频数），就能体现出一定的规律性，即约占试验次数的一半。可以写成：

$$\text{A发生的频率数}=\frac{\text{A发生的频数}}{\text{总的试验次数}}=\frac{m}{n}\text{,它接近于}1/2$$

历史上有许多人做过成千上万次的投掷硬币的试验，附表1-1列出他们试验结果的记录。

■ 附表1-1 投掷硬币试验

试验者	投掷次数 n	出现“国徽朝上”的次数 m	频率= m/n
德摩尔根	2040	1061	0.5181
蒲丰	4040	2048	0.5069
皮尔逊	12000	6019	0.5016
皮尔逊	24000	12012	0.5005
维尼	30000	14994	0.4998

从表中数字可以看出，投掷的次数越多，频率越接近0.5。我们就把频率所靠近的那个固定常数作为衡量事件发生的可能性大小的尺度，这个数称为概率。

关于概率，较确切的定义是：在一组条件下，重复做 n 次实验，记 m 为 n 次实验中事件A发生的次数。当实验的次数 n 很大时，如果频率 m/n 稳定地在某一数值 P 的附近摆动；而且，一般来说，随着实验次数的增多，这种摆动的幅度越变越小，则称事件A为随机事件，并称数值 P 为随机事件A在该组条件下发生的概率。一般记作 $P(\mathrm{A})=P$。

上述定义可以简单地说成：“频率具有稳定性的事件叫做随机事件，频率的稳定值叫该随机事件的概率”。

由于频率 m/n 总是介于 0 和 1 之间，因而由概率的定义知道，对任何随机事件 A，皆有 $0 \leqslant P(\mathrm{A}) \leqslant 1$。而对必然事件 U 和不可能事件 V，显然有 $P(\mathrm{U})=1$，$P(\mathrm{V})=0$。因此，当某一事件的概率和 0 非常接近时，这个事件在大量次数的试验中出现的频率非常小，这样的事件称小概率事件。小概率事件虽然不是不可能事件，但在一次试验中出现的可能性很小，通常就可认为，在一次试验中，小概率事件几乎不会发生。

在概率论中研究的是随机事件、随机变量的分布规律和数字特征的性质。而数理统计的理论基础是概率论，它应用概率论的结果，根据试验的资料，对这些规律和数字特征做出判断。

概率论和数理统计之间很难找出截然的分界线，它们既是研究随机现象掌握其统计规律性的数学工具，又是运用所掌握的统计规律性去了解和改造世界的一种重要数学工具，例如天气预报、地震预报的数理统计方法等就是实际的例子。

2. 总体（母体）、个体与样本（子样）

总体是指某一次统计分析工作中，所要研究的对象全体，而个体则为所要研究的全体对象中的一个单位。例如，我们要了解预制构件厂某天 C20 混凝土抗压强度情况，那么该厂这天生产的 C20 混凝土的所有抗压强度值便构成我们研究的全部对象，也就是构成我们要研究的总体，而这天生产的每一块（或一组）试件强度值则为我们研究的总体中的一个个体。可是，如果我们要研究该厂某一个月中每天所生产的混凝土的平均抗压强度值逐日变化情况，那么该厂一个月即 30 天中每天所生产混凝土的平均抗压强度值便成为我们研究的全部对象，即构成我们研究的总体，而某天所生产混凝土的平均抗压强度值则为我们研究的一个个体。

从上述例子可以看出，什么是总体，什么是个体，并不是一成不变的，而是要根据每一次研究的任务而定。

总体的性质由该总体中所有个体的性质而定，所以要了解总体的性质，就必须测定各个个体的性质。很显然，要对一个总体的性质了解得很清楚，必须把总体之中每一个个体的性质都加以测定。但是，我们知道在工业生产中常遇到两种主要困难：第一，总体中个体数目繁多，甚至近似无限多，事实上不可能把总体中全部个体都加以测定，如机器零件制造厂每天加工的螺钉等；第二，总体中的个体数目并不很多，但对个体的某种数量性质的测定是具有破坏性的测定。例如一台轧钢机每天轧制的工字钢，为数并不多，但要了解每天轧制的工字钢的屈服强度时，却不能将每一根工字钢都加以测定，因为一经测定这根工字钢就失去了使用价值。

鉴于上述原因，在对工业生产进行统计研究时，常抽取总体中的一部分个体，通过对这部分个体的测定结果来推测总体的性质，被抽取出来的个体的集合体，称为样本（子样）。样本中包含个体的数量，一般称为样本容量。而在实践中用样本的统计性质去推断总体的统计性质，这一过程称为推断。

3. 几个重要特征值

（1）平均值

在实际生产中，常常从我们要了解的混凝土总体中，抽出一部分混凝土制成若干组试件（样本），得到一批强度数据：X_1，X_2，…，X_n。在处理这批数据时，我们常用其算术平均值来代表所了解的混凝土总体平均水平。在统计中称它为“样本均值”，其计算式为：

$$\overline{X}=\frac{X_1+X_2+\cdots+X_n}{n}=\frac{\sum_{i=1}^{n}X_i}{n} \tag{1}$$

式中，$X_1,X_2,\cdots,X_n$ 表示每个混凝土试件强度值（或组平均值）；$\sum$是求和的意思，$\sum_{i=1}^{n}X_i$ 表示从 X_1 加到 X_n；n 是样本容量。

因此，当总体的容量为 N 时，总体的均值为：

$$\mu=\frac{\sum_{i=1}^{N}X_i}{N}$$

在实践中，我们只能用样本的均值 $\overline{X}$ 来估计总体的均值，当样本的容量 n 足够大时，所得的 $\overline{X}$ 与 μ 的值就很接近了。

（2）标准差（标准离差，均方根差）

一般来讲，要了解某工程混凝土质量情况，只知它的平均水平还是不够的。有时尽管平均水平符合要求，若混凝土强度数据波动太大，有可能不满足设计要求强度的数据量相当多。为了避免这个不足，就必须将平均水平提得比要求强度高得多。前者会带来不安全，后者会带来不经济，因此还必须要掌握被考察混凝土强度的波动情况。衡量混凝土强度波动性（即离散性）大小的指标，在统计中称为标准差 σ（均方根差），它是由每组试件强度与样本均值差的平方和的平均值，再开方求得：

$$\begin{aligned}\sigma&=\sqrt{\frac{(X_1-\overline{X})^2+(X_2-\overline{X})^2+\cdots+(X_n-\overline{X})^2}{n}}\\&=\sqrt{\frac{X_1^2+X_2^2+\cdots+X_n^2-2\overline{X}\sum X_i+n\overline{X}^2}{n}}\\&=\sqrt{\frac{\sum X_i{}^2}{n}-2\overline{X}\,\frac{\sum X_i}{n}+\overline{X}^2}\\&=\sqrt{\frac{\sum X_i{}^2}{n}-2\overline{X}^2+\overline{X}^2}=\sqrt{\frac{1}{n}(\sum X_i{}^2-n\overline{X}^2)}\end{aligned} \tag{2}$$

应当指出，一般统计数学的书中，常将σ表示为总体的标准差，而用S表示样本的标准差。当用S去估计总体的标准差时，上式中分母n必须用$n-1$代替，这样得到的统计结果去推断总体的标准差（σ）时，相当于总体标准差的无偏估计值。因此当用大样本的统计结果去推断总体的标准差时，这两者从数值来看差别很小。

（3）变异系数

上述的标准差是反映混凝土强度绝对数值波动大小的指标，是有量纲的，当检测的量值较大时，绝对误差一般较大；检测的量值较小，绝对误差一般较小。因此还应考虑相对波动的大小（即用平均值的百分率来表示测量值的波动大小），这在统计上用变异系数来表达。计算式为：

$$C_v=\frac{\sigma}{\mu}\times 100\% \quad 或 \quad \frac{S}{\overline{X}}\times 100\% \tag{3}$$

（二）随机变量及其分布的简述

1. 随机变量的概念

全面质量管理的一个特点是用数据说话。在生产过程中，我们要跟各种各样的数据打交道，比如材料强度、滚珠的直径、板材的厚度以及加工某零件的次品数、布的疵点数等，而这些数据都是波动的、分散的，因此是变量。

例1：“从100件产品中（其中有2件不合格品）任抽5件，其中有ζ件不合格品”这一事件，就可用变量ζ来表示，ζ取不同的值时就代表不同的事件发生，如：

$\zeta=0$　表示事件“没有一件是不合格品”

$\zeta=1$　表示事件“有一件是不合格品”

$\zeta=2$　表示事件“有二件是不合格品”

在某一次抽取中，到底那种事件发生是不能确定的。

例2：抛掷一颗骰子一次，它可能出现1点，也可能出现2点、3点、4点、5点、6点。也就是说，在抛掷一颗骰子这个试验中，出现哪一个点数是不确定的，是变量。

从上面的例子可以看到，在一定条件下，可以用一个变量ζ取值来描述事件，但ζ究竟取什么值，不能预先断定，要根据试验结果确定，这样的变量叫随机变量。

随机变量不同于数学中通常遇到的变量，为了掌握这个概念的实质，必须注意以下两点：

（1）随机变量ζ取值不能预先断定，只能根据试验结果而定，这是随机变量取值的“不确定性”。

（2）随机变量取值是“不确定”的，但是，它取各种值还是有内在规律的，确切些说，对任何常数a，事件“$\zeta=a$”是有确定的概率的。换句话说，随机变量取值是遵从一定的“概率分布”的。

2. 随机变量分类

按随机变量的取值情况，分为连续取值与分散取值两大类。

可以连续取值的随机变量，称为连续型随机变量。例如，材料强度、滚珠的直径、纤维的长度等。在“质量管理”中，称它们为计量值。所谓“连续取值”是指它可以取某区间（某范围）内的任意值。

如果可能取到的值是有限个，或者虽然是无限个，但可以一个一个排出来，这样的随机变量被称为是离散型随机变量。比如：某批产品的次品数，喷漆件外表的缺陷数等，在“质量管理”中称它们为计数值。

3.随机变量的概率分布

（1）离散型随机变量的概率分布

① 概念

对于离散型随机变量，仅仅知道它可能取什么值是远远不够的。更为重要的是，我们要知道它取可能值的概率，比如前面谈到的例2，用 X 表示随机变量，则为：

$$\left|\begin{array}{l}P(X=1)=1/6\\P(X=2)=1/6\\P(X=3)=1/6\\P(X=4)=1/6\\P(X=5)=1/6\\P(X=6)=1/6\end{array}\right.$$

“$X=1$”是一个随机事件，表示“出现的点数是1”，也即它是“出现1点”这个随机事件；类似地 $X=2$，$X=3$，$X=4$，$X=5$，$X=6$ 也是随机事件。

以上6个式子合在一起，总称为随机变量X的概率分布。它告诉我们全体概率（数量1）是怎样分配在 X 的6个可能值上的。

为了使表达形式简洁，可将本例的概率分布表示为：

$$P(X=K)=1/6,(K=1,2,3,4,5,6)$$

② 离散型随机变量的几种常用分布

a.二项分布

设 P 为单次试验中，事件A发生的概率；

n 为进行独立试验的次数。

于是，我们知道，随机变量 X=“n 次试验中，A发生 k 次”的概率分布如下：

$$p(x=k)=c_n^k p^k q^{n-k}$$

其中
$$c_n^k=\frac{n!}{k!(n-k)!};(q=1-p;k=0,1,\cdots,n) \tag{4}$$

我们称这样的分布为二项分布；称随机变量 X 服从二项分布，二项分布的均值为 np，方差为 $np(1-p)$。

b.泊松（poisson）分布

如果随机变量 X 的概率分布是：

$$p(x=k)=\frac{\lambda^k}{k!}e^{-\lambda} \tag{5}$$

$$(k=0,1,2\cdots)$$

则称 X 服从参数为 λ 的泊松分布。泊松分布仅有一个参数 λ，λ 为平均出现次数，即 n 与 p 的乘积。该分布的均值与方差都为 λ。

（2）连续型随机变量的概率分布

由于连续型随机变量 X 可以在某区间（或某范围）内取任意值，因此，“X 恰取某值的概率是多少？”的问题就变得没有意义了，而要换为“$p(a<X<b)=?$”。亦即：X 取值位于 a、b 之间的概率是多少？也就是说要用概率密度函数来描述连续型随机变量的概率分布情况。

① 频数分布和频数分布函数

a. 频数直方图

试验得到的一批混凝土强度数据，表面看来，好像没有一定的关系和次序，但是经过整理和归纳，则表现出这一批数据所遵循的规律，要进一步弄清强度数据波动的完整规律，首先要找出频数分布，为此要分组划图。为说明其步骤，现举某工程的 C30 级混凝土的强度实测结果（见附表 1-2）为例：

■ 附表 1-2 C30 级混凝土的强度数据　　单位：MPa(N/mm²)

40.0	41.5	36.9	38.7	38.7	40.7	40.9	41.6
40.6	40.7	41.4	47.1	42.8	42.1	47.1	39.5
47.3	49.0	43.5	41.7	43.7	47.5	43.8	44.1
36.1	36.0	39.0	34.0	43.9	44.5	45.6	45.9
41.0	38.9	41.5					

找出最大值和最小值：$X_{max}=49.0N/mm^2$，$X_{min}=34.0N/mm^2$。

决定组距与组数：当样本比较大时，通常分成 10～20 组，样本数少于 50 时，多分成 5～6 组（参见附表 1-3）。一般先定组距 b，然后决定组数。本例中组距取 $b=2.0N/mm^2$，那么组数为 $\frac{49.0-34.0}{2.0}=7.5$，取为 8 组。

■ 附表 1-3 分组数

n	分组数
<50	5～6
50～100	6～10
100～250	7～12
>250	10～20

决定分点。亦即确定划分组的界限，为避免数据恰好落在组的分点上，通常要取组的分点比原测量精度高一位，见附表 1-4 第一列。

数出频数。用选举唱票办法数出混凝土强度落在每组内的数目，称为频数，这样的表在统计中称为频数分布表；频数与样本总数之比称为相对频数，见附表 1-4。

■ 附表 1-4 频数分布表

分 组	频数计算	频 数	相对频数
33.95~35.95	一	1	0.029
35.95~37.95	下	3	0.086
37.95~39.95	正	5	0.143
39.95~41.95	正正一	11	0.314
41.95~43.95	正一	6	0.171
43.95~45.95	止	4	0.114
45.95~47.95	止	4	0.114
47.95~49.95	一	1	0.029

在频数分布求出之后，就比较清楚地看出数据波动的规律。为更加直观，把它划成直方图。横坐标上标出分组的点，纵坐标为对应的频数，于是以组距为底边划出高度为频数的矩形，便得附图 1-1，在统计上把它叫做频数分布直方图。

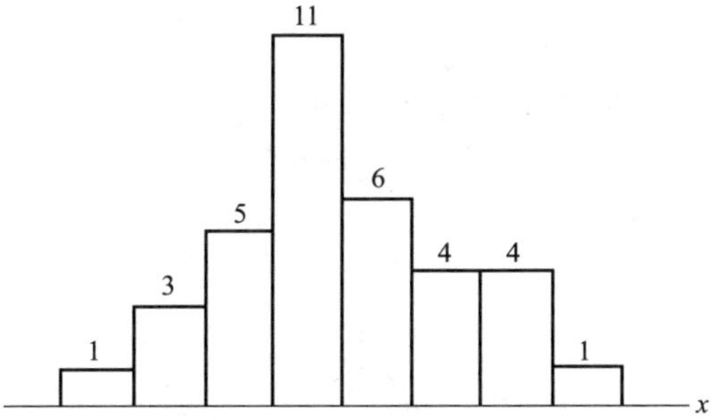

附图 1-1 频数分布直方图

b. 频率直方图

为了从几何图形上能更方便地看出 $P(a<X<b)$ 大约等于多少，我们来画频率直方图。它与频数直方图类似，只是各小条矩形的高度有所不同。在频数直方图中高度是频数，而在频率直方图中，高度 $y=$该组的频率/组距。因此，对于频率直方图（附图 1-2）有：小条矩形面积＝该组的频率。

例如附图 1-2 中左数第四个矩形的面积＝"$39.95<X<41.95$"的频率。由于频率总和为 1，所以附图 1-2 中的各矩形面积之总和等于 1。

可以设想，如果我们取的样本很大，组分得更细，那么，各组样本值的频率趋于一个稳定的值，这时频率分布直方图的形状逐渐趋于一条曲线，通常叫频率分布曲线。而且它具有：$X=a$，$X=b$ 两竖直线间（曲线下的）面积＝"$a<X<b$"的概率。

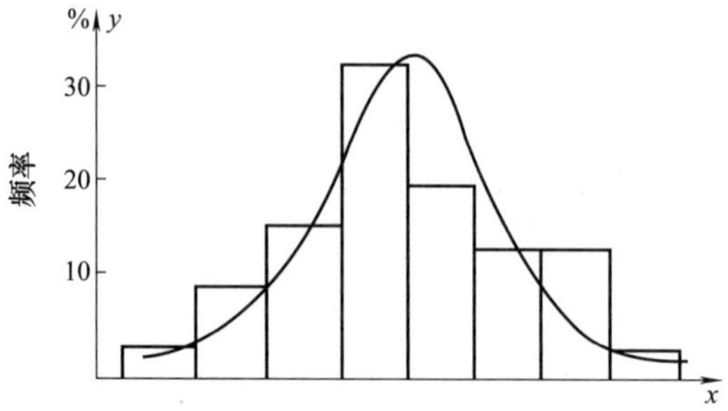

附图 1-2　频率分布直方图

如果这条曲线的方程为 $y=\varphi(x)$，那么面积可用定积分的记号来写成下式：

$$\int_a^b \varphi(x)\mathrm{d}x = p \quad (a < X < b) \tag{6}$$

此式中的 X 为连续型随机变量；$\varphi(x)$ 为 X 的概率密度函数。而概率分布函数一般用 $F(x)=\int_{-\infty}^{+\infty}\varphi(x)\mathrm{d}x$ 来表示。

② 正态分布

正态分布曲线（如附图 1-3），有一个最高点，以此点的横坐标为中心，对称地向两边单调下降，在正负一倍标准差处曲线各有一个拐点；然后以横坐标为渐近线到正负无穷大（±∞）。在建筑工程中，如能实行较好的控制，在强度等级、龄期和生产工艺、配合比基本相同条件下测得的混凝土强度的波动规律，基本上可视为正态分布。

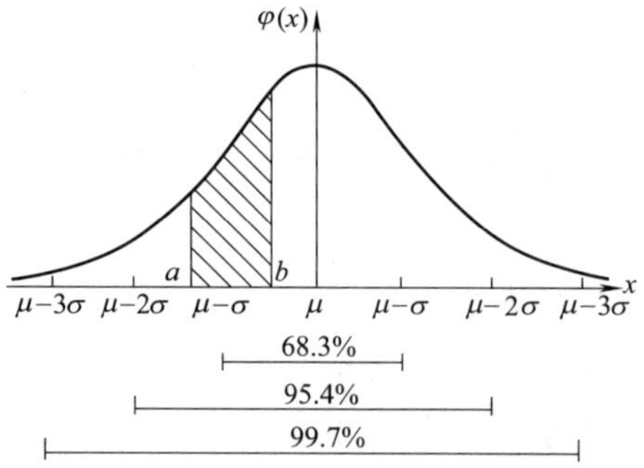

附图 1-3　不同 x 值范围内正态分布的面积

正态分布曲线由正态概率密度函数给出：

$$\varphi(x)=\frac{1}{\sqrt{2\pi}\sigma}\mathrm{e}^{-\frac{(x-\mu)^2}{2\sigma^2}} \tag{7}$$

式中　x——从总体分布抽出的随机样本值；

e——自然对数的底，e=2.718；

μ——曲线最高点的横坐标，即正态分布的均值；曲线对 μ 对称；

σ——正态分布的标准差，其值大小表示曲线的胖瘦程度，σ 越大，曲线越胖，数据越分散，反之表示数据越集中，见附图 1-4。

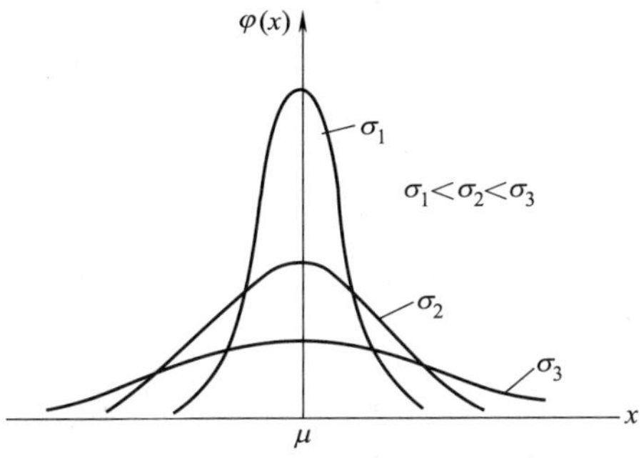

附图 1-4 不同 σ 值的正态分布

可见，假如我们认为混凝土强度服从正态分布，那么只要有了均值 μ 和标准差 σ，就可以将正态分布曲线完全描绘出来。所以，一般正态分布用 $N(\mu, \sigma^2)$ 来表示。

正态分布给指导生产带来很大好处。它的样本值 X 落入任意区间（a，b）的概率 $P(a<X<b)$ 是明确的。它等于 $X_1=a$，$X_2=b$ 时横坐标和曲线 $\varphi(X)$ 所夹的面积（如附图 1-3 中阴影部分），可用以下分布函数表示：

$$P(a<X<b)=\frac{1}{\sqrt{2\pi}\sigma}\int_a^b e^{-\frac{(x-\mu)^2}{2\sigma^2}}dx \tag{8}$$

计算得知：

落在（$\mu-\sigma$，$\mu+\sigma$）的概率是 68.3%；落在（$\mu-2\sigma$，$\mu+2\sigma$）的概率是 95.4%；落在（$\mu-3\sigma$，$\mu+3\sigma$）的概率是 99.7%。

曲线 $\varphi(X)$ 与 X 轴之间的全部面积等于 1，即：落在（$-\infty$，$+\infty$）的概率是 100%。

对混凝土强度来讲，我们常常需要知道的是低于设计要求强度值的概率大小（附图 1-5），它常用概率分布函数

$$F(X_0)=\int_{-\infty}^{X_0}\varphi(x)dx=\frac{1}{\sqrt{2\pi}\sigma}\int_{-\infty}^{X_0}e^{-\frac{(x-\mu)^2}{2\sigma^2}}dx$$

求得。上式在物理概念上是表示在数值上出现比 X_0 小的数据的概率。

为了计算上的方便，将 X 轴坐标进行一下变换：令 $t=\frac{x-\mu}{\sigma}$ 代入概率密度函数式（7）和概率分布函数式（8），则得：

$$\varphi(t)=\frac{1}{\sqrt{2\pi}}e^{-\frac{t^2}{2}} \tag{9}$$

$$\phi(t)=\frac{1}{\sqrt{2\pi}}\int_{-\infty}^{t}e^{-\frac{t^2}{2}}dt \tag{10}$$

Concrete

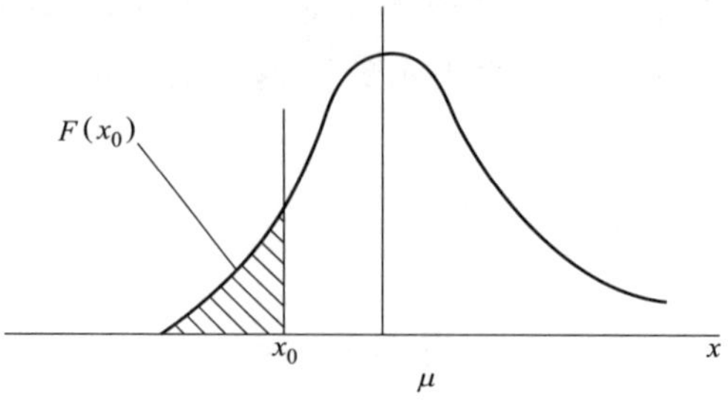

附图 1-5　低于设计要求强度值的概率

它相当于均值 $\mu=0$，标准差 $\sigma=1$ 的正态分布的概率密度函数［式（9）］和概率分布函数［式（10）］。该分布称为标准正态分布，其代表符号为 $N(0, 1)$。用图表示如附图 1-6。

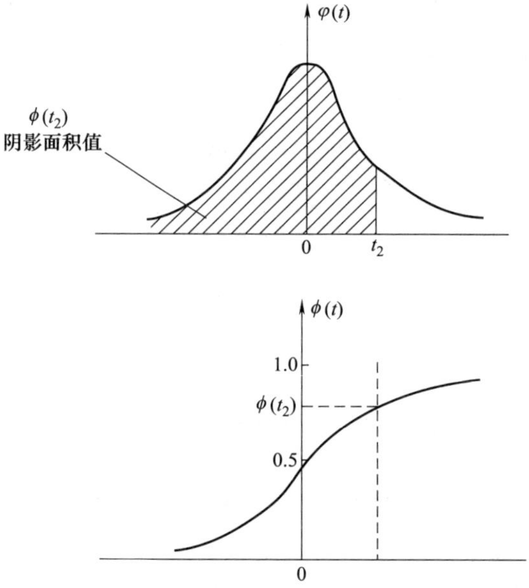

附图 1-6　标准正态分布

由于做了上述变换后，分布曲线的形状不受 μ，σ 的影响，就可以编制便于计算的数值表（见附表 1-14）。

现举例说明查表方法：

当 $t \geqslant 0$ 时，已知 $t \sim N(0, 1)$，由附表 1-14 查得 $\phi(t)$ 值，当 $t_2=1$，$\phi(1)=0.8413$。

$\phi(t_2)$ 的几何意义是：曲线 $y=\frac{1}{\sqrt{2\pi}}e^{-\frac{t^2}{2}}$ 下，t_2 左边的面积（附图 1-6）。

当 $t<0$ 时，已知 $t \sim N(0, 1)$，利用附表 1-14 求 $\phi(t)$ 值（附图 1-7）。

$t_1=-1$，$\phi(-1)=$“-1 左边的面积”

=“$+1$ 右边的面积”（考虑图形对称）

$=1-$ “$+1$ 左边的面积”

$=1-\phi(1)$

$=1-0.8413$

$=0.1587$

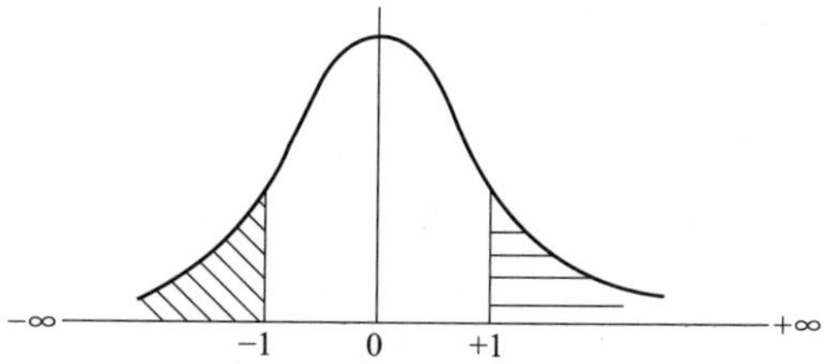

附图 1-7 利用附表 1-14 求 $\phi(t)$ 值

所以，$\phi(-t)=1-\phi(t)$

当 $a<t<b$ 时，已知 $t\sim N(0,1)$，求 $\phi(t)$ 值。

$$P(a<t<b)=\int_a^b \frac{1}{\sqrt{2\pi}}e^{-\frac{t^2}{2}}dt$$

$$=\int_{-\infty}^b \frac{1}{\sqrt{2\pi}}e^{-\frac{t^2}{2}}dt-\int_{-\infty}^a \frac{1}{\sqrt{2\pi}}e^{-\frac{t^2}{2}}dt$$

$$=\phi(b)-\phi(a)$$

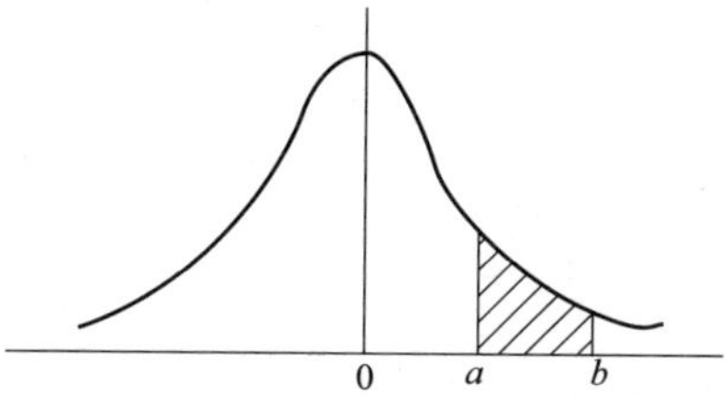

附图 1-8 求 $P(1<t<2)$ 值

如 $a=1$，$b=2$，求 $P(1<t<2)$ 值（附图 1-8），则：

$$P(1<t<2)=\phi(2)-\phi(1)=0.9773-0.8413=0.1360$$

已知 $t\sim N(0,1)$，由已知 $\phi(t)$，求 t 值。

当 $\phi(t)=0.9$，则 $t=1.282$

当 $P(-\lambda<t<\lambda)=0.9$，则：

$$\phi(\lambda)-\phi(-\lambda)=\phi(\lambda)-1+\phi(\lambda)=2\phi(\lambda)-1=0.9$$

$2\phi(\lambda)=1.9, \phi(\lambda)=0.95, \lambda=1.645$

一般正态随机变量的标准化如下。

如 $x\sim N(\mu,\sigma^2)$

标准化：令 $t=\frac{x-u}{\sigma}\sim N(0,1)$

标准化应用举例：

例 1：如以前述附表 1-2 中的混凝土强度数据为例，假定这批混凝土强度数据取自正态分布的总体，即已知 $X \sim N\ (41.9,\ 3.6^2)$。

求：$P(x<30.0\text{N/mm}^2)$、$P(30.0<x<50.0)$、$P(x>50.0)$。

解：
$$P(x<30.0)=P\left(\frac{X-41.9}{3.6}<\frac{30.0-41.9}{3.6}\right)$$
$$=P(t<-3.31)=\phi(-3.31)$$
$$=1-\phi(3.31)=1-0.9995=0.0005$$

$$P=(30.0<x<50.0)=P\left(\frac{30.0-41.9}{3.6}<\frac{X-41.9}{3.6}<\frac{50.0-41.9}{3.6}\right)$$
$$=P(-3.31<t<2.25)$$
$$=\phi(2.25)-\phi(-3.31)$$
$$=0.9878-0.0005=0.9873$$

$$P(x>50.0)=P\left(\frac{X-41.9}{3.6}>\frac{50.0-41.9}{3.6}\right)$$
$$=P(t>2.25)=1-\phi(2.25)$$
$$=1-0.9878=0.0122$$

例 2：已知某种产品的特征值 $x \sim N\ (20,\ 0.01^2)$，允许公差标准 2 ± 0.03。求产品的次品率 P。

解：次品率＝1－正品率
$$=1-\text{P}\ (2-0.03<x<2+0.03)$$
$$=1-\text{P}\ (1.97<x<2.03)$$
$$=1-\text{P}\left(\frac{1.97-2}{0.01}<\frac{X-2}{0.01}<\frac{2.03-2}{0.01}\right)$$
$$=1-[\phi(3)-\phi(-3)]$$
$$=1-\phi(3)+[1-\phi(3)]$$
$$=2-2\times\phi(3)$$
$$=2-2\times0.99865=0.0027$$

（三）正态分布的检验方法

前述内容都是在假定混凝土强度的分布按正态分布前提下讨论问题的，但如何来检验我们的假定呢？这就是我们要讨论的内容。

假设检验的基本思想如下。

在实际工作中，我们对所研究的对象开始往往是不完全了解，甚至完全不了解。例如虽知道研究对象总体的分布类型而不知道其有关参数，或者对其分布类型也不知道。这时，我们常可对总体做出一些假设，然后利用实际得到的样本数据，通过一定的数学方法来检验所做的假设是否合理，从而决定是接受还是拒绝这些假设。有关总体的假设称为统计假设，而检验假设的方法就称为假设检验。

假设检验一般都是按下述思路进行：首先建立统计假设 H_0，然后选择一个样本统计量 T，在 H_0 成立的前提下，T 的概率密度函数（$T|H_0$）应是可确定的，又对 T 规定某个拒绝域 ω，使概率 p（$T\varepsilon\omega|H_0$）$=\alpha$ 是个小概率。因此，如 H_0 为真，T 落在 ω 域内的可能性很小，同样，如由样本数据表明 T 落在 ω 域内，则可认为它与假设 H_0 有显著的矛盾，小概率 α 名之为显著性水平。α 取得越小，检验时如发现 T 仍落在 ω 域内，说明样本与假设 H_0 的差异越显著。

当经检验表明 T 落在 ω 域外，此时如假设 H_0 是唯一的，我们将接受这个假设，否则还应慎重考虑是否还有其他更合适的假设。

检验正态分布的方法很多，在这里仅介绍两种常用的检验方法。

1. *夏皮罗-威尔克方法*（*W* *检验*）

W 检验是一种较为有效的正态分布检验方法，是 S. S. Shapiro 和 M. B. Wilk 在 1965 年提出的。它最大的优点是对非正态分布特别敏感，而且可以用于小样本（$3<n<50$）的正态分布检验。

夏皮罗-威尔克提出一个检验正态分布的统计量：

$$W=\left(\sum_{i=1}^{n}a_i x_i\right)^2\Big/\sum_{i=1}^{n}(x_i-\overline{x})^2 \tag{11}$$

式中，x_i 是试验数据重新按大小排列的次序统计量，即：

$$x_1\leqslant x_2\leqslant\cdots\leqslant x_n,\ 而\ \overline{x}=\sum_{i=1}^{n}x_i/n$$

系数 a_i 可按本附录的附表 1-16 取值，表中列出 $n=3\sim50$ 时的系数 a_{n-i+1}，注意 $a_i=a_{n-i+1}$，因此表中只列出系数值的一半，当 n 为奇数时（$n=2k+1$）相应于中值 x_{k+1} 的系数 $a_{k+1}=0$。

对应于不同显著性水平 α 的统计量界限值 $W(\alpha)$ 见附表 1-17。当计算出的 $W<W(\alpha)$，就拒绝“总体为正态分布”的假设；否则，对正态的假设就不能否定，此时一般可看作总体为正态分布，或者在进一步取得新的数据后再作结论。α 一般取 5%。

现以前述附表 1-2 的例题来说明夏皮罗-威尔克方法。

（1）按样本数据大小，从小到大排列成 $x_1,x_2,\cdots,x_n$，列于附表 1-5。

■ **附表 1-5 C30 级混凝土强度数据** 单位：MPa(N/mm^2)

34.0	36.0	36.1	36.9	38.7	38.7	38.9	39.0	39.5
40.0	40.6	40.7	40.7	40.9	41.0	41.4	41.5	41.5
41.6	41.7	42.1	42.8	43.5	43.7	43.8	43.9	44.1
44.5	45.6	45.9	47.1	47.1	47.3	47.5	49.0	

（2）根据 $n=35$，由附表 1-16，查得对应于 n 值的系数 a_i 列于附表 1-6。

■ 附表 1-6 系数 a_i 值

$a_1=-0.4096$	$a_2=-0.2834$	$a_3=-0.2427$	$a_4=-0.2127$
$a_5=-0.1883$	$a_6=-0.1673$	$a_7=-0.1487$	$a_8=-0.1317$
$a_9=-0.1160$	$a_{10}=-0.1013$	$a_{11}=-0.0873$	$a_{12}=-0.0739$
$a_{13}=-0.0610$	$a_{14}=-0.0484$	$a_{15}=-0.0361$	$a_{16}=-0.0239$
$a_{17}=-0.0119$	$a_{18}=-0$	$a_{19}=-0.0119$	$a_{20}=-0.0239$
$a_{21}=-0.0361$	$a_{22}=-0.0484$	$a_{23}=-0.0610$	$a_{24}=-0.0739$
$a_{25}=-0.0837$	$a_{26}=-0.1013$	$a_{27}=-0.1160$	$a_{28}=-0.1317$
$a_{29}=-0.1487$	$a_{30}=-0.1673$	$a_{31}=-0.1883$	$a_{32}=-0.2127$
$a_{33}=-0.2427$	$a_{34}=-0.2834$	$a_{35}=-0.4096$	

（3）计算统计量 W

$$W=\frac{(\sum_{i=1}^{n}a_ix_i)^2}{\sum_{i=1}^{n}(x_i-\overline{x})^2}=\frac{42182.4}{43074}=0.979$$

其中 $\sum_{i=1}^{n}(x_i-\overline{x})^2=\sum_{i=1}^{35}x_i{}^2-35\times(\overline{x})^2$

$=6194415-6151341=43074$

$\overline{x}=41.9\text{N/mm}^2$。

$(\sum_{i=1}^{n}a_ix_i)^2$ 也可用 $\left[\sum_{i=1}^{n}a_i(x_{n-i+1}-x_i)\right]^2$ 计算，此时Σ当 n 为偶数时为 $\sum_{i=1}^{\frac{n}{2}}$，当 n 为奇数时为 $\sum_{i=1}^{\frac{n-1}{2}}$。

（4）给定显著性水平 α 为 5%，查附表 1-17 中相应的 $W(35,\ 0.05)$ 值为 0.934。而计算值 $W=0.979$，即 $W>W(35,\ 0.05)$，因此，这批混凝土强度数据呈正态分布的假设没有被否定。

2.χ^2 检验法

设取自总体的一个随机样本为 $\chi_1,\chi_2,\cdots,\chi_n$，本方法一般要求样本容量 $n\geqslant50$ 组。根据样本值的范围，把数轴分成 m 个区间（一般为 7～14 个），并且每个区间的样本值个数不少于 5 个。记 n_k 为第 k 个区间（a_{k-1}，a_k）内样本值的个数，则 n_k/n 表示样本值落在该区间的频率。

设 $P_k=P(a_{k-1}<X<a_k)$ 是按某个理论分布时样本值落在各区内的概率，可按其分布函数确定。

这样，差值（$n_k/n-P_k$）就表示在第 k 个区间内样本频率与理论分布的概率之间的偏差，为了把 m 区间上的偏差累加起来，且正负不致抵消，可用 $D=\sum_{k=1}^{m}C_k\left(\frac{n_k}{n}-P_k\right)^2$ 来表示实际分布与理论分布的偏差。

皮尔逊证明了若取系数 $C_k=\frac{n}{P_k}$，则当样本容量 n 趋向无限大时，无论总体是何种分布，所得的偏差统计量 D ［见式（12）］的分布将趋向于自由度为 $m-1$ 的 χ^2 分布。因此，当 n 比较大时，我们可以近似地利用上述结论。

$$D=\sum_{k=1}^{m}\frac{(n_k-np_k)^2}{nP_k} \tag{12}$$

如果我们假设“总体分布为正态分布”，则在计算 D 时，要用到正态分布中的两个参数 μ，σ，而这两个参数只能用样本的平均值 $\overline{X}$ 和标准差 S 去估计，因此 D 所趋近的 χ^2 分布的自由度还要减少两个，那么统计量 D 近似地服从自由度为 $m-3$ 的 χ^2 分布。

在给定显著性水平 α（一般取 0.05）后，根据 χ^2 分布表（附表 1-15）可查得 χ^2（$m-3$，α）值。如果计算统计量 $D>\chi^2$（$m-3$，α），则说明发生了“不可能出现的小概率事件”，因此只能拒绝“总体为正态分布”的假设；反之，若 $D\leqslant\chi^2$（$m-3$，α），那么至少在没有获得进一步的反证之前，我们可以接受“总体为正态分布”的假设。

现就前述附表 1-2 中的混凝土强度数据为例，来说明进行 χ^2 检验的步骤。

（1）分区（组）列表（附表 1-7），为了简便和对比几种检验方法的检验结果，仍然采用上面例子，所以样本容量及落到每个区间的频数都不完全符合要求。这里仅仅是为了说明具体应用作为例题。

（2）求出每个区间的频率 P_k，填入附表 1-7 第四列。例如计算样本值 X 落入第一个区间的概率：

$$P_1(-\infty<X<37.95)=\frac{1}{\sqrt{2\pi}\sigma}\int_{-\infty}^{37.95}e^{-\frac{(x-\mu)^2}{2\sigma^2}}dx$$

为计算方便，可查标准正态分布表，必须对变量 X 进行一个变换：

$$t=\frac{x_i-\overline{x}}{S}$$

本例中 $\overline{x}=41.9\text{N/mm}^2$，$S=3.6\text{N/mm}^2$。

t 便成为标准正态分布 $N(0,1)$ 的样本。因此用分布函数 $F(t)=\Phi\left(\frac{x_i-\overline{x}}{S}\right)$ 计算，便得样本落在每个区间的概率 P_k。

例如：附表 1-7 中

$$P_3(40.0<X<42.0)$$
$$=\Phi\left(\frac{41.95-41.9}{3.6}\right)-\Phi\left(\frac{39.95-41.9}{3.6}\right)$$
$$=\Phi(0.014)-\Phi(-0.542)=\Phi(0.014)-1+\Phi(0.542)\text{(查附表1-14)}$$
$$=0.5056-0.2919=0.2137$$

其余各区的概率的计算依次类推。

Concrete

(3) 求出理论频数 nP_k，n 为样本容量。

(4) 在计算出附表 1-7 中第六、七、八列数值后，求出统计量 $D=2.5198$。

(5) 计算自由度 $K=m-3=6-3=3$，然后给定显著性水平 $\alpha=0.05$，查附表 1-15，$\chi^2(3,0.05)=7.815$。

结果统计量 $D<\chi^2(3,\ 0.05)$，因此在 5% 显著性水平上不能否定原样本的总体是正态分布的假设。

■ 附表 1-7 χ^2 检验运算表

m	区间	n_k	P_k	nP_k	n_k-nP_k	$(n_k-nP_k)^2$	$\frac{(n_k-nP_k)^2}{nP_k}$
1	$-\infty$~37.95	4	0.1335	4.6725	−0.6725	0.4523	0.0968
2	37.95~39.95	5	0.1584	5.5440	−0.5440	0.2959	0.0534
3	39.95~41.95	11	0.2137	7.4795	+3.5205	12.3939	1.6571
4	41.95~43.95	6	0.2121	7.4235	−1.4235	2.0264	0.2730
5	43.95~45.95	4	0.1548	5.4180	−1.4180	2.0107	0.3711
6	45.95~$+\infty$	5	0.1271	4.4485	0.5515	0.3042	0.0684
Σ							D=2.5198

(四) 抽样检验的基本概念

对混凝土强度的合格性检验，一般采用破损检验方法，不可能对产品进行全数检验，多采用抽样检验的方法。所谓抽样检验，即在进行质量验收时，从被检验的总体中随机抽取一部分单位产品（称样本）进行检验，这种检验方法叫抽样检验，其目的是通过样本的检验对整批产品的质量情况做出判断。

1. 抽样检验的基本原则

任何抽样检验的标准都应包括下列内容：

(1) 批量的规定。

(2) 每批取样的数量（样本容量）。

(3) 样本的验收函数。

(4) 验收界限。

(5) 对不合格批量进一步处置的说明。

首先考虑混凝土生产条件是否一致作为批量划分的前提。只有在基本相同的条件下生产的混凝土强度的实际分布，才具有较明确的规律性。一般可认为是正态分布或对数正态分布，这样根据批量中抽取的样本信息来估计整批混凝土比较可靠。同时也要考虑到如采用过小的批量，虽然会相对减少取样试验的工作量，但当一旦出现样本质量不合格，就会增加进一步处置的工作量。

样本原则上应从批量中随机抽取，每批取样的数量，最好不少于三组，增加每批的试样数量，虽然会增加取样试验的工作量，但由于估计的置信度提高，有时可在保证混凝土工程质量的前提下取得一定的经济效益。

设 x_1、x_2、…、x_n 是容量为 n 的样本数据，且 $x_1 < x_2 < \cdots < x_n$；假定它们都是遵循某种分布的随机变量，验收规则就要选择一个或几个样本统计量，并与相应的界限值进行比较，评定该批产品是否合格。所选择的样本统计量就称为样本的验收函数，而相对应的界限值称为验收界限。

常用的样本统计量是样本平均值 $\overline{x}$，要求 $\overline{x} \geqslant \alpha$，还常附加样本最小值的验收函数 $X_1 \geqslant b$，其中 α、b 表示检验界限，如现行标准《混凝土强度检验评定标准》GB/T 50107 规定的非统计方法（当强度等级小于 C60）：

1）$m_{f_{cu}} \geqslant 1.15 f_{cu,k}$

2）$f_{cu,min} \geqslant 0.95 f_{cu,k}$

上述不等式的左边为验收函数，右边为验收界限，上述两条同时满足为合格。

也有采用较复杂些的验收函数，如《钢筋混凝土工程施工及验收规范》（GB 10—65）中第 134 条对混凝土强度的检验规定。

2.抽样检验方案的确定方法

但究竟怎样才是合理的规定，这里简要说明一下制订规则的原则。

首先应该明确要有一个标准的质量水平，如果混凝土的实际质量达到这个水平，经过抽样检验后，应判为合格，否则判为不合格。这里如用概率的语言说，就是当质量达到或超过标准水平时，检验后对该产品予以接受的概率应等于 1，而一旦质量稍低于标准质量水平，接受的概率应等于 0，如附图 1-9 中的虚线。当然这是理想的方案，而实际上除非采用全数检验，否则是做不到的。

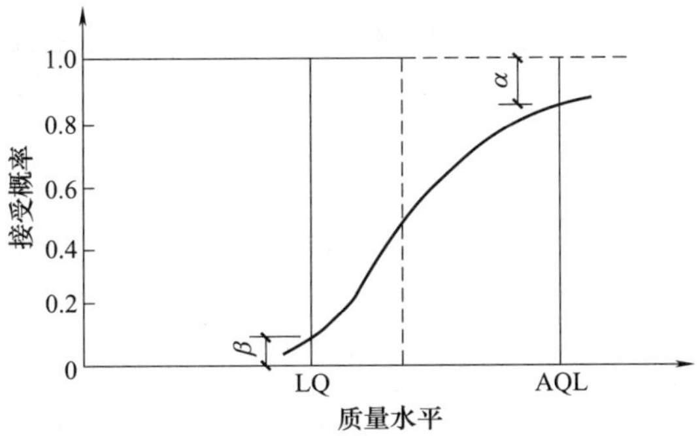

附图 1-9　OC 曲线

由于抽样的局限性，只能使较高质量水平的产品批通过检验，以较高的概率接受；而使质量水平较低的产品批，以较低的概率接受。因此，一般从工程的要求出发，规定两个质量水平，一个是出于功能要求的最低质量水平，称极限质量水平 LQ；另一个出于经济要求规定的一个可接受的质量水平 AQL。

但任何方案都不可能做到所有达到 AQL 质量水平的产品批都判为合格，也不可能让所有低于 LQ 质量水平的产品批都判为不合格。因为产品质量的特性值具有分散性，在 AQL 中难免有少量的低质产品，一担抽样时偶尔抽到它，则整批产品就可能错判为不合格。这个错判的概率，是生产厂家要承担的风险，一般用 α 表示。同理，LQ 的产品批中也存在少量的高质量产品，一旦抽样时抽到它，就会将整批产品漏判为合格品，这种漏判是使用者要承担的风险，用 β 表示。

规定一个抽样检验方案 A，当产品的质量水平（$\mu/f_{cu,k}$）时，用 A 方案检验产品批被接收的概率为 $L(\mu/f_{cu,k})$。$L(\mu/f_{cu,k})$ 称为抽样检验方案的特征函数。附图 1-9 中的 $L(\mu/f_{cu,k})$ 曲线称为特性曲线，又称 OC 曲线。

在一种抽样方案确定后，都可以在图上画出一条反映抽样检验特性的 OC 曲线。因此规定抽样检验的原则，主要是对 OC 曲线的形状和走向提出某种具体要求，一个理想的抽样方案是使 α、β 两种错误概率都最小。但当规定的两个质量水平相差不大时，为了要兼顾双方就会大大增加样本容量 n，实际上，α、β 大小的规定也只能在相对的意义上由厂方和用户协商规定，并不存在通用的标准。

混凝土强度检验评定规则是一次计量抽样检验方案，其 α、β 与对应质量水平 AQL 和 LQ 的均值（μ_0、μ_1）关系也可示附图 1-10。

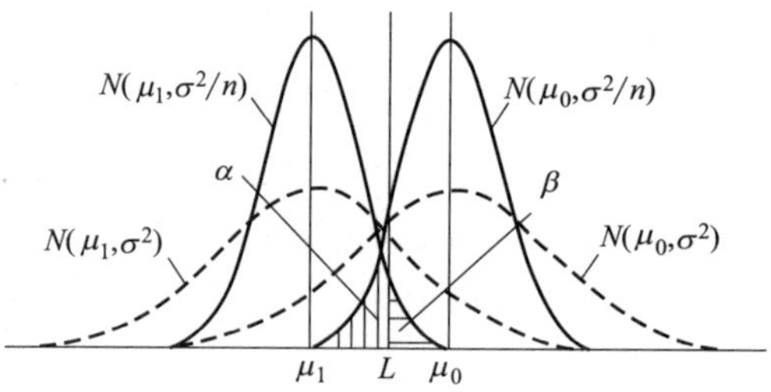

附图 1-10　一次计量抽样方案的 α、β 与对应的 AQL 和 LQ 示意

图中　μ_0——虚线为 AQL 质量的正态分布的总体均值，实线为从 AQL 质量总体抽取的样本均值的分布；

σ^2——为 AQL 质量的正态分布的方差；

σ^2/n——样本均值分布的方差；

μ_1——虚线为 LQ 质量的正态分布的总体均值，实线为从 LQ 质量总体抽取的样本均值的分布；

L——规定的检验界限

由附图 1-10 可见，μ_0、μ_1 的距离比较近时，如若使 α、β 都很小，就应增加抽样的数量 n。

产品通过验收环节，使不符合质量标准要求的产品不予出厂，防止给使用者造成实在或潜在的危险。在混凝土生产控制还不够健全的情况下，为保证产品质量，合格性检验就显得更为重要。

(五) 有效数字位数与数据修约方法

1. 有效数字的意义

小数点的位数只因单位的不同而不同，它不表示准确度的大小，那么，是什么表示一个数准确度的大小呢？是有效数字。有效数字是用以表示“数”的大小的任一“数”中的任一个数字，如0.146m、14.6cm与146mm，其中的1、4、6都是有效数字，因为它们都是表示数的大小，而与小数点位置无关，0.146m、14.6cm与146mm都是3位有效数字，故其准确度是相等的。有些数字是表示小数点位置的，如0.006中的3个“0”只表示“6”位于小数点后第三位，所以它们不是有效数字；0.506中小数点前面的“0”不是有效数字，而后面的“0”则是有效数字。还有“0”在一个数的末尾的情况，例如16.320中的“0”也是有效数字，因为它表示小数点后第三位是“0”，但如数字12000中的三个“0”则很难判断是否是有效数字，因为它很有可能是10的方次，故这类数字应写成能表示有效数字位数的形式，如为两位有效数字则写成1.2×10^4。

往往检测人员感到不解的是：既然有效数字表示一个数的准确度，为什么试验规定在确定结果的准确度时都是指明准确到小数第几位，而不是说保留几位有效数字？实际上试验规程在说明准确到小数第几位时，也就指明了几位有效数字，因为对于具体的检测项目的试验结果，其有效数字位数是确定的。例如，《普通混凝土力学性能试验方法标准》要求：“混凝土立方体抗压强度计算应精确至0.1MPa”，混凝土抗压强度低于100MPa时，要求精确至0.1MPa（即小数后一位），实际上是要求三位有效数字，如43.6MPa。试验标准写明精确至小数第几位也是从有效数字的规定得来的，只不过规定小数后第几位对于具体的试验结果而言比较直接，易于操作。因此，有效数字理论在确定数字的准确度及进行有效数字运算时是很有用的。

总之，判断有效数字应掌握以下几点。

（1）有效数字表示该数的大小，不表示小数点位置或10的倍数，故表示小数点位置或10的倍数的“0”不是有效数字，如0.001中的“0”。

（2）带有小数的数字，最末位的“0”是有效数字，它表示末位的数字大小为“0”。

（3）带有10的倍数的数字无法判断有效数字位数，如2000，应用10的方次表示有效数字的位数，如2.0×10^3。

（4）如规程未指明试验结果取有效数字的位数或取几位小数，则以量测仪器所能读出的最小估计数字（或称为存疑数字）为末位数字确定有效数字位数。例如，量杯的最小刻度为0.1mL，则可以读到0.05mL，如为24.35，即四位有效数字。

2.有效数字的位数确定与数据修约

在检测工作中经常遇到试验规范已确定修约间隔（即允许偏差），则应按此间隔进行修约，如混凝土抗压强度的修约间隔是0.1MPa；或者，有时需确定有效数字的位数，例如，读出的试验结果是四位有效数字，而只需要三位，就需要将该数字修约成三位。修约方法如下。

（1）记录试验结果时，将最后一位作为存疑数字。如上例 24.35 中的末位“5”是存疑数字，是在读数时的估计数字。存疑数字的修约间隔可以是±1，如混凝土抗压强度为 46.7MPa，其修约间隔是±0.1MPa；也可以是±5，如钢筋的屈服强度或抗拉强度，其修约间隔是±5N/mm^2（200～1000 N/mm^2 时）。

（2）拟舍弃数字最左一位数字小于 5 时（即≤4）则舍去，如 15.346，要求一位小数，则为 15.3。拟舍弃数字的最左一位数字大于 5（即≥6），或者是 5 但其后跟有非“0”的数字时则进 1。如 16.552，要求一位小数，则修约为 16.6。如拟舍弃数字的最左一位数字等于 5，而右边数字皆为“0”时，若保留的末位数为奇数则进 1，若为偶数则舍弃。如 14.35，若修约为小数后一位则为 14.4，如 14.45 亦为 14.4。这一修约方法常被称为“四舍六入五单双”。负数修约时，先将它的绝对值按上述规定进行修约，然后在所得值的前面加上负号。如－355，若修约成两位有效数字为－36×10。

（3）修约时应一次完成，而不应从整个数字的末位数连续向左修约。例如：26.34548 若要求修约到小数一位，应为 26.3，不得连续修约，即 26.34548→26.3455→26.346→26.35→26.4。

（4）在对数值进行修约时，有时也采用 0.5 单位或 0.2 单位修约。0.5 单位修约如下：将拟修约数值乘以 2，按指定修约间隔对其进行修约，经修约后的数值再除以 2。如 60.25，乘以 2 后为 120.50，若修约到“个”位数后为 120，除以 2 后最终修约成 60；再如－60.75，乘以 2 后为－121.50，若修约到“个”位数后为－122，除以 2 后最终修约成－61。0.2 单位修约规则如下：将拟修约数值乘以 5，按指定修约间隔对其进行修约，经修约后的数值再除以 5。如 842，乘以 5 后为 4210，若修约到“百”位数后为 4200，除以 5 后最终修约成 840。

（5）如材料质量标准或试验规程中列出要求指标及允许偏差，则数字应按该允许偏差修约，即将允许偏差作为修约间隔。如钢材盘条直径为 6mm，其允许偏差为±0.5mm，则所量测的直径应按±0.5mm 进行修约。

3.有效数字的计算

当检测结果需要计算时就应按有效数字计算方法进行计算，因为检测数据的有效数字位数各不相同，例如一个有 5 位有效数字的数与仅有 3 位有效数字的数相乘得到的乘积应是几位？这就必须按有效数字的计算方法求得结果。有效数字的计算方法如下。

（1）加、减计算时，其和或差的有效数字位数按参加计算的各数中小数点位数最少的数确定。例如，26.13＋5.241＋0.0672＝31.44，其小数点位数最小为两位。

（2）乘、除计算时，其积或商的有效数字位数按参加计算的各数中小数点位数最少的数（或有效数字的百分误差最大的数）确定，例如，1.35×0.3461×27.542＝12.9，其有效数字最少为三位。有效数字的百分误差为：

$$\frac{1}{135}\times 100=0.74$$

$$\frac{1}{3461}\times 100=0.029$$

$$\frac{1}{27542}\times 100=0.0036$$

可见百分误差最大的数是 1.35，故乘积的有效数字位数是三位。

(3) 常数（如 π）的有效数字位数可按任意位数确定。

(4) 对于带有 10 的倍数的数字，应将其化为 10 的方次后进行计算。如 120000 按两位有效数字计，则

$$120000\times 3.82=1.2\times 10^5\times 3.82=4.6\times 10^5$$

可以用数字运算证明以上有效数字计算方法的正确性。人们往往在运算后保留最多的小数位数或有效数字位数，但由于有效数字位数较多的数已使运算结果的存疑数字增加，故保留过多的存疑数字只能使准确度降低，而不是提高。

(六) 异常试验数据的取舍方法

在一批测定数据中，常出现有个别值明显偏离所属样本中的其余测定值，或与平均值相比为极大值、极小值，称为异常值。异常值可能与其余测定值属于同一总体，只是在同一概率分布中的极大值或极小值（例如为正态分布，与平均值的差超过 3σ）；异常值也可能与其余测定值不属于同一总体，是检测过程中因试验方法、试验条件偏离或人为失误产生的。这些较大的偏离值不应随意进行舍弃处理，只有经统计检验确定属于异常值后方可处理。

判定异常值有两类方法：已知标准差情形下的判定方法和未知标准差情形下的判定方法。

1. 已知标准差情形下的判定方法——奈尔（Nair）检验法

该检验方法适用于测定值较多、或测定值比较稳定、标准差已知的情况。但在实践中这种情况很少，其检验步骤如下：

(1) 将测定值由小到大排列：$x_{(1)}\leqslant x_{(2)}\leqslant\cdots\leqslant x_{(n-1)}\leqslant x_{(n)}$；并计算平均值，标准差已知 σ。

(2) 计算统计量 R_n：

$$\text{对于极大值}\quad R_n=\frac{x_{(n)}-X}{\sigma} \tag{13}$$

$$\text{对于极小值}\quad R_n=\frac{X-x_{(1)}}{\sigma} \tag{14}$$

式中 $x_{(n)}$——极大值；

$x_{(1)}$——极小值；

X——平均值；

σ——已知标准差（即由大量数据统计得到的总体标准差）。

(3) 确定判断异常值的检出水平 α（一般为 5%），在附表 1-18：奈尔异常值检验法的临界值表查出对应 n、α 的临界值 $R_{1-\alpha}$。

(4) 如 $R_n > R_{1-\alpha}$，则判定极大值（或极小值）为异常值。

(5) 确定判定高度异常值的判定水平 α'（一般为 1%），在附表 1-18 查出对应的 n、α 的临界值 $R_{1-\alpha}$。

(6) 如 $R_n > R_{1-\alpha'}$，则判定极大值（或极小值）为高度异常值。

(7) 如极小值（或极大值）为高度异常值，则剔除此值后，再重新计算平均值，检验次一位的极小值（或极大值）是否为异常值。

例 1：检验如下 16 个混凝土抗压强度回弹测定值（MPa）中的极小值是否为异常值。

将回弹值由小到大排列；

25.4，28.4，33.7，39.9，40.1，42.7，43.9，44.5，46.8，48.1，49.6，50.0，51.2，52.3，53.0

求其平均值 $X=43.7$ 标准差已知为 $\sigma=8.4$

确定异常值的检出水平为 $\alpha=5\%$

计算 R_n $$R_n=\frac{43.7-25.4}{8.4}=2.179$$

以 $n=16$、$\alpha=5\%$查附表 1-18 得 $R_{1-\alpha}=2.644$

因 $R_n < R_{1-\alpha}$ 故判定极小值 25.4 不是异常值。

如判定是异常值，则再用 $R_{1-\alpha'}$检验（此时 $\alpha'=1\%$）是否为高度异常值。如为高度异常值，则此值可以剔除。

2.未知标准差情形下的判定方法之一——狄克逊（Dixon）检验法

该检验方法适用于测定值较少、或测定值不稳定、标准差未知的情况。其检验步骤如下：

(1) 将测定值由小到大排列：$x_{(1)} \leqslant x_{(2)} \leqslant \cdots \leqslant x_{(n-1)} \leqslant x_{(n)}$；按样本 n 的大小计算统计量 D 或 D'，计算公式见附表 1-8。

■ 附表 1-8 统计量 D 或 D′ 的计算公式

n	D(用于检验高端异常值)	D′ (用于检验低端异常值)
3~7	$D=\frac{X_{(n)}-X_{(n-1)}}{X_{(n)}-X_{(1)}}$	$D'=\frac{X_{(2)}-X_{(1)}}{X_{(n)}-X_{(1)}}$
8~10	$D=\frac{X_{(n)}-X_{(n-1)}}{X_{(n)}-X_{(2)}}$	$D'=\frac{X_{(2)}-X_{(1)}}{X_{(n-1)}-X_{(1)}}$
11~13	$D=\frac{X_{(n)}-X_{(n-2)}}{X_{(n)}-X_{(2)}}$	$D'=\frac{X_{(3)}-X_{(1)}}{X_{(n-1)}-X_{(1)}}$
14~30	$D=\frac{X_{(n)}-X_{(n-2)}}{X_{(n)}-X_{(3)}}$	$D'=\frac{X_{(3)}-X_{(1)}}{X_{(n-2)}-X_{(1)}}$

(2) 确定检出水平 α（一般为 5%），在附表 1-19：狄克逊异常值检验法的临界值表中查出对应 n、α 的临界值 $D_{1-\alpha}$。

（3）检验高端异常值时，当 $D>D_{1-\alpha}$，判定 $x_{(n)}$ 为异常值；检验低端异常值时，当 $D'>D_{1-\alpha'}$，判定 x_1 为异常值。

（4）确定高度异常值的检出水平 α'（一般为 1%），在附表 1-19 查到其临界值 $D_{1-\alpha'}$。

（5）检验高端时，如 $D_n>D_{1-\alpha'}$，则判定极大值为高度异常值；检验低端时，如 $D'_n>D_{1-\alpha'}$，则判定极小值为高度异常值。

（6）极大值（或极小值）为高度异常值，则剔除此值后，再重新计算平均值，检验次一位的极大值（或极小值）。

例 2：在一批柱子上钻取芯样检测混凝土抗压强度，共钻取 6 个芯样，其抗压强度值（MPa）为：30.8，36.0，39.9，45.3，46.1，60.7。

检验其中的极大值 60.7 是否为异常值。

计算统计量：
$$D=\frac{60.7-46.1}{60.7-30.8}=0.4883$$

确定检出水平 $n=6$，$\alpha=5\%$，在附表 1-19 中查出临界值 $D_{1-\alpha}=0.560$

由于 $D<D_{1-\alpha}$，故判定极大值 60.7 不是异常值。

3. 未知标准差情形下的判定方法之二——格拉布斯（Grubbs）检验法

该检验方法与奈尔检验法相似，只是奈尔检验法标准差已知（即已给出，或由大量数据得到），本方法则标准差未知，需要通过少量样本计算。其检验步骤如下。

（1）将测定值由小到大排列：$x_{(1)}\leqslant x_{(2)}\leqslant\cdots\leqslant x_{(n-1)}\leqslant x_{(n)}$，并计算平均值 X 和样本标准差 S。

（2）计算统计量 G_n：

$$\text{对于极大值 } G_n=\frac{x_{(n)}-X}{S} \tag{15}$$

$$\text{对于极小值 } G_n=\frac{X-x_{(1)}}{S} \tag{16}$$

式中 $x_{(n)}$ ——极大值；
$x_{(1)}$ ——极小值；
X——平均值；
S——样本标准差。

（3）确定判断异常值的检出水平 α（一般为 5%），在附表 1-20：格拉布斯异常值检验法的临界值表查出对应 n、α 的临界值 $G_{1-\alpha}$。

（4）如 $G_n>G_{1-\alpha}$，则判定极大值（或极小值）为异常值。

（5）确定判定高度异常值的判定水平 α'（一般为 1%），在附表 1-20 查出对应的 n、α 的临界值 $G_{1-\alpha}$。

（6）如 $G_n>G_{1-\alpha'}$，则判定极大值（或极小值）为高度异常值。

（7）如极小值（或极大值）为高度异常值，则剔除此值后，再重新计算平均值，检验次一位的极小值（或极大值）。

4. 异常值的处理

（1）当检出的异常值不属高度异常值时，在未找出任何原因，或得出处理异常值的任何依据前，此异常值不得随意舍弃。

（2）当检出的异常值属高度异常值时，或有充分根据说明检出值是异常值时，可按以下方法处理：

① 保留此异常值，并参加以后的数据分析。

② 剔除此异常值。

③ 剔除此异常值，并增补其他测定值。

④ 被剔除的异常值及其剔除理由应做记录。

二、混凝土质量控制图及其判断规则

混凝土在生产过程中，为使其具有稳定、符合要求的质量，常采用质量控制图进行工序控制。

在生产过程中，引起工序特性数据变异的因素很多，一般可归纳为两类：一类是随机的偶然原因，是指那些在现有技术水平下还不易控制的一些偶发性因素。要消除这类原因，不但在技术上遇到困难，而且在经济上也不合理。另一类是异常原因，或是由于原材料质量突变，或是由于生产工序不符合作业标准而产生的数据变异。这种变异可通过有关人员的努力与加强管理，从技术上予以消除。借助质量控制图，就能识别这两类因素，使生产能长期维持在稳定的质量状态下，这个状态称为质量控制状态或管理状态。

质量控制图（管理图）是以质量特征值为纵坐标，时间或取样顺序为横坐标，且标有中心线及上、下控制线，能够动态地反映产品质量变化的一种链条状图形。中心线为所考察数据的平均值，上、下控制限分别位于中心线两侧的 3σ 距离处。中心线及上、下控制线分别用 CL（central line）、UCL（upper control line）、LCL（lower control line）表示，如附图 1-11 所示。中心线两侧 2σ 距离处的控制限称为警戒限，分别用 U′CI 和 L′C L 表示。

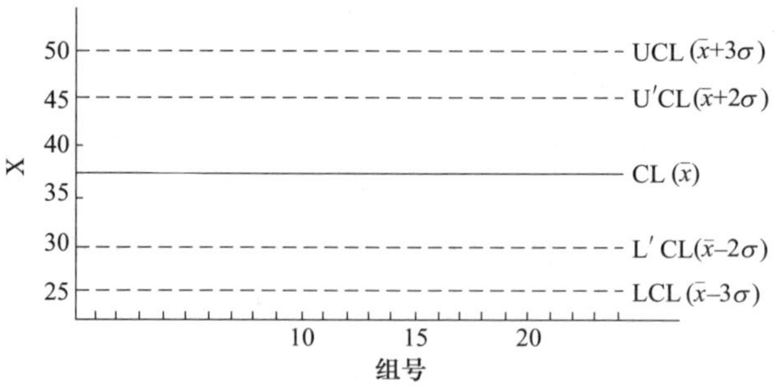

附图 1－11　质量控制图

（一）质量控制图的形式及其参数计算

为了掌握混凝土质量在生产过程中的变化情况，以便及时发现影响生产质量的异常因素，一个非常有用而且简单的方法就是采用质量控制图（又称管理图），借以帮助我们对这类问题做出判断，便于及早采取措施，减少次品或废品。一般采用的计量值和计数值的控制图种类参见附表 1-9。

■ 附表 1-9 质量控制图的种类

类别	名 称	记 号	引用标准
计量值	平均值-极差控制图	$\overline{X}$-R 控制图	GB/T 4091—2001《常规控制图》
	单值-移动极差控制图	X-R_s-R_m 控制图	
	中位数-极差控制图	M_e-R 控制图	
计数值	不合格品率控制图	p 控制图	
	不合格品数控制图	np 控制图	
	不合格数控制图	c 控制图	
	单位产品不合格数控制图	u 控制图	

对于混凝土强度多采用 $\overline{X}$-R 平均值-极差控制图和 X-R_s-R_m 单值-移动极差控制图。

1. $\overline{X}$-R 控制图

在可以分批的情况下采用。例如将每天或每班生产的混凝土作为一批，同一批内的生产条件，可以认为是一致的，此时可采用 $\overline{X}$-R 控制图。这种控制图也可用于骨料的表面含水率、混凝土的坍落度以及空气含量等指标的控制，见附图 1-12。

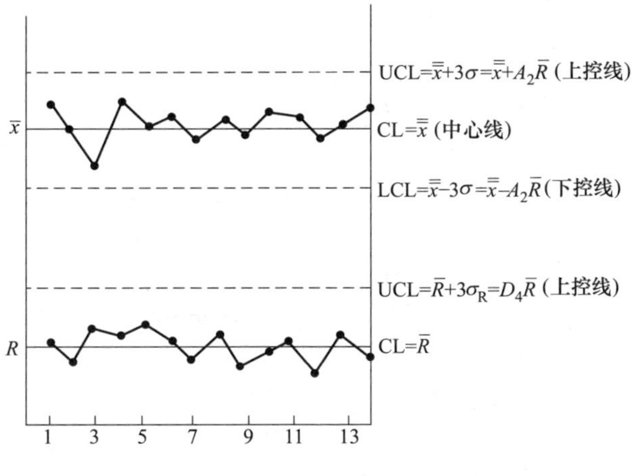

附图 1-12 均值-极差控制图

2. X-R_s-R_m 控制图

单值-移动极差控制图主要是在每批产品或每一抽样间隔周期内只能得到一个测定值时，用于判断生产过程的平均值是否处于或保持在所要求的水平。此时所用的移动极差是用来判断生产过程中的标准差是否处于或保持在所要求的水平。组内极差 R_m 控制图也常与之一起使用，见附图 1-13。

上述两种控制图的控制界限计算公式列于附表 1-10。

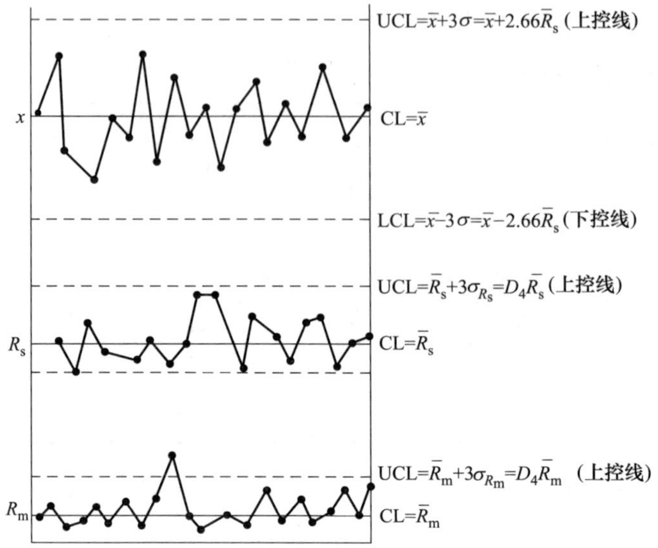

附图 1-13 单值-移动极差控制图

■ 附表 1-10 控制图控制界限计算公式

种类	中心线	控制界限	备注
$\overline{X}-R$	$\overline{\overline{x}}$	$UCL=\overline{\overline{x}}+A_2\overline{R}$ $LCL=\overline{\overline{x}}-A_2\overline{R}$ σ 给出时，分别为 $\overline{\overline{x}}\pm3\sigma$	$\overline{x}$：$\Sigma x/n=$ 测定值的总和/测定次数 $\overline{\overline{x}}$：$\Sigma\overline{x}$ 的和/批数 x：单次试验的测定值(用于混凝土强度控制时，x 为一组试件的平均值) R：极差$=x_{max}-x_{min}$ $\overline{R}$：平均极差$=\Sigma R$/批数 R_s：移动极差=相邻 x 的差 $\overline{R}_s$：$\Sigma R_s/(k-1)=R_s$ 的和/(批数-1) R_m：组内极差 $\overline{R}_m$：$\Sigma R_m/K=R_m$ 的和/批数
	$\overline{R}$	$UCL=D_4\overline{R}$	
$X-R_s-R_m$	$\overline{x}$	$UCL=\overline{x}+2.66\overline{R}_s$ $LCL=\overline{x}-2.66\overline{R}_s$ σ 给出时，分别为 $\overline{x}\pm3\sigma$	
	R_s	$UCL=3.267\overline{R}_s$	
	R_m	$UCL=D_4\overline{R}_m$	

系数表

n	2	3	4	5	6	7	8	9	10
A	2.121	1.723	1.500	1.342	1.225	1.134	1.061	1.000	0.949
A_2	1.880	1.023	0.729	0.577	0.483	0.419	0.373	0.337	0.308
D_4	3.267	2.574	2.282	2.114	2.004	1.924	1.864	1.816	1.777

(二) 控制图的判断规则

画出控制图以后，就要经常地观察和分析。如果生产过程中系统因素对混凝土质量不产生影响，而只有偶然因素起作用，则认为生产处于控制状态。控制图上出现下列状态时，则可做出处于控制状态或失控状态的判断。

1. 控制状态

(1) 连续 25 点以上都落入 3σ 控制限以内。

（2）连续 35 点中，落入 3σ 控制限以外的不超过 1 点。

（3）连续 100 点中，落入 3σ 控制限以外的不超过 2 点。

上述情况一般是在分析过去数据，计算控制界限时使用。

2. 失控状态

在进行控制生产过程时，如果点子超出 3σ 控制限或出现下列情况之一者，则认为生产过程处于失控状态。

（1）1 个点落在 A 区以外［附图 1-14（a）］。

（2）连续 9 点落在中心线同一侧［附图 1-14（b）］。

（3）连续 6 点递增或递减［附图 1-14（c）］。

（4）连续 14 点中相邻点交替上下［附图 1-14（d）］。

（5）连续 3 点中有 2 点落在中心线同一侧的 B 区以外［附图 1-14（e）］。

（6）连续 5 点中有 4 点落在中心线同一侧的 C 区以外［附图 1-14（f）］。

（7）连续 15 点落在中心线两侧的 C 区内［附图 1-14（g）］。

（8）连续 8 点落在中心线两侧且无一在 C 区内［附图 1-14（h）］。

附图 1-14 的模式检验是依据国家标准《常规控制图》（GB/T 4091—2001）确定的。

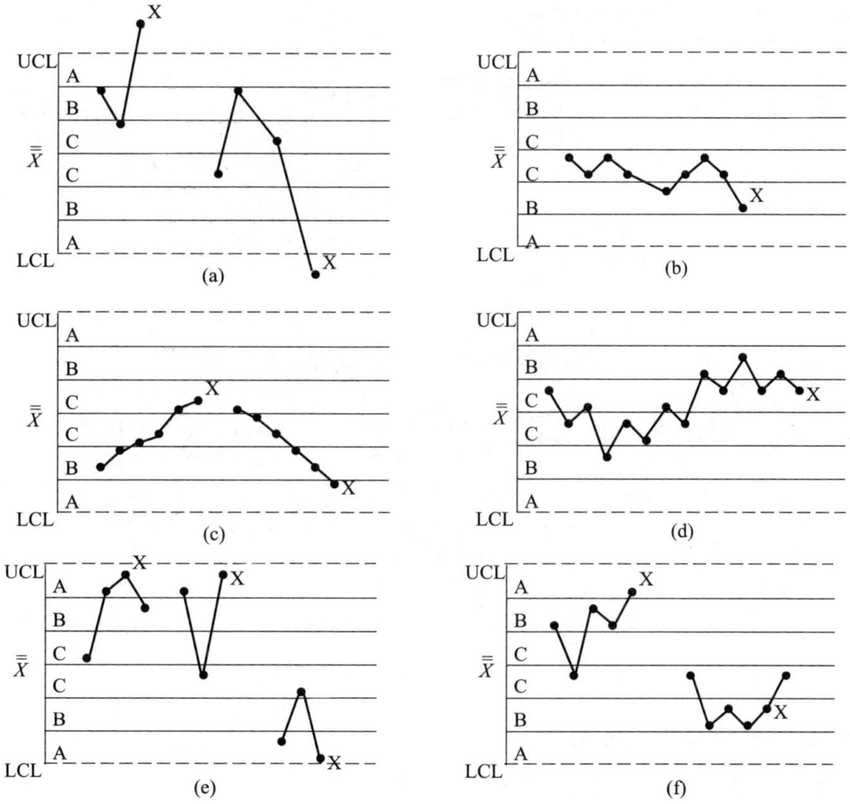

附图 1－14

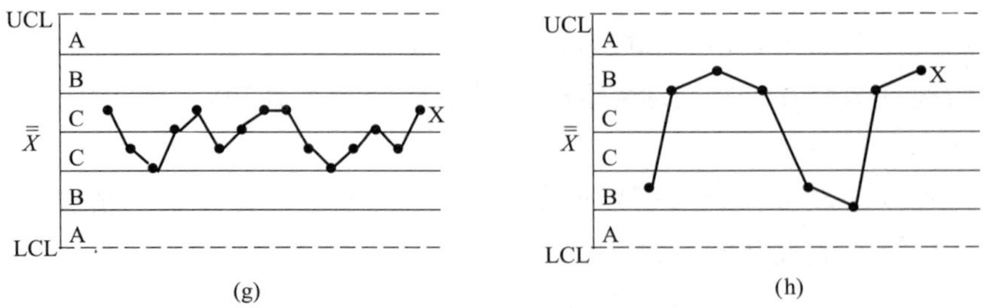

附图 1－14　可查明原因的检验

上述事件的发生都属于小概率事件。在正常生产条件下，几乎是不发生的。因此，一旦出现，就要求对生产过程的控制系统进行检查，很可能有影响正常生产的系统因素存在。

（三）影响混凝土强度变异的因素

当通过控制图发现生产过程有异常因素存在时，可借助因果分析图查找生产过程异常的因素，及时将其排除，使生产过程处于控制状态。对于混凝土强度，使其产生变异的因素是很多的，就其主要因素列于因果分析图中（附图 1-15）。

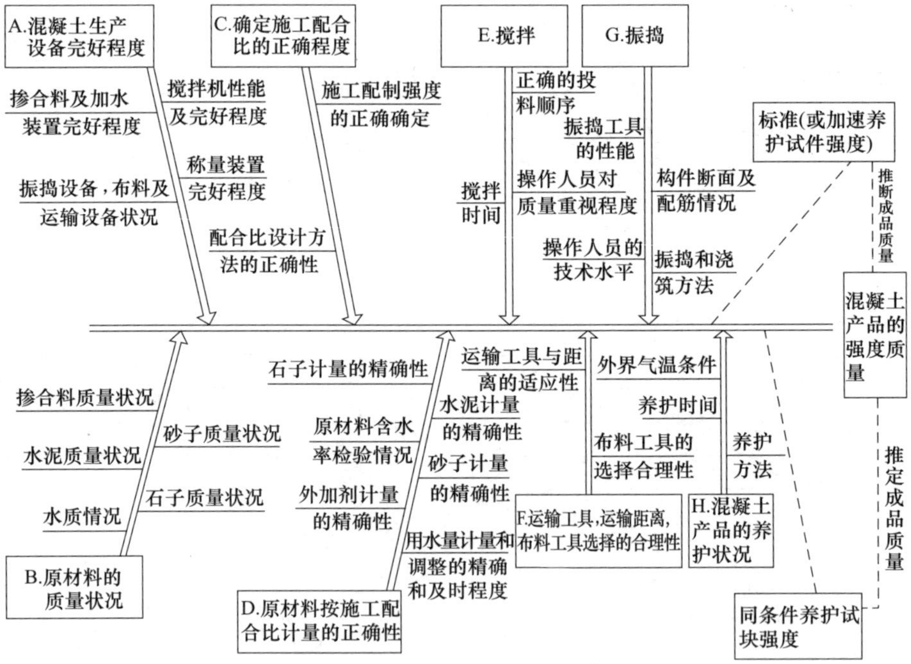

附图 1－15　影响混凝土强度的因果分析图

（四）混凝土质量控制的主要内容

工程实践表明，组成混凝土的原材料质量、由特定材料组成的混凝土配合比质量、混凝土拌合物质量和混凝土硬化后的强度、耐久性等均是混凝土质量控制的几个主要内容。

1. 原材料的质量控制

原材料质量是影响混凝土质量的一个重要因素。用于制备混凝土的主要材料，都有相应的质量标准。因此，对进厂（场）的原材料，必须按有关标准的规定进行合格检验。对于货源有选择余地的材料，在订货前应坚持先进行合格检验，然后再进厂（场）。但是，由于这些原材料大多数是非匀质材料，同批不同部位和不同批的材料质量都存在着差异。因此，对进厂（场）后的原材料，在使用过程中，仍需按有关标准要求定期抽样检查。对混凝土骨料来说，影响配合比组成变异而导致混凝土强度过大波动的主要原因是含水率、含泥量的变化和石子含粉量的影响。在混凝土生产过程中对原材料的质量控制，除经常性检验外，还应随时掌握其含量变化规律，并拟定相应的对策措施。如砂、石的含泥量超出标准要求时，应坚持筛选或采取能保证混凝土质量的其他有效措施。砂石含水率，可通过含水率快速测定装置，及时根据测定的含水率来调整混凝土配合比中的实际用水量和骨料用量。

对不同批号之间水泥强度的变异，一般可通过混凝土强度的快速试验或水泥强度的快速测定予以调整混凝土配合比。

2. 混凝土配制强度的确定及其控制

混凝土配制强度定得过高，可能会提高混凝土的成本；定得过低，将使混凝土强度不能满足预期的质量要求。在混凝土强度的合格验收中，会使不合格的可能性增大，同样会给企业造成一定损失。所以，合理确定混凝土配制强度是混凝土质量控制中的重要环节之一。

结构或构件的混凝土强度，直接影响结构的可靠度。各国的结构设计规范对混凝土强度的合格质量水平一般均有明确要求。我国编制的《建筑结构设计统一标准》GB 50068 对各种材料提出的合格质量水平的要求为：

$$m_{f_{cu}} \geqslant f_{cu,k} + 1.645\sigma \tag{17}$$

式中 $f_{cu,k}$——混凝土强度等级值，亦即立方体抗压强度标准值。立方体抗压强度标准值系指按照标准方法制作、养护的边长为 150mm 的立方体试件，在 28d 龄期或设计规定的大于 28d 龄期，用标准试验方法测得的具有不低于 95%保证率的抗压强度。

合格质量水平是施工必须达到的预期合格质量目标。因此，确定混凝土配制强度时还应考虑试验室试配条件与现场施工条件差异等因素，尚应考虑一定的强度富余量，差异系数建议取 10%～15%，以控制混凝土质量在合格质量水平上。

一般情况下，混凝土配制强度可按上述要求确定。但是，对于有早龄期强度要求的混凝土，其配制强度还需结合结构或构件的脱模、出池、起吊、预应力钢筋张拉或放张强度的要求确定，此时，除满足式（17）的要求外，尚应考虑施工过程对强度的要求。

混凝土配制强度可由混凝土强度等级值及其对应的强度标准差 σ 确定，σ 作为混凝土生产单位的技术水平和管理水平的综合考核指标。若分等级和生产车间（或班组）按月建立标准差 σ 的动态图，可以看出生产车间的技术水平和管理水平的发展趋向。由混凝土强度控制图可以看出实际取得的混凝土强度平均值与配制强度符合程度，从而确定混凝土配合比是否需要调整。

3. 混凝土拌合物的质量控制

经试配确定的混凝土设计配合比，在实际生产过程中，由于各种材料计量的误差和骨料的含水率的变化，加之搅拌均匀程度，都会使混凝土强度产生波动。这种波动，可用混凝土拌合物的和易性和水胶比来反映。因此，对于混凝土拌合物的控制，可通过一定工艺条件，以实测值的正常波动范围作为控制混凝土拌合物性能是否发生异常的信息。如发现异常，随时采取措施予以解决。为了及时和直观地获得混凝土拌合物的质量信息，在生产过程中，可分别绘制混凝土和易性控制图和水胶比控制图。例如某厂由系统试验，已取得在该厂条件下，混凝土的维勃稠度（s）或坍落度（mm）和水胶比的正常波动参数，并绘制成控制图，见附图 1-16 和附图 1-17。

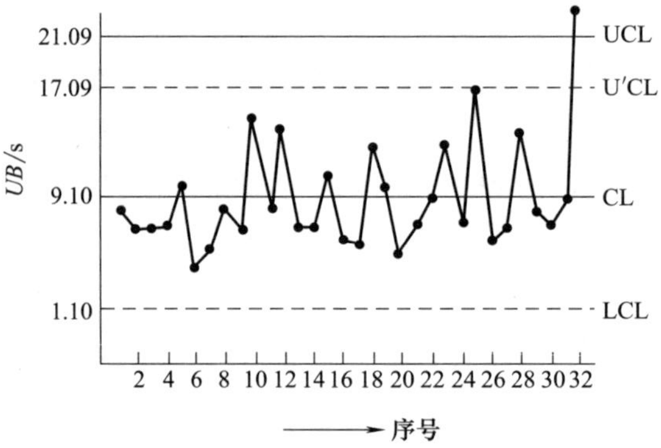

附图 1-16　维勃稠度控制图

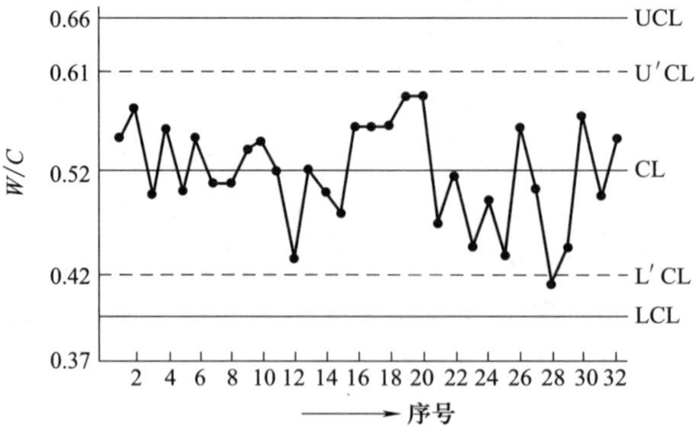

附图 1-17　水胶比控制图

由这些控制图，即可获得混凝土拌合物的质量信息，又可由于其对应的混凝土强度控制附图 1-18，获得强度的质量信息，便于对照分析，查找原因，采取对策。

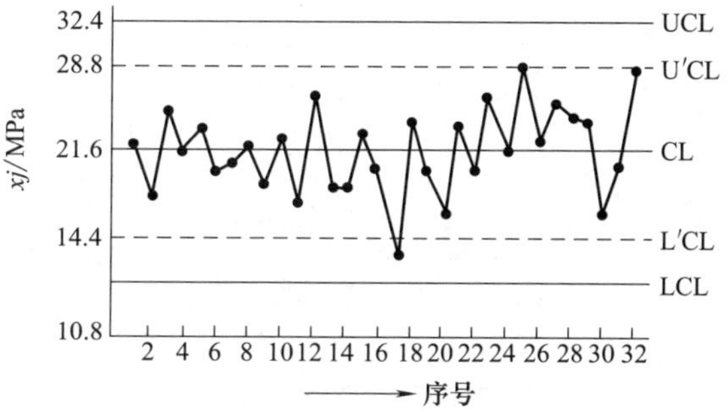

附图 1－18 混凝土强度控制图

4. 混凝土强度的质量控制

影响混凝土强度的因素很多，除前述混凝土配制强度确定的合理程度、原材料质量的变异、配料的计量误差、生产工艺条件的变化（如投料方式、搅拌均匀程度、运输方式等）外，养护条件和试验误差等对混凝土质量的影响都综合地反映到混凝土强度上来。因此，应对混凝土强度进行有效的控制，使其达到要求的质量，这是进行混凝土质量控制的重要环节之一。

对混凝土强度进行质量控制，可采用单值-移动极差（X-R_s-R_m）或平均值-极差（$\overline{X}$-R）控制图。一般来讲，对于不易分批或刚开始进行混凝土质量控制工作时，多采用单值—移动极差控制图。当混凝土强度的控制工作开展一定时间后，而且能保持生产正常稳定时，则宜采用平均值—极差控制图。

采用上述两种控制图，对混凝土强度进行质量控制，举例如下。

例 1：某混凝土生产厂，主要生产 C30 级混凝土，对其强度的控制采用 X-R_s-R_m 控制图。利用已积累的同类混凝土强度数据，计算控制图界限（见附表 1-11），并画出相应控制图见附图 1-19。

从 X 控制图可以看出生产是否处于稳定状态以及强度平均值是否高于或接近所要求的混凝土配制强度，实际分布的下限与设计要求强度的关系等。从而考虑以后的生产是继续维持现状，还是根据设计上的要求重新加以调整。

从 R_s 控制图和 R_m 控制图可以看出，当原材料质量、骨料含水量有较大变化或材料计量误差过大时，移动极差 R_s 将增大；当试件的制作方法不当、模具变形或试验方法有较大偏差时，组内极差 R_m 将增大。

例 2：某预拌混凝土厂生产的 C30 级混凝土，采用 $\overline{X}$-R 控制图，取三组为一批，其强度数据、控制界限及控制图详见附表 1-12 和附图 1-20。

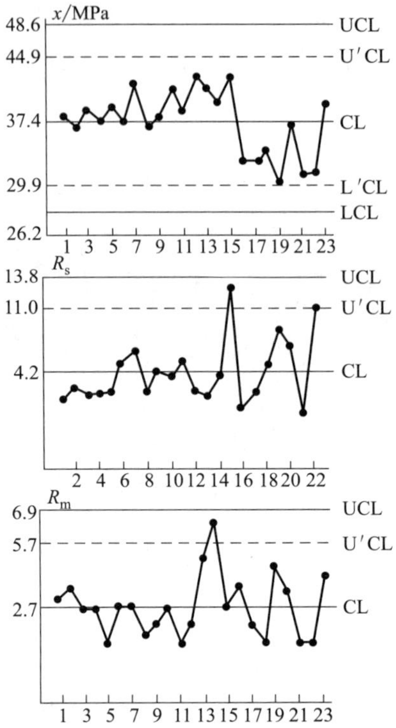

附图 1－19　X-R_s-R_m 控制图

■附表 1－11　X-R_s-R_m 数据表

工程名称								混凝土设计要求的强度等级：C30
月日	序号	测定强度值/MPa			组平均值 x	移动极差 R_s	R_m	备　注
		1	2	3				
3.1	1	40.1	36.9	37.8	38.3	—	3.2	
3.2	2	35.1	38.7	36.9	36.9	1.4	3.6	
3.3	3	37.8	40.5	40.5	39.6	2.7	2.7	
3.4	4	38.7	38.7	36.0	37.8	1.8	2.7	
3.5	5	40.1	40.1	39.2	39.8	2.0	0.9	
3.6	6	36.0	38.7	38.3	37.7	2.1	2.7	
3.8	7	41.4	44.1	43.7	43.1	5.4	2.7	
3.9	8	36.0	37.4	36.0	36.5	6.6	1.4	
3.10	9	37.8	37.8	39.6	38.4	1.9	1.8	
3.11	10	43.2	41.4	44.1	42.9	4.5	2.7	
3.12	11	38.7	38.7	39.6	39.0	3.9	0.9	
3.13	12	45.0	45.0	43.2	44.4	5.4	1.8	
3.15	13	43.2	39.2	44.1	42.2	2.2	4.9	
3.16	14	36.0	42.8	42.3	40.4	1.8	6.8	
3.17	15	43.2	43.2	45.9	44.1	3.7	2.7	
3.18	16	30.6	29.7	33.3	31.2	12.9	3.6	
3.19	17	29.7	31.5	31.5	30.9	0.3	1.8	
3.20	18	33.3	32.4	33.3	33.0	2.1	0.9	
3.22	19	28.8	29.7	25.2	27.9	5.1	4.5	
3.23	20	35.1	36.0	38.7	36.6	8.7	3.6	
3.24	21	29.7	28.8	29.3	29.3	7.3	0.9	
3.25	22	29.7	28.8	29.7	29.4	0.1	0.9	
3.26	23	38.7	42.8	39.6	40.4	11.0	4.1	
Σ					859.8	92.9	61.8	

备注：

参数计算

$$\overline{x}=\frac{859.8}{23}\approx 37.4\text{MPa}$$

$$\overline{R}_s=\frac{92.9}{22}\approx 4.22\text{MPa}$$

$$\overline{R}_m=\frac{61.8}{23}\approx 2.69\text{MPa}$$

控制限计算

1. X 控制图

$$CL=\overline{x}=37.4\text{MPa}$$

$$UCL=\overline{x}+2.66\overline{R}_s=48.6\text{MPa}$$

$$LCL=\overline{x}-2.66\overline{R}_s=26.2\text{MPa}$$

2. R_s 控制图

$$CL=\overline{R}_s=4.22\text{MPa}$$

$$UCL=D_4\overline{R}_s=3.267\times 4.22=13.8\text{MPa}$$

3. R_m 控制图

$$CL=\overline{R}_m=2.69\text{MPa}$$

$$UCL=D_4\overline{R}_m=2.574\times 2.69=6.9\text{MPa}$$

注：附图 1-19 控制限中的标准差按

$$\sigma\sqrt{\frac{\sum_{i=1}^{n}(x_i-\overline{x})^2}{n-1}}$$ 计算

■附表 1-12 $\overline{X}$-R 数据表

工程名称							混凝土设计要求的强度等级：C30
月日	序号	测定强度值/MPa			平均值 $\overline{\overline{x}}$	极差 R	备注
		x_1	x_2	x_3			
5.3	1	38.2	35.8	35.5	36.5	2.7	
5.4	2	41.1	40.5	39.6	40.4	1.5	
5.5	3	36.9	41.0	41.0	39.6	4.1	
5.6	4	38.9	33.9	39.6	37.5	5.7	
5.7	5	27.8	34.8	34.2	32.3	7.0	
5.8	6	35.3	33.7	34.7	34.6	1.6	
5.10	7	35.2	30.1	35.9	33.7	5.8	
5.11	8	36.7	37.9	42.7	39.1	6.0	
5.12	9	32.3	36.0	33.1	33.1	4.9	
5.13	10	37.4	36.7	37.2	37.1	0.7	
5.14	11	39.3	42.4	37.6	39.8	4.8	
5.15	12	37.9	37.6	35.1	36.9	2.8	
5.17	13	34.5	35.6	39.3	36.5	4.8	
5.18	14	39.5	34.9	39.2	37.9	4.6	
5.19	15	33.1	38.0	36.9	36.0	4.9	
5.20	16	37.8	35.9	38.8	37.5	2.9	
5.21	17	38.1	36.6	41.5	38.7	4.9	
5.22	18	37.8	42.4	37.6	39.3	4.8	
5.24	19	41.0	38.4	39.8	39.7	2.6	
5.25	20	36.3	34.2	34.8	35.1	2.1	
5.26	21	33.9	32.8	33.4	33.4	1.1	
5.27	22	36.5	40.4	39.0	38.6	3.9	
5.28	23	36.4	39.8	34.6	36.9	5.2	
5.29	24	28.3	36.1	33.0	32.5	7.8	
5.31	25	34.6	31.8	31.6	32.7	3.0	
Σ					915.4	100.2	

备注栏：

参数计算：

$\overline{\overline{x}}$= 915.4/25= 36.6MPa

$\overline{R}$= 100.2/25= 4.01MPa

控制限计算：

1. $\overline{X}$ 控制图

$CL=\overline{\overline{x}}=36.6\text{MPa}$

$UCL=\overline{\overline{x}}+A_2\overline{R}=\overline{\overline{x}}+1.023\overline{R}=40.7\text{MPa}$

$LCL=\overline{\overline{x}}-A_2\overline{R}=32.5\text{MPa}$

2. R 控制图

$CL=\overline{R}=4.01\text{MPa}$

$UCL=D_4\overline{R}=10.32\text{MPa}$

注：系数 A_2、D_4 查附表 1-10。

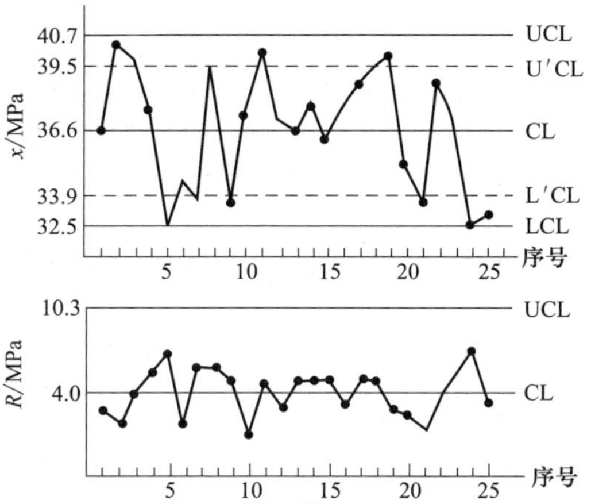

附图 1-20 $\overline{X}$-R 控制图

在正常生产情况下，各个试验值几乎都能落进 2σ 界限内。假如有某个点子跑出了 3σ 界限外，就应该检查造成这种离散的原因，并采取措施加以纠正。在这种情况下，应利用经剔除 3σ 之外点子后的资料，重新计算控制界限，以便对以后生产的同类混凝土质量参数进行控制。控制界限通常是一个月计算、修改一次。

控制图只能提供质量情报，为从技术上寻找质量异常提供信息，便于分析原因和采取相应措施。要切实解决问题，还需要有一定的技术措施和管理制度，使有关部门和人员共同努力来解决。为了便于检查、总结和提出质量升级目标，对以上工作，可采用建立相应的因果分析图、对策表和提高质量的下一阶段质量目标要求。

■附表 1-13　正态分布密度函数 $\varphi(x)=\frac{1}{\sqrt{2\pi}}e^{-\frac{x^2}{2}}$ 的数值表

x	φ(x)	x	φ(x)	x	φ(x)	x	φ(x)	x	φ(x)	x	φ(x)
0.00	0.3989	0.50	0.3521	1.00	0.2420	1.50	0.1295	2.00	0.0540	2.50	0.0175
0.05	0.3984	0.55	0.3429	1.05	0.2299	1.55	0.1200	2.05	0.0488	2.55	0.0154
0.10	0.3970	0.60	0.3332	1.10	0.2179	1.60	0.1109	2.10	0.0440	2.60	0.0136
0.15	0.3945	0.65	0.3230	1.15	0.2059	1.65	0.1023	2.15	0.0396	2.65	0.0119
0.20	0.3910	0.70	0.3123	1.20	0.1942	1.70	0.0940	2.20	0.0355	2.70	0.0104
0.25	0.3867	0.75	0.3011	1.25	0.1826	1.75	0.0863	2.25	0.0317	2.75	0.0091
0.30	0.3814	0.80	0.2897	1.30	0.1714	1.80	0.0790	2.30	0.0283	2.80	0.0079
0.35	0.3752	0.85	0.2780	1.35	0.1604	1.85	0.0721	2.35	0.0252	2.85	0.0069
0.40	0.3683	0.90	0.2661	1.40	0.1497	1.90	0.0656	2.40	0.0224	2.90	0.0060
0.45	0.3605	0.95	0.2541	1.45	0.1397	1.95	0.0596	2.45	0.0198	2.95	0.0051
										3.00	0.0040

■附表 1-14　正态分布函数 $\Phi(x)=\frac{1}{\sqrt{2\pi}}\int_{-\infty}^{x}e^{-\frac{t^2}{2}}dt$ 的数值表

x	ϕ(x)	x	ϕ(x)	x	ϕ(x)	x	ϕ(x)	x	ϕ(x)	x	ϕ(x)
0.00	0.500000	0.50	0.691463	1.00	0.841345	1.50	0.933193	2.00	0.977250	2.50	0.993790
0.05	0.519939	0.55	0.708840	1.05	0.853141	1.55	0.939429	2.05	0.979818	2.55	0.994614
0.10	0.539828	0.60	0.725747	1.10	0.864334	1.60	0.945201	2.10	0.982136	2.60	0.995339
0.15	0.559618	0.65	0.742154	1.15	0.874928	1.65	0.950528	2.15	0.984222	2.65	0.995975
0.20	0.579260	0.70	0.758036	1.20	0.884930	1.70	0.955434	2.20	0.986097	2.70	0.996533
0.25	0.598706	0.75	0.773373	1.25	0.894350	1.75	0.959941	2.25	0.987776	2.75	0.997020
0.30	0.617911	0.80	0.788145	1.30	0.903200	1.80	0.964070	2.30	0.989276	2.80	0.997445
0.35	0.636831	0.85	0.802338	1.35	0.911492	1.85	0.967843	2.35	0.990613	2.85	0.997814
0.40	0.655422	0.90	0.815940	1.40	0.919243	1.90	0.971283	2.40	0.991802	2.90	0.998134
0.45	0.673645	0.95	0.828944	1.45	0.926471	1.95	0.974412	2.45	0.992857	2.95	0.998411
										3.00	0.998650

■附表 1-15　x^2-分布 $p(x^2 \geqslant x_\alpha^2)=\frac{1}{2^{\frac{n}{2}}\Gamma\left(\frac{n}{2}\right)}\int_{x_\alpha^2}^{\infty}e^{-\frac{u}{2}}u^{\frac{n}{2}-1}du=\alpha$ 的数值表

n \ x_α^2 \ α_1	0.99	0.98	0.95	0.90	0.50	0.10	0.05	0.02	0.01
1	0.00016	0.00063	0.00393	0.0158	0.455	2.706	3.841	5.412	6.635
2	0.0201	0.0404	0.103	0.211	1.386	4.605	5.991	7.824	9.210
3	0.115	0.185	0.352	0.584	2.366	6.251	7.815	9.837	11.345
4	0.297	0.429	0.711	1.064	3.357	7.779	9.488	11.668	13.277
5	0.554	0.752	1.145	1.610	4.351	9.236	11.070	13.388	15.086
6	0.872	1.134	1.635	2.204	5.348	10.645	12.592	15.033	16.812
7	1.239	1.564	2.167	2.833	6.346	12.017	14.067	16.622	18.475
8	1.646	2.032	2.733	3.490	7.344	13.362	15.507	18.168	20.090
9	2.088	2.532	3.325	4.168	8.343	14.684	16.919	19.679	21.666

续表

n \ χ_α^2 \ α_1	0.99	0.98	0.95	0.90	0.50	0.10	0.05	0.02	0.01
10	2.558	3.059	3.940	4.865	9.342	15.987	18.307	21.161	23.209
11	3.053	3.609	4.575	5.572	10.341	17.275	19.675	22.618	24.725
12	3.571	4.178	5.226	6.304	11.340	18.549	21.026	24.054	26.217
13	4.107	4.765	5.892	7.042	12.340	19.812	22.362	25.472	27.688
14	4.660	5.368	6.571	7.790	13.339	21.064	23.685	26.873	29.141
15	5.229	5.985	7.261	8.547	14.339	22.307	24.996	28.259	30.578
16	5.812	6.614	7.962	9.312	15.338	23.542	26.296	29.633	32.000
17	6.408	7.255	8.672	10.085	16.338	24.769	27.587	30.995	33.409
18	7.015	7.906	9.390	10.865	17.338	25.989	28.869	32.346	34.805
19	7.633	8.567	10.117	11.651	18.338	27.204	30.144	33.687	36.191
20	8.260	9.237	10.851	12.443	19.337	28.412	31.410	35.020	37.566
21	8.897	9.915	11.591	13.240	20.337	29.615	32.671	36.343	38.932
22	9.542	10.600	12.338	14.041	21.337	30.813	33.924	37.659	40.289
23	10.196	11.293	13.091	14.848	22.337	32.007	35.172	38.968	41.638
24	10.856	11.992	13.848	15.659	23.337	33.196	36.415	40.270	42.980
25	11.524	12.697	14.611	16.473	24.337	34.382	37.652	41.566	44.314
26	12.198	13.409	15.379	17.292	25.336	35.563	38.885	42.856	45.642
27	12.879	14.125	16.151	18.114	26.336	36.741	40.113	44.140	46.963
28	13.565	14.847	16.928	18.939	27.336	37.916	41.337	45.419	48.278
29	14.256	15.574	17.708	19.768	28.336	39.087	42.557	46.693	49.588
30	14.953	16.306	18.493	20.599	29.336	40.256	43.773	47.662	50.892

■ 附表 1-16 计算统计量 W 必需的系数 $a_k(w)$

k \ n	3	4	5	6	7	8	9	10		
1	0.7071	0.6872	0.6646	0.6431	0.6233	0.6052	0.5888	0.5739		
2	—	0.1677	0.1677	0.2806	0.3031	0.3164	0.3244	0.3291		
3	—	—	—	0.0875	0.1401	0.1743	0.1976	0.2141		
4	—	—	—	—	—	0.0561	0.0947	0.1224		
5	—	—	—	—	—	—	—	0.0399		
k \ n	11	12	13	14	15	16	17	18	19	20
1	0.5610	0.5475	0.5359	0.5251	0.5150	0.5056	0.4968	0.4886	0.4808	0.4734
2	0.3315	0.3325	0.3325	0.3318	0.3306	0.3290	0.3273	0.3253	0.3232	0.3211
3	0.2260	0.2347	0.2412	0.2460	0.2495	0.2521	0.2540	0.2553	0.2561	0.2565
4	0.1429	0.1586	0.1707	0.1802	0.1878	0.1939	0.1988	0.2027	0.2059	0.2085
5	0.0695	0.0922	0.1099	0.1240	0.1353	0.1447	0.1524	0.1587	0.1641	0.1686
6	—	0.0303	0.0539	0.0727	0.0880	0.1005	0.1109	0.1197	0.1271	0.1334
7	—	—	—	0.0240	0.0433	0.0593	0.0725	0.0837	0.0932	0.1013
8	—	—	—	—	—	0.0196	0.0359	0.0496	0.0612	0.0711
9	—	—	—	—	—	—	—	0.0163	0.0303	0.0422
10	—	—	—	—	—	—	—	—	—	0.0140

续表

k \ n	21	22	23	24	25	26	27	28	29	30
1	0.4643	0.4590	0.4542	0.4493	0.4450	0.4407	0.4366	0.4328	0.4291	0.4254
2	0.3185	0.3156	0.3126	0.3098	0.3069	0.3043	0.3018	0.2992	0.2968	0.2944
3	0.2578	0.2571	0.2563	0.2554	0.2543	0.2533	0.2522	0.2510	0.2499	0.2487
4	0.2119	0.2131	0.2139	0.2145	0.2148	0.2151	0.2152	0.2151	0.2150	0.2148
5	0.1736	0.1764	0.1787	0.1807	0.1822	0.1836	0.1848	0.1857	0.1864	0.1870
6	0.1399	0.1443	0.1480	0.1512	0.1539	0.1563	0.1584	0.1601	0.1616	0.1630
7	0.1092	0.1150	0.1201	0.1245	0.1283	0.1316	0.1346	0.1372	0.1395	0.1415
8	0.0804	0.0878	0.0941	0.0997	0.1046	0.1089	0.1128	0.1162	0.1192	0.1219
9	0.0530	0.0618	0.0696	0.0764	0.0823	0.0876	0.0923	0.0965	0.1002	0.1036
10	0.0263	0.0368	0.0459	0.0539	0.0610	0.0672	0.0728	0.0778	0.0822	0.0862
11	—	0.0122	0.0228	0.0321	0.0403	0.0476	0.0540	0.0598	0.0650	0.0667
12	—	—	—	0.0107	0.0200	0.0284	0.0358	0.0424	0.0483	0.0537
13	—	—	—	—	—	0.0094	0.0178	0.0253	0.0320	0.0381
14	—	—	—	—	—	—	—	0.0084	0.0159	0.0227
15	—	—	—	—	—	—	—	—	—	0.0076

k \ n	31	32	33	34	35	36	37	38	39	40
1	0.4220	0.4188	0.4156	0.4127	0.4096	0.4068	0.4040	0.4015	0.3989	0.3964
2	0.2921	0.2898	0.2876	0.2854	0.2834	0.2813	0.2794	0.2774	0.2755	0.2737
3	0.2475	0.2463	0.2451	0.2439	0.2427	0.2415	0.2403	0.2391	0.2380	0.2368
4	0.2145	0.2141	0.2137	0.2132	0.2127	0.2121	0.2116	0.2110	0.2104	0.2098
5	0.1874	0.1878	0.1880	0.1882	0.1883	0.1883	0.1883	0.1881	0.1880	0.1878
6	0.1641	0.1651	0.1660	0.1667	0.1673	0.1678	0.1683	0.1686	0.1689	0.1691
7	0.1433	0.1449	0.1463	0.1475	0.1487	0.1496	0.1505	0.1513	0.1520	0.1526
8	0.1243	0.1265	0.1284	0.1301	0.1317	0.1331	0.1244	0.1356	0.1366	0.1376
9	0.1066	0.1093	0.1118	0.1140	0.1160	0.1179	0.1196	0.1211	0.1225	0.1237
10	0.0899	0.0931	0.0961	0.0988	0.1013	0.1036	0.1056	0.1075	0.1092	0.1108
11	0.0730	0.0777	0.0812	0.0844	0.0873	0.0900	0.0924	0.0947	0.0967	0.0986
12	0.0585	0.0629	0.0669	0.0706	0.0739	0.0770	0.0798	0.0824	0.0848	0.0870
13	0.0435	0.0485	0.0530	0.0572	0.0610	0.0645	0.0677	0.0706	0.0733	0.0759
14	0.0289	0.0344	0.0395	0.0441	0.0484	0.0523	0.0559	0.0592	0.0622	0.0651
15	0.0144	0.0206	0.0262	0.0314	0.0361	0.0104	0.0444	0.0481	0.0515	0.0546
16	—	0.0063	0.0131	0.0187	0.0239	0.0287	0.0331	0.0372	0.0409	0.0444
17	—	—	—	0.0062	0.0119	0.0172	0.0220	0.0264	0.0305	0.0342
18	—	—	—	—	—	0.0057	0.0110	0.0158	0.0202	0.0244
19	—	—	—	—	—	—	—	0.0053	0.0101	0.0146
20	—	—	—	—	—	—	—	—	—	0.0049

k \ n	41	42	43	44	45	46	47	48	49	50
1	0.3940	0.3917	0.3894	0.3872	0.3850	0.3830	0.3808	0.3789	0.3770	0.3751
2	0.2719	0.2701	0.2684	0.2667	0.2651	0.2635	0.2620	0.2604	0.2589	0.2574
3	0.2357	0.2345	0.2334	0.2323	0.2313	0.2302	0.2291	0.2281	0.2271	0.2260
4	0.2091	0.2085	0.2078	0.2072	0.2065	0.2058	0.2052	0.2045	0.2038	0.2032
5	0.1876	0.1874	0.1871	0.1868	0.1865	0.1862	0.1859	0.1855	0.1851	0.1847
6	0.1693	0.1694	0.1695	0.1695	0.1695	0.1695	0.1695	0.1693	0.1692	0.1691
7	0.1531	0.1535	0.1539	0.1542	0.1545	0.1548	0.1550	0.1551	0.1553	0.1554

续表

k \ n	41	42	43	44	45	46	47	48	49	50
8	0.1384	0.1392	0.1398	0.1405	0.1410	0.1415	0.1420	0.1423	0.1427	0.1430
9	0.1249	0.1259	0.1269	0.1278	0.1286	0.1293	0.1300	0.1306	0.1312	0.1317
10	0.1123	0.1136	0.1149	0.1160	0.1170	0.1180	0.1189	0.1197	0.1205	0.1212
11	0.1004	0.1020	0.1035	0.1049	0.1062	0.1073	0.1085	0.1095	0.1105	0.1113
12	0.0891	0.0909	0.0927	0.0943	0.0959	0.0972	0.0986	0.0998	0.1010	0.1020
13	0.0782	0.0804	0.0824	0.0842	0.0860	0.0876	0.0892	0.0906	0.0919	0.0932
14	0.0677	0.0701	0.0724	0.0745	0.0765	0.0783	0.0801	0.0817	0.0832	0.0846
15	0.0575	0.0602	0.0628	0.0651	0.0673	0.0694	0.0713	0.0731	0.0748	0.0764
16	0.0476	0.0506	0.0534	0.0560	0.0584	0.0607	0.0628	0.0648	0.0667	0.0685
17	0.0379	0.0411	0.0442	0.0471	0.0497	0.0522	0.0546	0.0568	0.0588	0.0608
18	0.0283	0.0318	0.0352	0.0383	0.0412	0.0439	0.0465	0.0489	0.0511	0.0532
19	0.0188	0.0227	0.0263	0.0296	0.0328	0.0357	0.0385	0.0411	0.0436	0.0459
20	0.0091	0.0136	0.0175	0.0211	0.0245	0.0277	0.0307	0.0335	0.0361	0.0386
21	—	0.0045	0.0087	0.0126	0.0163	0.0197	0.0229	0.0259	0.0288	0.0314
22	—	—	—	0.0042	0.0081	0.0118	0.0153	0.0185	0.0215	0.0244
23	—	—	—	—	—	0.0039	0.0076	0.0111	0.0143	0.0174
24	—	—	—	—	—	—	—	0.0037	0.0071	0.0104
25	—	—	—	—	—	—	—	—	—	0.0035

■附表 1-17 W 检验-统计量 W 的 p 分位数 Z_p

n \ p	0.01	0.05	0.010	n \ p	0.01	0.05	0.010
				26	0.891	0.920	0.933
				27	0.894	0.922	0.935
3	0.753	0.767	0.789	28	0.896	0.924	0.936
4	0.687	0.748	0.792	29	0.898	0.926	0.937
5	0.686	0.762	0.806	30	0.900	0.927	0.939
6	0.713	0.788	0.826	31	0.902	0.929	0.940
7	0.730	0.803	0.838	32	0.904	0.930	0.941
8	0.749	0.818	0.851	33	0.906	0.931	0.942
9	0.764	0.829	0.859	34	0.908	0.933	0.943
10	0.781	0.842	0.869	35	0.910	0.934	0.944
11	0.792	0.850	0.876	36	0.912	0.935	0.945
12	0.805	0.859	0.883	37	0.914	0.936	0.946
13	0.814	0.866	0.889	38	0.916	0.938	0.947
14	0.825	0.874	0.895	39	0.917	0.939	0.948
15	0.835	0.881	0.901	40	0.919	0.940	0.949
16	0.844	0.887	0.906	41	0.920	0.941	0.950
17	0.851	0.892	0.910	42	0.922	0.942	0.951
18	0.858	0.897	0.914	43	0.923	0.943	0.951
19	0.863	0.901	0.917	44	0.924	0.944	0.952
20	0.868	0.905	0.920	45	0.926	0.945	0.953
21	0.873	0.908	0.923	46	0.927	0.945	0.953
22	0.878	0.911	0.928	47	0.928	0.946	0.954
23	0.881	0.914	0.928	48	0.929	0.947	0.954
24	0.884	0.916	0.930	49	0.929	0.947	0.955
25	0.888	0.918	0.931	50	0.930	0.947	0.955

■附表 1－18 奈尔异常值检验法的临界值表

n	检出水平 α				
	90%	95%	97.5%	99%	99.5%
3	1.497	1.738	1.955	2.215	2.396
4	1.696	1.941	2.163	2.431	2.618
5	1.835	2.080	2.304	2.574	2.764
6	1.939	2.814	2.408	2.679	2.870
7	2.022	2.267	2.490	2.761	2.952
8	2.091	2.334	2.557	2.828	3.019
9	2.150	2.392	2.613	2.884	3.074
10	2.200	2.441	2.662	2.931	3.122
11	2.245	2.484	2.704	2.973	3.163
12	2.284	2.523	2.742	3.010	3.199
13	2.320	2.557	2.776	3.043	3.232
14	2.352	2.589	2.806	3.072	3.261
15	2.382	2.617	2.834	3.099	3.287
16	2.409	2.644	2.860	3.124	3.312
17	2.434	2.668	2.883	3.147	3.334
18	2.458	2.691	2.905	3.168	3.355
19	2.480	2.712	2.926	3.188	3.374
20	2.500	2.732	2.945	3.207	3.392
21	2.519	2.750	2.963	3.224	3.409
22	2.538	2.768	2.980	3.240	3.425
23	2.555	2.784	2.996	3.256	3.440
24	2.571	2.800	3.011	3.270	3.455
25	2.587	2.815	3.026	3.284	3.468
26	2.602	2.829	3.039	3.298	3.481
27	2.616	2.843	3.053	3.310	3.493
28	2.630	2.856	3.065	3.322	3.505
29	2.643	2.869	3.077	3.334	3.516
30	2.656	2.881	3.089	3.345	3.527
31	2.668	2.892	3.100	3.365	3.538
32	2.679	2.903	3.111	3.366	3.548
33	2.690	2.914	3.121	3.376	3.557
34	2.701	2.924	3.131	3.385	3.566
35	2.712	2.934	3.140	3.394	3.575
36	2.722	2.944	3.150	3.403	3.584
37	2.732	2.953	3.159	3.412	3.592
38	2.741	2.962	3.167	3.420	3.600
39	2.750	2.971	3.176	3.428	3.608
40	2.759	2.980	3.184	3.436	3.616
41	2.768	2.988	3.192	3.444	3.623
42	2.776	2.996	3.200	3.451	3.630

续表

n	检出水平 α				
	90%	95%	97.5%	99%	99.5%
43	2.784	3.004	3.207	3.458	3.637
44	2.792	3.011	3.215	3.465	3.644
45	2.800	3.019	3.222	3.472	3.651
46	2.808	3.026	3.229	3.479	3.657
47	2.815	3.033	3.235	3.485	3.663
48	2.822	3.040	3.242	3.491	3.669
49	2.829	3.047	3.249	3.498	3.675
50	2.836	3.053	3.255	3.504	3.681
51	2.843	3.060	3.261	3.509	3.687
52	2.849	3.066	3.267	3.515	3.692
53	2.856	3.072	3.273	3.521	3.698
54	2.856	3.078	3.279	3.526	3.703
55	2.868	3.084	3.284	3.532	3.708
56	2.874	3.090	3.290	3.537	3.713
57	2.880	3.095	3.295	3.542	3.718
58	2.886	3.101	3.300	3.547	3.723
59	2.892	3.106	3.306	3.552	3.728
60	2.897	3.112	3.311	3.557	3.733
61	2.903	3.117	3.316	3.562	3.737
62	2.908	3.122	3.321	3.556	3.742
63	2.913	3.127	3.326	3.571	3.746
64	2.919	3.132	3.330	3.575	3.751
65	2.924	3.137	3.335	3.580	3.755
66	2.929	3.142	3.339	3.584	3.759
67	2.934	3.146	3.344	3.588	3.763
68	2.938	3.151	3.348	3.593	3.767
69	2.943	3.155	3.353	3.597	3.771
70	2.948	3.160	3.357	3.601	3.775
71	2.952	3.164	3.361	3.605	3.779
72	2.957	3.169	3.365	3.609	3.783
73	2.961	3.173	3.369	3.613	3.787
74	2.966	3.177	3.373	3.617	3.791
75	2.970	3.181	3.377	3.620	3.794
76	2.974	3.185	3.381	3.624	3.798
77	2.978	3.189	3.385	3.628	3.801
78	2.983	3.193	3.389	3.631	3.805
79	2.987	3.197	3.393	3.635	3.808
80	2.991	3.201	3.396	3.638	3.812
81	2.995	3.205	3.400	3.642	3.815
82	2.999	3.208	3.403	3.645	3.818

续表

n	检出水平 α				
	90%	95%	97.5%	99%	99.5%
83	3.002	3.212	3.407	3.648	3.821
84	3.006	3.216	3.410	3.652	3.825
85	3.010	3.219	3.414	3.655	3.828
86	3.014	3.223	3.417	3.658	3.831
87	3.017	3.226	3.421	3.661	3.834
88	3.021	3.230	3.424	3.665	3.837

■ 附表 1-19　狄克逊异常值检验法的临界值表

n	检出水平 α			
	90%	95%	99%	99.5%
3	0.886	0.941	0.988	0.994
4	0.697	0.765	0.889	0.926
5	0.557	0.642	0.780	0.821
6	0.482	0.560	0.698	0.740
7	0.434	0.507	0.637	0.680
8	0.479	0.554	0.683	0.725
9	0.441	0.512	0.635	0.677
10	0.409	0.477	0.597	0.639
11	0.517	0.576	0.679	0.713
12	0.490	0.546	0.642	0.675
13	0.467	0.521	0.615	0.649
14	0.492	0.546	0.641	0.674
15	0.472	0.525	0.616	0.647
16	0.454	0.507	0.595	0.624
17	0.438	0.490	0.577	0.605
18	0.424	0.475	0.561	0.589
19	0.412	0.462	0.547	0.575
20	0.401	0.450	0.535	0.562
21	0.391	0.440	0.524	0.551
22	0.382	0.430	0.514	0.541
23	0.374	0.421	0.505	0.532
24	0.367	0.413	0.497	0.524
25	0.360	0.406	0.489	0.516
26	0.354	0.399	0.486	0.508
27	0.348	0.393	0.475	0.501
28	0.342	0.387	0.469	0.495
29	0.337	0.381	0.463	0.489
30	0.332	0.376	0.457	0.483

■ 附表 1-20 格拉布斯异常值检验法的临界值表

n	检出水平 α				
	90%	95%	97.5%	99%	99.5%
3	1.148	1.153	1.155	1.155	1.155
4	1.452	1.463	1.481	1.492	1.496
5	1.602	1.672	1.715	1.749	1.764
6	1.729	1.822	1.887	1.944	1.973
7	1.828	1.938	2.020	2.097	2.139
8	1.909	1.032	2.126	2.221	2.274
9	1.977	2.110	2.215	2.323	2.387
10	2.036	2.176	2.290	2.410	2.482
11	2.088	2.234	2.355	2.185	2.564
12	2.134	2.285	2.412	3.550	2.636
13	2.175	2.331	2.462	3.607	2.699
14	2.213	2.371	2.507	3.659	2.755
15	2.247	2.409	2.549	3.705	2.806
16	2.279	2.443	2.585	2.747	2.852
17	2.309	2.475	2.620	2.785	2.894
18	2.335	2.504	2.651	2.821	2.932
19	2.361	2.532	2.681	2.854	2.968
20	2.385	2.557	2.709	2.884	3.001
21	2.408	2.580	2.733	2.912	3.031
22	2.429	2.603	2.758	2.939	3.060
23	2.448	2.624	2.781	2.963	3.087
24	2.467	2.644	3.802	2.987	3.112
25	2.486	2.663	3.822	3.009	3.135
26	2.502	2.681	2.841	3.029	3.157
27	2.519	2.698	2.859	3.049	3.178
28	2.534	2.714	2.876	3.068	3.199
29	2.549	2.730	2.893	3.085	3.218
30	2.563	2.745	2.908	3.103	3.236
31	2.577	2.759	2.924	3.119	3.253
32	2.591	2.773	2.938	3.135	3.270
33	2.604	2.786	2.952	3.150	3.286
34	2.616	2.799	2.965	3.164	3.301
35	2.628	2.811	2.979	3.178	3.316
36	2.639	2.823	2.991	3.191	3.330
37	2.650	2.835	3.003	3.204	3.343
38	2.661	2.846	3.014	3.216	3.356
39	2.671	2.857	3.025	3.228	3.369
40	2.682	2.866	3.036	3.240	3.381
41	2.692	2.877	3.046	3.251	3.393

续表

n	检出水平 α				
	90%	95%	97.5%	99%	99.5%
42	2.700	2.887	3.057	3.261	3.404
43	2.710	2.896	3.067	3.271	3.415
44	2.719	2.905	3.075	3.282	3.425
45	2.727	2.914	3.085	3.292	3.435
46	2.736	2.923	3.094	3.302	3.445
47	2.744	2.931	3.103	3.310	3.455
48	2.753	2.940	3.111	3.319	3.464
49	2.760	2.948	3.120	3.329	3.474
50	2.768	2.956	3.128	3.336	3.483
51	2.775	2.964	3.136	3.345	3.491
52	2.783	2.971	3.143	3.353	3.500
53	2.790	2.978	3.151	3.361	3.507
54	2.798	2.986	3.158	3.368	3.516
55	2.804	2.992	3.166	3.376	3.524
56	2.811	3.000	3.172	3.383	3.531
57	2.818	3.006	3.180	3.391	3.539
58	2.824	3.013	3.186	3.397	3.546
59	2.831	3.019	3.193	3.405	3.553
60	2.837	3.025	3.199	3.411	3.560
61	2.842	3.032	3.205	3.418	3.566
62	2.849	3.037	3.212	3.424	3.573
63	2.854	3.044	3.218	3.430	3.579
64	2.860	3.049	3.224	3.437	3.586
65	2.866	3.055	3.230	3.442	3.592
66	2.871	3.061	3.235	3.449	3.598
67	2.877	3.066	3.241	3.454	3.605
68	2.883	3.071	3.246	3.460	3.610
69	2.888	3.076	3.252	3.466	3.617
70	2.893	3.082	3.257	3.471	3.622
71	2.897	3.087	3.262	3.476	3.627
72	2.903	3.092	3.267	3.482	3.633
73	2.908	3.098	3.272	3.487	3.638
74	2.912	3.102	3.278	3.492	3.643
75	2.917	3.107	3.282	3.496	3.648
76	2.922	3.111	3.287	3.502	3.654
77	2.927	3.117	3.291	3.507	3.658
78	2.931	3.121	3.297	3.511	3.663
79	2.935	3.125	3.301	3.516	3.669
80	2.940	3.130	3.305	3.521	3.673
81	2.945	3.134	3.309	3.525	3.677

续表

n	检出水平 α				
	90%	95%	97.5%	99%	99.5%
82	2.949	3.139	3.315	3.529	3.682
83	2.953	3.143	3.319	3.534	3.687
84	2.957	3.147	3.323	3.539	3.691
85	2.961	3.151	3.327	3.543	3.695
86	2.966	3.155	3.331	3.547	3.699
87	2.970	3.160	3.335	3.551	3.704
88	2.973	3.163	3.339	3.555	3.708
89	2.977	3.167	3.343	3.559	3.712
90	2.981	3.171	3.347	3.563	3.716
91	2.984	3.174	3.350	3.567	3.720
92	2.989	3.179	3.355	3.570	3.725
93	2.993	3.182	3.358	3.575	3.728
94	2.996	3.186	3.362	3.579	3.732
95	3.000	3.189	3.365	3.582	3.736
96	3.003	3.193	3.369	3.586	3.739
97	3.006	3.196	3.372	3.589	3.744
98	3.011	3.201	3.377	3.593	3.747
99	3.014	3.204	3.380	3.597	3.750
100	3.017	3.207	3.383	3.600	3.754

参考文献

[1] 吴天滨 编. 概率论与数理统计. 济南：山东人民出版社，1981.
[2] 中国科学院数学研究所统计组. 常用数理统计方法. 北京：科学出版社，1973.
[3] 周华章. 工业技术应用数理统计学. 北京：人民出版社，1963.
[4] 沈恒范. 概率论讲义. 北京：高等教育出版社，1966.
[5] 冯文元等. 建筑材料检验手册. 北京：中国建筑工业出版社，2005.
[6] GB/T 4882—2001.
[7] GB/T 4091—2001.

本附录主要执笔人：韩素芳

附录二

试验条件对混凝土试件强度影响因素探析

我国评定混凝土强度是根据立方体试件，经过标准方法成型、标准条件养护和标准方法试验来取得数据。混凝土作为一种非均匀材料，除混凝土本身的离散性外，混凝土成型时所用的试模、试件养护条件、试验机等对试件抗压强度有着显著影响。工程实践证明，与普通混凝土相比，这些影响因素在高强混凝土（≥C60）中表现得较为明显。一般说来，随着混凝土强度的增高，混凝土韧性降低，脆性增加，抗压试验时试件瞬间爆裂。如果混凝土试件成型方法不正确，养护方法不符合要求，试压方法不标准，得到的混凝土试件强度值就会“失真”。

本附录结合试验经验和工程实例，总结由于试模情况、试验条件、养护湿度、试验机造成对混凝土强度的影响，供参考。

一、试件尺寸对混凝土强度的影响

1.试模刚度及尺寸精度的影响

试模的质量对混凝土强度影响很大，用符合标准的试模成型混凝土试件，能保证混凝土试件平整度和垂直度，避免由于试件尺寸偏差降低混凝土强度。目前，生产试模的厂家有很多。前些年，多数为铸铁材料，近些年，塑料材质的居多。对于试模，试验应用单位主要应该关注刚度和尺寸精度。刚度差的，周转一段时间就会出现挠度，造成试件表面不平。另外，由于拆模清理不到位、沟槽残留混凝土浆或随意抛甩重砸造成试模尺寸超差。还有的试件缺棱掉角，对强度损失更大。

某工程 1～6 层 C90 钢管混凝土叠合柱，在施工现场用同批混凝土制作试件，分别采用了“反复使用多次试模（刚度差、尺寸超差）”和“刚度良好、尺寸无偏差的试模”。试模公称尺寸均为 100mm×100mm×100mm，养护条件相同，采用同一台压力机完成试压，测得混凝土抗压强度见附表 2-1 和附表 2-2。

■ 附表 2-1 某工程现场试模成型混凝土试件抗压强度 单位：MPa

序号	单块试件强度值			代表值	批最大值	批最小值	批平均值
	1	2	3				
1	102.6	95.0	85.5	94.4	108.3	76.1	94.0
2	102.6	76.1	66.5	76.1			
3	93.1	92.2	95.0	93.4			
4	85.5	114.0	81.7	85.5			
5	98.8	98.8	104.5	100.7			
6	95.0	98.8	104.5	99.4			
7	104.5	106.4	114.0	108.3			

■ 附表 2-2 经校准刚度好试模测得的混凝土抗压强度 单位：MPa

序号	单块试件强度值			代表值	最大值	最小值	平均值
	1	2	3				
1	104.5	108.0	112.1	108.2	115.3	97.1	107.1
2	110.2	112.3	106.5	109.7			
3	110.2	100.7	98.3	103.1			
4	97.1	113.6	102.2	104.3			
5	103.2	101.6	102.1	102.3			
6	106.8	121.2	105.3	111.1			
7	98.3	102.1	90.8	97.1			
8	112.7	109.8	97.8	106.8			
9	107.3	120.6	111.6	113.2			
10	112.1	113.2	120.6	115.3			

比较附表 2-1、附表 2-2 的试验结果，可以看出，采用不同的试模，在相同的混凝土配合比、相同的搅拌时间和运输距离、相同的地点取自同批混凝土成型的试件，经过相同的标准养护条件养护，采用同一试验设备测得的强度明显不同。附表 2-1 中混凝土抗压强度最大与最小值之差达到 32.2MPa，离散程度大，最小值未达设计要求的 95%，验收评定结果不合格；附表 2-2 中混凝土抗压强度最大与最小值之差为 18.2MPa，离散程度明显要小于附表 2-1 中的结果。究其原因，是混凝土试模尺寸偏差导致成型的试件变形，在试件试压时承压面未均匀受力，局部受力过大使混凝土强度大幅度降低，导致同批混凝土离散性增大。因此对高强混凝土进行试压和质量验收时，一定要重视试模的刚度和尺寸精度；采用的试模必须经校准和精心挑选，及时淘汰不符合要求的试模。否则，高强混凝土受试模侧向应力变形影响较大，对刚度较差的试模使用几次就会出现变形，直接影响混凝土强度评价。

2. 非标准尺寸试件的换算系数

关于高强混凝土不同尺寸试件的换算系数，存有不同意见，因为不同试验条件对高强混凝土的影响远比普通混凝土敏感、复杂。附表 2-3 列出诸多单位根据边长 100mm 与边长 150mm 标准试件的强度对比试验求得的换算系数，同时也将混凝土结构设计规范编制组在 20 世纪 70 年代组织各单位的对比试验结果一并列出，仅供参考。

■ 附表 2-3 非标准尺寸试件的换算系数

试验日期/年	强度等级(标号)	试验对组数	28d 强度平均换算系数	换算系数的波动范围	试验单位
1970~1973	200#~400#	911	0.962	0.745~1.215	中国建筑科学研究院等 11 个单位
1998~2011	C60 C80	10 20	0.9824 0.956	—	中国建筑科学研究院
2002	C80 C80~C100	44 35	0.9600 1.0180	—	深圳安托山混凝土公司

续表

试验日期/年	强度等级(标号)	试验对组数	28d强度平均换算系数	换算系数的波动范围	试验单位
2002	C60-C90	155	0.9520	0.851～1.079	GB 50081标准修订组
2009	C100	34(石灰岩碎石) 30(玄武岩碎石)	0.932 0.959	—	沈阳北方建设建材试验公司
2001	C100	20(卵石) 10(碎石)	1.00100 0.9824	—	中国建筑科学研究院
2001	C100	20(卵石) 10(碎石)	0.9486 0.9317	—	沈阳北方建设建材试验公司
2011	C100(掺钢纤维3%) C100(未掺)	8 15 15 15 15	0.949875 0.9171(3d) 0.9327(7d) 0.9495(60d) 1.0450(90d)	—	山西省四建公司 山西建筑科学研究院

由表中所列数据可见，边长100mm与150mm立方体标准尺寸试件强度的换算系数波动范围较大，尤其是20世纪70年代多个单位的试验结果。这种波动不仅是尺寸效应，还有其他不同试验条件的影响。我们的意见是在波动的数据中取平均值最有代表性，因为标准尺寸试件的强度也在波动。

二、不同养护湿度对混凝土强度的影响

配制高强混凝土时，胶凝材料用量多，水胶比低，用水量少。为了保持混凝土强度的正常发展，养护湿度必须保证大于相对湿度的95%。附表2-4是C80混凝土采用相对湿度分别为100%、80%和60%条件下2年的试验结果。

试验采用P.Ⅱ52.5水泥，单方胶凝材料总量550kg，水胶比0.26，试验设计方案应用C80混凝土配合比除去粗骨料，以水泥胶砂制成试件；采用70.7mm×70.7mm×70.7mm试件，在相对湿度分别为60%、80%和100%（水中）条件下进行养护，试压不同龄期抗压强度见附表2-4。

■ 附表2-4 不同养护湿度下C80混凝土中水泥胶砂抗压强度表

相对湿度/%	抗压强度/MPa 抗压强度比/%							
	7d	14d	28d	60d	90d	180d	360d	720d
100	81.9/77	88.4/83	106.8/100	123.2/115	131.2/123	134.4/126	149.6/140	161.0/151
80	69.3/65	84.3/79	90.9/85	98.4/92	102.8/96	107.0/100	110.3/103	124.5/117
60	64.5/60	81.0/60	83.1/78	90.8/85	92.3/86	96.3/90	103.5/97	112.1/105

注：以相对湿度100%养护条件下28d强度为100%。

表中数据显示，龄期相同时，相对湿度60%和80%养护下的试件强度都低于100%湿度下的试件强度，相对湿度80%的试件只有在180d时强度才刚达100%，相对湿度60%的试件在360～720d时强度才达到100%。因此，高强混凝土试件的

养护湿度是至关重要的，其对试验结果有重要影响。

三、试件不均匀受力的影响

1. 上、下压板中心位置不同轴

混凝土抗压强度是混凝土试件单位面积所能承受的最大压力，该力必须垂直、均匀地作用在试件表面。试验机经计量单位检定校准后，仅保证了所施压力的准确，未涉及承压面积上的力是否垂直均匀。因此，即使试验机没有误差，而试件受力状态如为偏心受力，得到的试验结果仍然是失准的，所以说试件受力是否均匀，是混凝土抗压强度试验的关键环节。每一台试验机的下承压板上都有试件放置位置的圆圈，表明试件摆放的对中性。但该圆圈的中心点如果与上承压板的中心点不同轴，会对试验结果造成很大的影响。

附图 2-1 上、下承压板中心位置不同轴

如附图 2-1 所示，该试验机的上、下承压板的中心点偏离约 5mm，由于试验机的施力状态不垂直，因此试件在破损时总是一侧先被压碎，甚至相对的另一侧出现水平裂纹，见附图 2-2。同批试件经与垂直施力的试验机相比，试验结果约偏低 15%。

2. 上、下承压板的平面平行度差

试验机上、下承压板的工作面应有很好的平面平行度，试压高强混凝土要严实合缝，一般强度等级混凝土略有偏差时可通过球座来自动找平。但出现如附图 2-3 中情况，该机上承压板由于连接螺栓已变形，使上、下承压板的平面平行度相差约 2mm，球头已完全丧失了自动找平的能力，试件的破损形态为一侧面压碎，同批试件经与平面平行度良好的试验机相比对，试验结果约偏低 25%。

3. 承压板下无球座或有球座但灵敏度差

所谓球座的灵敏度，是指当试件的承压面不平整，或上、下承压板不平行时，可通过球座的自动找平能力来弥补这些不足。一旦球座丧失了灵敏度，同样会对试验结果产生较大的影响。通常存在以下情况。

附图 2－2　上、下承压板中心位置不同轴试件的破损形态

附图 2－3　上、下承压板的平面不平行

试件压碎时的粉尘进入球碗，与润滑油混合后形成粘稠的油泥，如果长期不进行清洗，球座就会非常呆滞，不但不能自动找平，反而会放在什么位置就是什么位置，使试件偏心受力。遇到此种情况，建议用油麻布擦拭球铰，也可在球铰下涂一层薄薄的铅粉或机油，使球铰的转动保证混凝土试块受压时承压面全面接触，又避免混凝土试块受压时发生扭转。

4. 球座的重叠使用

一些试验机由于空间行程较大，当试压较小尺寸的试件时，需要加放垫块才能满足使用要求，如附图 2-4 所示。

此类型试验机由于在油缸上部已有一个大球座，在上面加放垫块后又加设一个球座。在重物作用下球座的灵敏度已受到影响，两个球座的中心点稍有偏离，就会产生向外的挤压力，使试件在偏心受力的同时还受到剪切力，试件会出现横向裂纹，如附图 2-5 所示。同批试件经与球座不重叠使用的试验机相比对，试验结果约偏低 40%。

5. 关于加荷速度

混凝土抗压强度试验时，要按照标准规定的加荷速度工作。大多数试验人员都

附图 2-4 球座的重叠使用

附图 2-5 球座重叠使用试件的破损形态

知道不可过大给油造成冲击，使表盘读数高于实际强度。但在试压高强混凝土试件时，由于高强混凝土破坏呈爆裂，声音比较大，有的试验人员加荷到一定位置就不再给油，持荷至试件破坏。这样也没有真实反映混凝土强度，此种做法亦不可取。

长期以来，人们总习惯将一些影响混凝土强度的不确定因素归结为混凝土本身的离散性。从以上分析表明，试模刚度、尺寸精度、试验操作、试件养护、试验条件、试验机本身差异等对混凝土抗压强度，尤其是高强混凝土抗压强度均有显著影响。因此，在实际工作中，应严格按照标准规范规定，校验仪器模具，进行试件成型、养护、试验，以保证试验数据准确无误。对这些注意事项进行提醒和借鉴是十分必要的。

参考文献

[1] 张文颖，康立中．试模、球铰与混凝土试块强度．混凝土，2003，7.

[2] 汪洋，韩素芳．混凝土抗压强度试验结果失准原因分析．混凝土，2008，5.

本附录主要执笔人：徐欣

附录三

混凝土可泵性分析

【编者按】本文是已故混凝土行业前辈吴兴祖老先生早年写就未公开发表的一篇文章，其对混凝土可泵性认识和研究的深度与广度，至今仍意涵深邃，影响深远。为尊重原文，编者仅对少量文字做了修改。

一、什么是混凝土的可泵性

混凝土可泵性（pumpability）是一些资料上经常出现的一个名词，它是代表混凝土泵送特征的一个综合性指标，但是目前对它尚没有一个统一的定义，不同资料对可泵性的含义有不同的理解。

泵送混凝土是1933年首次在美国使用的，到1936年，保尔（Ball）就提出了混凝土的可泵性问题，当时对它的定义是“可泵性是在压力作用下的混凝土工作性”。这一简单的定义说明了两个方面的问题：一是可泵性具有与混凝土工作性（workability）相类似的作用和同等的重要性；二是可泵性并不等于工作性。工作性一般是随稠度的降低（或坍落度增加）而改善，但可泵性却并不如此。对泵送混凝土而言，在各种不同的具体情况下，显然存在着一个最佳的稠度值，稠度过低对可泵性也不一定有利。美国ACI 304委员会在报告中明确指出：“实践证明，坍落度小于2in是不可泵的，但大于6in也应避免，应当选择一个合适的坍落度值而不是加大坍落度，加大坍落度对泵送所带来的问题往往比能解决的问题还要多”。

以后，随着对混凝土在压力作用下经管道流动现象的认识逐步加深，对可泵性的理解也有所发展。格莱（Gray）认为：可泵性是指在压力作用下，混凝土在管道接头或弯曲处的通过能力。在这些部位，混凝土的流动局部受阻，其组成比例可能会引起一些变化，如果混凝土的可泵性不好，就首先会在这些部位形成堵塞。也有一些学者认为可泵性是对泵送混凝土的一个综合性指标，如波波维茨（Popovics）认为可泵性是混凝土拌合物三种功能的综合反映，即：

（1）混凝土在泵腔内应易于流动，使能充满整个空间。

（2）有足够的粘聚性，使在泵送过程中不泌水、不离析。

（3）混凝土与管壁之间以及混凝土内部的摩擦阻力不应过大。

这些见解都从一定的方面来说明混凝土可泵性的实质，对于分析和研究问题还是很有好处的。

正因可泵性是一个综合性的问题，对它的检验和评定也还没有一个一致的办法。不少人认为一种混凝土可泵性的好坏只有通过实际泵送检验才能确定，还没有一种方法可以在试验室直接测定或检验。也有一些人认为试验室进行的检验虽然具有一定的相对性，但在特定条件下通过对相对指标的测定，对评定和对比材料的工艺和使用特性，研究各种内外因素对这些特性的影响都是很有帮助的。尤其像可泵性这一类比较复杂的问题，确实难以用一个指标来概括。这就要我们先对其实质进行分析，把对这些性能起主导作用的问题理出来，把比较复杂的综合性问题化解成几个单一问题来分析，这正是研究混凝土可泵性的捷径。

二、混凝土在管道中的运动

可泵性的实质说到底就是解决混凝土在管道中的运动问题。有各种表达式来说明这个问题，其中最简单的是把混凝土作为一个宾汉体来考虑。

众所周知，宾汉体的特征表达式是：

$$\tau=\tau_f+\zeta_{pl}\frac{dv}{dy} \tag{1}$$

式中 τ——剪切应力；

$\frac{dv}{dy}$——速度梯度；

τ_f——屈服剪切应力；

ζ_{pl}——塑性粘度。

上式用图来表示则可有附图 3-1 的形式。作为一个宾汉体，其特征是当 τ 小于 τ_f 时没有流动发生。只有当剪切应力 τ 超过屈服值 τ_f 时才能产生具有一定速度梯度的流动。由于这一特点，在管道中就呈现所谓“栓柱”的现象。也即因为剪应力沿管径的分布是不均匀的，如果所施加的 τ 值不大，只有在贴近管壁处的剪应力超过 τ_f 而出现流变，而管道中心部分的混凝土由于 τ 小于 τ_f，实际上是以恒定的速度整体向前移动。没有速度梯度，如同栓塞一样，这种情况称为“栓流”（附图 3-2）。

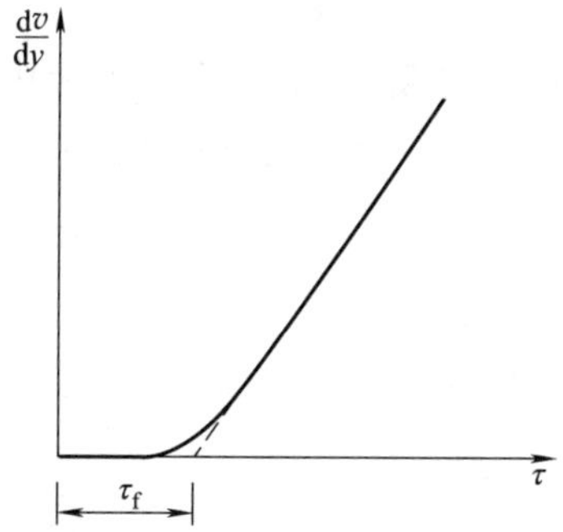

附图 3－1 宾汉体流变曲线

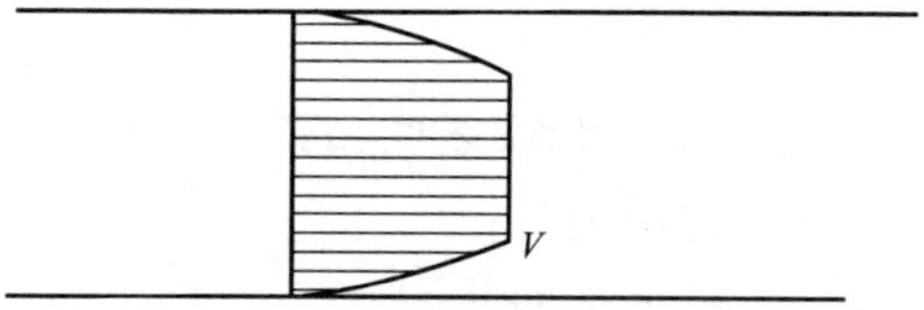

附图 3－2 宾汉体在管道内产生栓流时的速度分析

混凝土在管道内的流动基本上具有上述栓流的特征。但由于它并不是一个匀质的宾汉体，流动过程中在靠近管壁处一般会出现一层薄浆层，这一层薄浆的屈服应力及塑性粘度都很低，而在薄浆的最外层往往会是一层连续的水膜，实际上就是一个润滑层，这样就大大地降低了混凝土在管道中流动的阻力，这就是混凝土实现泵送的基本条件。形象地说，混凝土在管道中的流动实际上就是一个固体核心在一个高应力的薄浆层介质中的滑动（附图 3-3）。

三、饱和混凝土和非饱和混凝土

为使能够形成一个很好的润滑层，以保证泵送能顺利地进行，混凝土必须是

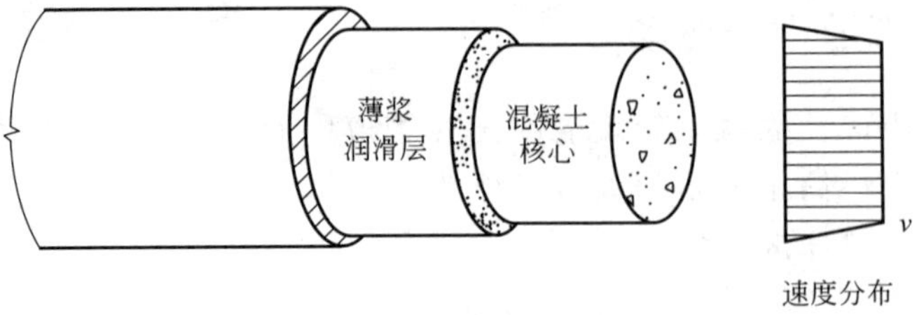

附图 3-3　混凝土在管道中流动示意图

①有足够大的含浆量，浆体除了能填满骨料间所有空隙外，尚有比较大的富余量，以使在管壁和混凝土之间形成薄浆层；②浆层内含有较多的水，以在管壁处产生一层水膜，起到润滑作用。

这样的混凝土被称为饱和混凝土（saturated concrete）。反之，水分或浆分不足而难于进行泵送的混凝土称为非饱和混凝土（unsaturated concrete）。下面分别分析这两种状态的混凝土在泵送过程所遇到的阻力。

混凝土在管道中流动时的阻力由两个部分组成：一是润滑层的粘结阻力；二是混凝土对管壁的摩擦阻力。对于饱和混凝土来说，由于有一个完整的润滑层，在泵送压力作用下，混凝土栓塞在高应力薄浆层介质中滑动，主要的阻力是滑润层的粘结阻力。在这种情况下，摩擦阻力极少，可以忽略不计。对于非饱和混凝土，由于不能产生一个完整的润滑层，摩擦阻力就成为混凝土流动时的主要阻力。

饱和混凝土在管道中流动时所受到的滑润层阻力的特点是与所经受的压力大小无关。在管壁的全长上，其单位面积所受的阻力是一个常数。这样，饱和混凝土在管道中总的流动阻力就是：

$$F_{\tau}=\pi DXR \tag{2}$$

式中　F_{τ}——在 X 长度区间内饱和混凝土的总流动阻力；

D——管道内径；

X——长度区间；

R——滑润层单位面积的粘结阻力。

已知混凝土泵柱塞所产生的泵送力应该等于在 X 长度内的总流动阻力和经 X 长度以后尚剩有的使混凝土继续向前流动的压送力之和。如用计算式表达可以写成：

$$P_0\frac{\pi D^2}{4}=P\frac{\pi D^2}{4}+\pi DXR$$

经变换即得：

$$P=P_0-\frac{4RX}{D} \tag{3}$$

式中　P——在距离为 X 处的压力值，kg/cm^2；

P_0——栓塞产生的泵送压力，kg/cm^2。

如果把上式画成图，则可得附图 3-4 的形式。由图可见饱和混凝土在管道中经受的压力随泵送距离的加大而直线下降，图中的 X_{max} 为最大泵送距离，因为此时压力已损失到零，混凝土再也不能向前流动了。

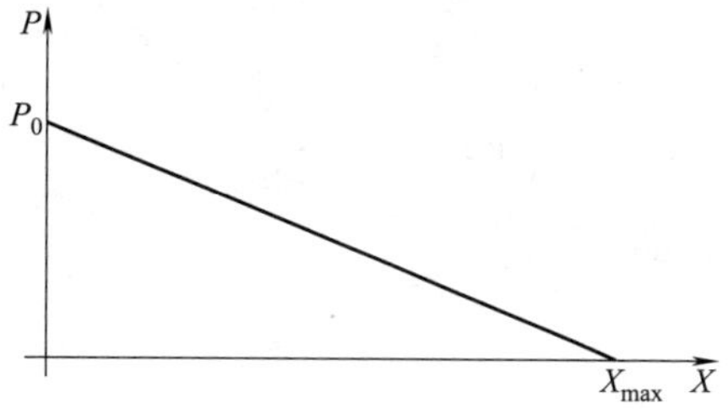

附图 3-4 饱和混凝土在管道中的压力变化示意图

非饱和混凝土在泵送过程中的流动阻力及压力损失情况就要复杂得多。对非饱和混凝土来说，摩擦阻力是泵送过程中不可忽视的阻力部分，而这一部分阻力除受混凝土本身性能的影响外，还与垂直于管壁的压力成正比。这样一来，在整个管道长度范围内，混凝土所受到的阻力就不是一个定值，在单位面积上所经受的阻力 σ_f 应为：

$$\sigma_f = R + \mu\sigma_r \tag{4}$$

式中 μ——混凝土拌合物对管壁的摩擦系数；

σ_r——垂直于管壁的混凝土压力。

而 σ_r 是由泵送压力 P 造成的，P 与 σ_r 的方向互相垂直，经试验证明它们两者之间是成正比关系的，即：

$$\frac{\sigma_r}{P} = K \tag{5}$$

式中 P——在 X 处尚剩有的泵送压力；

σ_r——在 X 处由泵送压力形成的对管壁的垂直压力。

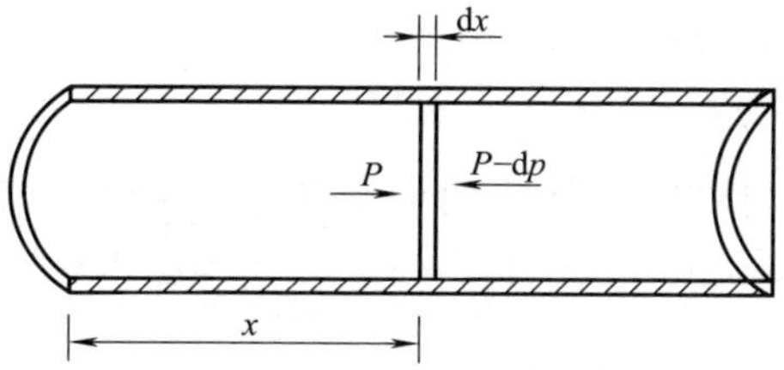

附图 3-5 管道内的混凝土压力变化示意

如果混凝土经一段 $\mathrm{d}x$ 距离后其压力值下降 $\mathrm{d}P$（附图 3-5）。相应泵送力下降了 $\frac{\pi D^2}{4}\mathrm{d}P$，泵送力的下降是由于克服阻力所致。因此，它们二者应该相等，即：

$$\frac{\pi D^2}{4}\mathrm{d}P = -(R+\mu\sigma_r)\pi D\,\mathrm{d}x = -(R+\mu kP)\pi D\,\mathrm{d}x$$

即：

$$\frac{\mathrm{d}P}{\mu kP + R} = -\frac{4}{D}\mathrm{d}x$$

积分：

$$\int\frac{\mathrm{d}P}{\mu kP + R} = -\int\frac{4}{D}\mathrm{d}x$$

$$\frac{1}{\mu k}\int\frac{\mathrm{d}P}{P+\frac{R}{\mu k}} = -\int\frac{4}{D}\mathrm{d}x$$

$$\ln\left(P+\frac{R}{\mu k}\right)=-\frac{4\mu k}{D}X+C$$

边界条件：$X=0$，$P=P_0$

即：
$$C=\ln\left(P_0+\frac{R}{\mu k}\right)$$

$$\ln\left(\frac{P+\frac{R}{\mu k}}{P_0+\frac{R}{\mu k}}\right)=-\frac{4\mu k}{D}X$$

$$P+\frac{R}{\mu k}=\left(P_0+\frac{R}{\mu k}\right)e^{\frac{-4\mu k}{D}X}$$

最终可以得到管道内的压力变化关系式：

$$P=P_0e^{\frac{-4\mu kx}{D}}-(1-e^{\frac{-4\mu kx}{D}})\frac{R}{\mu k} \tag{6}$$

由式（6）可知，在非饱和状态时，管道中压力的降低不是与距离成直线关系，而是具有指数形式的关系，其下降速度要比饱和状态时剧烈得多。为了有一个数量上的概念，我们可以用两种混凝土的最大泵送距离来进行比较。如果以 $P=0$ 代入式（3）及式（6），可以得到最大泵送距离：

对饱和混凝土
$$X_{max}=\frac{P_0P}{4R} \tag{7}$$

对非饱和混凝土
$$X_{max}=-\frac{D}{4\mu k}\ln\frac{R}{P_0\mu k+R} \tag{8}$$

如果泵送压力为 $35kgf/cm^2$，管道直径为 10cm，对饱和混凝土，经测定 $R=3.3\times10^{-3}kgf/cm^2$。对非饱和混凝土，则 $R=65\times10^{-3}kgf/cm^2$；$\mu=0.38$，$k=0.25$。分别代入式（7）、式（8），得：

对饱和混凝土

$$X_{max}=\frac{35\times10}{4\times3.5\times10^{-3}}=25000cm=250m$$

对非饱和混凝土

$$X_{max}=-\left(\frac{10}{4\times0.38\times0.25}\right)\ln\left[\frac{65\times10^{-3}}{(35\times0.38\times0.25)+(65\times10^{-3})}\right]\approx110cm=1.1(m)$$

由此可见，在一般 $35kgf/cm^2$ 泵送压力之下，对饱和混凝土最大可以输送 250m 水平直线距离，而对非饱和混凝土，只送出 1.1m 压力就损失完毕，混凝土很快就堵塞在管内。这就是为什么一定是饱和混凝土才能实现泵送。

埃德（Ede）曾经用 $71lbf/in^2$ 的压力使 3in 长的一段混凝土在直径为 3in 的管道中流动，并测量了它的流动阻力。他用各种水灰比的混凝土进行了测定，得到了如附图 3-6 所示的曲线形式，它典型地表达了由非饱和混凝土到饱和混凝土的转化过程。水灰比小于 0.4 时混凝土流动阻力很大，明显地表现为非饱和混凝土的特征。水灰比增加到 0.5 以后，混凝土流动阻力大大减少，且基本趋向稳定。这表示在混凝土与管壁之间已经建立起稳定的润滑层，混凝土处于饱和状态。而水灰比 0.4～0.5 的区段则为过渡区段，流动阻力随着水灰比的增加而急剧下降。试验结果表明，即使只有 3in 的一小段混凝土，非饱和混凝土的流动阻力要比饱和混凝土大十几倍，而随着被泵送混凝土长度的增加，非饱和混凝土流动阻力的增加速度还将比饱和混凝土快得多。

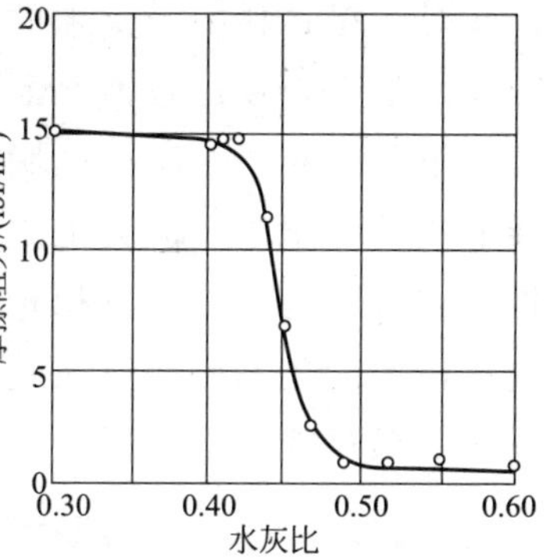

附图 3-6　各种水灰比混凝土在管道中流动时的摩擦阻力变化

四、混凝土饱和状态的变化

一般来说，要配制出具有饱和状态的混凝土比较简单，只要在试配时注意控制水灰比、砂率及水泥（包括其他粉料）用量即可。但要使混凝土在整个泵送过程中能保持饱和状态却又是另外的一个问题了。例如水灰比过大或坍落度过大，虽然在初始时混凝土具有很好的流动性并处于很好的饱和状态，但在泵送过程中有时会发生组分比例变化，混凝土由饱和状态变成非饱和状态并很快导致堵塞。国外专为提高混凝土可泵性能用的外加剂主要就是为了解决这个问题，它能使混凝土“稠化”，提高它的稳定性，从而使在泵送过程中保持性能不变。

混凝土在管道内流动有二个特点，一是所施加的泵送压力是分布在整个截面上的，而流动阻力主要发生在与管壁接触处，整个截面上阻力的分布是不均匀的，再加上在泵送通道上不可避免地会碰到接缝、弯道等局部障碍，更会增加阻力的不平衡性。二是混凝土本身并不是匀质的宾汉体，它是一个多相的分散体系。混凝土中各组分的流变性能又相差甚大，如粗骨料颗粒具有巨大的内摩擦力，它必须分布在砂浆的介质中才能流动。而水的流动性能最好。如果混凝土中的水泥或粉料没有足够的吸附能力，有一部分水就可能在压力作用下穿过固体颗粒间的空隙，流向阻力较小的区域，这是一种特殊形式的泌水观象。因为它是在压力作用下产生的，所以称为“压力泌水”（pressure bleding）。

质量比较好的混凝土如果在平直的直线管道中流动，混凝土呈“栓流”向前流动。管道中的混凝土实际上是在薄浆层的滑润作用下整体向前推进。在混凝土栓塞内部没有相对运动，其组成部分的比例也不发生变化，这样，混凝土在整个泵送过程中始终能保持饱和的状态；在混凝土碰到局部障碍（如接缝、弯道等）时，栓流的状态就会受到破坏。因为这些障碍对混凝土各组分所起的作用并不相同，对水或砂浆来说，无论是接缝或者是弯道，都不会对它们的流动产生太大的影响；但对粗骨料来说，接缝处不大的错口或不平整都会使它的运动受到阻碍（附图 3-7）。在弯道处，由于截面内的流速发生变化，混凝土必须克服内部的剪切应力才能继续前进，此时，粗骨料由于巨大的内摩擦以及特有的“剪胀”（diltant）现象同样地受到巨大的阻力，在这些情况下，如果混凝土可泵性不好，薄浆或含有的水分不能带动所有组分一起通过这些区域，而仅在压力作用下被挤出这部分混凝土之外，那么就会形成骨料积集，混凝土则会因失水或失浆而由饱和状态转变成为非饱和状态，粗骨料在这些地区将会越积越多，最后造成堵塞。不少学者认为这就是在泵送过程中造成堵塞的基本原因，因此有的人就把可泵性定义为压力作用下混凝土在弯道或接缝区的通过能力。

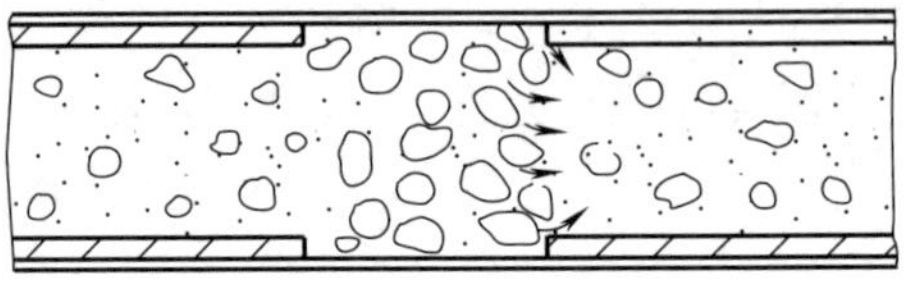

附图 3-7　混凝土在管道内因局部受阻而产生粗骨料积集

五、可泵性评定

根据上面的讨论，我们知道，可泵性好的混凝土应该是饱和且稳定的混凝土。这种混凝土在开始泵送时具有较少的阻力，并能在泵送过程中保持这种低阻力，也即不会在压力作用下失水失浆，混凝土组分不会有太大的变化。这样，如果我们把复杂的可泵性问题分成流动阻力、压力状态下保水及保浆性能等几个问题来考虑，就可以为混凝土的可泵性评定以及各种因素对它的影响研究提供一个比较实用的方法。

埃德用附图 3-8 所示的装置对各种水灰比的混凝土进行了流动阻力测定。它是一个直径 3in、高 4in 的钢质圆筒，筒内装所试验的混凝土。筒上下各有一个活塞，经下活塞施加一个固定荷载 P_o。在 P_o 的作用下，混凝土向上流动直到压住上活塞，由上活塞顶部的测力机构可以测得 P_o 经克服流动阻力后的剩余力 P，也即 P_o 与 P 之差就是经过 H 距离混凝土后的泵送压力损失。用这种加压滑移装置（sliding compression apparatus）就可以对各种配合比及不同原材料混凝土的流动阻力进行相对比较。

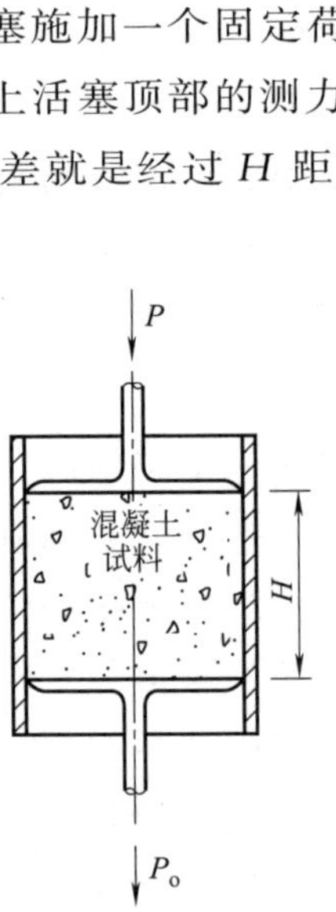

附图 3-8　流动阻力测定示意

用这类装置还可以对混凝土进行各项流动参数的测定。前面我们已经推导出了混凝土在管道中流动的压力分布表达式［式（6）］，该式中几个与材料本身有关的参数，如 k（横向压力系数）、μ（摩擦系数）及 R（滑润层粘结阻力），均可通过该装置测得。因此，它是研究混凝土在管道中受压流动的一个比较有用的装置。

上述参数中，k 值可用一个开口的环形圆筒来测得。用环形圆筒来代替钢管，并用千分表来测量开口缝的距离变化，就可以得到筒内径向压力的大小。环形圆筒在使用前应先经胶囊充压试验，以得出开口缝距离与内压之间的关系。充满混凝土并加压试验后可得 k 值如下：

$$k=\frac{\sigma_r}{\frac{1}{2}(P+P_o)} \tag{9}$$

式中 σ_r——由千分表测得的变形值换算而得的圆环径向压力；

P_o、P——施加的、剩余的轴向压力。

如果以不同的 P_o 值对混凝土进行加压滑移试验，则可从相应得出的 P 值计算出各自的单位面积流动阻力 σ_f，也即：

$$\sigma_f=\frac{D(P_o-P)}{4H} \tag{10}$$

P_o 和 σ_f 之间的关系大致如附图 3-9 所示。由图可见饱和混凝土的流动阻力基本不受轴向压力大小的影响，对某一具体混凝土来说，它基本上是一个常数。对于非饱和混凝土，流动阻力随着泵送压力的增加而升高，这与我们上面讨论的基本论点是一致的。从式（4）可以看到，对饱和混凝土来说，因为摩擦阻力很小，$\mu\sigma_r$ 可以不计，σ_f 不受 P 值大小的影响而保持恒定。对非饱和混凝土，式（4）可改写成：

$$\sigma_f=R+\mu kp \tag{11}$$

即流动阻力与轴向压力呈线性关系，而附图 3-9 中直线的斜率即为 μ_k 值，在纵轴上的截距即应该是该混凝土的 R 值了。

加压滑移装置能够测得混凝土在开始泵送时的流动性能，但在泵送过程中是否能保持这样的性能，也就是说混凝土是否有足够的稳定性就要用另外的方法来测定了。

这里首先介绍一下压力泌水及其试验方法。混凝土在压力作用下的保水性能是可泵性的一个极其重要的组成部分。正如前面分析过的那样，如果混凝土保水性能不好，则在经过弯道或接缝时就有可能失水，而由饱和状态变成非饱和状态，以至造成堵塞。混凝土在压力情况下的保水作用可通过压力泌水试验来检验，这种试验方法首先是由勃朗（Browne）提出的。他用的仪器是一个直径为 12.5cm 的圆筒，顶部安一盖，盖内装有一个活塞，用于对混凝土施加压力（附图 3-10）。活塞与盖体间用 O 形胶圈密封。活塞及盖顶的千斤顶作用对筒内的混凝土施加一恒定的压力（35kgf/cm^2），在此压力作用下，泌出的水分通过筒底部的筛网由截门流出，并用量筒计量。

附图 3-11 是典型的压力泌水试验结果。由图可见各种混凝土的压力泌水曲线是不一样的，有的混凝土一开始泌水很快，过一段时间以后就趋向停止。另一种混凝土开始泌水速度较慢，但持续的时间比较长。显然，第一种情况对泵送是不利的，

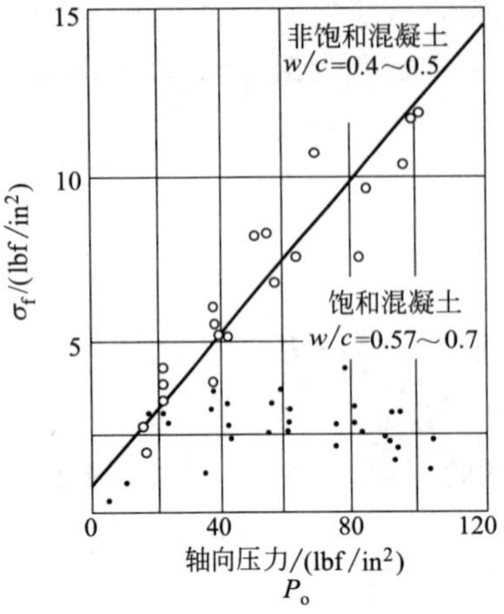

附图 3-9 二种状态混凝土的阻力与轴向压力的关系

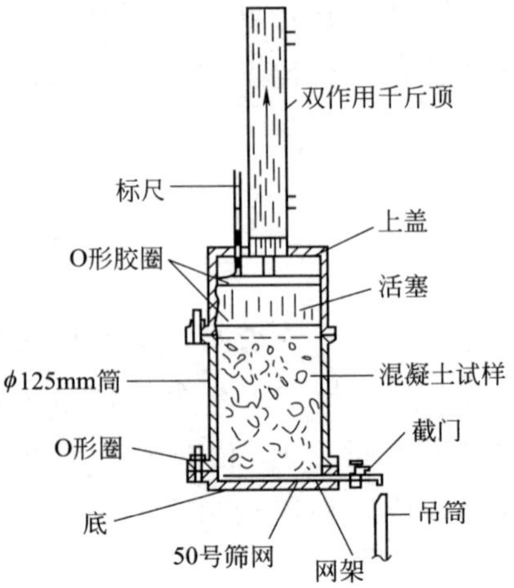

附图 3-10 压力泌水试验装置示意图

而第二种情况的混凝土稳定性比较好，能抵抗在局部障碍区形成的阻力差异。但是，用这样的曲线来作为评定指标，既不方便又不精确。因此勃朗提出用 140s 时的泌水量（V_{140}）和 10s 时泌水量（V_{10}）之差作为检验指标。一般混凝土到 140s 时压力泌水就基本完成，而如果在开头 10s 时混凝土失水速度快，那么 V_{140}-V_{10} 值就小。因此，V_{140}-V_{10} 越大，对泵送就越有利。勃朗还根据试验和实践经验提出了一个相应于各种坍落度混凝土的评定准则（附图 3-12）。由图可以很容易地根据混凝土坍落度及所测得的 V_{140}-V_{10} 来判断它是否适用于泵送。压力泌水试验方法简单，目前美国及日本一些研究单位已用来做各类混凝土的可泵性比较。

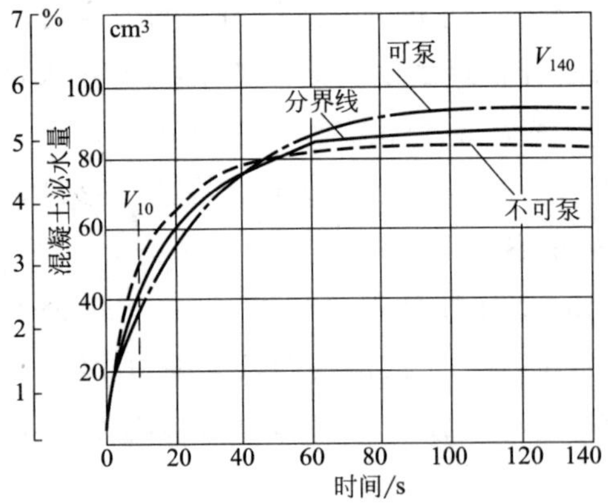

附图 3-11 混凝土压力泌水随时间的发展

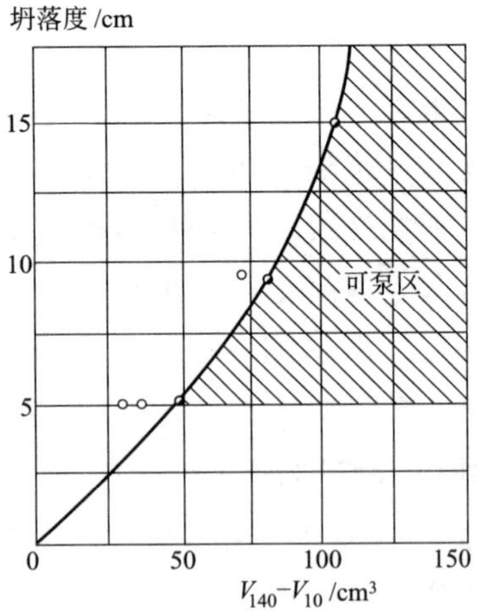

附图 3-12 根据压力泌水试验结果来判断混凝土可泵性

混凝土中固体部分的空隙率也是决定其稳定性的一个重要指标。固体颗粒体系的孔隙率越少，其抗渗透性能也越好，因而保浆及保水作用也比较好，可泵性就好。

曾经有过不少测定空隙率的方法，凯帕斯坦（Kempster）提出的测定方法是专门为检验泵送混凝土用的。他所用的装置是由一个玻璃容器和一个玻璃管测压计组成（附图 3-13），利用水位的变化（从位置Ⅰ到位置Ⅱ），在容器内部造成真空，由于水位的高差是个定值，容器内形成的真空度就将取决于试料内部的空隙率。这样，由经标定的标尺上即可直接读出试样的空隙率。

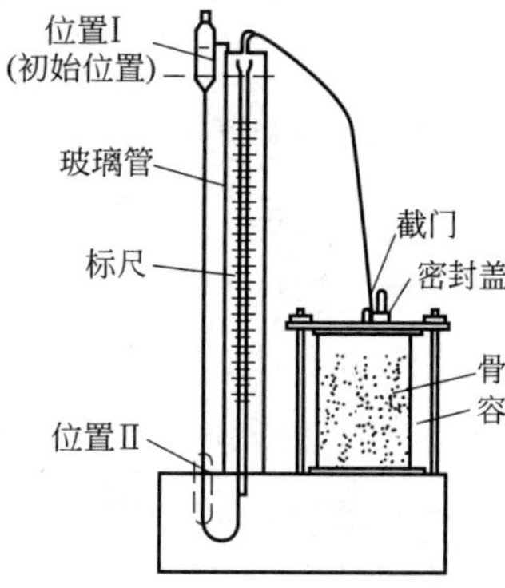

附图 3-13 空隙率测定装置

空隙率可以用粗细混合骨料试样进行测定，也可以用骨料与水泥混合的试料进行测定。附图 3-14 是不同比例粗细骨料组成的试样测定结果。由图可知，细骨料含量过大或过小都会使空隙率增大，只有在某一合适的范围才能获得较低的空隙率。附图 3-15 是在确定合适砂率后，以各种不同水泥用量配成的水泥-骨料混合试样的试验结果。由图可见水泥用量对空隙率的影响比砂率更为明显。对泵送混凝土来说也绝不是水泥用量越多越好，水泥用量超过某一合理数值（如附图 3-14 中的 20%左右）后，其空隙率反而随水泥用量增加而增加，对保水性能也不一定有利。当然，我们不能简单地按附图 3-14 及附图 3-15 中的最低点来选择配合比，因为对渗透性来说，除了空隙率外尚有孔隙的形式、大小等因素的影响；更何况对于混凝土除了因稳定性而提出的对骨料、水泥用量等要求外尚有强度、流动度等其他要求。但是对空隙率的分析仍然还是研究和比较混凝土可泵性的一个重要的方面。

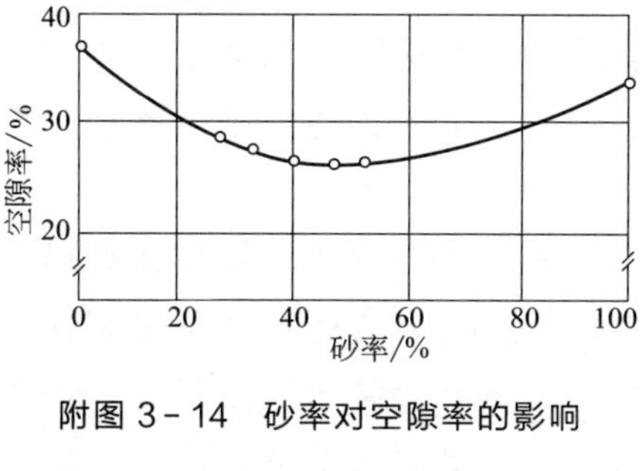

附图 3-14 砂率对空隙率的影响

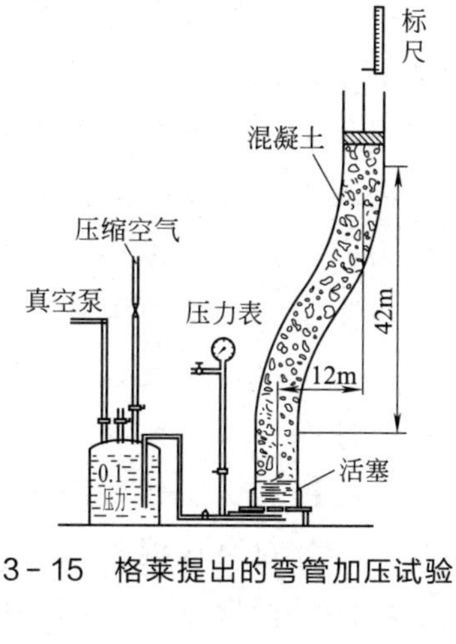

附图 3-15 格莱提出的弯管加压试验装置

实际上，试样的空隙率可以用更简单的方法测得。我国通常是通过同时测定试料的密度和容重来算出松散材料的空隙率，即

$$K=\frac{r-r_0}{r}\times 100\% \tag{12}$$

式中 K——松散材料空隙率；

r——试料的视密度；

r_0——试料的松散容重。

式中的松散容重可用标准方法以容量筒测得，而各种粒径组分混合拌成的试料视密度也可用在容量筒中加水拌匀、化开、排气，然后稍予静停，使固体颗粒下沉，徐徐加水至筒口并同时以玻璃板推平的方法先测得物料在水中的重量，然后即可算出其视密度。

除了可泵性的分项指标外，国外也有通过各种装置来检测混凝土在泵送（或模拟泵送）过程中的流动性，其中有规模比较大的用实体泵来做循环泵送试验。它是在一个闭路的输送线路中设置有弯道、上倾及下倾等区段，并用专门的测压装置以动态应变仪记录各区间的压力变化。也有的是在试验室中用模拟装置来进行的，比较有意义的是格莱提出的弯管加压试验。他所用的装置如附图 3-15 所示，由油罐中贮存的压力推动活塞向上运动，因为管道是弯曲的，比较近似于实际泵送中能遇到的阻力状态。在这种试验装置中，可泵性好的混凝土只要极小的压力即可推动，而可泵性不好的混凝土即使压力提高十倍（到 50psi[1]）也不能推动。格莱就用这一装解决了机制砂制作的混凝土泵送的配合比问题。

六、小结

（1）由以上讨论的内容可以对混凝土可泵性建立起一个初步的概念。概括地说，可泵性就是混凝土在压力作用下在管道（包括弯道及局部阻力区）内的流动能力，它是一个综合性的性能指标，其中最主要的是流动阻力和混凝土本身的稳定性。可泵性不等于一般混凝土的工作性（或流动性），但与工作性又有一定的关系，在某种意义上可以说它是在特殊情况下的混凝土工作性。

（2）把混凝土分成饱和与非饱和二种状态对分析和研究混凝土可泵性有很大的帮助。饱和混凝土具有良好的薄浆润滑层，它在管道中流动的阻力主要是该层与管壁的粘着阻力，其数量是极小的。非饱和混凝土因为缺少这样的润滑层，流动时的摩擦阻力就成为主要的阻力因素。与饱和混凝土相比，非饱和混凝土的流动阻力要大十几倍甚至几十倍，因此，这种混凝土是不可泵的。

（3）可泵性的一个重要问题是混凝土状态的转化，泵送时的堵塞往往是局部混凝土因受阻而由饱和状态转变为非饱和状态，因此，混凝土的稳定性是可泵性的一个重要指标。国外对泵送混凝土配合比的一些要求，如不准使用间断级配，控制一些细粒径组分的最低含量等大都是从这一点出发的。在某些情况下，甚至采用专门

[1] 1psi＝6.89kPa。

的泵送剂（admixtures for pumping concrete）以提高混凝土泵送时的稳定性。

(4) 经过对可泵性的一些初步分析，我们就可以找到一些比较实用的方法来对它进行检验和比较，其中如流动阻力、压力泌水及空隙率测定等方法都是用比较简单的方法从各个角度来评价混凝土的可泵性，这对于研究和检验混凝土可泵性是有很大帮助的。在我国，随着混凝土施工技术的发展，泵送混凝土所占的比例会逐步增加。上面的这些思路和试验方法对今后进一步开展这方面的研究工作也具有一定的参考价值。

参考文献

[1] Browne R. D. Bamforth P. B. “Tests to Establish concrete pumpability” Journal of A. C. I 1977. 5.

[2] Ede A. N “The resistance of concrete pumped througl pipelines” Magazine of concrete research. 1957. 12.

[3] Gray J. E “Laboratory procedure for comparing pumpability of concrete mixtures” Proceeding ASTM. 1962.

[4] 张文颖，康立中. 试模、球铰与混凝土试块强度. 混凝土，2003，7.

[5] 汪洋，韩素芳. 混凝土抗压强度试验结果失准原因分析. 混凝土，2008，5.

本附录主要执笔人：吴兴祖

部分相关企业

单位名称	主要产品	通信地址
北京新航建材集团有限公司	C10～C100 常规混凝土、超高强、超大体积、超高泵送混凝土、再生骨料混凝土、低收缩抗裂混凝土、自密实混凝土、清水混凝土、轻质混凝土、预拌砂浆	北京市通州区宋庄镇管头村 297 号 邮编：101119
北京东方建宇混凝土科学技术研究院有限公司	混凝土相关领域的材料研究；建筑材料检测、混凝土主体结构检测、室内空气检测；减水剂、防冻剂、阻锈剂、助磨剂及灌浆料等；混凝土技术咨询、技术合作、技术培训等	北京市通州区宋庄镇管头村 297 号 邮编：101119
建研建材有限公司	混凝土及砂浆相关技术服务、技术咨询、加固材料、建筑检测仪器设备、混凝土耐久性仪器、砂浆、墙体材料、防水材料等	北京市北三环东路 30 号 邮编：100013
深圳市安托山混凝土有限公司	C10～C80 级工程用混凝土，超缓凝混凝土、大体积混凝土、C100～C110 级高性能混凝土、大直径预应力高强混凝土管桩等	深圳市福田区北环路南侧安托山 邮编：518040
北京诚智乾懋混凝土有限公司	各等级普通及特种预拌商品混凝土	北京市大兴区魏善庄镇兴隆庄街北二条临 3 号 邮编：102611
北京盛和诚信混凝土有限公司	预拌混凝土：普通混凝土 C10～C60，高强混凝土 C70～C80，P6～P16 等级抗渗混凝土；自密实、高抛混凝土，抗冻融混凝土，聚丙烯纤维、钢纤维混凝土，复合 A 型、B 型轻集料混凝土，透水混凝土、配重混凝土等特殊混凝土	北京市朝阳区孙河乡北甸村和平构件厂院内 邮编：100103
贵州兴达兴建材股份有限公司	混凝土相关领域的材料研究；高性能混凝土、砂浆、预制构件、精品砂石、外加剂、掺合料等；混凝土技术咨询、技术合作、技术培训及服务等	贵州省贵阳市观山湖区下麦村 880 号 邮编：550023
北京建工新型建材有限责任公司	混凝土、节能门窗、保温材料、盾构管片、建筑构件、工程检测、物流服务、干混砂浆、PC 构件和外加剂等	北京市朝阳区京顺东街 6 号院 2 号楼 4 单元 邮编：100015
北京宇诚建达混凝土有限公司	C10～C60 普通混凝土，免振捣自密实混凝土、高强高性能混凝土、碾压混凝土、高抗渗自防水混凝土、防辐射混凝土、1000～1600kg/m^3 轻集料混凝土、2500～3500kg/m^3 重混凝土、大体积防裂和 F150～F300 抗冻融等特种混凝土	北京市丰台区大灰厂 750 号 邮编：100074
河北麒麟建筑科技发展有限公司	混凝土相关领域的材料研究；建筑材料检测、混凝土主体结构检测、室内空气检测；减水剂、防冻剂、阻锈剂、助磨剂及灌浆料等；见证取样、建筑门窗、探伤检测、地基处理等	石家庄市桥西区槐安西路 88 号，卓达商务大厦 D 座 1403 邮编：050000
北京正富混凝土有限责任公司	生产 C10～C60 商品混凝土；货物专用运输(罐式)；专业承包：销售建筑材料、化工产品(不含化学危险品)；技术开发	北京市平谷区马坊镇金塔西园 15 号 邮编：101204
山东润德混凝土有限公司	各种强度等级、各种性能的预拌混凝土、预拌砂浆；聚羧酸高性能减水剂；湿拌砂浆稳塑剂等	山东省德州市德城区天衢工业园恒东路 邮编：253002

续表

单位名称	主要产品	通信地址
上海建工材料工程有限公司	C20～C100常规混凝土、超高强、超大体积、超高泵送混凝土、再生骨料混凝土、低收缩抗裂混凝土、水下不分散混凝土、自密实混凝土、清水混凝土、轻质混凝土、预拌砂浆。装配式住宅PC板、市政大型构件、地铁和地下通道管片、其他特殊异型构件	上海市虹口区四平路848号 邮编：200086
建研华测(北京)仪器设备有限公司	混凝土3D打印系统、透水混凝土测试仪，硬化混凝土气孔结构分析仪、非接触收缩仪、混凝土快冻试验机、碳化箱、硫酸盐循环试验机、氯含量、碱含量等混凝土耐久性仪器	北京市北三环东路30号防火所210室 邮编：100013 杭州市萧山区南秀路新塘科创园四层 邮编：310000